기독교문서선교회 (Christian Literature Center: 약칭 CLC)는 1941년 영국 콜체스터에서 켄 아담스에 의해 시작되었으며 국제 본부는 미국 필라델피아에 있습니다. 국제 CLC는 59개 나라에서 180개의 본부를 두고, 약 650여 명의 선교사들이 이동 도서차량 40대를 이용하여 문서 보급에 힘쓰고 있으며 이메일 주문을 통해 130여 국으로 책을 공급하고 있습니다. 한국 CLC는 청교도적 복음주의 신학과 신앙 서적을 출판하는 문서선교기관으로서, 한 영혼이라도 구원되길 소망하면서 주님이 오시는 그날까지 최선을 다할 것입니다.

추천사

주도홍 박사
백석대학교 전 부총장, 교회사 교수

본서를 기꺼이 추천한다. 25년 동안 신학생들에게 교회사를 가르친 경험을 바탕으로, 나는 망설이지 않고 이 책을 세계 교회사 교재로 선택할 수 있다. 이유는 몇 가지다.

첫째, 신학생들이 알아야 할 교회사의 거의 모든 주제를 신실하게 다루고 있다.
둘째, 가능한 편견을 배제하고 거의 모든 역사를 팩트에 근거하여 서술하고 있다.
셋째, 한글 번역의 꼼꼼함과 촘촘함이다. 목차를 봐도 거리낌이 없다.
넷째, 한글의 유려함은 역자들의 영어 실력을 잘 보여준다.

출판사의 수고에도 박수를 보내며, 코로나19로 어두운 시절 차분히 서재에 앉아 2,000년 교회사를 순례할 때, 한국교회의 나아갈 길을 인식할 것이다. 이 책을 기쁨으로 손에 들기를 추천한다.

이 은 재 박사
감리교신학대학교 교회사 교수

어느 시대든지 과거의 시간을 담아내는 동시에 새로운 시간을 품고 있다. 도래하는 새로운 시간은 이미 존재했던 옛 시간을 통해서 돌파된다. 즉, 새로운 것은 이미 옛것이 되어버린 낡은 것의 완고함에 맞서야 하며, 정도의 차이는 있을지언정 익숙해진 자명성에 이별을 고해야 한다. 도래하는 것은 언제나 혼란스러운 격동 가운데 거칠게 몰아붙이는 경우가 일반이다.

옛것에는 관습의 가치, 성과의 탁월함이 묻어있는 동시에 헛수고에 따른 피로와 권태도 동반한다. 반면에 새로운 것에는 놀라운 약속에 대한 여명이 놓여있다. 교회의 역사야말로 이런 정신을 잘 반영해주기 때문에 끊임없이 새로운 방식으로 기술되어야 한다.

교회사는 누가, 어떻게 기술하느냐에 따라 다양한 모습을 보여줄 수 있다. 개인이 혼자 집필할 수도 있고, 광범위해서 여럿이 함께 작업할 수도 있다. 주제별로 일목요연하게 다룰 수도 있고, 축적된 정보를 한꺼번에 담아내는 백과사전식 방식도 가능하다.

그렇다면 여타 교회사 책들과의 구별되는 이 책의 특징은 무엇일까?

저자가 밝힌 것처럼, 본인이 직접 읽은 자료를 충실하게 소화해냈다는 것과 연대기의 정확도를 높이기 위해 심혈을 기울였다는 점이다. 그러나 더욱 중요한 것은 교회사를 통해 "왜, 무엇을 믿는지"에 대한 질문과 답변에 대한 저자의 성실성이라고 말하고 싶다. 이제 저자의 성실성의 타당성 여부는 독자들의 몫이다. 그래서 일독을 권한다.

신국원 박사
총신대학교 신학과 명예교수, 웨스트민스터신학대학원대학교 초빙교수

기독교 신앙의 역사적 성격은 다른 신화·종교·철학과는 차별화된 핵심이다. 성경의 여호와 하나님은 세상을 시간 속으로 창조하셨다. 구원의 과정도 역사 속에서 점진적으로 이루어져 왔다. 성경 계시는 수천 년에 걸쳐 역사 속에서 이스라엘과 교회를 통해 주어졌다. 예수 그리스도가 완성하고 그의 사도들이 전한 복음도 역사 속에서 이루어졌다.

본서에는 그 후 2,000년에 걸친 역사 속에 교회를 통해 이루신 하나님의 위대한 섭리의 역사가 핵심적으로 잘 제시되었다. 한 권으로 교회사를 다루기 위해서는 그 역사의 핵심을 꿰뚫는 예리한 안목과 통찰이 필요하다. 고도의 전략적인 선택도 요구된다. 본서는 그 모든 장점을 갖추고 있다. 한눈으로 교회사 전반을 바라보는 조망을 주기에 적합하여 신학을 공부하는 이들뿐 아니라 일반 성도들에게도 유익한 좋은 교과서가 될 수 있다.

한국교회도 이제 한 세기의 역사를 훌쩍 넘어서 있고, 그간 선교에 힘쓴 결과 가장 많은 선교사를 파송한 나라 중 하나가 되었다. 이는 우리 한국 성도들의 안목과 비전이 결코 한반도에 머물거나 지난 100여 년 한국교회의 역사에 갇혀서는 안 되는 이유이다.

이제는 하나님의 역사와 섭리를 이해하는 우리의 안목이 확장되어야 한다. 세상 끝을 보는 동시에 역사의 지평을 넓혀야만 한다. 앞과 미래를 조망하기 위해서는 역사를 이해하는 안목이 필수적이다. 본서는 교회를 통해 일해 오신 하나님의 역사를 이해하여 앞을 보는 눈을 열어줄 것이다.

송 태 근 목사
삼일교회 담임

"망각은 망국의 길이며, 기억은 구원의 길이다."

예루살렘의 야드 바셈은 역사를 이렇게 힘주어 강조한다. 과거는 현재에서 미래를 보는 창이다. 역사의 렌즈가 아니고서는 비전에 눈뜨기는 불가능하다. 그렇기에 신학에서 교회사(敎會史)는 상당한 위상을 지닌다. 여타 신학이라는 보석들을 보기 좋게 엮는 띠의 역할이라고 볼 수 있다. 두 가지를 언급하지 않을 수 없다.

첫째, 교회사는 목회 현장에서 유용하지 못하다는 오해를 받고 있다. 실제로 신학교 졸업 후 정글 같은 사역의 현장에서 교회사를 논하는 일은 한가한 천렵 정도로 여겨질 뿐이다.

둘째, 이는 사실 현 교회사 교육 구조와 긴밀히 연결되어 있다. 교회사는 다른 어떤 신학보다 상아탑 안에 공고히 갇혀 있다. 주해, 교리신학, 목회학, 설교학 등 다른 주제들은 어느 정도 신학교와 목회현장 모두에서 활용되고 있다. 하지만 교회사는 신학교 졸업과 동시에 교육도 멈춘다. 이따금 설교의 예화로 활용되는 수준이다.

본서 『기독교의 역사』는 적어도 교회사 연구의 본질과 현실의 여러 문제 중 하나에 해답이 될 수 있다. 가장 기본적인 교과서로 활용되기에 매우 적절하다. 더 깊은 논의에 진입하기 위한 첫 관문으로서 본서는 활용 가능성을 높였다.

바라기는 신학도로서 첫해를 보내는 목회자들에게 많이 읽히기를 바란다. 또한 교회의 발전과 교리의 중흥 그리고 성경적 개념의 역사에 대해 관심 높은 평신도에게 청량제 역할을 할 수 있으리라 기대한다. 책꽂이에 두고 필요한 부분을 꺼내보고 하나님의 역사를 기억하며 구원의 길을 묵상할 수 있게 되길 기대한다.

본서의 두 번역자 중 한 사람은 신실한 목회자요, 다른 한 사람은 전도유망한 역사신학자다.

본서가 목회와 신학 모두에 있어서 의미 있다는 상징이 아닐까?

본서를 읽는 독자들이 주해가이든, 교리신학자이든, 성경신학자이든, 설교자이든, 평신도이든 하나님의 너른 비전에 눈떠기를 기도한다.

강대훈 박사
개신대학원대학교 신약학 교수

『기독교의 역사』는 기독교가 무엇인지 단숨에 이해할 수 있도록 돕는 선명하고 흥미진진한 백과사전과 같고, 책상 가까이 두고 수시로 꺼내 읽어야 할 책이다.

저자는 1세기 팔레스타인부터 현대 개신교에 이르기까지 2,000년 동안 보여 준 기독교의 모습을 굵직하고도 섬세하게 설명한다. 연대기 순서로 전개하면서 중요한 사건들뿐 아니라 역사의 의미와 영향을 명쾌하게 정리한다. 특히 독자들은 이야기로 담아낸 기독교 역사를 통해 교리들, 인물들, 시대와의 관계를 흥미롭게 읽을 수 있다. 본서 한 권으로 기독교의 자화상을 한눈에 볼 수 있다는 것은 독자들에게 큰 복이다.

제1장에서 저자는 기독교 역사를 예수 그리스도의 일생부터 시작하고 예수의 삶의 자리인 1세기 유대교와 헬레니즘의 배경을 다룬다.

제2장에서 기독교의 성장과 박해와 변증(30-200년)의 역사를 서술하는 저자는 초기 기독교의 성장 원인과 속사도 교부들의 일생을 열거한다. 특히 기독교의 박해를 황제들과의 관계에서 기록하고 초기 기독교 변증가들을 소개한다.

제3-4장에서 저자는 기독교 내부의 문제를 이단과 분파에 초점을 맞추어 탐구하며, 이어서 기독교 정통주의가 어떤 과정을 통해 형성되고 이런 과정에서 활동한 니케아 이전 교부들의 일생과 사상을 기록한다.

제5장은 2-3세기 기독교의 모임(예. 세례, 성찬, 애찬), 경건 훈련, 종말론, 교회 직분을 포함한다. 이처럼 독자는 2-5장의 내용으로 예수 그리스도와 바울의 선교에서 출발한 기독교가 3세기에 이르기까지 어떤 모습, 사상, 도전, 응전을 경험했는지 일목요연하게 파악할 수 있다.

제6-9장은 4-6세기 기독교의 확장, 인물, 사상, 예배 등을 설명한다. 저자는 4세기 이르러 로마가 쇠퇴하고 기독교가 세력을 확장한 역사를 기록하면서 콘스탄티누스와 기독교의 관계, 이 시기의 교리 논쟁, 공의회, 수도원 운동을 소개한다. 특히 저자는 삼위일체를 둘러싼 기독교 내부의 논쟁을 자세히 설명한다. 교리 논쟁의 핵심 인물들뿐 아니라 4-5세기의 교회에 중요한 영향을 끼친 신학자들을 소개한다. 저자는 교회사에 등장한 거목들의 일생과 사상을 선명하게 설명한다.

제10-15장은 중세의 서방교회와 동방교회를 소개한다. 여기서도 저자는 핵심적인 인물과 공의회와 신학 논쟁을 명확하게 소개한다. 교황제와 쇠퇴, 십자군 원정, 수도원 제도, 스콜라 철학, 신비주의, 르네상스, 서방의 분열, 흑사병, 예배 형식 등을 분석한다.

제16-20장에서 저자는 종교개혁의 흐름과 특징을 인물과 사상과 지역(예. 잉글랜드 종교개혁)을 중심으로 전개하며, 칼빈과 개혁신앙, 종교개혁에 대한 가톨릭의 반응을 각각 한 장씩 다룬다.

제21-26장은 기독교가 신대륙으로 확장되는 과정(예. 스페인, 프랑스, 영국, 미국)을 추적하며, 대각성 운동을 포함한 미국의 기독교 역사와 여러 분파로 나뉘어지고 선교의 유산을 남긴 영국 기독교 역사를 자세하고 이해하기 쉽게 설명한다. 그리고 근대와 현대에 기독교가 직면하는 철학 사조를 서술한다. 특히 독자는 미국과 영국의 기독교 역사가 어떻게 연결되고 현대 세계 기독교 역사에 어떤 영향을 끼쳤는지 이해할 수 있는 혜택을 얻게 된다.

제27장은 근대의 가톨릭과 정교회 역사 그리고 가톨릭과 개신교와의 관계를 사상과 인물과 지역을 중심으로 설명한다.

제28-29장은 현대 개신교의 역사를 사상과 인물에 초점을 맞추어 소개하고 기독교가 어떻게 세계화를 이루고 있는지 지역을 중심으로 설명한다.

따라서 독자는 한 권의 책으로 2,000년의 기독교를 생생하게 파악할 수 있고 기독교가 앞으로 어떻게 응전해야 할 것인지 혜안을 얻게 될 것이다.

윌리엄 로이드 앨렌 박사
머서대학교 제임스 & 캐롤린 맥아피 신학부 교회사 및 영적 훈련 교수

갈수록 많은 대학들과 신학교와 신학원들이 한 학기만 기초 교회사를 가르치고 있으므로, 학문적이면서도 범접할 만하며 요즘 시대에 맞게 세계 교회사를 고루 다루는 단권 개론서가 더욱더 필요하게 되었다. 조셉 얼리 박사가 이 중요한 분야에 대한 균형 잡히고 가치있는 자료를 공급해 주었다.

바트 바버 목사
텍사스주 파머스빌제1침례교회

복음주의권에서 가장 다작의 작가이며 젊은 교회사 학자인 저자가 우리에게 선사한 우수한 책이다. 본서는 독자들에게 많은 정보와 열정을 주면서도, 읽기 쉽고 역동적으로 전개되는 책이기에 별다른 노력 없이도 읽을 수 있다. 본서야말로 기독교에 충실하면서 동시에 역사에 충실한 기독교 역사책이다.

렉스 D. 버틀러 박사
뉴올리언스침례신학교 교회사 및 교부학 교수

조셉 얼리 박사의 새로운 교회사 개관은 쉽고 부드럽게 여러 세기에 걸친 기독교 역사를 다룬다. 그리고 본서는 교회사에 입문하는 학생들이 쉽게 읽을 수 있는 책이면서 동시에 좀 더 경험이 많은 학자들을 위해서도 구체적인 정보를 제공한다.

때때로 조셉 얼리 박사는 광범위한 교회사를 다루다가 잠시 쉬어가면서 중요한 인물들의 약력을 소개하되, 독자로 하여금 그들의 공헌뿐만 아니라 인간적인 결점들과 실수들을 볼 수 있도록 하는 방식으로 그렇게 하고 있다. 지난 2,000년간 하나님께서 하신 일에 대해서 배우기를 갈망하는 독자들은 교실에서건 교회에건 이 새로운 자료집에서 원하던 것들을 많이 얻어갈 수 있을 것이다.

안토니 슈테 박사
캘리포니아침례대학교 기독교 사역학부 교회사 학과장 및 교수

필자는 교회사를 가르치면서 규칙적으로 다음과 같은 질문들을 스스로에게 던지곤 한다.

"어떻게 하면 내가 이 주제에 대하여 알고 있는 모든 것을, 학생들이 감당할 만하게 그리고 그들에게 의미 있게 전달할 수 있을까?"

"이 주제에 잘 가르치기 위해서 포함시켜야 할 정보는 무엇인가?"

"이야기의 진행을 위해서 생략해야 할 측면들에는 무엇이 있는가?"

"흥미를 돋구기 위해서 포함시켜야 할 세부 사항들은 무엇인가?"

그리고 가장 중요한 질문, "배우는 과정에서 학생들이 그리스도와 교회에 대해 어떤 생각을 하게 될 것인가"라는 질문을 스스로에게 던지곤 한다.

조셉 얼리는 『기독교의 역사』에서, 학생들에게는 무겁지 않으면서도 교수들에게는 필요한 정보들로 가득찬 자료를 제공함으로써 이러한 끊임 없는 난관을 돌파하고자 한다. 본서는 연구자의 진지함을 간직하면서도, 학습자에게는 명쾌한 책이다. 본서는 초심자들의 질문에 답하면서 호기심 많은 이들이 토론할 수 있도록 해 준다.

본서는 교회를 활성화시키고 보호하시며 보존하시는 하나님의 신실하심을 독자들이 잘 감상하도록 도와주는 것을 그 목적으로 하고 있다.

제이슨 G. 듀싱 박사
미드웨스턴침례신학교 부총장

조셉 얼리 박사의 『기독교의 역사』가 수년간의 작업 끝에 나오게 된 것을 기쁘게 생각한다. 기독교 교회사를 학문적으로 설명할 때, 꼭 필요한 사실들과 인물들이라는 뼈만을 무더기로 쌓아 놓고 거기에 생기가 결여된 경우가 매우 자주 있는데, 얼리는 영감을 주고 교훈을 주도록 이 뼈들을 잘 결합시키고 거기에 생기와 살을 집어넣는 일을 잘 해냈다.

그리고 이 모든 것의 중심에는, 현재의 하나님 백성들에 맞게 지나간 때를 적실하게 연구하려는 저자의 마음이 자리잡고 있다. 그리하여, 『기독교의 역사』를 읽는 모두에게 도전과 변화가 있을 것이다.

네이튼 A. 핀 박사
사우스이스턴침례신학교 역사신학 및 침례교 연구 부교수

애석하게도 대부분의 그리스도인들은 기독교 역사에 대해 무지하다. 교회사 학자들은 신자들에게 성경의 하나님께서 성경 시대 이후로 오늘날에 이르기까지 그분의 백성 중에 그리고 그분의 백성을 통하여 계속해서 일하고 계시다는 것을 있는 그대로 보여 줘야 할 중요한 (그리고 즐거운) 과업을 맡고 있다.

조셉 얼리 박사는 이 사명을 잘 감당하는 괜찮은 교회사 입문서를 저술했다. 교수들은 본서에서 얼리 박사가 가장 중요한 인물들과 주제들과 교리들과 논쟁들을 개신교 전통을 확신하면서도 그 외 기독교의 다양한 갈래들을 존중하는 입장에서 다루는 방식들을 높이 평가할 것이며, 학생들은 책이 읽기 쉽고 개론서에 걸맞지 않는 필요 이상의 전문적인 내용이 없다는 점을 높이 평가할 것이다.

크리스천 T. 조지 박사
미드웨스턴침례신학교 역사신학 조교수

조셉 얼리 박사는 본서에서 하나님께서 뜻대로 과거에 행하셨던 사역들을 생기 있고 인상 깊게 기억하도록 함으로써, 역사 건망증에 대한 강력한 치료제를 제공한다. 거추장스러울 정도로 지나치게 학문적이지 않으면서도, 너무 단순하고 두루뭉술하지도 않은 기독교 역사책을 찾기란 드문 일인데, 본서는 폭과 깊이 사이에서 균형을 유지하면서 대가의 솜씨로 공백을 메꿔 주는 책이기에, 목회자들과 교수들과 학생들과 평신도들이 참고해야만 하는 책이라고 할 수 있겠다.

티모시 조지 박사
샘포드대학교 비슨신과대학 초대 학장

명쾌하게, 우아하게, 이해할 만하게 저술된 이 새롭고, 전포괄적인 기독교 역사책을 반기고 싶다.

브루스 T. 굴리
'침례교 역사와 유산 협회' 상임 이사장

조셉 얼리 박사가 학생들뿐만 아니라 평신도들도 염두에 두고 쓴 이 기독교 역사 개론서는 명쾌하게 저술된, 잘 쓴 책이다. 얼리 박사는 침례교 교인이지만, 좀 더 넓은 독자층, 즉 그리스도께서 태어나신 후로부터 2,000년간 사람의 삶 속에서 역사하시는 하나님의 일들에 대해 소개 받기를 원하는 21세기 복음주의 그리스도인들을 대상으로 글을 쓰고 있다. 29개의 짧고, 소화하기 쉬운 소단원들로 나뉘어 있는 본서는 독자들이

(신학자들, 교황들, 종교개혁자들, 설교자들, 부흥사들과 같은) 인물들에 익숙해지고 또한 전 세계의 기독교 신앙과 삶에 가장 눈에 띄게 영향을 미쳤던 운동들에 익숙해지도록 해 준다.

글렌 조나스 박사
캠프벨대학교 신과대학 종교학과 찰스 B. 하워드 석좌 교수

학부 학생들에게 맞는 새로운 기독교 역사 교과서가 항상 필요했는데, 조셉 얼리 박사가 쓴 본서야말로 그러한 필요를 채워 주는 책으로서, 학부 수준의 교회사 과목들에서 유용하게 쓰일 수 있을 것이다.

다이애나 세브란스
휴스턴침례대학교 던햄성경박물관 관장

『기독교의 역사』는 기독교의 과거를 탁월하게 풀어내어 소개하는 책인 동시에, 여러 시대에 걸친 기독교의 역사에 대한 가장 유용한 참고서적이다. 조셉 얼리는 기독교의 주요 인물과 사상과 사건들을 명쾌하고 흥미롭고 통찰력 있게 묘사하면서 2,000년간의 기독교 역사를 600여 쪽 분량으로 압축하고 있다.

더그 위버 박사
베일러대학교 종교학 및 학부 담당 교수

조셉 얼리 박사의 이 작품은 복음주의자들에게 선사하는 최신 기독교 역사 개론서다. 마틴 루터와 같은 종교개혁자들이 자세하게 다루어지는 동시에, 기독교 역사의 각 시대, 다양한 운동들, 집단들도 빠짐없이 다뤄지고 있다. 또한 기독교 예배, 선교, 현재 시대 신앙의 세계화 등에 주목할 만한 강조가 들어가 있다.

이 연구서는 역사와 역사신학을 통합하여 다루면서도(본서만큼 많은 신학자들을 부각시키는 기독교 역사책이 많지 않음), 저자가 의도한 두 종류의 독자층인 학생들과 교회 평신도들의 교육에 공히 좋은, 범접할 만하고 쉽게 읽을 수 있는 핸드북이라고 할 수 있다.

기독교의 역사

A History of Christianity: An Introductory Survey
Written by Joseph Early Jr.
Translated by Sanghyun Woo, Gyeongchul Gwon

Copyright ⓒ 2015 by Joseph Early Jr.
Originally published in English under the title
A History of Christianity: An Introductory Survey
by B&H Publishing Group,
27 Ninth Avenue North, Nashville, TN 37234-0188 U.S.A.
All rights reserved.

Translated and printed by permission of B&H Publishing Group.
Korean Edition Copyright ⓒ 2020 by Christian Literature Center, Seoul, Korea.

기독교의 역사

2020년 11월 27일 초판 발행

지 은 이	|	조셉 얼리 주니어
옮 긴 이	|	우상현, 권경철
편 집	|	정재원, 곽진수
디 자 인	|	김현진
펴 낸 곳	|	(사)기독교문서선교회
등 록	|	제16-25호(1980.1.18.)
주 소	|	서울특별시 서초구 방배로 68
전 화	|	02-586-8761~3(본사) 031-942-8761(영업부)
팩 스	|	02-523-0131(본사) 031-942-8763(영업부)
이 메 일	|	clckor@gmail.com
홈페이지	|	www.clcbook.com
송금계좌	|	기업은행 073-000308-04-020 (사)기독교문서선교회

ISBN 978-89-341-2214-2(93230)

이 도서의 국립중앙도서관 출판예정도서목록(CIP)은 서지정보유통지원시스템 홈페이지 (http://seoji.nl.go.kr)와 국가자료공동목록시스템(http://www.nl.go.kr/kolisnet)에서 이용하실 수 있습니다. (CIP제어번호: CIP2020042829)

이 책의 저작권은 저자와 (사)기독교문서선교회가 소유합니다. 신저작권법에 의하여 한국 내에서 보호받는 저작물이므로 무단 전재와 무단 복제를 금합니다.

A History of Christianity

기독교의 역사

조셉 얼리 주니어 지음
우상현·권경철 옮김

CLC

목차

추천사   1

    주도흥 박사 | 백석대학교 전 부총장, 교회사 교수
    이은재 박사 | 감리교신학대학교 교회사 교수
    신국원 박사 | 총신대학교 신학과 명예교수
    송태근 목사 | 삼일교회 담임
    강대훈 박사 | 개신대학원대학교 신약학 교수
    윌리엄 로이드 앨렌 박사 외 11인

저자 서문   24
역자 서문   28
머리말   29

제1장 예수와 그가 탄생한 시대   31

  1. 1세기 유대교   31
  2. 헬레니즘   34
  3. 로마의 정치적/종교적 영향력   36
  4. 예수 그리스도   38
  5. 사도 바울   40

제2장 성장, 박해, 변증(A.D. 약 30-200)   41

  1. 기독교는 왜 성장하게 됐나?   41
  2. 기독교는 어디에서 성장했나?   43
  3. 초기 기독교의 예배(예전)   44
  4. 속사도 교부들   45
  5. 기독교 박해   51

제3장 내부로부터의 문제들   60

1. 이단들   60
2. 분파들   67

제4장 기독교 정통주의와 니케아 이전 교부들   71

1. 사도권 계승   71
2. 신앙 규범과 사도신경   72
3. 정경의 발전   74
4. 니케아 이전 교부들   76
5. 알렉산드리아 사람들   81

제5장 2-3세기 예배   87

1. 기독교 모임들   87
2. 세례   89
3. 성찬식(주의 만찬)   91
4. 애찬식   92
5. 경건 훈련   92
6. 종말론   93
7. 교회 직분들   94

제6장 콘스탄티누스와 기독교의 득세   97

1. 디오클레티아누스(285-305) 황제와 대박해   97
2. 콘스탄티누스(306-337)의 발흥   99
3. 콘스탄티누스와 기독교   101
4. 콘스탄티누스가 기독교에 던진 의의   102
5. 가이사랴의 유세비우스(260-339)   102
6. 아리우스주의   103
7. 니케아공의회(325년)   105
8. 수도원 운동   107

제7장 4-5세기의 삼위일체와 기독론 논쟁들   114

1. 아타나시우스(295-373)   115
2. 갑바도기아 교부들   118
3. 그리스도의 위격과 본질   123

제8장 4-5세기의 신학자들   128

1. 요한네스 크리소스토무스   128
2. 밀란의 암브로시우스(339-397)   132
3. 제롬(약 342-420)   134
4. 히포의 아우구스티누스(354-430)   138

제9장 4-6세기 통합과 예배   145

1. 교회 수위권의 발흥   147
2. 세례와 성찬   150
3. 교회력   151
4. 기독교 경건 훈련   151
5. 예배와 건축물   154

제10장 중세 초기 서방교회의 성장   155

1. 대(大) 그레고리우스   156
2. 카롤링거 왕조   159
3. 봉건 제도   162
4. 이슬람   163

제11장 동방의 기독교   165

1. 유스티니아누스 황제(527-565)   166
2. 최초의 7개 공의회가 인정한 동방교회   168
3. 제2차 니케아공의회(787) - 성상 파괴 논쟁   170
4. 다마스쿠스의 요한(약 655-약 750)   171
5. 신비주의(Mysticism)   173
6. 동정녀 마리아   175

7. 슬라브 지역   176
8. 러시아   177
9. 동방 지역에서의 이슬람의 영향   177
10. 최후 결정타 - 1054년 분열   178

제12장 중세 성기(中世盛期, High Middle Ages)의 서방교회   181

1. 교황 제도의 쇠퇴   183
2. 투스쿨룸 교황들   184
3. 교황 제도 개혁   185
4. 그레고리우스 7세(Gregory VII)   186
5. 교황 제국(Papal Monarchy)   188
6. 십자군   192
7. 십자군의 결과들   198
8. 이단들을 대적한 십자군 원정   199

제13장 수도원 제도, 스콜라 철학, 유럽의 최종 정복   201

1. 수도원 제도   201
2. 탁발 수도사   203
3. 스콜라 철학   206
4. 신비주의   212
5. 여타 유럽에서의 개종   216

제14장 교황의 쇠퇴와 르네상스   217

1. 교황의 쇠퇴   217
2. 서방의 분열(1378-1417)   220
3. 흑사병   225
4. 르네상스(1300-1517)   226

제15장 중세의 예배   233

1. 성례   233
2. 준성사, 성유물, 성골함   238
3. 건축   242

제16장 종교개혁의 서광 　　　　　　　　　　　　　　**243**

1. 마틴 루터(1483-1546) 　　　　　　　　244
2. 루터의 공헌 　　　　　　　　　　　　259

제17장 츠빙글리와 급진 종교개혁가들 　　　**261**

1. 스위스의 상황 　　　　　　　　　　　261
2. 울리히 츠빙글리 　　　　　　　　　　262
3. 급진 종교개혁가들 　　　　　　　　　269

제18장 존 칼빈 　　　　　　　　　　　　　**280**

1. 제네바 　　　　　　　　　　　　　　280
2. 존 칼빈 　　　　　　　　　　　　　　281

제19장 잉글랜드 종교개혁, 청교도주의, 분리주의 　**295**

1. 왕의 큰 문제 　　　　　　　　　　　295
2. 분리주의 　　　　　　　　　　　　　307

제20장 개신교 종교개혁에 대한 가톨릭 반응과 대응 　**311**

1. 종교개혁 이전에 있었던 가톨릭 내부 개혁 시도들 　311
2. 종교개혁 시대 가톨릭의 변천 　　　　314
3. 인문주의자들 　　　　　　　　　　　318
4. 신비주의자들과 정숙주의 　　　　　　319
5. 교황의 역할 　　　　　　　　　　　　321
6. 로마 종교 재판소 　　　　　　　　　323
7. 트렌트 공의회 　　　　　　　　　　　323
8. 남아 있는 문제들 　　　　　　　　　327
9. 30년 전쟁 　　　　　　　　　　　　328
10. 동방 정교회 　　　　　　　　　　　329

제21장 신대륙의 기독교화 ... 330

1. 스페인의 영향 ... 331
2. 프랑스의 영향 ... 336
3. 영국의 영향 ... 338

제22장 예상하지 못한 저항 ... 350

1. 동트는 이성의 시대 ... 350
2. 합리론과 경험론 ... 353
3. 이신론 ... 357
4. 계몽주의 ... 363

제23장 18세기 미국 ... 366

1. 대각성 ... 368
2. 대각성의 결과 ... 373
3. 미국 독립 혁명(The American Revolution, 1775-1783) ... 374
4. 헌법과 비국교화 ... 375

제24장 19세기 잉글랜드 개신교 ... 379

1. 감리교 ... 381
2. 잉글랜드 국교회 ... 383
3. 구세군 ... 385
4. 선교 ... 387
5. 19세기 기독교 선교의 유산 ... 391
6. 존 넬슨 다비(1800-1882) ... 392
7. 찰스 하돈 스펄전(1834-1892) ... 392
8. 20세기 초반 ... 393

제25장 제2차 대각성 운동과 파급 효과 ... 395

1. 예일과 뉴잉글랜드 대각성 ... 395
2. 서쪽 개척 지역 대각성 ... 397
3. 찰스 그랜디슨 피니 ... 400

   4. 개혁 운동   402
   5. 사회 복음   406
   6. 오네이다 공동체   408
   7. 제2차 대각성과 미국에서 발흥된 교단들   409
   8. 미국의 사교(邪敎)들   411

제26장 신대륙에 건너온 유럽 교단들   418

   1. 장로교   418
   2. 루터교   421
   3. 침례교, 감리교, 성결교, 오순절 교단   421

제27장 근대 시대의 가톨릭과 정교회   432

   1. 프랑스 가톨릭   432
   2. 개신교와의 관계   434
   3. 피우스 9세(Pius IX, 1846-1878)   435
   4. 제1차 바티칸 공의회, 교황의 그 외 선언들   438
   5. 마르크스주의   439
   6. 피우스 11세(Pius XI, 1922-1939)   441
   7. 피우스 12세(Pius XII, 1939-1958)   441
   8. 영향력 있는 신학자들   442
   9. 제2차 바티칸 공의회(1962-1965)   443
   10. 해방신학   446
   11. 교황 요한 바오로 2세   450
   12. 미국 가톨릭   451
   13. 정교회   455

제28장 현대 개신교   457

   1. 19세기 자유주의 신학자들   457
   2. 성경비평학   459
   3. 진화론   462
   4. 신정통주의   464
   5. 폴 틸리히(1886-1965)   470

6. 복음주의 471
7. 근본주의 472
8. 교회 일치 운동 474
9. 개신교의 신경향 475

제29장 새로운 기독교 세계 – 20세기 세계화와 21세기 478

1. 중남미와 남미 479
2. 아프리카 481
3. 아시아 485
4. 미전도종족 490
5. 기독교의 새로운 외관 490

참고 문헌 492

A HISTORY OF CHRISTIANITY

저자 서문

조셉 얼리 주니어 박사
캠벨스빌대학교 종교학부 교수

　기독교 역사의 진술은 예상외로 어렵다는 것이 확실해졌다. 연구와 기록과 증명을 신자의 관점으로 해내는 것 자체가 분명 도전적인 과제였으나 학문적 영역 외에 또 다른 난제가 있다. 기독교의 역사 전반에 걸쳐 사건은 계속 이어졌으며, 심지어 전 세대를 통해 교회 지도자들은 사적인 목적을 하나님이 성경으로 표현한 것 위에 두기도 했다.
　목표를 이루기 위해 인간은 종종 기독교를 자신의 동기에 가둬 재구성했다. 하나님을 자신만의 초상화에 끼워 맞추려 했다. 그런 기간에 기독교 지도자들은 복음보다 교회 조직을 강하게 구성하는 일에 더 큰 관심을 뒀다. 역사가로서 나는 종종 그런 시대에 하나님은 어디에 계셨느냐는 질문을 받는다. 지난 20년을 되돌아볼 때 나는 하나님이 언제나 함께하셔서 인간과 교회를 성경적 가치로 돌아오라고 부르신다는 해답을 믿는다.
　또 다른 도전은 인간의 일상 속에서 하나님의 일하심의 실체를 확신할 수 있느냐는 문제였다. 이에 대한 답은 어렵다. 교회의 역사를 순전하게 연구하다 보면, 냉소적으로 될 가능성이 있기 때문이다. 무엇보다도 박해의 때 하나님의 손을 느끼는 것은 어려운 일이다. 대다수 연구자의 장벽은 어떤 역사든 자신이 보는 관점이다. 사실과 연대는 암기할 수 있으나 긴 안목을 갖추는 일에 실패할 수 있기 때문이다.
　2,000년 교회사를 조망해 보면, 인간이 성경을 무시하거나 경시해 그 자리에 권력과 전통과 정치를 두고 의지할 때 잘못된 일이 발생한 것을 발견할 수 있다. 교회의 많은 지도자가 이기심에만 붙잡혀 있었으나 교회를 위해 사람들은 그것이 거절할 수 없는 최선이었다고 믿었다. 목적이 수단을 정당화한 셈이다. 하지만 수단이 성경적 기초 위에 놓여 있지 않다면 목적 또한 절

대로 정당화될 수 없다. 교회 역사에서 가장 찬란했던 시기는 예외 없이 인간이 성경과 성령에 이끌려 자신을 내놓을 때였다.

역사를 긴 안목으로 조망해 보면, 조직 교회에서 무슨 일이 벌어지든 교회를 위해 하나님의 길을 따르는 자들은 항상 존재해 왔다. 그리스도인이면서 역사가로서 나는 본서의 독자들이 시대가 어두워도 담대한 그리스도인들의 삶 전반에 걸쳐 나타나는 복음의 밝은 빛을 볼 수 있기를 바란다. 결국, 우리는 복음의 빛이 어두움을 물러가게 할 것이라는 약속을 소유한 자들이다.

역사 해석자의 과제 중 하나는 시대 이해에 있다. 우리는 하나님이 우리의 시간표에 맞춰 일하시기를 원한다. 하지만 교회 역사 속에서 하나님은 인간에게 예속되지 않는 그분만의 시간 개념을 소유하고 계심이 분명하다.

종종 인간은 교회 역사를 진화론적 행동의 전개 정도로 보고 이해하기도 한다. 속 깊이 들여다보면 인간을 위한 하나님의 궁극적 의지의 빛은 항상 모든 시대 속에서 믿음과 확신의 사람들에 의해 발화됐다. 때때로 그들은 존재하지 않는 듯 나타나기도 했으나 항상 자리를 지켜 왔다. 하나님을 구하며 섬기는 자들 말이다. 독자들이 본서의 몇몇 사건과 냉혹한 시대를 마주 대할 때, 하나님이 사람을 세워 교회를 바로 세우셨음을 발견할 수 있기를 바란다.

나는 1990년 중반 미드웨스턴침례신학교(Midwestern Baptist Theological Seminary)에서 목회학 석사 과정을 거치며 교회 역사에 처음으로 매료됐다. 로버트 존슨(Robert Johnson) 박사는 담당 교수로서 역사를 살아 숨 쉬게 했다. 나는 교황, 수도사, 순교자, 종교개혁자, 교단의 발흥, 교리의 발전 등에 관해 충분히 배울 수 없었다. 연구 초기 나는 우리가 그리스도인으로서 믿음의 실체가 성경에 기반을 둬야 한다는 것을 어느 정도 인식해 가고 있었다.

하지만 또한 우리의 신학과 고백이 꽤 오랜 기간 발전해 왔다는 것 역시 실감할 수 있었다. 교부들, 신조들, 공의회들, 신학자들, 교회 정치 제도들, 종교개혁가들, 목사들은 지난 기독교 2,000년에 걸쳐 다양한 현장에서 기독교의 발전에 중요한 역할을 지속해서 감당했다. 나는 진실로 전에는 이 점을 전혀 인지하지 못했다. 그리스도인, 특히 침례교 교인이라면 언제나 오늘날 우리가 받아들이고 있는 기본적인 신앙고백을 견지하고 있을 것으로 추측했다.

교수로서 나는 현재 학생들이 오래전 내가 처했던 환경과 같은 문제 속에 있다는 것을 볼 수 있다. 대부분 그리스도인은 자신들의 역사와 왜 믿고 있는지, 무엇을 믿고 있는지 그리고 부모를 따른다는 이유 외에 다른 점에서 왜 특정 교단에 속해 있는지에 대해 아무런 개념을 소유하지 못하고 있다. 나는 본서가 그리스도인들에게 이런 질문에 답을 구하도록 자극하기를 바란다.

본서가 기록된 또 다른 동기는 현실의 필요 때문이었다. 시장에 출판된 대다수 일반적인 교회사 교과서는 가톨릭 학자들이 저술해 그들의 관점을 따라야 하거나 지나치게 학문적이라 기독교 신앙의 원리를 현저하게 축소했다. 케네스 스캇 라투렛(Kenneth Scott Latourette)의 『기독교사』(*A History of Christianity*)와 로버트 베이커(Robert A. Baker)의 『기독교사 개요』(*A Summary of Christian History*)와 같은 개신교 저작들은 뛰어나지만 오래된 작품들이다.

개신교(침례교) 성도로서 나는 현재의 필요를 채워 주고 싶었다. 이렇게 말한다고 내가 개신교 교의만을 조장해 인물전기 방식으로 모든 사안을 개신교 위주로만 다루려 한다고 오해하지 않기를 바란다. 본서는 역사책이지 사건 모음집이 아니다. 개신교만의 결점들이 있으며 나는 굳이 그것을 숨기려 들지 않을 것이다.

본서를 기록하면서 몇 가지 특징을 뒀다.

첫째, 지면의 한계가 항상 대두되는 점을 고려해 여러 권으로 구성된 시리즈보다 단권으로 출판하고자 했다. 이런 이유로 나는 내용을 선별해 선택하거나 생략해야 했다. 몇몇 독자들은 나의 방식에 아쉬움이 있을 수도 있겠다.

둘째, 중구난방식의 많은 각주를 지양하고, 일차 자료에만 각주를 활용했다. 본서를 위해 연구되고 적용된 모든 자료는 참고 문헌에 기재돼 있다.

셋째, 고대의 여러 인물을 다룰 때, 출생과 사망 연대에 정확도를 높이는 작업에는 어려움이 따른다. 본서는 해당 일시를 심도 있게 조사해 가능한 실제 시기와 가장 가까운 연대를 기록했다는 확신을 기초로 했다. 왕과 교황의 연대는 재위 시기로 기재했음을 덧붙인다. 그 외 인물에 관해서는 출생과 사망 연도로 기록했다.

본서가 출판되기까지 많은 분의 도움이 있었다. 감사의 인사가 마땅한 바이다. 우선, 아내 티파니에게 고마움을 전한다. 약혼의 마지막 6개월과 결혼 첫 6개월을 집필에 할애하도록 배려해 줬다. 집필을 허락했을 뿐만 아니라 교정을 담당해 줬고 휴지기가 길어지면 다시 연구에 몰두할 수 있도록 격려해 주기도 했다. 부친 조셉 얼리 시니어 박사께도 감사의 인사를 드린다. 아들의 과거 모든 저서의 집필 과정에서 교정 작업을 해 주셨고, 날카로운 통찰도 제공하셨다.

또한, 본서가 빛을 보기까지 자세히 살펴 줬던 9명의 동료와 교수님, 즉 존 후르트겐 박사(Dr. John Hurtgen), 셰인 개리슨 박사(Dr. Shane Garrison, Campbellsville University), 트와일라 에르난데즈 박사(Dr. Twyla Hernandez, Campbellsville University), 드웨인 호웰 박사(Dr. Dwayne Howell, Campbellsville University), 렉스 버틀러 박사(Dr. Rex Butler, New Orleans Baptist Theological Seminary), 로버트 존슨 박사(Dr. Robert Johnson, Central Baptist Theological Seminary), 폴 그리츠 박사(Dr. Paul Gritz, Southwestern Baptist Theological Seminary), 제임스 레오 개럿 박사(Dr. James Leo Garrett, Southwestern Baptist Theological Seminary), 존 스토리 박사(Dr. John Storey, Lamar University)께도 감사의 마음을 전한다.

위의 교수들은 모두 탁월한 학자들로서 유익한 비평을 해 주셨고 진실하게 저술할 수 있도록 격려하셨다. 나의 비서 엠마 칼버트(Emma Calvert)는 인용 문헌 준비에서 탁월한 섬김을 보여 줬다. 다시 한번 신학부 학장인 존 후르트겐 박사님과 동료들의 격려에 감사를 전한다.

"과거의 것이 이야기의 서막이다."
- 윌리엄 셰익스피어의 『폭풍우』(The Tempest) 중에서

A HISTORY OF CHRISTIANITY

역자 서문

권경철 박사, 우상현 목사

 본서는 미국 남침례 교단의 신진학자 조셉 얼리 주니어(Joseph Early Jr.)가 영어로 출간한 최신 교회사 개론서를 한글로 옮긴 것이다. 저자는 본서에서 2,000년이 넘는 교회 역사를 적당한 깊이와 분량으로 흥미롭게 다루고 있다. 번역에 있어서는, 제1장부터 제14장까지를 우상현 목사가 담당하고, 제15장부터 제29장까지는 권경철 박사가 담당을 했다.
 본서의 강점은 역시 미국교회사 부분에 있다. 저자는 미국 신학자의 입장에서 북미와 남미 초창기 식민지 개척에 얽힌 이야기들을 소개할 뿐만 아니라, 미국의 각종 교단 및 종교 단체들의 발전 과정과 마틴 루터 킹 주니어의 흑인 인권 운동을 독자들에게 비교적 소상히 설명하고 있다.
 따라서 본서를 통해 초대교회와 중세교회 및 종교개혁뿐만 아니라, 미국 교회사를 잘 개관할 수 있으며, 더 나아가서 세계화의 물결 속에서 현대 미국 개신교회가 한국 개신교회에 대해서 어떤 평가를 내리는지에 대해서도 엿볼 수 있다.
 물론 번역 과정에서 고개를 갸웃거리게 하는 서술도 일부 있었다. 일단 야사(野史)인지 아닌지 구분하기 어려운 성인전과 비화들을 신중하게 따져보지 않고 실제 역사적 사실처럼 소개한다든지, 혹은 건축 양식 등 지엽적인 부분에서는 필요 이상으로 자세하면서도 스콜라주의와 인문주의와 종교개혁 간의 공존을 주장한 최신 연구는 반영하지 않는 등의 한계를 보일 때도 있었다. 하지만 그러한 단점들은 대체로 사소한 것이었고, 큰 결함은 아니었다.
 아무쪼록 본서를 통해 독자 여러분들께서 각자의 필요에 따라 유익을 얻으시고 역사 속에 나타난 하나님의 손길을 감상하시기를 바란다.

머리말

J. 브래들리 크리드(J. Bradley Creed) 박사
샘포드대학교 종교학부 교수

교회가 이 세대에 사멸되지 않더라도 역사의 망각은 영적인 나태만큼이나 교회를 위협해 소멸의 길로 밀어 넣는다. 갱신의 요청은 필연적으로 기억의 호소임이 틀림없다. 교회가 새 시대 성도들에게 전통을 전하고 훈련을 하는 일에는 분명 모든 시대에 담긴 교회의 사명과 정체성을 소환한다.

교회 역사의 연구는 이 흐름에서 근본적 위치에 있다. 열정적인 신자 중 많은 이가 기독교 신앙의 역사에 대해 거의 알지 못하고 있다. 침례교 그리스도인들과 자유교회 전통에 서 있는 자들에게는 수백 년 역사를 간과하려는 유혹이 마음에 찾아온다. 사도 시대와 조부모 신앙 사이에 일어났던 모든 일을 역사적으로 괄호 처리하려는 시도이다.

교회사 연구는 기억의 길을 걷는 일이며, 조각난 회상을 회복시키기 위한 조건을 구조화하는 작업이다. 이는 계몽주의 이후 회자하고 있는 현대 세계의 실재를 다룬다.

어떤 기억이 개인에게 의미가 있는가?

어떤 역사가 교회에 의미 있는가?

교회 역사의 세심하고 매력적인 조사는 다음 세대에 신앙을 전하기 위한 소중한 자원이다. 우리 부모 세대의 신앙의 가치를 저하하며 쉽게 신생 이교의 희생물이 되게 하는 오만에 도전한다. 이는 현대 복음주의자들의 결점이기도 하다. 우리의 역사를 아는 일은 기독교의 정체성과 교회의 목양을 이해하기 위한 관점과 더 명료한 정황을 제공한다.

교회사 연구는 우리를 과거로 보내 피할 수 없는 변화 가운데 무엇을 직면하고 있는지 알도록 준비시킨다. 좌표와 기준점을 제공해 C. S. 루이스가 '연대기적 속물근성'이라 일컬었던 것에서 자유롭게 한다. 아마도 기독교 교육 내 여타 학문적 훈련 중에서 교회사는 가장 본질적이고 총체적이며 통합적일 것이다. 신학, 윤리학, 철학, 목회학, 설교, 선교, 복음 전도뿐 아니라 다른 학문으로 둘러싸여 있다. 교회 역사는 성경을 더 잘 이해하도록 돕는다. 왜냐하면, 하나님의 사람들이 사는 세계 속 그 역사에 관한 이야기를 더 폭넓게 펼치기 때문이다.

조셉 얼리 박사는 본서에서 교회 역사의 개관, 전 세대 그리스도인들을 위협한 공멸을 막아 왔던 울타리, 기억의 싸움에서 환영받고 필요한 정보를 제공한다. 본서는 교전을 위한 필수 사안들을 지도하며 정보를 주고 영감을 불러일으키며 도전하고 문제를 제기한다. 2,000년 역사를 망라하는 일은 벅찬 작업이다.

하지만 얼리 박사는 이를 광범위하게 수행해 냈다. 이 과정에서 발생한 운동, 사상, 사건, 핵심 인물의 포괄적인 영역에 관한 이야기에 집중해 관심을 뒀다. 숙련된 학자면서 유능한 교사의 역량을 기초로 1, 2차 자료를 분별력 있게 활용하고 효과적으로 연구해 균형 잡힌 기독교 역사를 진술한다. 그리고 정독을 즐길 수 있도록 접근성 높고 매력적인 방식으로 전달한다.

본서가 훗날 언제든 사용할 수 있는 자료를 제공한다는 점은 추가적인 자산이 될 것이다. 정보와 연구를 위해 몇 번이고 본서의 해당 부분을 참고할 수 있을 것이다. 본서는 응용할 수 있기에 대학교와 신학교의 종교와 교회사 수업을 위한 개론 교과서로 이상적이다. 또한, 지역 교회의 소그룹모임과 제자훈련반에서도 결정적 필요를 채울 수 있게 되기를 바란다.

이에 더해 교회는 하나님이 자신의 백성들을 위해 항상 일하고 계심을 일깨우며 기독교의 정체성을 확증하는 데 필요한 학문적 수단을 제공할 숙련된 역사가를 필요로 한다. 교회는 다음 세대에 신앙을 전수하는 일에 사회적이며 문화적인 변화 속에 숨은 위험을 볼 수 있어야 하기 때문이다.

조셉 얼리 박사는 본서를 통해 교회의 증언을 기억하고 확장하는 재원을 제공하고 있다. 그리고 새 시대 학생들, 교회 지도자들, 질문을 품은 그리스도인들이 신앙의 역사에 대해 더 많이 배우는 일에 공헌할 것이다. 본서를 정독할 것을 제안한다. 그래서 역사의 기억상실이나 교회의 소멸과 앞장서 싸우는 일에 동참해 주기를 소망한다.

제1장

예수와 그가 탄생한 시대

예수 그리스도와 기독교는 격동의 시대에 출생했다. 현재와 유사하게 종교는 정치적 화약고였으며, 끊임없이 들끓어 폭발의 징후를 보였다. 유대교가 천 년 넘게 그 지방을 지배하고 있었음에도 유대인들은 종종 외세의 압제 아래서 아시아와 유럽과 아프리카를 잇는 교차점으로 중요한 위상을 지닌 팔레스타인을 놓고 싸워야 했다. 바벨론, 페르시아, 그리스, 그리스도 시대의 로마 등은 일련의 패권국들이었다. 점령자들의 문화가 유대인들과 그 지역의 거주자들에게 큰 영향을 미쳤다.

1. 1세기 유대교

예수와 그를 따르던 자들이 유대인이었기에 유대교는 기독교 형성에 지대한 영향을 미쳤다. 신생 기독교는 모세의 율법, 유월절, 아브라함의 중요성을 강조했다. 하지만 예수께서는 구약성경 해석에 있어 몇몇 유대 종파보다 더 영적이며 덜 율법주의적 방식을 택하셨다. 1세기 유대교가 유대인들의 이산(離散)과 종교지도자들의 내적 분열로 파편화되고 있었음에도, 기독교의 기초를 놓는 데 수많은 주요 개념을 제공하셨다.

히브리어성경은 유대교의 근간이었다. '타나크'(*Tanakh*; '토라'[*Torah*], '느비임'[*Nevi'im*], '케투빔'[*Ketuvim*]) 또는 구약성경은 유대인들에게 국가의 시초에 관한 이야기, 여호와의 선택된 백성으로서 특별한 위상 이해, 종교적인 바람, 미래에 관한 소망을 제시했다. 삼십구 권의 책들은 종종 그리스어역(칠십인역)으로 읽으며 기독교에 초기 저술을 위한 토대를 마련했다.

타나크는 기독교의 유일신론을 세우는 데 공헌했다. 신명기 6:4-9에서 강조하듯 기독교는 오직 한 분이신 하나님 여호와만 신봉했다. 여호와는 보이지 않으시므로 새긴 우상은 어떤 것도 허용하지 않으셨다. 유대인과 그리스도인 모두에게 이방신들은 실제적인 권세가 전혀 없는 형상에 불과했다.

언약의 개념 역시 유대교와 기독교에 중대한 의미가 있다. 언약은 신과 인간 무리 사이에 맺은 맹세나 계약이었다. 구약에서 하나님은 노아, 아브라함, 모세, 다윗과 주요 언약을 맺으셨다. 아브라함과 다윗 언약은 특히 중대한 의미가 있다. 아브라함 언약은 아브라함의 후손들이 나라를 이루어 위대하고 큰 민족이 되고 하나님으로 인해 복을 얻게 될 것이라고 약속했다(창 12:1-3). 마태복음 3:9; 8:11; 누가복음 1:73-74에서 나타나듯이 복음서는 이 언약의 중요성을 강조했다.

다윗 언약은 메시아가 다윗의 혈통으로 오실 것을 언급했다(삼하 7장). 신약성경 전반에서 나타나듯이 예수는 다윗 언약에서 예언된 메시아셨다(예. 행 2:29-31). 그는 구약성경의 언약을 성취하셨고 예레미야 31장에서 예고된 새 언약의 시대를 여셨다.

바벨론 포로 시대를 거치면서 메시아 고대 사상은 유대교의 두드러진 특색이 됐다. 이는 1세기에 이르러 뜨거운 절정으로 치달았다. 히브리어성경에서 사용된 '메시아'라는 용어는 '기름 부음 받은 자'를 의미하며 '그리스도'로 번역돼 있다. 유대교 정황에서 메시아나 그리스도는 유대교를 정결하게 하기 위한 하나님의 도구며 해방자고 다윗의 용사여야 했다. 사사들, 사울, 다윗, 선지자들과 같은 구약의 인물들은 궁극적으로 메시아를 예표했다. 구약의 영웅들처럼 유대인들은 오실 이가 인간일 것으로 생각했다.

유대교에서 가장 중요한 장소는 예루살렘의 솔로몬성전이었다. 여호와 종교의 핵심 처소며 신실한 유대인들이 제사를 드릴 수 있는 유일한 장소였다. B.C. 722년 앗시리아는 이스라엘 열두 지파를 침공해 자신들의 땅으로 끌고 가 노예로 삼았다. B.C. 586년 바벨론은 예루살렘과 솔로몬성전을 무너뜨려 수천의 유대인을 노예로 잡아갔다. 이로 인한 유대인의 이산을 디아스포라라 불렀다. 몇몇 유대인들은 바벨론 유수에서 돌아와 성전을 재건하는 일이 가능했으나, 그 후에도 많은 이가 이방 땅에 남아 있어야 했다.

흩어져 성전에 갈 수 없었던 이들을 위해 회당이 설립됐다. 회당에서는 성경이 낭독되고, 구전이 전수되며, 유대인들은 종교 교육을 받았다. 로마제국 하에서 회당은 이방 사회 한복판에서 유대 문화의 전초기지로 쓰임 받았다. 기독교 전파의 중추였다. 바울은 선교 여행 기간에 송송 회당에서 복음을 전했다. 하지만 헤롯성전은 팔레스타인 지역에서 A.D. 70년에 무너지기까지 유대교의 본산으로 남아 있었다.

유대인들은 지리적으로 멀어졌을 뿐만 아니라 서로를 멸시하는 분파들로 나뉘었다. 가장 눈에 띄는 분파는 바리새파와 사두개파와 열심당원과 에세네파였다.

예수님 생애 당시 바리새파('분리된 자들'이란 의미)는 약 6,000명으로 구성된 비(非)제사장 계열의 분파였다. 율법적이었으며, 유대교 정화를 통한 메시아의 도래를 학수고대하고 있었다. 이들은 토라뿐만 아니라 유대교의 구전을 권위 있는 것으로 받아들였다. 육체의 물리적 부활을 믿었으며 안식일 규례를 엄격히 준수했다. 일반 유대인들은 그들을 진심으로 존중했으나 사두개인들은 그들과 대립했다. 율법주의 때문에 바리새인들은 자주 예수와 충돌했다.

전통적으로 에스라는 율법을 재구성하고 포로였던 많은 유대인이 귀향에 앞장섰으며 성전 재건을 이루었던 인물로서 바리새인들의 선조로 받아들여졌다. 사도 바울은 기독교 전파에서 가장 중차대한 바리새인이었다.

사두개인들은 제사장직을 통제했으며 제사의 형식을 엄격히 준수했다. 그들은 토라만 인정했고 고대 전통의 권위를 인정하지 않았다. 육체의 물리적 부활을 믿지 않았고, 천사나 마귀의 존재도 받아들이지 않았다. 그래서 사망 후 심판은 없다고 주장했다. 제사장직이나 성전과 관련해 사두개인들은 유대인 대중과 로마 당국자들 사이를 중재하려 했다. 바리새인들처럼 그들은 예수와 불편한 관계에 있었기에 신약의 저자들은 그들에 대해 호의적으로 묘사하지 않았다.

열심당은 바리새인 중 급진 과격 분파였다. 팔레스타인 땅에서 무력으로 로마를 축출하려는 목적을 뒀다. 그들은 불결한 이방인들이 물러날 때가 와야 하나님이 정치 권력으로 이스라엘을 재건할 것으로 믿었다. 그들의 로마

권력자들을 향한 폭력적 저항은 A.D. 70년에 예루살렘이 멸망하는 일에 로마를 자극하는 주요 원인이 됐다.

에세네파는 바리새파로부터 기원했을 것으로 추정된다. 그런데 훨씬 더 급진적이었다. 그들은 바리새인들을 자신들에게서 떨어져 나간 부패한 자들로 여겼다. 쿰란 공동체라는 이름의 무리는 사해 근방 유대 광야에 거주하던 에세네파의 한 분파로 밝혀졌다. 1947년 900개 이상의 문서가 발견됐는데 에세네파는 강한 종말론에 기초를 두고 메시아를 고대하며, 흰옷을 입고 세례 요한처럼 세례예식을 행했다. 쿰란 공동체는 A.D. 67년 로마에 의해 몰살 당했다.

2. 헬레니즘

그리스(헬라) 문화는 1세기 고대 근동에 배어 있었다.

먼저 마케도니아의 필리포스(Philip, B.C. 359-336)는 분열돼 있던 모든 그리스 도시 국가들을 단일 정체성을 띤 응집력 있는 하나의 나라로 합병했다. 그 후 그의 아들 알렉산더 대왕(Alexander the Great, B.C. 336-323)은 세계 대부분을 정복해 그리스 문화를 주입했다. 그리스의 철학, 의학, 건축 그리고 가장 중요하게는 그리스어로 특징되는 식민지를 건설했다.

예수 시대까지 지중해 연안 대부분 사람은 표준(또는 '코이네'[koine]) 그리스어를 사용했다. 그 결과 알렉산드리아와 이집트 같은 국제 도시에는 다양한 지역 출신 사람들이 함께 거주했다. 디아스포라 유대인들이나 그리스화 된 유대인들도 그 가운데 있었다. 그리스어는 이들의 제1언어는 아니었으나 세계 공용어였다. 이는 사도 바울의 선교 여행에 도움이 됐다.

만연한 그리스 문화는 부정적인 영향도 있었다. 어떤 젊은이가 교육을 받거나 정치와 사회에서 주요 인사가 되기 원하면 그리스어에 유창하며 그리스 문화에 능통해야 했다. 이는 많은 그리스파 유대인들이 유대 정체성과 심지어 도덕 기준마저 타협하게 했다. 유대인 출신 청년 운동 선수들이 그리스인들과 나체로 경기하기도 했다.

많은 그리스파 유대인이 지나치게 그리스화 되면서 히브리어를 잊었다. 이는 여호와께서 유대 선지자들에게 히브리어로 성경을 기록하도록 하게 하신 주요 이유였다. 그때까지 아무도 히브리어성경을 여타 언어로 번역하지 않았으나, 유대 지도자들은 유대교가 소멸하도록 둘 것인가, 성경을 그리스어로 번역할 것인가 하는 딜레마에 봉착했다.

유대 학자들은 심사숙고 후 히브리어성경의 그리스어 번역을 허용하기로 했다. 오늘날 칠십인역 성경으로 알려진 이 번역 성경은 신약성경의 저자들이 활용한 성경이 됐다. '셉투아진타'(Septuaginta)라는 명칭은 라틴어로 '칠십'이란 의미로, 유대 지도자 칠십 명(또는 칠십이 명)이 번역을 담당했다는 유대 전통을 지칭한다. 그래서 칠십인역 성경은 종종 칠십을 뜻하는 로마 숫자 'LXX'로 표현되기도 한다. 칠십인역 성경의 연대기를 추정하기는 어려운 일이나 학자들은 구약성경이 B.C. 3세기에서 2세기 사이에 완역됐을 것으로 본다.

그리스 철학은 지중해 인근 지역에서 독특한 위치를 점했다. 생의 궁극적인 의문에 대한 근원적 해답을 제시해 고전 그리스 종교들을 뒤흔들어 놓았다. 그리스 종교는 사후 세계와 같은 어려운 사안에 답을 줄 수 없었기에 변화는 더욱 가속화됐다. 그리스의 신들은 플라톤 철학, 에피쿠로스학파, 스토아 학파, 견유학파(犬儒學派)에 자리를 내줬다. 위의 철학들은 전통적 유대교에 영향을 미치며 충돌을 일으켰다.

플라톤(Plato, B.C. 427-347)은 그리스 철학의 틀을 형성하는 데 큰 역할을 했다. 그의 가장 중요한 개념은 '형상'(Forms) 또는 '이데아'(Ideas)였다. 플라톤에게 형상은 대상을 유사한 수준으로 드러내는 물리적 실체의 원형이었다. 오직 완전한 형상만이 실제며, 그것들은 감각 때문인지 불가능하다고 봤다. 인간의 감각을 통해 인지하는 것은 환영(illusion)이라 여긴 것이다.

플라톤은 또한 급진적인 이원론을 가르쳐 영의 영원성과 수위성, 몸의 유한성과 열등성을 강조했다. 영은 몸 안에 속박돼 해방을 갈구한다. 상세한 내용에서는 모호한 면이 있었음에도, 플라톤은 선한 영은 참된 형상의 영역으로 회귀하고, 악한 영은 열등한 물질적인 피조 세계에 남는다고 가르쳤다.

아테네의 에피쿠로스(Epicurus, B.C. 342-370)는 에피쿠로스학파의 초석을 놓았다. 이들은 신이 존재하기는 하나 인류에게 관심이 없다고 가르쳤다. 모든 것은 물리적이거나 물질적이며 사후세계는 존재하지 않는 것으로 봤다. 인간의 몸뿐만 아니라 영혼도 죽는다. 그러므로 영원한 보상이나 형벌은 없다. 에피쿠로스학파의 가장 큰 목표는 고통을 피하고 마음의 기쁨을 누리는 것이었다. 이는 육체의 기쁨을 뛰어넘는 것이었다. 사도행전 17장은 사도 바울이 아테네의 아레오바고 언덕에서 그들과 논쟁을 벌였다고 기록한다.

키프로스의 제논(Zeno, B.C. 약 311년)은 스토아 학파의 시조였다. 스토아 철학자들은 자기절제, 정욕으로부터의 자유, 의로워지기 위한 선행을 실천했다. 그들의 궁극적 목적은 육신을 훈련해 자연과 조화를 이루고 마음을 훈련해 세상의 난관을 마주 대하는 것이었다. '로고스'는 스토아 학파의 핵심 사상이었다. 세상을 연합시키며 인간에 대해 인지할 수 있게 하는 것은 우주적 지성이나 능동적 이성이었다. 인간의 영혼은 신적 '로고스'의 일부를 부여받는다고 봤다. 이 원칙은 신약성경과 초대교부의 저서에서 의미심장하나 변형된 역할을 했다.

견유학파는 더 나은 표현이 부족할 정도로 1세기 세계의 히피들이라고 이해할 만하다. 단순한 생활 방식, 도덕적 가치, 자기만족, 자연과 조화로운 삶을 추구했다. 그들은 또한 모든 권위는 의심받아야 한다고 믿었다. 그들의 외형은 누구나 알아볼 수 있을 만했다. 외투 한 벌에 지팡이에 의지한 채 부랑자 가방을 메고 긴 턱수염을 둘렀다.

3. 로마의 정치적/종교적 영향력

1세기 로마제국은 서쪽으로는 영국과 스페인까지, 동쪽으로는 오늘날 이란의 페르시아제국 접경까지 확장했다. 로마인들은 지중해를 '우리의 바다'(*Mare Nostrum*)라 불렀고, 거대한 제국을 관통하는 도로를 건설했다. 이 도로들은 확실히 안전했으며 복음의 이동에 필수적이었다.

로마는 폼페이우스 장군(Pompey, B.C. 106-48)이 예루살렘을 정복했던 B.C. 63년부터 팔레스타인을 통치했다. 허수아비 혜롯 대왕이 지방 정부를 담당했다. B.C. 37년부터 B.C. 4년까지 통치했으며, 이는 마태복음 2장에 언급된다. 헤롯은 잔인했던 인물로 알려지며 또한 예수께서 종종 방문하셨던 성전의 재건 사업을 추진했다.

로마인들은 팔레스타인에 수로, 치안 체계, 정국 안정을 가져왔으나 유대인들은 로마를 점거하고 있는 무장 세력으로 여겼고 메시아가 도래해 그들의 손에서 구원해 줄 것으로 기대했다. 주피터, 사투르누스, 아폴로 등으로 대표되는 옛 로마 종교가 여전히 위세를 떨치고 있었다. 많은 신전과 신의 형상이 제국 곳곳에 건설됐다. 하지만 이런 신들은 변덕스러우며 이익을 위해 뇌물도 갈취하고 종종 비윤리적이기도 했다. 자신을 숭배하는 자들과 인격적 관계를 수립하지 못했다.

신비 종교들 또한 1세기에 성행했는데, 심지어 그 후 2세기 동안에는 더욱 득세해 갔다. 전통적 로마 종교와 달리 신비 종교는 신과의 합일을 약속했다. 일반적으로 이 종교에서 여성은 고려 대상이 아니었고, 은밀한 형태를 보였다. 신비 종교의 틀 안에서 동정녀 탄생과 부활과 같은 이야기는 흔한 소재였다. 추종자들은 용서와 새 삶을 누렸으며 신을 향한 진실한 믿음과 섬김을 가진 자들은 불멸을 수여 받을 수 있다고 주장했다. 이런 신비 종교들은 피상적으로는 기독교와 유사한 모습을 나타냈다.

예를 들어 미트라(Mithras)는 페르시아에 기원을 뒀고 로마 군대에서 유명했다. 그는 신비로운 소 한 마리를 도살했는데 죽음의 순간 생명의 씨를 땅에 뿌렸다고 전해진다. 미트라 추종자들은 동굴에서 소의 피로 몸을 씻고, 생고기를 먹는 의식을 행했다. 미트라의 추종자들에게 소의 희생적 죽음은 다산을 상징했다.

디오니소스(Dionysus)는 술의 신이었다. 주신제(酒神祭)와 황소의 피를 마시는 의식이 추종자들 사이에서 특징적으로 나타났다. 디오니소스는 타이탄에 의해 살해당했으나 부활한 것으로 알려진다. 자신을 따르는 자들에게 영생을 약속했다. 그의 추종자들은 소의 피를 마시는 것을 디오니소스의 신성에 참여하는 것으로 믿었다.

로마는 제국을 연합시키고 황제를 향한 충성심을 고양하는 데 종교를 활용했다. 그래서 황제 숭배가 이교 구조와 적확(的確)히 교배됐다. 제국의 탁월한 행정가요, 안정적인 정치가였던 아우구스투스 카이사르(Augustus Caesar,

B.C. 63-A.D. 14)는 사후에 신으로 추앙을 받은 첫 황제였다. 그 이후에 티베리우스(Tiberius, A.D. 14-37), 광기의 칼리굴라(Caligula, 37-41), 클라우디우스(Claudius, 41-54), 네로(Nero, 54-68)가 통치했다. 이들 중 일부는 고집스럽게 신으로 추앙받기를 원했다.

유대인들은 황제 숭배를 우상 숭배로 간주해 참여하지 않으려 했다. 한 분이신 하나님을 향한 철두철미한 신앙으로 인해 그리고 이 원칙을 고수해 기꺼이 저항하려는 태도로 인해 그들은 황제 숭배와 더불어 여타 로마종교 의식에서 제외됐다. 유대인들에게 자신들의 종교를 강요함으로 문제를 일으키는 것이 로마에게 아무런 이익이 없었기 때문이었다.

많은 경우 로마는 유대교를 분리한 채 내버려 뒀다. 유대인들이 폭동을 일으키지 않는다면 자신들의 종교 행위와 성전 예배를 이어갈 수 있도록 허용했다. 하지만 유대인들의 근본적인 유일신론과 보이지 않는 하나님에 대한 충성 때문에 로마인들은 시간이 지나 그리스도인들을 의심의 눈초리로 바라봤다.

4. 예수 그리스도

예수의 탄생과 족보는 마태복음과 누가복음에 기록돼 있다. 육신의 부모는 마리아와 요셉이었다. 그들은 평민으로 소개되며 의로웠고 유대교를 최선을 다해 지켰던 이들이었다. 하나님은 예수의 하늘 아버지셨다. 복음서는 그가 성육신하신 하나님이시며 동정녀 마리아에게서 나셨다고 기록한다. 남편 요셉은 아내의 임신에 당황했다. 천사 가브리엘이 성령으로 잉태된 것을 알린 후에야 믿을 수 있었다. 중요한 이가 태어날 것이라는 표적이 여러 차례 나타난 후 예수는 베들레헴에서 탄생하셨다. 그는 진실로 메시아가 오시리라 한 히브리인들의 예언을 성취하셨다.

예수의 출생 후 경건한 요셉 가족은 살기등등한 헤롯 왕을 피해 애굽으로 피난했다. 예수를 권력의 경쟁자로 인식해 살해하려 시도했던 이유였다. 열두 살 예수가 보인 성전에서의 행적 외에 30살 이전 생애에 관한 기록은 성경 속에 등장하지 않는다. 학자들은 그의 아버지로부터 목수 일을 배우며 "지혜와 키가

자라가며 하나님과 사람에게 더욱 사랑스러워" 가셨다고 전한다(눅 2:52).

예수는 30세 즈음 그의 사촌 세례 요한에게 요단강에서 세례 받았다. 말라기 3:1이 말하듯이 마태는 세례 요한을 메시아의 길을 예비하는 엘리야적인 인물로 소개한다. 세례는 비둘기의 모습으로 임한 성령에 의해 승언되고 확증됐다. 세례 후 광야로 가서 40일 동안 사탄에게 시험 받았다.

사탄의 시험을 이긴 후 광야에서 돌아와 예수는 지상 사역을 개시해 대략 3년 동안 이어갔다. 열두 제자들을 불렀고 순회 설교 사역을 시작했다. 거의 갈릴리 호수에서 이뤄졌다. 종종 비유의 형식을 빌려 하나님의 나라, 죄로부터의 회심, 하나님의 임박한 진노에 대한 경고를 가르치시는 데 주안점을 뒀다.

예수의 가르침 전체는 인류를 하나님과 화목하게 하기 위한 사랑과 소망으로 충만했다. 죄 없으신 하나님의 아들로서 예수의 궁극적인 사랑의 사역은 인간의 죄를 지신 것으로 여겨 십자가 위에서 인류를 대신해 죽음으로 확증됐다. 예수를 따르는 자들은 그를 구주요, 주인으로 받아들이고 믿음으로 의로워져 구원을 얻게 된다.

예수는 자신을 따르는 자들에게 선지자, 제사장, 왕의 직분을 행사하셨다.

첫째, 예수는 선지자로서 아버지의 뜻을 전했다(신 18:18). 누가복음 18:31-33에서 예수는 자신에게 닥칠 죽음을 예고하셨다.

둘째, 예수는 제사장으로서 인류의 죄를 위한 온전하고 영원한 희생 제물로 자신을 드렸다. 디모데전서 2:5에 기록된 것처럼 그의 희생과 제사장적인 역할은 그가 하나님 앞에서 인간을 위한 대변인으로 섬기기에 가능하게 했다.

셋째, 예수는 또한 왕으로서 자신의 백성을 통치하신다(마 21:4-5; 27:11; 요 18:36-37). 마태복음 서두에 등장하는 족보는 그가 다윗 왕의 계승자로서 왕의 혈통을 따르고 있음을 보여 준다(마 1:1-17). 하지만 예수는 세상의 왕 정도의 수준이 아니었다. 죄를 사하는 권세를 소유하시며(막 2:1-12), 병자를 고치시고(눅 4:40), 죽은 자를 일으키셨다(요 11:1-45). 하나님의 나라를 통치하며 산 자와 죽은 자를 심판하기 위해 다시 오실 것이다(딤후 4:1).

예수의 제자들이 전했듯이 그의 신성은 일어난 기적과 부활로 증명됐다. 승천 전 예수는 제자들에게 그의 사명을 이어가도록 했다(마 28:16-20).

5. 사도 바울

사도 바울은 기독교로 회심한 매우 중요한 인물이었다. 적어도 신약성경 열세 권의 저자며, 이방인들을 위한 첫 선교사며 위대한 기독교 신학자였다. 과거 사울로 불린 바울은 그리스도인들을 박해했던 바리새인이었으며, 1세기 기독교 순교자 스데반을 돌로 치는 일에 동참했다. 바울은 다메섹으로 가는 길에서 부활한 그리스도를 만나 극적인 회심을 경험했다. 회심의 순간 바울은 기독교의 대적자에서 가장 철두철미한 옹호자로 변화됐다.

세 번의 선교 여행에서 바울은 예수가 죄 없으시며 온전하신 창조주시고 구속주시며 하나님의 임재이심을 가르쳤고 임박한 재림을 예고했다. 그는 구원이 이방인에게 열렸으며 구약성경을 고수하는 데 달려 있지 않다고 전했다. 구원은 예수를 믿는 믿음으로만 이뤄진다고 가르쳤다. 그리스도인이 되기에 앞서 유대인이 될 필요는 없었다. 그래서 바울은 유대인 개종자에게 할례를 강요하는 것에 반대했다. 바울은 기독교의 위대한 첫 번째 신학자일 뿐 아니라 그리스와 유대 그룹 모두에서 중요한 변증가였다.

제2장

성장, 박해, 변증 (A.D. 약 30-200)

예수의 공생애와 그 후 3세기 동안 로마에 대적자는 존재하지 않았다. 지상 대부분의 세계를 통치했다. 『열두 명의 카이사르』(The Twelve Caesars)에서 로마역사가 수에토니우스(Suetonius, A.D. 70-130)는 당시 다섯 명의 카이사르를 능력 있는 통치자로, 나머지 일곱 명을 유약한 자로 분류했다 (율리우스 카이사르[B.C. 49-44]에서 하드리아누스[A.D. 117-138]까지).

가장 위대한 카이사르는 옥타비아누스(Octavian), 즉 후에 아우구스투스(Augustus, B.C. 27-A.D. 14)라는 칭호를 부여받은 자였다. 그는 대규모 시민 전쟁 후 제국을 하나로 통일했다. 칼리굴라(Caligula, A.D. 37-41)와 네로(Nero, A.D. 54-68)는 유약했던 카이사르로 분류된다. 그들은 자기만족, 자아도취 그리고 대적들로부터 왕권을 지키는 데에만 관심을 둔 욕망의 사람들이었다.

열두 명의 카이사르의 통치 기간에(B.C. 49-A.D. 138) 로마이 문화와 건축과 과학은 융성했다. 로마의 도로 시스템은 광활한 제국의 영토를 연결했으며, 수도 시스템은 도시에 수원을 제공했다. 종교의 사안에 관해서는 신비주의적인 종교들, 특히 미트라가 대중에서 성행했다.

기독교 역시 성장하고 있었기에 로마 당국자들은 경멸과 의심의 눈초리로 주시하고 있었다.

1. 기독교는 왜 성장하게 됐나?

기독교는 인간의 가장 근원적 필요를 짚었다. 그리스도께서 핍박당하셨기에 압제 당하는 자들에게 소망이 됐다. 죄책을 가진 자들에게 기독교는 죄사함을 선포했다. 헐벗어 소망이 없는 이 땅의 사람들에게 결핍과 고난이 없는 또 다른 나라를 약속했다. 인간이 하나님과 교제할 수 있으며, 그분이 자신을 따르는 자들을 들으시고 돌보신다고 가르쳤다. 결정적으로 기독교는 성별과 사회적 지위와 정치적 성향과 관계없이 예수를 따르는 자들이 몸담을 수 있는 따뜻한 공동체적 환경을 제공했다.

기독교의 단순한 신조는 문맹자들도 쉽게 이해할 수 있었다. 세례는 죄 씻음과 영적인 내적 정화와 기독교 공동체의 소속을 가시적으로 나타냈다. 성찬은 하나님과의 연합을 상징했다.

기독교는 신생 종교였음에도 옛 종교들과 유사성을 보였다. 유일신론과 신의 불가견성으로 인해 기독교는 유대교에 호의적이었으나 유대인이 아닌 자들의 심정에도 호소할 수 있었다. 경건한 이방인(God fearers)으로 알려진 이들은 유대교 할례 의식을 따르지 않았다. 회당에 참석할 수 있었으나 유대인과 함께 예배하는 것은 허락되지 않았다. 하지만 그리스도인들은 그리스도를 믿는 자는 누구나 할례를 받지 않았더라도 하나님께 나아갈 수 있다고 가르쳤다. 사실 할례의 문제는 초대교회에서 주요 사안은 아니었다.

유대인이 아니면서 그리스도를 믿는 자가 할례받아야 하는가?

유대교 의식들이 여전히 그리스도인들에게도 의무인가?

사도 바울은 할례의 의무를 반박함으로 답했다. 경건한 이방인들을 세우는 데 큰 성공을 거뒀다. 사도행전 15장의 기록과 그 이후 기독교가 이뤄 온 것에서 바울의 말이 옳았음이 증명되고 있다.

기독교가 그리스 철학과 유사성을 보이면서 이는 교회의 부흥에 일조했다. 바울의 기록에는 플라톤의 개념이 상당히 많은 부분에서 발견되며 요한은 '로고스'(Logos) 개념을 강조했는데, 이는 스토아 철학과 연관된 원칙이었다. 그리스의 사상을 가진 사람들에게 이런 철학적 특징은 매력적이었다.

기독교는 여성들을 보호했으나, 여타 종교는 그렇지 않았다. 대다수 신비 종교들은 남성 중심적이었고, 유대교는 여성을 열등적 존재로 간주했다. 이런 이유로 인해 많은 여성은 기독교에 호감을 느꼈고, 이후 남편과 자녀들을 신앙으로 이끌었다.

기독교적 사랑 역시 기독교 성장의 원인이었다. 전염병이 창궐하던 시기에 비감염자들이 안심할 수 있는 지역으로 도망가는 동안 감염자들은 종종 버림받았다. 많은 경우 환자들은 자신들의 가족에게조차 버림받았다. 하지만 그리스도인들은 가족을 포기하지 않았으며, 종종 전염병으로 고생하는 비그리스도인들을 돌보기도 했다. 이런 사례와 더불어 또 다른 사랑의 섬김을 목도하던 자들에게 기독교는 점차 매력적으로 돼 가고 있었다.

예수를 따르는 일이 순교로 이어진다고 하더라도 초대 그리스도인들은 그리스도를 믿는 강한 신앙을 드러냈다. 그리스도를 부인하고 황제에 충성을 맹약하기보다 많은 그리스도인은 로마의 손 아래 죽음을 선택했다. 이런 신앙은 많은 사람을 감동하게 했으며 카르타고의 테르툴리아누스(Tertullian, 160-225)도 마찬가지였다.

2세기 교부 테르툴리아누스는 이렇게 전한다.

> 우리가 너희에게 살육을 당하면 당할수록 우리는 더 성장할 것이다. 순교자의 피는 교회의 씨앗이다.[1]

2. 기독교는 어디에서 성장했나?

초기 기독교에는 그리스도인들과 유대인들이 뒤섞여 있었으며 종종 함께 예배했다. 그리스도인들은 회당에 참석했고 성전에 출석했다. 때때로 그리스도인들은 예배를 인도했다. 예수의 형제 야고보에게 예루살렘의 성전에서 설교가 허용됐다. 그리스화 된 유대인들은 특히 명절과 축제일에 전해지는 그리스도의 메시지에 매료됐다. 로마제국 전역에 퍼져 있던 그리스화 된 유대인들이 예루살렘에 방문했던 오순절 사건이 바로 그것이었다(행 2장).

스데반의 순교까지 예루살렘의 그리스도인들은 유대인들과 함께 성전에서 예배를 이어갔다(A.D. 약 35년). 스데반이 그리스화 된 유대인이었기에 예루살렘의 그리스화 된 유대인들은 유사한 운명을 두려워해 안디옥 등 여러

---

[1] Tertullian, *Apology 50*, *The Faith of the Early Fathers*, ed. William A. Jurgens (Collegeville, MN:Liturgical Press, 1970), 1:282에 기록.

이방 지역으로 흩어졌다. 거기서 그들만의 공동체를 형성해 복음의 메시지를 전파했다.

그리스도인들은 A.D. 70년에 성전 파괴로 이어졌던 A.D. 66년의 반란의 실패를 경험했던 유대교와 구분됐다. 수많은 유대인 출신 그리스도인이 요단강 동편 베뢰아(Perea)의 펠라(Pella)로 피신했다. 이런 그리스도인들은 피난하는 곳마다 기독교의 메시지를 전파했다.

로마는 기독교를 유대교의 한 분파로 인식했다. 종교적 혼란과 로마의 폭정을 피하려고 그리스도인들은 팔레스타인 지역에서 제국 전역에 걸친 도시들로 퍼져 나갔다. 많은 디아스포라 그리스도인들은 로마와 안디옥과 알렉산드리아에 피난처를 꾸렸다.

사도 바울의 세 번째 선교 여행은 기독교 성장에 있어 또 다른 원인으로 볼 수 있다. 바울은 팔레스타인, 소아시아, 그리스, 로마, 서쪽 경계인 스페인으로 알려진 지역에 이르기까지 곳곳에서 복음을 전했다. 열정적이고 경건한 이방인 청중을 쉽게 만날 수 있었던 각 지역의 회당에서부터 시작했다.

성경 외 자료에 따르면 다른 사도들 역시 제국 전역에서 기독교를 전파했다. 『베드로행전』(Acts of Peter)에 의하면, 베드로는 로마에서 첫 그리스도인들을 세우고 조직화했다. 이 구전 기록은 후에 베드로가 첫 교황이 됐다는 증거로 활용됐다. 또 다른 구전은 사도 요한과 예수의 모친 마리아가 에베소에 교회를 설립했다고 주장했다. 이 전통은 상당히 지지를 얻어 순례자들은 지금도 마리아의 집이라 알려진 곳과 요한의 것으로 알려진 무덤을 방문하고 있다. 『도마행전』(Acts of Thomas)은 도마가 시리아와 인도에 교회를 개척했던 것으로 전한다.

3. 초기 기독교의 예배 (예전)

예루살렘의 초대 그리스도인들은 유대교의 전통적 관습을 상당 부분 따랐다. 하루에 세 번 기도하며, 한 주에 이틀 금식하고, 유일신 하나님을 고백했다. 예수의 형제 야고보의 지도로 그리스도인들의 공동체는 진실로 유대교의 한 분파의 모습을 보였다. 이런 초기 그리스도인들은 성전과 회당에서 예배했으며 유대교 법의 준수를 이어갔다. 이 현상은 기독교가 유대교에서 본격적으로 갈라지기 시작한 야고보의 순교 때까지 지속했다. 분열은 사실상 100년까지 이어졌다.

성전과 회당으로부터 분리된 후 그리스도인들은 통상적으로 가정에서 모여 예배했다. 가정교회들은 로마인과 적대적인 유대인들의 관심에서 멀어지기 위해 거의 항상 소규모였으며 서로 간 접촉은 제한됐다. 소통의 부족으로 인해 예전(禮典)은 다양한 형태를 보였다. 그런데도 특정한 공통의 형식은 유지됐다.

모든 그리스도인은 구약성경을 인정했으나 그리스도의 새로운 계시의 빛 아래서 해석했다. 기독교 예배의 형식은 성경을 낭독하고 강해하던 회당의 방식과 유사했다. 그리스도인들은 그리스도를 고백하며 금식하고 음식을 나누었다. 가난한 자에게 관대했다. 유대교의 노래와 찬송이 그리스도인의 정황에 따라 채택됐다. 세례 예식은 그리스도의 탄생과 죽음과 부활, 그리스인 공동체에 소속됨과 종말론적 소망을 강조했다.

4. 속사도 교부들

속사도 교부들(The Apostolic Fathers)은 사도들과 직접적인 관계를 맺었던 것으로 알려진 교회 지도자들이었다. 이런 이유로 그들의 가르침과 기록은 비록 성경적 위상까지는 아니라도 정통으로 인정됐다. 신학 논쟁이 일어날 때, 시시비비를 가리기 위해 종종 그들의 권위에 의지했다. 그들은 열두 사도들과 2세기를 잇는 존재였다.

속사도 교부들의 기록은 대부분 서신이었고 목회적인 특징을 보였으며 형식적이지 않았다. 이들은 기독교 공동체 내 특정 문제들을 해소하거나 특별한 필요를 채우는 역할을 감당했다. 안디옥의 이그나티우스(Ignatius, 약 35-107)를 제외한 속사도들은 구약성경을 권위의 일차 근원으로 삼았다.

1) 로마의 클레멘스

로마의 클레멘스(Clement of Rome, 약 96년 전후)는 2세기 또는 3세기 로마의 주교로서 초기 계승자 명부에 이름을 올린다. 역사가 카이사레아의 유세비우스(Eusebius, 260-340)는 그가 로마의 주교로 92년과 101년 사이에 섬겼다고 주장했다. 클레멘스의 서신서들에 의하면 그는 탄탄한 교육을 받고, 칠십인역 성경에 능통하며, 역량 있는 관료였다.

초대교회에서 그의 가장 중요한 업적은 『고린도교회에 보낸 첫 번째 편지』(First Epistle to the Corinthians) 또는 『클레멘스의 첫 번째 편지』(First Clement)라 불린 저작이다(약 96년). 이는 몇 가지 문제를 지적한 클레멘스에게 고린도교회가 먼저 보낸 서신에 대한 답이었다. 젊은 성도들이 정당한 절차 없이 기존 성도들을 장로직에서 면직시켰고, 이는 교회의 생존에 위협이 됐다. 클레멘스는 장로들을 복직시키며, 선동자들을 벌하고 사도들의 후계자들에 의해 세워진 적법한 장로들에게 순종할 것을 명했다. 이렇게 기록한다.

> 우리의 생각이나 계획 모두에서 주님이 가까이 계시고, 어떤 것도 그분에게서 피할 수 없음을 기억합시다. 그러므로 그의 생각에서 버림받지 않는 것이 선한 일입니다. 하나님보다 자신을 높이고 거만한 말로 스스로 자랑하는 어리석고 지각없는 자들을 대적합시다. 주 예수 그리스도를 경외하십시오. 그분은 우리를 위해 자신의 피를 흘리셨습니다. 지도자들을 존경하십시오. 노인들을 공경하십시오. 젊은이들에게 하나님의 두려움을 가르치십시오. 여성들이 선한 것을 바랄 수 있도록 인도하십시오.[2]

클레멘스의 서신은 비록 인쇄되어 출판되지 않았지만 교회가 이미 1세기 때부터 로마에 상소하는 권리를 행사한 것을 증언한다. 한때 『클레멘스의 두 번째 편지』(Second Clement)를 클레멘스가 기록한 것으로 알려졌으나 학문

---

[2] 1 Clement 21:3-6, *The Apostolic Fathers: Greek Texts and English Translations*, 3rd ed., ed. Michael Holmes (Grand Rapids: Baker Academic, 2007), 75에 기록.

적 연구에 의하면 일치되게 의견이 바뀌고 있다.

『클레멘스의 두 번째 편지』는 고린도에서 한 설교 원고며 후에 초대 기독교 출판물 모음집을 통해 『첫 번째 편지』에 덧붙여졌을 것으로 추정된다. 클레멘스의 후기 삶과 죽음에 관한 전승은 풍성하다. 한 전승에 따르면 클레멘스는 크리미아반도로 추방돼 광산에서 노역했다. 또 다른 전승은 그가 닻에 묶여 흑해에 수장됐다고 주장한다.

2) 로마의 헤르마스(2세기)

로마의 헤르마스(Hermas of Rome)는 로마의 한 유복한 여인 가정의 그리스도인 노예였던 것으로 추정된다.[3] 자유를 얻어 결혼하고 성공적인 상인이 됐다. 하지만 그는 사업 방식 때문에 교회에서 파면당하고 말았다. 헤르마스는 신앙 때문에 로마인들에게 박해를 당했고 그의 모든 재산을 잃었다. 그 후 그는 회개하고 교회로 돌아왔다.

『목자』(The Shepherd, 약 110년)는 그의 가장 영향력 있는 저작이었다. 동방 지역에서 널리 읽혔는데 목자의 모습으로 나타난 회개의 사자에 관한 내용이었다. 『목자』는 회개의 중요성을 설명하기 위한 비유적 작품이었다. 회심이 진실하다면, 세례 받은 후 용서가 이뤄진다고 가르친다.

3) 안디옥의 이그나티우스(35-107)

이그나티우스(Ignatius of Antioch)는 사도 요한의 문하생이었다. 그리고 그리스도가 품에 안고 축복했던 어린아이 중 하나였다고 알려져 있다. 기독교를 부인하지 않는다는 이유로 붙잡혀 주교로 섬기던 안디옥에서 로마로 압송돼 순교당했다. 일곱 서신을 통해 그는 인생의 여정을 하나하나 기록했다. 그는 순례하던 도시들에서 설교할 수 있었는데, 심지어 그를 지키던 간수들마저

---

[3] 한편 『무라토리 단편』(Muratorian Canon)은 그를 로마의 주교인 피우스의 형제로 밝힌다(약 142-146 또는 약 157-161).

회개하기도 했다. 이그나티우스는 사면을 조건으로 로마를 향한 충성 서약을 제안받았으나 거절했고 결국 순교당했다.

이그나티우스의 서신들은 초기 기독교의 교회론 발전에 의미가 있다. 그중에서도 주교의 권위를 주장한 최초 저작이라는 점이 중요하다. 이그나티우스는 주교를 도시와 그 주변 지역의 모든 가정교회와 장로들과 집사들을 감독하는 특별 지도자로 이해했다. 그는 주교가 전하는 하나님의 뜻과 가르침을 따르기 위해 모든 인간적 욕망과 야망을 포기해야 한다고 언급했다.

> 신령한 조화로 모든 일을 섬기기를 사모하십시오. 주교는 하나님을 대신한 의장이요, 장로들은 전도자들과 집사들의 협의체를 대표합니다. 그들은 예수 그리스도의 사역을 위탁받았기에 소중한 이들입니다. 일생 성부와 동행했으며 마지막 때 그분 앞에 서게 될 것입니다.[4]

이런 이유로 가톨릭교회는 종종 이그나티우스를 주교 제도의 적법성의 주창자로 인용한다.

이그나티우스는 또한 순교의 중요성을 강조했다. 『로마인들에게 보내는 서신』(Letter to the Romans)에서 그는 로마의 그리스도인들에게 자신은 하나님과 함께할 수 있기에 순교를 사모한다고 고백했다.

> 저는 온 교회에 본 서신을 보냅니다. 여러분들이 막지 않으신다면 저는 자유 의지에 따라 하나님을 위해 죽겠다고 단언합니다. 여러분께 구합니다. 저에게 적절하지 않은 친절을 베풀지 말아 주십시오. 제가 들짐승들의 밥이 되도록 놓으십시오. 이를 통해 하나님께 다다를 수 있을 것입니다. 저는 하나님의 밀입니다. 들짐승들의 이빨로 들어가 순결한 빵으로 헌신하겠습니다.[5]

권위자 이그나티우스에 의해 순교의 신학이 자리 잡았다. 그리스도인들은

---

[4] The Letter of Ignatius to the Magnesians 6:1, The Apostolic Fathers, 207에 기록.
[5] The Epistle of Ignatius to the Romans 4:1, The Apostolic Fathers, 229에 기록.

핍박으로 도망하기보다 순교를 구하기 시작했다. 이그나티우스는 기독교 교회의 진보에서 '보편적'(catholic, universal)이란 용어를 사용한 최초의 교회 교부였다.

4) 서머나의 폴리캅(69-155)

소아시아 서머나(Smyrna)의 주교 폴리캅(Polycarp)에 대해 리옹의 이레니우스(Irenaeus of Lyons, 140-202)는 그가 사도 요한의 제자였다고 전한다. 그의 저서는 빌립보에 보낸 서신서들 중 하나만 남아 있을 뿐이다. 폴리캅은 로마로 가서 쿼토데치만(Quartodeciman) 논쟁으로 알려진 부활의 시기에 관한 논의에 종지부를 찍는 데 일조했다. 십사일주의자들(Quartodeciman은 십사 일이란 의미-역주)로 알려진 분파는 유대교의 유월절의 날이 어떤 요일이든 그날을 부활절로 지켰다.

로마식 전통은 유대교 유월절 다음에 오는 첫 일요일을 부활절로 지켜 기념했다. 결국, 개교회들이 부활절을 위해 각자의 날짜를 정해야 한다고 결론 냈다. 폴리캅은 이 결정을 소아시아교회의 승리로 봤다. 이그나티우스와 달리 폴리캅은 신흥 교회에 주교제를 채택하지 않았다. 체포돼 서머나 재판부에 넘겨졌을 때 자신의 신앙을 부인하라는 제안을 받자 이렇게 답했다.

> 나는 86년 동안 [그리스도의] 종이었고, 그분은 나에게 아무런 잘못도 하지 않으셨습니다.
> 내가 어떻게 나를 구원하신 왕을 모독할 수 있겠습니까?[6]

이후 그를 화형시키기 위해 말뚝에 묶었다. 하지만 전승에 의하면 화염이 그를 불태우지 못했다. 결국, 그는 창에 찔려 사망해 순교자 반열에 올랐다.

---

6   *The Martyrdom of Polycarp* 9:3, *The Apostolic Fathers*, 317에 기록.

5) 『바나바의 서신』(약 132-135)

익명의 저자가 기록한 『바나바의 서신』(*Epistle of Barnabas*)은 사도 바울의 선교 동역자 이름에서 유래했다. 모세의 율법에 극단적인 반대 관점에 서서 그리스도인에게 유대교로 회귀하지 말 것을 경고했다. 모세가 놋뱀을 제작한 것을 두고 우상 숭배의 책임이 있다고 힐난하기까지 했다. 게다가 유대교의 모세 율법과 성전 규례를 고수하는 것을 하나님의 의도에서 일탈한 것으로 봤다.

예수의 희생으로 온전히 충분하기에 희생 제사는 이제 필수적이지 않다는 것이었다. 유대인들이 하나님의 언약을 거절했기에 그리스도인들이 하나님의 선택 받은 백성이 됐다고 서신서는 말한다. 그리스도인들은 유대인들의 잘못된 율법주의적 방식이 아니라 영적인 방식으로 율법에 접근해야 한다고 이해했다. 예를 들어, 할례는 몸이 아니라 마음에 해야 한다. 그러므로 『바나바의 서신』은 구약성경 자체가 기독교를 지지하며 유대교적 해석들을 부인한다고 봤다. 『바나바의 서신』은 풍유적 성경 해석 방식에 크게 의존했다.

6) 『디다케』 혹은 『열두 사도의 교훈』(약 110년)

『디다케』(*Didache* 혹은 *The Teaching of the Twelve*)는 사도 시대 후에 널리 알려지고 시리아에 기원을 뒀다고 알려진다. 저자는 무명으로 남아 있다. 본 저작에는 그리스도인들의 삶, 윤리적 실천, 금식, 성례식, 공동체, 교회 사역 등에 관한 교훈이 담겨 있다.

가능하다면 세례는 흐르는 차가운 물에 몸 전체를 담그는 방식으로 해야 한다고 주장한다. 흐르는 물이 없다면, 물을 성부와 성자와 성령의 이름으로 머리에 세 번 붓는 것도 허용될 수 있다. 또한, 순회 주교들과 집사들과 선지자들을 섬기는 법에 관한 항목도 포함됐다. 『디다케』의 대부분은 A.D. 70년 초에 작성됐으나 일부는 후대에 추가된 것으로 보인다.

5. 기독교 박해

1) 유대인들의 기독교 박해

유대인들은 초기 기독교 공동체를 박해했던 최초의 무리였다. 그리스도인들은 유대인들에 의해 이단으로 취급 받으며 공격 당하고 학대 받았다. 이 핍박은 A.D. 30년과 70년 사이에 가장 극심했다. 초기 유대교의 박해는 최초로 베드로와 요한이 예수께서 죽음에서 부활하셨음을 가르친다는 이유로 투옥되는 형국으로 나타났다(행 5장).

대제사장의 주도로 베드로와 더불어 여러 사도는 체포돼 투옥됐다(행 5장). 후에 풀려났으나 다시 체포돼 채찍질 당하기도 했다. 베드로는 체포돼 투옥됐으나 천사에 의해 풀려났다(행 12장). 예루살렘에 있는 유대인 지도자들을 만족시키기 위해 세베대의 아들이며 요한의 형제인 야고보가 헤롯 아그립바에 의해 순교당했다(행 12:2). 사울로 불리던 사도 바울은 스데반을 돌로 죽인 유대인들의 옷을 맡고 있었다(행 7장).

회심해 기독교로 돌아오자 바울은 이전 동료들의 박해를 감내해야 했다. 선교여행 때마다 유대인들이 뒤따리와 그의 사역을 고의로 방해했다. 예루살렘에 있는 동안 바울은 매 맞고 겨우 죽음을 면했다. 로마 사람들이 중재한 덕분이었다(행 21장). 또한, 바울을 죽이려는 유대인의 음모도 있었다(행 23장). 바울은 유대인들을 선동했다는 죄목으로 체포돼 1년 동안 감옥생활도 해야 했다(행 24-26장).

예루살렘의 초기 기독교 공동체 지도자며 예수의 형제인 야고보는 A.D. 62년 순교했다. 성전에서 그의 죽음은 기독교를 유대교로부터 분리하는 데 가속을 붙였다.

2) 로마의 기독교 박해

기독교는 제국 내에서 용인된 여타 종교들과 상이했다. 그래서 로마는 수용하지 않았고 의심의 눈초리로 반응했다. 박해 대부분은 기독교가 제국 전반에 퍼지게 됐던 3세기 이전에 집중됐다. 박해의 이유를 몇 가지로 정리할 수 있다.

첫째, 기독교가 한 사람에 대해 죽음에서 부활했다고 주장해 그를 신으로 추앙하기 때문이었다. 로마는 예수의 부활 이야기를 전혀 신뢰하지 않았다. 그들의 눈에 기독교는 무식한 미신으로 보였다. 더군다나 예수는 로마에 반역한 죄목으로 처형당했던 인물이었다. 당국자들은 예수가 역적이었기에 그를 따르는 자들도 마찬가지일 수 있다며 두려워했다.

둘째, 로마인들은 기독교를 유대교의 한 분파로 봤다. 팔레스타인 거주 유대인들은 A.D. 66년에 한 번 그리고 135년에 또다시 로마를 향해 반란을 일으켰다. 그리스도인들은 당국에 의해 유죄 판결을 받았다. 각 사건에서 로마는 수천의 군인들을 동원해 반역자들을 제압했다. 전쟁에는 돈이 동원되고, 시간이 소요되며, 무역을 저하하고, 세금의 흐름을 가로막았다. 자연히 로마는 이런 문제를 일으키는 것으로 보이는 모든 단체를 억압했다.

셋째, 기독교는 일신론을 견고히 고수했고 로마의 종교 축제에 참여하기를 거절했다. 이 행사들은 종종 국가 주도로 진행됐고, 여기에 참여하는 것은 로마 신들과 제국을 향한 충성의 표현이었기에 그리스도인들은 충성 없는 시민이라는 인상을 줬다.

넷째, 기독교는 보편적 종교였다. 계급, 성별, 인종에 아무런 강조도 두지 않았다. 사실 초기 회심한 그리스도인 중 많은 사람은 여성, 노예, 핍절한 자들이었다. 반면 로마는 계급 중심 사회였고, 평등의 개념은 혐오의 대상이었다. 그들은 그리스도인들을 병자들, 여성들, 노예들과 어울리는 부류로 취급했다.

다섯째, 많은 그리스도인은 살인을 지지하지 않았다. 이 때문에 원형 경기장을 피했고 공개 처형을 비판했다. 또한, 많은 사람이 군 징집도 거부했다. 로마인들은 이를 시민으로서의 궁극적인 반역으로 여겼고, 303년 디오클레티아누스 황제로부터 시작된 대박해의 원인이 됐다.

여섯째, 그리스도인들은 끔찍한 풍습을 따른다는 이유로 정죄당했다. 그리스도의 살을 먹고, 피를 마신다는 성찬의 상징 때문에 로마인들에게 그리스도인들이 인육을 즐긴다는 오해를 갖도록 했다.

로마 사회 속에서는 모든 사람은 특정 종교의 규례를 준수했다. 무신론은 부정적으로 받아들여졌다. 그리스도인들은 보이지 않는 하나님을 예배했기에 많은 로마인은 그들을 무신론자로 봤다. 또한, 그리스도인 부부들은 서로를 종종 '형제'와 '자매'라 서로 부른다는 것 때문에 근친상간의 혐의를 받았다.

(1) 네로(54-68)

로마인들은 네로(Nero)에 대한 기대가 높았다. 많은 사람은 그가 훌륭한 황제가 될 것으로 믿었다. 통치의 시작은 좋았으나 그는 곧 다른 누군가가 자신의 왕좌를 빼앗을 것이라는 두려움에 사로잡혀, 그런 징조가 보이는 자는 누구든 심지어 자신의 모친까지도 처형했다. 60년대 초반부터 네로는 점점 광기를 보이기 시작했다. 자신을 신으로 선포했고, 황금 궁전을 짓고 신과 소통하고 있다고 주장했다.

A.D. 64년 로마시의 일부가 화재로 손실됐다. 많은 학자는 네로가 신(新) 로마를 건립하기 위해 화재를 저지른 것으로 본다. 여하튼 그는 화재의 책임을 그리스도인들에게 돌렸다. 로마 역사가 타키투스(Tacitus, A.D. 56-117)는 아무도 이를 믿지 않았지만, 그리스도인들은 증오심으로 미움받았다고 진술했다.[7] 짐승 가죽을 그리스도인들에게 입혀 원형 경기장에 집어넣고 들짐승에 잡아먹히게 했다. 십자가에 못 박고 화형시켜 결국 공개 처형의 불쏘시개로 활용했다. 교회 전통에 따르면 베드로와 바울도 로마에서 네로 치하에 순교당했다. 그는 A.D. 68년 자신의 수행원에 의해 살해당했다.

(2) 도미티아누스(81-96)

도미티아누스(Domitian)은 잔인하고 거만하며 미신적인 황제였다. 자신이 신으로 추앙받기를 원했다. 그는 종교를 국민으로서의 충의를 보이는 방편으로 이해했다. 그래서 국가가 종교를 공인할 것을 주장했다. 모든 이방신과 종교는 잠재적으로 반역과 반란을 꾀하는 수단으로 취급했다. 교회 전통에 따르면 사도 요한의 밧모섬 유배와 요한계시록 2-3장의 박해 사건은 도미티

---

[7] Tacitus, *Annals* 15.44.

아누스 치하의 시기에 있었다.

(3) 트라야누스(98-117)

트라야누스(Trajan)는 기독교를 공적으로 증오하지는 않았다. 하지만 그는 비밀스러운 종교에 대한 공포가 있었다. 트라야누스와 폰투스/비두니아의 총독이었던 소(小) 플리니우스(Pliny the Younger, 61-약 112) 사이에 주고받은 서신은 흥미롭다. 그리스도인 인구가 증가하고 있는 것에 관한 대화를 나누었다. 소 플리니우스가 트라야누스에게 아래와 같은 서신을 보냈다.

> 그들은 평상시 새벽이 오기 전에 모임을 시작합니다. 그리스도를 향해 신에 관한 찬송시를 교독으로 암송하며, 어떤 범죄에도 연루되지 않고, 도둑질과 강도와 간음 그리고 배교를 하지 않을 것을 맹세로 서약합니다. 시험이 오더라도 부인하지 않겠다고 맹약합니다. 이 예식 후 흩어져 음식을 나누기 위해 다시 모이는 것이 그들의 관습입니다. 그런데 음식은 평범하며 해가 없었으나 제가 내린 칙령 후 이 관례를 중단했습니다. 당신의 명령에 따라 이 칙령은 비밀회합을 금하도록 했습니다. 그래서 저는 여집사라 불린 두 하녀를 고문해 그 모임이 어떤 진리를 숭상하고 있는지 알아내는 것이 더욱더 중요하다고 판단했습니다. 하지만 부패하고 사치스러운 미신적 관습 외에는 아무것도 발견하지 못했습니다. 그리하여 저는 조사를 유보하고 황제에게 상담을 요청하는 바입니다.[8]

트라야누스는 소 플리니우스에게 그리스도인들을 자세히 조사한 내용이 없다는 답장을 보냈다. 체포됐을 때 신앙을 철회하는 자는 자유를 얻을 수 있었다. 그리스도인들에 대해 무명으로 기소하는 일은 금해졌다. 예루살렘 주교 시므온과 안디옥 주교 이그나티우스가 트라야누스 치하에서 순교했다.

---

8 Pliny, *Epistles* 10.96-97. *Document of the Christian Church*, 3rd ed., ed. Henry Bettenson and Chris Maunder (New York: Oxford University Press, 1999), 4에서 인용.

(4) 마르쿠스 아우렐리우스(161-180)

마르쿠스 아우렐리우스(Marcus Aurelius)의 통치 기간에 기독교는 성장을 이어갔다. 특별히 하층 계급에서 성장세가 두드러졌다. 그리고 변증과 전도에서 점점 더 공격적으로 돼 갔다. 전쟁에서 몇 차례 패한 후, 그는 기독교가 오래전부터 제국을 보호해 왔던 로마의 전통적 종교들의 쇠퇴를 부추겼다고 비난했다. 그의 통치 기간 기독교에 가해진 가장 극심한 핍박이 소아시아와 현재 프랑스의 리옹 지역에서 있었다. 순교자 유스티누스(Justin Martyr, 103-165)가 마르쿠스 아우렐리우스 통치 기간에 순교당했다.

(5) 셉티미우스 세베루스(193-211)

이집트와 팔레스타인 출정에서 복귀한 후 셉티미우스 세베루스(Septimius Severus)는 국가 종교에 대한 존중심이 없을 것을 염려해 기독교와 유대교로의 회심을 금했다. 세베루스의 박해는 여타 황제만큼 잔인하지는 않았으나 여성 순교자 페르페투아(Perpetua, 181-203)와 펠리키타스(Felicitas, 203년 사망)를 포함해 북아프리카의 그리스도인들이 순교당했다.

(6) 트라야누스 데키우스(249-251)

트라야누스 데키우스(Trajan Decius)는 로마를 이전 영광의 모습으로 복원시키기 원했다. 이를 실현하기 위해 그는 로마의 전통 종교들이 부흥될 필요가 있으며 기독교는 소멸해야 한다고 믿었다. 그리스도인들이 일신론에서 느슨해지고 있음을 보며, 트라야누스 데키우스는 제국 내 모든 공직자에게 국가 종교의 신들에게 제사하도록 했다. 일부 그리스도인들은 제사를 시행했고, 다른 이들은 향을 피우기도 했으나 또 다른 이들은 여전히 이를 거절해 순교했다. 트라야누스 데키우스는 251년 고트족과의 전쟁에서 전사했고 핍박은 멈췄다.

(7) 발레리아누스(253-260)

발레리아누스(Valerian)는 통치 초기에는 기독교를 용인했으나 전쟁에서 몇 차례 패한 후 기독교를 희생양으로 삼았다. 257년에는 그리스도인들을 추방하려 했으나 성공하지 못했고 결국 박해하기 시작했다. 발레리아누스의 계획은 기독교 지도자들을 살해해 기독교 운동 전체를 뒤흔들어 놓을 심산이었다. 카르타고의 키프리아누스(Cyprian, 258년 사망)가 순교했다. 그러나 그의 계획은 궁극적으로 실패했다.

(8) 디오클레티아누스(285-305)

디오클레티아누스(Diocletian)는 259년부터 그리스도인들이 입대를 거부한다는 죄목으로 박해하기 시작했다. 303년 모든 기독교 출신 공직자들을 군 보직에서 퇴출했다. 그로부터 대박해가 시작됐다(약 303-311). 그는 교회 지도자들뿐만 아니라 온갖 그리스도인들을 처형했다. 모든 기독교의 교회 건물과 성경을 불태웠다. 공동 황제 갈레리우스(Galerius, 305-311)가 병들어 남아 있는 그리스도인들에게 기도를 요청하면서 박해는 중단될 수 있었다.

3) 지적 박해

수사학으로 무장한 이교 작가들과 철학가들은 기독교를 무시했다. 그리스도의 기적적인 탄생, 부활, 이적들은 모두 비웃음의 대상이었다. 기독교는 알지 못하던 자에게는 이성 없는 종교로 그려질 뿐이었다. 가장 널리 알려진 비평가는 사모사타의 루키아누스(Lucian, 165년 전후), 켈수스(Celsus, 2세기 후반경), 포르피리오스(Porphyry, 232-305) 등이다.

켈수스는 기독교가 로마의 사회조직을 망치는 유대교의 급진 분파라고 주장했다. 그에 의하면 예수는 이집트에서 마술을 습득한 협잡꾼이었다. 켈수스는 박해를 지지하기보다 그리스도인들을 좋은 시민이 되도록 설득하고 로마 전통 종교로의 귀의를 종용했다.

4) 변증가들

변증가들은 기독교를 허설(虛說)과 공격으로부터 보호했다. 신약이 구약의 성취인 것처럼 변증가들은 기독교가 그리스 철학의 논리적 정점이라고 믿었다. 하지만 이에 관련된 로마 대적자들을 설득하는 것은 쉬운 일이 아니었다. 변증가들은 또한 이교의 오류와 기독교의 진리를 드러내려 했다. 이교와 기독교 모두에 관한 그들의 지식은 숙련된 신앙의 수호자로 서게 했다. 변증가들은 그리스도인들이 로마에 어떤 위협도 아니라는 점을 부각해 기독교와 평화를 유지할 것을 촉구했다.

변증가들은 그리스 철학에 정통했다. '로고스' 원리를 설명한 그들의 역량은 예수가 철학적으로도 소개될 수 있음을 시사했다. 변증적 진술에 따르면 예수는 구약성경에서 예언된 메시아이기에 기독교는 신생 종교가 아니었다. 로마인들은 고난을 견디며 정조를 지킨 공동체를 존중하게 됐다.

(1) 순교자 유스티누스(100-165)

순교자 유스티누스(Justin Martyr)는 가장 영향력 있는 변증가였다. 플라비아 네아폴리스(현 이스라엘 지역) 출신으로 철학을 연구했다. 하루는 에베소의 해변을 걷던 중 그는 어떤 노인을 만나 그에게서 예수가 구약성경에서 예언된 메시아라는 증언을 들었다. 저스틴은 회심한 후 자신을 그리스도를 위한 철학자로 규정하게 됐다. 그는 여생을 로마에서 보냈다.

이교 철학자와 겨룬 것으로 널리 알려진 사건은 견유 철학자 그레스겐스(Crescens, 2세기 전후)와의 논쟁이었다. 그레스겐스는 마르쿠스 아우렐리우스 황제의 친구로서 저스틴과 여섯 제자의 체포를 명했다. 그들은 그리스도를 부인할 수 없었기에 참수형에 처했다.

저스틴의 저작들은 매우 논리적으로 신앙과 이성을 조화시키고자 했다. 스토아 철학의 윤리와 '로고스' 원리는 기독교와 많은 부분에서 공통점이 있음을 설파했다. 저스틴에 따르면 모든 이성적 존재들은 신적 '로고스'를 부여받는다. 그리고 플라톤, 소크라테스, 아브라함 같은 이들은 그리스도가 오시기 전의 '그리스도인들'이었다.

저스틴은 『첫 번째 변증학』(Firtst Apology)에서 기독교가 존재 해야 하는 정당성에 관한 강한 주장을 전개하며 이방 종교의 부도덕성을 꼬집었다. 그의 『두 번째 변증학』(Second Apology)은 왜 하나님이 자신의 성도들을 믿지 않는 자들에 의해 고난받는 자리에 두시는지 설명한다. 『유대인 트리포와의 대화』(*Dialogue with Trypho, A Jew*)에서 저스틴은 예수가 구약의 메시아 예언을 완성했다고 주장했다. 그러므로 기독교는 신생 종교가 아니라 유대교의 논리적 성취가 되는 셈이다.

(2) 아테네의 아테나고라스(177년 전후)

아테나고라스(Athenagoras of Athens)는 그의 저서 『그리스도인들을 위한 호소』(*Plea on Behalf of the Christians*)로 가장 잘 기억되는 변증가다. 마르쿠스 아우렐리우스에게 발송한 서신으로 어떤 면에서 그리스도인들이 충성스러운 시민이며 이방 종교의 신도들보다 얼마나 더 도덕적인지 설명했다. 식인 풍습, 무신론, 근친상간 등은 이방 종교의 날조일 뿐이라는 점을 증명했다.

(3) 안디옥의 테오필루스(2세기 후반)

테오필루스(Theophilus of Antioch)는 안디옥의 주교에 의해 성인 시절 회심한 후 시리즈로 집필한 『아우톨리쿠스에게』(*To Autolycus*, 약 182년경)로 가장 잘 알려진 인물이다. 본 저작에서 그는 이방 종교의 우상 숭배와 황제 숭배를 비난했고, 이교의 도덕성을 기독교와 비교했다. 또한, 창세기를 풍유적 방식으로 해석했다. 그의 연대기표에 따르면 모세와 선지자들은 그리스 철학가들보다 앞선 자들이기에 우월했다.

(4) 아시리아의 타티아누스(140-165 전후)

타티아누스(Tatian of Assyria)는 순교자 유스티누스의 문하생이었다. 현존하는 그의 저작들은 일반적으로 정통적이나 엔크라타이트(Encratite, 영지주의 분파로 극단적 금욕주의를 주장 -역주) 이단에 심취했다는 이유로 테르툴리아누스(Tertullian, 160-220)와 이레니우스(Irenaeus, 140-202)에 의해 정죄당했다(이들은 술과 육류, 성관계와 결혼을 터부시하고 종종 성찬식 포도주를 물이나 우유로 대체하기도 했음). 타티아누스는 로마제국을 경멸했으며 기독교가 황제의 충성을 중요시하지 않는다는 이유로 호감을 보였다.

타티아누스의 『디아테사론』(*Diatessaron*)은 사복음서를 예수의 전기 형식으로 편집한 책으로 시리아에서 폭넓게 회람됐다. 『그리스인들에게 보내는 서신』(*To the Greeks*)은 그의 위대한 변증적 저작이다. 기독교를 야만인들의 철학이라는 오명으로부터 방어하며 그리스 종교의 부도덕성을 드러내고, 모세와 구약의 선지자들이 그리스 철학자들보다 앞선 자들로서 더 현명하다고 주장한다.

제3장

내부로부터의 문제들

비그리스도인들로부터 물리적 박해와 지성적 반대를 직면하는 동안 교회는 내부의 교리적 문제들 또한 겪어야 했다. 몇몇 회합의 신앙고백이 기독교 신앙과 대치되는 것으로 보였고, 이단으로 낙인찍혔다.

영지주의(Gnosticism), 마르키온주의(Marcionism), 마니교(Manichaeism), 단일신론(Monarchianism), 몬타누스주의(Montanism)는 가장 널리 알려진 초대교회의 다섯 이단 종파들이었다. 여타 교리적 불일치는 이단의 수준으로 나타나지는 않았으나 교회 분열을 일으켰고, 이들 중 일부는 영구적으로 분리됐다. 이 시기에 가장 현저했던 분열은 노바티아누스파(Novatianists)와 도나투스파(Donatists)로 인한 것이었다.

1. 이단들

1) 영지주의

영지주의자들('지식'을 의미하는 그리스어 '그노시스'로부터 유래)은 구원이 모든 이들에게 열려 있지 않은 은밀한 지식을 소유함에서 온다고 믿었다. 알렉산드리아(Alexandria)는 철학에 강조점을 둔 영지주의 운동의 중심지였다. 영지주의자들은 비밀스러운 분파였기 때문에 그들의 기원은 베일에 가려 있다. 예수가 제자들을 내밀히 가르쳤던 지식을 습득할 것을 주장하며, 그들은 예수의 것으로 알려진 말씀들을 수집해 자신들의 교리에 따라 해석했다. 영

지주의의 『도마복음』(Gospel of Thomas)은 이렇게 시작한다.[1]

> 살아 계신 예수께서 말씀하시고 디디모스 유다 도마가 기록한 비밀의 말씀이라.

영지주의는 플라톤의 이원론, 페르시아의 조로아스터교, 로마의 신비 종교들, 기독교의 여러 요소를 혼합시켰다. 영지주의자들은 유대교와의 일부 유사성을 보였다. 순교자 유스티누스는 사도행전 8:9-24에 등장하는 마술사인 시몬 마구스(Simon Magus)를 영지주의의 창시자로 봤다.

영지주의자들에 관해 알려진 것 대부분은 1945년 이집트 나그함마디(Nag Hammadi)에서 대량으로 저장된 문서가 발견될 때까지는 그들의 반대자들이 기록한 것이 주를 이루었다.

영향력 있는 영지주의자들은 에베소의 케린투스(Cerinthus, 약 100년경), 알렉산드리아의 바실리데스(Basilides, 120-140 전후), 시리아의 사투르니누스(Saturninus, 150-160 전후), 로마의 발렌티누스(Valentinus, 100-160)가 손에 꼽힌다. 영지주의자들의 주요 저작들은 『진리의 복음』(Gospel of Truth), 『도마복음』(Gospel of Thomas), 『마리아복음』(Gospel of Mary) 등이다. 영지주의 교회들은 갈리아(현 프랑스 남쪽 지역), 시리아, 로마 북아프리카 등지에서 널리 퍼져 있었다.

영지주의에는 통일된 형식이 없었다. 영지주의 내에는 다양한 체계와 교훈과 신앙이 존재했다. 그런데도 대다수 영지주의 체계는 몇 가지 공유적 특징이 존재했다. 영지주의는 비밀스러운 지식에 대한 믿음, 즉 지식을 소유함으로 구원에 이르는 신앙이라는 특징을 보였다.

영지주의자들은 영과 지식은 선하다고 봤다. 육체와 물질은 악한 것이었다. 플라톤주의에서 주장하는 것과 같이 육체를 영혼의 감옥으로 봤다. 정욕을 더 일으키지 않기 위해 몇몇 영지주의자들은 독신을 고수했다. 또 어떤 이들은 육신이 중대한 사안이 아니라는 신념 아래에 자신을 방탕한 삶에 내던졌다.

---

1   *Gospel of Thomas, Readings in the History of Christian Theology*, ed. William C. Placher (Philadelphia: Westminster, 1988), 1:12에 기록.

영지주의의 창조 이야기는 이원론적이다. 영지주의자들은 '어떻게 선하신 하나님이 이렇게 타락한 세상을 창조하실 수 있단 말인가?'에 대한 물음에 선한 하나님은 그런 세상을 창조하지 않았다는 주장으로 답했다. 세상은 물질로 구성됐기에 선한 하나님이 창조할 수는 없는 것이었다. 조물주로 알려진 여호와와 동일한 열등한 창조자가 세상을 창조했다는 것이다.

궁극적 실재 또는 성부는 더 위대한 하나님이었다. 그는 각 사람 안에 일정 수준의 신적 실재 또는 지식을 심은 존재였다. '영적인' 것에는 방대한 지식이 있다고 주장했다. '육적인' 것은 그보다 덜하나 더 많이 소유할 잠재력을 가졌다고 봤다. '물질적인' 것은 신적 실재를 전혀 소유하지 못하고 있으며 얻게 될 가능성조차 없다고 봤다.

구원을 얻기 위해서 사람은 먼저 비밀스러운 지식을 획득했던 영지주의 교사에게 가르침을 받아야 했다. 사람은 이 지식을 소유하게 되면서 '플레로마'(pleroma) 또는 충만의 상태에 이르기까지 점점 더 높게 하늘의 영역에 올라갈 수 있었다.

영지주의 그리스도인에게 예수는 비밀스러운 지식에 가는 길이었다. 『진리의 복음』에서는 이렇게 말한다.

> 그들이 따르는 그분의 복음은 하나님의 은혜를 통해 즉 비밀스러운 신비이신 기름 부음 받은 자 예수를 통해 온전한 자들에게 계시돼 왔다.[2]

『도마복음』은 예수가 "이 말씀의 뜻을 찾는 자는 누구나 죽음을 경험하지 않을 것이다"라고 말한 것으로 전한다.[3] 영지주의자들에게 육체는 악하므로 예수가 육신 없는 순수한 영으로 존재했다고 봤다. 그들은 그리스도에게서 인성을 제거했고 성육신과 십자가 고난의 교리에 의문을 제기했다.

의심할 여지 없이 영지주의 교리는 기독교의 전통 교리와 대치됐다. 정통

---

2   Gospel of Truth, The Gnostic Bible: Gnostic Texts of Mystical Wisdom from the Ancient and Medieval Worlds-Pagan, Jewish, Christian, Mandaean, Manichaean, Islamic, and Cathar, ed. Willis Barnstone and Marvin Meyer (Boston: Shambhala Publications, 2003), 243에 기록.

3   Gospel of Thomas 1, Readings in the History of Christian Theology, 1:12에 기록.

기독교는 구원이 모든 이들에게 알려 있다고 가르쳤다. 영지주의는 구원이 이 비밀을 깨닫는 자에게만 해당한다고 가르쳤다. 『진리의 복음』은 이렇게 주장한다.

> 한 사람이 지식을 깨닫는다면, 그는 자신에게 있는 것을 소유하고 있는 것이며 거기까지 스스로 이를 수 있는 것이다.[4]

2) 마르키온주의

마르키온(Marcion, 약 154년 사망)은 소아시아 북쪽에 있는 시노프(Sinope)에서 태어나 조선업자이며 주교의 아들로 태어났다. A.D. 140년경 로마로 이주해 매우 큰 돈을 교회에 헌납했다(200 세스테르티우스). 그는 이 일로 교회의 사랑을 받게 됐고, 영향력 또한 커졌다. 이후 영지주의 교사 케르도(Cerdo)로부터 지대한 영향을 받았다.

마르키온은 약 144년부터 자신의 새로운 교리를 교회에 전파하기 시작했다. 그의 가르침은 거부당했고 교회로부터 출교 당했다. 심지어 교회는 그의 헌금을 되돌려줬다. 결국, 마르키온은 자신만의 교회를 개척하게 됐다. 순교자 유스티누스는 마르키온주의가 150년까지 로마제국 전역에 퍼지게 됐다고 증언한다.

영지주의와 유사하게 마르키온주의는 극단적 이원론을 가르쳤다. 영은 선하고 육은 악하다. 또한, 두 하나님이 있다고 봤다. 구약성경의 창조주 하나님, 즉 조물주와 예수 안에서 계시 된 신약성경의 사랑의 하나님으로 구분했다. 조물주는 악하다고 봤다. 엄격하고 율법주의적이며 폭력적인 존재였기 때문이다. 눈에는 눈으로 갚으며 세상에 악이 찾아오도록 방조했으며 피의 계시를 요구하는 존재였다. 그는 용서와 구속을 이룬 예수보다 열등한 신이었다.

예수는 그 조물주와는 다른 새로운 길을 제시하기 위해 왔다. 은밀한 지식이 아니라 그리스도를 믿는 신앙이 구원을 위해 필요했다. 예수는 구약성경

---

[4] Gospel of Truth, The Gonostic Bible, 245에 기록.

속 유대인 출신 메시아가 아니라 보편적 구세주였다. 예수는 태어난 것이 아니라 오히려 순전한 영적 존재였다.

마르키온은 신약성경의 기록 중 권위 있다고 여길 수 있는 정경 목록을 규정한 최초의 인물이었다. 누가복음과 열 권의 바울서신서들을 포함했다. 그는 이 책들이 유대교로부터 가장 적게 영향받았다고 여겨 선택했다.

하지만 이 책 중 일부분은 유대주의자들, 즉 모세의 율법을 여전히 받들고 있던 그리스도인들에 의해 변질했다고 여겼다. 그래서 그는 그 책들을 재편집했다. 예를 들어 누가복음에서 예수의 탄생과 연대표를 삭제했다. 마르키온은 오직 바울만이 예수를 제대로 이해했다고 믿었다. 다른 제자들은 수정된 유대주의를 가르쳤다는 것이다. 마르키온의 정경론은 그리스도인들에게 정경화 작업을 구체화하는 자극제가 됐다.

3) 마니교

마니교의 창시자는 마니(Mani, 216-277)였다. 페르시아 출신으로 조로아스터교, 고대 바벨론 종교, 유대교, 기독교의 영향을 받았다. 마니는 240년 자신을 예언자로 믿어 자신의 교리를 전파하기 시작했다. 조로아스터교 신자들은 마니를 페르시아에서 강제로 추방했으나 사포르 1세(Sapor I, 242-272)가 242년 왕위에 오르자 돌아와 가르침을 이어갔다. 조로아스터교 신자였던 바르암 1세(Bahram I, 273-276)가 사포르에 이어 왕이 되고, 마니는 276년 구타를 당해 사망했다.

영지주의와 유사하게 마니교는 빛의 신과 어둠의 신이라는 이름으로 극단적인 이원론을 가르쳤다. 어둠의 신은 빛의 일부를 도둑질해 그것으로 물리적 세계를 창조했다. 빛의 또 다른 일부는 인간의 영혼에 가둬졌다. 그 빛이 자유롭게 될 때라야 구원이 임하게 된다고 믿었다. 예수, 부처와 같은 이들은 사람들을 빛으로 인도하고 세상의 어둠을 해결하기 위해 온 인물들이었다.

마니교 추종자들은 두 계층으로 나뉘어 이해됐다. '온전한 자'(perfectaie)는 빛과의 온전한 조화 속에서 살아간다. 그들은 맹세하지 않았고 채식을 했으며 독신을 추구했다. '듣는 자'(hearers)는 빛의 신으로부터 말씀을 들으나 그것을 이해하기 위해 '온전한 자'의 도움을 필요로 한다. '듣는 자'는 '온전한 자'와 같이 엄격히 살지 않았다. '온전한 자'는 자신의 삶을 마니교 전파에 헌신했고, '듣는 자'는 그들을 재정적으로 지원했다.

마니교는 육신적인 영혼의 감옥을 더 많이 두지 않기 위해 독신을 고수했다. 하지만 한때 마니교의 '듣는 자'였던 아우구스티누스(Augustine, 354-430)는 모든 자가 이 체계에 실제로 순응했다는 주장에 의심을 보냈다. 마니교 교도들은 육식을 금하고 과일로 공동식사를 했다. 여성은 '온전한 자'가 될 수는 있으나 지도자의 자리에는 오를 수 없었다.

마니교는 지중해 전역에서 6세기까지 그리고 중앙아시아 지역에서 13세기까지 남았다. 보고밀파(bofomils), 순결파(cathars), 파울리키우파(Paulicians) 등 중세의 몇몇 이단 분파에 영향을 미쳤다.

4) 단일신론

성부 하나님과 성자 예수님의 관계는 어떻게 되는가?
예수는 어떻게 신성한 존재가 됐나?
하나님이 한 분 이상이라면, 기독교는 어떻게 유일신교가 될 수 있는가?
단일신론은 이런 질문들에 답해 신격의 통일성을 변호했다.
단일신론에서 두 가지 형태가 있었다.

첫째, 역동적 단일신론(Dynamic Monarchianism) 또는 양자론(Adoptionism)이라 불렸고, 테오도르(Theodoret, 약 150년경)가 주창자였다. 하나님의 하나이심을 보호하려는데 주안점을 뒀다. 예수는 진실한 신성을 소유하지 않았고 하나님이 입양해 하나님의 역사의 첨병이 됐다고 가르쳤다. 사모사타의 바울(Paul of Samosata, 약 200-275)은 '로고스'가 세례를 통해 예수에 주입됐다고 가르쳤다. 즉 예수는 신인(神人)이라기보다는 하나님이 된 인간이었다. 그의 과업은 사람들을 하나님으로 향하게 하는 것이었다.

둘째, 양태론적 단일신론(Modalistic Monarchianism) 또는 성부 수난론(Patripassianism)으로서 그리스도와 성부 하나님은 한 분이시며 같은 존재라고 믿었다.

로마의 사벨리우스(Sabellius of Rome, 약 215년 전후)는 이 가설의 주창자였다. 그는 하나님이 세 위격으로 존재하는 것이 아니라 서로 다른 시대에 세 가지 다른 방식으로 자신을 계시한다고 가르쳤다. 창조에서는 성부로, 구속에서는 성자로, 성화에서는 성령으로 일하시는 것으로 주장했다. 사벨리우스는 요한복음 10:30, "나와 아버지는 하나이니라"를 들어 그와 같이 주장했다. 그는 테르툴리아누스와 히폴리투스(Hippolytus, 170-235)에 의해 정죄당했으며, 그의 주장은 초대교회의 삼위일체 논쟁을 촉발하는 계기가 됐다.

5) 몬타누스주의

몬타누스(Montanus, 2세기 전후)는 몬타누스주의 분파의 창시자였다. 그는 소아시아의 프리기아 지역의 키벨레(Cybele)의 사제였다. 이 교파는 광란의 상태에서 전달된 신성하고 황홀한 말씀에 기초를 뒀다. 그 후 156년 기독교로 회심 후 예언하기 시작했고 자신이 파라클레토스(Paraclete, 성령)는 아닐지라도 그분의 대변인이라 주장했다. 자신의 예언이 성경과 동일한 권위가 있다고 선언했다. 성령의 영향 아래 있다고 주장하며 몬타누스는 통제력을 잃고 황홀경 상태에서 설교한 듯 보인다.

그의 반대자들은 성경적인 예언자들이 예언에 있어 자신들의 능력과 분리되지 않는다고 반박했다. 반대자들은 또한 몬타누스 운동이 새 시대를 열었고 성령의 위대한 부어 주심과 그리스도인은 더 철저한 도덕적 삶으로 특징지어진다는 몬타누스의 주장에 이의를 제기했다. 프리스길라(Priscilla)와 막시밀라(Maximilla) 두 여인은 몬타누스의 추종자로서 여선지자로 불렸다.

몬타누스주의는 대체로 정통적이었으나 성령의 역할을 지나치게 강조했다. 몬타누스주의자들은 성령이 신약 시대에 임재해 지속해서 일하는 것으로 이해하려 했다. 그리스도의 임박한 재림, 성령의 새 시대, 새 예루살렘이 프리기아에 세워질 것이라 예언했다. 그들은 엄격한 율법주의자들이었다. 철저하게 금식을 고수했고, 과부와 홀아비의 재혼을 금했으며, 극단적인 금욕주의를 추종했고, 순교 정신을 강조했다.

몬타누스주의는 추종자들을 양산했다. 이는 은사주의적인 특징, 많은 이들이 교회가 도덕적으로 자유롭다고 인식하고 주교제를 따르지 않음, 세심한 원칙 덕택이었다. 카르타고의 테르툴리아누스도 그들의 주도면밀한 기독교 체제에 동의해 몬타누스주의에 매혹되기도 했다.

2. 분파들

1) 노바티아누스주의

노바티아누스주의(Novatianism)는 250-251년에 있었던 데키우스 박해 중 태동했다. 그 기간에 많은 그리스도인이 순교당했고, 어떤 이들은 그리스도를 고백하고 생존했으나, 어떤 이들은 신앙을 버렸다. 그리스도를 부인하지 않았던 자들은 고백자들로 명성을 얻었고, 높은 존경의 대상이 됐다. 그리스도를 부인했던 자들은 변절자로 여겨 타락이라 낙인찍었다.

박해가 끝나자 변절했던 자들(배교자들로 알려짐)이 교회로 돌아오기 원했다. 일부 그리스도인들은 변절자들을 받아들이지 말아야 한다고 믿었다. 다른 이들은 그들이 회복될 수는 있으나 지도자의 역할이나 특정 예전의 참여는 변절의 책임을 지고 제한돼야 한다고 봤다.

배교자들 가운데 '사크리피카티'(*sacrificati*)는 로마 신들에게 자진해 희생 제물을 바친 자들이었다. '리벨라티키'(*libellatici*)는 희생 제사에 참여하지 않았으나 희생 제사를 했다는 거짓 문서를 발급한 자들이었다. 어떤 이들은 고문의 협박에 의해서만 희생 제사에 참여했다.

누가 그들을 정죄하고 용서해야 하는가?

고백자들과 주교들 모두 자신들에게 이 권세가 있다고 주장했다.

데키우스의 박해는 북아프리카에서 가혹했으며, 배교자 문제는 중대한 사안이었다. 이 논쟁에 참여했던 저명했던 당대 최고의 신학자는 카르타고의 주교 키프리아누스(Cyprian, 258년 사망)였다. 데키우스 박해 기간에 키프리아누스는 카르타고를 떠나 망명지에서 교회를 섬겼다. 박해가 끝나 키프리아누스가 돌아왔을 때, 고백자들이 배교자들 대다수를 용서하는 모습을 보고는 섬뜩함을 느꼈다. 그는 일부 관용은 교회의 순수성에 위협이 된다고 봤다. 게다가 키프리아누스는 오직 주교만이 사도들의 계승자로서 배교자들을 판단할 위치에 있다고 믿었다.

키프리아누스는 배교자들이 진실하게 뉘우치고 주교 또는 그 대리인이 지정한 규례에 따라 자신들의 죄에 대한 대가를 치를 때 공식적인 죄 사함이 가능하다고 주장했다. 고백자들이 배교자들의 죄를 용서할 수 있는 것이 아니라고 봤다. 이는 주교의 권위와 고해성사의 진일보를 위한 중요한 조치였다.

로마교회의 핵심 지도자였던 노바티아누스(Novatian, 약 200-258)는 이 사안을 다르게 다루었다. 데키우스 박해를 지나며, 그는 변절자들의 복귀를 허락하는 것은 교회에 치욕을 안기는 것이라 주장하며 자신의 분파를 설립했다. 온건주의자 코넬리우스(Cornelius, 251-253)가 로마의 주교직에 오르자 추종자들은 노바티아누스를 로마의 주교라 부르며 대적했다. 노바티아누스는 로마교회로부터 추방됐으나 그의 추종자들은 이미 제국 전역에 교회를 개척했다.

그 후 또 다른 문제가 제기됐다.

만약 어떤 사람이 노바티아누스주의 교회에서 세례 받았으나 로마교회에 합류하기 원한다면, 교회는 그의 세례를 합법적인 것으로 인정해야 할까?

키프리아누스와 북아프리카교회는 인정하지 않았다. 노바티아누스주의 사제들이 참된 교회를 배신했기에 그들의 사제적 기능은 이제 유효하지 않다고 본 것이다. 로마교회의 주교 스데반(Stephen, 254-257)은 다른 태도를 보였다. 그는 예전 의식이 그것을 시행하는 집례자와 관련이 없다고 주장했다. 자신의 견해를 공고히 하기 위해 스데반은 일찍이 로마 감독의 수위권을 고수했다. 베드로가 예수의 계승자라는 근거 아래(마 16:18-19), 스데반은 모든 교회가 베드로의 계승자인 로마 주교의 지도를 따라야 한다고 결론 내렸다.

2) 도나투스주의

도나투스분파는 디오클레티아누스 대박해(303-311) 때문에 시작됐다. 북아프리카의 일부 주교들과 목사들은 성경 사본을 로마인들에게 넘겨 파기하도록 했다. 이 성직자들은 문자적으로 '넘긴 자들'이란 뜻인 '반역자들'(*traditores*)이라 불렸다. 박해 기간이 끝나자 그들은 자신들의 이전 위치로 복귀하기 원했다. 자리를 지켰던 이들은 '반역자'들이 공직의 자리를 차지하지 못하게 했다.

사안은 복잡했다. 변절하지 않았던 세 주교는 신임 주교를 임명해야 했다. 만일 수임식을 한 주교 중 하나가 후에 변절했던 것으로 밝혀지면 안수가 유효하지 않다고 인정되는 셈이 되고 말았다. 이는 주교제와 더불어 교회의 안정성을 위협했다. 마치 카이실리아누스(Caecilian, 343 이전 사망) 사건과 유사했다.

카이실리아누스는 311년에 카르타고의 주교로 서임됐다. 후에 카이실리아누스의 수임식을 행했던 압툰기의 펠릭스(Felix of Aptungi)가 로마에 성경을 넘겼다는 점이 밝혀졌다. 카이실리아누스 역시 그리스도인들에게 순교에 직면하기보다 도망할 것을 종용했다. 도나투스주의자들로 알려진 반-카이실리아누스 분파는 카이실리아누스를 주교로 인정할 수 없었기에 마조리누스(Majorinus, 약 313-314년 사망)를 대체 주교로 선출했다. 도나투스주의자들은 변절했던 주교나 성직자를 따를 수 없었다.

또한, 성례식이 변절했던 성직자에 의해 시행된다면, 유효하지 않다고 봤다. 예를 들어 만일 어떤 목사가 배교자였음이 드러났다면, 그가 주도한 어떤 성찬식에도 은혜의 공로가 없다고 못 박았다. 변절자와 변절자가 안수한 자가 집례한 성례식도 마찬가지 논리가 적용됐다.

본 사안을 다루기 위해 콘스탄티누스(Constantine, 306-337) 황제는 314년, [프랑스] 아를에서 공의회를 소집했다. 공의회는 성례 자체가 거룩한 것이고, 성직자가 거룩한 것은 아니라고 결정했다. 반(反)카이실리아누스파는 이단적이라 결정됐다. 그런데도 이 분파는 사라지지 않았다.

마조리누스 사망 후 도나투스(Donatus, 355년 사망)가 반(反)카이실리아누스 분파에 의해 카르타고의 주교로 선출됐다. 이후 도나투스주의자들은 자신들만의 교회를 설립했다. ㅍ   의 결정을 공고히 하고 경쟁교회를 진압하기 위해 콘스탄티누스는 317년 북아프리카에 군대를 파견했다. 다수의 도나투스주의자는 재산을 몰수당했으며 다른 이들은 추방 당했다.

로마교회의 대변자인 히포의 아우구스티누스는 종종 도나투스주의에 대해 공공연한 반대 의사를 역설했다. 알곡과 가라지 비유(마 13:24-30)에 근거해 교회는 절대로 순결한 몸이 아니며 오히려 성도들과 죄인들의 공동체라고 주장했다. 하나님이 종말의 때, 최종적으로 분리하실 것으로 봤다. 그러므로 도나투스주의자들의 오류는 분명했다.

아우구스티누스에게 교회 자체가 거룩하지 그 구성원들은 그렇지 않았다. 아우구스티누스는 도나투스주의자들이 성직자에게 지나치게 많은 관심을 두며 예수 그리스도의 은혜에 충분한 관심이 없음을 지적했다. 성례식의 가치는 집례하는 이와 상관없는 것이었다. 예수께서 성례를 제정하셨으며, 유효성을 담보하신다. 핍박에도 불구하고 도나투스주의는 북아프리카에서 7세기까지 건재했다.

A HISTORY OF CHRISTIANITY

제4장

기독교 정통주의와 니케아 이전 교부들

예수의 메시지는 무엇이었나?
특정 그룹이 그리스도의 메시지를 독점할 수 있는가?
다양한 그룹이 그리스도의 메시지를 다양한 방식으로 해석하는 것이 적법했는가?
교회는 위 질문들을 비롯해 여러 가지에 답하며 여러 정통의 정의를 정제해 나갔다.

1. 사도권 계승

주교직은 2, 3세기의 지도자 직분 중 가장 중요한 위치를 차지했다. 안디옥의 이그나티우스는 교회론적 권위의 정점으로 봤다. 사도권 계승에는 주교직의 기원을 사도직에서 찾는다는 연속성 개념이 있다. 각 주교가 자신의 직전 주교로부터 그리스도의 가르침을 이어받았기에 교회의 정통성이 세워지게 된다는 논리에 근거했다. 자신을 추종했던 주교에게 그 가르침을 이어 전한다는 것이다. 그럴 때만 교회의 가르침은 순수하며 그리스도와 사도들의 시대와 조화를 이룰 수 있다고 봤다.

리옹의 이레니우스(Irenaeus of Lyon, 140-202)는 사도권 계승이 영지주의를 대적할 최상의 무기라고 봤다. 사도적 신앙은 사도들에 기원을 둔 주교직의 공적 계승에 의해 습득될 수 있다는 생각이었다. 더군다나 이 신앙은 공적으로 전파됐다. 이레니우스는 선포된 메시지가 동일하다는 점이 이를 증명한다고 봤다.

반면 영지주의자들은 사도들의 때부터 지속적이고 공적으로 전파되지 않았던 영지(secret knowledge)가 존재한다고 믿었다. 이레니우스는 영지주의자들이 그리스도와 사도들까지 거슬러 갈 수 있는 영속적인 교리를 증명할 수 없다고 비판했다. 그러므로 사도권 계승은 지속성과 진리의 보호 수단으로 여겨지기 시작했다.

가장 부유한 도시들이 가장 저명한 주교들의 교구 또는 본부가 됐다. 각 도시는 다양한 방식으로 자신들의 지위를 강조했다. 사도 중 하나가 자신들의 첫 주교며 거기서 순교당했고, 교회를 위한 위대한 섬김을 다했다. 알렉산드리아는 마가를, 예루살렘은 야고보를, 에베소는 요한을 자신들의 주교라고 내세웠다. 로마는 베드로와 바울 모두와 연관돼 있었다.

로마 주교의 지위 상승은(후에 교황으로 불린다) 이미 1세기 후반부터 시작되고 있었다. 이미 베드로는 로마의 첫 주교였으며 베드로와 바울 모두 거기서 순교했다는 전통이 자리 잡았다. 2세기가 돼 이레니우스는 베드로부터 이어진 로마 주교들의 명단을 제작했다. 이 전통은 매우 강해 약 165개의 공동묘지가 베드로가 십자가형을 당했다고 알려진 자리인 바티칸 언덕 위에 세워졌다. 사도 바울의 것은 오스티아(Ostia) 도상에 건립됐다.

3세기가 열리면서 많은 사람이 로마에 있는 교회를 기독교 왕국의 지도적인 공동체로 인식하기 시작했다. 이 점에 관해 로마교회의 공식적인 승인이 없었다. 그래서 많은 그리스도인은 교리적이고 실천적인 사안에서 로마교회의 통제가 내키지 않았다. 그런데도 로마교회의 영향력과 지위에 관해서는 의심의 여지는 거의 없었다.

2. 신앙 규범과 사도신경

'신앙 규범'(The Rule of Faith)은 이레니우스와 테르툴리아누스에 의해 처음으로 공식 언급됐다. 실제 문서가 아니라 일반적으로 통용된 기독교 가르침의 모음집이었다. 이는 당시 교회의 기준으로 활용됐다. '사도신경'의 문구가 비교적 고정돼 있던 반면 신앙 규범에는 다양한 표현이 담겨있었다. 하지만 신학적 내용은 합의되어 고정됐다. 다시 말해 성경에 표현된 사도적 메시지였다. 예비 신자들을 교육하거나 이단과 싸우기 위한 기준으로 활용됐.

사도신경에 앞서 그리스도의 죽음과 부활과 재림뿐 아니라 동정녀 탄생을 강조했다. 이레니우스는 신앙 규범을 다음과 같이 정의했다.

> 전능하사 하늘과 땅과 바다와 거기 거하는 만물의 창조자이신 한 분이신 하나님 아버지를 믿사오며 그의 아들 한 분 그리스도 예수를 믿사오니 그는 우리의 구원을 위해 성육신하셨나이다. 성령을 믿사온데 그는 선지자들을 통해 하나님의 경륜, 구주의 강림, 동정녀 탄생 또한 그의 수난과 죽은 자 가운데의 부활 그리고 사랑하시는 우리 주 그리스도 예수께서 육체로 승천하신 것과 만물을 통일시키며 전 인류의 모든 육체를 새롭게 일으키기 위해 그가 곧 성부의 영광으로 다시 오실 것을 믿나이다.[1]

최초의 공식적인 신앙고백은 세례 예식에 나타났다. 히폴리투스는 3세기경 세례 신경이라 불린 최초의 고백서를 활용했다. 고백서는 세례 지원자들에게 삼위의 세 위격에 관해 질문했다. 오늘날 통용되고 있는 사도신경은 약 700년경에 기원을 둔다. 3세기 '마르셀루스신경'(Creed of Marcellus)과 유사하다.

> 만물을 통치하시는 하나님을 내가 믿사오며, 그 외아들 우리 주 그리스도 예수를 믿사오니 이는 성령으로 잉태하사 동정녀 마리아에게 나시고 본디오 빌라도에 의해 십자가에 못 박혀 죽으시고 장사된 지 사흘 만에 죽은 자 가운데서 다시 살아나시며 하늘에 오르사 아버지 우편에 앉아 계시다가 저리로서 산 자와 죽은 자를 심판하러 오시리라. 성령을 믿사오며 거룩한 공회와 죄를 사하여 주시는 것과 몸이 다시 사는 것과 영원히 사는 것을 [믿사옵나이다].[2]

---

1 Irenaeus, *Aganist Heresies* 1.10.1, *The Ante-Nicene Fathers: The Writings of the Fathers Down to A.D. 325*, ed. Alexander Roberts and James Donaldson (Grand Rapids: Eerdmans, 1873), 1:330에 기록.

2 Hippolytus, *Apostolic Tradition* 21, *The Faith of the Early Fathers* ed. William A. Jurgens (Collegeville, MN: Liturgical Press, 1970), 1:169-70에 기록. 세례 신경은 장로와 세례 지원자 사이의 질문 - 대답의 형식으로 기록됐다. 본문은 취지와 정보의 목적에 맞게 쉽게 이해할 수 있도록 재구성했다.

3. 정경의 발전

구약성경 39권은 A.D. 90년 얌니아 공의회(Council of Jamnia)에서 저명한 랍비들에 의해 공식 인증됐다. 그러나 이미 예수의 시대를 거치면서 공고히 확립돼 있었다. 초대 그리스도인들 대부분이 구약을 신앙과 삶의 권위로 인정했고, 유대교와 다르게 해석했다. 누가복음 2:44-45는 예수께서 사도들의 눈을 열어 성경의 진의를 깨달을 수 있었다고 증언한다. 그 후 사도들은 구약성경이 예수를 가리키는 것으로 봤으며 초대 그리스도인들은 그 책을 자신의 소유로 됐다.

신약 정경 발전사는 더 복잡한 양상을 띤다. '정경'이란 단어는 그리스어에서 파생됐으며, '규칙' 또는 '표준'이란 뜻이다. 때때로 신약 저자들은 타(他) 신약 기록을 '성경'이라 일컫는다. 구약의 문장에도 동일하게 적용된다. 디모데전서 5:18에서 신명기 25:4과 누가복음 10:7을 언급하며 '성경'을 인용한다고 밝힌다.

베드로후서 3:15-16은 무식한 자들과 굳세지 못한 자들이 바울의 편지를 "억지로 풀었다"라고 말하는데, 그들은 "다른 성경과 같이" 하고 있다고 비판한다. 초대 교부들은 저서에서 성경으로 인정될 수 있는 몇 가지 기준을 제안했다. 사도에 의해 기록돼나 그와 관련돼야 하며, 사도적 신앙을 따라야 하고, 사도의 시대에 기록됐어야 하며, 초대교회 전반에 폭넓게 인정돼야 한다는 순서였다.

2세기 초까지 교회는 사복음서를 기록한 저자에 관한 공동의 이해가 있었기에 저자의 이름이 각 책의 제목으로 받아들여졌다. 3-4세기에 걸쳐 활동했던 역사가 유세비우스(Eusebius, 260-339), 히에라폴리스의 파피아스(Papias, 약 100년)는 2세기 초 다음과 같이 가르쳤다.

> 마가는 베드로의 동역자로서 비록 시간의 순서는 아닐지라도 그리스도의 말씀과 사역을 자신이 기억하는 수준에서 정확하게 기록했다. 왜냐하면, 이미 언급한 것처럼 주님의 청중과 제자가 아니었어도, 비록 후에는 그렇게 됐더라도, 베드로의 제자였기 때문이다. 베드로는 자신의 가르침을 시대의 필요

에 맞춰 적용할 필요를 봤고, 주의 말씀 자료가 정돈된 형식의 설명으로 정리돼 있지 않았다. 그리고 마가는 기억에 따라 사건을 기록할 때, 실수하지 않았다. 왜냐하면, 자신이 듣는 것이 빠지지 않도록 그리고 그것을 문자화해 잘못된 내용이 없도록 세심한 주의를 기울였기 때문이다. 파피아스와 마가의 관계가 그러했다. 마태에 관해서는 이렇게 증언한다.
"마태는 히브리어로 계시를 기록했고, 자신의 능력을 총동원해서 설명했다."³

순교자 유스티누스는 공관복음서를 정경으로 인정했으나 요한복음에 관해서는 분명하지 않았다. 테르툴리아누스는 사복음서 전체를 인정했다. 다만 마태복음과 요한복음은 사도들에 의해 직접 기록됐기에 더 우위에 있다고 봤다.
이레니우스는 사복음서 모두 확실하고 세상에는 네 개의 모퉁이, 네 방향이 있으므로 모든 복음서를 정경에 포함하는 것이 중요하다고 믿었다. 또한, 이 네 증언들은 누가복음만을 인정한 마르시온보다 그리스도에 대해 더 넓은 그림을 가능하게 한다고 주장했다.
2세기 말이 돼서는 사복음서, 사도행전, 바울의 열세 서신, 또 몇몇 사도들의 기록이 기독교 공동체 대부분에서 받아들여지게 됐다.
나머지 책들에 관해서는 상당한 진통이 있었다. 예를 들어 동방 그리스도인들은 히브리서를 인정했으나 서방인들은 처음에 그러지 못했다. 서방 그리스도인들은 요한계시록을 인정했지만, 동방에서는 초기에 논란이 있었다. 몇몇 기독교 공동체는 『클레멘스의 첫 번째 편지』(First Clement), 폴리캅의 『빌립보에 보낸 서신』(Letter to the Philippians), 『디다케』(Didache), 『헤르마스의 목자』(Shepherd of Hermas) 그리고 정경으로 최종 인정되지 못한 여타 인기 있는 저작을 존중했다.
'무라토리 정경'(The Muratorian Cannon)은 2세기 후반에 정경으로 인정된 문헌의 그리스어 목록을 7세기 또는 8세기에 라틴어로 번안한 문서다. 이 목록에는 히브리서, 야고보서, 베드로전·후서, 요한삼서를 제외하고 현대 성

---

3   Eusebius, *Expositions of the Oracles of the Lord, Documents of the Christian Church*, 3rd ed., ed. Henry Bettenson and Chris Maunder (New York: Oxford University Press, 1999), 30에 기록.

경의 대다수 책이 포함돼 있다. 솔로몬의 지혜서와 베드로 계시록은 모두 최종 정경에서 제외됐으나 무라토리의 정경에는 포함됐다.

카이사레아의 유세비우스(Eusebius of Caesarea)는 『교회사』(*Ecclesiastical History*) 6.25에서 자신이 정경이라 여기는 책의 목록을 작성했다. 몇몇 책들은 교회로 보편적으로 받아들여졌음을 밝혔다. 사복음서, 사도행전, 바울서신들(히브리서 포함), 요한일서, 베드로전서, 요한계시록이 그것이다(유세비우스는 개인적으로 요한계시록을 위조된 문서로 봤다).

유세비우스는 일부 논쟁은 있으나 성경으로 폭넓게 받아들여지고 있는 기타 책의 목록도 작성했다. 야고보서, 유다서, 베드로후서, 요한이서, 요한삼서 등이다. 그는 정경적이지는 않으나 그리스도인의 신앙과 삶에 유용한 책들 또한 소개했다. 『바울행전』(*Acts of Paul*), 『헤르마스의 목자』(*Shepherd of Hermas*), 『바나바서신서』(*Epistle of Barnabas*), 『디다케』(*Didache*) 등이다.

유세비우스는 『베드로복음』(*Gospel of Peter*), 『도마복음』(*Gospel of Thomas*), 『안드레행전』(*Acts of Andrew*), 『요한행전』(*Acts of John*)은 이단적이라고 봤다.

알렉산드리아의 아타나시우스(Athanasius, 약 300-373)는 367년 부활절 서신에서 오늘날 신약 27권과 정확히 일치되는 목록을 처음으로 선보였다. 이 책들은 393년 히포 회의, 397년 카르타고 회의에서 정경으로 승인됐다. 공적 인준에도 불구하고 일부 그리스도인들은 여전히 27권 전체를 받아들이지 않았다. 어떤 이들은 정경으로 비준되지 않았던 책들도 계속 탐독했다.

4. 니케아 이전 교부들

이 기간 교회 지도자들을 니케아 이전 교부들이라 부른다(그들이 실제로 325년에 있었던 니케아공의회 이전까지 생존했던 사실과 연관돼 있다). 니케아 이전 교부 중 가장 중요한 몇 인물들은 아래와 같다.

1) 리옹의 이레니우스(약 125-200)

이레니우스(Irenaeus of Lyons)는 사도 요한의 제자였던 폴리캅의 문하생이었다. [프랑스] 리옹의 장로였고, 몬타누스 논쟁과 관련해 177년 포티누스(Pothinus, 약 87-177) 주교의 서신에 의해 로마로 파송됐다. 이레니우스가 로마에 있는 동안 리옹에서 그리스도인에 대한 박해가 발생했고, 포티누스는 순교당했다. 복귀하자마자 이레니우스는 주교로 지명됐다.

이레니우스의 가장 주요한 저작은 『이단 논박』(*Against Heresies*)이었다. 그리스도인들에게 영지주의와 마르시온주의에 대해 경고했다. 이런 이단들을 무효화시키기 위해 이레니우스는 기독교 계시의 안전 장치로서 사도적 계승을 강조했다. 이렇게 기록한다.

> 교회는 이 말씀과 이 신앙을 전해 받았기에 세계 각처에 흩어져 있더라도 마치 한 집에 거주하고 있듯 주의 깊게 지켜 내야 한다. 또한, 마치 한 영혼, 또 하나이며 동일한 마음을 소유하고 있는 듯 핵심 교리들을 믿으며, 선포하고 가르치며, 전수하며 완전한 조화로움으로 오직 하나의 입만을 소유하고 있다. 각국의 언어는 상이하더라도, 전통의 취지는 하나며 동일하다.[4]

이레니우스는 로마가 가장 중요한 주교며, 여타 나라들은 그 지도를 따라야 한다는 점을 넌지시 강조했다. 이렇게 언급한다. 가장 영광스러운 두 사도인 "베드로와 바울에 의해 로마에 개척되고 조직화된 교회는 보편적으로 알려진 대로 가장 위대하며, 가장 고풍스럽다." 로마교회는 "감독직의 계승으로 우리 시대까지 전해 내려와 성도들에게 전달된 신앙"을 선포했다. 또한, 이렇게 주장했다.

> 모든 교회는 우수한 권위에 근거해 [로마]교회에 동의해야 한다는 것은 필수적인 사안이기에 사도적 전통은 도처에 존재하는 신실한 사람들에 의해 지속

---

[4] Irenaeus, *Against Heresies* 1.2.2, *Ante-Nicene Fathers*, 1:331에 기록.

해서 보존될 수 있었다.[5]

이레니우스는 『사도적 설교의 모범』(The Demonstration of the Apostolic Preaching)도 출판해 영지주의와 유대교와 기독교 사이에서 선택하기 어려워하던 한 친구에게 도움을 줬다. 이 저작은 새로운 회심자를 위한 안내서였다.

이레니우스의 저작들에는 그가 이단이라 여기는 모든 단체를 무효화시키려는 소망이 담겨 있다. 그의 논증은 신구약성경 모두에 근거를 뒀다. 그는 창조주 하나님과 선재(先在)하신 '로고스' 예수를 동일한 한 분으로 믿었다. 구원은 창조의 교정이 아니라 오히려 완성이며, 그 안에서 그리스도만이 발견된다.

이레니우스의 '총괄갱신론'(The Theory of Recapitulation)은 그의 최고의 신학적 업적이다. 그는 이 이론의 근거를 로마서 5:12에서 찾았다.

> 그러므로 한 사람으로 말미암아 죄가 세상에 들어오고 죄로 말미암아 사망이 들어왔나니 이와 같이 모든 사람이 죄를 지었으므로 사망이 모든 사람에게 이르렀느니라(롬 5:12).

예수(로고스)는 새 아담이라고 가르쳤다. 예수는 죄와 상관없으신 온전한 인간으로서 아담 때문에 세상에 들어온 죄의 효력을 뒤집으셨다. 이렇게 전한다.

> 아담은 그리스도 안에서 이해돼야 하며, 사망이 불멸로 삼킨 바 되고 정복됐다는 점은 필연적이다. 하와는 마리아 안에서 이해되며, 처녀는 동정녀의 헌신으로 요약될 수 있으며, 동정녀의 순종으로 처녀의 불순종을 되돌리며 없이하게 됐다.[6]

---

5 Irenaeus, *Against Heresies* 3.3.2, *Ante-Nicene Fathers*, 1:415-16에 기록.
6 Irenaeus, *Demonstration of the Apostolic Preaching 33, A New Eusebius: Documents Illustrating the History of the Church to A.D. 337*, 5th ed., ed. J. Stevenson (Cambridge: Cambridge University Press, 1993), 120에 기록.

예수가 아담을 대신한 것처럼 불순종은 순종으로 대체됐다. 예수는 아담의 운명과 죽음을 불멸과 생명을 가지고 극복했다. 예수는 새 아담으로서 옛 아담 안에서 잃어버린 모든 것을 회복했다. 이와 정확히 같은 방식으로 동정녀 마리아는 하와의 죄를 정복했다. 즉 이레니우스는 인간의 구원에서 마리아를 예수와 더불어 주요한 역할을 맡은 것으로 봤던 첫 그리스도인 중 하나였다.

2) 카르타고의 테르툴리아누스(160-220)

테르툴리아누스(Tertullian of Carthage)는 카르타고 본토인으로서 로마 백부장의 아들이었다. 양질의 교육을 받았으며 수사학에서 재능을 보였으나 철학을 경멸했다. 그는 로마법을 따랐다. 약 192년에 그리스도인이 된 후 카르타고로 돌아왔다. 테르툴리아누스는 순교자들의 증언과 지옥에 대한 두려움 때문에 그리스도인이 됐다고 고백했다. 사실 카르타고는 극심한 박해에 직면해 '순교자들의 교회'라고 불렸다.

테르툴리아누스식 기독교는 율법주의적이고 윤리적이었다. 그의 저작들은 종종 논란에 휩싸였다. 신학을 전개할 때 온갖 방법을 동원해 이기려 했다. 테르툴리아누스는 약 207년 몬타누스주의의 지지자가 됐다. 그의 기독교가 몬타누스주의자들과 같이 엄격했기에 매료됐던 듯 하다.

테르툴리아누스는 순교를 칭송했으나 그것을 일부러 추구하지는 않았다. 사실 로마의 많은 통치자에게 편지를 보내 그리스도인들은 박해와 상관없는 선한 시민들이라고 변호했다. 테르툴리아누스는 여자들이 원죄의 책임이 있으며 성관계를 통해 영생을 얻게 된다고 믿었다. 세례 후 짓는 죄는 두려워해야 했다. 그리스도인들은 하나님께 전적으로 의지해야 한다고 주장했다. 그래서 행정관료가 돼서는 안 된다고 봤다.

테르툴리아누스는 신학 논문에서 라틴어를 처음으로 활용한 교부 중 하나였다. 그는 '원죄'(orginal sin), '성례'(sacrament), '공로'(merit)와 같은 신조어를 고안해 냈다. 삼위일체에 관한 그의 설명, "하나의 본질, 세 위격"(one substance and three persons)은 최초며 가장 명확한 묘사 중 하나였다. 후대 신학자들이 이 삼위일체 신조의 의미를 밝혔음에도 불구하고 그의 표현은 정통의 정의가 됐다.

테르툴리아누스는 철학을 이단에 빠지는 길로 인식했다. 기독교는 철학이 아니라 사도들의 가르침에 기초한 것이었다. 철학으로 신학의 난해한 개념을 정의할 필요는 전혀 없었다. 테르툴리아누스는 기독교 진리를 철학의 기준으로 평가할 때, 많은 경우 우스워진다고 주장했다.

> 어쨌든 불합리하므로 믿어질 수 있다. 그분은 장사 된 바 되시고 다시 살아나셨다. 불가능하기에 사실임이 분명하다.[7]

테르툴리아누스는 31개의 책을 남긴 저자로도 알려진다. 그의 『이단에 대한 항소』(*Prescription against the Heretics*)에서 참 교회는 오직 가견교회라고 주장했다. 영지주의에 따라 선동되듯 비밀스러운 지식을 소유한 비밀의 공동체는 그렇지 않다. 오직 참 교회, 즉 보편적 그리스도인만이 성경을 사용할 권리가 있다고 봤다. 사도적 전통이야말로 성경을 바르게 해석하는 열쇠였다.

『마르시온 논박』(*Against Marcion*)에서 테르툴리아누스는 그리스도의 한 분이심과 구약성경의 필요성을 변호했다. 『프락세아스 논박』(*Against Praxeas*)에서 양태론(modalism)을 논박하고 삼위일체에 관한 초기 이론의 토대를 마련했다. 『그리스도의 육체에 관해』(*On the Flesh of Christ*)는 모든 육체가 가치 없으며 부패했다는 영지주의의 주장에 관한 테르툴리아누스의 반박 논문이다.

3) 카르타고의 키프리아누스(200-258)

키프리아누스(Cyprian of Carthage)는 카르타고의 상류층 이교도 가정에서 태어났다. 그는 46세 되던 때 회심한 후 자신의 소유를 팔아 가난한 자들에게 나눠줬다. 249년 카르타고의 주교로 임명됐다. 250년 데키우스 박해가 시작되자 그는 도시를 떠나 망명지에서 교회를 이끌었다. 이것 때문에 카르타고의 다수 그리스도인은 그를 배교자로 정죄했다. 신앙을 버리거나 배교

---

7 Tertullian, *On the Flesh* 5, *Ante-Nicene Fathers*, 3:525에 기록.

한 자들의 재입교에 있어서 그의 역할은 위에서 논의된 바 있다.

키프리아누스는 군주 감독제의 발전에 있어 통찰력 있는 대변인이었다. 그는 누구라도 주교를 떠나면 교회를 떠난 것이라고 단언했다. 어머니인 교회 없이 아버지인 하나님을 소유할 수 없다고 못 박았다.[8]

주교에 관한 그의 엄격한 견해는 후에 로마교회 수위설을 촉발하는 데 이용됐으나 키프리아누스 본인은 로마교회 수위설을 전혀 지지한 바 없다. 한 사도가 다른 사도보다 우위에 있지 않았던 것처럼 로마교회를 포함한 어떤 교회도 다른 교회보다 우위에 있지 않다고 봤다. 키프리아누스는 또한 구약성경의 용어들을 교회 사역에 적용했다. 주교를 '제사장,' 주의 만찬을 '제단'으로 불렀다.

5. 알렉산드리아 사람들

이집트의 알렉산드리아는 기독교 이전 수 세기 동안 다수 유대 민족의 고향이었다. 이 유대인들은 칠십인역 성경에 영향을 받고 있었다. 필로(Philo, B.C. 약 10 A.D. 45)는 알렉산드리아의 저명한 유대인 중 하나였다. 그는 구약성경을 풍유적으로 해석하고 그리스 철학과 혼합했다. 사실상 필로는 모세가 위대한 그리스 철학자들의 스승이라고 주장했다. 알렉산드리아 기독교도 마가가 소개한 것으로 보며, 그는 거기서 복음서를 기록했을 것이다.

알렉산드리아 그리스도인들은 로마나 카르타고 신자들보다 더 철학적이었고, 그들은 성경 해석에 있어 풍유적 방법을 사용했다. 2세기 전반 영지주의가 알렉산드리아에 성행했다. 바실리데스(Bsilides, 117-138에 지도함), 카르포크라테스(Carpocrates, 2세기 전반), 발렌티누스(Valentinus) 같은 영지주의 지도자들이 거기서 종종 가르쳤다.

2세기 후반에는 정통 기독교가 득세했다. 그리스도인들을 교육하고 영지주의와 싸우기 위해 그들만의 교리학교를 발전시켰다. 판테누스(Pantaenus,

---

[8] Cyprian, *On the Unity of the Church* 6, *The Faith of the Early Fathers*, 1:221에 기록.

약 200년 사망)가 이 학교의 초대 교사로 역임했다. 그에 관해 알려진 바는 거의 없다. 스토아 철학에서 나와 회심해 그리스 철학과 기독교의 조화를 노력한 것으로 알려져 있다.

유세비우스에 의하면 그는 인도의 선교사로 헌신했다. 클레멘스(Clement, 약 150-215)와 오리게네스(Origen, 약 185-약 254)가 그를 따랐으며 그들은 알렉산드리아의 위대한 교사며 정통의 수장이었다.

1) 알렉산드리아의 클레멘스(약 150-215)

아테네에서 출생한 클레멘스(Clement)는 철학을 통해 기독교의 진리에 대한 확신을 얻게 된 후 회심했다. 알렉산드리아(Alexandria)를 판테누스 아래 교육받도록 재편했다. 판테누스가 알렉산드리아를 떠난 후 클레멘스는 교리학교의 선임 교사가 됐다. 그의 가장 뛰어난 학생은 오리게네스였다. 오랜 기간 학교에서 봉직한 후 클레멘스는 202년 박해 기간에 알렉산드리아를 떠나 다시 돌아가지 않았다.

클레멘스는 그리스 철학이 복음의 궁극적 진리를 지향하며 사람들이 듣도록 준비시킨다고 봤다. 율법이 유대인들을 [그리스도에게로 이끌기 위해] 주어진 것처럼 철학은 그리스도인들을 [그리스도에게로 이끌기 위해] 주어진 것이었다.

> 철학은 그리스도 안에서 온전해지고 있는 자를 위해 길을 내는 예비 단계다.[9]

철학을 통해 습득된 진리는 어떤 것이든 성경이 적용하거나 기독교가 활용할 수 있었다. 그는 이것을 '애굽인들을 약탈하는 일'로 설명했다. 기독교야말로 가장 위대한 궁극의 철학이었다. 이런 이유로 그는 철학자의 의복을 지속해서 착용했다.

클레멘스는 성경을 2단계 구조로 이해할 것을 제안했다. 성경의 문자적

---

9 Clement of Alexander, *Stromata* 1.5, *Ante-Nicene Fathers*, 2:305에 기록.

진리를 향한 단순한 신앙은 선하며 모든 이들에게 필요하나 기독교 신앙에서 성숙하기를 원하는 자들에게는 충분하지 않았다. 그는 성경이 풍유적으로 해석돼야 하며 이성을 활용해 근본 진리를 세워야 한다고 봤다. 그런 해석을 통해 성경 본문 행간에 숨어 있는 플라톤 철학의 원리를 발견하는 것이 가능하다고 주장했다.

클레멘스에 의하면 풍유적 해석으로의 확장 없이 성경의 문자적 의미를 믿는 정도에 만족하는 자들은 젖에 만족해 단단한 음식을 거절하는 어린아이와 같은 상태인 것이다. 성경의 의미를 더욱더 깊이 이해하는 지혜로운 사람들을 그는 '참 영지주의자'라 여겼다. 게다가 스스로 '참 영지주의자'로 생각했고 다른 이들을 동일한 바람을 가지고 더 깊은 진리로 가르쳤다.

클레멘스는 또한 '로고스' 교리를 강조했다. 하나님은 '로고스'를 통해 인간에게 자신을 계시하신 사랑하시는 창조주시다. '로고스'는 모든 진리와 지혜의 원천이시다. 진리가 있는 곳은 어디에나 '로고스'가 있으며 하나님의 사랑을 나타낸다.

그러므로 그리스 철학과 성경의 선지자 모두 '로고스'로부터 알게 된 진리를 받아들인 것이다. 영혼을 정화함으로 '로고스'는 그리스도인들이 그리스도를 더 많이 닮고 그의 뜻을 따를 수 있게 한다. 오직 '로고스'의 사역을 통해 한 인간은 참 영지주의자가 될 수 있다.

클레멘스는 위대한 세 저작으로 잘 알려졌다.
『그리스인에게 보내는 권면』(*The Exhortation to the Greeks*)은 철학과 기독교의 유사성을 논증하는 변증서다. 『교사』(*The Instructor*)는 예수를 거룩한 '로고스'로 묘사했다. 『산문집』(*Miscellanies*)은 기독교가 여러 시대적 사안에 해답이 될 수 있다고 주장했다.

2) 오리게네스(약 185-약 254)

오리게네스(Origen)는 신실한 기독교 가정에서 태어났다. 아버지 레오니데스(Leonides, 202년 사망)는 아들에게 기초적인 그리스식 교육을 했으며, 또한 기독교의 성경을 가르쳤다. 오리게네스는 아버지의 지도로 신약성경 전체와 구약성경의 많은 부분을 암송했다고 고백했다.

이십 대 초반이 됐을 때 오리게네스는 클레멘스를 대신해 알렉산드리아의 교리학교 교사가 됐다. 또한, 암모니우스 삭카스(Ammonius Saccas, 175-242)에게 신플라톤주의를 배우기 시작했다. 이로 인해 그는 알렉산드리아를 지배하던 그리스 철학과의 전쟁에 더 효과적으로 대비할 수 있었다. 하지만 이 공부는 정반대의 결과를 가져왔다.

신플라톤주의는 오리게네스에 지대한 영향을 미쳤고 그의 신학을 주조(鑄造)했다. 그의 가르침을 따라 오리게네스는 그리스도인 죄수들을 방문하고 재판에 참여했다. 순교가 예정됐어도 인내할 것을 권했다. 데메트리우스(Demetrius, 126-231)는 알렉산드리아의 주교였는데 오리게네스의 영성을 시기해 체포된 그리스도인들을 만나지 못하도록 조치했다.

오리게네스는 낮에는 가르쳤고, 밤에는 성경 연구에 몰두했다. 마태복음 9:12의 "천국을 위해 스스로 된 고자"를 공부하며 그는 스스로 거세했다고 전해진다. 그런데도 그의 거세에 관한 이야기는 시기하는 적들이 날조해 지어낸 것으로 보인다.

오리게네스는 212년 로마를 방문했다. 몇 년 후 총독의 신앙 지도 요청에 따라 아라비아로 이주했다. 214년 로마에 박해가 일어났을 때, 그와 그의 친구 암브로시우스는 가이사랴로 갔다. 지역 주교들의 요청으로 그는 설교했고 성경을 주해했다. 하지만 데메트리우스는 오리게네스 같은 평신도에게 설교권을 주지 말아야 하며, 216년 오리게네스에게 알렉산드리아로 복귀한 것을 명령했다. 거기서 14년 동안 가르치고 연구하며 글쓰기 훈련을 지속했다.

230년 오리게네스는 교회 사역을 위해 그리스로 파송됐다. 가는 길에 가이사랴에 잠시 들러 친구들에 의해 안수를 받았다. 데메트리우스는 오리게네스의 거세가 교회법에 반한다는 이유로 그의 임직을 무효로 주장했다. 데메트리우스는 오리게네스의 임직을 철회시키기 위한 위원회를 소집했다.

오리게네스는 그의 여생 20년을 가이사랴에서 가르치고 연구하며 집필로 보냈다. 가이사랴의 그리스도인들에게 환영받았으나 팔레스타인에 있는 그리스도인들은 여전히 산발적 박해를 경험하고 있었다. 트라야누스 데키우스 황제는 로마 전역에 사납게 휘몰아친 전염병을 자신을 신으로 예배하기 거절했던 그리스도인들의 탓으로 돌렸다. 박해가 이어졌고, 오리게네스를 체포해, 구타하고, 웃음거리로 만들어 투옥했다. 그는 신앙을 포기하지 않았고, 끝내 석방됐다. 그러나 254년 그의 죽음은 고문에 의해 앞당겨진 것이 분명하다.

오리게네스는 아우구스티누스 이전 기독교 내에서 가장 많은 신학 서적을 남긴 작가였다. 그의 서적에 관해 일부 신학자들은 그의 비범함을 숭상했으나, 다른 이들은 이단으로 정죄했다. 진실로 그의 저작들은 정통이라 할 만한 것과 이단이라 할 만한 것 모두를 이해하는 데 유용했다.

오리게네스의 『헥사폴라』(Hexapola)는 6가지 판본을 병행해 대조 기록한 구약성경이었다. 히브리어 구약성경, 히브리어 구약성경의 그리스어 역본, 시노페의 아퀼라 역본(2세기 전후), 에비온파의 심마쿠스 역본(2세기 중반 전후 [150년경]), 칠십인역, 테오도티온 역본이 활용됐다. 『헥사폴라』는 완역본 한 권이 남아 있었으나 유실되거나 소실됐다. 일부 단편들이 모여 다양한 편집으로 출간됐다.

『제일 원리』(On First Principles)에서 오리게네스는 자신의 삼중 해석학을 소개한다. 그는 성경이 문자적, 도덕적, 영적(풍유적)으로 해석될 수 있다고 믿었다. 문자적 해석이 가능하지 않은 본문이 있다고 본 것이다. 하나님을 인간적 특징으로 설명하는 구절들과 같이 어처구니없어 보이는 본문을 위해서는 풍유적 방법의 해석을 용인해야 한다고 주장했다(마 19:12의 주해에서 그가 풍유적 접근을 활용했으면 좋았을 것 같다).

오리게네스는 하나님을 육체가 없는 완전한 존재로 인식했다. 순전한 영적인 분으로 봤다. 하나님은 인격적이어서 성부로부터 처음 생성된 '로고스'와 교제하셨다. 그는 '로고스'의 영원한 산출(eternal generation)을 확신했으나 그런데도 성부에 종속적이라고 봤다. 차례로 성령은 '로고스'보다 열등한 존재인 것이다. 이런 이유로 아리우스(Arius, 256-336)는 예수의 성부 종속 개념을 이해하는 데 오리게네스를 인용했다.

오리게네스는 '로고스'를 예수 그리스도의 영혼에 성육신 된 하나님의 지혜로 이해했다. 하나님은 그리스도/'로고스'를 통해 이해 가능했다. '로고스'는 성부와 함께하시며, 또한 인간 그리스도의 영혼 안에 머무신다. 오리게네스는 이것을 본질적 연합이라 불렀다. '로고스'는 선생 그리스도이기에 구속의 원천일 수 있다.

'로고스'는 또한 성경의 말씀을 통해 그리스도인들에게 이야기한다. 성경의 모든 것은 그리스도를 지향한다. 오리게네스는 영적이고 풍유적 감각으로 읽게 되면, 그리스도를 언급하는 것 같지 않아 보이는 구약성경 본문도 사실은 그를 언급하고 있다고 주장했다.

플라톤의 형상 개념과 유사하게 오리게네스는 영혼의 선재성과 영원성을 믿었다. 인간의 영혼은 육신의 상태 이전에 존재한다고 단언했다. 순전한 영적 상태에서 저지른 죄 때문에 영혼이 형상화된다.

오리게네스는 '만유회복설'(*apocatastasis*) 또는 보편 구원론을 주장했다. 하나님은 창조를 점진적으로 정화해 가신다. 이 정화가 완성될 때, 모든 만물이 구속되고 하나님의 질서로 회복될 것이다. 창조 질서의 일부로서 마귀도 이 구속에 참여된다. 지옥은 영원이 아니라 배움의 장소로 인식됐다.

정통에서 떠나 보편 구원론을 주장했음에도 오리게네스가 묘사한 그리스도의 궁극적 승리는 니케아 이전 교부 모두를 자극해 옳은 소망 가운데 있게 한 하나의 예증이었다.

> 모든 원수가 그리스도에 의해 정복되고, 마지막 원수인 죽음이 소멸하며 그의 나라가 그리스도에 의해 성부 하나님께 돌려질 때, 마지막이 온 것을 보게 될 것이다. 이와 같은 종말의 때 만물의 시작을 기대하자. 마지막은 항상 시작과 같다. 만물에는 하나의 종말이 있기에 우리는 하나의 시작이 있었다는 것을 알아야 한다. 또한, 많은 일에 하나의 종말이 있듯 하나의 시작에서 발생한 다툼과 분열이 있다. 하나님의 선함을 통해, 그리스도에 순종함으로, 성령의 연합을 통해, 이것들은 시작부터 그러했듯 하나의 종말로 귀결된다.[10]

---

10   Origen, *On First Principles* 1:6, *Ante-Nicene Fathers*, 4:260에 기록.

제5장

2-3세기 예배

불법의 지위에 있었음에도 기독교는 퍼져 나갔다. 3세기 말 그리스도인 인구는 오백만 명까지 성장했다. 소아시아, 이집트, 북아프리카, 시리아, 이탈리아 중심지 등에서 매우 큰 모임이 세워지고 있었다.

2세기와 3세기의 대부분 그리스도인은 권력자들로부터 피하려고 작은 가정교회에서 예배했다. 232년까지 현존했던 것으로 알려진 가장 오래된 가정교회는 이라크 유프라테스 강가의 두로-유로포스에서 발견됐다. 인구가 더 많은 지역에서는 그리스도인들은 도시 밖 동굴에서 예배하며 장례까지 치렀다. 그들은 이 동굴들을 죽은 자들이 그리스도의 재림까지 잠자고 있는 대기 장소로 봤다. 대략 150년경부터 시작해 로마 밖 성 칼리스토(Saint Callistus)의 카타콤이 대표적 사례다.

2세기 예배(예전)는 단순한 형식이었고 그 전세기와 크게 다르지 않았다. 하지만 3세기에 이르러 예전은 더욱더 다듬어졌고, 교회에는 직분의 구분이 생겨났다. 주교 제도가 발전하고 있다는 증거였다. 주교, 장로 또는 목사, 집사 등이 가장 눈에 띄는 직분이었다. 여타 직분 또한 존재했으며, 개인 경건에 관심이 높아졌다.

1. 기독교 모임들

그리스도인들은 일요일에 예배를 드림으로 유대교와 구분했다. 그리스도인들은 예수가 일요일에 부활했기에 일요일 예배가 부활을 기념한다고 믿었다. 리옹의 이레니우스(Irenaeus of Lyons), 순교자 유스티누스(Justin Martyr), 테르툴리아누스(Tertullian)와 같은 2세기 주요한 교부 저자들은 그리스도인의 예배일을 일치해 일요일로 삼았다.

예배의 예전은 기독교 안에 있는 새 삶과 소망의 축제였다. 예배는 예수와의 교제 시간이었다. 예배는 기도, 찬양, 감사, 탄원, 성경 봉독, 설교로 구성됐다. 일반적으로 성찬으로 마쳤다. 예배는 또한 그리스도인들에게 다른 사람들과 삶과 필요를 나누는 기회를 제공할 수 있었다. 순교자 유스티누스는 예배 순서를 작성한 최초의 교부였다.

태양에 바쳐진 날에 도시에 살거나 교회에 거주하는 모든 이들은 공적으로 모였다. 시간이 허락하는 대로 사도들의 전기와 선지자들의 기록을 낭독했다. 그 후 낭독이 끝나면 의장은 선한 일을 닮으라는 경고와 호소를 구두로 전했다. 그 후 모두 일어나 기도를 드렸다. 그리고 전에 말한 대로 기도가 끝나면 빵을 포도주와 물과 함께 나누었다. 의장은 또한 주의 존귀한 능력에 감사하고, 청중은 동의의 의미로 아멘을 외쳤다.

각 성도에게 분병, 분잔하고 성찬에 참여하도록 했다. 집사들은 성찬에 참석하지 못한 성도에게도 빵과 포도주를 전달했다. 부자들과 원하는 자들은 베풀 수 있는 모든 것을 동원해 구제로 헌신했다. 모여진 것들은 의장에게 맡겼다. 그는 고아, 과부, 환자, 병이나 다른 이유로 도움이 필요한 자, 우리 가운데 체류하는 이방인 등을 돕게 됐다.

요약하자면 그는 궁핍 가운데 있는 자는 누구든 돌봤다. 태양의 날은 우리가 모두 공적으로 회집하는 날이다. 왜냐하면, 이날은 어둠과 문제를 변화시키시는 하나님이 만물을 창조하신 첫날이기 때문이다. 이날은 예수 그리스도 우리 구주께서 죽은 자들 가운데서 부활하신 날이다. 크로노스의 날 전 일에 그분은 십자가에 달리셨다. 그리고 크로노스의 날 다음날, 즉 태양의 날에 그분은 사도들과 제자들에게 나타나시어 이런 것들을 가르치셨다. 우리 또한 여러분이 이런 점들을 숙고할 것을 제안하는 바다.[1]

---

[1] Justin Martyr, *First Apology*, 67, *The Faith of the Early Fathers*, ed. William A. Jurgens (Collegeville, MN: Liturgical Press, 1970), 1:55-56에 기록.

그리스도인들은 또한 성일(聖日)들을 엄수했다. 이 모임들은 구약성경에 기록된 유대인들의 향연이나 축제와 유사했다. 가장 주요한 성일은 파스카(Pascha)였다. 이날은 후에 부활절이라 불렸으며, 유대교 유월절의 대체 일이었다. 그리스도의 부활을 기념하고 흔히 새 신자가 세례 받는 날로 예배했다. 부활절 축제 일시는 325년 니케아공의회에서 결정했다. 공의회는 춘분 후 14주 차에 떠오르는 보름달 다음의 일요일로 결정했다.

사순절은 부활절 이전 40일 동안 지켰다. 금식과 회개를 통해 예비하는 시기로 보냈다. 대강절은 크리스마스로 기념하는 예수의 탄생의 날 이전 기대와 준비의 기간이었다. 공현(公顯) 축일은 1월 6일로 지켰다. 서방에서는 동방 박사들의 방문을 기념했고, 동방에서는 예수의 세례를 축하했다. 부활절 후 50일이 지나면 성령이 사도행전에서 제자들 위에 임한 것을 기념해 오순절로 지켰다.

순교자들을 기리는 축제도 있었다. 성당이 건축됐을 때, 순교자들의 유골이 성골함에 안치됐고 순례자들이 그곳에 방문을 위해 여행하기 시작했다. 그리고 순교자 숭배도 싹트게 됐다. 성일이 점점 더 많이 제정되면서 교회력이 구체화했다.

2. 세례

기독교 세례가 공식화되기 전 전례(前例)가 존재했을 가능성은 상당하다. 유대교의 '미크바'(*mikvah*)가 그중 하나였다. 예배 준비를 위해 사람을 정화하는 목욕 의식이었다. 기독교의 세계는 죄와 죽음을 씻어내고 새로운 삶을 시작한다는 상징이었다. 『헤르마스의 목자』는 이렇게 전한다.

> 한 인간이 하나님 아들의 이름을 소유하기 전까지는 그는 죽은 자이다. 하지만 인침을 받으면 죽음은 제거되고 다시 생명을 얻게 된다. 그러므로 인침은

물이다. 물에 죽어서 들어가 살아서 물 밖으로 나온다.²

세례는 회심자의 기독교 공동체에의 입문을 의미했다. 일반적으로 완전한 침수로 집례했으나 물을 뿌리고 붓기도 했다. 『디다케』는 세례 예식이 흐르는 물로 거행돼야 함을 지적한다. 특별한 경우 유아에게 세례를 행했으나 이는 논란을 불러일으켰다. 테르툴리아누스는 세례가 그리스도를 알고 고백하는 자들에게 해당한다고 믿었다. 원죄에 관해 설명하며 키프리아누스는 유아 세례가 아담의 '죽음의 질병'의 예방책이라고 믿었다.

2세기와 3세기에 세례는 일반적으로 연중 한 차례 또는 두 차례 베풀었다. 부활절과 오순절이 가장 흔한 시기였다. 연중 나머지 기간은 훈련과 준비의 시간으로 활용했다. 로마의 히폴리투스(Hippolytus, 170-236)는 성도가 세례를 위한 사전 준비 주간에 무엇을 해야 할지 상세히 소개했다.

목요일에는 목욕하고, 금요일과 토요일에는 회개의 징표로 금식했다. 세례식 자체는 주일 이른 아침에 거행하는데, 세례 받기 직전 지원자는 신앙고백을 낭독하고 마귀를 멀리할 것을 고백했다. 옷을 벗고 세례를 받기에 남녀를 구분해 예식을 거행했다. 침수(沈水)의 형식이었으며, 종종 성부와 성자와 성령의 이름으로 세 차례 침수의식을 행했다. 그 후 그에게 기름을 붓고 교회의 새로운 회원으로 성찬에 참여할 수 있었다. 『디다케』는 세례 예식을 아래와 같이 설명한다.

> 세례에 관해서는 이렇게 거행하라. 사전 교육 후 성부와 성자와 성령의 이름으로 흐르는 물에서 세례를 베풀라. 흐르는 물이 없다면, 다른 곳에서 하라. 차가운 물이 아니고 따뜻한 물이어도 된다. 모두 없다면, 성부와 성자와 성령의 이름으로 머리에 세 차례 물을 부으라. 세례 전 세례 베푸는 자와 세례 받는 자는 금식하라. 또한, 함께 할 수 있는 성도들을 동참시키라. 세례 받기로 예정된 자에게 하루 또는 이틀 전부터 금식을 명하라.³

2　Shepherd of Hermas, *Similitude* 9.16, *The Faith of the Early Fathers*, 1:88에 기록.
3　*Didache*, 7.1, *The Faith of the Early Fathers*, 1:2에서 인용.

3. 성찬식(주의 만찬)

주의 만찬은 기독교 예배의 핵심 요소였다. 그리스도의 재림을 기다리며 매 주일 지켰다. 많은 면에서 유대교의 유월절과 대비됐다. 유월절이 이집트 종살이로부터 유대인들이 해방된 것을 기념하는 축제였듯 주의 만찬은 죄와 사망의 사슬로부터 구원하셨음을 기리는 축제였다.

1215년까지 공식적으로 정의되지 못했음에도 초기에 그리스도가 성찬의 성물에 진실로 임재 한다는 믿음을 발견할 수 있다. 순교자 유스티누스는 성찬 예식에 관해 이렇게 말한다.

> 우리는 이 식탁을 성찬이라 부른다. 교회의 가르침이 참이라 믿으며 죄 사함과 중생하게 하는 씻음으로 깨끗하게 됐으며 그리스도가 요청하신 생명으로 사는 자들만이 참여할 수 있다. 우리는 이 음식을 평범한 빵과 평범한 음료로 받는 게 아니다. 하나님의 말씀으로 육신이 되신 예수 그리스도가 우리 구원을 위해 살과 피를 가지게 되신 방식과 같이 주의 말씀에 있는 기도로 축사한 음식은 변화돼 우리의 피와 살을 이루며 육신이 되신 바로 그 예수의 살과 피다.
>
> 복음서라 불리는 사도들의 기록에서 그들에게 요구됐던 것을 우리도 받게 된다. 예수께서 빵을 가지사 감사기도 하시고, "이것은 너희를 위해 주는 내 몸이라. 너희가 이를 행하여 나를 기념하라" 하셨다. 그 후 잔도 그와 같이하여 감사 기도하시고, "이 잔은 내 피라" 말씀하시며, 제자들에게만 주셨다.[4]

---

[4] Justin Martyr, *First Apology* 66, *The Ante-Nicene Fathers: The Writings of the Fathers Down to A.D. 325*, ed. Alexander Roberts and James Donaldson (Grand Rapids: Eerdmans, 1873), 1:185에 기록.

4. 애찬식

본래 애찬(Agape Feast) 또는 '사랑 축제'(Love Feast)는 성찬과 함께 하는 식사 전체를 의미했다(고전 11:20-34). 2세기에 이르러 애찬과 성찬은 구별된 행사로 행해졌다. 애찬은 종종 주의 식탁(Lord's Table)이라 불렸고, 주의 만찬(Lord's Supper)은 성찬이라 알려졌다. 일부 지역에서는 성찬 예식 후 애찬식을 열었다. 다른 지역에서는 완전히 분리돼 있었다. 테르툴리아누스는 애찬이 가난한 그리스도인들을 위한 식사였다고 주장한다.

> 우리의 잔치는 이름 자체에 의미가 있다. 그리스어로 '아가페'(*agape*)는 호의란 뜻이다. 얼마가 됐든 신앙에 드는 비용은 유익하다. 왜냐하면, 우리는 잔치의 선한 것들로 가난한 자에게 선을 베풀기 때문이다. 인간 사이에서라면 탐욕을 만족시키려는 열망이 기생충처럼 번져가게 된다. 부끄러운 방식으로 배만 불리려는 잔치에 자신을 팔아 버릴 뿐이다. 하지만 하나님과 함께라면 특별한 섬김으로 비천한 자를 돕게 될 것이다.[5]

애찬식은 또한 그리스도인들이 식사를 나누며 교제하는 시간이었다. 모두가 환영받았으며, 아무도 자신이 남보다 낫다고 여기지 않았다.

5. 경건 훈련

기독교의 첫 3세기 동안 기도에 특정한 형식은 없었다. 『디다케』(8)은 그리스도인들이 '우리 아버지여'라고 하루에 세 번씩 기도해야 하며, 특정 시간을 정해 놓지는 않았다고 언급한다. 알렉산드리아의 클레멘스와 오리게네스는 오전, 정오, 저녁 기도 시간에 세 번의 형식을 장려했다.

『사도 전승』(*The Apostolic Tradition*)은 3시, 6시, 9시를 기도 시간으로 단언한

---

[5] Tertullian, *Apology* 39, *Ante-Nicene Fathers*, 3:47에 기록.

다(즉, 오전 9시, 정오, 오후 3시). 4세기에 이르러 가이사랴의 유세비우스는 기도의 형식이 정해져야 한다고 믿었다. 이 형식에 관해 후에 대성당 또는 교구 직분자로 알려진 이가 이같이 주장했다.

> 해가 떠오는 아침과 저녁 시간에 하나님의 교회가 있는 전역에 찬양, 찬송, 진실한 영적 기쁨이 하나님께 돌려지는 일은 하나님의 능력이 드러나는 무시할 수 없는 사인임이 분명하다. 진실로 하나님은 아침과 저녁 시간에 지상 모든 교회에 울려 퍼진 찬송에 기뻐하신다.[6]

금식 역시 가장 흔한 경건 생활 중 하나였다. 그리스도의 광야 사십 일 금식이야말로 대표적 모범이었다. 『디다케』는 월요일과 목요일에 금식했던 유대인과 구별하기 위해 그리스도인들은 수요일과 금요일에 금식했다고 전한다.[7] 육체의 정욕을 제어하며 더 고결한 영성에 도달하려는 소망에 목적을 뒀다. 금식은 또한 그리스도의 고난을 보여 줬다. 그리스도께서 십자가에서 고난을 겪으셨듯이 그리스도인들은 금식을 통해 작은 고난을 따르게 된다.

구제는 또 하나의 일반적인 훈련이었다. 타인의 필요에 정성을 쏟음으로 기독교의 사랑을 보여 줄 기회였다. 고해 제도의 발달과 함께 성직자들은 종종 가난한 자들을 위한 구제의 실천을 용서의 한 과정으로 지정했다.

6. 종말론

2-3세기 그리스도인들은 자신들이 말세를 살아간다고 믿었다. 신약성경의 몇 서신서들(고린도전·후서와 요한계시록)과 로마의 박해는 이 확신을 강화했다. 그리스도의 재림 때 의인들은 보상을 받게 되고, 하나님이 자신들을

---

6   Eusebius of Caesarea, *Commentary on Psalm 64*, S.J.Robert Taft, *The Liturgy of the Hours in East and West: The Origins of the Divine Office and Its Meaning for Today*, 2nd ed. (Collegeville, MN: Liturgical Press, 1993), 33에 기록.
7   *Didache*, 8.1.

핍박했던 자들을 심판하실 것으로 믿었다. '종말'(eschaton) 또는 말세에 일어날 일에 대해 두 관념이 있었다.

하나는 먼저 사망한 신자들이 최후 심판 전까지 거하는 장소인 하데스(Hadean world)에서 그리스도의 재림을 기다린다고 봤다. 그리스도의 재림 때 부활하게 된다. 또 다른 관점은 하나님의 나라는 현세적이지 않고 천상적이기에 죽은 자들은 이미 천국에서 그리스도와 함께 거한다고 주장했다.

7. 교회 직분들

1) 주교(또는 감독)

신약성경에서 주교(bishops/overseers, *episkopoi*)와 장로(presbyters 또는 elders, *presbyteroi*)는 동일한 직분이다(두 표현이 행 20:17, 28과 딛 1:5-7에서 상호 교환적으로 활용된다). 이 둘은 성도의 영적 필요를 돌보는 임무를 지닌 직분이다. 성경 시대 직후 이그나티우스는 주교와 장로를 구분해 주교가 우위에 있다고 봤다.

주교는 교회 전반을 살폈다. 가르치고, 설교하며 성례식을 집례했다. 성도, 예산, 하급 직분자 안수를 총괄했다. 한 공동체에서의 주교직 계승은 교리와 삶의 연속성을 담보했다. 계승으로 교회의 메시지를 일관되게 유지했다.

최초 주교는 오직 한 교회에서만 권위가 있었다. 하지만 한 지역에 많은 교회가 설립되면서 각 교회의 주교들은 종종 연합모임을 결성해 교회 전체를 총괄할 주교 한 사람들 그들 중에서 선출했다. 지역 주교들이 다른 주교들에게 임직받는 관습이 널리 퍼져 가기 시작했다. 이는 주교가 개 교회뿐만 아니라 더 광범위한 지역의 교회들을 섬겼다는 점을 시사한다.

주교의 영역은 주교 관할지(bishopric) 또는 주교 교구(see)라 불렸다. 주요 관할지는 로마, 예루살렘, 안디옥, 알렉산드리아, 에베소 등이었다. 주교들은 상대적으로 평안한 시기에 교리를 결의하고 표준화하기 위해 모이곤 했다. 후에 이 주교 제도는 교회 일치의 주요 원천이 됐고, 특별히 서구 교회에서 발달했다.

2) 장로

장로는 한 지역 교회를 섬겼다. 주교에 의해 임직돼, 그 교회에 지명됐다. 주교의 후원으로 섬겼다. 그의 임무는 교인의 필요를 살피고, 설교하며, 환자를 방문하고, 성찬을 집례했다. 장로는 종국에는 지역 목회자가 됐다.

3) 집사

집사직(종)은 사도행전 6장에 등장한다. 일곱 사람이 초대교회의 구제 사역을 돕기 위해 선발됐다. 여성들이 이따금 집사가 됐으나 그들은 오직 다른 여성들만을 담당했다. 2세기 후반이 돼 집사들은 주교의 조수로 섬겼다. 성찬식을 거들었고, 구제금을 전달했으며, 고아와 과부를 돌봤다.

카르타고의 키프리아누스는 집사들이 병자들에 관해 주교에게 보고해야 한다고 말했다. 안디옥의 이그나티우스는 집사들에게 서신 전달의 역할을 줬다. 가이사랴의 유세비우스는 그들을 감옥의 신앙고백자들, 순교자 장례를 믿고 맡길 자들이라고 묘사했다. 사도행전 6장의 선례에 기초해 교회가 더 성장하게 돼 더 많은 집사가 필요해지기까지 한 교회에서 집사의 수는 일곱으로 제한됐다.

4) 하급 직제들

교회에는 한시적 직분 4가지, 즉 낭독자(reader), 복사(acolyte), 축사(exorcist), 문지기(door-keeper, ostiarius)가 존재했다.

예배 중 낭독자는 회중 앞에서 예전 규례나 복음서 외 성경을 대독했다. 집사들이 복음서를 낭독했다. 복사는 집사와 유사했다. 서신서들을 전달했고, 가난한 자에게 구제금을 보냈으며, 과부들을 돌봤다. 예배 시간 동안 복사들은 양초에 불을 붙였다. 축사는 (유대인 축사들이 행 19:13에서 그랬던 것처럼) 사로잡혀 있는 자들에게서 귀신을 쫓아냈다. 문지기는 예배 전 교회 문을 열고, 예배 후 닫는 역할을 했다. 또한, 성도들에게 다가오는 적에 관해 경고하는 역할을 맡았다.

5) 여성들

대부분 교회에서 여성의 수가 남성을 압도함에도 서방에서 여성이 교회 직분을 담당하는 사례는 극히 드물었다. 테르툴리아누스는 여성들에게 교회 사역 중 어떤 일도 맡겨서는 안 된다고 봤다. 여성들을 하와와 같이 유혹하는 자로서 악에 이르는 길로 간주했다. 여성들이 기독교에 공헌할 수 있는 유일한 것은 남편을 신앙으로 이끌고 현모양처가 되는 일이었다. 동방교회에서는 어느 정도 여집사 직분이 허용됐다.

『디다스칼리아』(*Didascalia*, 약 230년)는 남성들이 대부분 집사직을 섬겨야 하지만 여집사들만이 감당할 수 있는 사역이 있었다. 예를 들어 다른 여성들을 심방하고 세례 받는 여성들을 섬기는 일이었다.

순결은 하나님께 헌신을 다짐한 자들에게는 인기 있는 선택이었다. 과부들 역시 주요한 목회 역할을 담당했다. 그들은 대개 하나님을 섬기는 일에 온전히 헌신하기 위해 재혼하지 않았다. 3세기 초가 돼 과부들은 기도의 용사로 인식됐으며 종종 아픈 여성들을 심방하는 책임을 담당했다.

제6장

콘스탄티누스와 기독교의 득세

4세기가 열리면서 로마제국은 쇠망의 길로 들어섰다. 극소수 황제만 자연사했고, 대다수는 정적들에 의해 살해당했다. 야만족이 국경을 위협했고 로마 군대는 그들을 진압하기 위해 힘을 쏟았다. 세금은 높게 책정됐으며, 수도는 지속적인 식량 부족에 시달렸다.

그리스도인들 역시 그 시대를 감당하기는 쉽지 않았다. 다른 로마시민들이 겪는 것과 같은 문제뿐 아니라 그리스도인들은 때마다 매우 잔혹한 핍박을 마주하며 견뎌야 했다. 이렇게 어두운 시대 속에서 기독교는 신앙을 전에 없던 수준으로 고양했던 예상하지 못한 인물을 만났다.

1. 디오클레티아누스(285-305) 황제와 대박해

디오클레티아누스(Diocletian)는 군의 지원에 힘입어 285년 황제에 등극했다. 그는 이전 황제들이 정적의 손에 암살당한 것을 알고 있었다. 자신은 그들의 운명을 피하려고 293년 '사두정치'(四頭政治)를 도입했다. 하나가 아니라 네 명의 통치자들을 두는 형태였다. 즉, 동방정제 아우구스투스, 동방부제 카이사르, 서방정제 아우구스투스, 서방부제 카이사르다. 한 아우구스투스가 사망하면, 동일 지역의 카이사르가 자리를 대신했다. 한 카이사르가 사망하면 아우구스투스는 대체할 카이사르를 세웠다.

첫 사두정치는 디오클레티아누스(동방정제 아우구스투스), 갈레리우스(동방부제 카이사르, Galerius, 305-311), 막시미아누스(서방정제 아우구스투스, Maximian, 286-305), 콘스탄티우스 클로루스(서방부제 카이사르, Constatius Chlorus, 293-305)로 구성됐다. 동과 서 사이의 정치적 경계는 후에 동방교회와 서방교회 분열의 실마리가 됐다.

　디오클레티아누스는 303년 대박해를 가했다. 거의 40년 동안 그리스도인들에게 무관심했기에 이 공격은 갑작스러웠다(흥미롭게도 그의 아내 프리스카[Prisca, 315년 사망]와 딸 발레리아[Valeria, 315년 사망]는 기독교에 호의적이었고, 그리스도인이 됐던 것으로 보인다). 왜 디오클레티아누스가 그리스도인에게 분노를 쏟아부었는지는 알려진 바 없다. 어떤 이는 갈레리우스가 대박해를 부추겼다고 주장한다. 누가 디오클레티아누스를 선동했는지와 상관없이 그리스도인들을 향한 적의(敵意)는 강렬했고, 다루는 방식은 잔인했다. 이에 대해 몇 가지 추정 가능한 이유가 있다.

　디오클레티아누스는 그리스도인들과 군대 문제로 분쟁을 겪었다. 그리스도인들은 살해를 거부했을 뿐만 아니라 그들의 충성은 근본적으로 황제가 아니라 그리스도를 향했다. 황제는 298년에 특정 박해로 앙갚음했다. 디오클레티아누스는 종교적으로 보수적이었는데 구(舊) 로마종교에 충성을 보였다.

　많은 로마인은 기독교가 전파되면서 제국을 항상 보호해 왔던 로마의 신들을 향한 예배가 약해질 것을 두려워했다. 303년 디오클레티아누스는 소아시아의 메안다 계곡에서 신탁을 받았다. 그의 예언자들을 통해 제국이 잘못된 종교로 가득 차 있어서 정확한 예언을 할 수 없다는 계시를 전했다. 디오클레티아누스는 계시가 기독교를 지목하고 있다고 믿었던 것으로 보인다.

　이유야 어떻든 디오클레티아누스는 그리스도인들에게 책임을 돌렸다. 콘스탄티우스 클로루스가 갈리아와 영국 지역에서 그들을 보호했으나, 제국에 남아 있는 그리스도인들은 고난을 겪었다. 모든 교회 건물을 헐고 기독교 서적의 전소를 명했으며, 그리스도인들에게 로마의 전통 신들을 향한 희생 제사를 강요했다. 따르기 거부했던 자들에게 가산압류, 고문, 죽음이 기다리고 있었다.

　유세비우스의 『교회사』(*Ecclesiastical History*)는 그리스도인들이 담대하게 순교를 마주했다고 기록한다. 사자가 그리스도인들을 해치지 않았고, 산 채로 태우려 했던 불이 붙지 않았으며, 군인들의 칼이 그리스도인을 찌를 때 무뎌졌다는 기묘한 이야기를 전한다. 변절한 그리스도인들은 생명을 부지했으나 수많은 이가 죽임을 당했다. 대박해가 끝나자 주교들을 포함한 수많은 변절자가 교회에 복귀하기 원했다. 그들을 복권하는 문제에 관해 복귀시키려면 어떤 식으로든 참회가 있어야 한다는 논점은 주요 사안이 됐다.

디오클레티아누스는 병약해졌고 305년 갈레리우스에게 권한을 양도했다. 막시미누스 다이아(Maximinus Daia, 305-308)가 동방부제가 됐다. 갈레리우스의 침공 위협 아래 막시미아누스는 폐위됐고, 콘스탄티우스 클로루스가 새 서방정제로 등극했다. 갈레리우스는 자신의 동료 세베루스(Severus, 306-307)를 서방부제로 지명했다.

2. 콘스탄티누스(306-337)의 발흥

콘스탄티우스 클로루스는 306년 사망했다. 그리고 그의 군대는 갈레리우스의 계획을 거절했다. 대신 그들은 콘스탄티우스 클로루스의 사생아인 콘스탄티누스를 왕좌에 앉혔다. 그의 영역은 영국과 갈리아였다. 갈레리우스는 사망 직전인 311년 그리스도인들을 향한 박해를 멈췄고, 오히려 그들에게 자신을 위한 기도를 부탁했다. 당시 사두정치는 리키니우스(Licinius, 308-324), 막시미누스 다이아, 콘스탄티누스, 막센티우스(Maxentius, 306-312)로 구성됐다.

콘스탄티누스는 312년 막센티우스를 공격했다. 막센티우스의 수도는 로마였다. 유세비우스에 의하면 전투가 벌어지기 전날 밤 콘스탄티누스는 그리스어 문자 'chi'와 'rho'의 환상을 봤다. 자신의 사제들에게 의미를 물었으나 답을 얻을 수 없었다. 기독교 사제 코르도바의 호시우스(Hosius, 약 257-359)는 그에게 이것은 그리스도의 사인이며, 십자가의 깃발 아래서 싸워야 한다고 설명했다. 유세비우스는 이렇게 말한다.

> 하루가 이미 지나고 있던 정오쯤에 그는 태양 위 하늘에 빛의 십자가라는 전리품을 직접 봤다고 이야기했다. 이런 글귀가 새겨져 있었다. 이것으로 정복하라. 이 환상을 보고는 그는 매우 놀랐고, 그의 전 군대 역시 행군을 이어가

며 이 기적을 목격했다.¹

그 후 이 환상을 이해할 만한 꿈을 꾸었다. 그날 밤에 잠자던 중 그에게 하늘에서 목격했던 것과 같은 사인으로 그리스도가 나타났다고 알려진다. 그에게 명하기를 대적과 전쟁을 벌일 때에는 안전장치로서 그것을 따르라 했다.² 자신의 병사들에게 'chi-rho'를 방패에 새기게 한 뒤 콘스탄티누스는 312년 10월 28일 밀비우스 다리 전투에서 승리해 서방 지역의 단일 황제로 등극했다. 그는 승리의 이유를 기독교의 하나님에게서 찾았다. 유세비우스가 언급했던 것처럼 그가 회심했는지는 여전히 논쟁 중이다. 어떤 이들은 회심이라기보다 정치적 행보였다고 주장한다.

콘스탄티누스가 기독교를 높였던 것은 분명하다. 그가 회심했다고 알려진 시기 이후 이교 의식에도 참여했다. 특별히 기독교의 가장 강력한 대적이었던 미트라 숭배 예식이 그것이었다. 많은 경우 콘스탄티누스는 예수를 미트라와 혼용하거나 제국 내 두 최대 종교 신봉자들의 심사를 달래려는 실용적인 노선을 택했다. 약 321년이 돼 그는 미트라를 동전에 새겨넣었다.

콘스탄티누스는 또한 '폰티펙스 막시무스'(Pontifex Maximus)라는 직함을 얻어 원로원 내 승리의 제단에 불을 붙이는 이교 의식을 주재했다. 게다가 그는 종종 기독교의 윤리 기준으로도 적절하지 못한 삶을 살았다. 아들 부부가 권력을 찬탈할 수 있다는 공포 때문에 326년 그들을 처형했다. 그런데도 그의 회심이 단순히 실용적이었다는 평가는 옳지 않다. 그리스도인들 대부분은 하층 계급에 속했으며 권세가 없는 집단이었다. 그런데 콘스탄티누스는 분명히 그리스도를 권세 있는 분으로 믿었다.

회심의 이유가 어떻든 콘스탄티누스 황제는 313년 밀라노칙령을 반포했다. 이 문서는 종교를 향한 모든 종류의 박해를 영원히 금했다. 기독교는 그 문서에서 거론된 유일한 종교였다. 콘스탄티누스는 아드리아노플에서 리키니우스를 누르고 전 로마제국의 단일 통치자로 등극했다.

---

1 Eusebius, *Life of Constantine* 1.28, *Nicene and Post-Nicene Fathers*, First Series, ed. Philip Schaff and Henry Wace (Grand Rapids: Eerdmands, 1900), 1:490에 기록.
2 Eusebius, *Life of Constantine* 1.28, *Nicene and Post-Nicene Fathers*.

3. 콘스탄티누스와 기독교

콘스탄티누스의 통치는 기독교 역사의 분수령이었다. 기독교가 불법으로 취급됐던 만면, 이제 허용됐으며 심지어 지지받게 됐다. 콘스탄티누스는 몰수 재산을 교회에 돌려줬고, 313년에는 로마의 주교에게 라테라노 궁전을 선사했다. 314년에는 로마의 동전에 십자가가 새겨졌다. 콘스탄티누스는 기독교 성직자를 시민 소송의 판사로 봉직하게 했고, 319년이 돼서는 면세 혜택을 시행했다.

이탈리아, 시리아, 북아프리카, 갈리아 등지에 교회를 세우도록 했다. 그의 모친 헬레나(Helena, 약 250-330) 역시 그리스도인이었다. 그녀는 성지를 방문하며 예루살렘에 성모교회(The Church of the Holy Sepulcher)를, 베들레헴에 성탄교회(The Church of the Nativity)를 설립했다. 321년 콘스탄티누스는 매주 일요일을 쉬는 날로 제정했다. 330년 콘스탄티노플(Constantinople, 현 이스탄불)을 세워 수도로 삼았고 기독교의 상징적 수도가 됐다. 로마가 476년 이교도들에게 함락된 후에도 콘스탄티노플은 거의 천 년 동안 기독교 본거지로 남아 있었다.

콘스탄티누스는 교회를 국가의 통치 아래 뒀고, 자신이 교회 사역에서 역할이 있다고 믿었다. 유세비우스는 이렇게 전한다.

> 한 번은 그가 여러 주교를 대접할 때 '그 자신 역시 주교'라는 말을 내뱉곤 했다. 나는 그들에게 이렇게 말하는 것도 들었다.
> "여러분은 주교들이십니다. 여러분의 관할 교구는 교회입니다. 저 역시 주교입니다. 하나님이 교회 밖 사역이 무엇이든 돌보도록 세우셨습니다."[3]

---

[3] Eusebius, *Life of Constantine* 2.24, 1:546에 기록.

4. 콘스탄티누스가 기독교에 던진 의의

콘스탄티누스는 기독교에 깊은 발자취를 남겼다. 합법화를 통해 기독교가 로마제국 전역에 전파되는데 일조했다. 주교들이 교리를 정립하기 위해 회합하는 일을 두려움 없이 할 수 있게 됐다. 그리고 기독교 윤리가 사회에 영향을 미치기 시작했다. 325년 검투사 경기가 사라진 것이 대표적 실례다. 게다가 콘스탄티누스는 기독교의 잠재력을 봤다. 교회의 주교 제도를 따라 제국을 통일시켰다.

콘스탄티누스의 유산은 전적으로 긍정적이지만은 않다. 그의 통치 이전 사람들은 확신하고 그리스도인이 됐다. 이제 어떤 이들은 황제를 기쁘게 하려고 교회에 참여했다. 교회와 국가의 결합으로 성직자들은 국가 권력으로 이단들, 불신자들, 유대인들을 박해할 명분을 얻게 됐다. 한 세대가 지나기 전 박해받던 자들이 박해하는 자들로 둔갑했다.

콘스탄티누스 때문에 세속화와 영적 나태가 교회에 만연됐다. 이교의 예식과 건축 양식이 기독교에 흡수됐다. 그것 중 예배 형상, 성인 숭상, 유물예찬 등이 대표적인 모습이었다. 몇몇 학자들은 콘스탄티누스가 세례 후 범하는 죄를 두려워해 죽음의 때까지 미루었다고 전한다. 사실이야 어떻든 다른 사람들도 세례를 연기했고, 결과적으로 성찬에 참여할 수 없게 됐다. 콘스탄티누스 이전 주교직은 부나 제국의 호의를 취할 수 없었다. 콘스탄티누스의 개혁 정책 이후 많은 주교는 자신들의 목회적 책임보다 돈에 더 많은 관심을 두게 됐다. 이런 나쁜 폐단에 맞서 수도원 운동이 발흥했다.

5. 가이사랴의 유세비우스(260-339)

유세비우스(Eusebius of Caesarea)는 314년 가이사랴의 주교로 임명됐다. 가이사랴는 오리게네스 도서관의 본거지며, 유세비우스는 오리게네스의 신학 중 많은 부분을 받아들였다. 더군다나 유세비우스의 스승 팜필루스(Pamphilus, 309년 사망)는 오리게네스주의자였다. 이런 이유로 유세비우스의 저작들은 그리스도를 성부 종속적으로 묘사한다. 이 신학은 아리우스주의(Arianism)로서 초대교회의 가장 큰 이단이었으며(본 장의 후반부 논쟁을 참고하라), 유세비우스가 파문 당한 이유였다. 후에 철회됐고 정통 공동체로 복권됐다.

유세비우스는 신학자였으나 역사가로 더 큰 명성을 얻었다. 그의 대표저작은 『교회사』(Ecclesiastical History)와 『콘스탄티누스의 생애』(Life of Constantine)다. 전자에서 그는 자신이 찾을 수 있었던 기독교의 역사적 자료들을 총망라해 수집했다. 디오클레티아누스 황제의 박해에 관한 구체적인 기록, 교부들의 저작 인용, 주요 도시들의 주교 명단, 팔레스타인의 순교자 명부 등이 담겼다. 그가 이 정보를 기록으로 남기지 않았더라면, 초대교회 역사의 다수가 전방위적으로 손실됐을는지도 모른다.

『콘스탄티누스의 생애』에서 유세비우스는 콘스탄티누스를 둘러싼 대다수 신화를 창조하는 데 일조했다. 그를 새 다윗 왕, 하나님의 종, 박해로부터 기독교를 구원한 자, 기도를 쉬지 않던 사람으로 묘사했다. 유세비우스는 기독교가 콘스탄티누스에게 생명의 빚을 졌다고 인정했다.

6. 아리우스주의

그리스도인들이 박해로부터 자유롭게 되면서 성직자들은 민감한 신학적 사안을 논의할 수 있게 됐다. 그중 가장 심각한 주제는 아리우스주의였다. 아리우스주의에 비하면, 여타 신학적 불일치는 사소한 문제였.

아리우스주의는 신격의 삼위 관계를 설명하려는 시도로 출발했다.
성부와 성자는 어떤 관계인가?
예수는 양태론자들이 주장하는 것처럼 성부의 또 다른 이름일 뿐인가?
역동적 단일신론자들의 신학대로 예수는 양자로 입양된 것인가?
아리우스주의는 성자가 성부에 의해 창조된 모든 만물 중 가장 지고한 존재라고 답했다.

아리우스(Arius, 250-336)는 알렉산드리아의 장로였다. 그는 예수가 성부보다 열등하다고 주장했던 안디옥의 루키아노스(Lucian of Antioch, 240-312) 문하에서 공부했다. 루키아노스는 그리스도의 신성보다 인성을 강조했다. 사실 그는 그리스도가 하나님과 같은 본질로 이뤄지지 않았다고 봤다. 아리우스도 성경이 이 사실을 지지한다고 주장했다. 예를 들어, 요한복음 14:28의 "아버지는 나보다 크심이라"와 골로새서 1:15의 예수가 "모든 피조물보다 먼저 나신 이시니"라는 바울의 말을 인용했다.

그러므로 '로고스'는 하나님에 의해 창조된 존재였다. 예수가 존재하지 않았던 시기가 존재한다고 주장했다. 아리우스는 니코데미아에 있던 유세비우스에게 편지 한 통을 보내 이렇게 말했다.

> 성자는 낳지 않으신 존재로서의 모습은 한 군데도 존재하지 않으신다. 그는 출생하거나 창조되거나 목적한 바 되시거나 세워진 바 되시기 전 존재하지 않았다.[4]

자신의 주장을 전개하면서 아리우스는 성부가 '로고스'를 영원히 낳으셨다(generated)고 가르쳤던 오리게네스를 참고했다. 아리우스는 출생하는 것(generating)과 창조하는 것(creating)에는 다른 점이 없다고 봤다.

알렉산드리아의 주교 알렉산더가 그리스도는 영원하며 항상 성부와 함께 존재해 왔다는 교리를 담은 설교를 하면서 319년 논쟁이 격화됐다. 요한복음 10:30을 증거로 인용했다.

> 나와 아버지는 하나이니라(요 10:30).

아리우스는 알렉산더의 신학을 양태론적이라고 공격했다. 그리고 곧 기독교 전반이 논란으로 들끓게 됐다. 알렉산더는 321년 유사한 관점을 보였던 가이사랴의 유세비우스와 함께 아리우스를 정죄했다.

---

4 *Reading in the History of Christian Theology*, ed. William C. Placher (Philadelphia: Westminster, 1988), 1:52에 기록된 아리우스가 니코데미아의 유세비우스에게 보낸 편지 중 발췌.

콘스탄티누스는 논의의 복잡한 쟁점을 이해하지 못하고 있었다. 하지만 분열의 악영향을 우려했다. 기독교가 제국을 나누는 것이 아니라 통일시키는 역할을 하기 원했다. 그래서 콘스탄티누스는 코르도마의 호시우스를 보내 알렉산더와 아리우스에게 논쟁을 멈추라고 촉구했다. 그런데도 논쟁은 사납게 이어졌다. 콘스탄티누스는 이를 해결하기 위해 325년 니케아에서 처음으로 주교들로 구성된 세계 공의회를 소집했다.

7. 니케아공의회(325년)

콘스탄티누스는 제국 전역의 250명의 주교를 소환해 니케아(현 터키의 이즈닉)의 공의회에 참석시키며 왕궁에 머물도록 했다. 공의회는 밀라노칙령 후 12년 만에 회집(會集)이 됐는데, 참석자 중 상당수가 디오클레티아누스 박해로 육체에 흔적을 품고 있었다. 제국이 급속히 변해 가면서 그들은 당혹해했으며 콘스탄티누스는 거의 신적인 인물로 추앙받다았다.

콘스탄티누스는 몸소 주교들을 환영했으며 공의회 모임에 참여했다. 또한, 그는 아리우스 논쟁이 해결되기를 바란다는 점을 분명히 했다. 그의 최우선의 관심은 제국의 통일이었으나 아리우스의 주장에는 반대했다. 이는 분명히 배석한 주교들에게는 효과가 없지 않았다.

공의회는 아리우스주의를 정죄하고 정통교리를 확립했다. 성부와 성자를 '호모우시오스'(*homoousios*)로 설명하며, 동일본질이신 분으로 규정했다. 이 공의회에 의해 세워진 신조는 후에 이른바 '니케아신경'(Nicene Creed)의 토대가 됐고 아래와 같이 수정됐다.

> 우리는 한 분이신 하나님을 믿는다. 그는 전능하신 아버지시며, 보이는 것과 보이지 않는 것을 만드신 분이시다. 그리고 한 분이신 주 예수 그리스도를 믿는다. 그는 하나님의 아들이시며, 아버지에게서 출생하신, 즉 아버지의 본질에서 나오신 분이시다. 그분은 하나님에게서 나오신 하나님이시며, 빛에서 나오신 빛이시며, 참 하나님에게서 나오신 참 하나님이시며, 만들어진 분이

아니라 출생하신 분이시며 성부와 동일한 본질(homoousios)이시다. 그로 인해 하늘과 땅에 있는 만물이 만들어졌다. 그는 우리 인간을 위해 그리고 우리의 구원을 위해 하늘에서 내려와 육신으로 나시어 인간이 되셨으며, 고난을 받은 지 사흘 만에 부활하시고 승천하셨다. 그리고 산 자와 죽은 자를 심판하러 오실 것이다. 그의 나라는 영원할 것이다. 그리고 우리는 성령을 믿는다. 그러나 하나님의 아들이 존재하지 않았던 때가 있었다고 말하는 자들, 출생 전에는 그가 존재하지 않았다고 말하는 자들, 그가 무에서 만들어졌다고 말하는 자들, 그가 성부가 아닌 존재 또는 본질에서 나왔다고 주장하는 자들, 그가 피조물이라고 말하는 자들, 그가 변화와 전향한다고 말하는 자들을 보편교회와 사도적 교회는 저주한다.[5]

본 신조는 하나님을 만물을 '만드신 분'으로 선언하고, 성자를 '만들어진 존재'가 아니라고 해 그가 창조된 존재라는 일체의 주장을 반박했다. '호모우시오스'는 신조에서 가장 중요한 단어다. 성자의 신성을 분명하게 드러내고 있기 때문이다. 동시에 공의회는 성자가 성부의 '독생자' 됨이라는 성경의 표현도 고수했는데, 이는 삼위 하나님의 세 위격 사이의 구분을 시사한다.

가이사랴의 유세비우스는 아마도 니케아신경에 동의하지 않았던 듯하다. 그러나 콘스탄티누스가 지지하는 것을 알고 있었기에 거기에 서명했고 교회로 복권됐다. 아리우스주의의 강력한 주창자였던 니코데미아의 유세비우스(Eusebius, 341년 사망) 역시 니케아신경에 서명했으나 후에 그것을 철회하고자 했다. 콘스탄티누스 황제는 사안이 진정되기를 바랐던 만큼이나 분파 사이의 논쟁과 개인의 증오는 지속했다.

또 다른 안건들도 니케아에서 다뤄졌다. 당시 로마, 안디옥, 알렉산드리아, 예루살렘은 대주교 관할 구역으로 지정됐다. 부활절 날짜가 고정됐다. 이십 개의 표준 규범이 통과됐는데 그중 가장 흥미로운 것은 첫 번째 것이다. 거세를 금함-아마도 오리게네스를 고발하려는 의도였을 것이다.

5　Nicene Creed, *Reading in the History of Christian Theology*, 1:53에 기록.

니케아공의회는 교회가 채택할 수 있는 몇 가지 관례를 제정했다.

첫째, 교회와 국가가 동역하도록 했다. 교회가 표준 규범을 통과시키며, 국가는 그것을 집행했다.
둘째, 공의회가 심각한 교리의 질문을 다루도록 했다.
셋째, 신조(creeds, 라틴어 '크레도'[credo]는 '나는 믿습니다'를 의미함)는 기독교 신앙을 드러내는 표준 형식이 됐다. 공식적인 신조를 고백하지 않거나 그럴 의도가 없는 자들은 신앙 밖에 있는 것으로 간주했다.

8. 수도원 운동

많은 종교에는 신을 봉양하는 데 있어 고독한 삶을 추구했던 신봉자 단체가 존재한다. 그리스도인들은 다양한 이유로 수도사가 됐다. 어떤 이들은 예수와 세례 요한을 닮기를 사모했다. 그들 모두 결혼하지 않았고, 많은 재물을 소유하지 않았다. 박해의 시기가 지나자 그리스도인들에게 고난과 순교와 같은 육신이 죽음의 위협이 사라졌다. 그래서 음식, 물, 잠, 인간의 교제, 성적 즐거움을 거부하고 기도와 영적 전쟁을 강조했다. 그리스도께서 세례 후 금식하며 광야에서 시간을 보내셨듯 초기 수도사들도 신앙의 훈련을 위한 가장 적절한 장소로 광야를 선택했다. 이집트 광야는 많은 수도사의 고향이었다.

수도원 운동의 또 다른 동기는 국가와의 친밀한 관계로 인해 교회에 새어 들어온 부도덕과 세속주의와 방탕을 피하려는 소망에서 기인했다. 수도사들은 매우 엄격한 경건을 실천했기 때문에 그들은 순교자들을 대신하여 교회의 영웅으로 추앙받았다. 수도사들의 규율과 자기부정을 훌륭하게 각색하고 강조한 것처럼 보인다고 하더라도 그들의 전기(傳記)는 수 세기 동안 칭송받으며 경건의 모범으로서 전설적인 위치를 점했다.

동방교회의 수도원 운동은 서방보다 훨씬 더 먼저 발전했다. 동방의 수도사들은 금욕의 실천에서 더욱 엄격했다. 동방 수도사 중 가장 널리 알려진 인물들은 테베의 바울(Paul of Thebes, 230-341), 안토니우스(Antony, 251-356),

주상성자(柱上聖者) 시메온(Simon Stylites, 390-458), 파코미우스(Pachomius, 약 286-346), 대(大) 바실레이오스(Basil the Great, 330-379) 등이다.

교부 시대의 서구 수도사 중 가장 주요한 인물은 누르시아의 베네딕투스(Benedict of Nursia, 480-543)였다. 투르의 마르티누스(Martin of Tours, 316-397) 역시 주목할 만한 수도사였다. 그는 갈리아 지역 수도원 운동의 아버지로 불린다. 요하네스 카시아누스(John Cassian, 360-435)는 수도원 운동을 마르세유에 전파한 인물이었다.

1) 테베의 바울(230-341)

테베의 바울(Paul of Thebes)은 기독교 내 첫 수도사라는 명성을 얻은 인물이다. 그의 삶은 『바울의 생애』(*Vita Pauli*)에서 제롬(Jerome, 342-420, 히에로니무스)에 의해 성인전(聖人傳)의 방식으로 자세히 기록돼 있다. 데키우스 박해 기간에 바울은 이집트 테베 지방으로 피난해 동굴에 거주했다. 그는 생애 마지막 70년을 끊임없는 기도로 보냈다. 제롬은 바울이 매일 까마귀가 물어다 준 빵 반 조각으로 살았다고 기록한다.

수도사 성 안토니우스가 바울을 방문했을 때, 그들은 밤낮 온종일 대화를 나눈 후 안토니우스는 떠났다. 안토니우스가 다시 왔을 때, 바울은 사망한 채였다. 안토니우스가 사자 두 마리에게 바울의 무덤을 파 준비할 것을 명했다는 신화가 전해진다.

2) 성 안토니우스(약 251-356)

성 안토니우스(Saint Antony)는 기독교 수도원 운동의 아버지로 널리 인정되는 인물이다. 그에 관해 알려진 대부분 정보는 그의 친구 아타나시우스(Athanasius, 295-373)가 기록한 『안토니우스의 생애』(*The Life of Antony*)에 담겨 있다.

안토니우스는 251년경 하(下)이집트(Lower Egypt)의 헤라클레오폴리스 마그나(Herakleopolis Magna)에서 부유한 기독교 부모 밑에서 출생했다. 부모가 사망한 후 많은 유산을 상속받았다. 하지만 마태복음 19:21[6]을 읽으면서 재산을 가난한 자들에게 나누기로 하고, 그의 자매를 기독교 동정녀회의 보호 관찰 아래 두며, 니트라(Nitra) 근처 이집트 광야로 이주했다.

안토니우스의 수도 생활은 가혹했다. 군중으로부터 스스로 분리해 잠, 음식, 육체노동 없이 지냈다. 안토니우스는 마귀와의 전쟁으로 잘 알려진다. 유혹하는 여자의 모습으로 자신에게 접근했다고 언급한다. 아타나시우스가 아래와 같이 전한다.

> 그리고 마귀는 한 불행한 밤에 여자의 모습으로 안토니우스에게 다가왔다. 그를 유혹하기 위한 모든 수단을 동원했다. 하지만 그의 심령은 그리스도와 그분으로 인한 고결함으로 가득 차 영혼의 고귀함을 기억해 원수가 뿜는 속이는 화염을 연소시켰다.[7]

안토니우스는 기도로 사탄을 이겼다. 한 번은 사탄이 정신을 잃을 정도로 그를 공격했다고 전해진다. 숭모자들이 그를 방문해 간호하고 건강을 회복시킨 일도 있었다.

그 후 안토니우스는 광야 더 깊은 곳으로 이주했다. 이후 20년 동안 그의 본거지는 현재 크로코딜로폴리스(Crocodilopolis) 맞은편 델 엘 메눈(Del el Menun) 지역인 나일강 근처 피스피르(Pispir)산에 있던 버려진 로마 요새였다. 아무도 그의 독방에 출입하지 않았다. 그와 대화하기 원하는 사람들은 벽의 틈을 통해 귀를 기울여야 했다. 그는 또다시 사탄의 공격을 받았다고 전해진다. 전갈, 뱀 등 여러 들짐승의 형상으로 접근했다. 그는 사탄에게 조롱을 보내며 승리했다.

박해가 최고조에 이르자 안토니우스는 동굴 밖으로 나와 기독교 공동체를 위로한 것으로 알려진다. 아타나시우스의 요청을 받고 그는 338년 아리우스주의를 공적으로 반박했다. 그의 명성이 높아지면서 더 많은 사람이 그를 찾

---

[6] "예수께서 이르시되 네가 온전하고자 할진대 가서 네 소유를 팔아 가난한 자들에게 주라 그리하면 하늘에서 보화가 네게 있으리라 그리고 와서 나를 따르라 하시니"(마 19:21).

[7] Athanasius, *Life of Antony* 5, *Nicene and Post-Nicene Fathers*, 4:197에 기록.

았다. 환자를 치료하며 사탄을 몰아냈다고 전해진다. 대중을 피하고 금욕적인 삶의 방식을 고수하기 위해 그는 오아시스 근처 이집트 광야 동쪽으로 물러갔다. 거기에 성 안토니우스수도원이 세워졌다. 그는 356년 105세의 나이로 사망했다.

3) 주상성자 시메온(390-458)

주상성자 시메온(Simon Stylites)은 현재 터키의 코잔(Kozan) 지역에서 태어나 독실한 기독교 가정에서 성장했다. 열세 살이 되자 엄격한 금식과 수면 절제를 시작했다. 그는 열여섯이 돼 안디옥의 수도원에 합류했다. 거기에 있는 동안 시리아 수도원 운동의 방식을 받아들였다. 거의 아사(餓死) 지경이 될 정도로 매우 가혹했다. 그의 동료 수도사들은 그가 건강을 되찾도록 간호하는 동안 종려나무 가지로 만든 허리띠를 꽉 죄게 착용해 장기에 더 고통을 가하는 것을 발견했다. 그것을 벗긴 뒤 수도원을 떠나야 한다고 요청했다.

그 후 한 오두막으로 이주해 거기서 앉거나 눕지 않고 1년 반을 생활했다. 그 후 현재 셰이크 바라캇(Sheik Barakat) 산꼭대기에 있는 작은 동굴에 들어갔다. 군중은 그가 거룩한 사람이라 믿으며 방문하기 시작했다. 그는 금욕의 삶을 방해받고 싶지 않아 422년 기둥 꼭대기에 기거하기로 했다. 몇 년이 흐르자 그 기둥은 약 18m까지 높아졌다. 그는 458년 사망하기까지 거기에 기거했다. 그는 이유 여하를 막론하고 거기서 한 번도 내려오지 않았다고 전해지며 그의 동료들이 양동이로 음식을 조달했다.

시메온은 기둥 위에서 마귀를 쫓아내고 환자를 치유하며 많은 사람을 놀라운 회개로 이끌었던 것으로 전해진다. 안디옥의 기업주들을 설득하며 이자율을 낮추도록 했다. 그가 사망한 뒤 많은 사람이 그를 따르기를 원했다. 기둥과 나무 위에 거하거나 5세기 시리아의 바위에 사슬에 매인 채 살아가는 사람들의 모습을 보는 일은 보기 드문 일이 아니었다.

4) 파코미우스(286-348)

파코미우스(Pachomius)는 이집트 테베의 이교도 부모 아래 태어나 20세 되던 해 로마 군대에 징집됐다. 구류의 방식으로 군대에서 인생을 되돌아봤으나, 음식을 제공해 준 그리스도인들의 사랑에 감동됐다. 외부 세계로 나가게 되면 그들의 신앙을 배우겠다고 약속했다. 그는 약속을 지켰고, 314년 세례받았다.

그 후 팔레몬(Palaemon) 장로라는 한 덕망 높은 수도사에게 금욕적인 수도사 훈련을 받았다. 그리고 은자들을 위한 집을 지으라는 그를 향한 음성이 있었다고 전해진다. 이로 인해 수도원 제도 또는 공동 수도원 운동의 창시자가 됐다. 결국, 그는 9개의 수도원과 2개의 수녀원을 설립했다. 그는 사망하기 전까지 7,000명이 넘는 수도사를 양육했다.

파코미우스는 수도적 삶을 위한 원칙을 정립한 최초 수도사였다. 이 원칙에는 공동 식사, 공동 예배, 공동체 노동이 포함됐다. 그는 지도자로서 '아바' 즉 아버지라 불렀다. '수도원장'(abbot)과 '수도원'(abbey)이란 용어가 '아바'(abba)로부터 유래했다. 파코미우스는 또한 위대한 웅변가였다.

전설에 의하면 그가 선교할 때 그의 말이 보석을 박은 물리적 새의 형태로 나타났으며 청중들은 성령에 취한 모습이었다. 파쿠미우스의 공동 수도원 운동이 인기를 얻게 되면서 동방교회과 서방교회에서 금욕적 수도원 운동이 보편적 운동으로 자리매김했다.

5) 대(大) 바실레이오스(330-379)

대 바실레이오스(Basil The Great)는 수도자보다 신학자로 더 많이 알려진 인물이다. 삼위일체를 정의한 그의 책이 가지는 의의는 과장된 것이 아니다. 하지만 그는 또한 소아시아 수도원 운동의 아버지로도 익히 알려져 있다. 357년 이집트를 방문해 거기서 공동 수도원 생활을 탐구했고, 그것을 소아시아에 접목했다. 그의 책임 아래 수도사들은 노동하고 기도하며 성경을 연구하고 구제 사역을 실천할 수 있었다. 이런 이유로 바실레이오스는 모든 수도원이 도시 근교에 세워져야 한다고 주장했다.

6) 누르시아의 베네딕투스(480-543)

베네딕투스(Benedict of Nursia)에 관해 남아 있는 유일한 기록은 대(大) 그레고리우스(Gregory the Great)의 성인전 『대담』(*Dialogue*)이다. 중앙 이탈리아 움브리아(Umbria)에서 출생했다. 베네딕투스의 가족은 부유했기에 베네딕투스는 로마의 최고 교육을 받을 수 있었다.

20세가 됐을 때 그는 교육에 환멸을 느끼고, 로마에서 약 40마일 떨어진 엔피데(Enfide)에 있는 작은 마을로 이주했다. 엔피데로 이주하던 중 한 동굴 위 수도원에 거주하던 수도사 수비아코의 로마노(Romanus of Subiaco)를 만났다. 베네딕투스는 수도사가 되기로 해 수도원 아래 그 동굴에서 3년 동안 홀로 지냈다. 그의 금욕주의 운동은 지역을 망라해 귀감(龜鑑)이 됐다.

결국, 베네딕투스는 가까운 수도원의 수도원장으로 초빙 요청을 받았다. 그는 규칙에 익숙했으나 다른 수도사들은 그의 규칙에 동의하지 못했던 것 같다. 하지만 원칙을 강요하지 않았기에 원장으로 취임했다. 곧 수도사들은 베네딕투스가 고수한 엄격한 수도사 원칙에 동의하지 못하고 있는 정황이 분명해지게 됐다. 그들은 베네딕투스의 음료에 독을 넣었으나, 전설에 의하면 그가 잔을 들고 기도한 후 던져 깨뜨려 버렸다고 전해진다. 그의 빵에 독을 넣었을 때는 까마귀가 와서 독이 든 빵을 물고 날아가 버렸다.

베네딕투스는 최종적으로 13개의 수도원을 설립했고, 모든 수도원의 원장이 됐다. 최초이면서도 가장 유명한 수도원이 로마에서 남쪽으로 약 80마일 떨어진 몬테 카시노(Monte Cassino)에 세워졌다.

베네딕투스수도회 회칙은 베네딕투스수도원에서 삶을 헌신하고, 수도원장의 권위를 인정하는 것이었다. 수도원장은 수도원의 아버지이며, 수도사들은 그의 자녀들이었다. 그러므로 수도원장에게 의문을 제기할 것 없이 순종해야 했다.

성 베네딕투스의 규칙은 가난, 순결, 농업 노동 그리고 말의 절제를 강조했다. 지속성 또한 중요했다. 수도사들은 합류한 수도원에 영구히 남는 것이 장려됐다. 베네딕투스의 규칙은 낮과 밤의 기도 일과, 즉 심야기도(밤), 아침 기도(일출 전), 저녁 전(일몰 후), 잠자기 전 기도(침대로 가기 전)를 정했다. 성 베네딕투스의 규칙은 사실상 이후 서구 유럽의 모든 수도원 규례의 발전에 영향력을 미쳤다.

제7장

4-5세기의 삼위일체와 기독론 논쟁들

니케아공의회가 진술한 공식 견해는 아리우스 논쟁을 종결시키지 못했다. 진실로 사세기에 다양한 개념이 시작됐다. '호모우시오스'(*homoousios*, '동일본질')라는 용어를 성경 속에서 찾을 수 없기에 일부 주교들은 받아들이지 않았다. 더군다나 다양한 단체들이 '호모우시오스'를 다양한 방식으로 정의했다. 현재는 정통으로 받아들여지고 있는 니케아공의회 회원들은 예수와 성부가 '동일본질'을 지닌 분이라고 진술했다.

온건 아리우스주의자들은 '호모이우시우스'(*homoiousios*, '유사 본질')라는 용어를 선호했다. 왜냐하면, 이 표현이 삼위의 위격간의 구별을 가장 잘 보여준다고 믿었기 때문이다. 아노모에오스파(Anomoeans)와 같은 극단적 아리우스주의자들은 성자는 성부와 다르며, 어떤 용어도 그 관계를 설명하는데 적합하지 않다고 주장했다.

니케아의 입장을 가장 효과적으로 대변한 이는 아타나시우스(Athnnasius, 295-373)와 갑바도기아 교부들이었다. 그들은 가이사랴의 바실레이오스(Basil of Caesarea, 330-379, 대 바실레이오스), 닛사의 그레고리우스(Gregory of Nyssa, 331-395), 나지안주스의 그레고리우스(Gregory of Nazianzus, 329-390) 등이다.

논쟁이 격화됨에 따라 그리스도의 인격에 관심이 집중됐다. 알렉산드리아학파와 안디옥학파 사이의 기독론의 차이점이 수면 위로 드러나면서 이 토론은 니케아공의회만큼이나 열기가 달아올랐다.

1. 아타나시우스(295-373)

아타나시우스(Athanasius)가 325년 니케아공의회에 참석하기 전 그의 생애에 관해 알려진 바는 거의 없다. 그는 순교자 베드로(Peter the Martyr, 300-311) 문하에서 공부해 319년 그의 주교인 알렉산드리아의 알렉산더(Alexander of Alexandria, 313-328)에게 안수받았다. 그 후 알렉산더의 집사요 조수로 니케아공의회를 섬겼다. 알렉산더가 328년 사망하자 아타나시우스가 알렉산드리아의 주교로 등극해 니케아신학의 영향력 있는 변호자가 됐다.

아타나시우스의 불후의 작품은 318년에 출판한 『말씀의 성육신에 관해』(*On the Incarnation of the Word*)다. 아타나시우스는 '로고스'가 세상을 구원하기 위해 성육신하셨다고 주장했다. 회심 자체만으로는 사람을 구원하는데 충분하지 않다고 봤다. 회심은 죄를 멈춘다는 의미지, 과거부터 행해 왔던 죄의 문제는 해결되지 못한다고 이해한 것이다. 회개한 사람도 여전히 부패한 상태다.

부패하지 않은 유일한 분이신 '로고스'가 죽음을 이김으로 그 부패를 제거할 수 있다. 예수가 죄의 대가를 치르셨고, 사탄은 부패한 인간을 지배할 권세를 잃게 됐다. 인간에게 구원이 임하기 위해 예수는 온전한 신이며 온전한 인간이서야 했다.

아타나시우스는 이렇게 이야기한다.

> 말씀이 사망 가능한 육체를 취하신다. 이로 인해 만물 위에 계신 말씀에 참여함으로 모든 이를 대신해 죽는 것이 의미가 있을 수 있으며 말씀에 거함을 통해 부패하지 않게 될 수 있다. 왜냐하면, 모든 이에게 미래의 타락은 부활의 은혜로 멈춰야 하기 때문이다. 그러므로 주님이 대속 제물로 드려짐으로 그를 사모하는 모든 자에게서 사망을 없이 하셨다. 만물 위에 계신 말씀이 자신의 성전과 육체의 도구를 만민을 위한 대속(代贖)적 생명으로 드림으로 죽음의 책임을 완수하셨다. 또한, 죄 없으신 인자가 부활의 약속을 이루시기 위해 인간과 같아지셔서 인간과 연합하심으로 죄 없음으로 모든 이에게 옷 입히셨다.[1]

---

1 Athanasius, *On the Incarnation, in Documents of the Christian Church*, 3rd ed. Henry Betten-

아타나시우스의 성육신 이해는 그리스도인의 '신성화'(deification)의 신앙으로 이어졌다. 이는 신자들이 신의 성품에 참여해 하나님 같이 된다는 개념이다. '신성화'라는 용어와 아타나시우스가 사용한 표현은 현대 독자들에게 다소 오독될 가능성이 있다. 그의 말을 들어보자.

> 그분(하나님)이 사람이 되신 것은 사람으로 하나님 되게 하기 위함이다.[2]

아타나시우스가 주장한 것은 문자적으로 그리스도인들이 하나님이 된다는 것이 아니었다. 오히려 한 분이시며 진실하신 하나님을 비추며 그를 닮아간다는 의미였다. 갑바도기아 교부들은 이 사상을 더 폭넓게 발전시켰다. 아타나시우스의 생애는 아리우스 논쟁으로 점철됐다. 콘스탄티누스 황제는 니케아신학을 지지했지만, 그의 후임자들 모두 그랬던 것은 아니었다. 그리고 콘스탄티누스조차 아타나시우스가 문제를 일으킨다고 봤다. 온건파 아리우스주의와 협의하는 것을 고집스럽게 거절한다는 이유 때문이었다.

그 결과 아타나시우스는 수차례 추방 당했다. 첫 번째 망명은 335년에 있었다. 멜리시우스 분열(Melitian Schism)에 관한 니케아공의회의 입장을 받아들이지 않아 테레공의회에서 정죄당했다. 도나투스주의자들과 같이 멜리시우스주의자들은 대박해 기간에 변절했다가 교회로 복귀하기 원하는 자들과 교제하기를 거부했다.

공의회는 분열을 종식하기 위해 멜리시우스주의자들의 손을 들어줬다. 하지만 아타나시우스는 그들의 회개는 엄격해야 하며 이를 위해 자신의 주교회가 이 사안을 다뤄야 한다고 믿었다. 아리우스주의자 니코테미아의 유세비우스(Eusebius of Nicodemia)의 주도 아래 아타나시우스는 알렉산드리아에서 추방 당했다.

콘스탄티누스 황제는 그의 사망 직전 337년에 니코테미아의 유세비우스에게 세례 받았으며 그에게 아들들의 영적 안위를 부탁했다. 이 모습은 아리우

---

son and Chris Maunder (New York: Oxford University Press, 1999), 37.
2   Athanasius, *On the Incarnation*, *Nicene and Post-Nicene Fathers*, First Series, ed. Philip Schaff and Henry Wace (Grand Rapids: Eerdmans, 1900), 4:65에 기록.

스주의자들을 담대하게 하고 니케아신학 주창자들을 약화하는 계기가 됐다. 하지만 아타나시우스는 영웅으로 추앙받다았던 알렉산드리아로 복귀할 수 있었다.

콘스탄티누스가 사망하자 로마제국은 그의 아들들을 따라 분열됐다. 콘스탄티우스 2세(Constantius II, 337-361)는 동방을 접수했다. 콘스탄스(Constans, 337-350)와 콘스탄티누스 2세(Constantine II, 337-340)는 서방을 놓고 싸웠고, 그 결과 콘스탄스가 승리를 거뒀다. 그 후 콘스탄스도 마그넨티우스(Magnentius, 350-353)에 의해 왕위를 찬탈당하고 암살 당했다. 콘스탄티우스는 350년 마그넨티우스를 격퇴하고 로마제국의 단일 통치자가 됐다.

콘스탄스가 니케아신학을 장려하지만, 콘스탄티우스는 아리우스의 기독론을 지지했다. 콘스탄티우스가 동방의 아리우스주의자들에게 대사를 보냈을 때, 니코데미아의 유세비우스의 영향력이 대단했다. 당시 유세비우스는 339년 아타나시우스를 추방하는 사안에 있어 콘스탄티우스에게 확신을 심어 줬다.

아타나시우스는 콘스탄스의 사법권 아래 로마로 갔고 344년까지 거기에 거주했다. 황제의 지지 아래 친 아리우스공의회가 355년 이탈리아 밀란에서 소집됐다. 모임의 목적은 니케아신경을 무효로 하고 아리우스 신앙을 견고히 세우기 위함이었다. 이는 결국 356년 아타나시우스의 체포 시도로 이어졌으나 수도사들의 도움으로 이집트 광야로 피신했다. 이 시기에 수도사 안토니우스를 만났고, 많은 반 아리우스 저작들과 함께 『안토니우스의 생애』(*The Life of Antony*)를 기록했다.

콘스탄티우스가 361년 사망하자 율리아누스 1세(Julian I, 361-363, 배교자 율리아누스로 역사에 기록됨)이 황제가 됐다. 기독교를 공부하기는 했으나 신플라톤주의에 더 심취했다. 율리아누스는 기독교의 종말을 원했으나 그리스도인들을 공적으로 박해하는 방식에 기대지 않았다. 그 대신 혜택을 받던 기독교의 지위를 끌어내리고 이방 종교들을 장려했다. 그리스도인들은 학교에 가거나 공직에 오를 수 없었다.

그리스도인들 내(內) 교리적 갈등을 유발하면, 기독교를 소멸시킬 수 있을 것이라는 바람으로 율리아누스는 361년 아타나시우스를 복귀할 수 있도록 허락했다. 하지만 아타나시우스의 복귀가 성공적으로 이뤄지고 난 후 362년 다시 그를 추방했다.

열정적인 아리우스주의자 발렌스(Valens, 364-368)가 364년 황제로 등극했다. 아타나시우스는 다시 망명을 떠나야 했으나 그의 명성, 소요가 일 것을 두려워한 발렌스 때문에 다시 돌아올 수 있었다. 아타나시우스는 373년 사망했다. 니케아 지도부의 권위는 갑바도기아 교부들에 이양됐다.

2. 갑바도기아 교부들

갑바도기아 교부들은 가이사랴의 감독 바실레이오스, 그의 형제 닛사의 감독 그레고리우스, 이 둘의 친구 나지안주스의 감독 그레고리우스를 일컫는다. 세 인물 모두 현재 터키 지역 갑바도기아에서 출생했다.

바실레이오스는 가이사랴의 부유한 가정에서 태어났다. 그의 첫 스승은 성녀(聖女) 마크리나(Macrina the Elder, 270-340)로 알려진 그의 할머니였다. 마크리나는 오리게네스의 문하생 중 하나였던 타우마투르구스의 그레고리우스(Gregory of Thaumaturgus, 213-270)의 제자였다. 자연히 바실레이오스는 어린 시절부터 오리게네스를 사모했다. 그는 공교육을 가이사랴에서 시작했다. 가이사랴에 머무는 동안 나지안주스의 그레고리우스를 만나 평생 친구가 됐다.

그 후 콘스탄티노플에 잠시 머물며 공부했고, 아테네에서 6년 동안 공부하며 학업을 마쳤다. 아테네에서 미래의 황제 배교자 율리아누스와 함께 수학했다. 355년 가이사랴에 복귀해 바실레이오스는 수사학을 가르쳤으나 기독교 윤리에 흥미를 느꼈다. 주교이며 금욕주의자인 세바스테의 유스타티우스(Eustathius of Sebaste, 357-377)와 함께 이집트의 수도원 지역을 방문했다.

356년 돌아왔을 때, 바실레이오스는 세례 받고 폰투스(Pontus)의 안네시(Annesi)에 위치한 아버지의 소유지에 작은 금욕주의 공동체를 출범시켰다. 거기에 나지안주스의 그레고리우스가 동참했다. 360년 집사로 임직(任職)한 후 362년 가이사랴의 유세비우스(Eusebius of Caesarea, 370년 사망)로부터 장로로 안수받았다. 경제 위기가 가이사랴에 닥쳤을 때, 바실레이오스는 대부분 유산을 처분해 가난한 자들에게 나누었다. 또한, 장사하는 자들에게 현 상황을 이용하지 말라고 촉구했다. 바실레이오스의 노력에 힘입어 갑바도기아는 더 심각해 가는 경제적 위기를 피할 수 있었다.

유세비우스의 사망 후 바실레이오스는 가이사랴의 주교로 선택됐다. 그가 주교로 재직한 기간 내내 반대가 두드러졌다. 금욕주의의 주창자로서 종종 물질의 악에 대해 설교했다. 그의 교회 내 부자 성도들은 이런 설교에 분개했다. 그의 후배 성직자들이 아리우스주의자들이었음에도 그 자신은 정통 니케아신학의 열렬한 지지자였다.

닛사의 그레고리우스는 대 바실레이오스의 동생이었다. 그는 바실레이오스만큼 제대로 교육받지 못했으나 오리게네스주의에 깊은 애정을 품었다. 바실레이오스는 371년 그레고리우스를 닛사의 주교로 임명했다. 그는 곧바로 아리우스주의자들에 의해 면직당했으나 이년 후 복권됐다.

기독론 문제에서 그레고리우스는 그리스도의 온전한 신성과 온전한 인성을 주장했다. 그는 381년 콘스탄티노플공의회에서 니케아신학을 강력히 지지한 인물 중 하나였다. 바실레이오스와 같이 신성화를 믿었으나 같은 의미가 아니었다. 그는 그리스도인들이 구제, 기도, 순결, 자비를 통해 신성에 참여힐 수 있다고 주장했다. 이런 실천을 통해 그리스도인들은 하나님을 닮아갈 수 있었다.

> 태양이 빛을 내 투명체에 비추면 매우 밝게 해 스스로 광명하게 되는 것처럼 성령을 품고 장래의 영에 의해 조명받는 영혼들은 신비를 깨닫고 숨겨진 것을 분별하며 선한 은사를 나눕니다. 그들은 천사들의 합창과 끊이지 않는 기쁨과 하나님 안에서 풍성함이 있는 천국의 시민권자입니다. 하나님을 닮아가며 모든 것 중 최고인 하나님이 돼 갑니다.[3]

---

3   Basil the Great, *On the Holy Spirit*, *The Faith of the Early Fathers*, ed. William A. Jurgens (Collegeville, MN: Liturgical Press, 1970), 2:16에 기록.

나지안주스의 그레고리우스는 갑바도기아의 남서 지역에 있는 나지안주스에서 태어났다. 그의 가족은 그리스화 된 유대교 분파에 속했으나 그의 모친 노나(Nonna, 374년 사망)의 영향으로 그리스도인이 됐다. 그레고리우스의 어린 시절에 그의 부친인 장로 그레고리우스(Gregory the Elder)가 나지안주스의 주교가 됐다.

아들 그레고리우스는 삼촌 암필로키오스(Amphylokhios, 약 340-403)에게 첫 교육을 받았고 그 후 나지안주스에서 받았다. 이후 가이사랴에서 바실레이오스를, 알렉산드리아에서 오리게네스를 향한 사모함을 키워가며 수학했다. 마지막 연구 과정은 아테네에서 매진했다. 아테네로 가는 도중 폭풍이 몰아쳐 그가 승선하고 있던 배가 침몰할 위기가 닥쳤다. 그레고리우스는 만일 그리스도가 자신의 생명을 구해 주신다면 교회에 헌신하겠노라 서원했다. 그는 약속을 지켰다.

아테네에 거주하는 동안 변절자 율리아누스 황제와 함께 공부했다. 율리아누스는 그레고리우스를 인상 깊게 봤던 것이 분명한 듯하다. 그가 황제에 등극해 기독교를 배제할 때 그레고리우스만은 예외로 됐던 것에서 알 수 있다. 그 후 그레고리우스는 폰투스에서 금욕의 삶을 훈련하며 바실레이오스에 합류했다.

그레고리우스는 361년 나지안주스에 돌아와 그의 아버지로부터 장로로 안수받았다. 372년 바실레이오스가 그를 사시마의 감독으로 임직해 아리우스주의자들 문제를 돕도록 했다. 하지만 그레고리우스는 자신의 주교직에 뜻이 없었기에 직분을 수행하는 데 있어서 상대적으로 덜한 노력을 보였다. 372년 후반기에 그의 죽어가는 부친을 도와 나지안주스의 교회를 섬기기 위해 복귀했다. 아버지가 사망했을 때 그레고리우스는 주교로 임명되는 것을 거절했다. 378년 콘스탄티노플에서 설교자로 세워져 설교와 강의를 통해 니케아신학을 전파했다. 바실레이오스와 닛사의 그레고리우스와 같이 그는 그리스도의 온전한 신성과 온전한 인성을 주창했다.

삼위일체 논쟁에서 그레고리우스의 최대 업적은 성령론이다. 성령은 사실상 성부와 성자 하나님과 같은 분이라고 주장했다. 그레고리우스는 381년 콘스탄티노플공의회에서 성령에 관한 올바른 정의를 정립하는 데 크게 이바지했다. 아리우스주의자들을 반박한 그레고리우스의 연설이 매우 성공적이어서 그들이 한때 적어도 그를 살해하려 시도하기도 했다.

테오도시우스 황제(Theodosius, 379-395)는 그레고리우스를 콘스탄티노플의 주교와 의장으로 임명했다. 하지만 그의 정적들은 그가 이미 다른 도시의 주교였기 때문에 교회법에 따라 콘스탄티노플의 주교직을 겸할 수 없다고 주장했다. 그가 사시마의 주교직에는 비교적 관심을 두지 않음에도 콘스탄티노플의 주교직과 공의회 의장직도 이유 여하를 막론하고 사임했다. 나지안주스로 돌아와 그의 생애 마지막 5년을 집필에 전념했다.

그레고리우스의 가장 주요 저작은 『신학연설』(Theological Orations)이었다. 그는 하나님의 본성을 불가지(不可知)적이라고 소개하면서도 하나님의 임재를 역사 곳곳에서 느낄 수 있다고 말했다. 특별히 그리스도의 성육신을 대표적인 사례로 소개했다.

갑바도기아 교부들은 삼위일체 교리를 합의하는데 현저하게 공헌했다. 그들은 성부가 어떤 의미에서 성자와 성령의 원천이나 성자와 성령이 성부와 동등하다고 믿었다. 성령은 성부와 성자로부터 나오셨으며(proceeded), 성자는 성부에 의해 낳은 바 됐다. 삼위일체는 하나의 '우시아'(ousia, 본질) 안에 세 가지 구별된 '히포스타시스'(hypostases, 존재의 양식)으로 정의됐다. 바실레이오스는 '히포스타시스'를 플라톤주의의 범주 안에서 이해했다.

예를 들어 세 사람이 구분할 수 있으나 여전히 인간의 본질을 공유한다는 점을 제시했다. 신격의 삼위가 존재하시는 것처럼 세 인격에 구별이 있으나 또한 본질은 동일하다(바실레이오스와 여러 갑바도기아인은 비유의 약점과 한계를 인지하고 있었다. 그럼에도 설명의 도구로 활용했다). 신격의 단일성과 다양성 모두 설명 가능한 비유였다.

테오도시우스(Theodosius, 379-395)는 삼위일체 논쟁을 진정시키기 위해 콘스탄티노플공의회를 소집했다. 확실히 제국의 동쪽에 자리 잡은 그리스도인들은 여전히 '호모우시오스'라는 표현이 신격의 삼위 개념을 모호하게 한다는 점에 고민이 있었다.

다른 한편으로 서방교회는 '호모우시오스'를 인정하지 않는 자들은 성자가 성부에 종속된 분이며 아리우스주의 형식을 인정한다는 개연성에 두려움이 있었다. 갑바도기아 교부들이 주도한 공의회를 통해 비록 모든 감독이 그들의 삼위일체 규칙에 동의하지 않았으나 정통으로 수용됐다. 콘스탄티노플 공의회는 아리우스주의를 뿌리째 뽑지는 못했으나 쇠퇴를 급속히 촉진했다.

콘스탄티노플에서 논의된 또 다른 신학 주제는 아폴리나리오스주의(Apollinarianism)였다. 아폴리나리오스(Apollinaris, 310-390)는 예수가 인간의 육신을 가지셨으나, 순결한 신적 영혼을 소유했다고 가르쳤다. '로고스'께서 인간의 지성 또는 인간의 영혼의 지위를 취하셨다고 본 것이다. 아폴리나리오스주의는 아리우스주의를 반대하기 위한 과한 반응이었다. 아리우스주의자들이 그리스도의 신성을 격하하는 것에 대한 반동으로 아폴리나리오스는 완전한 인성을 부인했다.

> 그는 인간이 아니라 인간과 같은 분이시다. 왜냐하면, 그리스도는 자신의 지고한 부분에서 인간과 근본적으로 동질이 아니기 때문이다.[4]

이 가르침에 대한 반응으로 나지안주스의 그레고리우스는 "짐짓 가장하는 것으로 치유되지 않는다"[5]고 강조했다. 다시 말하자면, 인간이 구원받으려면 예수가 그의 존재, 마음, 영혼까지 포함해 모든 곳에서 인성을 취하셔야 했다. 아폴리나리오스를 지목해 언급하지는 않았지만, 콘스탄티노플공의회는 그의 교리를 정죄했다. 또한, 성령의 신성을 부인했던 이단인 마케도니우스파(Macedonianism) 역시 추방했다.

콘스탄티노플에서 아리우스가 주요 안건이었음에도 몇 가지 중대한 관심사 역시 있었다. 예를 들어 규범 3(Canon three)은 콘스탄티노플은 로마 다음으로 중요한 교구라고 확언했다. 이렇게 콘스탄티노플이 급부상하면서 로마와 콘스탄티노플 사이에 경쟁 구도가 형성되기 시작했다. 이는 결국 분열로 종결됐다.

---

4 Apollinaris, *Fragment 45*, *Readings in the History of Christian Theology*, ed. William C. Placher (Philadelphia: Westminster Press, 1988), 1:64에 기록.

5 Gregory of Nazianzus, *Letter 101*, *Nicene and Post-Nicene Fathers*, 7:440에 기록.

3. 그리스도의 위격과 본질

콘스탄티노플공의회 후 신학 논쟁의 큰 방향이 삼위일체로부터 그리스도의 위격으로 이동됐다. 안디옥의 네스토리우스(Nestorius, 386-451)와 알렉산드리아의 키릴로스(Cyril, 375-444)가 논쟁을 이끈 두 지도자였다. 기독론 논쟁에서의 중요한 배경은 안디옥 학파와 알렉산드리아 학파 사이의 오래된 신학 분열이 자리했다. 안디옥교회의 지도자들은 예수의 인성을 강조했던 반면 알렉산드리아교회 지도자들은 신성을 강조했다.

하지만 안디옥식 기독론을 받아들인 모든 자가 안디옥 출신이 아니었다. 또한, 알렉산드리아식 기독론을 받아들인 모든 자도 알렉산드리아 출신이 아니었다.

네스토리우스는 게르마니키아(Germanicia)에서 출생했고, 428년 콘스탄티노플의 대주교로 등극했다. 그는 안디옥의 위대한 감독이었던 몹수에스티아의 테오도르(Theodore of Mopsuestia, 35-428)의 문하생으로서 온전한 인성과 그리스도의 고난을 강조했다. 하지만 그는 그리스도의 인성과 신성 사이의 구분이 있다고 믿었다. 육체와 '로고스'는 한 실체를 구성하지 않는다. 그리스도의 인성과 신성은 함께 서 있는 협력자이기에 '로고스'는 십자가 고난과 상관없는 분으로 이해했다.

이 같은 믿음은 네스토리우스가 동정녀 마리아를 '테오토코스'(Theotokos, 하나님의 어머니)란 용어를 거부하는 결과로 이어졌다. 이같이 주장한다.

> 내 친구여, 마리아가 신격을 낳은 것이 아닙니다("육으로 난 것은 육이요"[요 3:6]). 피조물이 창조될 수 없는 분을 낳는 것은 말이 되지 않는 일입니다. 성부는 마리아를 통해 '로고스' 하나님을 불과 얼마 전 나오게 하신 것도 아닙니다(왜냐하면, 요 1:1이 "태초에 말씀이 계시니라"고 증언하기 때문입니다). 피조물이 창조주를 만든 것이 아니라 오히려 마리아는 인간을 낳은 것입니다.[6]

6　Nestorius, *First Sermon Against the Theotokos*, *Readings in the History of Christian Theology*, 1:69 에 기록.

네스토리우스는 '테오토코스'란 단어가 그리스도 안의 인성을 약화한다고 봤다. 그리하여 그는 마리아가 그리스도의 인간 됨을 품은 것이지 '로고스'를 잉태한 것은 아니라고 주장했다. 마리아의 태 안에서 성령이 "동정녀로부터 형성되고 '로고스' 하나님을 위한 성전, 즉 그분이 거하실 성전이 지어졌다."[7] 이런 이유로 네스토리우스는 '크리스토코스'(Christokos, 그리스도의 어머니)란 표현을 선호했다.

네스토리우스가 '테오토코스'를 인정하지 않자 알렉산드리아교회는 인정할 수 없었다. 알렉산드리아의 감독 키릴로스는 이에 대해 문제를 제기했던 대표적인 인사였다.

키릴로스는 테오도시우스에서 태어나 알렉산드리아의 주교였던 테오필루스(Theophilus, 358-312)의 조카였다. 삼촌의 사망 후 그가 이어 주교가 됐다. 지도자로서 그는 종종 반대자들과 충돌했다. 의견을 달리하는 그리스도인들, 이교도들, 유대인들, 정부 등 가리지 않았다. 키릴로스는 모든 노바티아누스주의 교회를 폐쇄했고, 많은 유대인을 도시에서 내쫓았으며, 종종 니트리안 수도사들을 이용해 자신의 법령을 강화했다.

키릴로스는 네스토리우스와의 논쟁에서 전형적인 알렉산드리아풍 신학을 동원했다. 예수 안에 하나님의 본질과 인간의 본질이 한 사람으로 연합돼 있다고 주장했다. '로고스'는 성육신 이전에는 육체 없이 존재하셨다. 성육신하실 때, '로고스'는 인간의 본성과 연합하셨다. 여전히 하나님이면서도 인간성을 취하셨다. 그리스도는 온전한 하나님이시며 온전한 인간이시지만 연합된 한 인격이셨다.

키릴로스는 '위격적 연합'(hypostatic union)이란 용어로 자신의 신학을 정립했다. 예수에게 '위격의 연합'(union of hypostasis)이 있다고 본 것이다. 그러므로 '로고스'는 진실로 십자가에서 고난 겪으신 분이다. 결국, 키릴로스에게 마리아는 하나님을 낳았기에 '테오토코스'라는 것은 분명한 사실이었다.

네스토리우스와 키릴로스 사이에 논쟁이 격화되자 이 문제를 해결하기 위해 공의회가 소집됐다. 세 번째 공의회가 431년 에베소에서 소집됐다. 네스

---

7 Nestorius, *First Sermon Against the Theotokos*, *Readings in the History of Christian Theology*.

토리우스는 생명의 위협을 느껴 공의회에 참석하지 않았고, 그의 많은 지지자가 도착하기 전 논의는 진행되고 있었다. 키릴로스의 입장이 신속히 개진됐고, 네스토리우스와 그의 지지자들은 정죄당했다.

안디옥의 주교 요한(John, 429-441)이 수도해 네스토리우스와 그의 지지자들이 도착했을 때, 그들은 자신들만의 공의회를 개최해 키릴로스를 정죄하고 교구로부터 파면시켰다. 테오도시우스 2세 황제(Theodosius II, 402-450)가 결국 개입해 키릴로스와 요한 모두 잡아 가두고 양쪽 공의회 모두 법적 구속력이 없다고 선언했다. 최후에 요한과 키릴로스는 433년 "연합의 신조"(formula of union)에 동의했고 키릴로스에 의해 네스토리우스를 정죄한 것이 유효하다고 결정했다.

네스토리우스는 생애의 마지막 시기를 북이집트에서 마무리했다. 하지만 네스토리우스주의는 번성해졌고 페르시아교회의 공식 교리로 채택됐다. 네스토리우스파 선교사들은 7세기 중국에까지 진출했다.

다음 기독론 논쟁은 교회를 분열의 위기로 내몰았던 유티케스주의(Eutychianism)에 의해 촉발됐다. 유티케스(Eutyches, 378-454)는 콘스탄티노플에 있는 큰 수도원 공동체의 수장이었다. 그는 그리스도에 대한 알렉산드리아식 해석을 극단으로 밀어붙여 그리스도가 "성부와 동일본질"이시나 "인간과 동일본질"우 아니라고 가르쳤다. 인간과 신적 본성이 어떤 의미에서 혼합됐고, 예수는 성부와 '동일본질'(homoousian)이시나 인간과는 그렇지 않다고 봤다. 이 주장은 단성론(Monophysitism)으로 알려졌다. 신성의 바다에 한 방울 인성이란 관계로 설명했다. 결국, 유티케스는 그리스도의 온전한 인성을 부인했다.

콘스탄티노플의 주교 플라비아노스(Flavian, 446-449)는 448년 공의회를 소집해 유티케스를 정죄했다. 유티케스는 알렉산드리아의 주교 디오스코루스(Dioscorus, 444-451)에게 호소해 449년 에베소에서 개최될 치열한 공의회를 소집했다. 유티케스의 추종자들에게만 참석이 허용됐다. 로마의 주교 레오 1세(Leo I, 440-461) 사절단은 돌려보냈다. 이런 이유로 강도 회의로 불렸으며, 현재 적법한 공의회로 인정되지 않고 있다.

이 공의회에서 유티케스에 충성한 수도들과 디오스코루스는 플라비아노스를 공격해 살해했다. 본 사안을 해결하고 유혈 사태를 멈추기 위해 451년 네 번째 공의회가 콘스탄티노플 근처 칼케돈에서 열렸다.

칼케돈공의회는 451년 10월 8일에 마르키안 황제(Marcian, 450-457)에 의해 소집돼 대부분 동방교회 출신인 500여 명의 주교가 논의를 시작했다. 유일한 서방 출신은 레오 1세의 사절단뿐이었다.

공의회는 디오스코루스가 권력을 남용했으며 즉시 파면시킬 것을 결정했다. 유티케스파와 네스토리우스파는 정죄당했다. 공의회는 그리스도의 위격은 '로고스' 하나님과 동질이라 주장한 『레오의 교서』(Leo's Tome)를 정통으로 인정했다. 그리스도는 온전한 인간이시며, 온전한 신이심이 선포된 것이다. 두 본성은 혼동되거나 분리되지 않는다.

안디옥 학파는 이 신조가 그리스도의 인성을 보존한 것으로 만족했다. 공의회의 공식 선언문을 칼케돈 규정(Definition of Chalcedon)이라 불렀다.

> 거룩한 교부들을 따라 우리는 한 분이신 독생자 우리 주 예수 그리스도가 완전한 하나님이시요, 완전한 인간이시며, 참 하나님이시요, 참 인간이시며, 그에 따라 이성적인 영혼과 몸을 가지고 있음을 고백한다. 그는 하나님과 신성에서 동일본질이며, 또한, 인성에서 우리와 동일본질이시다. 그는 죄 없음만을 제외하고 모든 것에서 우리와 동일한 분이시다. 그는 하나님으로서 영원 전에 성부에게서 나오셨고, 인간으로서 '마지막 날'에 우리의 구원을 위해 동정녀 마리아 하나님의 어머니에게서 나셨다. 한 분이시며 동시에 그리스도, 아들, 주, 독생하신 분은 두 본성으로 이뤄졌다. 두 본성은 혼동됨 없이, 한 본성이 다른 본성으로 변화함 없이, 각 본성 영역으로 분리됨 없이, 각 본성 또는 기능에 따라 분열됨 없이 존재한다. 두 본성의 차이는 그들의 연합에 의해 사라지지 않는다. 대신 두 본성의 고유한 '특징들'은 보전되고, 한 '인격'과 한 '위격'(hypostasis) 안에서 연합한다. 그들은 두 인격으로 분리되거나 나뉘지 않으며, 한 분이시며 유일하신 독생자 하나님의 로고스 주 예수 그리스도시다. 이 사실은 구약의 선지자들이 일찍이 증언한 바이며, 주 예수 그리스도 자신이 우리에게 가르치신 바이고, 교부들의 신조가 우리에게 전해진 바 된 것이다.[8]

---

[8] The Definition of Chalcedon, Readings in the History of Christian Theology, 1:75에 기록.

이 신조를 수용하기를 거부했던 알렉산드리아 출신들은 단성론자로 널리 알려졌다. 그런데도 알렉산드리아 학자들은 동정녀 마리아가 '테오토코스'로 규정된 데에는 만족했다. 규범 28 역시 중대한 의미를 지녔다. 로마가 가장 존귀한 관할 구역이며 콘스탄티노플을 두 번째로 지정했다. 로마는 공의회의 결정 사항을 받아들였으나 규범 28을 지지하지는 않았다.

제8장

4-5세기의 신학자들

알렉산드리아와 안디옥 주교들의 주도로 4세기와 5세기 신학 논쟁은 삼위일체와 기독론에 집중됐다. 기독교 왕국의 여타 지역의 신학자들 역시 니케아 정통주의를 역설했고 긴박한 문제에 응수했다.

교회와 국가의 올바른 관계는 무엇인가?
교회가 국가를 따라야 하는지, 국가가 교회를 따라야 하는가?
사람이 그리스도인이 되는 것은 예정에 의한 것인가?
사람에게 자유의지가 있는가?
신약성경은 어떻게 해석돼야 하는가?
교회는 이단에 어떻게 대처해야 하는가?

요한네스 크리소스토무스(John Chrysostom, 347-407), 밀란의 암브로시우스(Ambrose of Milan, 339-397), 히포의 아우구스티누스(Augustine of Hippo, 354-430)이 이런 질문들에 답을 주려 했다.

1. 요한네스 크리소스토무스

요한네스 크리소스토무스는 안디옥에서 군사령관의 아들로 태어났다. 탁월한 설교와 수사 활용 때문에 '황금의 입'이라 알려진 인물이다. 크리소스토무스는 법률가가 되고자 이교 수사학자 리바니우스(Libanius, 약 314-394) 문하에서 공부했다. 그런데 오히려 성경을 탐독하면서 그리스도인이 됐다. 368년에 세례 받았으며 안디옥의 감독 멜리티우스(Melitius, 381년 사망) 아래서 수학했고, 하나님을 섬기는 일에 헌신했다.

크리소스토무스는 수도사가 되기 원했으나 모친의 바람을 존중해 그녀가 사망하기까지 유예했다. 그 후 다소 근처 파코미아수도원에 합류했다. 이년 후 가혹한 금식으로 건강을 잃게 돼 수도원을 떠났다. 그는 이제는 자신의 소망만큼 강렬하게 수도원 생활을 이어갈 수 없었다. 그래서 여생 동안 온건한 금욕주의를 따랐다.

크리소스토무스는 378년에 안디옥으로 돌아왔다. 381년에 집사로, 385년에 성직자가 됐다. 안디옥에 있는 동안 그는 부자와 빈자 교구민들의 차이에 충격을 받았다. 그는 부한 자들이 신분이 낮은 자들의 필요에 관심이 없는 것을 보며 불우한 자들의 곤경에 아픔을 느끼게 됐다. 또한, 자신의 부자 성도 중 많은 사람이 불의하게 재산을 축적하고 있다고 확신하며 그의 책『디모데서 설교』(Homily on Timothy)에서 주장을 펼쳤다.

크리소스토무스는 교회가 점점 방만해지고 있으며 주교들은 부패했고 정부 관료들은 기독교 윤리기준에서 스스로 열외시키고 있다고 봤다. 이 사안들은 그의 불같은 설교의 주제였다. 예를 들어, 387년 테오도시우스 황제(Theodosius, 379-395)가 새로운 세금을 부과하자 안디옥 시민들이 봉기를 일으켰다. 크리소스토무스는 신(新) 세금 정책을 반대하는 설교를 했고, 시민들에게는 비기독교적 행위를 멈추라고 촉구했다. 또한, 그들 중 많은 자가 개인적인 욕심으로 인해 항의하고 있다고 지적했다. 크리소스토무스의 촉구에 따라 테오도시우스는 관용을 베풀었고, 시민들은 황제의 분노를 피할 수 있었다.

크리소스토무스는 안디옥에서 그의 설교 형식을 완성했다. 성경 전체를 하나님의 말씀으로 이해해 각 권을 설교했다. 탁월한 강해자였고, 성경 본문에서 주요 주제를 묘사했으며, 이해하기 쉬운 방식으로 전달했다. 그의 설교에는 진정성이 있었으며 실천적인 적용이 가득 차 있었다. 때때로 크리소스토무스의 수사는 매우 신랄해 부와 권세를 지닌 자들과 갈등을 일으켰다.

크리소스토무스는 398년 콘스탄티노플의 총 대주교로 임명됐다. 황제가 교회의 일원일 뿐이며 통치자가 아니라는 확신과 부에 관한 그의 논쟁적인 관점 때문에 동 제국의 수도에서 그의 인생은 평탄하지 않았다. 정부의 부패와 황실의 부를 지적한 설교는 제대로 반영되지 않았다. 아르카디우스 황제(Arcadius, 395-408)의 황후 유독시아(Eudoxia, 404년 사망)는 그를 집요하게 대적했다. 그녀는 크리소스토무스가 자신을 '이세벨'이라고 은근히 언급하는 것에 분개했다. 그리고 그녀가 성(聖) 소피아성당 앞에 자신의 동상을 세우자 크리소스토무스는 그녀를 '헤로디아'라고 불렀다.

크리소스토무스는 또한 동료 기독교 지도자들과도 긴장 관계에 있었다. 콘스탄티노플의 총대주교로서 그는 에베소의 주교 안토니누스(Antoninus, 약 380-400)에 관해 제기된 불평을 조사하기 위해 에베소에서 열린 종교회의에 참석하라는 통보를 받았다. 크리소스토무스는 이를 콘스탄티노플이 에베소에서의 영향력을 증진할 기회로 여겼다. 그래서 즐거이 요청에 응했다.

하지만 크리소스토무스가 도착하기 전 안토니누스가 사망했다. 그와 공의회는 에베소에서의 자기의 권세를 보여 주기 위해 신임 주교를 임명하고 성직 매매의 이유로 여섯 주교를 면직시켰다. 이 사건은 콘스탄티노플과 에베소 사이의 분열을 가속했다.

크리소스토무스는 알렉산드리아와 안디옥 논쟁에 적극적으로 개입하지는 않았으나 안디옥 학파 신학과 좀 더 친밀한 관계를 유지했다. 이런 이유로 알렉산드리아 주교 테오필루스(Theophilus, 385-412)는 그를 위협적이라 간주했다. 신학적 차이를 차치하고서라도 테오필루스가 콘스탄티노플이 알렉산드리아에 종속적이기 원해 크리소스토무스와 테오필루스 사이의 긴장감은 이미 높은 상태였다.

결국, 강경했던 테오필루스는 공의회를 소집해 크리소스토무스의 신학을 조사했다. 크리소스토무스는 403년 오크교회 회의에 세 차례 소환 명령을 받았다. 매번 참석을 거부했다. 그래서 공의회는 결석 심리로 그를 정죄했고, 교구로부터의 파면을 선고했다.

유독시아의 지지 아래 아르카리우스는 공의회의 결심을 인정해 크리소스토무스를 추방했다. 대중의 큰 지지가 있었음에도 크리소스토무스는 분쟁 없이 콘스탄티노플을 떠났다. 하지만 얼마 지나지 않아 지진이 도시를 강타했고 유독시아는 이를 크리소스토무스가 해임되지 않았어야 한다는 하나님의 계시로 받아들였다. 그의 주교 지위를 복원시켜 되돌렸으나 유독시아와의 불화는 되돌려지지 않았다. 그녀는 404년 크리소스토무스를 소아시아로 망명 보낸 다음 해 유산으로 사망했다.

하지만 크리소스토무스는 여전히 콘스탄티노플에 많은 대적을 뒀다. 405년 소아르메니아의 쿠쿠수스(Cucusus)로 망명가게 됐다. 그렇게 멀리 떨어져 있었음에도 그의 서신들은 콘스탄티노플에 도착했고, 적들의 분노를 키웠다. 최종적으로 그는 흑해의 외딴 섬으로 추방 낭했다. 새로운 집에까지 걸어가야 했고, 407년 9월 14일 피로 누적으로 사망했다. 침묵하기보다 추방과 죽음을 기꺼이 마주 대하며 독재 정권을 향했던 그의 예언자적 음성은 국가에 대한 교회의 힘을 북돋웠다.

크리소스토무스는 또한 유대교를 꾸짖으며 유대인들은 그리스도의 적이라 여겼다. 안디옥에 있는 동안 크리소스토무스는 『유대화 되는 그리스도인들을 향한 경고』(Against Judaizing Christians)를 출판했다. 그리스도인들이 기념일과 축제로 인해 유대교에 매혹될 것을 경계했다. 그는 그리스도인이라면 로시 하샤냐(Rosh Hashanah, 유대교의 신년절, 나팔절 - 역주)와 욤 키푸르(Yom Kippur, 유대교의 속죄일 - 역주)에 동참해서는 안 된다고 강력히 주장했다. 회당에 관한 그의 묘사는 선동적이기까지 했다.

> 매춘부가 상품을 제공하는 곳을 집창촌이라 합니다. 그런데 회당은 집창촌일 뿐 아니라 상영관입니다. 또한, 강도들의 은신처이며 야수들의 굴입니다. … 회당은 우상 숭배의 전입니다. 그런데도 어떤 이들은 그곳이 마치 거룩한 전(殿)인 것처럼 드나들고 있습니다.[1]

유대교를 적대시한 그의 설교는 중세의 반유대운동에 기름을 부었다.

크리소스토무스의 설교와 저작들은 그의 신학 유산이 됐다. 성경 각 권 설교집을 출판했으며 성인 축제를 기리는 설교도 포함됐다. 그리고 경건의 삶에 관한 논문집도 발간했다. 그의 『성직론』(On The Priesthood)은 기독교 목회를 논한 최초의 책으로 알려져 있다.

---

1 John Chrysostom, *Against the Judaizers*, *Christianity in Late Antiquity, 300-450 CE: A Reader*, ed. Bart Ehrman and Andrew S. Jacobs (New York: Oxford University Press, 2004), 230에 기록.

2. 밀란의 암브로시우스(339-397)

　암브로시우스(Ambrose of Milan)는 기독교 귀족 집안에서 출생했다. 그의 아버지는 갈리아 지방의 근위대장(Praetorian Prefect)이었다. 그의 부모는 아들을 정치에 입문시키기 위해 로마로 보내 법을 공부시켰다. 결국, 이탈리아 밀란 근처 리구리아(Liguria)와 아멜리아(Amelia)의 총독으로 임명됐다.

　하지만 암브로시우스의 정치적 이력은 374년에 멈춰 서게 됐다. 밀란의 아리우스주의자 주교가 사망하자 그 지역의 총독으로서 암브로시우스에게 신임 주교 선출 때까지 질서 유지에 관한 책임이 있었다. 한 어린아이가 '암브로시우스를 주교로' 라고 외쳤고 군중이 탄원했던 것으로 전해진다. 그는 세례조차 받지 않았음에도 그들의 호소를 기꺼이 수용했다. 일주일새 세례 받고, 안수 받아 밀란의 주교로 임명됐다.

　암브로시우스는 주교로서 목회에 헌신했으며 철저하게 니케아신조를 따랐고, 이단과 싸웠으며, 동로마의 황제 테오도시우스와 서로마 황제 발렌티아누스 1세(Valentian I, 364-374) 모두에게 자기 뜻을 전하려 노력했다. 발렌티아누스의 모친이며 아리우스주의자였던 유스티나(Justina, 364-375)는 암브로시우스를 경멸했다.

　384년 심마쿠스(Symmachus, 345-402)가 로마 장관으로 임명돼 원로원에 이교도들의 빅토리아 신상을 복원시키려 하자 암브로시우스는 처음으로 황제 발렌티아누스 2세(Valentian II, 375-392)에게 그의 영향력을 드러냈다. 암브로시우스는 신상이 복원된다면, 이제는 황제를 지지할 수 없다고 못 박았다. 황제는 뜻을 돌이켰고, 심마쿠스의 계획은 수포가 됐다. 그리고 암브로시우스의 영향력은 점점 커졌다.

　상당 기간에 세속 권력자에 대한 그의 영향력은 명백했다. 유스티나는 아들의 허용 아래 밀란 시 외곽의 포르티안성당을 아리우스주의자들에게 다시 봉헌되도록 압박했다. 암브로시우스는 이를 거부했고, 지지자들을 결집했다. 황제의 명령을 따르라는 지시를 받자 이렇게 대응했다.

가이사의 것이라면 거부하지 않습니다. 하지만 교회는 하나님의 것이며, 가이사에게 저당 잡혀서는 안 됩니다. 왜냐하면, 하나님의 전이 가이사의 소유일 수 없기 때문입니다.[2]

유스티나는 분노했으나 묵묵히 따라야만 했다. 성당은 그 모습 그대로 남게 됐다.

386년 유스티나는 다시 한번 밀란에 아리우스주의를 발흥시켜 새 성당을 차지하려 했다. 암브로시우스는 도시를 떠나라는 명령을 받았다. 그러나 그 대신 그는 자신의 성당으로 가서 6개월 동안 기거했다. 그동안 그의 지지자들은 밖에 모여 찬송을 불렀다. 그 시기에 암브로시우스는 이렇게 천명했다.

황제는 교회 아래 있지 그 위에 군림하지 않는다.[3]

또다시 유스티나는 내놓으라고 압박했다. 암브로시우스는 진실로 아리우스주의자들이 자신의 교구 안으로 침범해 오는 것을 허용하지 않았다.

그리스도인들은 386년 메소포타미아 칼리니움에서 봉기해 회당을 무너뜨렸다. 테오도시우스는 그리스도인들에게 책임이 있기에 재건을 위한 비용을 청구했다. 하지만 암브로시우스는 테오도시우스에게 그리스도인들의 행동에 문제가 있었음에도 유대교 회당을 위해 비용을 지급할 수 없다고 전했다. 테오도시우스는 암브로시우스에 조용히 동의했다.

390년 한 유명 전차 기수가 체포된 후 일리리아 시민들은 자신들의 총독과 로마 관리를 암살했다. 테오도시우스는 그에 대한 보복으로 7,000명의 시민을 사형시켰다. 암브로시우스는 즉시 황제를 파문했고, 파문 명령을 해제시키려면 공적 회개를 해야 한다고 요구했다. 다시 한번 황제는 항복했다.

암브로시우스는 성경에 세 가지 의미가 있다고 주장했다. 문자적, 윤리적, 은유적 의미가 그것이다. 그의 구약 해석은 예표론적이었다. 또한, 시적인 예

---

[2] Ambrose, *Sermon Against Auxentius*, *The Faith of the Early Fathers*, ed. William A. Jurgens (Collegeville, MN: Liturgical Press, 1970), 2:165에 기록.

[3] Ambrose, *Sermon Against Auxentius*, *The Faith of the Early Fathers*.

전 찬송을 개발해 쉽게 이해할 수 있도록 했다. 그의 설교는 간결한 문장과 성경 관주(冠註)로 구성됐고, 종종 키케로(Cicero)와 베르길리우스(Virgil)를 인용했다. 후에 그는 서방교회의 4대 교사 중의 하나로 존경받게 됐다.

암브로시우스는 거대한 유산을 남겼다. 아리우스주의자와 싸우고 정통 신학을 세웠다. 탁월한 수사는 아우구스티누스의 회심에 지대한 영향을 미쳤다. 그는 또한 수도원 질서가 지역 주교의 통제하에서 가능하다고 했던 최초의 주창자였다. 그의 『성직자의 의무에 관해』(On the duties of the Clergy)는 주교를 교회를 인도하는 자일 뿐만 아니라 탐욕이 다스려져야 할 때 교회에서 권징을 주관하는 자로 이해했다.

하지만 암브로시우스의 유산은 전적으로 긍정적이지만은 않다. 황제마저도 자신의 바람대로 따르게 할 수 있었던 재능 때문에 교회가 국가 위에 있다는 신념을 촉진했다. 암브로시우스는 중세의 교회 수위권의 실례 중 하나로 언급되곤 한다. 그가 밀란의 암브로시아나 성당에서 두 명의 숭고한 순교자들의 것이라 알려진 유해를 발견했을 때, 은혜를 베풀며 기적적인 치료를 돕는 유물의 힘을 숭상하게 됐다. 그는 교회 성찬대 자리에 순교자 유해를 안치했던 최초의 주교 중 하나였다. 이는 유물 전통을 발흥시켜 결국 중세에 만연하게 됐다.

암브로시우스는 또한 여성의 처녀성의 가치를 과장했다. 동정녀 마리아는 모든 여성의 최고 모델이어야 된다고 믿어 교회 안에서 마리아 숭배의 단초를 제공했다.

3. 제롬(약 342-420)

제롬(Jerome, 히에로니무스)은 달마티아(Dalmatia) 근처 스트리돈(Stridon)의 한 기독교 가정에서 태어나 자랐다. 17세에 세례 받고 360년 학업을 위해 로마로 이주했다. 로마에 6년 동안 거주하면서 라틴어와 그리스어에 정통했고 방대한 개인 서재를 구축했다. 로마 성직자와 성도들의 방탕한 삶은 그를 상당히 괴롭혔다. 그는 후에 이렇게 회상한다.

로마 황제가 그리스도인이 된 후부터 교회는 영향력과 물질에서 부유해졌으나 기독교 가치에서는 쇠퇴하게 됐다.[4]

그 후 제롬은 갈리아 지역의 아퀼레이아(Aquileia)로 이주했는데 거기서 수도원 생활에 입문했다. 다른 수도사들은 곧 제롬의 오만한 성격이 거슬렸다. 이 때문에 375년 시리아 칼키스(Chalcis)에 보내지게 됐다. 그는 평온한 금욕적 삶을 이어가기 원했음에도 377년 안디옥에서 장로로 임직받았다. 위선적인 수도사들이 광야로 가득 차 들어오게 되면서 칼키스를 떠나겠다고 다짐했다. 후에 379년 콘스탄티노플에 정착해 3년 동안 거주했다. 382년 나지안주스의 그레고리우스와의 갈등 때문에 로마로 떠났다.

로마에 있는 동안 그는 주교 다마수스(Damasus, 366-384)의 비서로 봉직했다. 이 지위에서 그의 가장 중요한 임무는 성경 번역이었다. 다마수스는 제롬에게 시편과 신약성경의 라틴어 개정역을 편찬하도록 했다. 그는 한 방향 더 나아가 최종적으로 전 성경을 라틴어로 번역했다. 구약성경을 번역할 때, 제롬은 여타 라틴어 번역과 같이 칠십인역 성경을 의지하지 않았다. 더 정확한 히브리어 본문을 의지했다.

그는 칠십인역을 거부하고 외경의 정경 지위에 관해 개인적으로 회의적인 입장을 가졌다. 그럼에도 그것을 라틴어 번역에 포함했다. 제롬의 번역본은 불가타 성경으로 알려진 것으로써 가톨릭교회의 공식 성경이 됐다. 또한, 파코미우스의 『규범』(The Rule)과 몇몇 성경 주석들을 라틴어로 번역했다.

제롬은 표독스러운 글쓰기 기술과 가득 찬 복수심을 가지고 몇 차례 논쟁에 휘말렸다. 헬비디우스와 요비아누스 논쟁은 금욕적 삶에 관한 것이었다. 헬비디우스(Helvidius, 380년 전후)는 마리아가 그리스도를 출산 후 정상적인 성생활을 즐겼다고 주장했다. 즉 결혼 생활은 처녀성만큼이나 고결한 것이었다. 제롬은 마리아가 전 생애 동안 처녀였다고 주장했다. 『마리아의 영원한 처녀성』(The Perpetual Virginity of Mary)에서 이렇게 말한다.

---

4 Jerome, *The Life of Malchus, the Captive Monk*, in *Nicene and Post-Nicene Fathers*, First Series, ed. Philip Schaff and Henry Wace (Grand Rapids: Eerdmans, 1900), 6:315.

꿈을 진실로 신뢰했던 그 사람은 바로 하늘에서 주의 천사가 임해 목자들에게 줬던 말씀을 경청했습니다.

"무서워하지 말라. 보라. 내가 온 백성에게 미칠 큰 기쁨의 좋은 소식을 너희에게 전하노라. 오늘 다윗의 동네에 너희를 위해 구주가 나셨으니 곧 그리스도 주시니라."

그는 또한 여선지자 안나, 동방 박사들, 별, 헤롯, 천사를 봤습니다. 그는 꿈에서 자신의 아내에게 감히 손대지 말라고 들었습니다.

헬비디우스는 요셉이 그렇게 놀라운 신비를 잘 알고 있으면서 감히 하나님의 성전이요, 성령의 거처이신 구주의 어머니를 손대려 했다고 우리로 믿으라는 겁니까?[5]

마리아의 영원한 처녀성에 관한 그의 주장은 마리아 이교에 밑거름이 됐고 성모 마리아 숭배로 발전하게 됐다.

요비아누스(Jovian, 405년 사망)는 수도사였으나 금욕적 삶에 관한 그의 견해는 많은 부분에서 이전과 달랐다. 그는 결혼이 처녀성이나 금욕 생활만큼이나 하나님을 기쁘게 한다고 가르쳤다. 세례 후 모든 신자는 동등한 가치를 지닌다는 믿음이 이 주장을 뒷받침했다.

『요비아누스를 반박하며』(Against Jovian)에서 제롬은 사람이 육체의 기쁨을 거부하지 않는다면, 이 기쁨은 육욕이 될 것이라 주장했다. 그는 대표적 사례로 밧세바를 향한 육욕으로 그녀의 남편을 살해했던 다윗 왕을 인용했다.

더군다나 누가 하나님과의 혼인이 배우자와의 결혼보다 열등하다고 믿을 수 있겠는가?

제롬은 『요비아누스를 반박하며』에서 이렇게 말한다.

> 결혼하지 않은 여성은 주의 일에 관심을 두며 육을 비롯한 모든 것에서 거룩한 수 있습니다. 반면 결혼한 여성은 세상의 일에 관심을 둡니다. 남편을 어

---

5 Jerome, *The Perpetual Virginity of Mary*, *Readings in the History of Christian Theology*, ed. William C. Placher (Philadelphia: Westminster, 1988), 1:127에 기록.

떻게 기쁘게 할까 염려합니다(고전 7:34). …
소파는 부드러운가?
도로가 젖어있나?
꽃이 병에 꽂혀 있는가?
저녁 준비는 어떤가?
나에게 말하며, 기도해 주십시오.
이런 것들 가운데 하나님을 향한 묵상의 여지가 있습니까?[6]

제롬의 『요비아누스를 반박하며』는 중세 시대에 여성의 순결을 강조하는 데 크게 이바지했다. 비길란티우스 논쟁은 개인적 사안이었다. 비길란티우스(Vigilantius, 약 400년 전후)는 남서 갈리아 지역의 장로였다. 그는 395년 베들레헴 근처 제롬의 수도원을 방문했고, 제롬이 오리게네스주의자라고 확신하게 됐다. 아마도 비길란티우스에게는 의심의 근거가 있었던 듯하다. 제롬은 오리게네스의 『제1원리』(On the First Principles)를 라틴어로 번역해 더 많은 독자가 읽을 수 있게 했다. 근거가 있든 없든 비길란티우스는 들을 수 있는 자라면 누구에게나 비판을 전파했다.

비길란티우스는 406년 극단적 금욕주의라는 이유로 제롬을 공격했다. 제롬에게 격론이 일어나는 동안 가슴에 십자가를 긋지 말라고 제안했다. 제롬은 상관할 바 아니라고 응수했다. 비길란티우스는 또한 더 나아가 순교자 숭배, 유물의 권위, 자기 고행은 거의 아예 유효하지 않다고 주장했다. 제롬은 『비길란티우스를 반박하며』(Against Vigilantius)에서 금욕 실천을 이렇게 방어했다.

우리에게 "작은 그릇에 담긴 값비싼 천에 싸인 가루"라는 문구의 의미를 더 정확하게 설명해 보십시오(당신의 신성 모독에 제한이 없는 것 같소). 누더기나 뻣뻣한 직모가 아닌 값비싼 덮개로 싸여 있는 순교자들의 유물에 불과합니다. 비길란티우스 혼자서 인사불성이 돼 존경받고 싶어 할 뿐입니다.

그러면 우리가 사도들의 성당에 들어선다면, 신성 모독의 죄를 범하는 것입니까?

---

[6] Jerome, *Against Jovian*, *Readings in the History of Christian Theology*, 1:128에 기록.

콘스탄티누스 황제가 안드레, 누가, 디모데의 신성한 유물을 콘스탄티노플로 옮긴다면 신성 모독입니까?[7]

제롬의 노력으로 인해 유물과 순교자 숭배가 점차 힘을 얻어 갔다.

4. 히포의 아우구스티누스(354-430)

아우구스티누스(Augustine of Hippo)는 354년 로마령 아프리카(현 알제리 지역)의 타가스테(Thagaste)에서 태어났다. 아버지 파트리키우스(Patricius)는 도덕적인 이교도였으며, 어머니 모니카(Monica, 331-387)는 신실한 그리스도인이었다. 그녀는 아들의 인생에 중대한 영향을 미쳤다. 아우구스티누스는 『고백록』(Confession)에 그의 초기 생애에 관해 많은 기록을 남겼다. 그런데 독자들은 『고백록』을 읽을 때 아우구스티누스가 자신의 어린 시절에 관해 어떻게 죄로 점철됐는지 그래서 하나님이 어떻게 자신을 구원하셨는지를 보여주려 한다는 점을 인지해야 한다. 『고백록』은 성숙의 과정 후에 기록됐다.

그의 아버지는 아들이 수사학 교사가 되기를 원했고, 학문 습득에 재능이 있음을 발견했다. 371년 학업을 위해 아우구스티누스를 카르타고로 보냈다. 하지만 그는 공부를 좋아하지 않았고, 그리스어를 혐오했으며 성격이 좋지 않았고 종종 도벽이 있다고 고백했다. 또한, 성생활을 즐겼는데, 자신의 정욕은 육체의 가시라고 믿게 됐다. 무언가 그에게 문제가 된다면, 그것은 모두에게도 문제라고 간주했다. 13년 동안 정부(情婦)를 뒀으나 『고백록』에서 그녀의 이름은 단 한 차례도 등장하지 않았다. 그들에게는 아데오다투스(Adeodatus)라는 이름의 아들이 있었다.

카르타고에 거주하는 동안 키케로의 『호르텐시우스』(Hortensius)를 읽고 배움의 열정을 가졌고 평생 지혜를 구하는 일에 자신을 바쳤다. 또한, 그는 카르타고에서 마니교 신자가 됐다. 마니교는 구원과 우주에 관한 질문에 답을

---

[7] Jerome, *Against Vigilantius*, Readings in the History of Christian Theology, 1:125-26에 기록.

준다고 약속했다. 특별히 아우구스티누스는 죄와 악의 의문에 대한 마니교의 해답에 매료됐다. 선한 존재인 지존하신 하나님은 인간을 영적 존재로 창조하셨다. 악한 조물주는 인간의 영혼을 물질 세계에 속박했다. 아우구스티누스는 한동안 이 대답에 만족했다.

마니교 지도자들은 '완전한 자'(perfectae), 신참자는 '듣는 자'(hearer)라고 불렸다. 완전한 자는 맹세하지 않으며, 노동하지 않고, 순결을 지켰다. 듣는 자들은 맹세하며, 노동했으며, 성생활이 허용됐다. 아우구스티누스는 듣는 자로 남는 것에 만족했던 것 같다. 375년 타가스테로 이주해 거기서 문법과 문학을 가르쳤으나 성취감을 느낄 수 없었고 학생들을 제어하기 힘들었다.

아우구스티누스는 카르타고로 돌아왔을 때, 마니교에 회의를 느끼기 시작했다. 완전한 자들은 공언한 만큼 순결하다고 믿기 어려웠다. 또한, 마니교의 악에 대한 설명을 받아들일 수 없었다. 위대한 마니교 스승 파우스투스(Faustus)가 도착하면 모든 의문이 풀릴 수 있다는 이야기를 전해 들었다. 하지만 파우스투스와의 만남 후 아우구스티누스에게 아무런 감동도 없었고, 결국 마니교에는 해답이 없다고 결론 내렸다. 그럼에도 마니교식 이원론은 신플라톤주의와 플로티누스(Plotinus, 약 204-270)의 가르침에 영향을 미친 것으로 보인다.

아우구스티누스는 382년 로마로 이주했다. 거기서 3년 동안 수사학을 가르친 뒤 385년 자신의 학생들이 학비 지급을 거부하자 밀란으로 떠났다. 몇몇 마니교 신자들을 포함한 영향력 있는 친구들을 통해 발렌티니아누스 2세 황제의 법정에서 수사학 교수가 됐다. 그의 이력은 이제 출세 가도를 달리게 됐으며, 평판 좋은 여성과 결혼할 필요가 있었기에 자신의 정부를 아프리카로 돌려보냈다. 이내 한 유력 여성과 약혼했으나 그의 인생은 그녀와 결혼하기 전 변화 앞에 서게 됐다.

아우구스티누스는 암브로시우스가 탁월한 수사학자라는 소식을 듣고 그의 예배에 참석하기 시작했다. 아우구스티누스는 암브로시우스의 설교 내용에는 별다른 관심을 두지 않았고 오히려 그의 웅변술과 수사법에 관심을 가졌다. 하지만 그의 메시지는 점차 그를 사로잡기 시작했다. 암브로시우스의 설교에는 신플라톤주의와 기독교가 종합돼 있었는데, 이는 아우구스티누스의 지적 욕구를 충족시켰다.

또한, 신플라톤주의자였던 마리우스 빅토리누스(Marius Victorinus, 약 300-365)가 기록한 사도 바울에 관한 주석을 읽었다. 기독교는 논리적이기에 몇몇 교리에 내적인 동의를 일으켰다. 그럼에도 그의 방탕한 삶은 참된 회심을 방해했다. 386년 그가 도덕적 실패로 고통받으며 한 정원을 거닐고 있을 때 결국 기독교에 승복했다. 그는 "집어 들고 읽으라"라는 한 어린아이의 음성을 들었다. 그래서 자기 옆 벤치에 놓여 있던 성경을 집어 들었다. 그때 떠오른 본문이 바로 로마서 13:13-14이었다.

> 낮에와 같이 단정히 행하고 방탕하거나 술 취하지 말며 음란하거나 호색하지 말며 다투거나 시기하지 말고 오직 주 예수 그리스도로 옷 입고 정욕을 위해 육신의 일을 도모하지 말라(롬 13:13-14).

이 구절은 마치 아우구스티누스만을 위해 기록된 것처럼 그에게 찾아왔다. 그는 그리스도께 항복하고 회심해 387년 부활절 전야에 암브로시우스에게 세례 받았다.

모친, 아들 그리고 친구 네브리디우스(Nebridius)와 함께 아우구스티누스는 타가스테로 이주할 계획을 세웠고, 수도사의 삶을 선택했다. 그들은 이사를 계획하며 밀란 근처 카시키아쿰(Cassiciacum)에서 2년을 보냈다. 그 후 모니카는 사망했다.

아우구스티누스는 393년 북아프리카로 돌아갔고, 자신의 수도원 설립을 위한 부지를 찾기 시작했다. 히포레기우스 주위를 살피고 있는 시기에(약 390) 대중의 환호와 함께 성직자로 임직받았다. 2년 동안 히포의 최선임 감독 발레리우스의 조력자가 됐다. 발레리우스는 395년 은퇴했고, 아우구스티누스는 396년 그의 계승자로 지명됐다. 여생을 주교로 봉직했다.

히포의 주교로 재직하는 동안 아우구스티누스는 매우 열정적이었다. 논쟁에 뛰어들고 신학을 정비했으며 다수의 책을 저술했다. 그의 신학은 사도 바울의 서신서에 크게 의존했으며, 이단으로 밝혀진 자들과의 싸움에 종종 가담했다.

도나투스주의자들이 여전히 북아프리카에서 맹위를 떨치고 있었다. 사실

이들은 히포에서 가톨릭 신자를 수에서 압도했다. 도나투스주의자들은 박해자들에게 성경을 넘겼던 변절자 성직자 단체를 인정하지 않았다. 그에 더해 배교자 출신 감독에게 임직받은 성직자들은 참된 목회자가 아니며 성례를 집례할 수 없다고 가르쳤다.

아우구스티누스는 도나투스주의자들이 성례를 집례하는 개인의 순결성을 지나치게 강조한다고 봤다. 아우구스티누스는 전능하신 하나님이 교회에 성례를 관장할 권세를 위임하셨다는 것이 가장 중요한 실체라고 말했다. 성례의 문제에 있어 성직자가 변절했는지는 핵심 사안이 아니었다.

아우구스티누스는 하나님의 거룩성이 근본적으로 각 성직자 단체가 아니라 교회 안에서 반사된다고 주장했다. 그는 '엑소페레 오페라토'(*exopere operato*, 라틴어로서, '행한 사역의 힘으로')의 개념을 도입했는데, 이는 성례의 유효성은 성례 행위 자체로부터 발생한다고 강조한 것이다. 집례자는 사역의 완성과 아무런 관련이 없었다. 그러므로 아우구스티누스에 의하면 도나투스주의자들은 참 교회 밖에 있는 자들이었다.

아우구스티누스는 또한 교회는 참 신자와 거짓 신자로 조직된다고 믿었다. 알곡과 가라지 비유(마 13:24-30)를 그리스도의 몸을 위한 메타포(은유)로 인용했다. 심판의 날에 가라지가 알곡과 분리되는 것처럼 참 그리스도인은 거짓 그리스도인과 분리될 것이다. 도나투스주의자들은 교회를 정화하는데 지나치게 많은 강조를 뒀다.

누가복음 14:23을 인용하며("주인이 종에게 이르되 길과 산울타리로 나가서 사람을 강권하여 데려다가 내 집을 채우라") 아우구스티누스는 세속 정부가 하나님을 향한 올바른 예배와 바른 교리로 신앙을 지켜야 한다고 주장했다. 이렇게 말한다.

> 진실로 사람이 교육을 통해 하나님을 예배하는데 이르는 것이 징계의 두려움 때문에 해야만 하는 것이 더욱 선합니다. 하지만 전자의 방식이 더 선한 사람을 만들어 낸다는 이유로 그에 응하지 않는 자는 방치돼도 된다는 점에는 수긍하기 어렵습니다. 왜냐하면, 많은 사람이 먼저 두려움이나 고난에 의해 내몰린 후에 가르침에 영향을 받게 되거나 과거 말씀으로 배웠던 것을 실천하고 순종하는 유익을 봤기 때문입니다(우리는 증거를 보아왔으며, 실생활을 통해

지금도 보고 있습니다).[8]

아우구스티누스의 지지 아래 도나투스주의자들은 교회 때문에 핍박 받았으며 교회 재산을 포기하도록 압박당했고 많은 세금을 부과 당했다.

아우구스티누스는 펠라기우스 논쟁을 통해 그의 신학에서 큰 빛을 봤다. 펠라기우스(Pelagius, 약 350년 출생)는 390년 로마로 이주한 영국 출신 수도사였다. 아담과 하와가 죄 없는 모습으로 창조됐다고 가르쳤다. 그들이 최초로 죄를 범했을 때, 이는 오직 그들에게만 영향을 미쳤다. 이들은 죽을 운명이었으며 타락이 없더라도 죽었을 것이라고 가르쳤다. 신생아는 타락 전 아담과 같은 상태로 태어나기에 죄가 없다고 봤다. 모든 죄책은 자범죄로 인한 것이며, 아담에 기원하지 않는다. 펠라기우스는 다음과 같이 주장했다.

> 모든 선과 모든 악은 그것들에 관하여 우리는 박수 받거나 비난받을 수도 있으나, 우리는 그것들을 행하지만 그것들과 상관없이 태어났다.[9]

죄없이 살아간다는 것이 가능하기는 하나 거의 불가능하다. 인간은 순종의 삶으로 인도하는 자신 안에 있는 자유에 의해 구원에 도달할 수 있다. 펠라기우스에 의하면 은혜는 단순히 하나님이 인간에게 순종하며 살도록 주는 기회에 불과하다.

아우구스티누스는 펠라기우스에 동의하지 않았으며, 심지어 그의 제자 셀레스티우스(Celestius, 약 360-370)와는 더 큰 문제가 있었다. 아우구스티누스는 어떤 인간도 스스로 구원에 이를 수 없다고 단언했다. 주권자 하나님의 몫인 것이다. 인간은 타락으로 인해 자유의지, 즉 완벽한 순종의 삶을 살 수 있는 능력을 상실했다고 가르쳤다. 아우구스티누스는 원죄가 성행위를 통해 세대와 세대를 거쳐 전해진다고 믿었다. 생식의 과정을 통해 모든 이들이 죄책 가운데 출생하며 죄의 경향성을 가지게 됐다고 봤다. 유아 세례는 원죄의

---

8 Augustine, *On the Grace of Christ, Reading in the History of Christian Theology*, 1:114에 기록.
9 Pelagius, *De Peccato originali* 1, *Document of the Christian Church*, 3rd ed., ed. Henry Bettenson and Chris Maunder (New York: Oxford University Press, 1999), 58에 기록.

오명을 제거하는 역할을 한다고 믿었다.

펠라기우스에 대한 대응으로 아우구스티누스는 예정과 신적 섭리를 강조했다. 아우구스티누스는 예정을 하나님의 은혜의 산물로 묘사했다. 모든 이에게 사망과 지옥이 마땅하며 자신의 욕망에만 머물러 있다면, 하나님을 대적하게 될 것이다.

하지만 하나님은 구원을 위해 얼마를 선택하기로 하셨다. 주권적으로 그들의 죄악 된 의지를 이기시고 하나님을 따라갈 소망을 심으셨다. 하나님은 사람을 외모로 취하지 않으시는 분이기에 한 인간의 선택과 유기는 하나님의 예지(豫知, foreknowledge)에 근거하지 않는다. 하나님의 선택은 영원하다. 어떤 것도 그것을 바꿀 수 없다. 인간은 전적으로 부패했다. 하나님에게 조금도 나아갈 수 없다. 아우구스티누스는 『은총에 관해』(On Grace)에서 이렇게 말한다.

> 진리의 길이 인간에게 막혀 있음이 분명하다면, 한 인간의 자유 선택은 오직 죄에 이르는 데만 효과가 있다. 그가 거기서 기쁨과 사랑을 얻지 못한다면, 해야 하고 갈망해야 할 것은 자명하다. 책임을 완수하거나 의무 사항을 준수하거나 선행에 참여하는 것이 아니다. 오히려 결국, 이 감정에 이르게 된다. "하나님의 사랑이 우리 마음에 부은 바 됨이니" 이는 우리 안에서 일어나는 자유 선택에 의한 것이 아니라 "우리에게 주신 성령으로 말미암아"(롬 5장) 이뤄진다.[10]

아우구스티누스는 역사신학 발전에 있어 중대한 이바지를 했다. 그의 시대 많은 사람은 로마를 하나님의 도성으로 믿었다. 고트족 왕 알라릭(Alaric the Goth, 395-410)이 410년 로마를 약탈하자 일부 그리스도인들은 이 파멸이 기독교의 종말로 이어질 것에 공포심을 느꼈다.

아우구스티누스는 『하나님의 도성』(City of God)에서 그리스도인들이 동시에 두 도시, 하나님의 도성과 인간의 도성의 시민이라는 주장을 폈다. 인간 공동체와 하나님 나라 모두에서 책무가 있다. 하지만 그들의 궁극적 시민권

---

[10] Augustine, On Grace, ibid., 59-60에 기록.

은 하늘에 있다. 로마의 몰락에 절망할 필요가 없었다.

왜냐하면, 그것이 그리스도인의 궁극적 충성 대상도 아니고 본질적인 구원의 소망도 아니었기 때문이다. 사실상 그는 로마의 그리스도인들에게 확신을 심어 줬다. 로마는 그저 인간의 도성일 뿐이었다. 하나님의 도성은 천상적이며 영원하다고 믿었다.

> 두 도성이 죽음과 출생의 반복으로 전개될 때, 세계의 시민은 첫아들이신 분 그리고 그를 따르는 자, 이 세계의 이방인 즉 하나님 도성의 시민, 은혜로 예정된 자, 은혜로 택정함을 입은 자, 은혜로 아래 나라에 있는 자와 은혜로 위의 나라의 시민 된 자들입니다. 성도들은 아래 나라의 시민으로서 통치의 때가 이르기까지 여기 거하지만, 이들의 도성은 위에 있습니다. 이들 모두는 부활의 날에 모두 함께 모일 것입니다. 그리고 그 후 약속한 나라가 임하게 될 것입니다. 거기서 그들은 온 세대의 왕이신 그들의 군주와 함께 영원토록 다스릴 것입니다.[11]

아우구스티누스는 초대교회의 가장 영향력 있는 라틴 신학자였다. 그의 저작과 신학은 여타 교부들보다 훨씬 더 크게 중세 신학자들에게 감흥을 줬다. 그의 원죄 개념은 성례에 은혜를 강하게 결부시켰으며, 교회를 은혜의 전파자로 이해했다. 아우구스티누스는 또한 개신교 종교개혁에 영향을 미쳤다. 마틴 루터(Martin Luther, 1483-1546)는 아우구스티누스를 수백 차례 인용했으며, 존 칼빈(John Calvin, 1509-1564)의 예정과 선택 교리는 아우구스티누스의 주장에 기대어 있다.

---

[11] Augustine, *City of God*, *Readings in the History of Christian Theology*, 1:120-21에 기록.

제9장

4-6세기 통합과 예배

콘스탄티누스 황제 아래 기독교와 로마제국은 사실상 구분할 수 없게 됐다. 기독교가 강성해지면서 변절자 율리아누스 황제를 제외하고 콘스탄티누스의 후예들은 여타 종교들과 달리 기독교에 특권을 허락하는 법령을 제정했다. 로마에서는 콘스탄티누스 2세가 341년 모든 이교도 제사 풍습을 금지했고, 356년에 모든 이교도 성전을 잠정 폐쇄했다. 이교도 신전과 우상은 파괴됐다. 훼손되지 않은 성전 중 대부분은 재정화 과정을 거쳐 기독교 예배당으로 활용됐다.

예를 들어, 608년 로마의 판테온 신전은 순교자 추모관으로 재 봉헌됐다. 변절자 율리아누스가 361년 이교도 성전을 다시 열도록 허용했으나 그의 통치 기간은 짧았고 이교도 중흥도 마찬가지였다. 그라티아누스(Gratian, 367-383)는 '최고 제사장'(pontifex Maximus)이라는 칭호를 거절하고, 이교도 제사장들의 가산을 몰수하고 원로원에서 승리의 제단(Altar of Victory)을 제거했다.

테오도시우스 황제는 380년 기독교를 로마의 국가 종교로 선포하고 이교도들과 싸울 수 있는 법령을 여러 차례 포고했다. 399년 그는 아래와 같은 법령으로 이교 사상에 최후의 일격을 가했다.

> 만일 제국 내 지역에 어떤 신전이라도 남아 있다면, 논란의 여지 없이 허물어 버릴 것입니다. 왜냐하면, 그렇게 허물고 제거함으로써 미신을 받드는 실질적인 기초들이 제거될 것이기 때문입니다.[1]

---

1 *Codex Theodosius* XVI.10.16, *Creeds, Councils, and Constroversies: Documents Illustrating the History of the Church A.D. 337-461*, ed. J. Stevenson, rev. W. H. C. Frend (London: SPCK, 1980), 153에 기록.

기독교는 로마제국이 권세를 미치는 지역에서 법적인 의미에서 승리를 거뒀다.

4세기와 5세기가 돼 기독교는 소아시아, 이탈리아 대부분 지역, 팔레스타인, 북아프리카 지역에서 굳건한 토대를 마련했다. 이 지역 일부에서는 아리우스주의 경향이 나타나기는 했으나 대세는 니케아 신앙이었다. 제국 내 다른 지역은 신앙을 받아들이는 데 있어 더딘 상황이었다. 전통 종교와 야만족의 반대로 인해 갈리아와 영국도 기독교를 인정하는데 둔했다.

선교사로 봉직했던 수도사들은 갈리아와 영국의 회심에 결정적 역할을 했다. 투르의 마르티누스(Martin of Tours, 316-397)는 현 프랑스 중앙에 있는 투르시의 한 지역에 교구 제도를 도입했다. 갈리아의 대부분 지역에서 영향력 있는 선교사들은 아리우스주의자들이었다.

아리우스주의자 울필라스(Ulfilas, 약 311-383)는 동방의 고트족과 함께 강한 개종의 침략을 감행했다. 고트족은 서쪽으로 이주하면서 아리우스주의도 함께 가져갔다. 울필라스는 성경 대부분을 모국어로 번역했다. 그들의 호전적인 성향 때문에 그는 열왕기서의 피로 물든 이야기들을 제외했다. 갈리아인들이 해당 본문을 전쟁의 핑계로 악용하기 원하지 않았기 때문이다.

프랑스 왕 클로비스(Clovis, 466-511)는 전쟁에서 승리하면 기독교로 귀의하겠다고 아내 클로틸다(Clotilda, 475-545)에게 약속한 후 자신의 말을 지켰다. 496년 성탄절에 자신의 병사 300명과 함께 세례 받았다. 프랑스인들은 곧 대세를 따랐다. 그럼에도 많은 갈리아인의 신앙은 아리우스주의에 머물렀다.

아일랜드에는 성 패트릭(Saint Patrick, 약 390-460)이 다양한 선교 사역을 담당했다. 그렇지만 그는 아일랜드의 초대 주교는 아니었다. 그 명예는 430년에 주교로 임직됐던 팔라디우스(Palladius, 408-431 전후)의 것이었다. 패트릭은 15세 때 해적에 억류돼 아일랜드에 노예로 팔려 갔다. 노예로 6년을 보낸 후 가까스로 갈리아로 탈출했다. 411년 그는 자신의 출생지 영국으로 돌아왔다. 그 후 패트릭은 이전에 자신을 납치한 이들 중 한 사람의 꿈을 꾸었다고 전해진다. 아일랜드로 돌아와 사람들에게 기독교를 전파해 달라는 꿈이었다.

432년 패트릭은 영국 성직자에 의해 아일랜드의 주교로 임명됐다. 아일랜드에서 이교 지도자들을 회심시켰고 수도원을 세웠으며 주교제의 틀을 완성했다. 그의 사역은 울스터(Ulster)와 코노트(Connaught)에 집중됐다. 패트릭의 성공은 그를 아일랜드 역사에서 가장 유명한 인물 중의 하나로 만들었고, 그 주위에 많은 전설적인 이야기가 양산됐다. 예를 들어 모든 뱀이 아일랜드 밖으로 도망간 원인이 그에게 있다는 이야기가 성행했으나, 증명할 수는 없다.

아르메니아와 조지아와 페르시아에서는 개종이 쉽지 않았다. 수도사들을 포함한 모든 로마인은 첩자로 의심받았다. 계몽자 그레고리우스(Gregory the Illuminator, 240-332)는 아르메니아에서 복음을 전했으나 페르시아의 박해 아래 핍박 당했다. 그럼에도 성경을 아르메니아어로 번역했다.

전설에 의하면 니노(Nino, 약 330년 전후)는 조지아에서 많은 사람을 기독교로 귀의시켰다. 그녀는 수많은 치유의 기적과 조지아 왕과 왕비의 회심을 이끌었다. 하지만 페르시아 침공 이후 기독교는 거의 50년 동안 조지아에서 영향력을 전혀 갖지 못했다. 페르시아에서는 조로아스터교가 지배력을 행사했고, 그 신자들이 340년과 372년에 그리스도인들을 박해했다. 410년이 되어서야 박해는 멈췄고, 기독교가 성장할 수 있었다. 그 후 페르시아교회들은 니케아 신앙을 받아들였다.

1. 교회 수위권의 발흥

로마는 기독교 초창기 이래 존경의 대상이었다. 키프리아누스, 테르툴리아누스, 이레니우스, 아우구스티누스와 같은 초대교회 교부들은 로마가 수위 교구이기에 다른 모든 나라는 그 지휘 아래에 머물러야 한다고 주장했다. 알렉산드리아, 콘스탄티노플, 안디옥, 예루살렘과 같은 선도적 주교회는 베드로와 바울이 있던 본거지로서의 명성을 익히 알고 있었다. 하지만 자신들의 주교좌에 대한 우위를 인정하지 않았다. 그럼에도 로마의 권위는 점차 비대해져 갔다.

로마의 일부 주교들이 다른 주교회에 자신들의 의지를 관철하려 했다. 주교 다마수스(Damasus, 366-384)는 종종 로마를 사도들의 교구라 일컬었다. 그리고 테오도시우스 황제는 다마수스에 의해 공언된 형태의 기독교가 제국의 공식적 기준이라고 포고했다. 다마수스는 라틴어를 교회의 공식 언어로 공포했으며, 제롬의 불가타 성경을 공인했다. 380년 그는 아코리우스(Acholius, 383년 사망)를 담대하게도 데살로니가의 주교로 임명했다. 이 도시는 오랫동안 콘스탄티노플의 소유 내 지역으로 여겨왔다. 다마수스는 또한 바티칸도서관을 설립하고 로마에 몇몇 교회를 개척했으며 순례자들을 위한 지하 묘지를 재개했다.

대(大) 레오(Leo the Great, 440-461)는 로마의 주교로서 수(首)사도 베드로의 계승자라고 주장했다. 그러므로 로마의 주교가 다른 모든 이들보다 우위에 있다고 봤다. 이렇게 전한다.

> 하지만 주님은 이 은사의 표징은 모든 사도에 속해야 한다고 바라셨다. 그리고 은혜는 머리로부터 내리흐르듯 베드로 그로부터 몸속으로 흘러 퍼져간다. 그와 같이 베드로에게서 자신의 연대를 끊으려 하는 자는 누구나 스스로가 신성한 신비를 공유할 수 없음을 깨닫게 될 것이다.[2]

레오가 주교로 재직하는 동안 세 가지 의미심장한 사건이 로마의 명성을 더했다.

첫째, 451년 칼케돈공의회에서 그의 『교서』(Tome)가 회람됐고, 배석한 주교들도 받아들였다. 소문에 의하면 주교들은 "베드로가 증언하기를"이란 말을 입에 달고 있었다. 『교서』가 인정되면서 레오는 기독론 논쟁에서 효과적으로 결정적 발언을 할 수 있었다. 그리스도는 두 본성으로 이뤄졌는데, 이 두 본성은 혼동되거나 분리됨 없이 존재한다. 칼케돈이 콘스탄티노플 주교회 소속이었기에 『교서』의 회람은 더욱 큰 의의가 있었다.

둘째, 레오는 452년 훈족의 아틸라(Attila the Hun, 406-453)를 로마 영토 밖에서 만나 도시를 침공하지 못하게 했다. 아틸라는 레오가 베드로와 바울과 동

---

[2] *Leo to the Bishops of the Province of Vienne, The Faith of the Early Fathers*, ed. William A. Jurgens (Collegeville, MN: Liturgical Press, 1970), 3:269에 기록.

행하는 환상을 봤고, 그 환상 때문에 아틸라는 침공할 수 없었다고 전해진다. 다른 기록에 의하면, 그는 레오가 준 다량의 금 때문에 도시에 해를 가하지 않았다. 455년 유사하게도 레오는 로마 외곽에서 반달족의 가이세리크(the Vandal Gaiseric, 389-477)를 만나 로마에 자비가 임해 있다는 점을 확신시켜 줬다.

셋째, 455년 황제 발렌티니아누스 3세(Valentinian III, 423-455)가 로마 주교의 수위권을 선포한 것이었다.

> 그러므로 사도좌(Apostolic See)의 수위성이 주교 중의 주교인 성 베드로의 가치, 로마시의 선도적 지위, 또한 최고 교회회의의 권위에 의해 확인되는바 사도좌의 권위에 반하는 어떤 의심도 품지 마십시오. 교회의 평화는 오직 온 지체가 이 통치권을 인지할 때에라야 임할 수 있기 때문입니다.³

주교 겔라시우스(Gelasius, 492-496)는 두 검 이론(the theory of the two swords)을 제안했다. 한 검은 하나님께, 다른 한 검은 황제에게 있다는 것이다. 하나님의 검은 로마의 주교가 행사해 황제의 검보다 수위에 있다고 봤다. 아나스타시우스(Anastasius, 491-518)에게 보낸 서한에서 겔라시우스는 이렇게 주장한다.

> 존귀한 황제여 두 권세가 있습니다. 이들은 태초부터 이 세상을 다 통치하고 있습니다. 주교와 왕의 권세는 성별(聖別) 된 권위입니다. 이에 관해 성직자들이 더 엄중한 짐을 지고 있습니다. 왜냐하면, 그들이 하나님의 심판 때 인간의 통치자마저도 계수할 것이기 때문입니다. 게다가 지극히 자비한 아들이여, 당신이 아무리 인간 통치자의 위치에 있더라도 신성한 사역의 지도자들은 당신 구원의 방편이기에, 그들 앞에 경건히 고개 숙이고 존중해야 함을 아셔야 합니다. 거룩한 사역을 바르게 섬기기 위해 당신은 통솔하려 기보다는 기독교식 질서에 순종해야 함을 알고 있습니다. 그리고 모든 사안에 있어

---

3 Valentinian III, *Edict*, *Document of the Christian Church*, 3rd ed., ed. Henry Bettenson and Chris Maunder (New York: Oxford University Press, 1999), 25에 기록.

당신의 뜻을 관철하려 하지 말고 그들의 판단을 따르십시오.[4]

2. 세례와 성찬

세례는 후기 교부 시대에 다각도의 의미를 지녔다. 가장 중요한 점은 교회에 개종자를 불러일으켰다는 점이다. 세례는 원죄와 자범죄(自犯罪)를 씻겨 내리며 성령의 임재를 보증한다고 믿어졌다. 이런 이유로 세례 후보자는 예식을 마친 후 하얀 옷을 입었다. 세례는 또한 그리스도의 죽음과 장사지냄과 부활을 상징했다. 결국, 종종 마귀를 물리치는 것으로 여겼다. 세례는 유아에게 원죄를 제거해 그 자리에 하나님의 은혜가 대신한다고 가르쳐졌다.

첫 두 세기 때와 같이 파스카와 부활절은 세례식이 가장 많이 행해진 날이었다. 사순절 기간에 세례 지원자는 성도의 삶에 관해 교육받았다. 세례예식은 부활절 아침에 지원자가 사탄을 구두로 꾸짖는 축사의식과 함께 시작됐다. 성직자는 그 후 물로 은혜를 구하고, 지원자는 물 가운데 서서 자신에게 무슨 일이 일어났는지에 대한 질문에 답하고 마음껏 세례에 임할 수 있었다. 이 과정 후 성부와 성자와 성령의 이름으로 세 차례 세례 받았다.

성찬은 예전에서 가장 중요한 요소였다. 4세기 중반이 돼 많은 그리스도인이 성직자가 성물을 놓고 축사할 때, 예수 자신이 빵과 포도주에 내려와 임한다고 믿었다. 여전히 빵과 포도주의 외형을 하고 있을지라도 예수의 몸과 피로 변화된다고 봤다. 이에 관해 밀란의 암브로시우스는 이렇게 말한다.

여러분이 "제 빵은 평범합니다"라고 말할는지 모르겠습니다. 하지만 그 빵은 성례전의 말씀 전에는 빵이었으나 축사 후 그 빵은 그리스도의 살이 됩니다. 이렇게 생각해봅시다.
어떻게 빵이 그리스도의 몸이 될 수 있습니까?

---

[4] Gelasius I, *Letter to Emperor Anastasius, Readings in the History of Christian Theology*, ed. William C. Placher (Philadelphia: Westminster, 1988), 2:123에 기록.

축사에 의해서입니다. 축사는 특정 말씀으로 이뤄집니다.

누구의 말씀입니까?

주 예수의 말씀입니다. 이전 나머지 모든 예식 순서에서 그러했던 것처럼 그 말씀은 사제들이 낭독합니다. 하나님께 찬송을 드리고, 교우들과 통치자들과 그 외 모든 자를 위해 기도로 간구합니다. 그러나 신성한 성체를 축사할 때에는 사제가 자기 자신의 언어가 아닌 그리스도의 말씀을 사용합니다. 즉 이 거룩한 예식을 완성하는 것은 그리스도의 말씀입니다.[5]

3. 교회력

교회가 성장해 지위가 상승함에 따라 교회 일정표도 확장됐다. 파스카는 가장 신성한 휴일로 지정됐으나 이교도의 영향으로 풍년 의식이 북유럽에서 발흥했고 절기에 새로운 요소가 첨가됐다. 특별히 풍요의 상징인 토끼와 달걀이 파스카의 소재가 됐다.

몇몇 학자들은 '부활절'(Easter)이란 이름이 앵글로색슨족의 봄의 여신 에오스터(Eostre)로부터 유래했다고 본다. 성탄절은 330년대 중반에 깊이 있는 계산 후에 12월 25일로 제정됐다. 이날은 이교도들이 솔 인빅투스(Sol Invictus)의 탄생일을 12월 25일로 기념한 것에서 시작됐다. 5세기까지 그리스도 홀로 이날을 지키고 있었다. 600년이 되자 많은 그리스도인은 부활절 준비를 위해 사순절 기간에 금식했다. 교회력은 또한 순교자들과 성인들의 기념일로 채워졌다.

4. 기독교 경건 훈련

기도의 실천에 있어 그리스도인들은 이 분야에서만큼은 수도사들을 모방하려 했다. 그들의 바람은 하나님 이외 다른 생각으로 오염되지 않은 순전한

5　Ambrose, *On the Mysteries of the Sacraments*, *The Faith of the Early Fathers*, 2:176에 기록.

기도였다. 수도사 같은 독실한 그리스도인들은 정한 시간에 다섯 차례 기도했다. 각자가 정한 성인들의 이름으로 하는 중보 기도가 상용화됐다. '테오토코스'로서 마리아는 가장 대표적인 중보자로 추앙받다았다.

그리스도인들은 또한 순교자와 성인들의 유해를 숭상하기 시작했다. 제일 먼저 나타난 성인 숭배는 폴리캅의 제자들에게서 시작됐다. 그들은 자신들의 스승의 유해가 "값비싼 보석보다 귀하며 금보다 더욱 순전"하다고 주장했다.[6] 순교자나 성인의 영향력이 유물에 남아 있다고 본 것이다. 성인들과 순교자들은 하나님의 친구로 인정받았다. 만일 한 성인이 공동체 안에 있을 수 있다면, 거룩성이 증진되리라는 기대가 있었다. 이런 이유로 2세기와 3세기 성찬식은 순교자 무덤이나 로마의 카타콤에서 행해졌다. 키프리아누스는 이렇게 전한다.

> 그들이 세상을 떠난 날을 주목하십시오. 그래서 순교자들을 기림에 있어 기념식으로 지킬 수 있을 것입니다. … 우리는 그들을 기념함에서 헌신과 희생을 기리고 있습니다.[7]

많은 그리스도인이 순교자의 육신은 성령이 거하시는 특별한 처소라고 믿었다. 이 믿음은 성전의 제단 아래 순교자들의 유해를 안치하는 풍습과 많은 관련이 있었다. 아우구스티누스는 유물을 가정의 법적 재산에 비유해 그리스도인들로 성인과 순교자의 헌신을 기억하도록 한다고 봤다.

> 자녀를 향한 애정이 위대했던 만큼 예복이나 반지나 여타 어떤 것이든 부모의 유품은 자녀들에게는 더욱 소중하게 됩니다. 그렇다면 분명히 시신 자체는 모욕적으로 다뤄져서는 안 되며, 오히려 우리가 몸에 지니고 다니는 어떤 것보다 더욱 가깝고 친밀하게 연합돼 있어야 합니다.[8]

---

6   *The Martyrdom of Polycarp*, *The Faith of the Early Fathers*, 3:31에 기록.
7   Cyprian, *Epistles*, *The Ante-Nicene Fathers: The Writings of the Fathers Down to A.D. 325*, ed. Alexander Roberts and James Donaldson (Grand Rapids: Eerdmans, 1873), 5:315에 기록.
8   Augustine, *City of God*, *The Faith of the Early Fathers*, 3:97에 기록.

유물 숭배가 성행하면서 제롬은 교회에 이렇게 충고한다.

> 우리도 영원히 찬송 받으실 창조주를 제쳐 두고 피조물을 섬길 수 없습니다. 우리는 더욱 순교자들의 유물을 소중히 여겨야 합니다. 그로 인해 순교자의 주인이신 분을 경배할 수 있습니다.[9]

많은 사람이 성인이나 순교자의 유물이 질병을 치료하며 기적을 일으키고 악으로부터 보호받을 수 있다고 믿었다. 이런 이유로 많은 예배당과 교회가 순교자와 성인의 무덤이 있다고 알려진 장소에 세워졌다. 예를 들어, 성 베드로성당은 로마의 바티칸 언덕 위에 있는 베드로의 무덤이라 믿었던 곳에 건립됐다.

또 다른 사례들로는 유해를 원래 안치돼 있던 곳에서 옮겨 성당에 안치했다. 시신 전부가 필요하지 않았다. 숟가락, 손, 팔의 뼈 또는 옷 조각이면 충분했다. 유해가 숭상받던 유력한 성인들과 순교자들을 기리는 금식 절기나 축제가 제정됐다. 그런 절기 기간에 성물에 방문했던 순례자들의 기도는 더 잘 응답받는다는 통설을 믿었다.

이는 지역 교회가 적은 헌금으로 유물 접근권을 제공하는 사업을 시작해 번성하기도 했다. 유물을 경제적인 기회로 여겨 절도가 지속해서 문제가 됐다. 성물의 능력에 대한 믿음은 또한 성물이 많이 존재하는 성지를 향한 순례로 이어졌다. 거룩한 땅에 있는 동안 순례자들은 종종 기념품을 구매했으며, 지역 교회의 재정에 도움이 됐다. 성물을 획득한 첫 인물 중 한 사람은 헬레나(Helena)였다. 콘스탄티누스 황제의 어머니로서 십자가 조각을 포함한 몇 점들을 로마로 가져오자고 주장했다.

431년 에베소공의회에서 '테오토코스' 개념을 인정한 후 마리아 숭배가 급격하게 증가했다. 마리아는 가장 위대한 중보자가 됐다. 지중해 연안 전 지역에서 기적들은 마리아를 연상시키는 일이었다. 5세기에 이르러 마리아

---

9 Jerome, *Letter to Riparius, Nicene and Post-Nicene Fathers*, First Series, ed. Philip Schaff and Henry Wace (Grand Rapids: Eerdmans, 1900), 6:212에 기록.

의 생애에 관한 기록이 위경에 등장했고, 그녀의 유물도 그리스도의 것을 제외하고는 다른 어떤 것보다 가치 있는 것으로 숭상했다. 그리고 로마의 성마리아마조레교회를 비롯한 여러 교회가 마리아에게 봉헌됐다.

5. 예배와 건축물

로마제국이 기독교를 받아들이기 전 대다수 교회는 소규모였다. 대부분 경우 모임 장소는 기독교 가정이었다. 콘스탄티누스가 황제에 등극하자 기독교회는 혜택을 누렸고 공공의 장소로 나올 수 있었다.

황제는 라테라노궁(Lateran Palace)을 로마의 주교에게 기증했고, 주교가 사용하도록 성 베드로성당을 건축했다. 콘스탄티누스는 제국 전역으로부터 교회 건축을 위한 자금을 조달했다. 예루살렘의 성묘교회(the Church of the Holy Sepulcher)와 베들레헴의 성탄교회(the Church of the Nativity)로 건축됐다. 이제 교회들은 풍족해졌으며, 제국 내 기독교의 위상은 새로워졌다.

바실리카 양식은 더 큰 교회에 인기 있었다. 교회는 긴 정방형으로 된 중앙 복도(회중석)와 두 개 이상의 또 다른 복도가 있었다. 제단은 항상 중심에 있었다. 회중 앞 중앙에 있었다. 성찬 기구들은 많은 경우 제단 아래 위치한 순교자들의 유물과 함께 제단에 뒀다. 제단 앞 책상 또는 강대상에서 성경을 낭독했다. 성경 봉독 후 치웠다. '주교좌'(*cathedra*)를 애프스(*apse*, 제단 뒤에 있는 원형으로 돼 있는 장소) 중앙에 뒀다.

장로들은 '주교좌' 양쪽에 있는 의자에 앉았다. 집사들은 일반적으로 제단 주변 의자에 자리했다. 서쪽 주랑 현관(*portico*)은 종종 아직 세례 받지 않은 자들을 위한 자리였다. 여성은 결혼했더라도 남성과 구별되게 앉았다. 조각품과 미술품 또한 등장하기 시작했다. 성경 사건을 예술화 해 문맹자나 라틴어를 이해하지 못하는 성도들을 도왔다. 대다수 성도가 그러했을 것이다.

제10장

중세 초기 서방교회의 성장

    6세기가 마치기까지 서로마제국 영토였던 대다수 지역은 혼돈 상태였다. 직전 두 세기 동안 전쟁에서 연이은 두 차례의 패배로 인해 과거 두려움의 대상이었던 제국은 이전 모습의 그림자 수준으로 전락했다. 발렌스(Valens, 314-378)가 378년 아드리아노플 전투에서 패배하면서 로마의 최종 몰락이 시작됐다.

    로마는 410년 서고트 족장 알라리오(Alaric the Visigoth, 370-410)에 의해 수탈당했고, 반달족은 429년 북아프리카를 정복했으며, 반달족의 가이세릭왕(Gaiseric, 389-477)은 455년 로마 전역에서 광기를 부렸다.

    프랑스는 프랑크족이 점령했고, 앵글로색슨족은 이전 로마 영토였던 브리튼으로 이주했다. 훈족(Huns), 프랑크족(Franks), 랑고바드르족(Lombards), 반달족(Vandals)은 로마제국의 서쪽 지역에 자신들의 왕국을 건설했다. 유럽 그리스도인들은 이 패배가 이제 곧 아라비아에서 일게 될 새로운 도전에 비하면 아무것도 아니라는 것을 전혀 인식하지 못하고 있었다.

    내부 문제가 과열되면서 전쟁에서의 패배와 로마제국의 궁극적인 붕괴가 찾아왔다. 전형적인 제국 계승은 끊겼으며, 오히려 서쪽 제국 보좌를 놓고 내부 분쟁이 지속했다. 군대는 종종 일격을 가하거나 방어를 위해 국경 지역으로부터 본토로 소환됐다. 농업 생산의 하락세, 경제 정책 실패, 인구 감소가 이어졌다. 유럽의 미신적 분위기는 교육을 경시하게 됐다. 유럽 사회가 두 세기 동안 큰 변화에 직면한 것이다. 야만족이 이제 과거 로마 영토에 살게 됐고, 자신을 로마 시민으로 인식했다. 그들은 로마 관습과 문화를 받아들였으나 자신들의 전통 의상과 언어를 고수했다. 라틴어는 다양한 게르만 방언에 길을 터 줬다.

    서방교회가 유럽 사회를 붙들고 있었다. 교육, 공공사업, 법 등 대부분의 사안이 교회의 책무였다. 이런 이유로 교회의 영향력은 점차 확장돼갔다. 하지만 콘스탄티노플에 자리 잡은 동로마제국은 1453년까지 함락되지 않았다. 로마적 사고, 고전, 그리스어 및 여타 전통들의 수호자가 됐다. 콘스탄티노플은 330년 탄생으로부터 시작해 제국의 진짜 수도로 자처했다. 게다가 로마의 함락으로 그 주장은 힘을 얻게 됐다.

1. 대(大) 그레고리우스

대 그레고리우스(Gregory the Great)는 로마의 주교로 기독교를 중세 시대까지 이끌었다. 로마의 여타 주교들은 베드로의 열쇠와 로마의 수위권을 사도좌로 주장했으나 그레고리우스는 교황의 권위를 새로운 차원으로 끌어올렸다.

그레고리우스는 부유하고 유서 깊은 기독교 가정에서 태어났다. 그의 증조부 펠릭스 2세(Felix Ⅱ, 483-492)와 또 다른 친척 아가페투스 1세(Agapetus I, 535-536) 모두 로마의 주교였다. 그레고리우스는 법률가로 훈련 받아 민정 업무에서 전도유망한 이력을 시작했다. 그는 573년 로마의 장관직에 임명됐다. 하지만 다음 해 그는 자신의 정치 이력을 포기하고 로마의 세인트 앤드류스에서 수도사가 됐다. 거기에는 그가 유산으로 세운 일곱 수도원 중 하나가 있었다.

그 후 578년에서 585년까지 그는 콘스탄티노플에서 로마교회 '사절단'(*apocrisarius*)의 주교요, 외교관으로 봉직했다. 그는 복귀해 세인트앤드류스수도원의 대 수도원장이 됐다. 그레고리우스의 수도원 운동에 대한 행정 수완과 헌신은 이내 로마에 있는 교회들의 이목을 끌었다.

그레고리우스는 590년 수도사로서 교황으로 선출된 최초의 인물이었다. 그는 직분을 감당하기에 충분한 자였다. 경건한 신앙인이었으며 탁월한 행정가였고, 걸출한 신학자였다.

그레고리우스는 교회의 재산이 가난한 자들의 것이라고 믿었다. 교회 예산을 활용해 농작을 시작하고 파손된 수로를 재건축했다. 그는 몇 가지 사건을 일으켜 개인적으로 로마의 빈자들에게 먹을 것을 전달했다. 정치적 사안에 있어 동로마 황제와 강한 유대 관계를 유지했고 침략하는 랑고바르드족과 평화 협정을 맺었다. 그레고리우스는 분명 자신의 지위를 영적일 뿐 아니라 정치적인 것으로 인식했다.

그레고리우스는 교황으로서 갈리아, 영국, 스페인, 이탈리아를 영적으로 감독했다. 이 지역에 군주보다 자신에게 먼저 충성하던 자들을 선교사와 주교로 지명했다. 그들은 로마를 향한 충성을 다한다는 의미로 어깨띠 또는 스카프를 받았다. 그 지역들의 많은 사람은 로마 문명과의 조우를 바랐고, 교회가 그 한 가지를 충족시켰다. 주교들은 로마법, 로마의 체계, 로마의 문명을 먼 지역에 전파했다. 많은 부분에서 교회는 문명의 전달자였다.

그레고리우스의 가장 중대한 업적 중의 하나는 영국에 선교사들을 파송했던 일이다. 로마 군대가 떠난 뒤 영국과 그곳 교회들은 혼란스러운 상황이었다. 이교 사상이 아일랜드 기독교 곳곳에 퍼져 있었다. 그레고리우스는 597년 수도사 아우구스티누스(Augustine, 604년 사망)을 영국의 주교로 임명했다. 비드(Bede, 672-735)는 이렇게 전한다.

> 여기에 하나님의 종 아우구스티누스가 모두 40명이라고 알려진 동료들과 도착했습니다. 복되신 그레고리우스 교황의 지도에 따라 그들은 프랑크족 중에서 선발한 통역사들을 대동했습니다. 그리고 그들을 에텔베르트(Ethelbert)에게 보내 자신들은 매우 기쁜 소식을 가지고 로마에서 왔다고 전했습니다. 이 소식은 영원한 기쁨과 살아 계시고 참되신 하나님과 함께 영구한 나라를 받은 모든 이들에게는 틀림없이 확실한 것입니다.[1]

아우구스티누스는 교회를 재정비했으며 수도원을 건설했고, 켄트 왕을 회심시켰으며, 캔터베리를 영국의 주요 교구로 삼았다. 비록 그는 회집 전 사망했으나 664년 위트비총회는 아우구스티누스의 사역에서 절정이었다. 영국이 로마의 신앙을 받아들인다는 안건이 통과됐다.

---

1 Bede, *A History of the English Church and People*, trans. Leo Sherley-Price (New York: Penguin, 1986), 69.

노섬브리아족(Northumbrians)의 왕 오스위(Oswy, 642-670)에 의해 소집된 총회에서 부활절 일시에 관한 논쟁이 있었다. 켈트족 그리스도인과 가톨릭 그리스도인들은 다른 날에 절기를 지켰고, 일부 왕들은 동일한 날짜에 휴일을 보내기를 원했다. 총회는 로마교회를 지지했고, 이는 켈틱교회를 향한 가톨릭교회의 지배력을 강화하는 계기였다.

영국 수도사들은 또한 독일에 선교사들을 파송했다. 아마도 그중에서도 가장 널리 알려진 이는 보니페이스(Boniface, 675-755)라 알려진 빈프리트(Wynfrith)였다. 보니페이스는 독일에서 이교를 추방하는 데 힘을 썼다. 그리고 가톨릭 신앙으로 대체했다. 그는 복음 전도의 담대한 태도로 유명한 인물이었다.

일례로 헤센주(Hesse) 가이스마(Geismar)에 있는 토르의 떡갈나무 거목을 잘라냈다(수천의 독일 이교도들이 참배하던 신성한 나무였다). 그가 토르는 왜 자신을 벌하지 않는지 묻자 사람들은 유구무언이었다. 그 후 보니페이스는 그 나무의 목재를 활용해 성 베드로에게 봉헌된 교회를 건축했다. 그는 또한 독일 전역에 주교회를 설치하고 수도원을 건설했다. 이런 이유로 그는 독일에서 가톨릭의 아버지로 간주했다.

그레고리우스가 지속해서 로마교회의 세력을 강화하며 선교사들을 파송하면서 콘스탄티노플의 총대주교인 요한 4세(John IV, 582-595)와 충돌했다. 요한은 자신이 전체 기독교의 보편적 총대주교라고 주장했다. 그레고리우스는 그 주장을 일축하고 어떤 주교좌가 수위에 있는지에 관한 논쟁이 일어났다. 사실상 로마가 콘스탄티노플 법원의 공식적인 관할 아래 있었음에도 각 주교는 자신의 관할지에서 수위의 위치에 있었다.

그레고리우스는 교황으로서의 통치 외에도 많은 업적으로 기억되고 있다. 종종 그레고리우스식 단조 성가의 아버지로 불리며 교만, 시기, 식탐, 정욕, 분노, 탐욕, 나태를 일컫는 '죽음에 이르는 일곱 가지 죄'라는 용어의 창시자로 알려진다. 히포의 아우구스티누스 신학을 개선한다는 의도로 그는 은혜가 거절 가능하다고 주장했으며 예정 교리를 약화했다. 타락을 통해 선을 잃게 됐으나 자유의지는 아니었다고 봤다. 그레고리우스는 또한 연옥의 개념을 발전시켰다.

모든 이들은 이생을 떠날 때 만나게 될 것처럼 지금 심판에 처해 있습니다. 하지만 자명하게 악한 잘못을 위해서는 심판 이전에 연옥의 불이 있다는 것을 믿어야 합니다. 누구든지 말로 성령을 거역하면 이 세상과 오는 세상에서도 사하심을 얻지 못하리라는 진리에 비추어 보면 그렇습니다. 이 구절에 의하면, 어떤 허물은 이 세상과 오는 세상에서 용서받을 수 있다는 이해가 가능합니다. 어떤 일이 특정 한 사람에게 제한된다면, 지성인은 논리적으로 다른 이들에게는 허용된다고 유추합니다. 하지만 제가 전에 말씀드린 대로 이는 일부 작고 미미한 죄에 가능한 섭리라는 점을 분명히 해 둡니다.[2]

『목회지침서』(The Pastoral Rule)는 그의 가장 위대한 저작이다. 그는 본서에서 목사들에게 교회의 목자가 되라고 권고했다. 그는 또한 『도덕률』(Moralia, 욥기해설), 누르시아의 베네딕투스 전기, 800개 이상의 서신서들이 남아 있다.

그레고리우스의 『대화록』(Dialogue)은 성인들에 의해 일어난 것으로 알려진 기적들의 기록이다. 영적 능력과 하나님의 임박한 임재에 관한 강조는 기적을 향한 깊은 갈망을 일으켰고, 중세를 풍미한 미신적 관습에 이바지했다. 미신 풍습 중 하나가 흑사병 시기에 두드러졌다. 그레고리우스는 로마 시민들에게 기침 후 "하나님이 당신을 축복합니다"라고 말하면, 하나님이 흑사병으로부터 보호하실 것이라고 가르쳤다. 그는 가톨릭교회의 4대 교사 중 하나로 추앙받고 있다.

2. 카롤링거 왕조

갈리아와 독일의 야만족 왕들은 로마제국의 종말과 함께 로마 정부를 대신해 가톨릭교회의 수호자라 자처했다. 로마교회 수위권의 보루가 되며 로마시를 침략자들로부터 보호하기 위해 그들의 지지가 필요했다. 이런 연유

---

2 Gregory the Great, *Dialogues*, *The Faith of the Early Fathers*, ed. William A. Jurgens (Collegeville, MN: Liturgical Press, 1970), 3:320에 기록.

로 교황들은 야만족 귀족들에게 성직과 서훈을 수여했다.

세속 군주의 의지는 시간이 지나면서 교황권을 약화했다. 특별한 사건이 있었던 것은 아니었지만 교황권은 콘스탄티노플과 비잔틴제국의 관할과 보호 아래 있었다. 하지만 교황 제도의 의도에 따라 프랑크족 군주들을 굴복시키기 위해 『콘스탄티누스의 기증』(Donation of Constantine)을 출판했다. 본서는 위조 문서로서 로마의 주교 실베스터 1세(Sylverster I, 314-335)가 나병 환자 콘스탄티누스를 치료했으며, 보답으로 모든 주교와 교구 감독권을 이양했다고 주장했다.

게다가 이 문서는 콘스탄티누스가 로마의 주교에게 제국의 서쪽 전체 지역 절반을 다스릴 권세 또한 줬다고 선언했다. 국가는 교회에 간섭할 수 없으며, 오히려 교회 때문에 적법성이 좌우된다고 봤다. 중세 전반에 걸쳐 『콘스탄티누스의 기증』은 교황들이 수위권을 주장하는 기초로 활용됐다. 1431년 로렌조 발라(Lorenzo Valla, 1407-1457)는 이 책이 위조문서임을 확정적으로 증명했다.

메로빙거 왕조(Merovingian Dynasty)로 알려진 지배자 가문은 교황에게 군사 원조를 제공한 최초 프랑크 왕조였다. 클로비스(Clovis)는 사망 전 아들들이 함께 나라를 유지할 수 없음을 인지하고는 왕국을 그들에게 나눠 통치하게 했다. 강력한 신임 통치자 가문이 균열 사이로 파고들었다. 카롤링거 왕조(The Carolingian Dynasty)였다.

피피누스 3세(Pepin III, 752-768)는 카롤링거 왕조의 첫 번째 군주였다. 자카리아(Zacharias, 741-752) 교황은 피피누스에게 메로빙거 왕조의 마지막 왕 힐데리히 3세(Childeric III, 743-752)의 파면권을 줬고, 프랑크 왕조의 왕으로 임명했다. 스테파노(Stephen, 752-757)교황은 754년 파리에 와서 생드니 성당에서 피피누스에게 기름 부었다. 스테파노는 그 후 피피누스에게 '파트리쿠스 로마노룸'(Patricus Romanorum), 즉 '로마의 신앙 수호자'란 칭호를 수여했다.

스테파노는 754년 피피누스를 방문해 은혜를 갚으라 요청했다. 이탈리아에 비잔틴제국을 복원시켰으며 로마에 위협이 되고 있던 랑고바르드족에게 맞서기 위한 원조가 필요했다. 피피누스는 그들을 물리치고 교황에게 라벤나에서 로마까지의 땅을 선사했다. 결국, 이 지역 대부분은 교황령(敎皇領, Papal States)으로 알려진 땅이 됐다.

피피누스의 사망 후 그의 왕국은 두 아들로 인해 나눠졌다. 771년 카롤르만(Carolman)이 사망한 후 찰스 대제(Charles the Great) 또는 '샤를마뉴 대제'(Charlemagne, 신성 로마제국 황제, 800-814)라 불린 이가 프랑크 왕국과 서유럽 대부분 지역의 통치자가 됐다. 샤를마뉴는 인상적인 사람이있다. 7피트 정도의 키에 넓은 어깨를 가진 호전적인 인물로 그려진다. 그는 교황의 요청에 따라 777년이 되기까지 북이탈리아에서 랑고바르드족을 파멸시켰다. 또한, 780년에 동유럽의 색슨족을 정복했고, 792년부터 812년까지 스페인의 무어인들과 거의 끊임없이 전쟁을 벌였다.

샤를마뉴 대제는 교회가 국가와 상호보완적인 관계여야 한다고 믿었다. 교회가 영혼이라면, 국가는 몸이었다. 선교를 장려하고, 수도사들에게 베네딕투스의 규칙을 따르도록 하고, 국가의 적들을 패퇴시키며 종종 이교도들(예를 들어, 색슨족)에게 기독교와 죽음 사이에 선택하도록 했다. 색슨족의 모든 어린아이는 한 살이 되기 전 세례 받아야 했다. 세례 받지 않으면, 부모가 사형에 처할 수도 있었다. 샤를마뉴가 다스리는 영토 내 모든 사람은 교황의 권위를 인정하도록 요구받았다.

샤를마뉴는 교황에게 충성했으나 교회는 국가에 종속된다고 봤다. 799년 로미교회의 한 분파는 교황 레오 3세(Leo III, 795-816)를 위증과 간통 혐의로 면직시키려 했다. 레오는 샤를마뉴 법정에 도움을 요청했다. 샤를마뉴는 로마에 가서 레오 3세를 향한 고소를 무효화시키고 성 베드로성당의 보좌로 복귀시켰다. 레오는 800년 성탄절에 샤를마뉴에게 관을 씌워 로마인들의 황제로 세워 신성 로마제국이 출범됐다.

본 사건이 중대한 이유는 샤를마뉴에게만 있지 않다. 만일 교황이 한 왕에게 관을 씌울 권세가 있다면, 폐위시킬 권위 또한 소유한 것이었다. 레오 3세의 오만한 정치적 행보는 교황 권세에 관한 중요한 선례가 됐고, 향후 유럽 왕조들을 통제하는 사안에 대한 과제를 남겼다(천 년 후 나폴레옹 보나파르트[Napoleon Bonaparte, 1769-1821]는 교황 7세[Pius VII, 1800-1823]로부터 왕관을 빼앗아 스스로 자신에게 씌워 프랑스의 황제로 등극함으로 그런 상황을 면했다).

본인 자신이 문맹이었음에도(그의 시대 대부분의 유럽인은 문맹이었다), 샤를마뉴는 학문의 르네상스를 일으켜 수 세기 동안 유럽 사회에 영향을 미쳤다.

그의 첫 번째 실천 중 하나는 요크의 앨퀸(Alcuin, 735-804)을 아헨에 있는 그의 저택으로 불러 왕의 자녀들과 영향력 있는 귀족들의 자녀들의 스승으로 삼은 일이었다.

샤를마뉴는 기독교를 세속 학문과 조화시키기 원해 대성당과 왕궁 학교를 개교했다. 이 학교들은 중세의 위대한 대학들의 선구자였고, 대학 교과과정에 근본 토대를 놓았다. '3학'(trivium: 문법, 수사, 논리)와 '4학'(quadrivium: 천문학, 음악, 산술, 기하)으로 대표된다. 이 자유 7과목에 숙달하면 학생은 성경을 연구할 수 있었다. 기독교 서적을 더 많이 유통하기 위해 샤를마뉴는 수도사들에게 불가타 성경과 성인들의 생애와 기독교의 여러 도서의 필사 작업을 맡겼다. 이는 라틴어 교육과 연속 간행물 출판을 촉진했다.

3. 봉건 제도

샤를마뉴의 사망 후 그의 제국은 허무하게 사라지기 시작했다. 그의 세 손자가 제국을 나눠 완전히 와해시켰다. 중앙 집권 정부의 모든 외형 대부분은 사라졌다. 후손들이 새로운 위협인 스칸디나비아의 바이킹들로부터 국민을 보호할 수 없었다. 바이킹들은 끊임없이 영국 해안을 약탈했다. 그들이 그리스도인은 아니었던 탓에 수도원과 교회는 안전하지 않았다. 바이킹 문제는 대륙에서도 동일하게 심각했다. 강 근처면 어디에나 바이킹 공격의 가능성이 농후했다. 바이킹들은 유럽에 지울 수 없는 상흔을 남겼다. 바이킹은 1066년 영국을 정복한 노르만족과 러시아 설립자들이었다.

중세 후기에 민족 국가(nation-states, 하나의 민족이 하나의 정부를 갖는 국가 -역주)가 발흥할 때까지 봉건 제도(Feudalism)는 안전 보장의 최후 보루였다. 귀족과 말단 기사들은 충성에 대한 보답으로 왕으로부터 영토(봉토)를 받았다.[3] 왕은 그들에게 지대를 부과했고 필요하면 왕을 위해 싸웠다. 봉건 군주들은

---

3   동방교회로부터 8세기와 9세기에 등자(鐙子, 안장에 메는 가벼운 장비 -역주)를 소개받아 기마 기사가 전투에서 가장 중요한 자원이었던 보병의 자리를 대신했다.

영지 내에서 살았다. 영지는 땅의 기초 단위였고, 무장한 기마 기사들을 지원했다. 그들은 왕의 봉신(封臣)이 됐다.

또한, 귀족과 기사들은 자신들에게 충성을 맹세하는 공민들에게 토지를 양도할 수 있었다. 그러면 이 공민들도 땅을 소작농에게 줘 거기에 기거하며 경작하도록 했다. 이 최하위 계급은 농노라 불렸다. 그들은 땅에 속박돼 있었기에 사실상 노예나 다름없었다. 봉건제 구조하에서 모든 사람은 자신 위에 있는 자에게 봉신이었다. 왕만이 예외였다.

넓은 봉토 중 많은 지역에는 담당 성직자가 있었다. 성직자의 봉급은 영주가 담당했다. 이 가족교회는 '사유교회'(engenkirche)라 불렸다. 그리고 '제국교회'(reichskirche) 또는 황제교회(imperial churches)로 불리며 황제의 지지를 받던 교회도 있었다. 이는 종종 문제를 야기했다.

이 봉건 제도 성직자는 궁극적으로 누구에게 충성해야 하는가?

교황인가, 세속 군주인가?

많은 사람은 영토의 상당 지역을 교회에 헌납했다. 이는 많은 성직자를 부유하게 했고, 영적인 것보다 물질적인 문제에 더 많은 관심을 두게 해 교회보다는 자신의 귀족에게 더 충성하게 했다.

4. 이슬람

이런 환경 아래 이슬람('복종' 또는 '항복'이란 뜻)이 태동했다. 이슬람의 창시자는 무함마드(Muhammad, 570-632)라는 이름의 낙타 몰이꾼이었다. 605년과 610년 사이 그는 종교 문제에 관한 계시를 갈구하기 시작했다. 610년 자신의 인생 곳곳에서 여러 차례 환상을 봤다고 주장했다. 천사 가브리엘이 환상을 통해 계시를 낭독했다. 천사는 알라 외에는 신이 없으며 그를 영접하지 않는 자들은 영원한 정죄를 당하게 될 것이라 설교할 것을 명했다고 알려진다. 알라를 영접하는 자들은 영원한 낙원을 누리게 될 것이라고 가르쳤다.

무함마드의 가르침은 꾸란(Qur'an)으로 성문화됐다. 꾸란은 유대교와 기독교에 크게 의존해, 기독교 신약성경보다 약 2/3 분량이며, 114개의 장으로 구성돼 있다. 예수, 아브라함, 모세와 같은 신구약성경의 걸출한 인물들은 선지자들이었다고 가르쳤다. 예수는 동정녀에서 났으나 하나님은 아니었으며 십자가에서 죽은 것이 아니었다. 무함마드는 가장 위대한 마지막 선지자로 추앙받다았다.

꾸란은 유일신으로 알라를 섬기는 일신론을 증진했다. 꾸란의 교리로부터 이슬람의 다섯 기둥을 발전시켜 이슬람 신자의 삶에 기초를 놓았다. 알라 외에 하나님은 없고 무함마드는 그의 선지자라고 가르쳤다. 메카를 향해 하루 다섯 차례 기도하며 가난한 자들을 구제하고 라마단 기간 낮 금식을 고수했다. 신도들은 건강이 허락된다면, 적어도 한 차례 메카 순례길을 떠나야 했다.

무함마드가 사망한 후 이슬람은 빠르게 확장하기 시작했다. 가장 큰 성장은 632년과 732년 사이에 있었다. 예루살렘이 638년 함락됐고, 이슬람의 두 번째 성지인 바위사원(the Dome of the Rock)이 성전산(Temple Mount) 부지에 건축됐다. 시리아는 640년 페르시아는 650년 이슬람의 것이 됐다. 샤를 마르텔(Charles Martel, 688-741)이 투르푸아티에 전투(Battle of Tours)에 참전하지 않았다면, 프랑스 전체와 유럽마저도 잃게 됐을 것이다. 200년이 지나지 않아 이전 동로마제국이었던 지역 대부분이 계속 확장되고 있던 이슬람 제국 일부가 됐다.

이슬람은 서방에서보다 동방에서 더 크게 기독교에 영향을 미쳤다. 대다수 그리스도인은 무슬림들을 이교도로 봤고, 이슬람을 거짓 종교로 간주했다. 동방의 황제들은 이슬람 지도자들과 타협하며 경의를 표하려 했으나 매 시기 비잔티움은 점점 쇠약해져 갔다. 콘스탄티노플은 지리적 독특성 때문에 1453년까지 그리스도인들의 수중에 남아 있을 수 있었다. 그 후 터키인들이 그 도시를 정복했고, 이스탄불로 개명시켰다.

제11장

동방의 기독교

로마제국과 기독교는 3세기에 이미 동방과 서방으로 나눠졌다. 디오클레티아누스가 사두정치를 출범시킴으로 제국 전체를 동쪽과 서쪽 반반으로 나누었다. 서쪽에 있는 로마는 제국의 고대 수도였다. 그런데 콘스탄티누스는 330년에 소아시아 보스포루스(Bosporus)해협 근방에 동방의 콘스탄티노플을 설립해 새로운 수도로 삼았다. 그때로부터 두 도시는 교회의 지배권을 놓고 전쟁을 벌였다.

테오도시우스 황제가 395년 두 교구의 행정을 분리해 사실상 각 지역에 두 교회를 설립하자 대립 구도는 격렬해져 갔다. 451년 칼케돈공의회와 동시에 콘스탄티노플의 지위가 상승하자 대립 구도는 더욱 격화됐다. 로마가 476년 패망했을 때, 콘스탄티노플은 건재했고, 우위는 견고해져 갔다.

두 지역은 전통과 신앙에서 많은 차이가 있었다. 서방은 라틴어를, 동방은 그리스어를 제일 언어로 사용했다. 서방교회는 성찬에서 희생의 사역을, 동방교회는 영적 임재를 강조했다. 서방은 신학에서 더 실제적이며, 동방은 더 철학적이었다. 서방교회의 성직자는 결혼할 수 없었으나 동방에서는 주교직 이하 직분자는 누구나 결혼할 수 있었다. 사순절 기간에 서방교회는 치즈와 우유를 허용했으나 동방은 금했다. 동방교회에서는 주교들이 공의회를 소집해 신학 난제를 해소하고 교리를 확립했다.

콘스탄티노플의 총대주교는 '우선 책임자'가 됐다. 서방교회에서는 신학과 교리에 관한 질문들은 교황에 의해 결정됐다. 동방교회는 서방교회보다 교회 사역에 있어 황제의 역할을 더 중요하게 생각했다. 소위 '황제교황주의'(caesaropapism)였다. 동방교회는 비잔틴 황제를 하나님의 지상 부섭정(副攝政)이요, 그리스도의 살아 있는 후계자로 봤다.

유스티니아누스(Justinian, 527-565)가 고트 전쟁(Gothic Wars, 535-554)을 통해 이탈리아에서 야만족을 내쫓은 후 콘스탄티노플의 총대주교의 지위는 점점 더 견고해졌다. 서방에는 황제가 없었다. 로마가 콘스탄티노플 황제의 권위 아래 있었다고 알려져 있음에도 그가 교황을 지도하기 위해 소환시키기에는 너무 멀리 있었다. 서방 제국이 종종 야만족의 규율 아래에 있었고, 교황은 마치 황제 시늉을 했다.

두 교구가 호된 대적자였으나 동방과 서방 제국 모두 비잔티움에 감사의 빚을 졌다. 로마가 패망했을 때, 콘스탄티노플은 로마 문화의 보호자가 됐다. 이슬람이 발흥해 서쪽으로 계속 뻗어가자 비잔틴제국은 울타리 역할을 했다.

1. 유스티니아누스 황제(527-565)

유스티니아누스(Justinian) 1세는 삼촌 유스틴(Justin, 518-527)을 계승해 로마제국(사실상은 동쪽 반 정도만)의 황제가 됐고 콘스탄티노플에서 통치권을 이어갔다. 신학과 법을 공부해 콘스탄티노플 장관(Prefect)의 경력을 쌓았다. 황제로서의 초기 통치 기간에 수많은 폭동이 있었음에도 유스티니아누스는 매혹적이고 교활한 아내 테오도라(Theodora, 527-548)의 도움으로 537년까지 군주로서의 견고한 지배력을 구가했다.

유스티니아누스의 가장 큰 바람은 동방과 서방 제국을 그의 지도로 하나로 묶는 것이었다. 그는 534년 북아프리카에서 반달족을 패퇴시켰다. 이는 에티오피아의 변화로 이어졌다. 555년 이탈리아에서 고트족을 몰아냈을 때, 재통합으로 가는 길이 순탄한 듯 보였다. 왜냐하면, 일시적이더라도 그는 이탈리아를 정복해 로마와 황제에 지배권을 행사하게 됐기 때문이었다. 556년 랑고바르드족이 이탈리아를 점령했고, 교황에 대한 지배권이 약화했다. 유스티니아누스의 군사 정책은 왕실 보물에 누수가 있었고, 그의 후임자들은 그가 소유했던 영토를 유지할 수 없었다.

유스티니아누스는 칙령들을 통해 동방교회에 깊은 흔적을 남겼다. 『로마법대전』(*Codex Junis Civilis*, 529년과 534년 사이 출간)을 출간해, 로마법과 교회법을 합병시켰다. 황제는 이 법에 따라 교회 수호에 관한 전적인 책임을 졌다. "성스러운 교부들 때문에 보전되고 이해돼 온 사도들의 성스러운 교회법에 널리 순종된다면, 당국의 번영은 분명할 것"[1]으로 믿었다.

유스티니아누스는 스스로 판단해서 이단이나 이교 소속인 자들에게 가혹했다. 529년 아테네의 철학학교를 폐쇄했고, 여기에 플라톤 학파도 포함됐다. 그리고 몬타누스주의자들을 박해해 거의 전멸시켰다. 유대인의 권리를 제한했고, 공직에서 제외했다.

유스티니아누스는 유대인에 관해 이렇게 지적한다.

> 그들 중 누구라도 불경건하고 헛된 것을 받아들이며, 부활이나 심판이나 하나님의 사역이나 천사가 창조된 존재라는 것을 부인한다면, 즉시 그들은 어디에서든 추방돼야 합니다. 변절자는 하나님의 분명한 의도를 부인하는 불손한 소리를 내어서는 안 됩니다. 그런 생각을 발설하는 자들은 사형에 처할 것이며, 이로 인해 유대인들은 이어받은 오류를 인정받게 될 것입니다.[2]

유스티니아누스는 543년 오리게네스의 『제일 원리』(On First Principles) 중 9가지 문제점을 비판했고, 오리게네스의 모든 저작을 없애려 했다. 단성론자들과의 타협이 물거품이 되자 그들을 무자비하게 박해했다.

유스티니아누스의 건축물들은 아름다운 프레스코 화법과 정교한 성상으로 널리 알려져 있다. 538년 콘스탄티노플에 성(聖) 소피아성당을 건축했다. 둥근 지붕은 180피트 이상 높이이며, 공중에 떠 있는 듯한 형태로 됐다. 창을 통해 성당에 비친 빛은 금 제단, 모자이크, 태피스트리 장식을 반짝이게 했다. 프로코피우스(Procopius, 500-565)는 성당의 웅장함을 이렇게 묘사했다.

---

1 *Codex Junis Civilis*, Nicolas Zernov, *Eastern Christendom* (London: Weidenfeld & Nicolson, 1961), 66에서 인용.
2 *Nov. 146, Justinian to Arebindas*, J. Parkes, *The Conflict of Church and Synagogue: A Study in the Origins of Anti-Semitism* (1934; repr., New York: Meridian, 1961), 392-93에서 인용.

성 소피아[성당]는 형언할 수 없는 아름다움이 두드러진다. 크기에서 압도적이며, 각 부분이 지나치거나 부족함 없이 조화롭다. 일반 건물들이 더욱 웅장하며 단지 균등하게 나눠진 건물들보다 훨씬 더 고풍스럽다. 교회 안에는 기묘한 빛과 햇빛이 가득하다. 당신은 거기가 밖에서 보면 태양 빛이 비쳐오는 장소가 아니라고 생각할 수도 있을 것이다. 하지만 그것 없이도 건물 자체에서 서광이 빛나며 풍성한 빛이 이 교회 안에 가득 차 있다.[3]

성 소피아성당이 완공된 후 유스티니아누스가 "솔로몬이여 내가 당신보다 뛰어나오"라고 말했다고 전해진다. 성 소피아성당 봉헌 미사 중 유스티니아누스는 총대주교와 사제들에게 성찬을 베풀었다. 그는 또한 고아원, 병원, 수도원을 설립했다. 그는 건물과 건축의 문제에서 관례를 정립했으며 후에 비잔틴제국의 황제들이 계승했다.

2. 최초의 7개 공의회가 인정한 동방교회

동방교회는 325년과 787년 사이에 있었던 일곱 공의회의 권위를 받아들여 종종 7대 공의회의 교회라 불린다. 이 세계 공의회는 삼위일체의 본질, 예수의 인성, 성상의 바른 사용에 관한 정의를 규정했다.

동방교회는 니케아공의회(325년)의 연구결과와 해석을 받아들여 그리스도가 성부와 동질임(*homoousios*)을 인정했다. 또한, 제1차 콘스탄티노플공의회(381년)의 선언을 통해 성령이 성부와 성자와 동질임을 확인했다. 에베소공의회(431년)에서 동방교회는 마리아를 '하나님의 어머니'(*Theotokos*)로, 그리스도를 인간이며 하나님으로 확언했다. 동방의 대다수 그리스도인은 모두는 아니었을지라도 '칼케돈 신경'(The Definition of Chalcedon, 451)을 인정했다. 그리스도가 한 위격 안에 두 본성을 소유하며, 두 본성 중 무엇도 소멸하지 않

---

[3] *Procopius Describes the Hagia Sophia* (537년 유스티니아누스에게 봉헌됨), *The Church of the St. Sophia Constantinople*, trans. W. Lethaby and H. Swainson (New York: Macmillan, 1984), 24에서 인용.

는다고 선언했다.

이집트와 시리아에 만연했던 단성론자들은 칼케돈을 인정하지 않았다. 그들의 신학적 입장은 향후 교회 공의회에서 다양한 이름으로 등장했다. 알렉산드리아 학파는 그리스도의 인성보다 신성에 더 큰 강조를 뒀기에 제2차 콘스탄티노플공의회(553)에 특별한 호감을 느꼈다. 이 회의는 몹수에스티아의 테오도르(Theodore of Mopsuestia, 350-428)와 그리스도의 인성에 더 많은 강조점을 뒀던 안디옥 학파의 주장을 정죄했다. 콘스탄티노플공의회는 알렉산드리아의 주장을 지지하면서 동시에 단성론자들을 누그러뜨렸다.

동방교회는 제3차 콘스탄티노플공의회(680-681)에서 주도적 역할을 했다. 여섯 번째 공의회는 콘스탄티누스 4세(Constantine IV, 652-681)에 의해 소집돼 단의론 논쟁(Monothelite Controversy)을 정리했다. 단의론자들은 단성론과 유사하게 그리스도가 두 본성을 소유했으나 하나의 의지만 있다고 봤다. 신적 의지가 인간 의지를 압도한다고 여긴 것이다.

콘스탄티노플의 헤라클리우스(Heraclius, 610-641)황제는 자신의 영토에서 수많은 단성론자와의 평화를 회복하기 원해 통치 초기 지지를 보냈으나 후에 단의론자들의 주장은 매력을 잃기 시작했다. 동방교회와 콘스탄티누스 4세의 지도의 압력으로 여섯 번째 공의회는 그리스도가 신성과 인성 그리고 신의와 인의를 모두 조화로우면서도 절대 충돌하지 않는 형태로 존재한다고 규정했다.

> 우리는 거룩한 교부들의 가르침에 따라 선포한다. 두 자연적인 의지는 사악한 이단들의 주장처럼 서로 대립하는 관계가 아니다(이는 하나님이 금하신 것이다). 하지만 그리스도의 인의는 그가 신성하고 전능한 의지에 저항하거나 억지로 따르는 것이 아니라 오히려 순종한다.[4]

교황 아가토(Agatho, 678-681)가 이 선언을 인증했다. 칼케돈 신학을 다른 술어로 재확인한 셈이다.

---

[4] *The Third Council of Constantinople*, 681, *Documents of the Christian Church*, 3rd ed., ed. Henry Bettenson and Chris Maunder (New York: Oxford University Press, 1999), 101에 기록.

로마의 교황 호노리우스 1세(Honorius I, 625-638)는 634년 그리스도가 하나의 의지만을 소유했다고 확신한 후 단의론자가 됐다고 전해진다. 세베리누스(Severinus, 640), 요한 4세(John IV, 640-642), 테오도르 1세(Theodore I, 642-649)와 같은 교황들은 단성론자들을 정죄하고 호노리우스를 이단으로 규정했다. 이 선례를 따라 제3차 콘스탄티노플공의회는 호노리우스를 공식 파문했다. 개신교 종교개혁가들은 후에 호노리우스의 선고를 예로 들어 교황도 비판에서 빗겨갈 수 없다고 주장했다.

3. 제2차 니케아공의회(787) - 성상 파괴 논쟁

성상은 기독교에 의미 있다고 간주하는 인물이나 사건의 가시적 표상이다. 유물과 유사하게 성상을 통해 중보, 은혜 수여, 축사가 가능하다고 여겼다. 신자들은 성상을 깊게 묵상함으로 그것이 그리는 인물과 교제할 수 있다고 믿었다.

가장 흔한 성상들은 예수, 마리아, 사도들 그리고 성자들을 형상화한 것이었다. 때때로 성경 속 사건이나 기독교 전설을 그리기도 했다. 성상은 동방교회에서 일반적으로 천, 나무, 금속 등으로 만들어진 평평한 틀 모양이었다. 서방교회 프레스코 화법, 수채화, 동상 등으로 성상을 만들었다. 성상을 만드는 일은 예배의 행위로 간주되어 진행되는 과정에서 교제의 기도를 하도록 했다.

성상은 동방교회의 신앙과 예배에서 지속해서 널리 보급돼 갔다. 성상을 반대했던 몇몇 교회 지도자들은 성상 파괴자라는 이름으로 알려졌다. 그들은 성상을 숭상하는 것이 우상 숭배라 비난했다. 그들은 성상들이 그리스도를 매우 비난받게 묘사한다고 여겼다. 성상 옹호자는 동의하지 않았다. 이들은 그리스도가 육체로 오셨기에 그의 가시적 현현이 우상 숭배로 매도돼서는 안 된다고 주장했다.

동방의 황제 레오 3세(Leo III, 717-741)는 726년 그림이나 형상에 무릎 꿇는 것을 금했고, 730년에는 십자가를 제외한 모든 형상을 교회에서 제거했다. 그는 이슬람 신자들과의 전쟁 패배를 기독교의 우상 숭배 탓으로 돌렸다. 이슬람이 무함마드의 형상을 금지했기에 그리스도인들은 우상 숭배자들이라 비난하는 무슬림과 유대인들을 논박하려 했다. 더군다나 레오는 성상을 팔아 지속해서 수입을 올려 영향력을 확장하고 있던 수도시들에 제동 걸기 원했다.

레오가 콘스탄티노플 왕궁 입구 중의 하나 위에 세워졌던 그리스도 형상을 제거하고 십자가로 대체했을 때, 수도사들에 의해 선동된 시민들이 철거 책임자를 살해했다. 콘스탄티누스 5세(Constantine V, 741-775)는 모든 성상을 파괴하려 했고, 예배에서 성상 활용을 지지했던 자들을 핍박했다. 하지만 이리니(Irene, 752-803) 여왕은 자기 아들 콘스탄티누스 6세(Constantine VI, 780-797)의 섭정으로서 성상들을 기독교 예배에서 중대한 요소라 여겨 파괴된 성상들을 복원시키려 시도했다.

이리니의 제안에 따라 일곱 번째 교회 공의회가 787년 소집됐다. 성상 사용을 회복시키려는 분명한 의도였다. 이리니의 지지 아래 성상 숭배에 우호적인 결정이 내려졌다. 공의회는 그리스도가 인간의 모습을 취했기에 성상을 금하는 것은 그리스도의 인성을 부인하는 것과 같다고 규정했다. 성상은 존중받을 수는 있으나 숭배나 존경의 대상이어서는 안 된다. 예배와 숭배는 하나님 한 분에게만 합당하다.

4. 다마스쿠스의 요한(약 655-약 750)

다마스쿠스의 요한(John of Damascus)은 다마스쿠스에서 태어나 그리스어와 아람어와 법학과 철학을 익혔고, 동방 정교회의 마지막이며 가장 위대한 교부였으며 후에 교회의 박사라는 칭호를 얻었다. 그는 법조계의 고위 관료로서 다마스쿠스의 무슬림 칼리프(caliph)로 봉직했다. 결국, 그는 자신이 성직자로 봉직했던 예루살렘 근처 성 사바(Saint Sabas)수도원에 합류했다.

요한의 가장 영향력 있는 저서인 『지식의 원천』(*The Fount Knowledge*)은 동방 정교회 신학의 표준형 저작이다. 본서는 세 부분으로 구성돼 있는데, 일부 신학자들은 구분된 책으로 다룬다.

첫 번째 부분은 아리스토텔레스의 형이상학에 기초를 둔 철학에 관한 것이며, 독자들에게 이어지는 교리적 진술을 준비시키려는 의도가 담겨 있다.

두 번째 부분은 기독교 이단들을 설명하며 이슬람을 언급하며 결론짓는다.

세 번째 부분은 '동방 정교회 신앙'으로서 니케아와 후-니케아신학을 통합했다. 마리아의 무죄성과 승천설을 진술하며, 예정 교리를 수정하고 삼위일체를 설명했다. 또한, 요한은 많은 찬송을 작곡했다.

요한은 성상 숭배를 지지했다. 예수가 육체를 취함으로 빵과 술과 같은 물질 모두를 하나님의 은혜와 소통하는 적당한 방식으로 삼았다고 주장했다. 즉 물질은 악이 아니었다. 『형상 숭배에 관해』(*On the Worship of Images*)에서 이렇게 반문한다.

> 축복받은 식탁이 우리에게 생명의 양식을 주는 문제이지 않습니까?[5]

성상 반대론자들에게 성상 숭배자들은 형상을 예배하는 것이 아니라는 점을 주지시키며 형상의 목적을 아래와 같이 환기한다.

> 때때로 자주 일어나는 일이 분명합니다. 우리가 그리스도의 수난이 마음에 담지 않고 있을 때, 그의 십자가 형상을 주목해 그의 구원하신 수난을 생각나게 된다면 엎드리어 영광 돌리십시오. 하지만 우리가 경배하는 것은 물체가 아니라 그것이 표현하는 대상입니다. 우리가 복음서의 책 종이, 십자가의 나무를 경배하지 않고 그것이 상징하는 것을 높이는 것과 같습니다.[6]

---

[5] John of Damascus, *On the Worship of Images*, Readings in Church History, vol. 1: *From Pentecost to the Protestant Revolt*, ed. Colman J. Barry (New York: Newman, 1960), 312에 기록.

[6] John of Damascus, *On the Worship of Images* IV, in Hugh T. Kerr, ed., *Readings in Christian Thought* (Nashville: Abingdon, 1990), 73.

5. 신비주의(Mysticism)

1) 신격화(Deification)

동방교회에 만연했던 신격화 또는 신성화(divinization)는 성도의 삶에서 그리스도의 변혁시키는 사역에 중점을 뒀다. 문자적 의미로는 '하나님이 돼감'이나 오용되고 있다. 동방교회 그리스도인들은 인간이 신이 될 수 있다고 믿은 것이 아니라 오히려 신의 성품에 참여자가 될 수 있다고 본 것이다. 이 점에 관해 성경의 두 구절이 지지한다고 봤다.

첫 번째 구절은 베드로후서 1:4이다.

> 신성한 성품에 참여하는 자가 되게 하려 하셨느니라(벧후 1:4).

두 번째 구절은 요한복음 14:17이다.

> 그러니 너희는 그를 아나니 그는 너희와 함께 거하심이요, 또 너희 속에 계시겠음이라(요 14:17).

신격화 또는 성품의 참여는 그리스도의 성육신으로 시작됐다. 그리스도의 두 본성의 연합은 신자들과 하나님을 연합시키는 자극제가 됐다. 그리스도는 신인으로서 죄 없는 삶을 통해 인간과 하나님 사이의 화해를 이루었다. 그리스도와의 연합은 인간을 순결하게 해 하나님이 그리스도를 통해 본질상 그렇지 않더라도 거룩함과 의로움 가운데 인간과 교제하도록 이끈다. 인간은 이 연합을 통해 하나님을 진실하게 바라보는 것이 가능하게 된다. 이 은혜에 의해 인간은 타락의 오염을 극복하고 하나님에게 진실하게 참여할 수 있다.

성품에의 참여는 교부 시대 알렉산드리아의 클레멘스와 키릴로스의 저작들에 뿌리를 뒀다. 하지만 성품의 참여에 관한 가장 저명한 교부 시대 주창자는 알렉산드리아의 아타나시우스였다.

그(하나님)가 사람 되신 것은 사람으로 하나님 되게 하기 위함이라.[7]

중세 시대에는 위디오니시우스(Pseudo-Dionysius), 고백자 막시무스(Maximus the Confessor, 580-662), 다마스쿠스의 요한(John of Damascus)이 신성화 이론의 주창자였다.

2) 명상 기도(Hesychasm)

명상 기도는 '고요'란 뜻으로서, 동방교회에서 실시된 신비적 기도와 묵상의 한 형태였다. 그리스의 마케도니아 지역에 있는 아토스산 속에 거주하던 수도사들에 의해 시작됐다. 명상 기도의 목적은 언어와 형상 너머에 존재하는 내적 조화를 이루기 위함에 있었다. 마태복음 6:5-6에 근거를 뒀다.

> 또 너희는 기도할 때에 외식하는 자와 같이 하지 말라 그들은 사람에게 보이려고 회당과 큰 거리 어귀에 서서 기도하기를 좋아하느니라 내가 진실로 너희에게 이르노니 그들은 자기 상을 이미 받았느니라 너는 기도할 때에 네 골방에 들어가 문을 닫고 은밀한 중에 계신 네 아버지께 기도하라 은밀한 중에 보시는 네 아버지께서 갚으시리라(마 6:5-6).

명상 기도에는 내적 집중, 일체의 감각 차단, 호흡을 조절하기, 마음에 시선을 두기 위해 가슴에 머리를 두기, 예수 기도 반복 등이 포함됐다.

주 예수 그리스도 하나님의 아들이여, 죄인인 저에게 은혜를 베푸소서.

올바르게 기도하면, 회심자는 생각과 마음의 합일을 이루고 변화산에 비쳤던 신적 광명을 소유할 수 있다고 믿었다. 이 빛이 하나님은 아니나 그의

---

[7] Athanasius, *On the Incarnation*, *The Faith of the Early Fathers*, ed. William A. Jurgens (Collegeville, MN: Liturgical Press, 1970), 1:322에 기록.

일하심 속에 펼쳐진 신적 기운이었다.

명상 기도 주창자들은 스스로 공격에서 보호하며 초대교회의 실천에 뿌리를 두려는 의도로써 닛사의 그레고리우스, 요한네스 크리소스토무스, 사막 교부들을 고요의 형식을 따른 인물로 인용했다. 후기 중세 시대 명상 기도는 주요 논쟁을 거쳐 동방 정교회의 공적 형식으로 보편적으로 받아들여졌다.

6. 동정녀 마리아

431년 에베소공의회 이후 동정녀 마리아는 점점 숭배받게 됐다. 6세기 중반에 이르러 그녀에게 찬송가 노래가 봉헌됐다. 기도로 마리아에게 구했고, 성상을 세웠으며, 마리아 휴일들이 교회 달력에 추가됐다.

비(非)정경 문서 『야고보의 원(原)복음서』(*Protoevangelium of James*, 약 160년)는 동방교회의 성모 숭배 발전을 담은 중요한 기록이다. 이 책에는 마리아 3세 때 동정녀 봉헌식, 성전에서 하나님에게서 받은 은총, 12세까지 천사가 어떻게 키웠는지, 요셉이라는 늙은 홀아비와 어떻게 혼인하게 됐는지 설명돼 있다. 『야고보의 원복음서』는 요셉을 과거 결혼으로 몇 자녀들을 둔 것으로 묘사한다. 마리아가 동정녀였어도 예수에게 형제자매들이 있었다는 성경 이야기를 설명하는 대목인 것이다.

다카스쿠스의 요한은 '마리아 승천설' 개념으로 확장했다. 이렇게 언급한다.

> 마리아에게서 얻게 된 하나님의 아들의 거룩한 전 육신은 사흘 만에 죽은 자들 가운데 부활하셨듯 마리아는 무덤에서 구출돼 어머니가 아들과 연합하게 될 것이 분명합니다. 주님이 그녀에게 내려오셨듯 그녀 또한 그분에게로 더 완벽한 처소, 즉 천국으로 올라갈 것이기 때문입니다. 말씀이신 하나님을 태에 품으셨던 마리아는 아들의 장막에 거하시는 것이 이치입니다.[8]

---

[8] John of Damascus, *On the Dormition of Mary*, Sermon 2, *On Holy Images, Followed by Three Sermons on the Assumption*, trans. Mary H. Allies (London: Thomas Baker, 1898)에서 인용.

다마스쿠스의 요한은 또한 마리아가 그리스도와 인간 사이의 궁극적인 중재자라고 믿었다.

한 마디로 마리아는 모든 죄로 인해 슬퍼하며 선에 관해서는 마치 자신의 소유인 것처럼 기뻐하십니다. 우리가 이전 죄로부터 전심으로 돌이키고 온 마음을 다해 선을 사랑해 그로 벗이 된다면, 마리아는 자신을 종들에게 종종 방문해 온갖 복을 가져올 것이고, 우리 가슴 속에서 다스리시는 왕이요, 주 되신 그리스도 그녀의 아들에게로 이끄실 것입니다.[9]

7. 슬라브 지역

중앙 유럽과 동유럽에는 슬라브 민족이 다수 거주했다. 프랑크족이 만사에 로마화를 바랐고 기독교계의 유일 언어로 라틴어만을 인정했던 반면, 슬라브 민족은 모국어로 예배하기 원했다. 모라비아의 라티슬라브 왕자(Ratislav, 846-870)는 콘스탄티노플에 슬라브어로 설교하며 교육하고 예배를 인도할 선교사들을 파송해야 한다고 요청했다.

비잔틴제국 황제 미카엘 3세(Michael III, 840-867)는 863년 키릴로스(Cyril, 826-869)와 메쏘디우스(Methodius, 815-885) 형제를 모라비아에 보냄으로 화답했다. 이들은 매우 성공적이어서 '슬라브에 보내진 사도들'로 불리게 됐다. 수천의 사람들을 회심시켜 세례 줬다고 전해져 온다.

또한, 글라골(Glagolitic) 문서로 알려진 서신 체계가 세워진 것 또한 그들 덕택이었다. 이는 고교회 슬라브어로 알려진 언어로 성경을 번역하게 된 단초가 됐다. 키릴로스와 메쏘디우스는 또한 불가리아(Bulgaria)와 판노니아(Pannonia) 슬라브 지역에서 목회로 섬겼다.

---

[9] John of Damascus, *On the Dormition of Mary*.

8. 러시아

동방교회의 러시아와의 첫 조우는 슬라브 민족이 키예브 주위 지역으로 이주하면서 시작됐다. 콘스탄티노플과 러시아 교구 사이의 공식적인 접촉에 관한 첫 결정적인 언급은 867년으로 기록돼 있다. 그해 총대주교 포티우스(Photius, 858-867과 877-886)는 회칙 서한에서 러스(Rus)가 회심했다고 언급했다.

러시아 귀족 계급에서의 첫 회심자는 키예브의 여왕 올가(Olga, 945-약 963)였다. 10세기에 올가의 손자 블라드미르(Vladmir, 979-1015)는 키예브의 대공으로서 향락주의 때문에 이교 신앙을 떠나기로 결심했다. 인신 제사 풍습이 키예브에서 종종 행해졌다고 기록돼 있으며, 그는 종교에서의 변화가 이 잔인한 풍습을 억제할 것이라 기대했다.

가장 효과적인 일신교 구조를 찾기 위해 그는 가톨릭, 동방 정교회 그리스도인들, 유대인들 그리고 무슬림들과 담화를 목적으로 사절단을 파송했다. 사절단은 콘스탄티노플과 동방 정교회에 크게 감동했다. 비잔틴 예배 의식을 즐겼으며, 성(聖) 소피아성당의 아름다움에 압도됐다.

블라디미르는 동방 정교회를 러시아의 공식 종교로 삼았고, 현재 성 블라디미르성당 자리에서 988년 1월 6일에 세례를 받았다. 키예브의 많은 시민도 선례를 따라 몇 달 후 드네프르(Dnieper)강에서 세례 받았다. 블라디미르는 교회와 수도원을 세웠고, 영토 내 전반에 걸쳐 이교 신전과 성상과 사당들을 헐었다. 그는 러시아 밖 어떤 권세도 인정하지 않았다. 그의 손자 야로슬라브 현공(Yaroslav the Wise, 1019-1054)은 콘스탄티노플의 수위권을 인정했다. 그는 러시아 정교회의 아버지로 추앙받다고 있다.

9. 동방 지역에서의 이슬람의 영향

콘스탄티노플이 1453년까지 이슬람의 공세에 그럭저럭 버텼던 반면, 동방의 다른 주요 교구들은 그만큼 견고하지 못했다. 이슬람은 636년에 예루살렘, 638년에 안디옥, 641년에 알렉산드리아를 정복했다. 한때 동로마제국과 교회 소유였던 전 지역이 이슬람 제국에 예속됐다. 아르메니아는 654년에 함락됐고, 조지아는 자진해 이슬람에 항복했다. 그리고 709년까지 북아프리카 전 지역은 무슬림의 통치 아래 무릎 꿇었다.

하지만 이 지역의 모든 곳이 이슬람의 진입을 끔찍한 사건으로 본 것은 아니었다. 이집트와 시리아의 단성론자들은 이슬람이 비잔티움보다 일신론에 더 고결하다고 믿었다. 이슬람이 점점 더 호전적으로 돼 갈수록 무슬림들이 자유인이라는 믿음은 빠르게 사라져갔다.

새 천 년의 동이 틀 때까지 비잔틴제국은 영토와 인구 대부분을 잃었다. 소아시아와 발칸제국과 북이탈리아의 일부 지역으로 밀려났다. 지중해 지역은 또다시 기독교에 온전히 예속되지 못했다.

10. 최후 결정타 - 1054년 분열

330년 콘스탄티노플의 설립 이래 로마와 콘스탄티노플 사이의 경쟁 구도가 자라났다. 9세기까지 두 교구 사이의 공식적 균열이 가시화된 것으로 보인다. '필리오케'(*Filioque*) 문구 논쟁과 포티오스 분열(Photian Schism)이 최종 결정타를 날렸다.

동방교회와 서방교회는 모두 동일하게 성령이 온전한 하나님이시며, 삼위일체의 한 위격이라고 믿었다. 하지만 성령과 다른 두 위격의 관계를 표현하는 방식에 있어서 다른 점이 있었다. 동방교회는 성령이 성부로부터 나오신다고 고백한 '니케아-콘스탄티노플 신조'를 엄격히 주장했다. 서방교회는 성령이 성부뿐만 아니라 성자로부터 나오신다고 믿었다(라틴어 '필리오케'는 '그리고 성자'란 뜻이다).

가톨릭교회는 공식적으로 '필리오케' 조항을 11세기 서방교회 신조에 추가했다. 동방교회는 가톨릭교회에게 니케아-콘스탄티노플 신조를 수정할 권한이 없다고 항변했다. 여타 교구들로부터 지지를 얻기 위해 콘스탄티노플의 총대주교 포티우스 1세(Photius I)는 이렇게 주장했다.

그들은 성스럽고 거룩한 신조의 품격을 떨어뜨리려 시도해 왔습니다. 이 신조는 모든 공교회의 투표로 인증된 것입니다. 그들에게는 억제할 수 없는 힘이 있으며, 거짓 논리와 무분별한 과장으로 새 어구를 삽입했습니다. 그들은 이상한 교리를 가르치고 있습니다. 성령이 성부 한 분에게서만이 아니라 성자에게서도 나온다고 주장합니다.[10]

이 사건은 두 선임 교구 사이의 반목을 심화시켰다.

포티우스 분열(The Photian Schism)은 863년 니콜라스 1세(Nicholas I, 858-867) 교황이 비잔틴제국 황제 미카엘 3세(Michael III, 842-867)의 콘스탄티노플 총대주교로 포티우스 1세를 지명한 것을 반대하면서 시작됐다. 포티우스는 콘스탄티노플의 전(前) 총대주교 이그나티우스에 의해 정직당했던 주교로부터 임직받았다.

이그나티우스(Ignatius, 847-858과 867-877)의 제자들은 포티우스가 총대주교로 부적격이라 공표하고 그를 파문시켰다. 니콜라스 교황은 사절단을 파송해 상황을 조사하고 결국 포티우스에게서 공직을 박탈시켰다. 의심할 바 없이 포티우스의 서방교회 교리 비판과 로마교회 선교사들이 동방 지역을 침범한다는 불평에 영향받은 결정이었다

마케도니아인 바실레이오스(Basil the Macedonian, 867-886)가 미카엘로부터 권좌를 가져왔을 때, 교황 제도를 찬성하고 '필리오케' 문구 활용에 있어 로마가 지나치게 간섭한다는 이유로 회칙을 정해 비난했다. 그해 이후 콘스탄티노플은 공의회를 열어 니콜라스 교황을 제명했다. 포티우스로 인한 분열은 일시적이었을 뿐이었고, 877년 다시 콘스탄티노플의 총대주교가 됐다.

동방과 서방 사이의 갈등은 1054년까지 지속했다. 당시 콘스탄티노플의 총대주교 미카엘 케룰라리우스(Michael Cerularius, 1043-1058)는 서방교회가 미사에서 누룩 없는 빵을 사용한다며 비난했다. 케룰라리우스에게 누룩 없는 빵을 이용하는 것은 유대교와 유사한 관례로 보였다.

10　*Patriarch Photius of Constantinople: Encyclical Letter to the Archiepiscopal Sees of the East, 866, Readings in Church History* (New York: Newman Press, 1959), 317에 기록.

이에 대해 교황 레오 9세(Leo IX, 1048-1054)는 논쟁을 해결하기 위해 콘스탄티노플에 사절단을 파송했다. 사절단은 1054년 7월 16일 케룰라리우스를 파문시켰고, 성 소피아성당 제단 위에 '파문 칙서'(Bull of Excommunication)를 올려 뒀다. 켈룰라리우스는 교황 사절단과 그 지지자들을 파문시킴으로 같은 방식으로 대응했다. 이전에도 긴장 관계였지만 이번 상호 파문은 동방과 서방 사이에 결코 회복될 수 없는 결정적 분열에의 확증이었다.

1054년 균열은 가톨릭교회와 비교하면 동방 정교회에 훨씬 더 심한 손상을 입혔다. 유럽교회들과는 달리 비잔티움에 분열과 함께 이슬람의 침입이 있었기 때문이다. 가톨릭교회는 베드로교회에 충성을 맹약했던 민족 국가의 발흥 덕택에 강성해져 갔다. 유럽 전역에서 광활한 토지를 소유했으며 부유하게 됐다. 동방 정교회는 이슬람 때문에 토지를 모으거나 부를 축적할 수 없었다.

후에 가톨릭교회는 르네상스로부터 혜택을 얻었고, 일부가 오류를 교정해 영적 갱신을 이뤄 개신교를 출범시켰다. 동방 정교회는 생존에 급급했으며 결국 규모와 위상과 생명력에서 하락세를 겪었다.

A HISTORY OF CHRISTIANITY

제12장

중세 성기(中世盛期, High Middle Ages)의 서방교회

중세 가톨릭교회는 유럽에서 가장 강력한 실체로 급부상했다. 가장 영향력 있는 지주 중 하나였으며, 왕을 세우거나 폐위시킬 권한을 주장했으며, 천국문 열쇠의 소유권을 주장했다. 반면 교황 승계권에는 그것을 누리기 원하는 자들에게 거대한 권세와 부가 약속돼 있었다. 교황직은 타락으로 물들었고, 35명이나 되는 교황들이 882년부터 998년까지 난립했다. 경건은 권세와 힘의 뒷전으로 밀려났다.

중세 시대 교황들은 기독교의 궁극적 권세와 지도력이 자신들의 소유라고 믿었다. 이 믿음은 많은 경우 도전받았는데, 그들은 민족 국가와 강력한 왕들의 발흥과 갈등을 겪었다. 카롤링거 왕조를 지나서 프랑크 왕국의 시대가 저물고 독일, 프랑스, 영국, 스페인 왕국의 길이 열렸다.

독일 왕국[1]은 부족 공작들이 색소니 공작 하인리히 1세(Henry the Fowler I, 919-936)를 왕으로 선임했던 919년에 형태가 갖추어지기 시작했다. 아들 오토 1세(Otto I, 936-973)가 계승했으며, 955년 강력한 마자르족(Magyars)을 패퇴시켰다. 오토는 962년 신성 로마제국의 황제로 등극해 독일 왕국은 제국 일부가 됐다. 그는 독일 공작들을 봉신(封臣)으로 삼았으며, 교황 허락 없이 대 수도원장과 주교들을 선발하는 등 교회 사역에 간섭했다. 교황과 강력한 독일 귀족들을 대적해 자신의 지위를 공고히 하기 위해 오토는 브란덴부르크(948), 마크데부르크(968), 프라하(973)에 주교회를 창설했다.

프랑스 공작이며 파리 백작인 위그 카페(Hugh Capet, 987-996)가 987년 왕으로 선임되면서 일부 프랑크 부족으로부터 프랑스가 발흥했다. 프랑스 왕들은 교황 제도와 깊이 관여했으며 일정 기간에 아비뇽에 교황들의 거처를 마련했다.

---

[1] 독일 왕국은 962년에 신성 로마제국에 편입돼 1806년까지 이른다.

애설스탠(Aethelstan, 925-939)이 10세기에 영국을 둘러싼 여러 작은 왕국을 통치하고 있었어도, 정복자 윌리엄(William the Conqueror, 1066-1087)이 영국을 민족 국가로 기능하도록 만들었다. 그는 'curia regis'(라틴어로 '왕정청'이란 뜻), 즉 봉건 군주들로 구성된 왕 자문단을 구성했다. 로마로부터 떨어져 있었기에 영국 군주는 교회 업무에 자신의 뜻을 관철시키려 했다. 이는 교황 제도와 몇몇 사안에서 강한 충돌을 일으켰다.

스페인은 1469년 아라곤의 퍼디난드(Ferdinand, 1479-1516)와 카스티야의 이사벨라(Isabella, 1451-1504)가 혼인해 가장 크고 강력한 스페인 지역을 통합시키면서 민족 국가가 됐다. 그 후 군주들은 귀족들을 왕의 관할권 아래 둘 수 있었다. 스페인 군주들은 교황의 허락을 얻어 기독교로 개종하기 거부하던 유대인과 무어인을 추방했다. 샤를마뉴 대제가 교황과 강한 유대감을 가지고 있었던 반면 독일, 프랑스, 영국 왕들과 교황과의 관계는 종종 우호적이지 못했다. 하지만 스페인은 항상 로마에 충성했다.

교황들은 몇몇 사례들을 통해 교회를 개혁하고 영성을 핵심 사안으로 복원시키려 노력했다. 이 운동 기간에 있었던 주요 남용 사례는 성직자의 결혼과 성직 매매였다(교회 직분자 안수를 포함해 성찬 참여권을 사고파는 일). 개혁 운동은 종종 왕들과 귀족들과의 갈등을 유발했고, 교회 내 당파들 사이의 정쟁을 만들었다. 성직 매매는 징계하기 어려운 죄였다. 많은 성직자가 직분을 구매했고, 일부 군주들은 주요 주교회들을 최고 입찰자에게 판매했다.

교황들은 지속해서 자신들의 권세를 보위하는 데 중점을 뒀다. 군주들과 교회 지도자들은 교황의 권세와 공교회 공의회의 권세, 세속 권력자들 사이의 균형을 잡으려 했으나 교황제는 여전히 지배적이었다. 일련의 교황들은 매우 강력해 그들의 권세는 '교황 군주국'(Papal Monarchy)이라 불렸다. 십자군 징집은 그들의 권세를 여실히 보여 주는 대목이었다. 군주와 귀족과 농민들이 전쟁에의 소환에 응답했다.

십자군은 이슬람뿐만 아니라 모든 이단을 궤멸시키려 했다. 적어도 한 이단 종파, 카타리파(Cathar)는 멸종 직전까지 몰렸다.

1. 교황 제도의 쇠퇴

포르모스(Formosus, 891-896)는 교황에 등극하기 전 포르투스(Portus)의 주교였으며, 몇몇 교황들의 정치 업무를 담당했다. 그는 로마교황청을 대적한 음모를 꾸미고, 불가리아 대주교직을 취득해 로마의 수도원을 표절했다는 죄목으로 기소돼 872년 파문 당했다. 그의 해임은 어떤 일이 있어도 로마에 돌아오지 않으며, 성례를 집례하지 않는다는 조건으로 878년 취소됐다. 교황 마리누스 1세(Marinus I, 882-884)는 883년 포르모스가 포르투스 주교직에 복권되며, 성직자의 임무를 이어가도록 허용했다. 그는 포르모스를 891년 교황으로 임명했다. 그는 음모를 꾸미고 정치적인 입지를 굳히는 일에 교황직을 활용했다.

마리누스 1세는 891년 신성 로마제국 황제로 이탈리아 스폴레토의 가이 3세(Guy Ⅲ, 894년 사망)를 왕위에 앉혔다. 이후 894년 카린티아의 아르눌프(Arnulf, 850-899)를 부추겨 이탈리아를 침공했다. 가이 황제가 사망하자 포르모스는 가이의 작은 아들 람베르트 2세(Lambert Ⅱ, 880-898)를 왕으로 세웠다. 아르눌프는 896년 이탈리아 정복을 완수했고, 포르모스는 그를 신성 로마제국 황제로 등극시켰다.

포르모스의 후계자들은 그를 고이 잠들도록 두지 않았다. 897년 황제 스데반 6세(Stephen VI, 896-897)는 그의 유골을 파내어 황제 의자에 두고 심문하고,[2] 유죄 판결을 내렸다. 교황 축사에 사용했던 두 손가락은 잘려 나갔고 예복은 벗겨졌다. 시신을 로마 시내 거리에서 질질 끌고 다니다가 결국에는 테베레강에 던져 수장시켰다. 한 수도사가 시신을 수습했고, 스데반 6세의 사망 후 성 베드로성당에 안치했다.

세르지오 3세(Sergius Ⅲ, 904-911)황제는 포르모스의 유해를 무덤에서 또다시 꺼내 또다시 재판정에 올렸다. 생명 없는 황제는 또다시 유죄 판결을 받았고, 이번에는 참수형을 당했다.

---

2 집사 한 사람이 사망한 포르모스를 심문하는 역할을 맡았다.

많은 교황이 이 기간에 살해당했다. 스데반 6세 교황은 감옥에 던져졌고 교수형당했다. 레오 5세(Leo Ⅴ, 903)도 같은 운명을 맞았다. 요한 10세(John X, 914-928)는 베개로 질식사당했다.

대립 교황(対立教皇, antipope) 요한 16세(John XVI, 997-998)는 두 눈이 뽑혔고, 혀가 잘렸으며, 코와 입술과 손도 잘려 나갔다. 결국, 로마 거리에 끌려 나갔으나 간신히 목숨은 부지했다.

2. 투스쿨룸 교황들

투스쿨룸 교황들은 권세자 귀족 테오필락투스(Theophylact, 약 864-925)와 로마 근교 라티움 출신 그의 가문 후손들 또는 정치적으로 동일한 입장을 가진 자들을 말한다. 테오필락투스의 후손들은 10세기 이탈리아에서 강력한 권세를 지니고 있어서 '교황 옹립자들'(pope makers)로 이름을 알렸다. 테오필락투스의 딸들인 테오도라(Theodora, 약 928년 사망)와 마로지아(Marozia, 890-936)의 역할을 통해 10세기 대부분 기간에 이 가문이 교황제를 통제했다. 그들은 11세기 전반기까지 성공하는 듯 보였다.

이 여인들 때문에 이 기간은 '창부 정치'(Pornocracy) 시대라 일컬어져 왔다. 마로지아는 스폴레토의 권세 있는 백작 알베릭(Alberic I, 925년 사망)과 혼인했다. 남편 사망 후, 그녀는 투스카니의 귀도 후작(Margrave Guido)과 결혼해 그녀의 아들 요한을 교황 요한 11세(John XI, 931-935)로 세웠다. 알베릭 1세에게서 낳은 아들 알베릭 2세(Alberic Ⅱ, 912-954)는 후에 모친을 해임하고 로마를 통치했다.

알베릭 2세는 임종의 순간 반드시 그의 열일곱 살 아들 옥타비누스(Octavian)가 차기 교황이 돼야 한다고 봤다. 그다음 해 옥타비누스가 선출됐고 요한 12세(John XII, 955-964)라는 이름을 얻었다. 그는 바티칸 교황청을 지저분한 곳으로 만들었다. 어떤 이들은 뇌물을 주고 10세 소년을 토디의 주교로 임명했고, 조카와 근친상간 했으며, 수녀들의 정결을 더럽혔다고 기록한다. 그는 심지어 고해 신부의 눈을 멀게 하고, 추기경을 거세시키며, 마귀를 위해 축배를 들었다.

투스쿨룸 백작 그레고리우스(Gregory, 1012년 사망)는 그의 아들에게 베네딕투스 8세(Benedict Ⅷ, 1012-1024)라는 이름을 부여하고 1012년 교황으로 세웠다. 베네딕투스의 사망 후 그의 형제가 교황으로 등극해 요한 19세(John XIX, 1024-1032)라 이름 했다.

알베릭 3세(Alberic Ⅲ, 1044년 사망)는 아들 베네딕투스 9세(Benedict IX, 1032-1044)를 위해 교황직을 매수했다. 교회 역사 2,000년 기간 중 가장 최악의 교황 중 하나였던 베네딕투스는 선출 당시 18세에 불과했다. 남색, 강간, 수간(獸姦)을 저지른 것으로 알려진다. 이런 일들로 1036년과 1044년 사이 로마로부터 제명 조치를 당했으나 게르만족의 군사 원조로 교황직에 복귀했다.

1045년 베네딕투스는 그레고리우스 6세(Gregory Ⅵ, 1045-1046)라는 칭호로 불린 그의 삼촌에게 교황직을 팔아넘겼다. 그 직후 베네딕투스는 이를 후회해 자신이 여전히 적법한 교황이라 공언했다. 하지만 그레고리우스 6세가 진짜 교황으로 인정받았다. 베네딕투스는 힘으로 교황직을 찬탈했고, 라테라노궁에 거주했다. 베네딕투스는 최종적으로 1049년 출교당해 로마를 떠났고 역사 속에서 사라졌다.

3. 교황 제도 개혁

포르모스와 투스쿨룸 교황들의 등장으로 인해 가톨릭교회에는 매우 절실히 개혁의 필요성이 대두됐다. 뒤를 이은 교황들이 교회의 권력 남용을 없애려 했음에도 그들은 스스로 그리스도의 현현으로 인식했고, 세속 군주들에게 권력을 분산시키기 원하지 않았다. 또한, 유럽 군주들을 압박해 복종하거나 출교에 직면하거나 자신의 나라에서 성무(聖務) 금지령[3]에 처하도록 했다. 레오 9세(Leo IX, 1048-1054)는 독일인으로 선조들의 남용을 바로 잡기 위

---

[3] 본 법령은 모든 교회를 폐쇄하고 미사 예식을 불허했으며 신성한 땅에 매장을 금했다. 유아 세례는 허용됐고, 종부성사(終傅聖事)가 죽어가는 환자에게 행해졌다.

해 일치단결의 노력을 기울였다. 클뤼니파(Cluniac) 수도원 운동과 연합해 교회를 개혁하고자 했다. 클뤼니파 규범은 성직 매매와 동족의 등용을 금하고, 성직자에게 독신을 요구했다.

레오는 1049년 로마에서 공회를 개최해 성직 매매를 단죄했다. 같은 해 랭스에서도 공회를 유치해 주교와 대수원장은 지주들이 아니라 성직자에 의해서 선출되는 것이라 주장했다. 그는 또한, 남이탈리아에서 노르만인에 대적하기 위해 군을 이끌었다. 레오는 가톨릭교회의 진로를 수정하기 위해 많은 노력을 기울였으나 콘스탄티노플의 총대주교를 파문한 자들이 그의 사절단이었으며 이는 1054년의 분열을 촉진하게 됐다.

플로렌스의 주교 니콜라스 2세(Nicholas II, 1059-1061)가 강한 반대에도 불구하고 교황으로 선출됐다. 투스쿨룸 가문은 베네딕투스 10세(Benedict X, 1080년 사망)를 지지했고, 그는 1058년 교황으로 선임돼 있었다. 그는 후에 표를 얻기 위해 추기경들에게 뇌물을 제공한 죄목으로 기소된 후 폐위됐다. 큰 유혈 사태를 거쳐 니콜라스가 교황으로 등극했다. 선조들과 마찬가지로 니콜라스도 모든 세속 군주에 대한 수위권을 주장했다. 교황은 유럽의 모든 통치자로부터 독립적임을 강조하면서도 교황이 세속 군주들의 통치권을 보장해야 한다고 주장했다.

니콜라스 2세의 가장 위대한 업적은 교황 선출제도의 개혁이었다. 1059년의 라테란공의회에서 그는 추기경들에 의한 교황 선출 방식을 채택했다. 결과적으로 이는 교황 선발권을 쥐고 있던 로마 귀족의 영향력에 종말을 고했고, 교회를 외부 영향력으로부터 자유롭게 했다. 이에 더해 교황제 반대 주장을 잠재우는 데 일조했다.

4. 그레고리우스 7세(Gregory VII)

과거 투스카니 출신 힐데브란트(Hildebrand)였던 그레고리우스 7세(Gregory VII, 1073-1085)의 등극과 함께 교황제는 예측할 수 없는 권력의 정점에까지 다다랐다. 힐데브란트는 교황청에 꾸준히 출석해 다섯 교황의 비서로 봉직했다. 알렉산더 2세(Alexander II, 1061-1073)의 장례식에서 국민은 힐데브란트가 교황이 돼야 한다고 요구했다. 이에 대한 응답으로 그는 그 자리에 올라 스스로 교황이라고 천명했다. 그의 불법적 행위에도 추기경들은 그를 지지했다.

하지만 독일 왕 헨리 4세(Henry IV, 1056-1105)는 추기경들이 그를 조사해 보지 않았다며 분개했다. 후에 헨리가 신성 로마제국 황제가 됐을 때, 힐데브란트와의 권력 암투에서 그의 선출에서 예외적인 정황을 지적했다.

힐데브란트는 개혁에 관심이 있었으나 교황의 권력을 자진해 포기할 마음은 없었다. 교회 내부의 성직 매매와 부도덕성을 비난했고 교회 재산은 성직자 자녀들에게 양도했으며 성직자의 독신주의를 강화했다. 하지만 독일의 많은 귀족과 성직자는 성직 신분을 위해 돈을 냈기에 힐데브란트에 반대했다. 게다가 그가 추기경에 의한 교황 선출 방식을 공식적인 교회법으로 규정하자 헨리는 이를 자신을 욕보인 것으로 간주했다.

힐데브란트의 통치는 서임권 논쟁이 특징이다. 이 논쟁은 한 제국 내 주교임명권이 교황에게 있느냐, 군주에게 있느냐에 관한 것이었다. 독일의 헨리 4세는 이 특권이 왕을 위한 것이라 믿었다. 어찌 됐건 왕은 하나님에 의해 신성하게 지명됐다. 이 입장은 성직 서임권으로 불렸다. 왕이 자신의 왕국 내 봉직하는 모든 자에게 주교직의 상징물을 수여하도록 했다.

힐데브란트는 이 권리가 교회의 것이며 특히 교황에게 속한 것이라고 주장했다. 하나님에게 토대를 둔 것은 오직 로마교회뿐이라고 봤다. 성직자들만이 보편적이기에 제후들은 교황의 발에 입맞춤해야 하며 교황이 황제들을 폐위시킬 수 있다고 주장했다. 왕과 교황 모두 본 논의의 중차대함을 인식하고 있었다. 주교나 수도원장으로 임명된 자는 누구든 충성을 약속받았다.

서임권 논쟁은 헨리(Henry, 신성 로마제국 황제, 1084-1105)가 밀란의 신임 대주교를 지명하려는 때 중대한 국면을 맞았다. 힐데브란트는 헨리의 간섭을 성가시게 여겨 비난했다. 헨리는 힐데브란트가 교황을 불법적으로 선출해 왔었다는 죄목으로 1076년 보름스 국회에서 고발했다. 독일 주교들의 견고한 지지 아래 헨리는 교황에게 편지를 보내 퇴임을 제안했다. 힐데브란트는 헨리를 출교시키고 황제에서 폐위시킴으로 앙갚음했다. 헨리의 신하들은 이제는 그에게 복종할 필요가 없었고, 통치권의 적법성이 도마 위에 올랐다.

헨리는 굴복했던 첫 번째 왕이었다. 힐데브란트가 귀족들과 신임 왕의 선출을 위해 독일에서 논의 중일 때 그의 동료들은 북이탈리아의 한 성에서 휴식 차 머물고 있었다. 헨리는 비탄에 잠긴 채 문 앞에 나타나 힐데브란트에게 용서를 구걸했다. 힐데브란트는 용서의 대가로 3일 동안 눈밭에서 맨 발로 서 있도록 했다. 그 후 파문 절차를 취소시켰다.

독일 귀족은 헨리에 대한 존중이 전혀 없었기에 그의 부재중 새로운 왕을 선출했다. 내전이 발발했고, 힐데브란트는 1080년 누가 통치해야 할지 결정하기 위해 총회를 소집했다. 헨리는 힐데브란트가 자신의 정적 슈바벤의 공작 루돌프(Rudolph, 1057-1079)를 지지할 것이라 여겼기에 공의회가 회합 되지 못하게 했다.

결국, 힐데브란트는 그를 다시 출교시켰다. 헨리는 자신의 배후에 있던 대다수 독일 주교들과 함께 독일을 침공해 힐데브란트를 해임하고 망명 보냈다. 그리고 라벤나의 기버트(Guibert of Revanna)를 세웠고, 그는 대립 교황 클레멘스 3세(Clement III, 1080-1100)가 됐다. 그 후 클레멘스는 헨리에게 독일 왕관을 수여했다.

하지만 힐데브란트의 입장은 1122년 보름스 조약에 의해 비준됐다. 교회는 반지와 지휘봉(교회직의 상징들)을 수여하며, 군주가 기장(세속권력의 상징)을 수여한다고 결정했다. 그럼에도 실제 지명권은 여전히 교회의 손에 남아 있었다. 망명 중 사망했음에도 힐데브란트는 독일 왕에 도전해 승리를 쟁취했다. 교황은 유럽에서 가장 강력한 군주였다.

5. 교황 제국(Papal Monarchy)

알렉산더 3세(Alexander III, 1159-1181)는 부제급 추기경, 사제 추기경, 교황청 국장을 거쳐 교황에까지 올랐다. 선출 직후 독일과 갈등을 일으키기 시작했다. 알렉산더는 북이탈리아의 자유 도시를 대적한 신성 로마제국 독일 황제 프레드리히 바르바로사(Frederick Barbarossa, 1152-1190)의 군사 개입에 반대했다. 바르바로사가 군사 행동을 멈추라는 알렉산더의 명령을 무시하자 알렉산더는 그를 출교시켰다. 바르바로사는 그에 대한 보복으로 로마를 침공해 알렉산더를 일련의 세 대립 교황들, 빅토르 4세(Victor Ⅳ, 1159-1164), 파스칼리스 3세(Paschal Ⅲ, 1164-1168), 칼릭투스 3세(Calixtus Ⅲ, 1168-1178)로 대체시켰다.

알렉산더는 남이탈리아의 랑고바르드 연합을 지지했고, 이들은 1176년 레냐노전투에서 바르바로사를 패퇴시켰다. 바르바로사는 입지가 약해졌고 베니스 조약에 서명했다. 교황의 발아래 엎드려 용서를 구했다. 교황은 한 번 더 황제를 그의 무릎 아래로 집어넣었다.

알렉산더는 또한 영국의 헨리 2세(Henry Ⅱ, 1154-1189)와 반목한 것으로 알려진다. 헨리는 종교적인 사안에서 영국의 더 높은 수준의 자치권을 바랐다. 그는 1164년 클래런던 법전(Clarendon Code)을 통과시켜 성직자의 선출을 자신의 관할 아래 뒀고, 성직자는 교회 법정이 아니라 세속 법정에서 재판받아야 한다고 규정했다. 캔터베리 대주교 토마스 베켓(Thomas Becket, 1118-1170)은 헨리의 의결을 지지하지 않았고, 1170년 알렉산더도 왕을 출교시키도록 이해시켰다.

베켓은 후에 1170년 캔터베리대성당에서 4명의 왕의 기사들에 의해 살해당했다. 알렉산더는 베켓을 순교자로 높였고, 1173년 성인으로까지 추앙했다. 베켓의 유명세 때문에 헨리는 참회하고 그의 무덤 앞에서 머리 숙였다. 알렉산더는 영국에서 교황의 영향력을 강화했다.

이노센트 3세(Innocent Ⅲ, 1198-1216)는 13세에 교황으로 등극했고 역사상 가장 강력한 교황 중 하나였다. 그는 유력 로마 가문들과 친밀하게 결탁했고, 자칭 '그리스도의 대리자'(*vicarius Christi* 또는 vicar of Christ)라는 직함을 주창했던 최초 교황이었다. 그는 1215년에 교황 권력이 국가 위에 있다고 주장해 4차 라테란공의회를 소집했다.

이노센트는 교황이 하나님 아래 그리고 모든 인간 위에 있다고 봤다. 그러므로 모든 왕과 제후들의 권위의 뿌리가 교회에 있다고 주장했다. "태양과 달"로 알려진 유명 성명서에서 이노센트는 이렇게 선포했다.

우주의 창조자는 천계에 두 개의 발광체를 두셨다. 낮을 주관하는 더 큰 광명과 밤을 주관하는 더 작은 광명. 유사한 방식으로 보편교회의 영역, 즉 천국이라 일컬어지는 곳을 위해 두 위엄을 지명하셨다. 영혼을 주관하는 더 위대한 고관들(이들은 마치 낮을 주관하는 존재와 유사하다)과 육신을 주관하는 덜 위대한 고관들(이들은 마치 밤을 주관하는 존재와 유사하다)이다. 이 위엄들은 교황의 권위와 왕의 권력이다. 게다가 달빛은 태양에 기원을 두며, 규모와 성질에서 효과에서뿐 아니라 지위에서 달은 태양에 비해 열등한 것이 사실이다. 마찬가지로 왕의 권력은 교회의 권위에 기원을 둔다. 그 권위의 영역에 더 가까이 붙어 있으면 있을수록 그 빛의 광채는 약해진다. 더 멀리 떨어져 있을수록 광휘는 더 많이 뻗어 나간다.[4]

이노센트의 입장은 유럽 군주들에 의해 두 가지 사건으로 시험대에 올랐다.

첫째, 프랑스 왕 필립 아우구스투스(Philip Augustus, 1180-1223)의 이혼으로 촉발됐다. 필립은 덴마크의 잉게보르크(Ingeborg, 1175-1236)와 결혼했으나 하루 지나 잘못된 선택이었다고 후회했다. 프랑스 주교들에게 자신의 이혼을 승인하도록 했고, 메라니아의 아그네스(Agnes, 1196-1201)와 재혼하고, 잉게보르크를 수녀원으로 보냈다.

잉게보르크는 교황에게 탄원했다. 이노센트는 필립에게 잉게보르크가 진짜 아내이며 아그네스를 쫓아내야 한다고 판결 내렸다. 필립이 따르지 않자, 교황은 프랑스에 특시명령(特示命令, interdict, 로마법상 일종의 재산 압류 -역주)을 내렸다. 프랑스 국민은 몹시 싫어해 필립을 대적해 폭동을 일으키려 했다. 항복 외에는 다른 선택지가 없었다.

둘째, 이와 유사하게 영국의 왕 요한(John, 1199-1216)은 캔터베리의 대주교를 지명하려 했고, 이노센트는 영국에 금령을 선포하고 5년 동안 지속시켰다. 요한은 수도원과 교회들을 압류함으로 화답했다. 이노센트가 프랑스

---

[4] Innocent III, "The Sun and the Moon," *Documents of the Christian Church*, 3rd ed., ed. Henry Bettenson and Chris Maunder (New York: Oxford University Press, 1999), 123에 기록.

와 동맹을 맺어 침공하려고 준비하자 왕은 아무 말 없이 따라야 했다. 그 결과 영국은 1213년 교황의 봉신이 됐다.

이노센트 3세는 또한 프란체스코회와 도미니크회를 공인해 독신을 권장하고 성직 매매와 싸우며 교회 직분자들을 수도회와 수녀원에 정기적으로 방문하도록 했다. 그의 지도로 제4차 라테란공의회는 화체설을 공인했고, 평신도는 미사 중 오직 빵만을 받을 수 있으며, 잔을 받지 못한다고 결정했다. 그리고 미사 예식이 평신도가 은혜를 수납할 수 있는 방편이라고 봤다. 공의회의 결정문에서 이렇게 언급한다.

> 신자들에게 하나의 우주적 교회가 있으며, 이곳이 아니고서는 누구도 결코 구원에 이르지 못한다. 예수께서 그곳의 제사장이며, 희생 제물이시고, 그의 몸과 피는 빵과 포도주로 바쳐진 제단 위 성례 안에 계신 실체다. 거룩한 능력을 통해 빵은 몸으로, 포도주는 피로 변화해 실체화된다. 연합의 신비가 완성됨으로 우리는 주님의 실체를 통해 그분을 받아들이며, 주님도 우리와 연합하신다.[5]

모든 이들은 저어도 연중 한 차례 미사에 참여하도록 했으며, 나태한 성직자들에 대한 징계가 규정됐으며, 사제에 입문하는 규례가 법제화됐다. 공의회는 또한 성직자가 설교하며 미사를 집전하고 고해성사에 힘을 써야 한다고 강조했다. 성직 매매에 관해서는 명료한 답을 제시했다.

> 우리가 확실히 보아온 대로 부끄럽고 불의한 강탈과 청구가 많은 이에 의해 많은 형태로 자행되고 있다. 그들은 주교의 성직 수임, 대 수도원장의 축복 기도와 사제들의 안수식을 위해 성전에서 비둘기 파는 자들과 같다. 이것저것 그리고 그 외 이런 것을 위해 지급돼야 할 금액이 고정돼 있다. 어떤 이들은 심지어 오랜 기간 굳어진 관습에 기초해 이 치욕과 불의를 변호하는 길을

---

[5] 제4차 라테란공의회(1215), *Enchiridion Symbolorum Definitionum et Declarationum*, 33rd ed., ed. Henry Denzinger and Adolph Schönmetzer (Freiburg: Herder, 1965), 260.

걷고 있다. 이로 인해 그들은 자신들에게 저주를 더 하고 있을 뿐이다. 그러므로 이 큰 악행을 폐하려는 바람으로 우리 모두 부패라 불리는 그런 관습을 거절한다. 우리는 아무도 그런 일들을 강압하거나 그런 일들을 논의한다는 구실을 위해 어떤 것을 요구하거나 강요해서는 안 된다는 점을 분명히 판결하는 바다. 만약 그렇지 않고 완전히 저주받은 물질을 주거나 받는 자 모두는 게하시와 시몬처럼 저주 받을 것이다.[6]

이 밖에도 공의회는 주교들에게 자신의 소유지 내 이단을 색출해야 한다고 제안했다. 유대인들과 무슬림들은 이의 없이 스스로 증명할 수 있는 옷을 입도록 강제당했다. 이는 종교 재판소의 전례가 됐다.

6. 십자군

십자군 징집은 정치적이고 종교적이며 경제적인 정황에 동기가 있었다. 9개의 주요 십자군과 몇몇 부차적인 십자군이 있었다.[7]

십자군 발흥의 첫 번째 이유는 11세기 말까지 신성 로마제국 영토와 소아시아 대부분 지역을 망라한 셀주크 투르크족(Seljuk Turks) 즉 수니파 무슬림들의 위협 때문이었다. 선조들이 자행해 왔던 것처럼 그들은 그리스도인 순례자들에게 관대하지 않았다. 유럽에 파고든 이슬람의 정복 정책은 이제 분명한 가능성이 드러나고 있었다. 교황들은 이슬람의 진군을 막기 위해 강력한 노르만족에 기대어 충분한 전투력을 흡수하기 원했다.

십자군 발흥의 두 번째 이유는 공공의 적과의 전투에 있어 영주들을 연합시켜 서로 간 전투를 그치게 하려는 데 있었다. 실로 영주들은 종종 서로 전

---

6 제4차 라테란공의회(1215)의 선언문. *Medieval Religion: A Sourcebook*, ed. Roberta Anderson and Dominic Aidan Bellenger (New York: Routledge, 2007), 82에서 발췌.
7 학자들은 십자군 차수의 견해를 달리한다. 일부 학자들은 두 군사행동으로 구분하는 것을 다른 이들은 같은 군사행동을 두 가지 측면으로 이해한다.

쟁을 벌였고, 폭력의 문화가 퍼져 가고 있었다.

폭력을 억제하기 위해 교황들은 '하나님의 평화'와 '하나님의 휴전' 원칙을 제시했다. 하나님의 평화는 비무장인 자들은 공격받지 않아야 하며, 불필요한 폭력을 근절시켜야 하고, 성지들은 교회 때문에 훼손되지 않도록 보호받아야 한다는 조건이었다. 하나님의 휴전은 수요일과 일요일 사이 교회 행사 기간 또는 휴일에도 봉건 지주 간 전쟁을 일으킬 수 없다는 선언이었다.

위에서 제시된 특정 기간을 제외하고는 봉건 지주들이 서로 간 전투를 치를 수 있는 날은 연중 100일이 채 되지 않았다. 그런데도 이 규제가 전투를 멈추게 하지는 못했다. 기독교의 유럽은 하나로 묶을 공공의 적이 필요했다. 이슬람이 답이었다. 교황 우르반 2세(Urban II, 1088-1099)가 클레르몽공의회에서 첫 십자군을 징집시키며 이렇게 언급한다.

> 전에 성도들을 대적해 사적인 전쟁에서 사악하게 싸우는 데 익숙해 온 자들이 이단들과의 싸움에서 오랜 기간에 이어올 수밖에 없었던 전쟁을 승리로 이끌도록 합시다.[8]

중동으로의 순례 여행에 관한 그리스도인들의 재량을 보존해야 한다는 사안이 십자군에 기름을 부었다. 4세기 이래 그리스도인들은 성경 속 지역을 방문하기 위해 성지 순례를 다니고 있었다. 10세기까지 특정 지역들에 방문하는 순례 여행 체계가 구축됐다. 성지의 영역이 잘려 나가면서 교회가 성지 순례로 벌어들이는 수입도 잃게 됐다.

많은 국민이 십자군으로 참전했다. 왜냐하면, 교회는 십자군으로서의 참전이 연옥에서의 기간을 단축할 수 있다고 가르쳤기 때문이었다. 10세기가 돼 고해성사의 회개 체계와 의의 만족을 위한 행위 체계가 완전히 구축됐다.

의를 위한 행위는 현생에서 또는 연옥에서 성취될 수 있다고 봤다. 한 사람이 은혜의 상태로 사망했으나 아직 고백하지 못한 죄가 있었다면, 그 죄들

---

[8] 우르반 2세의 1095년 11월 26일에 내린 제1차 십자군 징집령. *Readings in Church History*, vol 1: *From Pentecost to the Protestant Revolt*, ed. Colman J. Barry (New York: Newman Press, 1960), 1:328에서 발췌.

은 하늘나라에 들어가기 전 모두 깨끗하게 씻겨야 했다. 연옥은 죄 씻음이 가능한 장소였다. 일정 기준이 충족되면, 교회가 한 영혼의 연옥에서의 시간을 단축할 수 있었다. 시간을 줄이는 가장 흔한 방식은 기도와 자선과 면죄부를 통한 것이었다. 면죄부의 일반적인 과정은 성지나 성당에 방문하고, 금액을 지급한 후, 그렇게 하지 않았다면 연옥에서 보냈어야 할 시간을 감한다는 면죄 문서를 받는 것으로 구성됐다.

십자군으로의 참전은 연옥에서의 기간을 줄일 수 있는 또 다른 방법이었다. 많은 사람에게 연옥에 대한 극심한 공포가 있었기에 그 화염을 피하려고 기꺼이 집을 멀리 떠나는 위험을 감수했다.

또한, 이 전쟁에는 경제적이면서 형사상의 동기도 있었다. 당시 대다수 유럽인은 농민들이었다. 그들에게 십자군에 가는 것은 일상의 싸움을 해결할 수 있는 소망이었다. 교황 군대의 일부로 음식과 돈을 받았고, 정복한 영토에 정착할 권리를 얻었다. 어떤 이들은 약탈을 통해 부를 축적할 기회로 삼았다. 왜냐하면, 십자군들은 공적인 인가 없이 무슬림들의 재산을 강탈할 수 있었기 때문이다. 물론 교회는 수입 일부를 상납받도록 했다.

또 다른 이들은 출옥하기 위해 십자군에 참전했다. 십자군에 지원함으로 투옥을 마치고 출소해 영적인 축복을 받을 수 있었다. 이런 이유가 열정적이고 심지어 거의 광적인 그리스도인들, 약탈을 통해 부자 되기 원하는 자들, 자신의 영토를 소유하기 바라는 자들, 범죄자들로 구성된 군대를 결성하게 됐다.

교황 실베스테르 2세(Sylvester II, 999-1003) 때부터 가톨릭교회는 성지에서 투르크족을 쫓아내려고 시도했다. 힐데브란트는 십자군을 유지하기 원했으나 헨리 4세와의 갈등이 막아섰다. 제1차 십자군은 비잔틴제국의 황제 알렉시우스 1세(Alexius I, 1081-1118)가 콘스탄티노플에 침공하고 있던 셀주크 투르크족을 대항하고자 도움을 요청하면서 힘을 받았다. 교황 우르반 2세(Urban II, 1088-1099)는 동방에서 영향력을 행사하려는 목적으로 클레르몽공의회 배석자들에게 순례자들을 위해 성지를 되찾아 오자고 제안했다. 신앙의 행위이기에 그는 폭력이 허용될 수 있으며 참전한 자들 모두에게 면책 특권을 부여하자고 제안했다. 우르반은 이렇게 선포했다.

육지나 바다 등지에서 이교도들을 대적해 벌인 전투의 여정에서 목숨을 잃는 다면, 그곳에 있던 자들의 죄는 바로 그 시간 면제받을 것이다. 나에게 부여된 하나님의 능력을 통해 참전하는 모든 자에게 이를 허락하는 바다.[9]

십자군들은 성지로 가는 길과 되돌아오는 길에서 붉은 십자가를 옷 뒷부분에 새기도록 했다. 우르반은 귀족과 기사만이 십자가를 들기를 바랐으나 이것은 실현되지 않았다. 그의 연설은 유럽 내 많은 소작농 출신 종교인들 가운데 종교적 광란을 유발했다.

제1차 십자군의 첫 출정의 구성은 거의 대다수 농민으로만 이뤄졌다. 은자(隱者) 피에르(Peter the Hermit, 1115년 사망)란 이름의 열렬한 수도사는 1096년 독일, 헝가리, 발칸반도 전역에서 우르반의 징집 요청에 응답했다. 이내 농민 40,000명은 식량 공급도 없이 성지로 진군했다. 그들은 행군하는 동안 도시에서 음식을 훔치고, 약탈하며, 수천의 유대인을 살해했다.

도시들도 맞대응했고, 병력 중 약 16,000명만 콘스탄티노플에 도착했다. 알렉시우스 1세는 자신의 통치 영역 밖 폭도들에 두려움을 느꼈다. 그는 곧 그들을 배에 태워 성지로 보냈다. 전혀 군사 훈련을 받지 못했기에 그들은 니케아 근처에서 터키 군대에 의해 몰살 당했다.

제1차 십자군의 두 번째 출정은 달랐다. 70만 명이나 참여한 임무였다. 지도자들은 프랑스 베르만두아의 위고(Hugo of Vermandois, 1053-1101), 벨기에의 고드프루아 드 부용(Godfrey of Bouillon, 1060-1100), 노르망디의 로베르(Robert of Normandy, 1054-1134) 등이었다.

십자군들이 소아시아의 몇 개 도시를 점령했고, 큰 희생을 감수하고 1099년 6월 15일 예루살렘을 함락했다. 그들은 잔인했고, 여성과 어린이들을 포함한 무슬림들과 유대인 옹호론자들을 살해했다. 예루살렘을 손아귀에 넣고 십자군들은 '라틴 제국'(Latin States)이라 알려진 왕국을 세웠다. 알렉시우스는 이를 기뻐하지 않았다. 그는 자신의 그리스도인 형제들을 돕되 비잔틴제

---

[9] *Readings in Church History*, vol 1: *From Pentecost to the Protestant Revolt*, ed. Colman J. Barry (New York: Newman Press, 1960), 1:328.

국의 전통적 영토를 포기한다는 약속은 포함돼 있지 않다고 생각했다. 이슬람군은 최초에 내부의 분열로 인해 십자군에 대항할 수 없었다. 연합을 이룬 후 이슬람 군대는 1144년 에데사를 재탈환했다.

제2차 십자군 원정(1146-1149)의 목적은 그리스도인들에게 에데사를 탈환하기 위함이었다. 클레르보의 버나드(Bernard of Clairvaux, 1090-1153)는 거의 광적인 방식으로 십자군에 입대하라고 도전했으며, 선조들은 참전해 죄 용서를 받았다고 상기시켰다.

이번 십자군의 지도자들은 독일의 콘라드 3세(Conrad III, 1137-1152)와 프랑스의 루이 7세(Louis VII, 1137-1180)였다. 십자군들은 아무것도 이루지 못했고, 에데사는 무슬림의 손에 남게 됐다. 반면, 서쪽에서는 십자군이 포르투갈 리스본에서 무슬림들을 몰아냈다. 버나드는 수치스러운 결과에 대해서 뿐 아니라 많은 십자군이 독일의 유대인들에게 자행한 잔혹한 처사를 비난했다.

제3차 십자군(1188-1192)은 1187년 예루살렘을 재탈환한 이슬람의 위대한 장군 살라딘(Saladin, 1138-1193)을 대적해 결성됐다. 한 세기 전 십자군들과 달리 살라딘은 도시 내 시민들 모두를 무자비하게 살해하지 않았다. 대신 몸값을 책정했다. 몸값이 지급되지 않으면, 노예로 팔았다.

이번 십자군에 참전한 군인들은 유럽에서 위대한 명성을 떨치던 몇몇 지도자들이었다. 독일의 프레데리히 바르바로사(Frederick Barbarossa), 프랑스의 존엄왕 필리프(Philip Augustus), 영국의 '사자왕' 리차드 1세(Richard I, 1189-1199) 등이다. 하지만 십자군들은 지도력에 기대한 만큼의 성과를 얻지 못했다. 바르바로사는 성지로 이동하던 중 익사했고, 필리프는 리차드와 언쟁을 벌인 후 프랑스로 회군했다.

리차드의 십자군들은 몇몇 소소한 승리만을 얻었고, 살라딘에게서 예루살렘 순례자들을 허용하도록 했을 뿐이었다. 영국 복귀 중 리차드는 조난돼 적이었던 독일의 군주 레오폴드 5세(Leopold V, 1177-1192)에게 잡혀갔다. 레오폴드는 몸값을 마련했던 신성 로마제국의 헨리 6세 황제(Henry VI, 1191-1197)에게 리차드를 넘겼다. 몸값이 전달되고 리차드는 결국 풀려났다.

제4차 십자군 원정(1200-1204)은 이집트를 탈환하려는 목적으로 이노센트 3세에 의해 촉발됐다. 십자군들은 그 대신으로 1204년 콘스탄티노플을 점령했고, 교황의 통제 아래 두고 1261년까지 그 상태를 지속시켰다. 콘스탄티노플의 보물, 유물, 심지어 순교자와 성자들의 유해를 로마로 보내거나 결국 유럽 전역에서 개인 소장품으로 흘러 들어갔다. 성(聖) 소피아성당도 약탈당했다. 이노센트는 콘스탄티노플 점령 당시 자행된 잔인한 행위를 비난했으나 도시를 교황의 관할 아래 두는 것을 주저하지 않았다. 기독교의 동·서방 분파의 화해라는 소망이 있었다. 그러나 콘스탄티노플의 약탈은 라틴 제국의 창립과 결부돼 있었고, 이 꿈은 무산됐다.

1212년, 소위 소년 십자군이 등장했다. 이노센트는 유럽 성인들은 이 임무에 합당하지 않다고 여겼다. 그래서 프랑스의 목동 소년 스티븐(Stephen of Cloyes)이 십자가를 지기 위한 어린이들을 징집한 것으로 알려진다. 그는 뛰어난 언변가로서 약 삼만 명의 소년들을 소집하기까지 한 것으로 전해진다. 독일에서는 쾰른의 니콜라스가 약 7,000명 이상 소집했다.[10]

몇몇 기록에 의하면, 스티븐과 니콜라스 군대의 평균 나이는 12세였다. 그렇지만 스티븐과 니콜라스는 군주와 교황에게 찬성하지 않았다. 사실 그들은 귀향할 것을 종용받았으나 아무 소용이 없었다. 결국, 십자군으로 참전할 것을 결정했다. 소년 중 아무도 성지에 가지 못했다. 그들은 귀향하거나 굶주림으로 사망하거나 이슬람 군대에 생포되거나 노예로 팔려갔다. 일부 학자들은 소년 십자군 징집이 가공의 이야기라고 주장한다.

제5차 십자군(1217-1221)은 담미에타(Damietta)를 점령했으나 이집트 카이로에서 패배해 항복해야만 했다. 십자군 원정 동안 아시시의 성 프란체스코(Saint Francis of Assisi, 1181 또는 1182-1226)가 담미에타 국경을 넘어 이슬람 술탄 알 카밀(Al-Kamil, 1180-1238)을 개종시키려 시도했다. 술탄은 프란체스코에 감동됐으나 기독교로 개종하지는 않았다. 그는 프란체스코가 십자군 야영지에 안전하게 복귀하도록 했다.

제6차 십자군 원정(1228-1229)은 신성 로마제국의 프리드리히 2세(Frederick II, 1220-1250)가 주도했다. 협정을 통해 그리스도인들이 예루살렘과 베들레헴

---

[10] 소년 십자군의 규모에 관해서는 다양한 견해가 있다. 어떤 자료들은 약 50,000명까지 높게 추정한다.

과 나사렛에 출입할 수 있게 했다.

제7차 십자군 원정(1248-1254)은 성전 기사단이 선동해 출범돼 패배로 종말을 고했다.

제8차 십자군 원정(1270)은 프랑스의 루이 9세(Louis IX, 1226-1270)가 주도했으며, 시리아를 이슬람으로부터 해방하려 했다. 루이는 튀니지에서 병으로 사망했으며 십자군들은 시리아에 아예 도착하지도 못했다.

제9차 십자군 원정(1271-1272)은 십자군과 몽골족이라는 어울리지 않는 연합군에 의해 주도됐다. 몇 차례 승리를 거뒀으나 결국 패배했다. 안디옥(1268), 트리폴리(Tripoli, 1289), 아크레(Acre, 1291)가 함락됐고, 이슬람 군대는 성지에서 그리스도인들을 추방했다.

7. 십자군의 결과들

십자군 원정은 주요 목적을 이루지 못했다. 성지 내 몇 도시들을 정복했으나 결국 이슬람에 의해 재탈취 당했다. 십자군은 잔인했고, 좁게는 가톨릭교회에, 넓게는 기독교 전체에 심각한 타격을 입혔다. 유럽의 유대인들에게 자행된 폭력은 수 세기 동안 존재했던 반유대주의를 부추겼다. 예루살렘의 비무장 이슬람/유대인 시민들을 불필요하게 살해했고, 사자왕 리차드는 아크레 시민을 몰살시켰으며, 이 외 십자군들도 무슬림들을 잔인하게 다루었다. 이는 불신과 폭력을 잉태해 21세기까지 이어오고 있다.

십자군 원정은 또한 가톨릭교회에도 영향을 미쳤다. 군사 개입의 필요가 있으면, 이제 교황은 유럽 왕들에게 요청할 수 있었다. 면죄부 판매는 더해 갔다. 십자군들이 예루살렘으로부터 온갖 종류의 유물을 가져오면서 유물 숭배는 성행했다. 그리스도의 면류관 가시, 십자가 나뭇조각, 심지어 그리스도가 입었던 성의라고 여긴 유물이 유럽행 길에 올랐다. 이슬람이 성지를 재탈환하자 유물의 유입은 멈췄고 먼저 유럽에 흘러들어왔던 물품의 가격이 폭등했다.

성전 기사단과 구호 기사단(Hospitalars)과 같은 수도회군이 창립돼 성직자들이 미사를 집례하는 것보다 신앙을 위해 전쟁하는 것을 더 선호하게 됐다.

콘스탄티노플의 함락과 라틴 제국의 설립은 동방교회와 서방교회 간의 관계에 돌이킬 수 없는 상처를 남겼다.

십자군 원정은 유럽의 봉건 제도를 약화했다. 기사와 귀족들이 영지를 떠나 십자군으로 참전했을 때, 왕은 대체로 영토 내에 머물렀다. 많은 귀족은 재산을 신흥 중산 계급에 매매해 십자군을 위한 재정을 확보했다. 어떤 이들은 십자군 원정 중 사망했는데 중산층이 그들의 영토를 매수했다. 신(新)중산층의 도움과 문제투성이 귀족 계급이 사라짐으로 왕들은 국가를 자신의 통제 아래로 집중시켰다. 그 결과로 국민국가들의 발흥은 교황에의 충성과 경쟁하며 때로 국가를 향한 지나친 충성이라는 강한 정서를 양산했다.

긍정적으로는 십자군 원정은 그리스도인 지주들 사이의 봉건 전쟁을 그치게 했고, 대다수 유럽을 연합시키는 데 일조했다. 베니스를 필두로 상업과 무역이 증가했다. 아라비아어, 그리스어, 히브리어에 관한 관심이 새로워졌고, 이슬람 제국의 진보된 의학과 수학이 유럽 사회에 흘러들었다. 학문의 유입은 르네상스를 위한 길을 열었다.

8. 이단들을 대적한 십자군 원정

교회는 또한 후방에서 이단과 싸웠다. 교황 이노센트 3세는 1209년 프랑스와 이탈리아의 알비파(Albigenses, 프랑스 남부 알비 지방에 성행했던 마니교적 이원론을 기초로 한 이단 분파 -역주) 또는 '카타리파'(Cathars)를 대적해 십자군을 소집했다. 많은 면에서 카타리파는 초대교회의 영지주의와 유사했다. 그들은 극단적 이원론을 신봉했으며 영이 육보다 뛰어나다고 가르쳤다. 그런 이유로 결혼과 성생활을 금했다. 카타리파는 교황의 군대에 의해 몰살당했고, 결국 1244년 몽세귀르 전투에서 패배했다. 항복하거나 개종하지 않으려는 자들은 화형당했다. 카타리파는 15세기에 이르러서 소멸했다.

발도파(Waldenses)는 프랑스 리옹에서 1177년 피터 발도(Peter Waldo, 1218년 사망)가 창립했다. 그들 스스로 '그리스도의 빈민들'이라 불리는 것을 선호했다. 가톨릭교회가 제거하기로 한 또 다른 이단이었다. 진짜 이단이었던 카타리파와 달리 발도파는 가톨릭교회 개념에서만 이단적이었다. 그들의 교리 중 많은 부분은 개신교에 의해 받아들여질 만했다.

발도파는 가톨릭교회의 분열이 타락을 조장한다고 믿었다. 그들은 교회를 예수의 가르침 특히 산상수훈과 신약성경의 원리로 회복시키려 했다. 그들은 하나님 외 다른 이를 향한 맹세를 금지했으며 그만한 가치가 없는 성직자에 의해 집례 된 성례는 무익하며 경건한 평신도라면 누구나 성례를 집례할 수 있고 가난은 고결하다고 가르쳤다.

또한, 연옥, 죽은 자를 위한 미사, 유물, 성상, 초상화, 성인 숭배를 인정하지 않았다. 1179년 황제 알렉산더 3세(Alexander III, 1159-1181)는 그들이 설교하거나 가르치고 성경 주해하는 일을 금지했다. 그들은 따르지 않았고, 1215년 이단으로 규정됐다.

이후 400년 동안 발도파는 가톨릭교회의 종교 재판의 광풍에 휘말렸고, 숨어서 예배해야 했다. 이노센트 8세(Innocent VIII, 1484-1492)는 그들의 전멸을 명령했다. 후에 같은 해 도피네(Dauphine)와 피에드몽(Piedmont) 지역에서 한 십자군이 결성돼 수천의 발도파 살해가 자행됐다. 유사한 십자군이 1545년 프로방스(Provence)에서 등장했다. 사실상 전멸했던 카타리파와 달리 발도파는 남이탈리아로, 후에 남아메리카로 도망해 생존했고, 많은 경우 성공했다. 그들이 개신교 종교개혁을 환영한 것은 자명한 결과였다.

제13장

수도원 제도, 스콜라 철학, 유럽의 최종 정복

교회-국가 간 갈등과 십자군이 900-1300년 동안 지배했다. 하지만 다른 중요한 사건들도 발생했다. 클뤼니파, 시토회, 도미니크회, 프란체스코회와 같은 신생 수도회들은 교회에 활력을 불어 넣어 이 시기가 메마르지 않을 수 있었다. 고등 교육이 번창했다. 스콜라 철학은 아리스토텔레스 철학에 방점을 두고 유럽의 대학들을 변화시켰다.

그러나 스콜라 철학의 학문적인 특성에 대한 반작용도 만만치 않았다. 많은 그리스도인이 스콜라 철학이 제공해 주는 것보다 더욱 개인적이고 직관적인 하나님과의 관계를 원했다. 그들은 신비주의에 의지했다.

1. 수도원 제도

프랑스 동부의 첫 번째 수도원은 아키텐의 군주인 윌리엄 1세(William I, 875-918)에 의해 클뤼니(Cluny)에 조직됐으며, 베르노(Berno, 850-927)가 첫 수도원장으로 섬겼다. 두 번째 수도원장인 오도(Odo, 927-942)의 지도 아래서 클뤼니의 위상은 높아져 갔다. 클뤼니는 지역의 귀족이나 주교가 아닌 오직 교황만을 따를 것을 요구했다. 클뤼니파 수도사들은 하나님을 섬기기 위해서는 자신들의 독립성이 필요하다고 믿었다.

모든 클뤼니파 수도원은 클뤼니의 수도원장의 지배 아래 있었다. 그들은 베네딕투스수도회의 규칙을 따랐지만 그들의 경건함을 보장하기 위해 더 많은 제약을 추가했다. 수도사들의 이동은 금지됐고 독신으로 남아야 했으며 성직 매매를 엄격히 금했다. 다른 개혁 성향의 성직자들은 그들의 윤리적 기준들과 영적 관리법을 모방했다.

클뤼니의 수도사들은 교회력에 위령의 날(All Souls Day, 11월 2일)을 추가한 데에 책임이 있었다. 또한, 그들은 '하나님의 평화'를 지지했으며 전쟁 중인 영주들이 반드시 그것을 지키도록 도왔다. 이런 점에서 클뤼니파 수도사들은 비전투원들, 순례자들, 여성들과 교회 재산을 지키는 것을 도왔다.

클뤼니파 수도사들은 부유했다. 수도사들이 가난의 서약을 했음에도 그들의 제단은 보석으로 장식한 컵들로 꾸며졌고 나뭇가지 모양의 촛대들은 금과 은으로 만들어졌다. 미사를 드릴 때 클뤼니파 수도사들은 질 좋은 리넨 예복만을 입었다. 또한, 그들은 기름지게 먹었다. 닭구이와 그들이 소유한 포도원에서 생산한 포도주가 주식이었다. 이런 남용은 결국 수도회의 쇠퇴로 이어졌다.

시토회는 1098년 몰렘의 로버트(Robert of Molesme, 1028-1111)에 의해 부르고뉴 지방의 시토에 세워졌다. 하지만 그들의 진정한 영적 아버지는 세 번째 수도원장이었던 영국인 스테파노 하딩(Stephen Harding, 1134)이었다. 그들은 흰색 예복을 즐겨 입었고, 그 때문에 '흰색 수도사들'로 불렸다. 자율성(자치성)을 지키기 위해 각 시토회 수도원은 설립자의 관리하에 있었다.

시토회는 베네딕투스수도회의 규칙을 해석하는 데 있어 클뤼니파 수도사들보다 더욱 엄격했다. 그들은 교회를 장식하지 않았고, 필요할 때 외엔 침묵했으며, 육체 노동을 강조했다. 시토회 수도원들은 명상을 위해 외진 지역들에 있었다. 또한, 시토회 수도사들은 성모 마리아 숭배에 몰두했으며, 중세 후기에 교회에서 그녀의 위상은 높아졌다. 시토회 수도원 제도는 1300년이 되자 프랑스 전역에 퍼져 있었다. 시토회 수녀원들도 잉글랜드와 프랑스 전역에 설립됐다.

클레르보의 버나드(Bernard of Clairvaux, 1090-1153)는 12세기 초부터 중반까지 가장 유명한 시토회 수도사이었다. 그의 불같은 설교와 카리스마는 프랑스 클레르보에 세워진 자신의 수도원을 포함해 여러 수도원의 설립으로 이끌었다. 버나드는 교황들이 그의 지지를 구할 정도로 매우 지대한 영향력이 있었다. 그는 교황 선출의 안정을 도왔고 왕들을 꾸짖으며 성직자들을 질책했다.

또한, 그는 2차 십자군의 선도적인 지지자였다. 팔레스타인을 찾는 순례자들의 고통과 거룩한 장소들의 신성 모독에 대한 그의 설교는 수천 명이 십자군에 입대하도록 만들었다. 버나드는 스콜라 철학을 좋아하지 않았으며, 약 1140년경 스콜라학자인 피에르 아벨라르(Peter Abelard, 1079-1141)를 정죄하는 사안에 있어 큰 책임이 있었다. 그는 또한 유대인 박해를 공개적으로 반대한 소수의 성직자 중 한 명이었다.

십자군은 전쟁을 위한 수도사들을 양산했다. 이 수도사들은 순결과 복종, 가난에 대한 관례적인 서약을 했으나 믿음을 지키기 위해 무기를 들었다. 구호단은 초기에는 성지로 가는 도중 발병된 순례자들을 돌보는 역할을 했지만, 나중에는 군사작전의 역할이 더해졌다. 템플 기사단은 1118년에 설립됐다. 원래는 성지를 방문하는 순례자들을 보호하기 위해 세워졌으나 나중에는 이슬람을 대항하는 강력한 전투 부대가 됐다. 기사단은 전투에서 높은 기량으로 유명했으며 무슬림 군대들은 그들을 두려워했다.

십자군 전쟁이 끝났을 때 이들은 유럽의 첫 은행가들이 됐다. 프랑스 왕 필립 4세(Philip IV, 1285-1314)는 거액의 부채를 갚는 것을 피하고자 1307년 10월 13일 금요일 템플 기사단원들을 체포했으며 이단으로 정죄해 그들 대부분을 처형했다. 13일의 금요일에 대한 미신은 아마 이 사건에 뿌리를 두고 있는 듯하다.

2. 탁발 수도사

탁발 수도사들은 사람들이 주는 선물들에 의지해 살아갔기에 '구걸하는 형제들'로 불렸는데 이들은 다른 수도사들과는 달랐다. 재산을 소유하지 않았고 절대적인 가난의 서약을 했으며 빈곤한 자들에게 설교하고 무슬림들과 이단자들을 개종시키기 위해 애썼다.

수도원의 지붕 덮인 회랑에 자신들을 고립시키기보다는 오히려 세상 속에서 노동했다. 그들은 사제들이 아니었기 때문에 성직자회의 구성원이 아니었다. 이러한 이유로 그들은 교부가 아닌 수사들(형제들)로 알려졌다. 탁발 수도사들은 교황의 권위만을 인정했다. 가장 유명한 탁발수도회는 도미니크회와 프란체스코회다.

도미니크 구즈만(Dominic Guzman, 1172-1221)에 의해 창시된 도미니크회 또는 '검은 수사들'(Black Friars)은 처음에 자신들의 소명을 이교의 알비파와 발도파에게 정통 교리를 전하는 것으로 규정했다. 구즈만과 그의 동료들은 설득과 경건 모범을 통해 몇몇 알비파 여성들을 가톨릭 신앙으로 돌아오게 했고 그들을 위해 1206년 프랑스 프로이유(Prouille)에 수녀원을 열었다.

그 후 구즈만은 그의 첫 번째 수도원을 1214년 프랑스 툴루즈(Toulouse)에 설립했다. 1216년에 그는 교황 호노리오 3세(Honorius, 1216-1227)로부터 '설교자들의 수도회'를 설립할 수 있는 허가를 받았다. 그들은 설교하고, 전도하며, 이단자들을 참된 교회로 돌아오게 해야 했다. 도미니크회 수도사들은 유럽, 아시아, 아프리카에서 전도했으며 탐험가들과 정복자들과 함께 신대륙에 도착했다.

도미니크회 수도사들은 지식에 대한 목마름 때문에 유럽 최고의 대학들에서 수학했다. 토마스 아퀴나스(Thomas Aquinas, 1225-1274)는 아마 가장 영향력 있는 도미니크회 지성인일 것이다. 기독교의 신비적인 측면에 대한 도미니크회의 강조는 마이스터(대가[大家]) 에크하르트(Eckhart, 1260-1327)와 시에나의 성 카타리나(Saint Catherine of Siena, 1347-1380)의 철학을 위한 틀을 제공했다.

그들의 가톨릭 정통 교리와 교황의 지위에 대한 충성심 때문에 도미니크회 수도사들은 종교 재판에서 중요한 역할을 행사했다. 1184년 교황 루치오 3세(Lucius II, 1181-1185)는 주교들에게 이단자들과 유대인들을 찾아 뿌리 뽑도록 요구했다. 1224년 황제 프리드리히 2세(Frederick II, 1220-1250)는 회개하지 않는 이단자들의 화형을 명했고, 1231년에 교황 그레고리우스 9세(Gregory IX, 1227-1241)는 관행을 지속했다. 도미니크회 수도사들은 자주 종교 재판관의 역할을 담당했다.

종교 재판소의 대부분 사역은 스페인, 포르투갈, 독일연방국에 중심을 뒀다. 종교 재판으로부터 가장 쉽게 피해를 본 표적은 개종의 진정성을 종종 의심받던 유대교와 이슬람의 개종자들이었다. 종교 재판 중 가장 끔찍한 사건들은 1484년 스페인에서 시작해 1834년까지 공식적으로 끝나지 않았다. 가장 악명 높은 스페인 종교 재판관 중 한 명은 도미니크회 소속 토마스 드 토르케마다(Thomás de Torquemada, 1429-1498)였다. 그는 이천 명의 이단자와 유대교 신자에 화형 선고를 내린 것으로 전해진다.

종교 재판관들은 주로 도미니크회 수도사이었고 미리 알리지 않은 채 지역 사회에 찾아가 그곳의 주민들에게 의심되는 이단자들을 익명으로 신고하도록 권장했다. 피의자들은 자신의 혐의가 무엇인지 좀처럼 알 수 없었으나 무죄를 입증하도록 압박받았다.

 인노켄티우스 4세(Innocent IV, 1243-1254)의 승인으로 인해 피의자의 심문은 고문과 함께 동반됐는데, 이는 자주 거짓 자백을 끌어냈다. 만약 어떤 사람이 유죄를 시인한다면 그 사람은 보통 속죄를 한 뒤 풀려날 수 있었다. 자신의 신념을 버리기를 거부하는 자들은 종종 산 채로 태워졌다. 때때로 수십 명의 이단자가 한 번에 동시에 화형당했다. 종교 재판은 이단자들을 뿌리 뽑았을 뿐 아니라 교회에 재원을 더했다. 누군가 이단자를 발견했을 경우 교회는 그의 재산을 몰수했다. 도미니크회의 많은 유산은 종교 재판의 시행 덕택에 가능했다.

 프란체스코회는 아시시의 프란체스코(Francis of Assisi, 1182-1226)에 의해 세워졌다. 프란체스코는 부유한 가정 출신으로 그게 걸맞은 특권을 즐겼다. 아시시 군(軍)에서 복무했으며 1201년 페루지아에게 붙잡혀 전쟁 포로로 1년을 보냈다. 그는 석방된 뒤 아시시로 돌아왔고 1년 동안 몸이 아팠다. 회복됐을 때 그는 앞선 삶에 대한 모든 갈망을 잃어버렸다.

 이느 날 아시시 근처의 성 다미안교회에서 기도하던 중, 그는 그리스도께서 자신의 '무너져가는 집'을 고치도록 부탁하시는 것을 들었다고 믿었다. 그는 아버지의 재산 중 일부를 팔아서 교회를 다시 세웠다.

 그 후 그는 로마로 떠나는 성지 순례에 착수했다. 그는 마음에 감동해 로마의 성 베드로성당 밖에 있던 한 거지에게 자신의 옷을 주기도 했다. 되돌아온 뒤 자신의 재산을 나누고 수도사 안토니우스처럼 자신의 삶을 하나님을 섬기는 데 바쳤다.

 하지만 고독 속에 살았던 안토니우스와 다르게 프란체스코는 대중들에게 설교할 열한 명의 제자를 모았다. 그의 온화한 영혼과 새들에게 하는 설교, 크리스마스 탁아소의 대중화로 유명했다. 그는 그리스도가 태어난 세상의 선함을 사랑했으며 자연을 칭송하는 노래들을 작곡했다. 가톨릭 전통에 따르면 프란체스코는 십자가 위 예수의 것과 유사한 손과 발의 상처인 성흔을 소유했던 최초 인물이었다.

그들의 창시자처럼 프란체스코회 수도사들은 설교와 가난, 그리스도의 사랑을 드러내 보이는 것, 교황의 권위에 순종하는 것에 헌신했다. 모든 여행에서 맨발로 걸었고, 누울 수 있는 곳이라면 어느 곳에서나 잠을 잤다. 그들은 항상 "주님이 당신께 평안을 주시길!"이라고 인사했다. 도미니크회 수도사들과는 다르게 프란체스코회 수도사들은 그리스도인 공동체에 대한 교육적 헌신을 강조했다.

프란체스코회 수도사들은 유럽과 무슬림 아시아, 북아프리카에서 설교하거나 노동하는 등 여러 모습으로 등장했다. 교황 이노센트 3세는 1209년에 프란체스코회를 승인했고 프란체스코회 수도사들이 수녀회를 시작할 수 있도록 1212년에 승인했다. 그들의 설립자인 아시시의 클라라(Clare, 1194-1253)의 이름을 따라 수도회는 가난한 클라라들로 알려졌다.

프란체스코는 1221년에 세 번째 수도회를 만들었다. 그들은 '속죄의 형제자매회'로 불리며 프란체스코회 삶의 원칙들을 지켰으나 결혼할 수 있도록 허용했다.

3. 스콜라 철학

중세의 성당학교들은 인문학을 강조했다. 그들의 가르침에는 3학(문법, 논리, 수사학), 4학(산수, 기하, 음악, 천문), 고급 학과인 신학이 포함됐다. 1100년경 신학 교육은 두 진영으로 나뉘지기 시작했다. 수도원 학교들은 문자적인 성경관과 교부들의 가르침을 강조하는 한편, 성당학교들은 신학을 보완하기 위해 철학을 활용했다. 이 성당학교들은 곧 볼로냐, 파리, 옥스퍼드, 케임브리지에 있는 대학들처럼 위대한 중세 대학들로 발전했다. 스콜라 철학은 대략 1050년부터 1350년까지 그들의 교육학을 지배했다.

스콜라 철학은 그것을 가르친 '스콜라 학자'(schoolmen)에서 파생된 이름이다. 스콜라 철학은 성경과 교부들의 저작들, 그리스·라틴 고전학을 조화시킴으로써 가톨릭 신학을 보호하고 강화하려고 했다. 그들은 올바른 논증이 성경의 진리들을 분명히 밝혀줄 것이며 더 생기가 넘치는 영성에 이바지할 것이라고 자신했다.

첫 번째 새로운 천 년에는 기독교 신학자들의 철학자로 플라톤을 선호했다. 아우구스티누스는 플로티노스(Plotinus, 204-270)의 신플라톤주의를 받아들여 그것을 기독교에 적용했다. 신플라톤주의는 개별 사실들을 탐구하고 일반적인 원리들을 발견하는 것을 통해 문제를 분석하는 연역적 추론을 이용했다. 육체에 대한 영혼의 우월성에 대한 플라톤 철학 개념은 기독교의 교리들과 일치하는 것으로 대부분 스콜라 철학자들이 신봉했다.

12세기에는 아리스토텔레스의 글들이 아랍의 철학자 아베로에스(Averroes, 1126-1198)와 함께 스페인으로 유입됐다. 비잔틴제국 역시 아리스토텔레스의 몇몇 저작물들을 보존하고 전달했다. 그의 철학은 귀납적이었다. 일반적인 사실에서 시작해 그것을 개별적인 사례들에 적용한 뒤 일반적인 것을 특정한 것에 비교해 새로운 진리로 규정했다.

아리스토텔레스의 네 종류의 원인(물질적, 형식적, 효율적, 최종적)은 중세의 사고방식에 도전했다. 물질적인 원인은 물체가 무엇으로 만들어지는지를 언급했다. 형식적 원인은 그것의 모양이나 생김새를 언급했다. 효율적 원인은 그것을 바꾸거나 움직이는 외부적인 힘들을 언급했다. 최종적 원인은 그것의 목적과 끝이나 목표였다.

기독교 스콜라 철학에서 하나님의 계획은 최종적 원인이었다. 아리스토텔레스에 대한 새로운 관심에도 스콜라 철학은 플라톤 철학적 이거나 아리스토텔레스 학파적으로 될 수밖에 없었다. 가장 중요한 스콜라 학자들은 켄터베리의 안셀무스(Anselm, 1033-1109), 피에르 아벨라르(Abelard, 1079-1142), 토마스 아퀴나스(Thomas Aquinas, 1225-1274), 존 둔스 스코투스(John Duns Scotus, 1265-1308), 윌리엄의 오캄(Ockham, 1280-1349)이었다.

스콜라 철학의 방법은 더 앞선 권위자들의 찬반양론에 대한 질의와 평가를 수반했다. 스콜라 철학 안에는 실재론과 유명론이라는 두 가지 경쟁적 사고 체계가 있었다. 실재론자들은 보편적인 범주들(색상, 모양, 크기)이 창조 이전에 독립적으로 하나님의 사고 속에 존재했다고 주장한다. 온건파 실재론자들은 플라톤보다 아리스토텔레스로 더 기울어졌다.

유명론자들은 추상적인 개념이나 보편적 진리들이 사람의 정신에 의해 만들어졌으며 독립적인 실재를 갖지 않는다는 관점을 유지했다. 유명론자들에 의하면 보편적인 진리들은 형이상학적인 실재이기보다는 단지 언어로 구성된 생각에 불과했다. 유명론자들은 개개인이 기관들보다 우세하다고 주장했다. 마틴 루터는 가톨릭교회에 반대해 이 신념을 그의 주장에 포함했다.

안셀무스는 북이탈리아에서 태어나, 베네딕토회 수도원에서 교육을 받았으며 1093년 켄터베리의 대주교가 됐다. 그는 실재론자이자 최초의 참 스콜라 학자였다. 그의 사상 중 많은 부분이 플라톤주의에 기반했다.

안셀무스는 이성적 사유가 세상에 대한 이해를 증진할 수 있다고 가르치는 한편, 제대로 이성적 추론을 하기 시작할 수 있으려면 먼저 하나님의 계시 된 진리에 대한 믿음이 필요하다고 가르쳤다. 그의 좌우명은 '이해를 추구하는 신앙'이었다. 그는 구원의 방법과 같이 계시가 없이는 사람이 알 수 없는 많은 것이 있다고 주장했다.

『모놀로기온』(*Monologion*, 1076)에서 안셀무스는 하나님의 존재를 원인에서 결과로 논증해 가는 것을 통해 증명했다. 사람이 즐기는 선한 모든 것들은 하나의 지고선으로부터 파생된 것들의 반영이었다. 최고선은 하나님이었다. 안셀무스는 『프로슬로기온』(*Proslogion*, 1077-1078)에서 귀납적 논증을 사용해 하나님의 실재에 대한 그의 존재론적 논증을 전개했다.

> 존재하지 않음을 인지할 수 없는 특별한 존재는 전적으로 인지할 수 있다. 그리고 이는 부존재도 인지할 수 있는 존재보다 더욱 위대한 존재일 수 있음이 분명하다는 것을 시사한다. 그러므로 더욱 위대한 것을 인지할 수 없는 그 실체를 부존재로 인지한다면, 더 위대한 존재를 인지할 수 없는 바로 그 실체는 더 위대한 것을 인지할 수 없는 바로 그것이 아니므로 이것은 모순이다. 그렇기에 더 위대한 존재가 인지될 수 없는 무언가가 존재하며, 그것이 존재하지 않는다는 것은 인지 불가능하다는 것은 진실로 옳다. 그리고 그 존재는 바로 우리 주 우리 하나님이시다![1]

---

1 Anselm *Proslogion*, *Documents of the Christian Church*, 3rd ed., Henry Bettenson and Chris Maunder (New York: Oxford University Press, 1999), 151에 기록.

『하나님은 왜 인간이 되셨는가?』(Cur Deus Homo)에서 안셀무스는 스콜라 철학의 원리들을 죄와 구원에 적용했다. 그는 죄가 하나님의 의를 위반했으며 인간은 하나님의 의가 만족할 때까지 구원받을 수 없었다고 말했다. 모든 인간이 죄를 범하고 불의했으므로, 하나님은 죽음을 통해 사신의 의로운 요구들을 만족시키기 위해 예수님을 보내시고 인류 구원의 문을 여셨다. 이것은 속죄의 만족설(보상설)로 불렸으며 안셀무스의 기독교에 대한 가장 큰 공헌 중 하나가 됐다. 동방교회들은 안셀무스의 학설을 거부했다. 그는 1720년에 '교회의 스승'이라는 칭호를 얻었다.

프랑스 신학자 피에르 아벨라르(Peter Abelard, 1079-1142)는 기독교가 믿음과 이성 모두에 의존한다고 믿었다. 그는 온건한 실재론자였으며, 이는 그가 유명론과 실재론의 중간 진영을 믿었다는 것을 의미한다(하지만 많은 학자는 그가 유명론자라고 생각했다).

아벨라르는 보편적 진리들이 정신의 영역 밖에 존재한다는 생각을 거부했지만 단지 언어로 구성된 개념에 불과한 것 또한 아니라고 주장했다. 그는 그것들이 마음속에 실제로 존재한다고 말했다. 보편적 진리들은 지각과 특정한 존재들 사이의 중에 참조된 유사성에 의해 정립됐으며, 그것을 창조하신 하나님의 마음에 있는 원형을 식별할 수 있다. 이 이론은 개념론으로 알려졌다.

또한, 아벨라르는 의심의 철학을 믿었다.

> 이런 종류에 관해서는, 그것들이 연구돼오지 않았던 이상, 자신 있게 말하는 것이 아마 어려울 것이다. 실제로, 특정한 사실들에 대해 의심하는 것은 이 점이 없을 수가 없다. 우리는 의심하는 것을 통해 탐구하게 되고, 탐구하는 것을 통해 진리에 닿기 때문이다. 진리 그 자신은 말한다.
> "찾으라 그러면 찾아낼 것이요 문을 두드리라 그러면 너희에게 열릴 것이니."[2]

---

[2] Ray C. Petry, *A History of Christianity: Reading in the History of the Church* (Grand Rapids: Baker, 1962), 1:396에서 인용.

아벨라르는 자신의 가장 영향력 있는 글인 '긍정과 부정'(Sic et Non)에 의심의 철학을 적용했다. 본서에서 그는 158개의 명제를 그 각각 연관된 교부들의 가르침들(보통 모순되는)과 함께 열거했다. 그는 이렇게 반대되는 주장들을 짚어냄으로써 문제들에 대한 새로운 답들을 끌어낼 학문적인 토론을 촉진할 수 있길 바랐다.

하지만 아벨라르를 깎아내리는 많은 사람은 교회의 교리에 도전한다는 이유로 그를 비난했다. 그의 주요 비평가였던 클레르보의 베르나르는 아벨라르의 견해들이 삼위일체, 속죄, 원죄에 대한 잘못된 해석들로 이어진다고 주장했다. 약 1141년경 '상스 공의회'(The Council of Sens)는 아벨라르의 명제 중 16가지를 정죄했다. 이 사건은 그를 무너뜨렸고, 그는 1년 뒤에 죽음을 맞이하게 될 한 수도원으로 물러났다. 현재 아벨라르는 그의 철학보다는 그의 학생 엘로이즈(Heloise, 약 1101-1164)와의 비극적인 불륜으로 더 기억되고 있다.

토마스 아퀴나스는 몬테 카시노와 나폴리대학에서 교육을 받은 도미니칸 수도사였고, 온건한 실재론자였으며, 스콜라 철학가 중 최고봉이었다. 아퀴나스는 신학과 아리스토텔레스주의를 통합시키고자 했다. 하나님의 존재를 증명하는 데 양쪽 모두를 사용할 수 있다고 믿었다. 그는 각 사람의 혼이 불멸하며 유일무이하다고 가르쳤다. 사람의 지식은 감각의 경험에 기반하고 있지만, 정신의 본능적 능력도 동시에 작용했다.

계시는 정보를 얻기 위한 정신의 주요 원천이었다. 자연 계시는 큰 가치가 있지만, 그것은 하나님과 구원의 방식을 완전히 드러낼 수는 없었다. 특별 계시는 성경과 교부들, 공의회를 수단으로 해 하나님에게서 왔다. 인간에게 죄, 성육신, 삼위일체와 같은 신학적 개념에 대한 이해를 선사한다.

아퀴나스에게 그리스 철학자들은 소중하지만, 그들은 그리스도나 성경에 대한 지식을 가지고 있지 않았기 때문에 영적 현실에 대한 완전한 지식을 얻기에는 부족했다.

아퀴나스는 이성과 계시가 각각 하나님의 존재를 입증하기에 충분하다고 믿었다. 그는 하나님의 존재에 대해 신 존재증명이라고 알려진 다섯 가지 유명한 주장을 만들었다.

① 어떤 것들은 움직이고 있으며, 스스로 움직일 수 있는 것은 아무것도 없다. 운동하게 하는 자의 무한퇴행은 불가능하기에 운동하도록 만드는 첫 번째 제일의 원동자가 있어야 한다(하나님).

② 어떤 것들은 원인이 있으며, 스스로 만들어 내는 것은 아무것도 없다. 원인의 무한퇴행은 있을 수 없다. 그렇기에, 첫 번째 원인이 있어야만 한다(하나님).

③ 우리가 세상에서 관찰하는 것들이 실재하지 않는 것이 가능하며, 그것들은 항상 존재해 온 것이 아니다. 즉 그것들은 우연한 존재들이다. 만약 세상의 모든 것이 우연한 존재라면, 아무것도 존재하지 않았던 시점이 있었을 것이다. 하지만 만약 그런 시점이 있었다면, 무엇이라도 존재하게 할 그 어떤 것도 없었을 것이기 때문에 현재 아무것도 존재하지 않았을 것이다. 그것은 명백히 모순되기에 항상 존재해 왔고 그 존재가 다른 그 어떤 것에도 의존적이지 않은 필연적인 존재가 있어야만 한다(하나님).

④ 세상은 선과 아름다움의 다양한 등급들을 가지고 있다. 이것은 완전함에 대한 궁극적인 기준이 있다는 것을 암시한다(하나님).

⑤ 사물들은 목적에 따라 활동한다. 이것은 지적인 능력의 특성이지만, 사물들은 지적인 능력을 갖추고 있지 않다. 그렇기에 모든 사물이 그것들의 목적을 향해 갈 수 있도록 지도할 지적인 존재가 있어야만 한다(하나님).

『신학대전』(*Summa Theologia*)은 아퀴나스의 가장 큰 영향력을 가진 책이었고 그의 체계를 가장 잘 설명해 줬다. 그는 이 방대한 글에서 하나님의 본성, 삼위일체, 하나님을 향해 나아가고자 하는 인간의 갈망에 대한 복잡한 세부사항들을 설명했다. 마지막 부분에서 그는 온건한 실재론을 일곱 성례에 적용했고 어떻게 그것들이 하나님이 인류에게 은혜를 불어넣는 통로들이 되는지를 입증했다. 그 은혜의 수납자들은 사랑이 가능해지며, 하나님은 그들의 삶 속에서 일하신다. 『신학대전』은 신학적 걸작이며 가톨릭 신앙의 최고의 주해라는 명성을 얻어오고 있다.

또한, 아퀴나스는 '공로의 보고'(Treasury of Merit)라는 이론을 발전시켰다. 성인이 죽으면 그 또는 그녀는 연옥을 벗어나는 데 필요한 것보다 더욱 큰 공로를 갖게 된다고 믿었다. 이 여분의 공로는 공로의 보고에 담기게 된다. 그러면 교회는 그 보고에서 꺼내어 부족한 이들에게 적용할 수 있었다. 공로의 보고 개념은 면죄부 제도에 불을 놓았고, 개신교 종교개혁에 이바지했다.

존 둔스 스코투스(John Duns Scotus)는 가장 위대한 프란체스코회 신학자였다. 그는 이성과 신앙(아리스토텔레스주의와 아우구스티누스주의)이 서로 연관돼 있으나 뚜렷이 구별된다고 믿었다. 그는 인간이 자연적인 이성적 사유를 통해 형이상학 원리들과 신학적 원리들을 알 수 있지만, 신적 계시가 인간들이 그것들을 확신할 수 있게 만든다고 가르쳤다.

스코투스는 하나님이 인간을 인도하시는 한편, 인간은 하나님의 인도를 거부할 수 있다고 믿었다. 인간은 하나님을 사랑하고자 하는 성향을 가지고 있으나 꼭 그렇게 해야만 하는 것은 아니라고 말했다. 스코투스는 르네상스 인문주의자들이 매우 좋아했던 표적이었다. 그들은 시대에 뒤쳐졌다고 여겨지는 이론들을 고수하고 있다며 그의 추종자들을 조롱했다. '바보 모자'(dunce cap)는 둔스 스코투스의 이름에서 유래된 단어였다.

후에 옥스퍼드대학교의 교수가 된 한 학생, 윌리엄 오캄(William of Ockham)은 프란체스코회 수도사이자 유명론자였다. 그는 믿음과 이성이 보통 양립할 수 없으며 인간은 신학의 진리들을 증명할 수 없다고 주장했다. 하지만 신학은 성경에서 나왔기 때문에 진리로 받아들여져야만 한다.

오캄은 그의 철학에서 보편적 진리의 개념을 제거했다. 정신적 구성에 불과하다고 봤기 때문이다. 그의 이론 중 '오캄의 면도날'로 알려지게 됐던 이론은 복잡함이 더 나은 설명을 제공하지 못한다면, 단순한 이론이 더 우월하다고 주장했다.

4. 신비주의

중세 후기가 되자 가톨릭 예배의식은 극도로 의식화됐다. 성찬식 외에는 그리스도인이 하나님과 교감할 기회가 매우 적었다. 신비주의는 많은 사람을 위해 이 딜레마를 해결해 줬다. 신비주의의 지지자들은 하나님과의 더 친밀한 만남을 추구했다. 그뿐만 아니라 신비주의는 교회가 필요하지 않았다. 이는 홀로 실천할 수 있었다.

대부분 경우에 신비주의 과정은 세 단계로 이뤄졌다.

첫 번째 단계는 정화인데, 혼이 씻어지는 단계다.
두 번째 단계는 깨달음이었고, 신자는 교회와 말씀의 진리들의 생생한 이해를 얻을 수 있다.
세 번째 단계는 하나님과 하나가 되는 것이며 종종 황홀경 가운데 이뤄진다.

신비주의의 경험은 무아지경, 기적, 환상의 형태로 나타났다. 황홀경은 일시적이었지만 일반적으로 신자의 여생 전체에 영향을 끼쳤다.

신비주의는 새로운 것이 아니었다. 위-디오니시우스(5세기 후반)[3]와 같은 초대교부 중 많은 이가 하나님께 닿기 위해 신비주의적 방법을 언급했다. 그의 영향력 있는 저작들 『성직 위계에 관해』(*Ecclesiastical Hierarchy*), 『천상의 위계에 관해』(*The Celestial Hierarchy*), 『신의 명칭들에 관해』(*On Divine Names*)에서 그는 그리스도인의 삶의 목표는 영혼이 하나님을 향해 올라가는 것이라고 가르쳤다.

14세기의 신비주의자들은 보통 성 보나벤투라(Bonaventure, 1217-1274)의 예를 따랐다. 그는 모든 인간 지식은 하나님의 무한한 지식과 비교할 때 아무것도 아니라고 주장했다. 영적 지식의 가장 높은 등급은 오직 하나님이 초자연적인 깨달음을 주실 때만 성취될 수 있으며, 이는 기독교 진리들에 대한 지각을 가능하게 한다. 가장 중요한 14세기의 신비주의자들은 마이스터 에크하르트(Eckhart, 1260-1327), 존 타울러(John Tauler, 1300-1361), 토마스 아 켐피스(Thmas à Kempis, 1380-1471), 시에나의 카타리나(Catherine, 1347-1380), 노리치의 줄리안(Julian, 1342-1417)이었다.

---

[3] 위-디오니시우스는 한때 행 17:34에서 바울에 의해 언급된 아레오바고의 관리 디오누시오라고 봤다.

마이스터(대가) 에크하르트는 독일인 도미니크회 수도사로서 파리에서 가르쳤으며 에어푸르트, 스트라스부르, 쾰른에서 영향력 있는 목회적 위치를 점하고 있었다. 에크하르트는 신플라톤주의에 크게 영향을 받았다. 그는 하나님이 모든 존재의 근원이시며 인간은 하나님과의 융합을 노력해야 한다고 주장했다. 하나님께 닿기 위해서는, 즉 로고스와 연합하기 위해 육체로부터 분리돼야 했다. 이것은 영적 황홀경으로 나타나며 인간과 하나님의 본질이 융합되게 할 것이다. 하지만 신플라톤주의에 대한 그의 의존성은 그가 이단이자 범신론자라는 비난을 받게 했다.

도미니크회 수도사이자 '하나님의 친구들'의 회원인 존 타울러는 에크하르트에게 영향을 받았다. '하나님의 친구들'은 독일의 라인 지방에서 있었던 운동으로써, 그 지지자들은 내면의 신비적인 변화를 위해 가톨릭교회의 정교한 예배를 거부했다. 타울러는 가톨릭교회의 예전에는 의미가 거의 없으며, 하나님을 통해 갖는 내면의 경험이 영혼에 유익하다고 믿었다. 그러한 경험은 사람이 후에 외형적 삶에서 하나님을 섬길 수 있게 해 줬다. 타울러의 설교들은 관용과 겸손을 강조했다.

네덜란드에서는 토마스 아 켐피스가 공동생활형제회와 관련되고 '데보티오 모데르나'로 알려진 개혁 운동을 주창했다. 이 형제회는 수도회 서원을 따르지 않았고 세속적인 직업들에 계속 종사하도록 장려했다. 그들은 아주 높은 영적 목표들로 잘 알려져 있다. 또한, 십자가 사건에 대한 열정적인 묵상이 하나님과의 소통을 가져다줄 것이라 믿었다. 그의 책 『그리스도를 본받아』(Imitation of Chist)에서 토마스는 그리스도의 사랑과 영적 헌신이 사람을 겸손하면서도 실제적인 방법들로 섬길 수 있게 이끈다고 가르쳤다.

> 모든 것을 뒤로 한 채, 자기 자신 또한 뒤로 해 철저히 자신을 버려야만 하며, 자신의 이익을 위한 것들과 자기중심적인 방법들을 모두 남김없이 버리고 떠나야 한다. 그리고 그가 해야만 한다고 알고 있는 것들을 모두 다 해냈을 때, 그가 아무것도 한 것이 없다고 믿게 해야 한다. 다른 이들이 그를 칭찬할 때 그가 속지 않게 하며, 오직 하나님의 겸손한 종인 것만을 솔직하게 인정하도록 하라. 진리이신 분이 말씀하셨다.

"이와 같이 너희도 명령 받은 것을 다 행한 후에 이르기를 우리는 무익한 종이라 할지니라."

그때서야 그는 영적으로 진정 가난해지고 아무것도 걸치지 않은 상태가 될 것이며, 선지자와 함께 말하게 될 것이다.

"나는 혼자며 가난하다."

그렇지만, 자신의 삶 전체를 하나님께 드리고 다른 이들을 깊은 겸손과 사랑으로 자유롭게 섬길 수 있는 사람보다 더욱 부유하고, 더 강력하고, 더 자유로운 사람은 없다.[4]

평신도 도미니크회 수사인 시에나의 카타리나는 그녀의 환상들로 유명했다. 그녀는 여섯 살 때 예수님이 자신을 향해 미소 짓고 있는 환상을 봤다고 주장했다. 그리고 일곱 살 때는 순결서약을 하라는 두 번째 환상을 경험했다. 그녀의 부모는 그녀가 언젠가 결혼하기를 바라는 마음에 그 서약을 기뻐하지 않았으며, 그녀가 그들의 집에 머무르도록 요구했다. 그녀는 어린 시절 동안 금식과 고행을 했으며 부모가 시키는 대로 계속 순종했다. 그들은 그녀가 열여섯 살 때 속죄의 도미니크회에 들어가는 것을 허락했다. 스무 살 때 카타리나는 전염병에서 살아남은 생존자들을 돌보라는 지시의 환상을 받았다고 주장했다. 그녀의 저술 『대화』(Dialogues)는 400개의 편지와 기도문을 담고 있다.

영국의 신비주의자인 노리치의 줄리안은 노리치교회의 성벽 밖에 살았다. 그녀는 서른 살 때 질환으로 심한 병치레를 하는 중에 그리스도의 수난과 동정녀 마리아의 환상을 봤다고 주장했으며 그녀의 책 『단문』(Short Text)에 이를 묘사했다. 그녀의 책 『하나님의 사랑의 16가지 계시들』(Sixteen Revelations of Divine Love, 약 1393)[5]에서 그녀는 하나님의 사랑을 모든 곳과 모든 것에서 볼 수 있다고 말했다. 이것을 깨달을 때 인간은 완전한 기쁨에 도달할 수 있었다.

줄리안은 하나님을 남성적이면서도 여성적으로 인식했다. 그녀의 가장 유명한 주장 중 하나는 예수님이 성체를 통해 신실한 자들에게 영양분을 공급

---

[4] Thomas à Kempis, *The Imitation of Christ*, Robert A. Baker and John M. Landers, *A Summary of Christian History*, rev. ed. (Nashville: B&H, 1994), 170에서 인용.

[5] 본서는 여성에 의해 기록된 최초 영문판 도서로 알려졌다.

하시는 어머니시라는 것이다.

> 어머니는 자녀에게 마실 수 있는 우유를 줄 수 있다. 하지만 우리의 소중한 어머니 예수님은 우리를 자기 자신으로 먹이실 수 있다. 그는 성체, 곧 진정한 삶의 귀중한 음식으로 그렇게 우리를 자상하고 상냥하게 먹이신다.[6]

5. 여타 유럽에서의 개종

많은 교황에게 거룩한 열망이 부족했음에도 불구하고 기독교는 계속해서 성장했다. 965년(958-약 986) 국왕 해럴드 블루투스(Harold Bluetooth)의 개종을 따라 덴마크는 기독교를 받아들이기 시작했다. 스웨인 왕(Sweyn, 985-1014)과 카누테 대제(Cunute the Great, 1014-1035)의 통치 아래, 덴마크에서는 이교도가 퇴색하고 기독교가 호의를 받는 종교로 부상했다.

노르웨이에서 기독교는 나라의 수호성인이 된 올라프 하랄드슨 왕(Olarf Haraldson, 1016-1030)의 개종과 함께 퍼져 나가기 시작했다. 올라프는 이교도인들을 강제로 개종시켰고 국가교회의 초석을 놓았다. 노르웨이는 곧 '말뚝'이나 나무로 된 교회들로 알려졌다.

독일인 선교사들과 수도사들이 보헤미아와 폴란드에 기독교를 소개했다. 10세기 초반에 보헤미아의 공작 바츨라프 1세(Wenceslaus I, 907-935)는 그의 영토 안에서 기독교를 전파했다. '선한 왕 바츨라프'는 935년에 순교했으며 보헤미아의 수호성인이 됐다. 전설에 따르면 그는 구호품을 가난한 자들과 과부들에게 자주 나눠줬고 눈 속을 맨발로 걷는 경건을 실천했다. 폴란드에서는 미치슬라프 1세 왕자(Mieczyslaw I, 약 930-992)가 기독교를 부흥시켰다. 그는 966년에 세례를 받았으며 그의 나라를 로마의 속국으로 만들었다.

---

[6] Julian of Norwich, *God Our Mother*, *Medieval Religion: A sourcebook*, ed. Roberta Anderson and Dominic Aidan Bellenger (New York: Routledge, 2007), 233에 기록.

제14장

교황의 쇠퇴와 르네상스

1300년과 1517년 사이에 서구 세계는 거꾸로 뒤집혔다. 교황들이 자신의 악한 행실에 발목 잡혔고 유럽을 강하게 사로잡고 있던 교황의 지위는 극적으로 느슨해졌다. 한때 경쟁자였던 두 교황이 각자 자신이 베드로의 진정한 영적 계승자라고 주장하기도 했다. 나중에는 세 명의 교황들이 모두 가톨릭 교회의 책임자 자리를 주장했다.

이에 더해 14세기 중반에는 흑사병이 유럽 중부를 피폐하게 만들었다. 하지만 이런 어두운 시기 속에 배움과 예술에 대한 인식, 개인주의의 정신, 완전히 새로운 기독교를 위한 기초 작업의 부활이 싹트기 시작했다.

1. 교황의 쇠퇴

샤를마뉴 대제의 왕국을 따라 만들어진 유럽의 기독교 제국의 개념은 각각의 고유한 정체성, 관습, 신념을 가진 민족 국가의 발흥과 함께 쇠퇴하게 됐다. 백성과 성직자들은 교황보다 자신들의 왕에게 더 깊은 충성심을 가졌다. 보니파티우스 8세(Boniface Ⅷ, 1294-1303)의 교황직은 유럽에서 교황 지배권 종말의 문을 열었다. 그의 교황 임기의 시작은 좋지 않았다. 추기경 위원회가 나눠졌고, 그가 선출되는 데 2년이 소요됐다.

그 뒤에는 프랑스 왕 필립 4세(Philip Ⅳ, 1285-1314)와 논란에 휘말렸다. 잉글랜드와 싸우기 위한 자금이 필요했던 필립은 왕정이 성직자들에게 세금을 부과할 권리가 있다고 믿었다. 보니파티우스는 교황 칙서 클레리키스 라이코스(Clericis Laicos)로 필립을 파문시키겠다고 위협했다. 그는 칙서에서 그 어떤 세속적인 권력도 교회 재산을 점령하거나 교회 당국자들에게 세금을 부과할 권리가 없다고 주장했다.

이런 위협에도 불구하고 보니파티우스가 필립을 겁주는 것은 불가능했다. 그는 교황이 프랑스 주교들에게 지시를 내릴 권리에 이의를 제기했으며, 보복성으로 프랑스로부터의 자금 공급을 막았기 때문이다. 절반이 넘는 프랑스 성직자들이 교황에 반기를 들고 왕정의 편에 섰다. 또한, 필립은 자신의 위치를 강화하기 위해 자신을 지지해 주는 의회를 만들었다. 보니파티우스는 굴복할 수밖에 없도록 강요받았다.

1302년 보니파티우스의 교황 칙서인 '거룩한 하나의 교회'(Unam Sanctam)는 또 다른 대립을 촉발시켰다. 교황 권력의 쇠퇴에도 불구하고 이 칙서는 여전히 교회가 국가보다 우위에 있다고 선포했다. 세속 권세 스스로가 자신들의 직분을 지키지 않는다면, 교회에 보호의 책임이 있다고 봤다. 그 누구도 심지어 왕조차 교황의 권위에 반항하면서 동시에 진정한 그리스도인이 될 수는 없었다.

> 그러므로 교회와 그 권세는 "보라 내가 오늘 너를 여러 나라와 여러 왕국 위에 세웠다"는 예레미야의 예언이 성취된 것이다. 그렇기에 만약 세속 권세가 실수를 범한다면 영적 권세에 의해 판단 받아야 한다. 만약 더 낮은 권세가 실수를 범한다면 더 큰 권세에 의해 판단을 받는 것이다. 하지만 만약 가장 큰 권세가 실수를 범한다면 그것은 사람이 아닌 오직 하나님으로부터만 판단을 받게 된다. 사도의 증언은 "신령한 자는 모든 것을 판단하나 자기는 아무에게도 판단을 받지 아니하느니라"라고 말씀하고 있기 때문이다. 이 권위는 사람에게 주어지고 행해지지만 인간적이기보다는 신적인 것이다. 하나님의 입으로부터 베드로에게 주어졌으며, 그가 고백한 그분 안에서 그와 그의 계승자들을 위해 반석 위에 세우셨고, 주님께서 베드로에게 "네가 땅에서 무엇이든지 매면 하늘에서도 매일 것"이라고 친히 말씀하셨다. 그렇기에 누구든 이 권세 곧 하나님의 성직자에게 저항하는 것은 하나님의 법령에 저항하는 것이다. 더욱이, 우리는 모든 피조된 인류가 로마 교황에게 복종하는 것이 구원에 반드시 필요하다는 것

을 공포하고, 진술하며, 규정하고, 선언하는 바이다.¹

가톨릭교회의 비평가들은 이 칙서를 정치 생활을 통제하기 위한 교황의 시도로 봤다. 미국에서는 '거룩한 하나의 교회'의 유산이 1928년 대선 후보 앨 스미스(Al Smith, 1873-1944)를 패배시키는 데 한몫했다. 또 다른 가톨릭 대선후보였던 존 F. 케네디(John F. Kennedy, 1917-1963)는 1960년에 비슷한 운명을 가까스로 피했다.

그의 당선을 확실히 하기 위해 어떤 이들은 후에 클레멘스 5세(Clement V, 1305-1314)가 되는 베르트랑 드 고트(Bérard de Got, 원서에는 Gui Faucoi[클레멘스 4세의 본명]로 나와 있으나 역사상 클레멘스 5세의 본명은 베르트랑 드 고트이며, 그의 재임 시기가 아비뇽 유수의 시기다 -역주])가 프랑스의 필립 4세와 결탁했다고 본다. 필립 4세는 프랑스 추기경들에게 클레멘스 5세를 지지하라고 지시하겠다고 약속했던 것이다. 프랑스 추기경들의 지지와 함께 그가 당선됐지만 이탈리아 성직자들의 저항에 부딪히게 됐다. 그로 인해 그는 1305년에 교황령을 로마에서 프랑스 푸아티에로 이전시켰고, 1309년에는 아비뇽으로 옮겼으며, 1377년까지 유지됐다. 프란체스코 페트라르카(Francesco Petrarch, 1304-1374)는 이 시기를 '교회의 바벨론 포로기'로 칭했다.

로마에서는 더욱 그러했는데, 아비뇽 교황들은 굉장히 호사스러운 사치 속에 살았다. 친족 등용과 성직 매매가 만연했다. 클레멘스는 그리스도가 아무 소유도 갖지 않았으므로 그의 교회 또한 그러해야 한다고 주장한 네 명의 프란체스코회 지도자들을 화형에 처했다. 페트라르카는 그가 아비뇽에서 본 것을 이렇게 묘사했다.

> 우리는 거룩한 고독 대신에 범죄의 한 주최자와 가장 악명 높은 추종자 군중을 본다. 술 취하지 않는 것은 고사하고 음란한 연회와, 경건한 순례는 고사하고 기이하고 더러운 태만을 발견한다. 사도들의 맨발 대신 도둑의 새하얀

---

1 Boniface Ⅲ, Unam Sanctum, *Documents of the Christian Church*, 3rd ed., ed. Henry Bettenson and Chris Maunder (New York: Oxford University Press, 1999), 127에 기록.

군마들, 금으로 장식되고 금으로 먹여지며 곧 금을 신게 될 말들이 우리를 지나쳐 날아간다. 만약 주님께서 이 비열한 사치를 점검하지 않으신다면 말이다. 요컨대 우리는 반드시 거꾸러져 경배해야만 하며, 뇌물을 바치지 않는 한 다가갈 수도 없는 페르시아와 파르티아 왕들 한가운데 있는 듯하다.[2]

클레멘스는 또한 성전 기사단을 진압해 필립 4세가 그들에게 진 빚을 삭감했다. 모든 면에서 필립과 프랑스의 이익에 굴복함으로 클레멘스는 다른 군주들과 성직자들, 그리고 신자들이 보기에 교황 지위의 위상을 떨어뜨렸다.

2. 서방의 분열(1378-1417)

시에나의 카트리나의 요청에 따라 그레고리우스 11세(Gregory XI, 1370-1378)는 1377년 로마로 다시 돌아갔다. 1378년 그레고리우스의 죽음 이후 우르반 6세(Urban VI, 1378-1389)가 교황으로 선출됐다. 그는 교회 지도자들이 로마 평신도들을 더 잘 대변할 수 있도록 추기경회를 개혁할 것이라고 선언했다.

프랑스 추기경들은 시위를 벌여 교황을 다시 아비뇽으로 보내기를 촉구했다. 그러자 우르반은 프랑스 추기경들이 자신을 따르지 않으면 파문하겠다고 위협했다. 그들은 아비뇽으로 돌아가서 우르반의 교황 직책 무효를 선포했다. 그리고 우르반 6세를 선출했던 프랑스 추기경들은 그의 당선을 부인했으며 클레멘스 7세(Clement VII, 1378-1394)를 선출했다. 아비뇽에서 다스렸던 클레멘스는 부역 행위, 성직 매매, 재물 강요로 알려졌다.

아비뇽 유수는 프랑스, 스코틀랜드, 나바르, 카스티야, 아라곤, 사이프러스, 나폴리로부터 지지를 받았다. 로마 교황청은 잉글랜드, 스칸디나비아, 북이탈리아, 아일랜드, 신성 로마제국과 포르투갈의 지지와 함께 다스렸다.

1409년 피사 종교 회의는 서방교회의 분열을 끝내려고 회집됐다. 위원

---

[2] Francesco Petrarch, *The Papal Court at Avignon*, Robert A. Baker and John M. Landers, *A Summary of Christian History*, rev. ed. (Nashville: B&H, 1994), 157에서 인용.

회는 아비뇽과 로마의 추기경으로 구성됐다. 아비뇽 교황인 베네딕토 13세(Benedict XIII, 1394-1423)와 로마 교황 그레고리우스 12세(Gregory XII, 1406-1415)는 참석을 거부했다. 위원회는 500명이 넘는 성직자 회원들이 두 교황 모두를 물러나게 했으며 알렉산더 5세(Alexander V, 1409-1410)를 참 교황으로 선택했다. 알렉산더 5세는 1410년 요하네스 23세(John XXIII, 1410-1415)에 의해 승계됐다. 이제 세 명의 교황이 존재했고, 각각 오직 자신만이 적법하다고 주장했다.

분립에 피곤해진 보헤미아와 독일의 왕이자 신성 로마제국의 미래의 황제인 지기스문트(Sigismund, 1433-1437)와 요하네스 23세는 콘스탄츠공의회(Council of Constance, 1414-1418)를 소집했다. 29명의 추기경들과 100명의 법학과 신학 박사들, 134명의 수도원장들, 183명의 주교들과 대주교들이 참석했다.

큰 규모의 이탈리아 추기경들의 대표단이 선거를 지배하지 않게 하기 위해 공의회는 독일과 프랑스, 이탈리아, 영국이 각각 하나의 투표권을 갖도록 결정했다. 그 행위가 법적 구속력을 지닐 수 있도록 모든 네 권력들이 이에 찬성해 투표해야만 했다. 그레고리우스 12세는 간음과 살인의 혐의로 사임했다. 대신 그는 투스쿨룸의 주교로 불렸다. 공의회는 베네딕토 13세와 요하네스 23세를 물러나게 하고 마르디누스 5세(Martin V, 1417-1431)를 선출했다.

공의회는 서방의 분열을 종식시켰고 공의회수위설의 실행 가능성을 입증했다. 위기의 때에는 교황의 개입 없이 교회의 의사 결정 권한이 공의회에 있다는 주장이 담긴 역동적인 운동이었다. 공의회의 결정은 이 점을 명백하게 밝힌다.

> 이 거룩한 콘스탄츠공의회는 적법하게 성령 안에서 모였다는 사실, 교무 총회를 이뤄 가톨릭교회를 대표한다는 사실, 그렇기에 그리스도로부터의 직접적인 권한을 갖는다는 사실을 먼저 선언한다. 또한 교황 자신을 포함한 어떤 지위와 조건하에 있더라도 믿음, 분열의 종식, 그리고 하나님의 교회의 책임자와 회원들의 개혁과 관련해 모두 이에 복종해야만 한다.[3]

---

[3] 1415년 4월 콘스탄츠공의회 선언문, *Sacrosancta. Documents of the Christian Church*, 149에 기록.

또한, 콘스탄츠공의회는 이단 문제를 다루었다. 공의회는 존 위클리프(John Wycliffe, 1329-1384)의 유해를 발굴해 영국 루터워스 근처의 스위프트강에 뿌리고 그의 책들을 태우라고 명령했다. 하지만 그의 유산과 저작들은 살아남았다. 옥스퍼드 학생이자 교수였던 위클리프는 윌리엄 오컴에게 영향을 받았고, 필요할 때는 오컴의 면도날을 사용했다.

위클리프는 교회를 본연의 영적 사명으로 되돌리고 잉글랜드 민족주의를 고취시키기를 갈망했다. 그는 잉글랜드와 지속적인 전쟁 관계에 있는 프랑스라는 한 나라의 통제 아래에 있기 때문에 그에게 돈을 줘서는 안 된다고 주장했다. 이 자금은 잉글랜드에서 더 유용하게 활용될 수 있었다. 위클리프는 잉글랜드 중산층으로부터 많은 지지자들을 얻었다.

『시민의 주권』(Of Civil Dominion)에서 그는 도덕적인 교회 리더십을 주장했다. 이것을 위해 그는 모든 부도덕한 성직자들을 몰아내고 그들의 교회 재산을 몰수해 국가에 귀속시켜야 한다고 믿었다. 또한 그는 그리스도인들이 부도덕한 교황은 따르지 않아도 된다고 말했다. 그는 아비뇽 교황들이 탐욕과 야망을 가졌다고 지적했다. 그는 파문의 위협 이어 곧 잉글랜드 전역에서의 특시 명령조차 신경 쓰지 않았다.

위클리프는 유형교회 곧 로마교회가 꼭 필연적으로 참된 신자들만으로 구성된 것이 아니라고 믿었기 때문에 참된 신자들의 무형교회를 강조했다. 그렇기에 로마를 필요로 하지 않았으며 파문은 쓸모없는 위협이었다.

위클리프는 유물, 성인 숭배, 성지 순례를 반대했다. 그는 무의미한 약속과 같은 면죄부를 경멸했다. 루터가 되풀이한 말에 따르면, 그는 이렇게 진술했다.

> 죄지은 자들의 형벌을 경감시켜줄 뿐 아니라 면죄 선언과 면죄부의 도움을 그들에게 승인함으로써, 그들이 절대 연옥에 가지 않고 거룩한 천사들에게 명령해 영혼이 몸으로부터 분리될 때 천사들이 오히려 지체 없이 영원한 섬으로 영혼을 데려갈 것이라는, 거의 한계도 없이 사람을 구원할 수 있는 힘을 주장하는 것을 고려할 때, 그들이 말한 대로가 맞는다면, 나는 교황의 면죄부가 분명한 신성 모독이라고 고백한다. 처음부터 그들은 하늘에 쌓인 무한한 여분의 성인들의 공로가 있다고 가정하며, 무엇보다도, 무한한 수의 다

른 세계들까지 구원하기에도 충분한 우리 주 예수 그리스도의 공로와 이 모든 보물을 넘어서 그리스도께서 교황을 보내셨다고 가정한다. 둘째로, 이를 분배하는 것은 그의 기쁨이며, 그리하여 무한한 규모로부터 그것을 무한한 성도로 나눠준다고 가정한다. 남은 양이 무한힐 것이기 때문이다. 이 오만한 신성 모독에 반대해 나는 통렬히 비난했다. 교황이 그분의 인성과 신성보다 더욱 찬송받고 하나님이라 칭해지는 것 이상으로 높이 찬양받는 것이기에 이 교리는 그리스도에 대한 복합적인 신성 모독이다. 이는 사도의 선언에 의하면 적그리스도의 특징에 동조하는 주장이다. 머리 둘 곳도 없으셨던 그리스도 위에 교황이 가이사랴의 힘을 지니는 것이기 때문이다.[4]

1379년 위클리프는 성만찬 시 그리스도께서 육체적으로 출현하시는 것이 아니라 영적으로 임재하시는 것이라고 주장하며 화체설 교리를 맹렬히 비난했다. 화체설에 반대를 주장하자 그의 후원자들이 돼 줬던 귀족들은 지지를 철회했다.

교회에 대한 위클리프의 가장 큰 공헌은 성경의 영어 번역이었다. 가톨릭 교회는 자신만이 성경을 해석할 수 있다고 선언했고, 위클리프는 가톨릭의 공식 번역들이 교회의 이익을 보호하기 위해 편파적으로 이뤄졌다고 추정했다. 이러한 이유로 위클리프는 성경의 영어 번역을 선도하기로 결정했다. 번역가들은 신약성경 번역을 1382년에 완수했고, 헤리퍼드의 니콜라스(Nicholas. 1380-1390)는 구약성경을 1384년에 마쳤다. 위클리프의 팀은 라틴어를 번역했지만 원어인 그리스어와 히브리어를 번역하지는 않았다.

위클리프를 향한 중산층과 귀족들의 지지가 점점 감소함에 따라 그는 1382년 루터워스의 목사관에 구금됐다. 하지만 그의 작업은 그의 제자들에 의해 지속됐고, 그들은 롤라드파(Lollards)라고 알려지게 됐다.

리처드 2세(Richard Ⅱ, 1377-1399)가 보헤미아의 앤(Anne, 1366-1394)과 결혼한 이후 보헤미아 학생들은 영국대학에서 공부하기 시작했으며 그곳에서

---

4 John Wycliffe, *On Indulgences, Great Voices of the Reformation: An Anthology*, ed. Harry Emerson Fosdick (New York: Modern Library, 1952), 23-24에 기록.

위클리프의 가르침들을 접했다. 그들이 보헤미아로 돌아왔을 때, 위클리프의 교리를 함께 가져왔으며 이는 널리 알려지게 됐다. 얀 후스(Jan Hus, 1373-1415)는 롤라드파에 영향을 받았다. 그도 콘스탄츠공의회에서 정죄당했다.

프라하대학의 학생이었고 나중에는 총장이 된 후스는 위클리프와 같은 선상에서 보헤미아교회를 개혁하기 원했다. 후스는 설교와 저작을 통해 화체설과 면죄부를 반박했고, 가톨릭교회의 역사가 콘스탄티누스보다 오래되지 않다고 주장했다.

또한, 그리스도인의 유일한 권위는 성경뿐이라고 진술했다. 1412년 그의 『면죄부에 대한 질문』(De absolutione a pena et culpa, De absolutione a pena et culpa는 위클리프의 책이고, 후스는 이것을 번역해 Quaestio magistri Johannis Hus de indulgentiis를 출판했다 -역주)에서, 그는 그 어떤 누구라도, 심지어 교황조차 교회의 이름으로 다른 이들로 하여금 검을 들도록 명령할 권리를 가지고 있지 않다고 주장했다. 『교회론』(De ecclesia, 1413)에서 그는 교황이 교회의 머리라는 것을 부인했으며, 이는 오직 그리스도의 특권이라고 주장했다.

후스는 콘스탄츠공의회에서 그의 신념들을 변호할 수 있는 안전한 방법을 제안받았다. 하지만 거기서 그는 체포됐고, 자신의 주장을 철회하기를 명령받았다. 이를 거부했고 1415년 7월 6일에 화형에 처해졌다. 하지만 그의 가르침들은 그 자신을 후스파(Hussite)라고 불렀던 마틴 루터에 의해 울려 퍼졌다.

후스의 추종자들은 타보르파(Tabortes)로 알려지게 됐다. 타보르파는 성경에서 찾을 수 없는 그 어떤 교회의 교리나 가르침도 받아들이기를 거부했다. 수많은 타보르파인은 15세기 후스 전쟁에서 교황의 지위에 대항해 무기를 들었다. '우트라크파'(Utraquists, 양형영성체파)는 타보르파의 한 분파였다. 그들은 성경에 나오지 않는 예배의 그 어떤 양상이라도 제거돼야 하며 성찬식은 두 방식(즉, 빵과 포도주) 모두로 집례돼야 한다고 강조했다.

3. 흑사병

흑사병은 피해자들의 몸 위에 나타난 까만 반점 때문에 지어진 이름이다. 흑사병은 중동으로부터 상인들의 배를 타고 상륙한 쥐의 벼룩에 의해 옮겨 와 유럽에서 1347년에 발병했으며 1351년에 가서 최종 누그러졌다. 흑사병은 유럽 인구의 삼분의 일 가량의 목숨을 앗아갔다. 영국에서는 거의 인구의 절반가량이 죽었다. 너무나 많은 성직자가 죽고, 다른 이들은 전염병에 걸리는 것을 두려워했기 때문에 그리스도인들조차 종부성사(終傅聖事) 없이 사망하는 사례가 허다했다.

유럽의 그리스도인들은 성경의 예언을 미신적인 경향으로 이해하고 있었기에 세상에 종말이 도래했다고 믿게 됐다. 이는 공황 상태를 유발했고, 종교적으로 도는 넘는 행위로 이어졌다.

예를 들어 자기 자신을 채찍질하는 자들이 독일에서 생겨났다. 그들은 그리스도의 고난을 모방함으로써 전염병을 끝내기를 바라는 마음으로 자기의 몸을 채찍질하며 거리를 걸어 다녔다. 이런 행진들은 보통 33일 동안 지속됐으며, 하루하루가 그리스도의 삶의 한 해를 의미했다. 당대의 목격자들은 그 장면을 이렇게 묘사한다.

> 다른 이들에게 둘러싸여 독일 사람들은 동료들과 함께 십자가 모양들, 깃발들, 커다란 현수막을 지고 주요 도로 위에서 나라 전역을 행진했다. 그들은 둘씩 짝지어 거리를 활보했다. 그리고 하나님과 성모 마리아께 큰 소리로 찬송가 음에 운을 맞춰 부르며 다함께 모여 하루에 두 번씩 자신들의 슈미즈를 벗고 침이 박힌 울퉁불퉁한 채찍으로 스스로를 할 수 있는 한 가장 세게 때렸다. 그들의 어깨에서 온 사방으로 피가 흘러내렸다.[5]

---

[5] Jean le Bel, *True Chronicles*, for 1347-1348, Jean Comby, *How to Read Church History*, trans. J. Bowden and M. Lydamore (New York: Crossroad, 1985), 1:182.

다른 그리스도인들은 그리스도를 따라가고자 병에 걸린 사람들을 도왔다. 제노바의 카타리나(Catherine, 1447-1510)는 그녀 자신도 생명에 큰 위협에 처하면서도 아픈 자들과 함께 했고 그들을 위해 병원을 설립했다. 하지만 이러한 이타심은 극히 보기 드물었다.

전염병으로 인해 유대인들은 비난의 주요 대상이었다. 때때로 대학살의 보복을 당했다. 한 설명에 따르면, 어떤 유대인은 자신이 랍비에 의해 베니스의 우물들에 독약을 타도록 지시받았다고 '자백'할 때까지 고문을 당했다. 우물에 독을 탔다는 것은 유대인들에게 씌워지는 흔한 혐의였고 많은 사람이 유럽 전역에서 화형에 처해졌다. 단 하나의 안전한 피난처는 교황이 지키고 있던 아비뇽이었다.

4. 르네상스(1300-1517)

1300년쯤이 되자 중세 시대는 르네상스라고 불린 세대에 자리를 내줬다. 많은 면에서 르네상스는 중세의 특징과 정반대였다. 중세 시대를 지배했던 봉건 제도는 약화되기 시작했고, 상류층으로 이동하는 중산층이 모습을 드러냈다. 상업은 농업에서 무역으로 옮겨 갔고, 더 많은 사람이 특히 제노바, 피사, 베니스와 같은 무역 도시들에서 부유해졌다. 이자를 받는 금전 대출이 이전에는 고리대금업으로 금지됐지만 이제는 은행 업무와 피렌체의 메디치에서 영향력이 컸던 메디치 가문의 발흥으로 인해 성행했다. 중앙 집권화 된 정부들이 나타나 콘스탄티누스의 교회 국가의 통합을 위협하기 시작했다.

평신도는 교회법을 계속 따랐지만 이제는 그들의 개인적 삶이나 신념 체계에 이전만큼 영향을 주지 못했다. 교육을 받은 자들 사이에서 고전적인 그리스어와 라틴 문학 및 수사에 대한 새로운 관심이 생겨났다. 이는 스콜라 철학의 글들에 대한 거부로 이어졌다. 1450년 인쇄기의 발명과 함께 책들을 구하기가 더 쉬워졌고, 글을 읽고 쓸 줄 아는 능력이 높아졌으며, 새로운 사상들이 퍼져 나갔다. 아마 가장 중요한 변화는 개인의 가치가 상승했다는 점일 것이다.

이탈리아 르네상스는 고대 그리스어와 라틴어 문헌들의 새로운 검토에 관심을 두었다. 이탈리아에서 르네상스 인문주의자들은 기관보다 개인을 더 중시했다. 그들은 문제를 해결하고 인간 신체의 아름다움의 진가를 알아볼 수 있는 인간 정신의 능력을 신뢰했다. 또한 그들은 명성과 찬사, 그리고 역사에 의해 기억되기를 바랐다. 중세가 다가올 삶에 몰두했던 반면 르네상스 인문주의자들은 현세의 삶을 즐기는 데 주안점을 두었다.

이탈리아 르네상스의 시작은 대략 14세기 중반으로 기록된다. '첫 현대인'이라는 명칭을 공유하는 프란체스코 페트라르카(Francesco Petrarcha, 1304-1374)와 단테 알리기에리(Dante Alighieri, 1265-1321)의 고향인 이탈리아는 미술과 문학, 인문주의 철학에 대한 관심의 새로운 탄생을 일으켰다.

페트라르카는 '인문주의의 아버지'로 불리었다. 다른 이탈리아 인문주의자들처럼 그는 인간의 가치, 능력 그리고 유용성에 비해 종교에 대해서는 적은 관심을 가졌다. 페트라르카는 자연, 책, 키케로, 세네카, 미에 대한 흠모로 유명했다. 또한, 그는 죽음에 대한 엄청난 두려움을 가지고 있었다. 자신의 시간 대부분을 이탈리아 말로 시를 쓰는 데 사용했다. 페트라르카는 그를 따르는 이탈리아 르네상스 인문주의자들을 위한 기준을 제시했다.

단테 알리기에리는 저작 『신곡』(Divine Comedy)에서 중세 신학과 철학을 이탈리아 언어로 전달했으며 이는 문학의 언어로 규명하는 것을 도왔다. '낙원'(Paradiso, 신곡 제3장)의 '다섯 번째 칸토'(Canto V, 장편시의 한 부분)에서 단테는 이렇게 적었다.

> 하나님이 너그러움으로 피조물 속에 두신 가장 큰 선물, 그의 선하심에 가장 부합하는 것, 그리고 그가 가장 소중히 여기시는 것은, 지능을 가진 창조물들 모두가 타고난, 또한 오직 그들만이 타고난 자유의지다.[6]

이탈리아 르네상스는 예술적 성취의 시기였다. 로렌초 데 메디치(Lorenzo de Medici, 1449-1492)의 영향 아래에서 피렌체는 가장 위대한 예술 후원 도시가 됐다. 산드로 보티첼리(Sandro Botticelli, 1445-1510), 레오나르도 다빈치

---

6 Dante Alighieri, *The Divine Comedy: Paradiso*, Canto V (London: Penguin, 2007), 41.

(Leonardo Da Vinci, 1452-1519), 미켈란젤로(Michelangelo, 1475-1564)는 모두 피렌체를 고향이라 여겼다. 인체 해부에 대한 연구는 인체를 그 모든 결함까지도 전부 묘사하는 예술적 사실주의의 발흥을 불러일으켰다.

사실주의는 르네상스 화가들과 조각가들 사이에서 유명해졌고, 어둡고 왜곡된 인물들을 묘사했던 중세 미술과는 극명한 대조를 보였다. 이제 밝은 색들이 그림에 나타나기 시작했다. 문학에서는 니콜로 마키아벨리(Niccolo Machiavelli, 1469-1527)가 『군주론』(The Prince)을 집필했고, 여기서 그는 필요치 않다면 군주의 비도덕이 허용된다고 주장했다. 건축에서는 대성당의 돔이 다시 등장했다. 필리포 브루넬레스키(Filippo Brunelleschi, 1377-1446)는 피렌체의 '산타마리아 델 피오레' 대성당의 돔을 디자인했다.

탐험은 이탈리아 르네상스의 일부였다. 항해자 헨리(Henry, 1394-1460), 크리스토퍼 콜럼버스(Christopher Columbus, 1451-1506), 바스코 다 가마(Vasco da Gama, 1460-1524), 페르디난드 마젤란(Ferdinand Magellan, 1480-1521), 아메리고 베스푸치(Amerigo Vespucci, 1454-1512)의 여정들은 지구에 새로운 세계를 열어줬다. 한편, 니콜라우스 코페르니쿠스(Nicolaus Copernicus, 1473-1543)와 갈릴레오 갈릴레이(Galileo Galilei, 1564-1642)는 천체를 탐구했다.

르네상스의 특징적인 지역인 북알프스는 종교적 휴머니즘을 기반으로 각 개인이 갖는 존엄성과 아름다움, 그리고 잠재력을 극찬했다. 또한 그리스어와 히브리어성경을 주요한 기독교 권위로 강조했다.

가장 잘 알려진 종교적 휴머니즘의 인물들은 요하네스 로이힐린(Johannes Reuchlin, 1455-1522)과 에라스무스(Erasmus, 1456-1536)였다. 로이힐린은 히브리어에 강한 관심을 가지고 있었다. 1506년에 그는 『히브리어 기초』(Rudiments of Hebrew)를 출판했고 이는 학생들이 구약을 더 잘 이해할 수 있도록 도왔다. 히브리어와 카발라(중세 유대교의 신비주의)에 대한 그의 관심 때문에 로이힐린은 비밀 유대교 교도로 자주 비난을 받았다.

『우신예찬』(In Praise of Folly, 1509)에서 에라스무스는 종교 지도자들의 방탕과 스콜라 학자들의 어리석은 논쟁들에 대해 셀 수 없이 많은 가시 돋친 비난을 쏟아냈다. 수도사들에게 가장 신랄한 언사를 남겼다:

심지어 단 하나의 우연한 만남이 불길하게 여겨져도 전체 집단이 보편적으로 혐오를 받는다. 하지만 그들은 훌륭히도 자기만족을 한다. 애초에 그들은 읽지 조차 못하기에 무지가 가장 고상한 경건함이라고 믿는다. 그리고 자신들이 이해하지도 못하는 찬송가들을 무딕대고 외우는 것을 반복하며 딩나귀처럼 듣기 싫은 소리로 교회에서 말할 때, 그들은 자신들이 천상의 청중들의 귀에 유한한 기쁨으로 매력적이게 들려진다고 상상한다. 그들 중 많은 사람이 문마다 빵을 고함치고 다니고, 모든 여관이나 마차 또는 보트 위에서 스스로를 골칫거리로 만들어 다른 모든 거지들에게 큰 손해를 끼치며, 누추한 상태와 거지 신세로 좋은 벌이를 한다. 이것은 말솜씨 있는 자가 완전히 불결하고 무식하며 상스럽고 부끄러움을 모르는 방식으로 사도들을 우리에게 소환시키는 방식일 뿐이다![7]

에라스무스는 그의 주요 등장 인물인 어리석은 자를 그릴 때 면죄부, 성지 여행, 자신을 추앙하는 모습으로 묘사했다. 하지만 화체설과 삼위일체에 대한 그의 풍자적인 묘사는 많은 종교지도자를 격분하게 만들었다.

『엔키리디온』(*Enchiridion*, 1501)에서 에라스무스는 인문주의와 기독교를 통합하고자 시도했다. 이 책은 개인 기도와 말씀에서 지식의 중요성을 강조했다. 그의 가장 영향력 있는 작업은 인문주의자들로 하여금 신약성경 원문을 불가타 성경과 비교할 수 있게 해 준 1516년 판의 그리스어 신약성경이었다. 차이점들은 현저했다. 불가타 성경의 여러 구절이 가톨릭 전통에 맞추기 위해 각색됐던 점을 증명했다. 처음에는 에라스무스가 교회 개혁의 시도 중에 있는 루터를 지지할 것처럼 보였지만, 에라스무스는 교회를 갈기갈기 찢는 것보다 교회 내부로부터 개혁하는 것이 더 많은 유익을 가져올 것이라고 믿었다. 또한, 그는 신적 예정론에 대한 루터의 믿음에 반해 인간의 자유 의지를 내세웠다.

---

7   Desiderius Erasmus, *In Praise of Folly*, trans. Betty Radice (Harmondsworth, UK: Penguin, 1509), 164-65.

르네상스에 길을 내주며 교황 제도마저도 하락세를 면치 못했다. 교황들은 가장 큰 영향력 있는 예술 후원자들이었으며, 종교에는 거의 관심을 두지 않았다. 니콜라스 5세(Nicholas V, 1447-1455)는 첫 르네상스 교황이었다. 인문주의에 관심을 두고 로마교회의 건물을 보수했다. 그는 바티칸의 새로운 건축을 위해 오래된 구역을 완전히 허물기 시작했다. 그는 로마의 여러 유명한 분수를 건설했고 로마의 가장 중요한 수로를 수리했다.

이러한 기획들을 위한 재원을 마련하기 위해 1450년을 희년으로 선포하고 수천 명의 순례자들을 로마로 초청했다. 거기에 있는 동안 그들은 면죄부를 구매해 교황의 돈궤를 채웠다.

니콜라스는 자신의 책 오천 권을 바티칸도서관에 기부했다. 또한 고대 그리스어 원문을 라틴어로 번역하도록 로렌초 발라(Lorenzo Valla, 1407-1457)에게 의뢰했으며 그것들을 바티칸도서관에 뒀다. 니콜라오는 교황의 거주지를 다 허물어져가는 라테라노 궁에서부터 더 쾌적한 바티칸으로 이주하는 책임을 맡았다.

갈리스토 3세(Callistus III, 1455-1458)는 악명 높은 보르지아 가문의 일원으로서, 자신의 가문의 이익을 얻고, 콘스탄티노플을 투르크족으로부터 탈환시키는 데 사로잡혀 있었다. 보르지아 사람들은 거의 오십 년 동안 가톨릭교회를 지배했다. 갈리스토는 그의 조카들 중 두 명을 추기경으로 임명했고, 그중 한 명은 교황 알렉산더 6세(Alexander VI, 1492-1503)가 됐다. 하지만 기독교 왕국의 꿈을 꾸며 콘스탄티노플 탈환을 목적했던 십자군 전쟁은 아무런 결실도 맺지 못했다.

식스투스 4세(Sixtus IV, 1471-1484)는 프란체스코회 소속으로 음모에 깊게 관여한 교황이었다. 그는 조카 두 명과 친구 서른 명을 추기경으로 임명해 친족 등용에 있어 갈리스토 3세를 능가했다. 이에 더해 성직록과 성직을 매매했다.

식스투스는 피렌체의 메디치와 함께 가정불화에 연루돼 있었고, 많은 사람이 그가 로렌초 데메디치의 암살 시도를 공모했다고 의심했다. 더 감탄할 만하게도, 그는 다리들을 고치고 수로를 복구했으며 성령병원을 재건했다. 그는 산 비탈레성당(1475)을 포함해 로마의 황폐한 교회 서른 개를 재단장하거나 재건했다. 이에 더해 그는 로마에 새로운 일곱 교회를 세웠다.

또한, 식스투스는 자신의 이름에서 유래한 시스티나 성당의 자금을 대는 데 책임이 있었다. 그는 벽을 장식하기 위해 피렌체의 가장 저명한 예술가들을 고용했다(보티첼리[Botticelli, 1445-1510], 페루지노[Perugino, 1445-1523], 핀투리키오[Pinturicchio, 1454-1513]). 식스투스는 카피톨리니 박물관의 소장품들의 기초가 됐던 여러 개의 로마 조각품들을 기부했다.

알렉산더 6세(Alexander VI, 1492-1503)의 선출은 추기경들에게 준 뇌물로 인해 가능한 것이었다. 그는 가문의 부를 늘리기 위한 정치적 동맹과 돈을 답례로 받는 대신 교황으로서 이혼과 특별 허가들을 승인했다. 그는 발도파를 몰살시키려고 시도했던 스페인 종교 재판을 지지했고, 신대륙을 스페인과 포르투갈 사이에서 나눈 데 책임이 있다. 알렉산더는 그의 권력남용을 맹렬히 비난했던 피렌체의 개혁자 지롤라모 사보나롤라(Girolamo Savonarola, 1452-1498)를 화형에 처했다.[8]

알렉산더는 많은 정부(情婦)들을 자랑했고, 사생아로 태어난 다수의 자녀들의 아버지였다. 그는 그의 아들들 중 하나인 체사레 보르자(Cesare Borgia, 1475-1507)를 추기경으로 명명했다. 체사레는 많은 사람이 그가 마키아벨리의 악명 높은 군주의 모델이었다고 믿었을 정도로 자신의 아버지의 야심을 넘어서는 굉장히 무자비한 사람이었다

알렉산더는 로마의 보르고 지역을 재건했고, 바티칸의 보르지아 거주지들을 확장했으며, 핀투리키오에게 프레스코화법으로 장식하도록 장려했다. 그는 브라만테(Bramante, 1444-1514), 라파엘(Raphael, 1483-1520), 그리고 미켈란젤로(Michelangelo, 1475-1564)의 후원자였다.

율리우스 2세(Julius II, 1503-1513)는 필요한 대로 자신의 충성을 바꾸었던 '전사 교황'(Warrior Pope)이었다. 하지만 르네상스에 대한 그의 공헌은 매우 지대했다. 그는 성 베드로대성당을 재건하기 위해 브라만테를 고용했고 미켈란젤로에게 시스티나성당의 천장화를 의뢰했다. 라파엘이 바티칸 궁전의 방들을 꾸미도록 했으며, 그것은 현재 라파엘의 '방'(Stanze)으로 알려져 있다.

---

8 사보나롤라는 많은 플로렌스 사람에게 세속 재산을 모닥불에 던지도록 확신시켰던 일로 매우 유명해졌다. 이는 '허영의 불꽃'이라 알려졌다.

볼로냐를 정복한 뒤 그는 미켈란젤로에게 자신의 청동상을 만들도록 주문했다. 도시의 주민들은 율리우스 2세에 대한 불만을 드러내기 위해 산 페트로니오교회에서 그 동상을 치워버렸고, 후에 녹여 대포로 만들었다.

에라스무스는 볼로냐로 교황의 군대를 끌고 간 율리우스의 모습에 크게 실망해 자신의 감정을 표하기 위해 『(천국에서) 추방된 율리우스 2세』(*Julius II exclusus*)를 집필했다. 그 이야기에서 율리우스가 천국의 문 앞에 있는 성 베드로에게 다가갔으나 베드로는 갑옷을 입은 계승자를 알아보지 못했다.

레오 10세(Leo X, 1513-1521)는 로렌초 데 메디치의 아들이었다. 피렌체의 관습에 따라 그는 예술가들을 위해 교황청을 집으로 만들어줬다. 그는 라파엘에게 바티칸에 프레스코화를 더하도록 하고 미켈란젤로에게 자신의 초상화를 그리도록 했다. 그렇지만 레오는 마틴 루터와 충돌했던 교황으로 언제나 기억될 것이다.

제15장

중세의 예배

중세 가톨릭 예전은 교부 시대로부터 내려온 전통에 스콜라주의에서 온 새로운 요소들을 혼합한 것이었다. 이 시기에 7성례론이 정립되고 교회 교리로 편입돼, 그리스도인이 천국을 향해 가는 길로서 여겨지게 됐다. 대부분의 사람들이 힘들고 짧은 생애를 살았고, 더 좋아질 전망조차 거의 없었기에, 주로 사후 세계에 소망을 두게 됐다. 천국에 직행하고 연옥을 피하려고 하다 보니, 고해성사가 새롭게 부각됐다.

고해성사를 하는 두 가지 가장 보편적인 길은 면죄부와 성지 순례였다. 성인 숭배, 동정녀 마리아 숭배, 그리고 성인들의 성유물과 성골함들을 숭배하는 것은 평신도들 사이에서 점점 더 보편화 돼 갔다. 이교 예배와 성례의 흔적들이 가톨릭 교도들의 일상생활에 도입됐고, 문예 부흥이 교회 건축에 영향을 끼친 결과 중세 초기의 로마네스크 성당이 고딕 성당으로 대체되기에 이르렀다.

1. 성례

페트루스 롬바르두스(Peter Lombard, 1100-1160)는 그의 『네 권으로 된 명제집』(Four Books of Sentences, A.D. 1150)에서 성례를 7가지로 말한다(세례, 견진, 성찬, 고해, 혼부, 신품, 종부). 롬바르드와 그 외 중세 신학자들은 그리스도인의 평생이 세례로 시작해 종부성사라는 마지막 의식으로 마치게 되므로, 성례란 일생에 걸쳐 집행되는 것이라고 봤다.

세례와 견진과 신품은 일생에 단 한 번만 받는 것이었고, 고해와 성찬은 정기적으로 받아야 하는 것이었다. 종부성사는 죽음이 임박한 사람들을 위해 예비된 것이지만, 만약 죽어가던 사람이 회복할 경우 다시 베풀 수도 있는 것이었다. 혼부성사는 원래는 한 번만 받아야 했지만, 예외도 가능했다. 롬바르두스에 따르면 다음과 같다.

> 성례는 그것의 표지하는 것과 유사한 면을 가진다.
> "왜냐하면 성례가 그것이 대변하는 것들의 모양을 닮지 않았을 경우, 그것들이 성례라고 불리기에 적합하지 않을 것이기 때문이다"(아우구스티누스).
> … 하나님 은혜의 표지요 보이지 않는 은혜의 형상으로서, 그 형상을 닮고 그것의 원인으로서 존재하게 되는 경우에만 그것을 성례라고 부르기에 합당할 것이다. 성례는 표지가 되기 위해서만 아니라 성화를 위해서도 삼중 구조로 제정됐다. … 단지 표지가 되기 위한 목적으로 제정된 것들, 예를 들면 물질적인 제사와 율법 중 의식법을 지키는 것은, 그것이 바치는 이들로 하여금 의로움을 얻도록 할 수 없으며 그저 표지 그 이상이 될 수 없으므로 성례가 아니다.[1]

로마 가톨릭교회의 7성례는 1215년 제4차 라테란공의회(Fourth Lateran Council)에서 받아들여졌다. 롬바르드의 주장을 따라, 라테란공의회는 성례가 은혜의 통로이며 하나님이 그 가운데 독특하게 역사하신다고 규정했다. 이 공의회는 아리스토텔레스의 범주를 사용해 말하기를 성례에 포함된 물질적 요소들(예를 들어, 빵, 포도주, 물)은 질료이고, 그것들을 성별하는 언어는 형상이라고 했다. 게다가, 성례는 그것이 표지하는 것을 닮게 되므로, 상징적인 언어와 몸짓에 의해 그것이 만질 수 있게 된다고 했다.

성례를 집례하는 신부와는 관계없이, 그리스도 때문에 성례가 그 목적을 달성할 것임을 보장한다는 사효론(엑스 오페레 오페라토, *ex opere operato*)도 나왔다. 아우구스티누스가 도나투스주의자들(Donatists)에 대항해 이 문구를 주장했던 것처럼, 중세 가톨릭교회는 이 문구를 부도덕한 성직자에 의해서 베풀

---

[1] Peter Lombard, *The Four Books of Sentences*, Alister McGrath, *Christian Theology: An Introduction*, 5th ed. (West Sussex, UK: Wiley-Blackwell, 2011), 404에서 인용.

어진 성례는 유효하지 않다는 생각과 맞서 싸우는 데 사용했다.

세례와 견진은 서로 연계돼 작용하게 됐다. 유아 세례를 위해서 부모는 교회에서 그 아이를 키우겠다는 데에 동의를 해야만 했다. 그렇게 동의를 하고 나면 삼위일체의 이름으로 유아에게 침례 또는 물뿌림을 하고 거룩한 기름을 붓게 돼 있었다. 그러고 나면 유아는 성령과 은혜를 받고 원죄의 얼룩을 제거받았다고 믿었다. 어른들이 견진을 받을 때에도 비슷한 의식을 행했는데, 차이가 있다면 물을 사용하지 않는다는 것과, 또 당사자가 스스로 고백을 한다는 것 정도였다.

견진은 2세기 말 테르툴리아누스(Tertullian)와 히폴리투스(Hippolytus)에게서 그 기원을 찾을 수 있다. 유아 세례가 보다 널리 퍼지게 되면서, 견진이 중요하게 됐다. 아이가 자라서 7세가 되고 신앙 지도를 받기에 이르면, 성직자 중에서 한 사람이 아이가 얼마나 기독교에 투철한지를 가늠해 보고 세례 시에 대부가 고백했던 신앙을 재확인할 것을 그에게 요구하게 했다. 그리고는 아이에게 안수하고 이마에 기름을 부었다. 이러한 행동은 성령의 주입을 나타내는 것이었다. 그 후에야 이 아이가 성찬에 참여하도록 허락이 됐다. 토마스 아퀴나스(Thomas Aquinas)는 다음과 같이 말했다.

> 새 율법의 성례는 은혜의 특별한 작용을 양산해 내기 위해 제정됐다. 따라서, 특별한 상황이 나타나는 곳에, 특별한 성례가 제공돼야만 한다. 감각에 관련된 것들은 사고에 관련된 것들을 닮아 있으며, 육체의 생명의 전환점이 있는 것처럼 영적 생명도 그에 상응하는 것이 있다. 어른이 됨과 동시에 형성기는 끝이 난다. 그 후로는 스스로 행동을 할 수 있다. … 태어나면서 우리는 육체적인 생명을 받고, 자라나는 과정을 거치면서 어른이 된다. 영적 생명에 있어서도 마찬가지이다. 세례를 통해 출생하고, 견진에 의해 장성하게 된다.[2]

---

2   Thomas Aquinas, *Summa Theologica*, in David Ayerst and A. S. T. Fisher, *Records of Christianity*, vol. II: *Christendom* (New York: Oxford University Press, 1977), 217.

가톨릭에게 견진이란 유대인들이 하는 성인식과도 같다. 어른들의 경우, 세례 직후에 거룩한 기름을 붓는 방식으로 견진을 했는데 이것은 성령을 덧입는다는 것을 가시적으로 나타내주는 방법이었다. 그리하여 초신자가 교회의 완전한 회원으로 받아들여지게 되는 것이었다.

1215년 제4차 라테란공의회에서 화체설(transubstantiation)이 정립돼 가톨릭교회의 공식 교리로 선포됐다. 라테란공의회는 아리스토텔레스의 물리학에 착안해, 성찬 빵과 포도주의 본질이 그리스도의 몸과 피로 변하지만 우리의 감각에는 그것이 여전히 빵과 포도주로 인지되는 것이라고 주장했다. 성찬은 희생 제사이며, 그리스도의 임재가 빵과 포도주에 실재한다고 했다.

12세기 이후로, 가톨릭은 평신도들이 그리스도의 피를 쏟을 것을 우려해 성찬 잔을 평신도들에게 주지 않았다. 연계성의 원칙에 따라 그리스도의 몸과 피는 빵과 포도주에 공히 존재하는 것이기에 포도주는 꼭 없어도 됐다.

고해성사는 4가지 국면, 즉 통회, 자백, 사죄, 보속으로 구성됐다. 회개하는 사람은 자신의 죄를 통회하고 뉘우쳐야만 했다. 그러면 신부가 그의 자백을 듣는다. 만약 참회자가 진실로 뉘우치고 있다는 판단이 서면, 신부는 어떤 방식으로 고해를 할지 정해 준다. 만약 참회자가 고해를 실행하기로 약속하면, 신부는 사죄 또는 용서를 베푼다.

중세에 고해란 보통 빈민 구제금을 내고, 성적 접촉을 일체 끊거나 기도하는 등의 것이었다. 참회자가 유력자이고 벌이 너무 중하다고 생각하는 경우에는, 이와는 다른 방식으로 고해를 하도록 고안해 내는 경우도 있었다. 이런 경우에 대해서 페트루스 다미아누스(Peter Damian, 1007-1072)라는 개혁 성향의 수도사는 다음과 같이 기록하기도 했다.

> 신부들이 죄인들에게 여러 해 동안의 고해를 부과하고서는, 매년 속죄에 필요한 총 금액을 알려줌으로써 장기간의 금식을 두려워하는 이들이 빈민 구제금을 내고 자신들의 잘못을 속하도록 하는 경우가 있다. 비록 이러한 금전 지불이 고대 교부들의 교령에는 찾아볼 수 없지만, 그렇다고 해서 그것이 꼭

모순되고 경솔하다고 볼 수는 없다.[3]

사죄는 고백된 죄에 대해서만 주어지는 것이었다. 죄의 고백이 없거나 참회사가 그것에 대해 잊어버린 경우, 그것들은 사죄될 수 없으며 따라서 죄인은 연옥에서 그것들을 정화하는 시간을 가져야만 했다.

중세 말기로 갈수록, 연옥에 대한 두려움은 증가됐다. 가족들은 종종 친애하는 이가 사망했을때 고백하지 못한 죄로 인해 연옥에 좌천될까 봐 두려워했다. 유가족들은 교회가 특별히 판매 허가를 내준 순회 설교자로부터 면죄부를 사라는 권유를 받았다. 면죄부는 죽은 사람에게 성자들로부터 끌어온 잉여 공로를 부여해서 연옥에서 보내는 시간을 단축시켜 주거나 없애준다고 믿었기 때문이다. 자기 자신을 위해 면죄부를 구매하는 것도 가능했다. 무제한 면죄부라고 해 과거와 미래의 모든 죄를 용서해 주는 것도 있었다.

제1차 십자군 원정에 다녀온 모든 사람은 이 무제한 면죄부를 얻었었다. 면죄부를 이런 식으로 사용해 성 베드로성당을 건축하는 비용을 대기도 했다. 마틴 루터가 교회를 개혁하려고 했던 근본적인 이유도 바로 이 면죄부의 남용과 금전적인 이득을 찾아 헤매는 것 때문이었다.

혼부성사는 두 명의 그리스도인이 결합하는 성례로서, 그리스도와 교회간의 사랑을 나타내주는 것이었다. 그리스도를 대신해 집례하는 신부 앞에서 서약이 교환됐다. 초대교회 교부들 중에서는 처녀로 남는 것을 칭송하고 결혼에 반감을 드러낸 이들도 있었는데, 그들은 혼부성사에 별로 관심을 기울이지 않았다. 그러나 아우구스티누스는 혼부성사가 좋다고 봤는데, 왜냐하면 그것은 일부일처제를 조장하며, 자녀를 생산하고, 상호간에 도움을 주며, 남편과 아내 사이에 뗄 수 없는 연합을 창출해 내기 때문이다. 그리스도인이 불신자나 유대인과 결혼하는 것은 금지됐다.

신품성사는 감독, 장로, 집사로 섬길 사람에게 하나님의 은혜를 부여해 주는 성례였다. 신품성사를 받는 사람은 혼부성사를 받을 수 없었다. 신부는

---

[3] R. W. Southern, *Western Society and the Church in the Middle Ages* (London: Penguin, 1990), 226에서 재인용.

그리스도와 결혼했고 그의 삶을 교회 사역에 헌신했기 때문이다. 사역자가 서품을 받을 후보생에게 안수를 할 때, 후보생은 성찬을 집례할 수 있는 성령의 능력을 부여받게 됐다. 신부는 죽는 일 외에는 그 어떠한 다른 이유로도 사역을 그만둘 수 없었다. 사제서품을 성례로 봐야 한다고 일찍이 닛사의 그레고리우스가 주장한 바 있었다.

종부성사는 야고보서 5:14-15에 근거해 환자 또는 죽어가는 사람에게 기름을 붓는 성례였다.

> 너희 중에 병든 자가 있느냐 그는 교회의 장로들을 청할 것이요 그들은 주의 이름으로 기름을 바르며 그를 위해 기도할지니라 믿음의 기도는 병든 자를 구원하리니 주께서 그를 일으키시리라 혹시 죄를 범했을지라도 사하심을 받으리라(약 5:14-15).

신부가 환자의 머리에 안수하고 기름을 부었다. 그리스도인들에게 종부성사는 영적인 건강과 평안을 주며 육체를 치료해 주고, 또는 죽음이 가까웠을 때 남은 죄들을 용서받도록 해 주는 방법이었다. 임종 시에는 환자에게 기름 붓기, 죄 고백, 성찬을 함께 묶어서 집례했다.

2. 준성사, 성유물, 성골함

준성사(Sacramentals)란 사제가 공로의 근원이 될 것이라며 축복한 물건 또는 행동을 가리킨다. 예를 들어, 우물과 동물과 곡식을 성물로 축복할 수 있었다. 이러한 준성사들은 중세 유럽 농경 지역에서 널리 퍼지게 됐다. 가장 잘 알려진 준성사들을 나열하자면, 성수, 십자가 성호를 긋는 것, 결혼 귀걸이, 식사 기도, 무릎 꿇기, 십자가와 큰 메달 모양의 보석을 착용하는 것을 들 수 있다.

준성사들은 악을 제거하는 것이라고 믿어졌는데, 사실 이것들은 독일과 슬라브 지역 이방 종교들의 흔적이었다. 동정녀 마리아와 관련된 특별한 준성사들이 있기도 했는데, 그중에서 가장 널리 퍼진 것이 묵주와 메달이다.

앞에서 살펴봤듯이, 성유물들이란 그리스도, 사도, 마리아, 순교자, 성인, 또는 그 외 거룩한 사람들의 뼈 또는 소유물이었다고 추산되는 것들을 가리킨다. 성유물들은 그것들을 숭상하는 사람들을 보호해 주고 그들을 치료해 줄 수 있는 능력이 있다고 여겨졌다. 교회는 종종 성유물들을 모아서 그것들을 위한 성골함을 봉헌하곤 했다. 대부분의 성골함과 성유물들은 성지에 있었다.

유럽에서 가장 널리 알려졌던 성골함들은 로마(베드로와 바울의 무덤이라고 믿어졌던 곳), 캔터베리(Canterbury, 토마스 베켓[Thomas Becket]의 무덤), 그리고 베니스(마가의 무덤이라고 믿어졌던 곳)에 있었다. 성유물들은 종종 지하 납골당이나 성해함, 또는 주요 인물의 경우 단 밑에 안치되곤 했다. 생드니의 수도원장 쉬제(Suger of Saint Denis, 1081-1151)의 말을 빌리자면,

> 우리 수호 성인들의 가장 거룩한 몸을 지하 납골당 중에서도 위쪽에 최대한 존귀하게 안치하는 것이 적절할 것이며, 어쩌다가 그랬는지 모르게 가장 거룩한 관의 옆 쪽에 떨어져 나간 곳이 있으므로, 우리들은 금으로 15수를 놓으려는 계획은 연기하고, 어렵더라도 40온스 정도의 금을 사용해서 그것의 뒷면과 윗부분을 양면 모두 도금했다.
>
> 게다가 우리들은 가다듬은 돌과 주주한 동을 입힌 판으로 함을 만들어 그 안에 그 거룩한 몸이 안치될 수 있도록 해 안쪽 돌 납골당에 가까운 곳에 그 함을 고정시켰고, 무리들이 방해하는 것을 막기 위해 연속되는 문을 만들었다. 그러나 존중심을 가진 사람들이라면 그 성인들에 합당한 대단한 경건심과 바다 같은 눈물로 그들을 볼 수 있을 것이다.[4]

교회들은 종종 성유물을 보려면 입장료를 내라고 했으며, 그렇게 함으로써 부를 축적했다.

사람들은 성인들이 그 성인을 기념하는 축일에 순례자들을 가장 잘 도와준다고 믿었다. 그러므로 교회는 성인들을 기념하는 행사를 길게 갖곤 했다.

4　Suger of Saint Denis, *Sumptuous Receptacles for the Sacred Bodies of Patron Saints*, in *Abbot Suger on the Abbey Church of St. Denis and Its Art Treasures*, ed. and trans. E. Panofsky (Princeton: Princeton University Press, 1946), 57.

이러한 기념 행사에서 순례자들은 그리스도의 이마에서 흘러내렸다고 추정되는 땀, 십자가 가시, 동정녀 마리아의 젖 등과 같은 성유물들을 봤다. 성유물과 성골함이 짭짤한 수입원이었기 때문에, 교회들은 성유물을 찾기에 혈안이 돼 있었고, 성유물의 진위 여부에 대해서 거짓 주장을 내세우거나 심지어는 서로 유물을 훔쳐 오기도 했다.

제4차 십자군 원정 때 십자군들은 콘스탄티노플을 노략하면서 비잔틴 성유물들을 훔쳐서 유럽으로 가져왔다. 그리하여 이 성유물 중 다수가 마침내는 바티칸에 입고되고야 말았다.

마리아를 숭상하는 일은 중세에서 매우 중요한 위치를 차치하고 있었다. 프랑스는 특히 마리아에게 헌신했다. 12세기와 13세기 프랑스에서는 8개의 성당과 교회들이 마리아에게 헌정됐다. 초대교회 때부터 부르던 하나님의 어머니(테오토코스[Theotokos])요 동정녀라는 명칭에서 한 걸음 더 나아가서, 마리아는 이제 온 인류의 어머니로 알려지게 됐다. 그리스도인들은 그리스도의 어머니 마리아를 통해 그리스도께 나아갈 수 있다고 믿게 됐다.

12세기에는 『동정녀의 기적』(Miracles of the Virgin)이라는 제목의 책이 출간됐는데, 이 책은 마리아가 어떻게 그녀를 숭상하는 사람들에게 대언자 노릇을 하는지에 대한 간증들을 담고 있었다. 마리아가 나타난 것을 봤다고 주장하는 이들도 있었고, 마리아의 성유물을 담은 곳들로 성지 순례를 가는 것이 일반화됐다. 1193년에서 1250년 사이에 파리 외곽에 지어진 샤르트르대성당(Chartres Cathedral)은 마리아 성지 순례지로 가장 널리 알려진 명소 중 하나가 됐다. 그곳에는 마리아가 그리스도를 낳을 때 입었다는 '거룩한 의복'(Sacred Tunic)이 자랑스럽게 소장돼 있었기 때문이다.

중세에는 무염시태 사상이 널리 퍼졌다. 이 사상은 마리아가 원죄의 얼룩이 없이 그리스도를 잉태했다는 사상이며(동정녀로서 예수님을 잉태했다는 것과 혼돈하지 마시오), 존 둔스 스코투스(John Duns Scotus)가 이 사상을 지지했다. 이 때문에 많은 사람은 마리아가 구원에 한 몫을 할 수 있다고 믿었으며, 심지어는 그리스도와 함께 '공동대속주'(coredemptrix)일 수도 있다고 믿은 이들도 있었다. 무염시태는 1854년에 공식 교리로 채택됐다.

마리아의 승천 역시 중세에 널리 퍼진 사상이었다. 이에 따르면 마리아는 생을 마감할 때 몸과 영혼이 함께 천국으로 들려 올라갔다고 한다. 마리아의 승천은 1950년에 공식 교리가 됐다(마리아가 죽었는지 아닌지에 대해서 가톨릭 교도들 사이에 이견이 있다. 교황의 1950년 선언문에도 "마리아가 이 땅에서의 삶을 모두 완성한 후에" 하늘로 들려올라 갔다고 함으로써, 이 점을 의도적으로 모호하게 남겨 놓았다).

사람들은 마리아에게 기도를 헌정했다. 전승에 따르면 동정녀 마리아는 1214년 성 도미니크(Saint Dominic, 1170-1221)에게 나타나서는, 구슬 하나 하나가 특정한 기도에 상응하도록 한 구슬 꿰미, 즉 묵주를 줬다. 묵주와 관련 있는 기도 중 하나가 바로 '마리아 찬가'(Hail Mary)라고 알려진 기도문이다.

> 은혜가 충만한 마리아 만세, 주께서 당신과 함께 하시도다. 여인 중에 네가 복이 있음이여, 네 태중의 열매인 예수도 복이 있도다. 거룩한 마리아, 하나님의 어머니여, 우리 죄인들을 위해 기도해 주소서. 이제 그리고 우리가 죽을 그 시점에, 아멘.

이 마리아 찬가에 대해서 토마스 아퀴나스는 다음과 같이 말했다.

> [마리아는] 은혜가 매우 충만해 그것이 온 인류에게 넘쳐 흐를 정도였다. 한 명의 성인의 은혜가 이토록 커서 모든 인류의 구원을 촉진한다는 것은 실로 굉장한 일이다. 그래서 그 은혜는 그리스도 안에, 그리고 복된 동정녀 안에 있다. 그래서 어떤 위험에 처하더라도 이 영광스러운 동정녀에게 피할 수 있다.[5]

마리아가 죄 없이 잉태됐다는 전제, 중보자로서의 역할, 승천, 마리아에게 바치는 강렬한 기도 때문에 마리아의 명성은 그리스도의 그것에 필적하게 됐다.

---

5 Thomas Aquinas, *The Three Greatest Prayers: Commentaries on the Our Father, the Hail Mary and the Apostles' Creed*, trans. Laurence Shapcote (Westminster, MD: Newman, 1956), 32–33.

3. 건축

중세 전반기에는 로마네스크(Romanesque) 건축 양식이 대세를 이루었다. 대성당들은 무겁고 둥근 아치와 함께 십자가 모양으로 지어졌다. 지붕은 보통 원통형으로 생겨서 원통형 궁륭(barrel vault)이라고 불리웠고, 지붕 구조탓에 지지하는 벽면을 튼튼하게 지어야만 했다. 그래서 로마네스크 성당은 창문이 별로 없고 마치 요새처럼 보였으며, 고독하고 엄숙한 느낌을 불러일으키는 건축물이 됐다. 성당은 휘장과 성배와 보석들로 장식됐고, 성유물(그곳 수호성인의 성유물인 경우가 잦았다)이 제단 밑에 안치되게 됐다.

독일 아헨(Aachen)에 위치한 샤를마뉴의 팔츠예배당(Charlemagne's Palatine Chapel, 805), 영국 더햄성당(Durham Cathedral, 1093), 포르투갈 리스본성당(Cathedral of Lisbon, 1147) 등이 대표적인 로마네스크 건축들이다.

프랑스풍이라고 할 수 있는 고딕(Gothic) 양식은 중세 후반부(A.D. 1150-1550)에 보다 널리 퍼지게 됐다. 특히 대학 도시들에 고딕 성당이 많았다. 그 건물들은 십자가형으로 계획됐으면서도, 우뚝 솟은 능선으로 아치형 능선을 대체함으로써 하늘을 향해 시선을 돌리게하는 수직선형의 건물이 됐다. 그리고 지붕의 무게를 분산시키기 위해, 버팀도리를 설치하는데, 그 결과 고딕 성당들은 더 높고 얇는 벽, 더 많은 창문을 가지게 됐다. 그러므로 고딕 성당은 채광이 좋았다. 건물에 있는 창 중에서는 제단 뒤에 있는 장미꽃 무늬 창이 가장 컸다. 그 외 창들은 신앙과 관련된 장면들로 장식됐다. 고딕 성당은 멀리서도 보이는 첨탑으로 유명했다.

1137년부터 건축을 시작해 1144년에 완공된 파리 생드니성당(Cathedral of Saint Denis in Paris)이야말로 최초의 진정한 고딕 성당이었고, 전유럽에 지어진 비슷한 건축 양식 교회들의 모델이 됐다. 가장 유명한 고딕 성당은 1163년에 건축을 시작해 1345년에 완공된 파리 노트르담대성당(Notre Dame in Paris)이다.

제16장

종교개혁의 서광

16세기 초 기독교가 재정립에 이르게 된 데에는 많은 원인이 있다. 국민국가들의 힘이 증가하면서, 로마보다는 자국의 일에 더 관심을 갖게 됐다. 국민국가의 통치자들은 교회가 소유한 광활한 토지를 탐냈다. 심지어는 가장 가톨릭적인 국가라고 하더라도 교황의 축복은 원하지만 교황권에 복종하지는 않는 경우가 종종 있었다. 가톨릭교회의 주도권 상실이 점점 가속화되고 있었다.

경제적인 요인도 이러한 상황에 한 몫을 했다. 상거래가 증가하면서 자본주의가 생겨나고[1] 농업은 몰락했다. 그 결과 식량은 부족해지고 물가는 올랐다. 많은 소작농이 음식값을 감당할 수 없게 됐다. 또한 상거래는 전통적인 봉건주의 체계를 위협했다. 토지를 소유한 봉건 영주로서는 집에서 농노에게 숙식을 제공하는 것보다 소작농을 고용하는 것이 더 경제적이었다.

이러한 변화는 사회 계급을 바꿔 놓았다. 부를 축적하면 스스로의 지위를 높일 수 있으므로, 사회적인 지위에 이제는 연연할 필요가 없었다. 소작농에게도 스스로의 가치를 올릴 수 있는 길이 열린 셈이기에, 많은 소작농이 신분 상승을 노리고 도시로 이주했다. 중산층이 새롭게 등장하게 됐다. 그래도 여전히 교회는 여전히 십일조를 요구했고, 연옥을 두려워하는 마음은 여전히 자신의 소득을 면죄부 구매에 사용하도록 유도했지만 말이다. 가톨릭교회는 이러한 상황을 분하게 여겼다.

문예 부흥도 역시 종교개혁의 길을 닦았다. 독일에서 인문주의는 '아드 폰테스'(*ad fontes*)에 정초하고 있었는데, 이 말은 원전으로 돌아가자는 뜻의 라틴어구이며, 인문주의자들은 그같은 기조를 내세우며 고전 연구를 권장했

---

[1] 자본주의란, 생산 수단, 이윤 창출을 위한 재화나 서비스 창출 수단을 사적으로 소유할 수 있는 권리에 기반을 두는 경제 체계이다.

다. 고전 연구에 대한 이러한 강조는 그리스어와 라틴어 연구를 증가시켰을 뿐만 아니라 성경에 대한 연구를 증가시켰으며, 이는 결국 전통적인 가톨릭의 가르침에 도전하는 데에 이르게 됐다. 기관보다는 개개인이 중요하다는 문예 부흥의 믿음처럼, 에라스무스(Erasmus)의 그리스어 신약성경도 이러한 도전에 기여하게 됐다.

사람들은 교회가 그들의 영혼을 돌보는 일에 진지하게 헌신하고 있는지에 대해 질문을 제기하기 시작했다. 많은 사람에게는 기관으로서의 교회가 스스로를 돌보고 교황을 돌보는 데 더 신경을 쓰고 있는 것처럼 보였다. 어쨌든 교황은 대대로 화려한 생활을 하지만, 대부분의 신자들은 빈곤하게 살고 있었으니까 말이다.

가톨릭 신부들과 수녀들이 하나같이 권력과 부에 욕심을 낸 것은 아니었다. 하지만 그런 청렴한 성직자들은 보통 성직 세계에서 낮게 평가되는 지위에 있었다. 그들의 상관들은 오히려 덜 경건한 동기를 가지고 있었으므로, 비판을 받게 되는 것이 당연했다.

이 모든 요인들이 종교개혁의 길을 닦았으나, 누군가는 첫걸음을 떼어야만 했었다. 그 누군가가 바로 독일 작센 지방의 아우구스티누스수도회 수도사였다.

1. 마틴 루터(1483-1546)

마틴 루터는 작센 지방 아이스레벤에서 태어났고, 그가 태어난 지 얼마 지나지 않아 그의 가족은 만스펠트로 이사했다. 루터 가족은 소작농 집안이었으나 마틴 루터의 아버지 한스(Hans, A.D. 1459-1530)의 노력 덕분에 6개의 구리 광산을 소유하게 됐다. 루터 가족은 아들에 대한 기대가 컸고 그 아들이 가족 사업을 물려받기를 기대했다.

마틴 루터의 교육은 1497년 당시 '공동 생활 형제단'(Brethren of Common Life)원에 의해 운영되던 마그데부르그(Magdeburg)성당학교를 다니면서부터 시작됐다. 마그데부르그에서 공부를 마친 후에, 마틴 루터는 아이제나

호(Eisenach)에서 대학을 다니며 법학을 공부했다. 그는 1502년 에르푸르트(Erfurt)대학에서 학사학위를 받고 1505년에는 석사학위를 취득했다. 에르푸르트 시절에는 윌리엄 오캄(William Ockam)의 유명론(Nominalism)을 공부하면서 토마스 아퀴나스와 스콜라주의에 대한 불신을 키워 나가기도 했었다.

루터는 에르푸르트에서 공부를 시작한 지 오래 지나지 않았을 때부터 그의 영혼의 상태에 대해서 걱정하면서 어떻게 하면 구원을 얻을 수 있을지 염려했다. 그의 친구 두 명의 죽음 그리고 루터 자신도 다리 동맥을 베이는 사고로 인해 죽음 문턱까지 간 것이 그러한 염려를 부추기는 계기가 됐는지도 모른다. 루터에게는 하나님이 멀고, 접근할 수 없고, 가혹한 분으로 인식됐다. 그리스도 마찬가지로 그에게는 엄격한 분이었다. 루터는 수도사가 되는 것이 하나님의 진노에서 벗어날 수 있는 몇 안되는 길이라는 결론에 도달했다.

1505년 7월 2일, 루터는 수도승 차림을 갖추기 위한 마지막 동기 부여를 갖게 된다. 에르푸르트를 향해 밭을 가로지르며 돌아오던 루터는 폭풍을 만나게 된다. 하마터면 벼락을 맞을 뻔 했던 루터는, 그가 무사하도록 해 주신다면 수도승이 되겠다고 광부들의 수호성인이었던 성 안나(Saint Anne)에게 맹세했다.

자신의 약속한 것을 지키고자, 루터는 아버지의 뜻을 거스르고 1505년 아우구스티누스회 수도원에 들어가서 신학 훈련을 받았다. 라틴불가타(Vulgate) 성경과 가브리엘 비엘(Gabriel Biel, 1420-1495)의 『미사 규범집』(Canon of the Mass)도 받았고, 1507년에는 신부가 됐다.

신부가 돼서도, 루터는 고해성사로 수많은 시간을 보냈다. 밤에 생각했던 것들 때문에 괴로워하고, 성인들의 공로를 찾고, 자기 부인의 삶을 실천했는데, 이 모든 것은 구원을 발견하고 영혼의 안식을 얻기 위한 것이었다. 하지만 이런 모든 행위에서 오는 위로란 잠시 동안 지속될 뿐이었다.

루터는 여전히 고백하지 못한 죄들에 대한 걱정을 떨쳐 버릴 수 없었다. 그가 연구를 할수록 더 많은 질문과 걱정이 생길 뿐이었고, 하나님은 여전히 엄격한 아버지였다. 수도 생활은 그를 구해 주지 못했다. 몇 년 후에 루터는 다음과 같이 회상했다.

만약 누구든지 수도승으로서 천국을 소유할 수 있다고 한다면, 나도 그들 중에 한 명이었을 것이 틀림없다.[2]

독일 아우구스티누스회 교구장 대리이며 루터의 고해성사를 지도한 요한 폰 슈타우피츠(John von Staupitz, 1460-1524)는 1508년 루터를 비텐베르그(Wittenberg)대학으로 보냈고, 거기서 루터는 3개의 학위를 받고 후에 교수까지 됐다. 그 후 루터는 비텐베르그에서 여생을 보내게 된다.

그렇지만 학문 세계도 그를 구해 주지 못했다. 여전히 그는 자신이 죄인된 상태에 있다는 것이 신경쓰였다. 로마를 방문하면 믿음이 견고해질까 하는 희망을 가지고 슈타우피츠는 1510년 루터에게 임무를 줘 로마로 보냈다. 루터는 성골함들이 있는 곳을 방문했고, 거룩한 계단을 무릎 꿇고 기어올라갔으며,[3] 가족들을 위한 면죄부를 구매했다.

그러나 루터는 곧 로마의 방탕함에 실망하게 된다. 교황은 신령하기는커녕 전쟁광이었고, 성직자들은 창녀를 자주 가까이 했고, 죄를 애통해하지도 않는 사람들의 상상할 수 있는 모든 죄악에 대한 면죄부가 판매되고 있었다.

루터는 로마로부터 돌아와서는 그의 죄악에 대해서 이전보다 더욱 집착하게 됐다. 그는 하나님이 할 수 있는 모든 것을 하는 사람에게 은혜를 허락하신다는 믿음에 목을 매면서도, 그가 과연 할 만큼 한 것인지에 대해서 의문을 가졌다. 슈타우피츠는 루터의 생각을 염려로부터 풀어놓기 위해 그가 비텐베르그에서 신학박사과정을 시작하도록 했다.

공부를 하면서 루터는 시편, 갈라디아서, 로마서를 사랑하게 되는데 이 사랑은 그의 평생에 걸쳐 지속되게 된다. 그가 1512년에 박사학위를 받자, 슈타우피츠의 권유에 따라 그는 비텐베르그대학 신학 교수직을 수락한다.

---

2 James Kittelson, *Luther the Reformer* (Minneapolis: Augsburg Fortress, 1986), 53에서 인용.
3 전승에 따르면, 거룩한 계단(*Scala Santa*)은 총독 본디오 빌라도의 예루살렘 관정(*praetorium*)에 들어가는 계단이었다고 한다. 예수님께서 수난당하실 때 그 계단을 기어올라가셨다고 믿어지고 있다. 그 계단은 4세기 콘스탄티우스 대제의 어머니 헬레나에 의해 로마로 옮겨졌고, 예수님의 수난을 흉내내기 위해, 순례자들은 한 계단을 오를 때마다 기도하면서 무릎으로 계단을 기어올라 가곤 했다. 이 계단은 옛 라테란 궁(The Old Lateran Palace)에 설치돼 있었다.

1514년에는 성 마리아교회(Saint Mary's Church)의 설교자가 되기도 했다.

루터는 교수 생활 초기에 시편, 갈라디아서, 로마서, 그리고 히브리서에 대해서 설교했다. 1515년경에 이 강의들을 통해 그는 그가 소위 '탑 경험'('Tower experience)이라고 불렀던 신학적 돌파구에 이르게 된다. 이 경험은 로마서 1:17을 공부하다가 얻게 됐다.

> 복음에는 하나님의 의가 나타나서 믿음으로 믿음에 이르게 하나니 기록된바 오직 의인은 믿음으로 말미암아 살리라함과 같으니라(롬 1:17).[4]

그리고는 루터는 로마서 1:17을 로마서 3:24과 연결지어서 읽었다.

> 그리스도 예수 안에 있는 속량으로 말미암아 하나님의 은혜로 값 없이 의롭다 하심을 얻은 자 되었느니라(롬 3:24).

이제 루터의 생각이 명쾌해졌다. 루터는 이제 하나님 앞에서 바르게 선다는 것은 은혜로 말미암은 선물이요 값 없이 받는 것이지, 인간이 쟁취하는 것이 아님을 이해했다. 사람들은 하나님이 그리스도 안에서 그들을 위해 하신 일로 말미암아 구원을 얻는 것이다. 하나님은 믿음을 포함해 사람이 의롭다 함을 얻기 위해 필요한 모든 것을 공급해 주셨다. 루터는 믿음이 말씀에 대한 적극적인 반응이며 하나님께로부터 온 선물이라고 봤다.

이런 견지에서 루터는 '말씀'이라는 용어를 영원한 로고스(λογος)를 상징하는 의미로 사용했다. 믿음은 신자를 그리스도께 연합시키는 신뢰이다. 하나님은 불의한 입법자가 아니라 은혜로우시고 사랑 많으신 분이시다. 루터는 이 탑 경험을 회상하며 다음과 같이 쓴다.

---

[4] 롬 1:17은 합 2:4을 참고하고 있다. "보라 그의 마음은 교만하며 그 속에서 정직하지 못하나 의인은 그의 믿음으로 말미암아 살리라"(합 2:4).

비록 내가 수도승으로서 흠 없이 살았지만, 나는 극도로 불편한 양심을 가졌고 하나님 앞에 죄인이라고 느꼈다. … 나는 죄인을 벌하시는 하나님의 의를 사랑하지 않았고 오히려 싫어했다. 그리고는 은밀하게 … 하나님께 대해 화가 치밀었다. … 그렇게 나는 맹렬하고 불편한 양심으로 분을 냈다. 그렇지만 거기서(롬 1:17) 나는 지극히 간절하게 성 바울이 원하는 것에 대해서 알기를 바라는 마음으로 바울에게 절박하게 타진해 봤다. …

마침내, 하나님의 자비하심으로, 주야로 묵상한 끝에 "복음에는 하나님의 의가 나타나서 … 기록된 바 오직 의인은 믿음으로 살리라 함과 같으니라"고 한 말씀의 문맥에 주의를 기울이게 됐다. 거기서 나는 하나님의 의란, 그로 말미암은 믿음이라는 하나님의 은혜로써 의인이 살도록 하는 것임을 이해하기 시작했다. 그래서 그 뜻은 다음과 같다고 할 수 있다. 하나님의 의는 복음에서 나타난다는 말은, 곧 자비하신 하나님이 믿음으로 말미암아 우리를 의롭게 하시는 그 수동적인 의를 가리키는 것이다.[5]

이신칭의, 또는 루터의 용어로는 '수동적인 의'(Passive righteousness)라고 알려진 이러한 바울 교훈의 부흥은 루터신학의 핵심이 됐다. 그러나 루터의 이러한 가르침은 루터로 하여금 그 어느 때보다 더욱 면죄부 구매에 기반을 두게 됐던 가톨릭의 고해 체계와 거리가 멀어지도록 했다.

1514년 브란덴부르그(Brandenburg)의 귀족이며 마르데부르그의 주교였던 알브레흐트(Albert of Brandenburg, 1490-1545)는 21,000냥(ducats)을 야콥 푸거(Jacob Fugger, 1459-1525)로부터 빌려서, 그 돈으로 교황 레오 10세(Leo X, 1513-1521)를 매수해 마인츠(Mainz)의 주교 자리를 얻으려고 했다.[6] 빌린 돈을 갚기 위해 레오는 알브레흐트에게 면죄부 판매 허가를 내줬다. 수익금의 절반은 성 베드로성당을 재건축하는 데에 들어가게 됐고, 나머지 절반은 알브레흐

---

[5] Martin Luther, "Luther's Conversion," from *Luther's Works*, ed. Jaroslav Pelikan and Helmut T. Lehmann (Minneapolis: Augsburg Fortress, 1955–1986), 34:336-37.
[6] 하나 이상의 대주교 자리를 맡는 것은 교회법에 어긋나는 것이었다. 그래서 알브레흐트는 마인츠의 주교 자리를 얻도록 허가를 내려달라고 부탁하기 위해 레오 10세에게 돈을 바칠 수밖에 없었다.

트에게 가는 구조였다. 그리고 도미니크회에 소속된 면죄부 외판원 요한 테첼(John Tetzel, 1469-1524)이 모금 책임을 맡았다.

테첼은 면죄부만 있으면 사람이 연옥에서 자유를 얻을 수 있다고 선전했다. 면죄부를 구매하는 사람이 은혜의 상태에 있는지 여부는 중요하지 않았다. 면죄부를 구매하기 위해 죄를 애통해 하는 것은 필수적이지 않았다. 테첼은 일부러 손에 화상을 입음으로써 연옥에서 사랑하는 영혼들이 어떻게 고통을 당하고 있는지 보여 주면서, 바로 그러한 이유로 면죄부를 사야만 한다고 잠재적인 고객들을 설득했다. 테첼이 면죄부를 팔면서 불렀다고 추측되는 다음 노래는 전설이 됐다.

> 모금함에 동전이 쨍그랑하네, 연옥에서 영혼이 솟구치네.

비텐베르그 사람들도 테첼의 놀라운 면죄부에 대해 듣고 그것을 사러 가게 됐다. 루터는 테첼이 고해성사를 금전 거래 정도로 작게 만든 것에 대해 격분했다. 사죄는 면죄부 구매로 얻어질 수 없는 것이었다. 루터는 죄 사함을 얻으려면 참된 애통함이 요구된다는 입장을 고수했다.

면죄부의 진위 여부에 대한 학문적인 논쟁을 유도하고자, 루터는 1517년 10월 31일에 "면죄부의 권세와 효력에 관한 95개 조항"(*Ninety-Five Theses on the Power and Efficacy of Indulgence*)을 비텐베르그성교회 문에 붙였다. 또한 루터는 마인츠와 브란덴부르그의 대주교 알브레흐트에게도 그것을 보냈고, 알브레흐트는 그것을 교황 레오 10세에게 전달했다.

95개 조문 중에서 루터는 면죄부의 실효성과 교황의 사죄권, 교회의 공로 보관함 이용권의 진위 여부에 대해 의문을 제기했다. 제82조항은 교황이 면죄부를 판매할 이유가 무엇이냐고 문제 제기를 한다.

> 교황이 만약 안쓰럽게 교회당을 지을 돈을 끌어모으기 위해 수많은 영혼을 구속해야 한다면, 교황은 왜 거룩한 사랑과 영혼들의 간절한 필요에 부응하기 위해 연옥을 비우지 않는가? 후자는 지극히 정당한 이유이지만, 전자는

지극히 시시하다.⁷

  95개 조문은 즉각적인 화제거리가 돼서 독일어로도 번역됐고, 출판의 발전에 힘입어 독일 전역에 배포됐다. 1519년쯤에는 이미 95개 조문과 그 외 루터의 몇몇 작품들이 프랑스, 이탈리아, 잉글랜드 등지에까지 퍼지게 됐었다. 루터의 주장에 많은 사람이 동의했고, 그래서 독일 내에서 면죄부의 판매가 급감했다.

  루터는 가톨릭교회로부터 갈라설 의도가 없었다. 루터는 그의 동료 중 한 명이 95개 조문을 독일어로 번역해 비텐베르그 이외의 지방에까지 유포함으로써, 종교개혁의 도화선을 당겼다는 사실에 대해서 모르고 있었다. 루터는 계속해서 면죄부를 공격하면서 교실과 강단에서 이신칭의를 가르치기 시작했고, 그의 사상은 널리 퍼졌다.

  처음에 레오 10세는 루터를 주목하지 않았다. 그 자신도 아우구스티누스회 수도사였던 레오는, 아우구스티누스회의 교구장(general)에게 루터를 처리하라고 지시했다. 하지만 처벌은 고사하고 오히려 수도회 회원들에게 지지를 받자, 루터는 더 담대해졌다.

  마침내 레오는 루터를 로마로 소환해 그를 강제로 돌이키도록 하고, 95개 조문에서 그가 문제 제기를 한 것에 대한 사과를 받아내고자 했다. 작센의 선제후 프레데릭(Frederick, the Elector of Saxony, 1463-1525)은 루터가 로마로 가면 목숨이 위험할 것이라고 생각해, 제국 회의(Imperial Diet)가 열릴 예정인 아우크스부르크(Augsburg)에서 1518년 10월에 재판을 열자고 요청했다. 제국 회의란 독일 신성 로마제국(Holy Roman Empire) 선제후들(Electors: 신성 로마제국의 황제 선출권이 있는 제후들 -역주)이 공식적으로 모이는 자리였다.

  프레데릭의 힘과 영향력 때문에, 아우크스부르크가 재판 자리로 선정됐다. 교황은 토마소 드 비오 가에타니 카예탄(Tommaso de Vio Gaetani Cajetan, 1480-1547) 추기경을 교황 대리인 자격으로 아우크스부르크에 보냈다. 대부

---

7 Martin Luther, "The 95 Theses," in *The European Reformation Sourcebook*, ed. Carter Lindberg (Malden, MA: Blackwell, 2000), 33.

분의 관중들은 루터가 돌이켜서 용서를 비는 그림을 기대했겠지만, 루터는 그렇게 하기를 거부했다. 루터는 교황이 실수할 수 있으며 실제로 실수했다고 주장하면서, 공의회는 교황보다 우월하며 믿음이 없이 성례에 참여한다면 그 성례는 가치가 없다고 했다. 그리고는 루터는 성경만이 그리스도인의 유일한 권위라고 선언했다.

카예탄은 이에 성경은 해석돼야만 하며 오직 교황만이 그것을 할 수 있다고 응수했다. 그러자 루터는 교황이 성경보다 위에 있을 수 없다고 하면서 레오가 성경을 남용하고 있다고 비판했다. 이제 루터는 교황의 적이 되겠다고 선언한 셈이었다. 카예탄은 루터가 돌이키지 않을 경우 그를 체포하려고 했으나, 아우크스부르크 사람들이 루터를 지지했기에, 카예탄의 결정은 그러한 상황을 거스르는 것이었다. 루터의 친구들은 루터에게 말 한 필을 보내어 그곳에서 야반도주를 하도록 했다.

1519년 6월에 루터의 지지자들 중 한 사람이었던 안드레아스 카를슈타트(Andreas Karlstadt, 1486-1541)와 요한 에크(Johan Eck, 1486-1543)라는 저명한 가톨릭 신학자가 라이프치히(Leipzig)에서 공개 토론을 했다. 루터도 그곳에서 발언을 하도록 초청을 받았다. 루터는 교황이 모든 주교와 교회 전반 위에 군림하는 권위를 가지고 있다는, 소위 교황 수위권 교리를 부정했다. 루터에게는 성경만이 권위를 가지고 있었다. 하지만 에크는 루터가 얀 후스의 교리들을 받아들인다고 하면서 루터를 함정에 빠뜨리려고 했다.

루터는 1520년의 대부분을 글을 쓰면서 보냈다. 『독일 기독교 귀족에게 고함』(Address to the Christian Nobility of the German Nation)에서 루터는 기독교 위정자들이 교회 재정립에 참여해야 한다고 주장했다. 루터는 국가가 로마 아래 종속된다는 것을 인정하지 않았다. 가견적인 교회는 영주의 영토 내에 위치한 물질적인 실체이므로 국가의 권세하에 있어야만 한다고 루터는 주장했다. 교황이 스스로의 권위를 주장하는 것은 부당하다는 것이다.

첫째, 세속 권세에 의해 압력을 받을 때면 교황청은 교령을 내려 말하기를 세속 권세는 그들을 관할할 수 없다고 하면서도, 반면에 영적 권세는 세속 권세보다 우월하다고 한다.

둘째, 성경을 통해 교황청을 책망하려는 시도를 하면, 교황청은 교황 외에는 성경을 해석할 수 없다고 문제 제기를 한다.

셋째, 공의회에 의해 위협을 받으면, 교황청은 교황 외에는 공의회를 소집할 권세가 없다는 우화를 내세운다.[8]

루터가 볼 때 사역자들의 과업은 성례를 집행하고 그리스도의 참된 메시지를 설교하는 것이다. 더욱이, 모든 참 신자는 하나님께 다가갈 수 있으므로(만인제사장 교리라고 알려져 있다) 스스로 성경을 해석할 수 있고 사역자를 선택할 수 있다. 정부가 교회의 순결성을 담보해야 한다.

루터는 종교개혁이 성공하기 위해서는 위정자들의 비호가 필요하다는 것을 깨달았다. 독일에서 로마교회의 권위에 대항해 글을 씀으로써, 루터는 그의 개혁에 대한 지지표를 얻고자 했다.

『독일 기독교 귀족에게 고함』에서 루터는 수도원은 실효성이 없다고 했고, 성직자가 독신이어야만 한다는 것도 부정했으며, 교황이 전체 교회를 포괄하는 공의회를 소집할 권리도 없다고 했다. 위클리프(Wycliffe)처럼, 루터도 주장하기를 물질적 부요함은 영혼을 돌보는 과업에 방해가 되기에 교회가 너무 많은 소유물을 가지면 안 된다고 했다.

『교회의 바벨론 포로』(*On the Babylonian Captivity of the Church*, 1520)에서 루터는 성례 체계를 공격했다. 7성례 중에서 세례, 성찬, 고해만 남기고 나머지 4개는 폐지해야 한다고 촉구했다(추후에 루터는 고해도 성례에서 탈락시켰다). 루터는 성찬은 빵뿐만 아니라 잔도 줘야 한다고 했고, 그것이 그리스도의 희생제사의 반복이 아님을 천명했다.

『그리스도인의 자유』(*The Freedom of the Christian*, 1520)에서 루터는 행위가 믿음을 생산해낼 수 없다고 주장했다. 하나님을 믿는 믿음만이 의롭게 하며 우리 영혼을 그리스도께 연합시킨다. 외적으로 보이는 그 어떤 행위도 이것을 해낼 수 없다. 그러므로 그리스도인들은 이제는 율법 준수에 매이지 않고 하

---

[8] Luther, *An Open Letter to the Christian Nobility in Three Treatises*, trans. Charles M. Jacobs (Philadelphia: Muhlenberg, 1960), 13–14.

나님과 이웃을 섬길 자유를 갖는다.

1520년 6월 15일에 레오 10세는 루터에게 『주여 일어나소서』(Exsurge Domine)로 명명된 교황의 교서를 보내면서, 60일 안에 95개 조문과 그 외 작품들을 취소하고 돌이키지 않으면 출교시키겠다고 했다. 교서가 도착하자, 루터는 신속하게 그것을 태워 버렸고 더불어 교회 법전과 스콜라신학책도 그렇게 태워 버렸다. 레오는 루터를 1521년 1월 3일에 출교시켰다. 루터는 완전히 가톨릭교회로부터 분리됐다.

루터가 프레데릭 선제후와 작센 시민들의 보호를 등에 업고 있을 때, 새로 신성 로마제국 황제로 선출된 스페인 출신이며 독실한 가톨릭 황제 카를 5세(Charles V, 1519-1556)는 1521년 4월 17일에 제국 고위 인사들이 루터에 관한 판결을 내릴 자리인 보름스 제국 회의(Diet of Worms)를 소집했다. 프레데릭이 보름스로 오가는 길에 통행 보호권을 주겠다는 약속을 얻어준 후에야 루터는 참석하기로 동의했다. 루터가 그의 견해에 대해 논쟁이나 토론을 할 수 있는 기회는 주어지지 않았다. 대신, 그의 책들이 탁자에 놓였고 그가 그것들의 저자인지에 대한 질문을 받았다.

루터가 자신이 쓴 책들임을 시인하자, 루터는 그것들을 취소하겠느냐는 질문을 받았다. 하루 동안 생각할 말미를 달라고 요청을 한 후에, 루터는 다시 돌아와서는 취소할 수 없다고 대답했다.

> 성경의 증언이나 명확한 이성에 맞지 않는 점이 있지 않는 이상 (왜냐하면 나는 자주 오류를 범하고 스스로에 배치되는 경우가 많음이 잘 알려져 있는 교황이나 공의회만을 믿지는 않기 때문에) 나는 내가 인용한 성경에 매여 있으며 내 양심도 하나님 말씀에 사로잡혀 있습니다. 나는 그 어떤 것도 취소할 수 없으며 취소하지 않을 것입니다. 왜냐하면 그렇게 하는 것은 안전하지 않기 때문이며 양심을 거슬러 행하는 것도 옳지 않기 때문입니다. 하나님이여, 나를 도우소서. 아멘.[9]

---

9   Martin Brecht, "Luther, Martin" in *Oxford Encyclopedia of the Reformation*, ed. Hans J. Hillerbrand (New York: Oxford University Press, 1996), 1:460.

그 후에 루터는 보름스를 떠나 비텐베르그로 돌아가려고 길을 나섰다. 보름스 제국 회의가 끝나기 전인 5월 25일에 신성 로마제국의 황제 카를 5세는 루터를 범법자요 이단이라고 선언했다. 루터에게 음식이나 머물 곳을 제공하는 사람은 범죄자로 취급되게 됐다. 이제 루터를 죽여도 처벌을 받지 않으며, 그를 죽이는 사람이야말로 교회의 친구로 여겨지게 된 것이다. 루터는 집으로 돌아가는 길이 위험해졌다.

프레데릭은 루터가 처한 상황의 위험성을 인지하고는 사람을 보내서 그를 빼돌리고는 그가 유괴당한 것으로 보이도록 일을 꾸몄다. 루터는 아이제나흐 근처에 안전한 바르트부르그(Wartburg)성으로 인도됐다. 루터는 기사의 의복을 입고, 수염을 기르고, 게오르그 경(Sir. George)이라고 불리게 됐다. 이는 루터가 사로잡혀서 죽임을 당한 것처럼 보이도록 하기 위함이었다. 루터는 10달 동안 바르트부르그성에 머물렀다.

루터는 은둔 생활을 하는 동안 신약성경을 독일어로 번역한 『9월 성경』(September Bible, 1522)을 출간하는 데에 총력을 기울였다.[10] 루터는 성경이 이해할 수 있는 언어로 사람들의 손에 들려져야 한다고 믿었다. 『9월 성경』은 이런 믿음을 실제로 구현해 냈을 뿐만 아니라, 현대 독일어의 발전에도 큰 영향을 미쳤다. 하지만 루터는 그의 신학을 주창하기 위해 본문을 변경하는 것으로부터는 자유롭지 못했다. 예를 들어 로마서 3:28에 "사람이 의롭다 함을 얻는 것은 율법의 행위에 있지 않고 믿음으로 되는 줄을 우리가 인정하노라"고 돼 있는데, 루터는 이 구절에 "믿음으로만 되는 줄을"이라고 덧붙였다.

많은 사람이 루터가 죽었거나 또는 다시 돌아오지 않을 것이라고 생각했기에, 비텐베르그는 혼란에 빠졌다. 루터의 유명세와 그가 순교했을 가능성을 이용해, 카를슈타트는 종교개혁을 더 진전시키려고 했다. 그는 1521년 성탄절 미사를 성직복을 입지 않고 거행했으며, 성찬 시에 빵과 잔을 모두 나눠줬으며, 독일어로 예배와 예전의 상당 부분을 진행했다. 카를슈타트는 또한 교회 내에 성상과 그림을 파괴하도록 부추겼으며 사회 평등을 주장했

---

10 루터는 비텐베르그에 돌아와서 구약을 번역하기 시작했다. 루터는 1534년 이전까지는 성경 전체 번역을 완료하지 못했다.

다. 이러한 사건들은 루터를 지지하던 위정자들과 귀족들을 괴롭게 했다.

카를슈타트의 성탄 미사 후 이틀 만에, 츠비카우 선지자들(Zwickau Prophets)이라고 하는[11] 루터의 만인제사장론에 영향을 받은 급진주의자들이 비텐베르그에 도달했다. 그들은 그들이 받은 계시가 성경보다 우월하다고 주장하면서, 교회는 정부로부터 자유로워져야 하며 종말이 임박했다고 설교했다. 그들은 카를슈타트의 지지를 얻었을지도 모른다.

루터는 질서를 회복하기 위해 은둔 생활을 깨고 등장해 카를슈타트를 책망했고, 8개의 격렬한 설교를 통해 츠비카우 선지자들을 쫓아 보냈다. 루터는 카를슈타트의 변화를 전적으로 반대한 것은 아니었으나, 그러한 변화가 너무 빨리 진행됐다는 점을 지적한 것이다. 루터가 보기에 종교개혁은 고요하고 평화로운 방법으로 위정자들과 귀족들의 입장을 염두에 두면서 이뤄져야만 하는 것이었다.

1521년에서 1529년까지 카를 5세는 대부분의 시간과 재원을 서쪽으로는 프랑스와 싸우고 동쪽으로는 투르크와 싸우면서 소진했다. 루터는 이 때를 이용해 종교개혁을 계속했다.

9명의 수녀가 생선통에 숨어서 수녀원을 탈출해서 비텐베르그에 왔을 때, 루터는 그중 8명에게 안식처와 남편을 제공해 줬다. 9번째가 카타리나 폰 보라(Katharine von Bora, 1499-1552)였는데, 그녀는 1525년 6월 13일에 루터와 결혼했다. 루터는 자신이 그녀와 결혼하는 것은 그녀에게 이름을 주고 그의 부모를 기쁘게 하며 교황을 골탕먹이기 위함이라고 말했다. 어느 누가 보더라도, 틀림없이 루터와 카타리나는 사랑에 빠졌다.

에라스무스는 1524년에 『자유 의지론』(On the Freedom of the Will)을 썼다. 그 책에서 에라스무스는 하나님이 은혜를 제공하시겠다고 하면 인간은 거기에 반응할 수 있는 능력이 있다고 주장했다. 에라스무스는, 하나님이 사람을 구원에 이르도록 예정하신다는 교리는 성경적이지 않다고 봤다. 루터는 이에 대한 대답으로 1525년에 『노예 의지론』(On the Bondage of the Will)을 출판했다.

---

[11] 니콜라스 스토크(Nicholas Stork), 토마스 드레셀(Thomas Dreschel), 마르쿠스 슈튀브너(Markus Stübner)가 바로 그 츠비카우 선지자들이었다.

죄로 인해 사람의 의지는 왜곡돼서 자력으로는 하나님을 따르기로 결정할 수가 없게 됐다고 루터는 주장했다.

구원은 오직 은혜로 사람의 의지를 변화시켜 하나님을 따를 마음을 주시는 하나님의 일방적인 행위이다. 사람이 자신을 하나님께 인도하기 위해서 스스로 할 수 있는 것이란 없다는 말이다. 그리하여 루터와 에라스무스가 손을 잡으리라는 그 어떤 소망도 깨지게 됐다.

루터가 자신들의 사회적이고 정치적인 개혁 요구를 지지해 주리라는 생각을 가진 수천 명의 독일 소작농들은 경제적 혼란과 널리퍼진 가난에 항의하는 뜻에서 영주들에 대항해 반란을 일으켰다. 츠비카우 선지자들에게 감화를 받은 토마스 뮌처(Thomas Müntzer, 1489-1525)와 같은 급진주의자들을 그 배경에 두고 1524-1525년에 일어난 농민반란은, 천년왕국론의 색채를 강하게 띠고 있었다. 하지만 루터에게 종교개혁이란 교회를 바로잡기 위함이었고 독일 사회 질서를 개혁하려는 것이 아니었다.

1525년 4월에 루터는 『평화를 위한 충고』(*Admonition to Peace*)를 써서, 소작농들은 인내심을 가지고 평화롭게 행하고, 독일 영주들은 소작농들의 근심되는 것을 좀 덜어 주라고 했다. 소작농들이 난폭해질 것이 확실해지자, 루터는 1525년 5월 『강도 집단이요 살인 집단인 소작농들』(*Against the Robbing and Murdering Hordes of Peasants*)이라는 책을 출판했다.

루터는 신랄한 문체로 영주들에게 다음과 같이 말했다.

> 반역만큼 악마적이고 상처를 주고 독한 것이 없다는 것을 기억하며 은밀하게 또는 공개적으로 그들을 때리고, 죽이고, 찌르라. 이것은 미친개를 죽여야만 하는 경우와 같은 것이다. 그들을 죽이지 않으면 그들이 당신들을 죽일 것이고, 더 나아가서는 온 땅을 죽일 것이다.[12]

---

[12] Martin Luther, *Against the Robbing and Murdering Hoards of Peasants*, Roland H. Bainton, *Here I Stand: A Life of Martin Luther* (New York: Meridian Printing, 1995 ed.), 217에서 인용.

1525년 5월 15일, 독일 귀족들은 프랑켄하우젠(Frankenhausen) 전투에서 소작농들의 군대를 궤멸했다. 영주들의 보복은 잔혹했고, 살아남은 소작농들은 다수가 동쪽으로 도망쳤다. 루터는 소작농들에게 등을 돌린 것처럼 보였고, 소작농 중에서 많은 사람이 가톨릭교회로 되돌아갔다.

1526년 독일 영주들에 의해서 슈파이어 제국 회의(Diet of Speyer)가 소집됐다. 카를 5세는 프랑스와 투르크와의 전쟁에 여념이 없는 가운데, 독일 루터파 영주들은 일시적으로 루터를 사형에 해당하는 자라고 정죄한 보름스 칙령의 시행을 연기할 권리를 얻게 됐다. 국가 회의가 소집돼 교회 문제를 해결할 예정이었는데, 이 회의가 소집될 때까지, 각 분파들간에는 휴전이 선포됐다. 이러한 행위는 루터파 영주들에게 비록 짧은 기간 동안이기는 했지만 그들의 영지 내에서 루터주의를 진전시킬 수 있는 능력을 줬다.

카를 황제의 군대가 1529년 비엔나(Vienna)에서 투르크의 전진을 막하선 이후, 카를은 다시금 루터를 주목했다. 1529년 5월에 제2차 슈파이어 제국 회의가 소집됐다. 그곳에서 루터는 정죄됐고 모든 영지마다 가톨릭 예배로 되돌아오라는 명령이 내려졌다. 루터주의는, 그것을 억누르다가 유혈 사태가 일어날 그런 지역 외에서는, 용인되지 않을 것이었다. 상당수의 군소 영주들과 위정자들이 이 결정에 항의했는데, 여기에서 개신교 교도(Protestants)라는 명칭이 등장하게 됐다.

루터의 개혁은 다른 개혁자들이 일어날 수 있도록 자극을 줬다. 자극을 받은 인물 중에는 취리히의 울리히 츠빙글리(1484-1531)도 있었다. 여러 종교개혁 세력을 규합하기를 원했던 헤세의 필립 1세(Philip I of Hesse, 1504-1567)의 요청에 따라, 루터와 츠빙글리는 1529년 마부르그 담화(Marburg Colloquy)로 모였다. 비록 그들이 총 15개의 신앙 조항 중에서 14개에 대해서 일치를 봤으나, 15번째 조항이 그들의 연합을 불가능하게 만들었다.

루터는 성찬 빵과 포도주가 실제 그리스도의 몸과 피로 탈바꿈한다는 화체설을 믿지는 않았으나, 그래도 그리스도의 몸과 피가 성찬 빵과 포도주에 참으로 실재한다는 공재설(consubstantiation)을 고수했다. 츠빙글리는 성찬은 단지 그리스도께서 십자가에서 신자들을 위해서 하신 일을 기념하는 것일 뿐이라고 주장했다.

이러한 의견 차이의 핵심에는 그리스도의 인격에 대한 의견 차이가 있었다. 루터에 따르면, 그리스도께는 한 가지 성질만 있어서 어디에나 계신다. 그러므로 그리스도께서는 빵과 포도주에도 실재하신다. 츠빙글리는 그리스도의 두 가지 성질 사이의 구분을 강조했다. 그리스도의 신성은 어디에나 계시지만, 그리스도의 인성은 한 번에 한 곳에만 계시고 그래서 그리스도의 인성은 하나님 우편에 계신다. 그러므로 그리스도께서는 육체적으로 빵과 포도주에 실재하실 수 없다.

카를 5세는 1530년 아우크스부르크 제국 회의(Diet of Augsburg)를 소집했다. 범법자 신분이었던 루터는 그곳에 참석할 수 없어서, 대신 필립 멜랑흐톤(Philip Melanchthon, 1497-1560)에게 그의 입장을 표현한 소위 "아우크스부르크 신앙고백서"를 들려 보냈다. 루터파들이 의회에서 우세한 것처럼 보이자, 카를 5세는 모든 개신교 영지들이 가톨릭으로 돌아오라고 요구하고는 의회를 해산시켰다. 그러자 개신교 영주들은 카를이 자신들을 칠 것이라고 생각해 방어 수단으로 '슈말칼덴 동맹'(Schmalkaldic League)을 결성했다.

카를을 압박해 루터파에 대한 박해를 멈추게 하도록 하기 위해, 독일 영주들은 프랑스와 손을 잡았다. 이에 카를은 제국의 통일을 지키기 위해 1555년 아우크스부르크에서 반대파 영주들까지 초청해 모임을 가졌다. 여기서 합의한 해법이 바로 각 영지는 그곳을 관할하는 영주의 종교를 따른다(*cuius regio, eius religio*)는 원칙을 담은 '아우크스부르크 강화 조약'이었다. 각 영주는 자기 영지의 종교를 루터파로 할지 또는 가톨릭으로 할지 정할 수 있었다.

'자유' 도시들의 경우, 루터파와 가톨릭 교도들이 함께 살면서 동등한 권리를 누렸다. 아우크스부르크 강화 조약은 또한 종교적인 이유로 재산을 몰수당하는 일이 없이 다른 도시로 이민을 갈 수 있다고 결의했다. 이러한 자유 덕택에 1540년경에는 북부 독일이 대부분 루터파로 돌아섰다. 루터주의는 헝가리, 폴란드, 덴마크, 스웨덴으로 이주한 독일인들 사이에서도 지지층을 형성했다.

2. 루터의 공헌

첫째, 루터는 성경이 교회의 생명을 좌우하는 권위라고 봤다. 성경은 전통이나 스콜라 신학자들 또는 교황보다도 더 믿을 만한 것이다. 교회의 위계질서가 아니라 성경에 호소함으로써, 루터는 가톨릭교회의 전통 중 상당수가 성경적이지 않다는 것을 나타내기를 원했다.

루터는 하나님이 세상에 자신을 나타내시는 방법이 성경이라고 믿었다. 더욱이, 루터는 성경은 교회에 복속된 것이 아니고 모든 그리스도인이 자기 말로 성경을 가져야 한다고 믿었다.

둘째, 루터는 회중 찬양이 신학과 성경을 가르치는 데에 중요하다는 것을 알았다. 루터는 몇 개의 찬송가를 썼고, 그중에서도 가장 유명한 것은 "내 주는 강한 성이요"이다. 시편 46편을 참고해, 이 찬송의 마지막 절에서 루터는 그의 괴로움 그리고 하나님을 믿는다는 것에 대해서 많이 말하고 있다.

> 그 말씀은 모든 세상 권세보다 우월하며
> 그들과 상관없이 존재한다네
> 우리 편에 게신 분을 통해
> 성령과 은사들도 우리 것이네
> 친척과 재물과 생명까지 빼앗기고
> 이 몸도 죽임당할지 모르나
> 하나님의 진리는 여전히 존재하며
> 그의 나라는 영원하리라.[13]

셋째, 바울의 이신칭의 교리를 부활시킨 것이 루터가 종교개혁에 남긴 가장 큰 공헌이라고 할 수 있다. 사람들은 율법을 준수할 수가 없어서 하나님으로부터 떨어져 있다고 루터는 가르쳤다. 그의 탑 경험에서 루터는 하나님이 주신 은혜만이 칭의를 준다는 것을 굳게 믿게 됐다. 인간의 삶 속에 그리

---

[13] Martin Luther, "A Might Fortress Is Our God" (1529).

스도께서 임재하심으로써 믿음이 주어지고, 마음이 변화되며, 그리스도를 섬길 마음이 북돋아지게 된다. 사람이 경건과 선행을 통해 구원을 쟁취할 수 있다는 생각은 근거 없는 것이다.

넷째, 루터는 교회가 가견적이며 동시에 불가견적이라고 믿었다. 가톨릭교회는 참된 교회가 아니다. 참되고 가견적인 교회는 말씀의 참된 선포와, 세례와 성찬만을 성례로 준수하는 교회라고 할 수 있다. 루터에 따르면 불가견적인 교회는 언제나 존재하며, 가톨릭교회 내에 있는 이들도 포함해 모든 신자들을 포함하는 것이다.

루터의 개혁은 교회를 갈라놓으려는 것이 아니고, 교회를 사도적인 가르침과 행실로 되돌려 놓으려는 것이었다. 루터의 개혁은 매우 심층적인 것이다 보니 개신교 교도들과 가톨릭 교도들이 다시 합치치 못하게 갈라질 수밖에 없었다. 더욱이, 루터 때문에 루터파 이외에도 개신교 교단들이 생겨나게 됐다.

제17장

츠빙글리와 급진 종교개혁가들

루터가 과감한 첫걸음을 내딛으면서 개신교 종교개혁을 개시시킨 이후로, 다른 종교지도자들도 그와 같은 일을 하기 시작했다. 독일 일부 지역들과 더불어서, 스위스 연방이 종교개혁에 대해 수용적이었다. 스위스는 세 종류의 위대한 종교개혁 운동의 보금자리였으니, 일단 울리히 츠빙글리(1484-1531)가 이끄는 개혁 운동이 있었고, 재세례파 운동이 있었으며, 존 칼빈(1509-1564)의 개혁 운동이 있었다.

츠빙글리가 스위스 개혁자 중에서 최초의 인물이었고 초창기의 급진 종교개혁가들이 츠빙글리에게 배웠던 적이 있기에, 이 장에서는 그들을 함께 다루도록 하겠다. 존 칼빈은 뒤에 따로 한 장을 할애해 다룰 것이다.

비록 츠빙글리와 루터가 마부르그 담화에서 합의에 이르지는 못했으나, 루터가 츠빙글리와 취리히(Zürich) 그리고 그 외 스위스 칸톤들(Cantons)에게 큰 영향을 미친 것은 분명하다. 작센에서의 루터처럼, 츠빙글리는 정부의 도움을 받아 취리히를 개혁하려고 했다. 그렇지만 츠빙글리의 추종자중에서 어떤 이들은 교회를 세속 정부로부터 완전히 분리시키기를 원했다. 이러한 사람들이 재세례파라고 알려지게 됐다.

1. 스위스의 상황

16세기 초, 신성 로마제국(Holy Roman Empire)이 오늘날의 스위스를 자기 영토로 편입시켰다. 하지만 스위스는 신성 로마제국의 통치를 받아들이지 않았고 1499년 독립을 선언했다. 오늘날 스위스라고 알려진 이 나라는 16개의 독립된 칸톤이라고도 하는 도시 국가로 이뤄지게 됐다.

비록 독립국들이기는 했지만, 그들은 자신을 이웃 침략자들로부터 지키기 위해서 방어 목적의 연합체를 이루게 됐다. 그래서 모든 칸톤에 영향을 미치는 일이 있을 경우, 각 칸톤들이 한 표씩을 행사하게 됐다. 그러므로 작은 칸톤들은 큰 칸톤들에 대항해 표를 담합할 수도 있었다. 남쪽 칸톤들은 유럽 왕조들과 교황에게 용병을 제공하는 것으로 유명했다.

각 칸톤마다 자기의 종교를 정할 수 있었다. 작고 더 시골에 있는 칸톤들은 가톨릭에 남아서 충성하는 경향이 있었다. 1471년부터, 바티칸 스위스 경비대 중 많은 사람이 이러한 칸톤에서 보낸 이들로 구성됐다. 취리히, 바젤(Basel), 제네바(Geneva) 등과 같은 큰 칸톤들은 인문주의자들의 피난처가 됐고 종교개혁을 지지하는 쪽으로 더 기울게 됐다.

2. 울리히 츠빙글리

츠빙글리는 스위스 성 갈렌(Saint Gall) 칸톤에 있는 빌트하우스(Wildhaus)에서 출생해 비엔나(Vienna)대학교를 다녔으며, 1502년에는 바젤대학교에서 수학했다. 바젤에서 츠빙글리는 음악에 탁월성을 보였으며, 인문주의 교육을 받고, 토마스 비텐바흐(Thomas Wyttenbach, 1472-1526)라는 유명한 스콜라주의 반대자요 인문주의자 밑에서 공부했다. 츠빙글리는 1504년에 학사학위를 받았고 1506년에는 석사학위를 취득했다. 그리고는 신부로 서품을 받았다.

1506년에 츠빙글리는 글라루스 칸톤으로 첫 목회 임지를 발령받게 된다. 이곳에서 츠빙글리는 10년간 사역을 했다. 교회 사역 외에도 시간이 나면, 츠빙글리는 독학으로 그리스어와 히브리어를 공부했고, 바울서신을 암송했으며 에라스무스의 작품을 닥치는 대로 모두 읽었다.

1513년에와 1515년에 츠빙글리는 프랑스에 대항해 옛 스위스 연방을 지키기 위해 고용된 스위스 용병들의 군목으로 사역했다. 많은 스위스 청년이 1515년 9월 13-14일 마리냐노 전투(Battle of Marignano)에서 죽는 것을 보면서, 츠빙글리는 교황을 위한 일이라고 할지라도 용병 무역은 해서는 안 된다는 입장을 가지게 됐다. 교황의 앙숙이었던 프랑스를 상대로 전쟁을 치르는 이들의 군목이었기에, 츠빙글리는 교황청으로부터 녹봉을 받게 됐다.

1516년 츠빙글리는 치료하는 능력으로 유명한 검은빛 동정녀(Black Virgin) 성골함의 도시였던 아인지델른(Einsiedeln)의 복회자로 지명됐다. 성골함의 유명세를 이용해 가톨릭교회는 순례자들을 경제적으로 착취하며 다량의 면죄부를 판매했다. 루터처럼 츠빙글리도 사람들이 하나님을 믿기보다는 면죄부를 믿을까 봐 두려워했다.

1518년 츠빙글리는 취리히에서 가장 큰 교회 중 하나인 그로스뮌스터(Grossmünster)교회의 설교자로 지명됐다. 이 영향력 있는 사역 자리를 츠빙글리는 평생 동안 유지하게 된다. 그는 취리히 칸톤에서 이뤄지는 면죄부 판매에 경악했다. 특히 츠빙글리는 베르나르디니 샌슨(Bernardini Sanson, 1518)이라는 면죄부 판매원을 특히 질시했기에 샌슨을 그의 관할에서 제거시켜 달라고 교황청을 설득했다.

취리히에서 츠빙글리는 개혁 운동을 시작했다. 루터처럼, 츠빙글리도 개혁을 진행시키기 위해 선출된 관료들과 함께 일을 했다. 하지만 츠빙글리는 루터보다도 더욱 인문주의의 영향을 받았고, 인문주의가 그의 노력에 동기부여를 해 주는 면이 많았다. 츠빙글리는 인문주의에 너무 심취한 나머지 플라톤과 같은 위대한 이방 철학자는 천국에 들어갈 수 있다고 믿을 정도였다.

츠빙글리가 그로스뮌스터교회에서 처음으로 설교를 한 것은 1519년 1월 1일이었다. 가톨릭의 설교 공식을 따르지 않고, 츠빙글리는 오직 성경으로만 설교를 해 나갔다. 처음에는 마태복음에서 시작해 그 외 복음서들로 옮겨 갔고, 그다음에는 신약성경 나머지 부분, 그리고는 구약성경을 설교했다. 츠빙글리는 토착어로 설교했고 연옥, 수도원주의, 면죄부 등에 대해 비판하는 설교 내용들이 들어가 있었다. 세례 받지 않은 유아들이 멸망하지 않는다고 설교하기도 했다.

츠빙글리는 1519년부터 '예언 모임'을 갖기 시작했다. 인문주의 교육을 받고 그리스 고전들을 읽기 원하는 청년들이 이 모임에 참석했다. 가장 학문이 깊고 발언을 많이 한 참석자는 콘라드 그레벨(Conrad Grebel, 1498-1526)과 펠릭스 만츠(Felix Manz, 1498-1527)였다. 처음에는 그리스어와 히브리어를 공부하다가 얼마 지나지 않아 츠빙글리의 개혁론으로 공부의 주제가 옮겨졌다. 그들은 점점 더 츠빙글리의 열렬한 제자가 됐다.

1522년 4월, 츠빙글리는 취리히 칸톤이 교황권으로부터 자유를 누려야 한다는 내용의 소책자를 발간했다. 더욱이, 츠빙글리는 자신이 과거에 했던 수도서약을 깨뜨리고 안나 라인하르트(Anna Reinhart, 1484-1538)와 비밀리에 결혼했다.

후일에 '소시지 사건'이라고 알려진 일은 1522년 재의 수요일(Ash Wednesday)에 일어났다. 크리스도퍼 프로스하우어(Christopher Froshauer, 1490-1564)라는 츠빙글리의 추종자가 부활절 전에 바울서신 인쇄를 끝내고 그것을 배포하려고 시도하다가, 일하는 사람들이 배고프게 되자, 그들에게 소시지를 먹이기를 원했다. 그때가 재의 수요일이었으므로, 소시지를 먹는 것은 용납되지 않았다.

사도행전 10:10-16에 의거해,[1] 츠빙글리는 프로스하우어에게 사순절이 성경적이지 않으므로 소시지를 먹을 수 있다고 했었다. 사람들은 먹었지만, 츠빙글리는 덜 성숙한 그리스도인들을 혼란에 빠뜨리지 않기 위해 고사했다. 츠빙글리는 『음식 선택에 있어서의 자유』(Of Freedom of Choice in the Selection of Food, 1522년 4월)라는 책을 써서 그들의 행위를 두호했다.

> 당신 믿음의 정신이 그렇게 하라고 가르친다면, 금식하시오, 그러나 동시에 당신의 이웃에게 그리스도인의 자유라는 특권을 부여하시오, 만약 당신이 하나님의 법을 어긴다면 하나님을 크게 두려워하시오, 그리고 하나님이 친히 명령하신 것보다 사람이 만들어 낸 것을 하나님 앞에서 더 위대하게 만드는 일이 없도록 하시오. … 당신은 음식과 관련한 문제로 무슨 이유에서든지 아무도 비웃거나 인정하거나 해서는 안 되며 금식일이 지켜지느냐 마느냐의 여부를 놓고도 그렇게 해서는 안 됩니다(일요일에 하나님 말씀을 듣고 성찬에 참여하

---

1   "그가 시장하여 먹고자 하매 사람들이 준비할 때에 황홀한 중에 하늘이 열리며 한 그릇이 내려오는 것을 보니 큰 보자기 같고 네 귀를 매어 땅에 드리웠더라 그 안에는 땅에 있는 각종 네 발 가진 짐승과 기는 것과 공중에 나는 것들이 있더라 또 소리가 있으되 베드로야 일어나 잡아 먹어라 하거늘 베드로가 이르되 주여 그럴 수 없나이다 속되고 깨끗하지 아니한 것을 내가 결코 먹지 아니하였나이다 한대 또 두 번째 소리가 있으되 하나님께서 깨끗하게 하신 것을 네가 속되다 하지 말라 하더라 이런 일이 세 번 있은 후 그 그릇이 곧 하늘로 올려져 가니라"(행 10:10-16).

기 전까지 금식하는 것은 항상 예외로 하지만).[2]

비록 이것이 사소한 사건 같이 보일지라도, 가톨릭교회는 이것을 공개적인 적대 행위로 보고 조사단을 파견했다. 취리히 시의회와 그로스뮌스터교회는 5월 24일 콘스탄츠(Constance)의 주교로부터 훈방 조치를 받았다.

1523년 1월 29일에 콘스탄츠의 주교가 교구장 대리(vicar-general) 요한 파베르(Johann Faber, 1478-1541)를 보내어 600명 앞에서 츠빙글리와 논쟁을 했는데, 이 사건이 바로 제1차 취리히 논쟁(First Zürich Disputation)이라고 알려지게 된다. 누가 이겼는지는 시의회가 정하게 돼 있었고, 시는 승자의 입장을 따를 예정이었다.

67개 조문(Sixty-Seven Theses, 1523)에서 말했던대로, 츠빙글리는 사순절에 반대했을 뿐만 아니라 교황의 권위와 성직자의 독신에 대해서도 반대 입장을 표명했다. 그는 미사는 그리스도 희생제사의 반복이 아니라, 십자가에서 단번에 이뤄진 희생제사를 기리는 것이라고 했다.

츠빙글리는 성경만이 유일하게 그리스도인에게 권위의 근원이며 구원은 믿음으로 받는 것이라고 했다. 시의회는 츠빙글리의 손을 들어줬고, 영주 프레데릭이 루터를 보호했듯이 가톨릭 권세로부터 보호해 주기로 서약했다. 그러한 보호를 계속 받기 위해서 츠빙글리는 항상 시의회를 통해서 일을 했고, 시의회의 결정을 따랐으며, 그의 추종자들에게도 그렇게 하라고 요구했다.

제2차 취리히 논쟁(Second Disputation of Zürich)은 1523년 10월 26-28일에 있었다. 첫째 날 주제는 성화상(聖畫像)들이였고, 둘째 날은 미사(성찬), 셋째 날은 연옥이 논쟁의 주제였다.

성화상에 대한 논쟁은 츠빙글리의 친구이자 성 페터스키르케(Saint Peterskirche)의 목회자인 레오 유드(Leo Jud, 1482-1542)가 했던 행동에서 촉발됐다. 유드가 성화상에 대해 부정적인 설교를 하자, 성 페터스키르케와 그 이웃 교회인 마리아교회(Church of Our Lady)의 성화들이 파괴됐다. 취리히 오베르도

---

[2] Ulrich Zwingli, *Of Freedom of Choice in the Selection of Food*, in *A Reformation Reader: Primary Texts with Introductions*, 2nd ed., ed. Denis R. Janz (Minneapolis: Fortress, 2008), 187.

르프 문(Oberdorf Gate)에 있던 나무 십자가조차 성상 파괴론자들에 의해 제거됐다. 비록 츠빙글리도 교회에서의 성화상 사용에 반대하기는 했으나, 그는 성상 파괴론자는 아니었다.

제2논쟁은 900명 앞에서 열렸으나, 한 사람도 성화상을 두둔하는 사람이 없었다. 재세례파의 지도자요 초창기 츠빙글리와 한편이었던 발타자르 후브마이어(Balthasar Hubmaier, 1480-1528)는 성경에 명백하게 언급된 것들만 예배 때 허용된다고 발언했다. 그렇다면 성화상은 우상 숭배적이므로 제거돼야만 한다. 성화상에 반대하는 쪽이 회의를 주도한 가운데 그 날의 논의는 여기에서 마쳤다. 하지만 시의회는 성화상 금지령을 어떤 식으로 시행할지에 대해서 아무런 지시를 내리지 않았다.

논쟁의 둘째날은 전적으로 미사에 대한 논의를 했다. 츠빙글리는 화체설은 스콜라 신학자들이 성경에 억지로 덮어씌워서 만들어 낸 것이라고 주장했다. 후에 『참 종교와 거짓 종교에 관한 주석』(*Commentary on True and False Religion*, 1525)에서 그는 이러한 견해를 더 구체적으로 제시했다. 그 책에 보면, 그리스도께서는 하늘에 계시므로 육체적으로는 성찬 빵과 포도주에 임재할 수 없다고 주장한다. 미사나 성찬은 주님을 기념하는 것에 불과하다.

논쟁에 참석한 사람들의 대다수는 미사가 희생제사라는 생각을 정죄했다. 그레벨은 말하기를 미사를 어떻게 할 것인지에 대한 지시 사항이 어느 정도 주어지지 않는 이상은 논쟁이 의미가 없다고 했다. 츠빙글리는 그러한 지시 사항은 취리히 상원이 줄 것이라고 광고했다.

그러자 횡(Höngg)에서 신부로 사역하는 시몬 슈트룸프(Simon Strumpf, 1517-1527년 사이에 활동)가 나서서 미사에서의 그리스도의 임재는 하나님의 영에 의해 작정된 것이지 토의할 논제가 아니라고 말했으나, 츠빙글리는 이 모임은 미사가 희생제사인지를 판단하기 위해 모인 것임을 상기시키면서, 상원이 미사를 어떻게 바꿀지에 대해서 결정을 내려 줄 것이라고만 했다.

10월 28일에 다시 논쟁 모임이 소집됐다. 연옥에 관한 논의는 제쳐 둔 채, 미사가 다시 한번 화제의 중심이 됐다. 성찬은 사도적인 방식으로 단순하게 치뤄져야 하며 빵과 잔을 같이 주고 토속민들의 언어로 거행돼야 한다고 후브마이어는 주장했다. 츠빙글리도 원칙적으로는 후브마이어의 주장에 동의했으나, 단번에 그 모든 것을 변화시키는 것은 정치적인 위험부담이 너무 크다고 생각했다.

미사를 존중하는 이들이 아직 많은 가운데, 츠빙글리의 개혁에 호의적인 사람들조차 미사에 변화를 주는 정도로만 만족하고 그것을 없앨 준비는 되지 않은 경우들도 있었다. 개혁의 속도를 높이면 츠빙글리의 지지자들 가운데 분열이 일어날 수 있었다. 그래서 츠빙글리는 성찬에 대해서 그 어떤 결정을 내리기 이전에 먼저 충분히 연구를 해 보자는 타협안을 제안했다.

그렇지만 1525년 4월이 되자 가톨릭 미사는 취리히에서 폐지됐다. 이제 미사는 독일어로 집례됐으며 단순한 기념 행사가 됐다. 사제의 결혼, 성상 및 성화 제거, 신정 정치를 통한 취리히 통치 등 츠빙글리의 다른 개혁안들도 시행됐다. 그러자 곧 성 갈렌, 바젤, 베른(Bern) 등의 칸톤들도 미사를 폐지하고 츠빙글리의 개혁안들을 받아들였다.

츠빙글리의 신학은 인문주의와 그의 개인적인 소신을 통해 형성됐다. 그는 오직 성경의 권위만을 믿었다. 성경에서 언급되지 않은 것은 예배에 들어올 수 없었다. 이러한 믿음 때문에 교회에 스테인드글라스를 없앴고, 오르간 음악을 없앴고, 교회와 성당에서 모든 성상을 제거했던 것이다. 츠빙글리의 가르침은 종종 성상 파괴론으로 사람들을 인도하곤 했다.

교회 정치에 관해서는 츠빙글리는 세속 정부가 최종 결정을 내려야 한다고 봤다. 츠빙글리에게는 참 교회란 비가견적인 것이다. 가견적인 교회에서 누가 참 그리스도인이지는 하나님만이 아신다.

스위스 칸톤들은 가톨릭파와 종교개혁파로 나뉘었다. 1529년에도 칸톤들 간에 종교전쟁이 일어날 뻔했으나 가까스로 피했다. 하지만 제2차 카펠 전투(Second Kappel War, 1529-1531)에서는 시골 칸톤들이 취리히를 쳐서 1531년 10월 9일 승리를 거뒀다. 츠빙글리는 전사했고, 그의 시체는 포획돼 4등분되고 변과 함께 태워졌다.

츠빙글리의 죽음 이후에는 하인리히 불링거(Heinrich Bullinger, 1504-1575)가 그의 자리를 대신했다. 하지만 개혁교회의 지도자로서는 존 칼빈이 부상하게 된다.

취리히에서 츠빙글리를 향한 폭넓은 지지에도 불구하고, 취리히 거주민들이 모두 그에게 동의한 것은 아니었다. 교회와 국가를 결합시키는 점, 그리고 유아 세례에 대한 믿음은 츠빙글리의 예언학교 학생들이 그로부터 갈라져 나가도록 했다. 1524년 9월이 되자 그 학생들은 그로스뮌스터교회 바로 뒤에 있는 집에서 모이기 시작했다.

1525년 1월 17일, 그레벨과 그리고 자칭 그의 '형제들'이 츠빙글리와 유아 세례 문제를 놓고 논쟁을 벌였다. 처음에는 츠빙글리도 유아 세례가 성경에 없다는 점을 인정했다. 하지만 츠빙글리는 유아 세례와 구약의 할례를 연결시켰다. 유아 세례가 구원하는 효력이 있는 것은 아니지만, 유아를 가견적인 교회 공동체에 들어오도록 해 준다는 것이다.

하지만 그레벨은 신자의 세례(신앙고백을 한 신자에게 베푸는 세례 -역주)는 오직 성경에서 세례를 행했던 그대로 해야만 한다고 믿었다. 그레벨은 세례를 받지 않은 유아들은 그리스도의 은혜로 구원을 받는다고 생각했다. 그래서 그레벨과 그의 동료들은 '재세례파'(Anabaptists)라는 명칭을 얻게 됐다. 그들은 츠빙글리가 종교개혁의 과업이 완수되기도 전에 멈춰서 버렸다고 생각했다.

그레벨 집단은 시의회가 종교적인 일을 주관하는 것에 대해 의문을 제기하면서 취리히의 교회들이 위정자들의 손길에서 완전히 분리되기를 원했다. 그러다 보니 당연히 시의회는 그들의 의견에 반대했고, 유아 세례를 받지 않는 부모들은 취리히를 떠나야 한다고 결정했다. 이제 츠빙글리와 그의 이전 학생들은 완전히 분리됐다.

츠빙글리는 유아 세례의 정치적인 의미를 간파하고 있었다. 시의회 의원 전체가 유아 세례를 받은 사람들인데, 거기에 대고 유아 세례를 부정한다는 것은 그들의 교회 회원권을 빼앗는다는 말과 다를 것이 없었다. 더욱이, 취리히에서 세례 교인이 됐다는 것은 칸톤의 시민권에도 필수적이었다. 유아 세례를 부인하면 사회 통합이 깨질 수 있었다. 하지만 츠빙글리의 학생들은 시의회의 결정을 받아들이지 않았고, 1525년에는 신자의 세례를 거행하기 시작했다.

그레벨과 그의 추종자들의 유명세는 그들은 위험 인물로 만들었다. 1526년 3월 7일 취리히 시의회는 재세례는 사형에 해당하는 죄가 된다는 결정을 내렸다. 위정자들의 호의를 유지하기 위해 츠빙글리는 그의 이전 학생들로부터 등을 돌렸다. 그레벨은 투옥됐고, 1527년 1월 5일 만츠는 리마트(Limmat)강에 수장되는 형벌을 받았다. 만츠야말로 최초로 처형된 재세례파 중 한 명이 됐다.

3. 급진 종교개혁가들

많은 재세례파 집단이 있었는데 그들은 각자 다른 신학적 신념을 가지고 있었다. 재세례파는 스위스에서 시작됐으나, 독일과 네덜란드 각지로 빠르게 퍼져 나갔다. 그들의 대부분은 빈곤한 사회 경제적 상황에 불만을 품은 소작농들이거나 제조업자들이었다. 루터와 츠빙글리의 항거는 평등한 사회에 대한 소망을 부풀렸지만, 결국에는 이같은 종교개혁자들이 재세례파를 실망시켰다.

재세례파교회의 회원은 자유롭게 모인 사람들로 구성돼 있었다. 그 어떤 왕이나 개혁가나 교황도 그들에게 억지로 모이라고 한 적이 없었다. 이러한 자유로운 모임 방식은 자율주의(voluntarism)라고 알려져 있다. 부모들은 유아기에 있는 자녀를 대신해 말할 수 없었다. 교회에 가입하기 위해서는, 그리스도 안에서 스스로의 신앙고백을 할 수 있어야만 했다.

재세례파의 대부분은 정부정치에 어떤 식으로든 참여하는 것을 반대했다. 그들은 공직을 맡지 않았고 충성의 맹세도 하지 않았다. 그들은 세속 정부가 필요하다고 하면서도 하나님이 정부를 세우신 것은 불신자들을 인도하고 치리하기 위한 것이라고 주장했기에 참된 그리스도인들은 그것에 관여해서는 안 된다고 했다. 재세례파가 보기에는 그리스도인들을 치리하는 것은 정부가 아니라 회중이어야만 한다.

스위스 형제단(Swiss Brethren)과 같은 재세례파는 성경만 받아들이는 사람들이었고 평화를 추구했다. 이에 그들은 남독일인들(South Germans), 천년왕국 혁명가들(Millenarian Revolutionaries), 신령주의자(Spiritualists) 또는 영감주의자들(Inspirationalists), 삼위일체 반대론자(Anti-Trinitarians) 등의 다른 급진적인 개혁자들과는 구별된다.

1) 스위스 형제단

스위스 형제단은 최초의 재세례파 집단이다. 엄격히 성경만을 받아들였던 그 집단의 회원들은 이전에 취리히에서 울리히 츠빙글리를 따르던 사람들이었다. 형제단의 지도자는 콘라드 그레벨과 펠릭스 만츠였다. 츠빙글리와의 결별이 다가오는 것으로 보이자, 그레벨은 독일의 급진주의자들과 연락을 취하기 시작했다.

그레벨은 평화주의자였으면서도, 재세례파요 정치적 혁명가였던 토마스 뮌처(Thomas Müntzer, 1489-1525)와 서신 교환 및 교류를 하려고 시도했다. 그러나 취리히에서 일어난 일들은 그들과 다른 급진주의자들과의 교류가 자리를 잡기 전에 이미 위기를 초래하고 있었다.

1525년 1월에 그레벨과 게오르그 블라우록(George Blaurock, 1492-1529)은 서로에게 세례를 주고는 모임에 참석한 나머지 사람들에게도 그렇게 세례를 줬다. 그들이 설립한 새로운 교회는 성경의 권위와 신약성경의 조직방식에 기반을 두고 구성됐다.

츠빙글리는 재세례파들을 박해했다. 재세례파가 성인 세례를 믿었기 때문에, 그들의 대적들은 그들을 수장시키는 것이 아주 적절하다고 여겼다. 그레벨은 투옥된 후에 전염병으로 1526년 사망했다.

한참 후에는 야콥 암만(Jacob Amman, 1644-1711)이 스위스 형제단으로 하여금 평범한 옷을 입도록 하고 세족식을 하며 성찬을 자주 하도록 했고, 형제를 출교시키는 일을 피하도록 했다. 그의 추종자들은 아미쉬(Amish)라고 알려지게 됐다.

스위스 형제단 중 남은 사람들은 그들의 방식을 해외에 수출했다. 블라우록과 빌헬름 로이블린(William Reublin, 1484-1559)은 회중을 모아서 스위스, 라인강 상류 골짜기, 티롤(Tyrol) 등에서 세례를 주며 교회를 했다. 이러한 형제들은 가톨릭을 신봉하는 합스부르그(Hapsburg) 지배자들의 박해를 피해 어쩔 수 없이 숨거나 오스트리아와 모라비아(Moravia) 등 동쪽에 다소 호의적인 곳으로 옮겨갈 수밖에 없게 됐다.

2) 슐라이트하임 신앙고백서

"슐라이트하임 신앙고백서"(Schleitheim Confession)는 재세례파 집단에서 그들의 신념을 요약한 최초의 신앙고백서다. 이 신앙고백서는 미카엘 사틀러(Michael Sattler, 1490-1527)에 의해 작성됐고 슐라이트하임이라는 독일 쪽 라인강변에 1527년에 모인 재세례파들의 모임에서 비준됐다. 이 신조는 7개의 조항으로 돼 있다.

첫째, 세례는 신자들에게만 베푼다.

> 세례는 회개를 배우고 삶을 고친 모든 이들, 그리스도에 의해 그들의 죄가 옮겨졌음을 참으로 믿는 이들, 예수 그리스도의 부활에 의거해 행하는 이들, 그리스도와 함께 죽고 그와 함께 부활하려는 이들, 그리고 이런 의미를 염두에 두고 우리에게 세례를 받겠다고 스스로 요청하는 모든 사람에게 주어질 것이다. 교황 최고의 가증스런 발명품인 모든 유아 세례는 배제된다. 이것에는 사도들의 토대와 증언이 있다(마 28장; 막 16장; 행 2, 8, 16, 19장). 우리는 단순히면서도 견고하게 확신을 가지고 이것을 믿는다 [3]

둘째, 만약 사람이 그리스도인다운 생활을 하지 않는다고 할 것 같으면, 그 사람은 '추방령'(ban)에 처해진다. 누구든지 간에, 심지어는 그 사람의 배우자라고 하더라도, 그 추방된 사람과 말하거나 연락을 취해서는 안 된다.
셋째, 성찬 때에 빵을 떼는 것은 세례 받은 신자들만을 위한 것이다.
넷째, 신자들은 스스로를 악에서 떠나게 해야 한다. 경건하지 않은 사람과 접촉이 있어서는 안 된다.
다섯째, 목회자들은 좋은 평판을 얻은 사람이어야 하며, 가르침과 권면하는 일을 하며 교회에 의해 지원을 받는다.

---

3 William L. Lumpkin, *Baptist Confessions of Faith*, rev. ed. (Philadelphia: Judson, 1969), 25.

여섯째, 신자들은 자기 보호 차원이라고 할지라도 칼을 들어서는 안 된다. 이러한 이유 때문에 신자들은 공직을 맡거나 군대에 들어가서는 안 된다. 신앙고백서에 따르면 다음과 같다.

> 세 가지 이유 때문에 그리스도인이 위정자의 일을 하는 것은 적합하지 않다고 본다. 정부에서 다스리는 것은 육체의 일이지만 그리스도인의 다스림은 영적인 것이기 때문이다. 세속 위정자들의 집과 거처는 이 세상이지만, 그리스도인의 시민권은 하늘에 있다. 세속 위정자들이 분쟁이 있을 때에 사용하는 무기는 전쟁과 육적인 것이고 육체를 대항하는 것뿐이지만, 그리스도의 무기는 영적인 것이고, 악마의 간통에 대항하는 것이다. 세상에 속한 이들은 철과 쇠로 무장하지만, 그리스도인들은 진리와 의로움과 평화화 믿음과 구원과 하나님 말씀이라는 하나님의 전신갑주로 무장한다. 간단히 말하면, 그리스도의 생각이 우리를 향하는 것처럼, 그리스도의 몸의 지체된 이들의 생각들도 범사에 그리스도로 말미암아 그와 같이 해 그 몸을 허무는 그 어떤 분열도 없도록 할 것이다.[4]

일곱째, 마태복음 5:37에서 예수께서 하신 말씀, "오직 너희 말은 옳다 옳다 아니라 아니라 하라 여기서 지나는 것은 악으로부터 나느니라"에 따라서 맹세는 금지된다.

3) 남독일인들

발타자르 후브마이어는 바바리아(Bavaria) 잉골슈타트(Ingolstadt)에서 신학박사학위를 받고 교수 생활을 했다. 1516년에는 레겐스부르그(Regensburg)성당 설교자가 됐고 1523년에는 오스트리아 발트슈트(Waldshut)에서 설교자가 됐다. 발트슈트에 있을 동안에 그는 종교개혁 신앙을 받아들이고 로마와 결별하게 됐다.

---

[4] Lumpkin, *Baptist Confessions of Faith*, 28.

후브마이어는 1523년에 츠빙글리와 만나서 제2차 취리히 논쟁에 참여하게 됐다. 후에 그는 유아 세례에 반대하면서 츠빙글리와 적대 관계가 된다. 그는 1525년 신자의 세례를 받아들이고 같은 해에 전쟁 중에 소작농들을 돕다가 그 해 12월 6일에 발트슈트에서 도주했다. 『이단과 그들을 화형시키는 사람들에 대해서』(Concerning Heretics and Those Who Burn Them, 1525)라는 책에서 그는 위정자들이 교회를 박해할 권세가 없다고 주장했다. 그는 또한 종교의 자유 그리고 교회와 국가와의 분리를 촉구했다.

그러나, 그는 범죄자들을 벌주고 자신이 사는 곳을 방어할 목적으로 그리스도인들도 검을 사용할 수 있다고 한 점에서는 대부분의 평화적인 재세례파와는 달랐다.

후브마이어는 그와 그의 동료 난민들이 취리히에 가면 살 곳이 있을 것이라고 믿었지만, 츠빙글리는 그를 체포하고 유아 세례를 반대했던 것을 취소하라고 강요했다.

마지막으로 후브마이어는 얀 후스(Jan Hus)의 가르침이 그곳에 있는 체코와 독일 사람들에게 여전히 영향력을 행사하고 있었던 모라비아에 있는 니콜스부르그(Nikolsburg)로 옮겨 갔다. 어떤 기록에 따르면, 후브마이어는 그곳에서 6,000명에게 세례를 줬다고 한다. 그는 성경의 권위만을 주장했고, 토착어로 설교했으며, 성인 세례에 대한 그의 신념을 재확인했다.

> 이 표지와 상징(세례)의 의미는 장래 생명의 부활을 소망하면서 죽기까지 믿음으로 살겠다는 서약이며, 단순한 표지 그 이상이라고 사료돼야 한다. 이 의미가 아기들에게는 관계가 없으므로, 유아 세례는 유효하지 않다. 세례를 통해 우리는 하나님께 대해 서약을 하고, 성찬을 통해 이웃에게 대한 서약을 하는 것이다.[5]

오스트리아의 대공이자 장래에는 신성 로마제국 황제로 등극하는 페르디난드(Ferdinand, 1521-1564)는 후브마이어를 체포하고 1528년 3월 10일 비엔

---

[5] Henry C. Vedder, *Balthasar Hubmaier: The Leader of the Anabaptists* (New York: Putnam, 1905), 108.

나에서 그를 화형시켰다. 3일후에 후브마이어의 아내는 다뉴브강에 수장되는 형벌을 받았다. 후브마이어는 스트라스부르그에서 모라비아에 이르기까지 각지에서 발달한 재세례파 회중들에게 영향을 줬다.

필그림 마르펙(Pilgrim Marpeck, 1556죽음)은 남독일에서 가장 중요한 재세례파 목회자 겸 교회 조직가 중 하나였다. 그의 가장 큰 장점은 성경 강해였다. 전통적인 성경 주해 훈련을 받지 않고, 그는 실용적이고 목회적인 방식으로 성경을 해석했다. 그의 해석은 교회, 종말, 복음, 삼위일체 등과 같은 개념들을 회중들이 알아들을 수 있는 방식으로 설명하도록 했다.

마르펙은 구약과 신약 사이에 큰 차이점을 봤고 그리스도께서 신약의 중심이시기에 신약이 구약보다 우월하다는 입장을 견지했다. 그는 가톨릭교회와 루터와 츠빙글리가 이러한 구별 짓기에 실패했다고 생각했다. 마르펙은 남독일 신자들의 교회 설립의 초석을 놓는 일에 도움을 줬다.

야곱 후터(Jacob Hutter, 1500-1536)는 프라하에서 모자를 만드는 일을 하다가 1529년 오스트리아 클라겐푸르트(Klagenfurt)에서 재세례파 운동에 참여하게 되면서 오스트리아 서쪽 티롤에서 설교하기 시작했다. 후터는 1533년 모라비아로 피신했다. 그와 함께 몇몇 재세례파 공동체들도 옮겨와서 평화주의와 유무상통을 추구하는 후터파 형제단으로 활동했다.

모라비아 정부가 1535년에 재세례파에 대해서 적대적으로 됐을 때, 그들은 그 주변 나라들로 도망갔다. 후터는 티롤로 갔으나, 그곳에서 체포돼 돌이키라는 명령을 받았다. 하지만 후터는 돌이키기를 거부했다가 1536년 2월 25일에 화형을 당했다.

메노 시몬스(Menno Simons, 1496-1561)는 프리슬란드의 교구 신부였다. 하지만 그는 가톨릭의 교리에 회의를 느끼고 종교개혁의 견해를 받아들이면서 1536년 가톨릭교회를 떠나게 된다. 6명의 재세례파 난민들을 만난 이후에, 그는 유아 세례가 잘못된 것이라고 보고, 신자의 세례를 받은 후에 재세례파에 가입했다. 그는 자신의 결정을 다음과 같이 묘사한다.

그리고는, 아무런 제약 없이, 갑자기, 이름이든 유명세이든 세상 모든 명성을 나의 모든 기독교적이지 않은 가증함과 미사와 유아 세례와 편안한 삶과 함께 버렸다. 그리고 나는 기꺼이 그리스도의 무거운 십자가 아래에서 괴로움과 가난에 복종했다. 나의 약한 중에 나는 하나님을 경외했다. 나는 경건한 사람들을 찾기 원했고, 비록 그런 사람들이 많지 않았으나 그래도 열심이 있고 진리를 고수하고 있는 몇몇 사람들을 만날 수 있었다.

시몬스는 재세례파로서 평화주의를 강조하고 출교 제도를 엄격히 사용할 것을 강조했다. 그는 그리스도인들이 믿음에 방해가 되지 않는 이상은 정부에 복종해야 한다고 생각했다. 국가를 위해 일할 수는 있으나, 폭력을 요구하는 방식으로는 그렇게 할 수 없다고도 말했다. 1537년에 시몬스는 이단 선고를 받았고, 그 후 24년간의 여생을 박해를 피하며 보냈다. 그의 추종자들이 메노파교회를 세웠다.

4) 천년왕국적 혁명가들

일부 재세례파들은 과격한 천년왕국론을 부추겼다. 종교개혁으로 인해 생겨난 혼란과 종교적 박해는 그들이 요한계시록이 묘사한 그 마지막 때를 살고 있다는 것을 보여 준다고 그들은 생각했다. 일부 집단들은 과격해졌다. 그들은 그들의 표현대로 라면, "알곡을 쭉정이로부터 구별하는 일," 즉 그들의 적들을 공격함을 통해서 종말을 앞당기기를 원했다.

멜키오르 호프만(Melchior Hoffman, 1490-1543), 얀 마티스(Jan Matthys, 1534 죽음) 그리고 레이덴의 요한(John of Leiden, 1510-1536)은 루터의 가르침과 츠비카우 선지자들에게 공히 영향을 받았다. 호프만은 볼마(Wolmar)와 도르팟(Dorpat)과 레벨(Revel)에서 평신도 설교자로 활동했고, 성상 파괴론자로서 활발하게 활동했다.

1526년에 그는 스톡홀름으로 강제 이주를 당했으나, 그곳에서도 성상 파괴주의적인 설교 때문에 쫓겨나게 된다. 루터도 호프만의 츠빙글리적인 성찬론과 세속 정부가 교회에 간섭하면 안 된다는 신념, 그리고 각 회중들은 자치권을 가져야 한다는 신념에 거부감을 느꼈다. 호프만은 잠시 덴마크에서 살다가 독일의 킬(Kiel)에서 쫓겨났다.

1530년에 그는 좀 더 관용적인 도시 스트라스부르그로 이사를 갔고 그곳에서 재세례파의 일원이 됐다. 스트라스부르그에서 그는 그리스도께서 마리아로부터 육신을 취한 것이 아니라 하늘의 또는 천상의 육체를 받았다는 생각을 조장하기 시작했다. 이러한 주장은 멜키오르식 기독론이라고 알려지게 됐고 북독일과 네덜란드의 재세례파들 중에서 많은 사람이 이러한 주장을 받아들였다.

　호프만은 그리스도의 천년왕국 통치가 1533년에 그가 '새 예루살렘'이라고 불렀던 스트라스부르그에서 시작될 것이라고 선언했다. 그는 그의 추종자들에게 임박한 종말을 인해 스스로 무장하라고 가르쳤고, 그 후에 더 많은 추종자를 얻기 위해 덴마크로 갔다. 그의 가장 중요한 제자는 제빵을 하던 마티스였다. 호프만은 스트라스부르그로 돌아왔을 때 체포되려는 계획을 세웠고, 그렇게 감옥에 들어가서 10년 후에 옥사했다. 1533년이 지난 이후에, 마티스는 그가 성경의 에녹이라고 선포하면서 호프만 계열의 재세례파 운동의 지도자가 됐다.

　1533년 베른하르드 로트만(Bernhard Rothmann, 1495-1535)의 설교로 인해, 독일 북서쪽 뮌스터(Münster)는 종교개혁적이면서도 재세례파적인 개혁 운동을 받아들였다. 핍박 받는 재세례파들이 뮌스터로 몰려들기 시작했다. 결국에는 마티스도 뮌스터로 이주했고, 뮌스터가 바로 새예루살렘이라고 선포하면서 모든 참 신자들은 그곳으로 모이라고 신호를 보냈다. 마티스는 뮌스터 시민들이 칼을 들고 불경한 사람들을 죽임으로써 하나님의 오심을 준비하라고 발표했다.

　1534년 급진주의자들이 뮌스터를 장악하면서 모든 사유재산이 폐지되며 공공의 소유로 편입됐고, 신자의 세례를 받든지 아니면 뮌스터를 떠나든지 하라는 명령이 내려졌다. 1,000명이 넘는 사람들이 세례를 받았지만, 뮌스터를 떠난 사람들도 많이 있었고, 그 빈자리는 더 극단적인 난민들이 와서 채웠다. 뮌스터의 가톨릭 주교 프란츠 폰 발데크(Franz von Waldeck, 1491-1552)는 추방됐다. 발데크 주교는 곧 군대를 이끌고 돌아와 뮌스터를 포위했다.

　예언된 주의 재림 날짜가 지나자, 마티스와 그를 따르는 30명의 사람들이 주교의 군대를 공격했다. 그들은 모두 죽임을 당했다. 마티스는 참수돼 뮌스터 시민 모두가 볼 수 있도록 장대에 매달렸다.

레이덴의 요한은 뮌스터의 종말론 재세례파 계열의 그다음 지도자가 됐다. 그는 자신이 다윗 왕이라고 선포했다. 그가 금으로 된 왕좌에 앉아 처첩들을 두고 부유한 생활을 하는 동안, 그의 추종자들은 굶주리고 있었다. 그는 그의 반대파들을 사형에 처했다.

뮌스터 포위는 1535년 6월에 있었던 최후의 공격과 함께 마무리됐다. 레이든은 사로잡혀서 고문을 당하고 1536년 1월 22일에 처형됐다. 그와 그의 추종자 두 명의 시체는 성 람베르트(Saint Lambert)교회의 십자가 탑에 매달린 철망 속에 갇혀서 썩어 가도록 방치됐다. 뮌스터 반란 때문에, 재세례파들은 배신자요 내란음모자라는 오명을 얻게 됐다. 그 결과 그들은 쉼 없이 박해를 당했고 많은 나라가 재세례파 금지령을 내렸다. 21세기 유럽 각지에서까지도 여전히 사람들이 신자의 세례를 옹호하는 사람들을 뮌스터주의자들과 일치시키기도 한다.

5) 신령주의자들 또는 영감주의자들

어떤 급진 종교개혁가들은 그들이 성령과 신비적인 만남을 가졌다고 믿었다. 예를 들면, 카스파르 슈벵크펠트(Kaspar Schwenckfeld, 1499-1542)와 세바스티안 프랑크(Sebastian Franck, 1499-1542)는 성령께서는 성경을 포함한 그 어떤 권위보다도 우선시된다고 주장했다.

프랑크는 에라스무스와 루터의 영향을 받고 가톨릭교회를 떠난 신부였다. 프랑크는 1525년에 개신교 운동에 참여하게 됐고 뉘렘부르그(Nüremburg)에서 목회 사역을 감당했다. 1529년에 그는 주요 종교개혁가들을 떠나서 종교개혁 색채를 띤 신령주의를 옹호하기 시작했다. 그는 1530년부터 1532년까지 스트라스부르그에서 살았으며 1533년부터 1539년까지는 울름(Ulm)에 살았다. 프랑크는 중세 신비주의자인 요한 타울러와 여러모로 유사했는데, 하나님이 자신의 본질 또는 성령을 각 사람 안에 거하게 하심으로써 사람과의 교제를 나누신다는 믿음에 있어서 그러했다. 프랑크는 그 어떤 것도, 심지어는 성경조차도, 성령의 직접적인 인도를 대체하거나 그것을 방해해서는 안 된다고 가르쳤다.

6) 삼위일체 반대론자들

삼위일체 반대론자들 중에서는 스페인 사람이며 한때 파리대학교에서 의학을 공부했던 미가엘 세르베투스(Michael Servetus, 1509-1553)가 가장 유명하다. 그는 저명한 내과의사로서, 폐에서 피가 순환되는 것을 발견한 것으로 알려져 있다. 그렇지만 그는 신학에 매우 큰 관심을 가지고 있었다.

1531년에 쓴 『삼위일체에 관한 오류들』(*Errors about the Trinity*)로부터 시작해, 세르베투스는 몇 권의 저서를 출간하면서 정통적인 삼위일체론에 대해 의문을 제기했다. 그는 구약에 나타난 하나님의 이름들이 하나님이 자신을 히브리 사람들에게 소개하신 다양한 방법일 뿐이라고 믿었다. 이것이 신약으로 이어져서 예수와 성령이 추가됐을 뿐이라는 것이다. 세르베투스의 삼위일체론은 양태론적이었다.

1553년 그는 『기독교의 회복』(*Restitution of Christianity*)이라는 책을 출판했다. 이곳에서 세르베투스는 그의 기존 견해에 영지주의적인 우주론을 첨가했다. 그는 1545년에 책 판매원을 통해 존 칼빈과 접촉했고 칼빈에게 삼위일체에 대한 질문들을 던졌다. 칼빈은 그의 『기독교 강요』(*Institutes of Christian Religion*)를 보내 줌으로써 답변했다. 세르베투스는 그 책에서 칼빈이 오류를 범했다고 생각되는 부분들마다 표시를 하고 여백에 난외주를 적어서 칼빈에게 돌려보냈다. 칼빈이 모욕을 당한 것이다.

수년간 세르베투스는 리옹(Lyon) 근처에서 신분을 숨기고 거주했으나, 그 지역의 가톨릭 관료들이, 칼빈의 도움이 있었는지 그의 존재를 알아차리고 그를 체포하려고 찾았다. 리옹에서 도망가면서 세르베투스는 제네바를 경유하는 실수를 범하는 바람에 사로잡히고 만다. 그는 칼빈에 의해서 정죄를 당하고, 재판을 받고, 시의회의 결정에 따라 1553년 10월 27일에 화형을 당하게 됐다.

이탈리아의 인문주의자 레오 소치니(Leo Sozzini, 1525-1562)는 세르베투스가 재판을 받는 것을 봤고 후에 폴란드에서 세르베투스와 비슷한 신념을 가진 집단을 이끌게 됐다. 소치니는 그리스도께서 사람이었다가 하나님의 영이 그에게 임하심을 통해 신적인 존재가 됐다고 가르쳤다. 그리스도를 따르는 모든 사람은 십자가에서 그리스도께서 복종하신 것을 본받아야만 한다.

소치니는 원죄와 삼위일체와 예정을 부인했다. 그의 조카 파우스투스 소키누스(Faustus Socinus, 1539-1604)는 『라코비안 요리문답』(*Racovian Cathechism*)을 출판해 이러한 견해를 설파했다. 오늘날 유니테리언(Unitarian) 교회는 이들을 유니테리언 운동의 창설자로 여긴다.

제18장

존 칼빈

존 칼빈(1509-1564)은 마틴 루터와 울리히 츠빙글리의 반열을 따르는 주요 종교개혁자였다. 칼빈은 주로 스위스 제네바에서 일을 했으며, 종교개혁 시대의 가장 명민한 신학자 중 한 사람이었다. 『기독교 강요』(*Institues of Christian Religion*)에 나타난 칼빈의 신학 체계는 많은 개신교단에게 지속적으로 깊은 감화를 주고 있다.

1. 제네바

16세기 초에 스위스 제네바 칸톤과 취리히는 주변 강대국들에 의해 꾸준히 위협을 당하고 있었다. 제네바는 호시탐탐 영토 확장을 노리고 있던 프랑스와 국경을 맞대고 있었다. 제네바는 또한 알프스를 가로지르는 주요 통상 경로 한가운데에 위치하고 있었기에, 14세기부터 공산품 무역과 상업의 중심지였다.

정치적으로 그리고 종교적으로, 제네바는 가톨릭을 신봉하는 사보이(Savoy) 대공의 지배하에 있어 제네바에 파견된 주교의 다스림을 받았다. 비록 이러한 지배가 계속되기는 했지만, 사보이 대공은 1387년 제네바 거주민들에게 자치권을 줬다. 그들은 총회를 조직해 주교와 함께 제네바를 다스릴 4명의 최고 통치자(syndics)를 선출했다.

제네바는 1526년에 가톨릭교회와 단절하면서 사보이와의 오래된 관계를 거부하고 개신교 칸톤이었던 베른과 동맹을 맺으려고 시도했다. 1527년 6월에는 사보이를 지지하지 않을까 하는 두려움 때문에 모든 가톨릭 신부들을 제네바에서 쫓아내기도 했다. 주교는 8월에 제네바에서 도주했다. 그 후 8달이 넘도록 제네바는 사보이의 위협을 견뎌내면서 가톨릭의 품으로 다시 들어가지 않았다. 칼빈이 1536년에 제네바에 도착했을 때, 그곳은 소민회(Little Council)와 60인회(Council of Sixty) 그리고 200인회(Council of Two Hundred)에 의해 다스려지는 사실상의 공화국이었다.

베른은 제네바 최초의 개신교 설교자를 파견했다. 가장 중요한 인물은 귀욤 파렐(Guillaume Farel, 1489-1565)이었는데, 이 파렐의 노력이 1536년 5월 31일 도시 총회로 하여금 개신교를 받아들이게 했다. 파렐이 제네바에 남긴 가장 중요한 업적은 제네바로 하여금 존 칼빈을 그 도시의 종교 지도자로 고용하도록 했던 것이었다.

2. 존 칼빈

존 칼빈은 프랑스 파리에서 동북쪽으로 약 100km 정도 떨어진 노용(Noyon)에서 태어났고 철저한 가톨릭 집안에서 자랐다. 그의 아버지 제라르(Gerard, 1531년 죽음)는 노용 주교의 비서였다. 칼빈은 파리대학에서 교육받았고 노용 주교가 주는 녹봉을 받음으로써 경제적인 지원을 받았다.

제라르가 주교 관구의 공금을 유용했다는 혐의로 고발되면서 칼빈의 삶의 방향은 바뀌게 된다. 제라르는 노용에서의[1] 비서직을 사임하고 1528년 그의 아들을 오를레앙(Orleans)대학으로 전학시켜 법을 공부하도록 했다. 그 이듬해에 칼빈은 부르주(Bourges)대학에 들어갔고 1532년 법학 학위를 받게 된다.

오를레앙에 있을 동안, 칼빈은 루터주의 성향을 가지고 있었던 멜키오르 볼마(Melchior Wolmar, 1497-1561)를 알게 돼 그에게서 그리스어를 배우고 신약성경을 공부하라는 권고를 받게 된다. 칼빈은 개신교를 받아들일 준비가 잘 이뤄지고 있었던 것이다.

이 시기에(1528-1532) 칼빈은 갑작스런 회심을 경험하게 되는데, 이에 대해 그는 시편 주석에서 다음과 같이 쓴다.

---

[1] 제라르는 아마도 출교를 당했을 것이다.

하나님은 여러 해 동안 강퍅했던 마음을, 가르침을 받을 만하게 길들여 주셨다. 왜냐하면 나는 교황주의에 너무나도 헌신돼 있던 나머지 그 같은 손길이 아니고서야 그와 같은 진흙탕에서 나올 수 없었기 때문이다. 이와 같은 참된 경건의 지식만으로도 나는 더 진보하고 싶은 욕망으로 불타오르게 돼서 나의 그 남은 공부를 차분하게 만들었다. 비록 내가 공부를 완전히 포기하지는 않았지만 말이다.[2]

1531년에 그의 아버지가 죽은 후, 칼빈은 왕립학교에서 신학과 인문주의를 공부하기 위해 파리로 돌아갔다. 칼빈은 그의 사촌 피에르 로베르 올리베탕[3](Pierre Robert Olivétan, 1506-1538)과 자크 르페브르 데타플르(Jacques Lefèvre d'Étaples, 1455-1536)의 글로부터 영향을 받아 개신교로 인도되게 됐다. 4월에 칼빈은 그의 처녀작으로 세네카(Seneca)의 『관용론』(*Treatise on Clemency*)에 대한 주석을 출간했다. 이 책은 프랑스 국왕 프랑수아 1세(Fracis I, 1515-1547)가 개신교를 향해 더 관용적이었으면 하는 바람을 은근히 담고 있는 책이었다.

파리에서 칼빈은 인문주의가 유행하고 있고, 개신교가 발흥하고 있으며, 왕립학교(College Royal)의 교수들이 파리대학의 몇몇 교수들과 열띤 논쟁을 벌이고 있음을 발견했다. 왕립학교의 젊은 교수들은 인문주의를 지지하는 이들이었고, 오래된 학교인 파리대학 교수들은 스콜라주의에 심취해 있었다. 이때 칼빈은 종교개혁 성향을 가진 학자들과의 교류를 시작했다. 그중에 가장 영향력 있었던 사람은 그의 오랜 친구 니콜라 콥(Nicolas Cop, 1501-1540)이라는 개신교 교도였다.

1533년 11월 1일, 파리대학의 학장으로 새롭게 임명된 콥은 가톨릭교회를 내부에서부터 개혁할 필요성에 대해서 말했다. 그의 연설은 에라스무스와 루터를 참고하는 것으로 특징지어졌다. 그러나 청중은 수용적이지 않았

---

[2] John Calvin, *Commentary on Psalms*, cited in T. H. L. Parker, *John Calvin: A Biography* (Philadelphia: Westminster, 1975), 163.
[3] 올리베탕은 최초로 성경을 히브리어와 그리스어 본문에서 프랑스어로 번역한 인물이다. 이 번역은 『성경 전권을 담은 성경』(*La Bible Qui Est Toute la Saincte Scripture*)라는 제하에 1535년 출간됐다.

고, 개신교 반대파의 반격을 불러오게 된다.

칼빈은 콥과의 관계 때문에 노용과 오를레앙에서 일년간 은둔 생활을 했다. 노용에 있을 동안 그는 교회의 녹봉을 더이상 받지 않기로 했고, 그의 개신교적인 견해 때문에 잠시 옥살이를 하기도 했다. 1534년 플래카드 사건(Affair of the Placards)[4]이라고 알려진 대규모의 개신교 저항 운동 이후, 프랑수아 왕은 개신교를 무정부주의자로 보아 수백 명의 개신교 교도들을 투옥시키고 35명을 처형시켰다. 칼빈은 1535년 바젤로 도망쳤고, 그곳에서 콥과 재회했다.

바젤에서 칼빈은 그의 『기독교 강요』(1536) 초판을 완성했고 그것을 프랑수아 왕에게 헌정했다. 『기독교 강요』에서 칼빈은 프랑스 개신교 교도들에게 덮어씌워진 중상모략들에 대해서 대답을 하고 있다. 루터의 『소요리문답』(Small Catechism)을 따라서, 『기독교 강요』는 하나님의 율법 해설에서 시작해 사도신경, 주기도문, 두 개의 성례, 그리스도인의 자유에 대해 다룬다. 『기독교 강요』는 초판 때에는 6개의 장으로 시작했으나 1559년 최종판에서는 80개의 장으로 증보돼서 최초로 개신교 조직신학을 완전하게 다룬 책이 됐다.

1536년 초에 칼빈은 프랑스의 르네 공주(Reneé, 1510-1574)를 만나기 위해 이탈리아 페라라(Ferrara)로 여행을 떠났다. 6월에 칼빈은 그의 아버지의 일을 해결하기 위해 파리로 돌아왔다가, 스트라스부르그로 가기로 결심했다.

칼빈은 그곳에 가는 길에 제네바를 경유하게 됐는데, 거기서 파렐을 만났다. 파렐은 칼빈에게 그가 제네바에 남아서 자신을 도와주지 않는다면 하나님이 기뻐하지 않으실 것이라고 말했다. 하나님이 파렐을 통해 말씀하신다고 믿고, 칼빈은 계획을 바꾸게 된다.

칼빈과 파렐은 제네바 소민회에 『제네바 교회 조직과 예배에 대한 조항들』(Articles on the Organization of the Church and Its Worhip at Geneva)을 제출했다. 소민회는 그 문서를 받아들였다. 그 문서에 보면 칼빈과 파렐은 회중 찬양과

---

[4] 개신교 교도들은 파리 전역과 그 외 도시들에 가톨릭 미사를 정죄하는 벽보를 뿌렸다. 이에 대한 가톨릭의 반응은 폭력적이었고, 그래서 개신교 교도들이 한꺼번에 프랑스를 탈출하게 됐다.

최소 한 달에 한 차례의 성찬,[5] 권징과 출교에 대한 그들의 계획을 나열했다. 성찬의 신성함을 지키기 위해, 합당하지 않다고 보이는 이들에게 그들이 성찬을 주지 않을 권리를 갖겠다고도 했다. 그들은 온 제네바 시민이 개신교 신앙을 확인하는 신앙고백서에 서명하라고 요구하면 어떻겠느냐는 제안도 했다.

그러나 1538년 새로이 선출된 시의회 의원들은 교회에게는 사회 도덕을 강요할 권리가 없다고 생각했다. 그런 일은 시의회가 해야 한다는 것이다. 1년이 채 지나지 않아서 칼빈과 파렐은 눈 밖에 나게 됐다. 많은 시민이 칼빈과 파렐이 제네바를 프랑스에 넘기려고 한다고 생각했다. 설상가상으로, 베른이 제네바에 츠빙글리의 견해를 관철시키려고 했고 제네바 시의회는 그것에 굴복했다.

1538년에 200인회는 성찬이 모든 시민들에게 주어지도록 하라고 명령했으며, 베른의 방식에 따라 부풀리지 않은 빵을 사용하도록 했다. 칼빈과 파렐은 부풀리지 않은 빵을 사용하는 문제에 있어서는 거리낌을 느끼지 않았지만, 제네바의 모든 사람을 성찬에 참여시키라는 명령은 따르지 않고 거부했다. 그들이 보기에 200인회의 이같은 명령은 교회 권징을 사역자들이 하도록 하지 않고 그들이 직접하려고 하는 의도를 가진 것처럼 보였다. 그래서 칼빈과 파렐은 이에 항의하는 표시로 1538년 부활절에 성찬을 베풀지 않았다. 결국 그들은 즉시 제네바를 떠나라는 요구를 받고 4월 23일에 그곳을 떠났다.

파렐은 뇌샤텔(Neuchâtel)이라는 스위스 칸톤으로 자리를 옮겼고, 칼빈은 스트라스부르그로 오라는 마틴 부처(Martin Bucer, 1491-1551)의 초청을 수락했다. 스트라스부르그에서 칼빈은 이들레트 드 뷔르(Idelette de Bure, 1549년 죽음)와 결혼했다. 칼빈은 스트라스부르그에 3년간 머무르면서(1538-1541), 대부분이 프랑스에서 쫓겨난 개신교 교도들로 구성된 약 500명 가까이 되는 수의 회중을 맡아서 목회했다.

5　칼빈과 파렐은 성찬을 매주 거행하기를 원했지만, 결국 한 달에 한 번 의무적으로 성찬에 참석하도록 하라는 타협안을 받아들일 수밖에 없었다.

이 시기에 칼빈은 『기독교 강요』를 17장으로 증보해 사역자들을 위한 신학 교과서로 만들었다. 1540년 로마서 주석에서 칼빈은 그리스어 성경을 사용하면서 자세한 강해를 제공했다. 또한, 칼빈은 보름스, 프랑크푸르트, 아그노(Hagenau) 등에서 있었던 신학 토론에 참여하기도 했다. 보름스에서 칼빈은 필립 멜랑흐톤을 만났는데, 멜랑흐톤은 칼빈에게 깊은 인상을 받고는 그에게 '그 신학자'라는 별명을 붙여줬다.

1540년 제네바의 정치 종교 상황이 바뀌었다. 1539년 칼빈을 쫓아냈던 사람들이 실각하고 배신자로 낙인찍혔다. 베른과의 관계는 경색됐고, 카르펑트라(Carpentras)의 추기경 사돌레토(Sadoleto, 1477-1547)가 제네바를 가톨릭의 품으로 돌아오게 하려고 시도했다. 사돌레토는 제네바 시민들에게 편지를 보내어 그들이 참 신앙에서 이탈했으니 유일한 참 교회로 되돌아와야 한다고 했다. 제네바는 가톨릭으로 돌아가기를 원치 않았지만, 사돌레토의 주장을 반박할 만한 인물이 없었으므로 칼빈에게 답변을 작성해 달라고 요청했다. 이에 칼빈은 사돌레토에게 보내는 답변에서 다음과 같이 주장했다.

> 당신은 1,500년간 또는 그 이상을 인정받고 신자들의 하나같은 동의를 얻은 것들이 우리의 안고함과 겸손함으로 인해 갈라지고 파괴됐다고 가르칩니다. … 그렇지만 우리야말로 당신들보다 고대교회에 훨씬 더 가깝습니다. 우리가 시도해 온 것들은, 처음에는 무심한 성격의 무식쟁이들에 의해 왜곡되고 오염됐다가 후에는 로마 교황과 그의 분파에 의해 악하게 난도질되고 거의 파괴되다시피 한, 그 고대 교회의 모습을 재생시키는 것 외에는 없습니다.[6]

사돌레토에 대한 이 반박문 때문에, 칼빈은 영웅 대접을 받게 되고 제네바로 되돌아와달라는 초청을 받게 된다. 1541년 9월 13일에 제네바에 도착한 칼빈은 후한 사례로 함께 제네바의 성 피에르(Saint Pierre)교회의 목사로 발령을 받았다. 그리고 칼빈은 곧바로 『교회제도』(Ecclesiastical Ordinances)를 출판했고, 시의회는 그것을 1541년 11월 20일에 받아들였다. 『교회제도』는 교회

---

[6] J. K. S. Reid, trans., *John Calvin: Theological Treatises* (Philadelphia: Westminster, 1954), 231.

의 직분을 크게 목사, 교사, 장로로 나눴다(모든 목사는 장로이지만, 모든 장로가 목사는 아니다). 치리회(Consistory)라고 알려진 교회 법정이 세워졌고, 그 치리회는 제네바의 사역자들에 더해 소민회에서 2명, 60인회에서 4명, 200인회에서 6명을 파견하는 형식으로 구성됐다.

치리회의 구성이야말로 제네바 교회와 국가의 가까운 협력 관계를 나타내 준다. 칼빈과 치리회는 광범위한 교회법을 제정했고, 그곳에서 신성 모독과 간통과 교회 출석 소홀과 그 외 치리를 요구하는 사안들에 대해서 판단을 내렸다. 간단히 말해서, 치리회는 제네바 시민들이 하나님의 백성으로 살도록 하기 위해 그들의 행실을 감시하려고 세워진 것이었다. 치리회는 처음에는 권고를 하고 끝까지 회개하지 않는 사람에게는 출교를 시켰다. 그 누구도 치리회나 칼빈에 대해서 대적하는 말을 할 수 없었다. 모든 사람은 감시를 받았다. 치리회의 회원들은 "제네바시의 각 구역마다 사람을 선출함으로써 어디든 빠짐없이 감시할 수 있도록 했다."[7]

칼빈에게 동의하지 않을 자유를 압살해 버리는 일이 1544년에서부터 이미 일어났으니, 바로 세바스티앙 카스텔리옹(Sebastian Castellion, 1515-1563)이 그리스도의 지옥강하에 관한 칼빈의 해석에 동의하지 않으며 아가서가 성경 정경이 아니라고 믿었다는 이유로 제네바에서 추방됐다.

그 외에도 자크 그뤼에(Jacques Gruet, 1547년 죽음)라는 제네바 시민이, 칼빈은 절대권력을 휘두르는 반면 시민들에게는 자유가 없다는 항의를 했고, 이에 칼빈이 재판장이요 배심원으로 나서서 재판을 진행했다. 그뤼에는 칼빈에게 보내는 험악한 협박조의 편지를 성 피에르교회 강단에 올려놓았다는 혐의로 고발돼 체포되고 고문 당하고 무수한 이단 혐의를 강제로 시인하게 한 후에 1547년 7월 26일 참수됐다. 칼빈은 또한 시의회를 설득해 그의 예정론에 감히 반대했던 제롬 볼섹(Jerome Bolsec, 1584년 죽음)을 1551년에 추방하기도 했다.

---

[7] John Calvin, *The Ecclesiastical Ordinances*, cited in *The European Reformation Sourcebook*, ed. Carter Lindberg (Malden, MA: Blackwell, 2000), 171.

칼빈에게는 몇몇 앙숙들이 있었고, 그들은 칼빈이 나름대로의 종교 재판소(Inquisition)를 설립했다고 생각했다. 칼빈이라면 사족을 못쓰는 수많은 프랑스 난민이 1548년부터 1555년까지 왔기 때문에, 제네바 토착민들은 칼빈이 폭군이 되거나 또는 그가 제네바를 프랑스에 넘길까 봐 두려워했다. 1553년 2월, 칼빈의 앙숙들이 몇몇 요직에 선출됐고, 칼빈이 쫓겨나는 것은 시간 문제처럼 보였다.

하지만 삼위일체 반대론자였던 미가엘 세르베투스 처형 사건이 칼빈을 살렸다. 비록 세르베투스 처형 사건이 후대에 칼빈의 평판을 훼손했지만, 제네바 사람들은 그 사건으로 인해 칼빈을 정통의 수호자로 여기게 됐다. 그다음 선거가 있었던 1554년 선거결과는 칼빈에게 유리하게 나왔고, 그리하여 치리회는 모든 교회일에 대한 권한을 다시 회복하게 됐다. 1559년의 칼빈은 막후 실세였다. 그 후 칼빈은 몇 년간 건강 악화로 인해 고생하다가 1564년 5월 27일에 세상을 떠났다.

1) 칼빈의 신학

비울서신과 그에 대한 아우구스티누스의 신학적 해석에 주로 근거를 두고 있는 칼빈의 신학 체계는 1559년판 『기독교 강요』에서 정의되고 『신약성경 주석』(*Commentaries on the New Testament*)에서 부연설명된다.[8] 아우구스티누스의 사상과 비슷하게도, 『기독교 강요』는 성경의 중심성, 하나님의 주권, 죄로 인한 인간의 노예 의지, 은혜로 말미암은 이신칭의를 주장한다. 칼빈에게 성경은 최고의 권위이며, 그의 전 신학 체계가 그것에 기초를 두고 있다. 교회 전통은 이차적인 권위다.

칼빈은 『기독교 강요』의 서두에서 사람이 하나님과 자기 자신에 대해서 무엇을 알 수 있는지에 대해 논의한다. 칼빈에 따르면, 자연은 하나님을 나타냄으로써 모든 사람에게 그를 아는 것에 상응하는 책임을 부여한다. 그러므로 그 누구도 하나님에 대해 무지했다고 주장할 수 없으며,

---

[8] 칼빈은 요한2서, 요한3서, 요한계시록을 제외한 신약성경 전권에 대한 주석을 남겼다.

모든 사람은 죄인이다. 그러나 구원하는 지식은 성경으로부터만 온다.

성경은 모든 좋은 것이 하나님으로부터 온다고 가르친다. 그러나 성경은 성령의 조명하심에 의해 일깨워진 사람들에게만 이해될 수 있는 책이다. 칼빈은 루터에 비해 구약성경을 더 중요한 위치에 놓고 있는데, 왜냐하면 칼빈에게 구약은 그리스도인의 삶을 위한 도덕 길잡이의 기능을 하기 때문이다. 또한 성경에서 분명하게 금지하지 않는 것은 그대로 놓아뒀던 루터와는 다르게, 칼빈은 츠빙글리가 그랬듯이 성경에서 분명하게 허락되지 않은 것들은 용인하지 않았다. 칼빈은 모든 축일, 축제, 성화상(聖畵像), 심지어는 성탄절을 축하하는 것까지도 없애 버렸다.

칼빈의 신학 체계가 하나님의 완벽한 주권에 정초하고 있으므로, 예정론이 설 자리가 있다. 『기독교 강요』 제3권에서 칼빈은 예정을 다음과 같이 정의한다.

> 예정이란, 하나님이 모든 사람에 대해 그분께서 일어나게 하기를 원하시는 일들이 일어나도록 하겠다고 결정하시는, 그러한 하나님의 영원한 작정이다. 모든 사람이 동등한 조건으로 창조된 것은 아니고, 어떤 이들은 영생에 들어가도록 작정되고 다른 이들은 영원히 멸망되게 된다. 따라서, 각자가 또는 이러한 또는 저러한 목적들을 가지고 창조되므로, 우리는 각 사람이 생명으로 예정됐다 또는 죽음으로 예정됐다고 말한다.[9]

이중예정의 개념은 [천국 또는 지옥으로의 구체적 택하심] 많은 그리스도인을 불편하게 했다. 하지만 칼빈은 택함 받은 사람들에게 위로하려는 의도에서 그렇게 한 것이다. 칼빈의 후계자요 수제자였던 데오도르 베즈(Theodore Beza, 1519-1605)는 신자들의 삶 속에서 하나님의 은혜로우신 목적이 좌절될 수 없음을 확신시키기 위해 이러한 신념을 강화시켰다. 구원하는 믿음을 증명할 수 있는 표지들이 있고, 따라서 택함 받음에 대해서도 마찬가지이다.

---

[9] John Calvin, *Institutes of Christian Religion*, trans. Henry Beveridge (Grand Rapids: Eerdmans, 1933), 3.21.5.

만약 택함을 받았다면, 삶 속에서 선행이 나타날 것이다. 이러한 열매들이 신자로 하여금 하나님의 백성의 수에 들어 있다는 확신을 줄 것이다.

택함 받은 사람은 그리스도의 통치에 부합하도록 만들기 위해 할 수 있는 대로 세상을 변화시켜야 한다. 각 사람은 어떤 직업으로의 부르심을 가지고 있으며 직업 현장에서 하나님의 영광을 나타내어야 한다. 이러한 믿음 덕분에 칼빈주의자들은 열심히 일하고 정직하다는 평판을 얻게 됐다. 막스 베버(1864-1920)는 그의 저서『개신교 윤리와 자본주의 정신』(*Protestant Ethic and the Spirit of Capitalism*, 1904)에서 이러한 개혁주의 직업 윤리가 경제적 성공을 촉진시켰다고 주장한다.

교회론에 있어서, 칼빈은 평신도 장로들과 집사들 뿐만 아니라 목사들과 교사들이 교회를 이끌어야 한다고 주장했다. 목사의 과업은 설교하고 성례를 집행하며 지도력을 발휘하는 것이다. 교사는 신앙과 교리에 대한 가르침을 주어야 한다. 장로는 도덕성을 감독하는 사람이다. 집사들은 구제할 것을 나누는 사람들이다.

세례와 성찬만이 성례에 들어갔다. 칼빈은 옛 언약에서의 할례와도 같이 유아 세례가 신자의 자녀들을 하나님의 언약 백성으로 입회시킨다고 하면서 유아 세례를 강하게 주장했다. 칼빈은 세례 요한의 예를 들면서, 택함 받은 유아들은 유아기에도 중생할 수 있다고 했다. 세례라는 성례는 하나님의 용서를 보여 주는 것이다. 칼빈에게는 택하심과 유아 세례가 상호 보완적이었다.

칼빈은 성찬 자리에 그리스도께서 육체적으로 임재하신다는 주장을 거부했다. 대신, 칼빈은 그리스도께서 성찬 시에 영적으로 임재하신다고 믿었다. 성찬은 그리스도의 희생을 상기시키는 것이며 그리스도인들의 연합의 상징이다. 칼빈은 성령께서 신자들에게 성찬을 통해 독특한 방식으로 역사하신다고 하면서, 다음과 같이 썼다.

> 그리스도께서 우리에게 그의 생명을 부어 주시는 그 몸과 그 피에 신성하게 참여한다는 것은, 마치 그분께서 우리 뼈의 골수로 파고들어 오는 것과도 같이 증언하시고 증명하시는 것이다. 그리스도께서는 우리에게 헛되고 공허한 표지를 놓아두신 것이 아니라, 그의 영의 효력을 거기에 제공하심으로써 그

의 약속을 이루시는 것이다. 그리스도께서는 그 영적 잔치에 참여하는 모든 사람에게 참으로 그것이 표지하는 바를 제공하시고 전시하시는 것이다. 비록 신자들만이 그것을 인지하고 그 열매를 누릴 수 있지만 … 만약 가시적인 표지가 우리에게 제공됨으로써 가시적인 실재를 허락해 줄 것을 증명한다면, 그리스도의 몸을 상징하는 것을 받음으로 인해 우리는 그리스도의 몸이 가감 없이 우리에게 주어졌음을 자신할 수 있다.[10]

말씀을 설교하는 것이 기독교 예배의 중심이며, 그 예배는 모든 사람이 이해할 수 있는 것이어야만 한다는 것이 칼빈의 지론이었다. 그러므로 설교는 토착어로, 그리고 간단한 방식으로 해야만 했다. 성령께서는 설교를 사용하셔서 택함 받은 사람들이 이해할 수 있도록 도우시고 성경을 삶에 적용하도록 도우실 것이다.

믿음에 방해만 되지 않는다면, 그리스도인들이 정부에 참여하는 것은 얼마든지 권장됐다.

2) 개혁주의 신앙의 확산

칼빈의 신학 체계는 결코 제네바에만 국한된 것이 아니었다. 1549년 『취리히 합의서』(*Consensus Tigurinus*)는 칼빈과 취리히의 츠빙글리파가 공히 받아들일 수 있는 방식으로 성찬론을 정의했다. 그들이 이와 같이 연합함에 따라 북부 스위스 칸톤들은 개혁주의 노선을 굳히게 됐다. 개혁주의 운동은 세 가지 이유 때문에 프랑스와 저지대 국가들(Low Countries)과 스코틀랜드로 퍼져 나갔다.

첫째, 『기독교 강요』가 개혁주의 신앙의 명쾌한 강해서로서 교리적 표준을 제공해 줬기 때문이다.

---

[10] John Calvin, *Institutes of Christian Religion*, 4.7, in *Documents of the Christian Church*, 3rd ed., ed. Henry Bettenson and Chris Maunder (New York: Oxford University Press, 1999), 238.

둘째, 칼빈과 베즈가 제네바 아카데미를 통해 수백 명의 사역자들을 파송했기 때문이다.
셋째, 제네바가 개신교 망명자들의 피난처가 됐기 때문이다.

그들은 제네바에 와서, 칼빈의 신정 정치 그리고 그것이 어떤 식으로 경건을 확산시키는지에 대한 깊은 인상을 받았다. 그리고는 고향으로 돌아와서 교회와 국가를 제네바처럼 바꿔 놓으려고 했다.

스코틀랜드의 위대한 종교개혁가 존 녹스(John Knox, 1514-1572)는 제네바야말로 "사도 시대 이후로 지상에서 가장 완벽한 그리스도의 학교"였다고 선언하기도 했다.[11]

칼빈의 체계는 제네바와 국경을 맞대고 있던 프랑스에서 일찍부터 뿌리를 내렸다. 150명이 넘는 사역자들이 프랑스로 몰려가서, 49개의 교회를 개척했으며, 많은 중산층 개종자를 얻었다. 1549년에는 프랑스 개혁교회 대회가 파리에서 열려서, 칼빈이 직접 작성해 준 "프랑스 신앙고백서"(Gallican Confession of Faith)를 신조로 채택했다. 프랑스 칼빈주의자들은 위그노(Huguenots)라고 알려지게 됐다.[12] 그로부터 2년만에 위그노 교도수는 2,150명으로 성장했다.

그러나 프랑스는 교황청과의 강한 연결 고리를 가지고 있었다. 프랑스 왕실이 위그노를 박해하면서, 1532년부터 1562년에 이르기까지 개신교 교도들과 왕당파 가톨릭 교도들 간의 폭넓은 갈등이 있게 됐다. 10살에 불과한 샤를 9세(Charles IX, 1550-1574)가 왕위에 오르면서, 그의 어머니 카트린느 드 메디치(Catherine de Medici, 1519-1589)는 전쟁을 일으켰다가 1570년에 휴전이 선언됐다. 1572년 8월 18일, 위그노였던 나바르의 앙리 4세(Henry IV, 1553-1610)가 평화를 위해 가톨릭 교도였던 발루아의 마가렛(Margaret of Valois)과 결혼했다.

하지만 8월 24일에 카트린느는 위그노 지도자들을 살해하기 위해 암살자들을 보냈다. 성 바돌로매 축일 대학살(Saint Bartholomew's Day Massacre)로 알려진 이 날에 파리에서만 2,000명이 넘는 위그노가 죽임을 당했고 그 주변 지

---

[11] J. H. S. Burleigh, *A Church History of Scotland* (New York: Oxford University Press, 1960), 154.
[12] 위그노(Huguenot)라는 단어의 기원에 대해서는, 알려진 바가 없다.

방에서도 7,000-8,000명이 살해됐다. 이 일로 인해 가톨릭과 위그노 간의 전쟁이 다시 시작됐다. 큰 어려움 끝에 1589년 나바르의 앙리가 앙리 4세로 프랑스 왕위에 올랐다. 그는 1593년에 가톨릭으로 개종한 후에 파리 지역을 장악했다. "파리에서는 미사를 할 만하다"라고 앙리가 말했다고도 전해지고 있다. 5년간 개신교 교도들을 박해한 후, 앙리 4세는 1598년 위그노에게 관용을 베풀겠다는 낭트 칙령(Edict of Nantes)을 내렸다.

낭트 칙령은 1685년 루이 14세(Louis XIV, 1643-1715)가 그것을 폐지할 때까지 그 효력이 지속됐다. 칙령이 취소되자 많은 위그노가 독일, 스위스, 네덜란드, 남아프리카와 잉글랜드로 이주했다. 그 외에 북아메리카 식민지에 자리를 잡고 칼빈주의를 꽃피운 이들도 있었다.

저지대 국가들(벨기에, 네덜란드, 그리고 룩셈부르그)의 경우, 가톨릭 합스부르그 통치자에 대한 그들의 보편적 증오심이 개혁주의 신앙 확산에 한몫했다. 가톨릭교회는 합스부르그와 공범이었다. 독실한 '교황주의자'였던 스페인 통치자들은, 저지대 지방에서 가톨릭 예배 이외에는 모두 불법으로 취급했다. 카를 5세(1516-1556)는 저지대 지방을 통틀어 수천 명의 재세례파들과 루터파들을 박해하고 순교시켰다.

1550년도 초에 개혁파 사역자가 들어오기 이전에, 저지대 개신교의 주류는 재세례파였다. 그들은 평화주의를 강조했기 때문에, 많은 사람이 스페인에 대한 무장 투쟁을 단념했다. 하지만 개혁파의 경우 압제자에 대항해 무기를 드는 것에 대해서 주저함이 없었다.

개혁주의자들은 1559년에 국가 대회를 열고 네덜란드 개혁교회(Dutch Reformed Church)를 형성할 만큼 그 수가 불어났다. 네덜란드 개혁교회는 1566년에 "네덜란드 신앙고백서"(Belgic Confession)를 신조로 채택했다. 이 신앙고백서는 시민들을 연합시켜 주고 일종의 애국심을 고양시켜 줬다. 자신감에 가득찬 개신교 교도들은 1566년에 반란을 일으켜 역내에 있는 성화상들을 파괴했다. 개신교 교도들은 주장하기를 만약 그들이 잘못하는 것이라면, 하나님이 가톨릭교회의 신성한 성화상들을 보호하실 것이라고 했다.

1569년 스페인 왕 펠리페 2세(Philip II, 1556-1598)는 10,000명의 군대를 저지대로 보냈다. 파병된 스페인 군대는 2,000명의 개신교 교도들을 처형하고 수천 명의 사람들로 하여금 강제로 도망가도록 했다. 하지만 네덜란드인들은 항복하지 않았다. 네덜란드는 네덜란드 개혁교회와 더불어 1581년 독립을 선언했다. 그러나 남쪽 네덜란드(후에 벨기에로 명칭을 바꿈)는 스페인 치하에서 가톨릭으로 남았다.

1618년 11월 13일부터 1619년 5월 9일까지 네덜란드 도르트레흐트(Dordrecht, 도르트[Dordt])에서 개혁주의 신앙에 대한 적합한 해석을 결정하기 위한 대회가 열렸다. 이 대회는 야곱 알미니우스(Jacob Arminius, 1560-1609)의 가르침에 대한 반응 차원에서 소집됐다.

레이든 교수였던 알미니우스는 제네바의 데오도르 베즈 밑에서 공부했던 칼빈주의자였다. 알미니우스는 예정이란 하나님의 예지에 근거한 것이며, 속죄에는 범위 제한이 없고, 은혜는 저항될 수 있으며, 신자가 믿음에서 떨어질 수도 있다고 판단했다. 알미니우스의 가르침은 널리 보급됐고, 그를 따르는 사람들은 항론파(Remonstrants)라고 알려지게 됐다.

도르트레흐트 대회는 유럽 각지에 있는 개혁파 진영의 참여자들을 불러들여서 알미니우스와 항론파들의 입장이 잘못됐다고 정죄했다. 이 대회에서 소위 '도르트 신경'(Canons of Dordt)이 채택됐다. 이 신경은 모든 사람이 타락했음을 강조한다. 아담의 타락과 그것이 불러들인 부패함 때문에 인간은 스스로를 구원하기 위한 그 어떤 일도 할 수 없다. 택함은 하나님의 예지에 기인하지 않고, 다만 하나님의 주권적인 선택이다. 성령께서 중생시켜 주시기 이전에는 사람은 그리스도를 믿을 도덕적 능력이 없다.

그리스도의 속죄는 택함 받는 이들에게만 제한된다. 그리스도께서는 택함 받은 이들만을 위해 죽으셨다. 하나님께 택함을 받는다면, 완전하고 최종적으로 성령의 부르심을 저항할 수는 없다. 택함 받은 사람들은 끝까지 견디고 은혜에서 떨어지지 않으며 구원을 상실하지 않을 것이다. 이러한 신경의 내용이 칼빈주의 '5대 교리'로 알려지게 됐다.

스코틀랜드에는 이전에는 가톨릭 신부였으나 이제는 잉글랜드 국교회의 사역자이며 에드워드 6세(Edward VI)의 궁정 설교자가 된 '천둥 소리 내는 스코틀랜드인' 존 녹스가 종교개혁신학을 도입했다. 가톨릭 여왕이었던 매리 튜더(Mary Tudor, 1553-1558)가 통치할 동안 녹스는 제네바로 피신했다. 거기서 녹스는 칼빈의 개혁신학을 수용하고 장로교 교회 정치를 받아들였다.

매리가 1558년에 죽고 나서 녹스는 그가 새로이 배운 개혁신학을 짊어지고 스코틀랜드로 귀환했다. 녹스는 강력한 설교자였고 고향에서 가장 영향력 있는 사역자가 됐으며 1560년 스코틀랜드 장로교회(Presbyterian Church of Scotland)가 설립될 수 있도록 도움을 줬다.

녹스는 영국 청교도주의(Puritanism)의 탄생에도 지대한 공헌을 했다. 피난 생활 동안에, 녹스는 프랑크푸르트에서 잠시 피난민 목회를 한 적이 있다(1554.9.24.-1555.3.26.). 그가 도착하고 나서 거의 직후에, 회중 가운데서의 의견 차이가 불거졌다. 한쪽은 제2판 『공기도서』(Book of Common Prayer, 1552)를 엄정하게 해석하기를 원했다. 그들은 잉글랜드 국교회와 연결돼 있었다.

녹스는 그들과는 다르게 제2판 『공기도서』를 수정해 더 개혁주의적인 예전을 받아들이려고 하는 이들과 한편이 됐는데, 이들이 바로 최초의 청교도들이라고 할 수 있다. 이러한 의견 불일치가 너무 심해져서, 녹스는 프랑크푸르트를 떠나서 제네바로 돌아가게 됐다. 이 사건은 녹스의 잉글랜드 국교회 시절의 대미를 장식했다. 하지만 녹스는 계속해서 제2판 『공기도서』를 사용하는 것에 대해 비판하면서, 국교회가 로마 가톨릭의 행습을 너무 많이 보존하고 있다고 비판했다.

매리 튜더는 여왕이 된 즉시로 개신교 교도들을 박해하기 시작했다. 녹스와 더불어 영국 개신교 교도들은 제네바로 피신했다. 그들은 개혁주의 체계를 수용했고, 개신교 교도였던 엘리자베스(Elizabeth, 1558-1603)가 여왕으로 즉위한 이후에 잉글랜드로 돌아갔다. 녹스처럼 그들도 잉글랜드 국교회를 정화시켜 모든 가톨릭 잔재들을 없애길 원했다. 이 때문에 그들은 청교도(Puritans)라고 알려지게 됐다. 일부 청교도들은 잉글랜드 국교회에 남았다.

그 외 청교도들은 국교회에서 떨어져 나가서 엘리자베스와 그녀의 후임 제임스 1세(James I, 1603-1625)와 찰스 1세(Charles I, 1625-1649)에게 박해를 받았다. 다수의 청교도들이 뉴잉글랜드로 도망가서 그곳에서 칼빈주의 원칙에 따른 교회와 국가를 형성하기도 했다.

A HISTORY OF CHRISTIANITY

제19장

잉글랜드 종교개혁, 청교도주의, 분리주의

성 비드의 『잉글랜드인들의 교회 역사』(*Ecclesiastical History of the English People*)에 따르면, 잉글랜드는 597년에 가톨릭 국가가 됐다. 하지만 잉글랜드 사람들은 자기들 국가의 이익에 부합하지 않는다고 생각할 때면 교황의 교령도 저항했던 오랜 전통을 가지고 있었다. 1066년에 이미 정복 왕 윌리엄(William the Conqueror, 1028-1087)은 교황 그레고리우스 7세(Gregory VII, 1073-1085)에게 충성을 맹세하기를 거부했다. 그 외 왕들도 사제 서임권과 교황에게 세금을 내는 문제를 놓고 교황과 마찰을 빚었다.

아비뇽(Avignon) 교황청 시대에는, 잉글랜드 왕들과 시민들이 잉글랜드 교회에 기부된 돈은 잉글랜드 내에 머물러 있어야 한다는 데에 뜻을 같이 했다. 존 위클리프(John Wycliffe)와 롤라드들(Lollards)의 개혁 시도가 널리 퍼지기도 했다. 에라스무스의 인문주의는 옥스피드대학교와 케임브리지대학교에 유입되고 있었다. 마틴 루터의 글들이 잉글랜드에도 소개되기 시작했었다. 더욱이, 윌리엄 틴데일(William Tyndale, 1492-1536)의[1] 영어 성경 번역을 통해 복음이 소개됐다.

1. 왕의 큰 문제

대륙에서의 종교개혁은 잉글랜드에서 일어난 종교적 변화와는 별 공통점이 없었다. 루터, 칼빈, 츠빙글리의 종교개혁은 신앙적인 원칙에 기반을 두

---

[1] 틴데일은 성경을 그리스어와 히브리어에서 영어로 번역한 최초의 인물이었다. 그는 교황청과 영국 왕의 조여 오는 포위망에 붙잡혀 죽임을 당했고, 그의 몸은 벨기에 브뤼셀의 교회 지도자들에 의해 불살라졌다.

고 있었고, 잉글랜드 종교개혁은 종교를 가장한 정치에 기반을 두고 있었다.

잉글랜드 종교개혁은 헨리 7세(Henry VII, 1485-1509)가 튜더(Tudor) 왕조의 잉글랜드 국왕 자리를 견고하게 하려는 시도에서 그 뿌리를 찾을 수 있다.[2] 그 시도 중에서도 우선 한 것은 결혼을 통한 스페인과의 동맹이었다. 헨리의 맏아들이요 상속자였던 아더(Arthur, 1486-1502)가 페르디난드 왕(Ferdinand, 1479-1516)과 스페인 이사벨라 여왕(Isabella, 1474-1504)의 큰 딸 아라곤의 캐서린(Catherine of Aragon, 1485-1536)과 결혼을 했다. 그러나 아더는 6개월 후에 죽었다.

헨리 7세는 1509년에 죽고, 그의 아들 헨리 8세(Henry VIII, 1509-1547)가 잉글랜드 왕으로 등극했다. 그리고는 헨리 8세는 캐서린과 결혼을 했고, 후사를 찾아 헤메는 그 유명한 이야기가 막을 올렸다. 튜더 왕조는 장미 전쟁(War of the Roses)을 거치면서 근래에 들어서야 왕위를 차지했으므로 헨리는 남성 상속자가 있어야 왕조를 보존할 수 있다는 필요를 느꼈을 것이다. 12세기 마틸다(Matilda, 1107-1167)의 불확실한 통치 외에는, 여성 통치자가 잉글랜드를 다스린 적이 없었다. 오직 아들만이 튜더 왕가의 미래를 보증했다.

캐서린이 1515년 임신했을 때, 헨리와 온 잉글랜드는 왕비가 아들을 낳기를 바랐다. 1516년 2월 18일, 그들의 바람이 무색하게도 딸 매리(Mary, 1516-1558)가 태어났다. 그 후 남자 후손을 낳으려는 노력도 수포로 돌아갔다. 헨리와 캐서린 사이에서 성인이 되기까지 살아남은 자식은 매리 하나뿐이었다. 헨리는 최소 한 명 이상의 사생아 아들을 두고 있었으므로, 문제는 자신이 아닌 캐서린이라고 생각하기 시작했다. 더욱이, 헨리는 앤 볼린(Anne Boleyn, 1501-1536)에게 매혹됐고 그녀가 아들을 낳아 줄 것이라고 생각하게 됐다.

헨리와 그의 참모들은 1527년 캐서린과의 결혼을 파혼할 방안을 찾기로 결정했다. 이를 위해서는 교황 클레멘스 7세(Clement VII, 1523-1534)의 허락이 필요했다. 헨리는 캐서린과 아더가 부부 관계를 가졌다는 것이 파혼할 근거가 된다고 하면서 형제의 아내와 결혼을 금지한 성경 구절인 레위기 20:21[3]을 인용했다. 성경 율법을 어겼기 때문에 하나님이 벌을 주시는 것이

---

[2] 이 당시 영국(Britain)은 두 나라로 구성돼 있었다. 잉글랜드는 튜더 왕조가 다스리고 있었고, 스코틀랜드는 스튜어트 왕조가 다스렸다.
[3] "누구든지 그의 형제의 아내를 데리고 살면 더러운 일이라 그가 그의 형제의 하체를 범함

라고 헨리가 생각했던 것으로 보인다.

헨리가 루터에 대항해 『7성례 변호』(Defense of the Seven Sacraments, 1521)라는 책을 썼다고 해서 교황 레오 10세(1513-1521)는 헨리에게 '신앙의 수호자'라는 명칭을 부여했었던 때가 있었으므로, 헨리는 빠르게 파혼이 허락될 것을 기대했다. 헨리가 가장 신뢰하던 사역자 울시 추기경(Woolsey, 1473-1530)이 이 일을 틀림없이 처리할 책임을 부여받았다.

그러나 이 일은 논쟁을 피할 수 없었다. 교황 율리우스 2세(Julius II, 1503-1513)가 헨리가 캐서린과 결혼하도록 허락해 줬었는데, 그 어떤 교황도 전임자가 허락한 것을 취소하기를 원하지 않았을 것이다. 더욱이, 캐서린은 신성 로마제국 황제(1519-1556)요 스페인 왕(1516-1556)이었던 카를 5세의 숙모였다.

카를은 근래에 이탈리아에서 전투를 벌여 교황을 옥에 가둬 뒀었다. 카를은 그의 숙모가 망신당하는 것을 보고 싶지 않았다. 더욱이, 만약 헨리와 캐서린이 남성 후계자를 얻지 못하면, 카를이 잉글랜드 왕위를 가질 수도 있었다. 추기경 울시는 결혼 취소를 얻어낼 수 없었기 때문에 왕의 총애를 상실했다. 후에 울시는 반역죄로 심문받기 위해 런던으로 향하던 길에 병으로 사망했다.

로마로부터 거절을 경험한 후에, 헨리는 그의 '큰 문제'에 대해서 유럽 큰 대학 교수들로부터 의견을 구했다. 비록 모두가 그의 입장을 지지한 것은 아니었지만, 그중 다수는 잉글랜드는 독립 국가이며 따라서 왕은 주권적인 권세를 보유하고 있다고 주장했다. 그러므로, 왕은 파혼을 거절당했다고 해도 마음대로 할 수 있다는 것이다.

토마스 크랜머(Thomas Cranmer, 1489-1556)의 도움과 숙련된 법조인 토마스 크롬웰(Thomas Cromwell, 1485-1540)의 도움에 힘입어, 헨리는 로마와의 관계를 끊기로 결심했다. 헨리가 처음 취한 조치는, 잉글랜드의 공식 성직자 총회(English Convocations)를 강제로 굴복시켜 그의 뜻을 따르도록 하는 것이었다. 1530년 헨리는 잉글랜드 성직자단이 로마에게 돈을 보냄으로써 그의 통치를 불안정하게 만드는 심각한 범죄를 저질렀다고 고발했다.

또한, 헨리는 성직자단이 울시를 왕의 동의도 없이 교황의 대리인으로 인정한 것을 정죄했다. 성직자 총회는 헨리가 어떻게 그들을 처벌하고 자신을 잉글랜드 교회와 성직자의 수장으로 지명했는가에 대해 경악했고, 헨리에게 확실하게 용서받기 위해 큰 벌금을 지불했다. 헨리는 1532년 토마스 크랜머를 캔터베리의 대주교로 임명하고 교회 재산을 몰수하기 시작했다. 1533년에 국회는, 교회의 모든 재판은 로마와 상의 없이 잉글랜드 내에서 다뤄진다는 내용의 '항소규제법'(Act of Restraint of Appeals)을 통과시켰다. 그리고 나서 크랜머는 왕과 캐서린과의 결혼을 무효화했고, 1533년 왕은 이미 임신한 앤 볼린과 결혼했다.

국회는 1534년 11월 3일에 '수장령'(Act of Supremacy)을 통과시켰다. 이 명령은 다음과 같이 말하고 있다.

> 비록 국왕 폐하가 정당하고 옳게 잉글랜드 국교회의 수장이고 그래야만 하며, 그것이 이 나라의 성직자들에게 그들의 총회를 통해 인식됐지만, 그래도 그것을 견고하게 하고 확실하게 하려고 하며, 잉글랜드 내에서 기독교적 미덕을 증가시키며, 이제까지의 모든 오류와 이단과 그 외 부도덕하고 방종한 것을 억압하고 파괴하기 위해 바로 이것이 기록되는 것이다: 지금 이 국회의 권위로 법을 제정하노니, 국왕은 우리의 주권자이며, 그의 상속자와 계승자들이 이 땅의 왕이며, 잉글랜드교회라고 부르는 **잉글랜드 국교회**(Anglican Ecclesia)의 지상에서 유일한 수장으로 받아들여지고 수용되고 그와 같이 여겨질 것이다.[4]

이 수장령은 로마와는 분리된 잉글랜드 국교회를 창설했고 통수권자인 국왕을 그 교회의 머리로 만들었다. 성직자단은 먼저 왕에게 충성을 보일 것을 요구받았다. 이 수장령을 거부하는 사람은 누구든지 반역죄로 처형당했다. 헨리의 친구이며 한때 그의 가정 교사였던 토마스 모어(Thomas More, 1478-

---

[4] *The Act of Supremacy*, 1534, in *Documents of the Christian Church*, 3rd ed., ed. Henry Bettenson and Chris Maunder (New York: Oxford University Press, 1999), 252.

1535)와 다수의 카르투시오회(Carthusian) 수도승들이 이 수장령 때문에 처형된 대표적인 이들이다.

1534년에는 교황청이 잉글랜드의 교회들로부터 그 어떤 수입도 얻을 수 없다는 성직 임명 세금 규제법(Restraint of Annates)이 발효됐다. 그러자 교황 바오로 2세(Paul II, 1534-1549)는 헨리를 출교하려는 절차를 밟기 시작했다. 1535년 8월, 바오로는 헨리에게 그가 로마의 권한을 뺏어 가기를 중단하지 않는다면 출교시키겠다는 경고 편지를 보냈다.

1536년, 헨리는 잉글랜드 내의 가톨릭교회의 재산과 돈을 몰수하는 것으로 그에 대답했다. 크롬웰이 만든, 존경할 만하지 않은 삶을 사는 수도승들을 고발한 조사 결과에 근거해, 헨리는 376개의 수도원을 해산시키고 땅을 압류했다. 1540년이 되자 없어진 수도원의 수가 800개에 이르렀다.

이러한 행위는 많은 시민으로 하여금 헨리에 대한 충성심을 더 많이 가지도록 했지만, 북쪽 지방으로 갈수록 다시 한번 생각해 볼 문제라고 느끼는 사람들도 많았다. 결국 '은혜의 순례자단'이 결성됐고, 그렇게 요크(York)와 그 주변으로부터 수천 명이 와서 집결해 남하하면서 가톨릭교회에 대한 탄압과 수도원 폐쇄에 대해 항의하는 행군을 했다.[5] 헨리는 지킬 의도가 없는 약속을 함으로써 이 시위에 참여한 사람들을 흩어지게 했고, 1년 이내에 이 단체의 지도자들과 200명이 넘는 참가자들이 처형당했다.

헨리의 두 번째 결혼은 앤이 엘리자베스(Elizabeth, 1558-1603)라는 딸만을 낳으면서 끝났다. 앤이 정조가 없고 남성 상속자를 낳을 능력이 없다는 소문이 왕실에 돌았기 때문에, 헨리는 곧 두 번째 왕비에 대해 불만족을 느끼게 됐다. 헨리는 그녀와 이혼하고 1536년 그녀를 처형했다. 남성 상속자를 얻을 희망을 가지고 헨리는 4차례 더 결혼을 했다.

헨리는 로마와 결별했지만, 그렇다고 가톨릭 신앙과 결별한 것은 아니었다. 교황의 권위를 인정하기를 거부했다는 것만 빼면, 잉글랜드 국교회는 그 행습에 있어서 가톨릭교회와 별로 다를 것이 없었다. 헨리는 1536년에 잉글

---

[5] 참가자 숫자에 대한 보고기록들이 다양하다. 적게는 8천 명부터 많게는 3만 명까지 이야기하고 있다.

랜드 국교회 최초의 신조를 발행했다. 이 10개조 신조는 세례, 고해, 성찬을 성례로 인정하고 있다. 성화상(聖畵像)들은 보존됐으나 숭배되지는 않았다.

헨리는 그의 가톨릭 신앙을 확실하게 하기 위해, 1539년 "6개조 신조"(Six Articles)를 비준했다. 이 신조는 화체설과 개인적인 미사, 성직자 독신주의, 그리고 성찬 시에 빵만을 제공하는 등의 내용을 담고 있었다. 헨리가 진짜로 종교개혁에 공헌한 몇 안되는 부분 중 하나는, 크랜머의 영향하에 '큰 성경'(The Great Bible)이라는 이름으로 알려진 영어 성경을 허용하고 1538년 그것이 모든 교구 교회마다 비치되도록 허용한 것이었다.

1547년 헨리가 죽은 이후에, 그가 제인 시무어(Jane Seymour, 1508-1537)에게서 얻은 아들이요 유일하게 정당한 남성 상속자였던 에드워드6세(Edward VI, 1547-1553)가 즉위했다. 에드워드는 헨리가 임명한 개신교 가정 교사들에 의해 교육을 받았다. 에드워드가 즉위했을 때는 겨우 9살 밖에 되지 않았었기 때문에, 그의 삼촌이요 소머셋(Somerset)의 대공인 에드워드 시무어(Edward Seymour, 1506-1552)가 그의 첫 보호자가 돼 섭정을 했다.

시무어의 섭정하에 에드워드는 개신교를 받아들였다. "6개조 신조"와 다수의 이단법들이 취소됐고, 평신도에게 성찬 시에 잔을 줬다. 성화상들은 교회에서 제거되고, 신부들에게도 결혼이 허용됐다. 1549년에 크랜머가 쓴 『공기도서』(Book of Common Prayer)는 잉글랜드 국교회 예배의 공식 교본이 됐다. 이 기도서는 표준 교리도 포함하고 있다. 중도 노선을 택하기 위해, 『공기도서』는 개신교 교도들과 가톨릭 교도들이 공히 받아들일 만한 방식으로 성례를 묘사하려고 하고 있다.

또한, 그것은 어떻게 기도를 말해야 하는지에 대해서뿐만 아니라, 교회 예배 시간, 성례의 집행 그리고 감독교회 정치에 대해서도 개관해 준다. 가톨릭 교도들을 달래기 위해, 잉글랜드 국교회는 죽은 자를 위한 기도라든지 특별한 의복을 입는 등 가톨릭의 행습 몇 가지를 그대로 유지시켰다. 잉글랜드 국교회가 가톨릭교회와 보다 덜 유사하기를 바라는 개신교 교도들에게는 이것이 흡족할 리가 없었고, 그래서 그들은 더 완전한 단절을 촉구하게 된다.

1550년에는 노덤벌랜드(Northumberland) 대공이며 독실한 개신교 교도인 존 더들리(John Dudley, 1504-1553)가 시무어 대신 에드워드의 최측근 참모가 됐으나, '보호자'(Protector)보다는 '직무 대행'(Regent)이라는 호칭을 사용했다. 1552년 개정판 『공기도서』를 보면 더들리의 종교적 성향이 명백해진다. 죽은 자를 위한 기도, 귀신 쫓아내기 그리고 미사를 참고하는 부분들이 모두 제거됐나. '검은 난외주'(Black Rubric)라고 나중에 알려지게 되는 그 선언은, 성찬 시에 평신도가 무릎을 꿇으라고 요구하면서도 그렇다고 성찬 빵을 경배하는 것은 아니라고 말하고 있다.

왕명에 따라서 1553년 "42개조 신조"(Forty-Two Articles)가 간행됐다. 성직자단에 속한 모든 사람과 대학 교수들과 학생들은 그 신조에 동의해야만 했다. "42개조 신조"는 교황과 화체설을 정죄했다. 약간 뒤에, 십자가, 조각, 제단 등 가톨릭과 관련된 모든 성화상들은 교회에서 제거됐다. 사역자들에게는 결혼이 허용됐고 평신도들은 성찬 빵과 함께 잔도 받게 됐다. 에드워드 치하에서 잉글랜드 국교회는 일시적으로라도 훨씬 더 개신교적이 됐다. 하지만 에드워드는 나면서부터 병약해 1553년 세상을 떠났다. 더들리는 그의 며느리, 숙녀 제인 그레이(Jane Grey, 1536-1554)를 왕위에 앉히려고 했으나 잠시 동안만 다스린 후에 그녀는 제거당했다.

이제는 남자 상속자가 없었기에, 헨리의 맏딸 매리(Mary, 1553-1558)가 잉글랜드 여왕이 됐다. 어머니 캐서린처럼, 매리는 골수 가톨릭이었다. 정당한 여왕으로 인정받기 위해, 매리는 가톨릭교회를 다시금 설립하고 1554년 국회로 하여금 캐서린과 헨리의 결혼은 유효하다고 선언하게 했다.

매리는 『공기도서』, "42개조 신조" 그리고 헨리 8세와 에드워드 6세가 통과시킨 모든 종교 법안을 폐지시켰다. 매리는 모든 개신교 교도를 공무직에서 축출했다. 특히 매리는 아이들이 가톨릭 신앙 안에서 자라기를 원했다. 그리하여 1554년 3월 4일에 종교칙령이 통과됐고, 17개 조항에 다음과 같이 명기됐다.

> 아이들을 가르치는 모든 학교 교사들과 선생들을 심문해 어떤 면에서든지 의심되는 것이 있으면 그들을 축출하고 가톨릭 사람들로 하여금 그들 대신 아이들을 가르치도록 특별한 명령을 주어 교실에 넣음으로써 미사 때에 학생들이 신부에게 대답할 수 있도록 만들고 으레 그래왔듯이 미사 때에 신부를 돕

도록 하라.⁶

'매리 난민'(Marian exiles)이라고 알려진 800명 이상의 개신교 교도들이 대륙으로 피신했다. 잉글랜드에 남아 있던 이들 중에서는 300명이 '피의 매리'(Bloody Mary)에 의해 처형됐다. 목숨을 부지하기 위해 가톨릭의 품으로 되돌아가느냐 또는 개신교 교도로 남을 것인가 사이에서 오락가락하던 토마스 크랜머는 개신교로서 순교하는 길을 택했다.

매리 여왕은 교황청과의 관계를 공고히 하고 잉글랜드가 계속해서 가톨릭으로 남도록 하기 위해 1554년 앞으로 스페인 왕이 될 펠리페 2세(Philip II, 1556-1598)와 결혼했다. 펠리페는 잉글랜드에 1555년 9월까지 머물다가 스페인으로 돌아갔다. 그녀의 형제 에드워드가 그랬듯이 매리 역시 약했고 결국 자식이 없이 1558년에 죽었다.

앤 볼린이 헨리 8세에게서 낳은 딸이요 매리의 이복 여동생인 엘리자베스가 여왕이 됐다(매리는 개신교 세력들이 엘리자베스를 왕위에 앉히는 것을 막기 위해 그녀를 런던탑에 투옥시켰다). 매리가 개신교를 두려워한 것과 동일한 이유로 엘리자베스는 가톨릭을 두려워했다. 가톨릭교회가 세력을 잡으면, 엘리자베스는 사생아로 간주될 것이었다.

이러한 문제의 싹을 자르기 위해, 엘리자베스는 즉시로 잉글랜드 국교회와 『공기도서』 및 수장령을 복구시켰다. 엘리자베스는 또한 "42개조 신조"를 개정해, 잉글랜드 국교회와 가톨릭의 차이에 대한 설명을 담고 있는 "39개조 신조"(Thirty-Nine Articles)를 만들도록 했다. 남아 있는 가톨릭 사제들은 추방됐다.

엘리자베스가 헨리 8세의 종교정책을 계승하면서도, 초창기 엘리자베스는 잉글랜드 가톨릭을 달래어 나라를 통일시키겠다는 시도들을 했다. 그렇지만 엘리자베스는 1570년 교황에 의해 출교를 당했다. 1585년 가톨릭에서 그녀를 살해하려는 음모가 있었던 이후로, 엘리자베스의 태도는 달라졌다. 엘리자베스는 가톨릭을 박해하고, 군대를 보내어 스코틀랜드와 프랑스의 개

---

6   *Marian Injunctions*, March 4, 1554, in *Documents of the English Reformation*, ed. Gerald Bray (Minneapolis: Fortress, 1994), 317.

신교 교도들을 도왔다. 엘리자베스는 스페인과 독립 전쟁을 치르는 네덜란드에도 군사를 보내어 그들을 도왔다. 이 일 때문에 스페인과의 전쟁은 불가피한 것이 됐다.

1587년, 엘리자베스는 그녀의 사촌이며 스코틀랜드 여왕인 매리(Mary of Scots, 1542-1587)를 대역죄로 처형시켰다. 1588년, 스페인은 교황의 허락을 받고 잉글랜드를 침범해 잉글랜드를 가톨릭으로 되돌아가게 하려 했다. 이 위협은 7월 12일 잉글랜드인들이 스페인 무적함대(Spanish Armada)를 무찌름으로써 없던 일이 됐다.

개신교 여왕 엘리자베스가 권좌에 오르자, 매리 때에 피난을 갔던 이들이 잉글랜드로 되돌아왔다. 그들은 엘리자베스를 드보라 같은 성경 인물에 비견한다고 보고, 그녀가 잉글랜드를 경건한 나라로 만드는 일을 주재할 수 있다고 선포했다. 이 피난민들 중에서도 특히 제네바에 다녀온 이들은 신학적 변화를 경험했다.

많은 사람이 칼빈주의를 받아들였고 잉글랜드를 제네바처럼 만들기를 원했다. 그들의 첫 번째 목적은 잉글랜드 국교회를 정화하고 가톨릭 잔재들을 제거하는 것이었다. 이 때문에 그들은 청교도(Puritans)라는 이름으로 알려지게 됐다. 그렇지만 엘리자베스는 그들에게 큰 실망을 줬다. 엘리자베스는 청교도들에 의해 성경적 근거가 없다는 비판을 받았던 가톨릭 행습들을 그대로 유지시켰다.

청교도들은 성경에서 전례를 찾을 수 없는 행습들은 예배 때에 금지돼야 한다고 했다. 이러한 이유로 그들은 무릎을 꿇는 것, 감독 직분, 무릎 꿇고 성찬을 받는 것, 그리고 예전 등을 강조한 1559년판 『공기도서』를 멸시했다. 성찬식 때 성찬 제정사의 경우, 실제적 임재와 상징적인 것을 둘 다 암시할 수 있는 것으로 만들어졌다. 엘리자베스는 개신교 교도들과 가톨릭 교도들이 공히 『공기도서』를 수용할 수 있게 되기를 원했다. 1563년 엘리자베스는 『공기도서』가 교구 교회마다 사용되도록 하라고 지시했다. 이 지시를 따르지 않는 이들에게는 가혹한 벌칙이 주어졌다.

개신교 교도들을 달래기 위해, "39개조 신조"는 동정녀 마리아가 죄가 없다는 것을 부정하고(15조) 미사가 희생제사라는 것도 부인했으며(31조), 모든 사역자들은 결혼해도 좋다고 선언했다(32조). 화체설은 강경한 어조로 거부됐다(28조).

> 주의 만찬에서 빵과 포도주의 본질이 그리스도의 몸과 피로 바뀐다고 하는 화체설은 성경에서 증명될 수 없고, 성경의 평이한 언어에 저촉되며, 성례의 성질을 뒤엎어놓고 많은 미신에게 기회를 주는 것이다.[7]

이러한 조치들이 바로 엘리자베스 체제(Elizabethan Settlement)라고 알려지게 됐다. 비록 개신교로 더 기울기는 했지만, 전통적인 가톨릭과 개신교 사이의 중도 노선을 추구함으로써 모두가 잉글랜드 국교회 안에 들어올 수 있도록 한 것이었다. 이 체제는 개신교 교도들로 하여금 로마 및 화체설과 공식적으로 단절하도록 했으나, 가톨릭의 친숙한 예전들을 상당수 보존했다.

청교도들은 엘리자베스 체제를 거부했고, 『공기도서』가 너무 가톨릭적이라고 생각했다. 어떤 이들은 잉글랜드 국교회에 머무르면서 개혁을 밀어붙이려고 했다. 그 외 사람들은 새로운 모임을 만들어서 예배를 드리며 공개적으로 개혁을 하려고 했다. 엘리자베스는 자신의 권위가 도전받는 것을 좋아하지 않았기 때문에, 1593년 "여왕 신민의 정당한 복종을 보존하기 위한 법"(Act of Retaining the Queen's Subjects in Due Obedience)을 통과시켰다.

이 법은 잉글랜드 국교회 예배에 결석하는 것을 불법으로 만들었다. 이 법에 동의하지 않는 이들은 투옥됐고, 그들의 재산은 몰수됐다. 풀려나서도 엘리자베스의 뜻에 따라 고분고분하지 않다면, 망명이나 죽음 중에서 선택해야만 했다. 망명간 이들의 다수는 네덜란드, 후에는 아메리카에 정착했다. 영국 역사에 길이 남을 길고 성공적인 통치를 마친 후에 엘리자베스는 1603년 별세했다.

엘리자베스가 죽자, 스코틀랜드 스튜어트(Stuart) 집안에게 왕위가 넘어갔다. 헨리 8세의 고손자인 제임스 1세(James I, 1603-1625)가 새로이 잉글랜드

---

[7] *The Thirty-Nine Articles*, 1563, in *A Reformation Reader: Primary Texts with Introductions*, ed. Denis R. Janz (Minneapolis: Fortress, 2008), 374.

왕이 됐다. 제임스는 이미 스코틀랜드 왕이었다(1567-1625). 스코틀랜드가 장로교 국가이므로, 청교도들은 잉글랜드 국교회가 변화될 수 있겠다는 희망을 품었다. 청교도들은 제임스 왕이 그들로 하여금 교회를 정화하고 『공기도서』를 없애도록 허락해 줄 것이라고 믿었다.

1603년, 그들은 1,000명 가까운 숫자의 사람들이 서명을 받아(1,000명 서명, Millenary Petition), 잉글랜드 국교회에서 모든 가톨릭 행습을 없애 달라고 요청하는 청원서를 올렸으나, 제임스는 그것을 거부했다.

1604년 1월 14일, 햄튼궁 회의(Hampton Court Conference)에서 청교도들은 다시금 왕에게 잉글랜드 국교회가 좀 더 개혁주의의 신학과 행습에 발맞추어 갈 수 있도록 해 달라고 요청했다. 옥스퍼드에 있는 그리스도몸대학(Corpus Christi College)의 학장 존 레이놀즈(John Reynolds, 1549-1607)가 청교도들의 상소를 올렸다.

레이놀즈의 논증을 들은 후에도, 제임스는 잉글랜드 국교회가 변화되지 않을 것이라고 선언했다. 만약 청교도들의 바람이 허락된다면 "잭, 톰, 윌, 딕이 만나서 자기들이 하고 싶은대로 나와 내 의회와 우리의 모든 진행 사항들을 힐난할 것이 아니겠는가"[8] 하고 제임스는 말했다.

청교도가 국교회에 순응하지 않을 경우, 그들을 잉글랜드에서 내쫓겠다는 것을 제임스는 확실하게 했다. 결국, 300명의 청교도 성직자들이 망명을 떠났다. 제임스가 유일하게 양보한 것은 영어 성경 번역을 새로이 하도록 허락한 것이었다. 이 번역은 1611년에 출간돼 흠정역(Authorized Version) 또는 킹제임스 역본(King James Version)이라고 알려지게 됐다.

찰스 1세(Charles I, 1625-1649)는 청교도의 열심이 얼마나 강한지를 알게 됐다. 찰스 왕이 가톨릭 여왕과 결혼을 하고 국회를 소집하지 않은채로 다스리자 문제가 생기기 시작했다. 캔터베리 대주교 윌리엄 로드(William Laud, 1633-1645)는 청교도들을 스타 챔버라는 악명 높은 교회 법정으로 소환해 박해했다.

---

[8] J. R. Tanner, ed., *Constitutional Documents of the Reign of James I, A.D. 1603-1625, with an Historical Commentary* (Cambridge: Cambridge University Press, 1930), 67.

찰스와 로드가 스코틀랜드 장로교회에 잉글랜드 국교회주의를 도입하도록 강요하자, 스코틀랜드인들은 반란을 일으켜 북잉글랜드에 침입했다. 반란을 진압할 군자금을 모으기 위해 찰스는 국회를 열 수밖에 없게 됐다. 국회가 한창 진행되고 있을 때, 국회 의원들은 찰스의 권력을 제한할 방법을 궁리했다. 1642년 왕이 군사들을 보내어 몇몇 국회 의원들을 체포하려 했으나, 런던 민병대가 그 군인들을 막아섰다.

내전이 예상되자, 국회 내에 청교도들은 그들이 스코틀랜드 장로교 교인들로부터 도움을 받을 수도 있겠다는 것을 깨닫게 됐다. 청교도들은 1643년부터 1649년까지 웨스트민스터 총회(Westminster Assembly)를 열고 "웨스트민스터 신앙고백서"(Westminster Confession, 1646)를 만들었다. "웨스트민스터 신앙고백서"는 칼빈주의적인 문서로서 장로교 방식의 교회 정치를 장려하고 있으며, 1646년 국회에 의해 잉글랜드 국교회의 문서로도 채택됐다.

1660년에 '왕정복고'가 일어나자, 찰스 2세(Charles II, 1660-1685)는 "웨스트민스터 신앙고백서"의 채택을 취소하고 전통적인 국교회주의를 복구시켰다. 그러나 "웨스트민스터 신앙고백서"는 계속해서 스코틀랜드교회의 교리 표준으로 남아서 장로교회의 초석이 됐다. 이 신앙고백서는 또한 영국의 '특정'(Particular, 개혁주의적) 침례교 교인들에게도 큰 영향을 끼쳤고, 따라서 신앙고백서는 "웨스트민스터 신앙고백서"에 많이 의존하고 있다.

1642년 영국 내전(English Civil War)이 발발했다. 올리버 크롬웰(Oliver Cromwell, 1599-1658)의 통솔력 아래에서, 국회군은 1646년 왕당파를 꺾었다. 크롬웰은 찰스 왕과 로드를 처형시켰다. 후에 그는 국회에서 장로교 교인들을 쫓아냈고 그를 지지하는 사람들이 권력을 잡도록 했다. 아일랜드와 스코틀랜드인들을 격퇴시킨 후에, 크롬웰은 1653년 잉글랜드의 호국경(Lord Protector)이 됐고 1658년 그가 죽을때까지 그 자리를 유지했다. 사실 군사 독재를 한 것이면서도, 크롬웰은 모든 개신교 종파를 관용했다.

크롬웰이 죽은 후에는 새로 수립된 정부를 하나로 모아 이끌만한 지도자가 나오지 않았다. 끝내는 국회가 찰스 1세의 아들 찰스 2세(1660-1685)에게, 프랑스 망명 생활에서 돌아와서 왕이 돼 달라는 초청을 했다. 찰스는 돌아와서는 잉글랜드 국교회를 다시금 수립하고, 비국교도들에 대한 크롬웰의 관용령을 취소시켰으며, 비국교도들이 예배와 성직을 감당하는 것을 금지시켰다. 찰스는 임종시에 자신은 항상 가톨릭이었다고 말해 잉글랜드를 경악하게 했다.

그 후 찰스 2세의 형제 제임스2세(James II, 1685-1688)가 왕으로 등극해 잉글랜드를 가톨릭으로 되돌아가게 하려고 했다. 국회는 이에 네덜란드의 통치자 빌렘(William, 1688-1702)과 그의 아내요 제임스2세의 딸인 매리(Mary, 1688-1694)를 초청함으로써 반격했다. 1688년의 이 명예혁명(Glorious Revolution)으로 인해 1689년 '관용령'(Act of Toleration)이 내려져서, 가톨릭과 유니테리안(Unitarianism)을 제외한 모든 형태의 기독교가 용납되게 됐다.

2. 분리주의

제임스 1세가 청교도들의 요청을 들어주지 않고 거부한 이후로, 많은 청교도는 잉글랜드 국교회를 정화할 수 없다는 결론에 도달했다. 그래서 그들은 그들이 보기에 잘못된 교회라고 보이는 곳에서는 예배하지 않고, 그곳에서 따로 분리해 나름대로의 무허가 회중을 조직했다. 처음에 엘리자베스와 제임스는 이것을 왕권에 대한 도전으로 보아 용납하지 않고 이 분리주의자들을 박해했다. 그래서 많은 사람이 개신교 국가였던 네덜란드로 망명을 갔다.

그 외 존 그린우드(John Greenwood, 1559-1593), 헨리 배로우(Henry Barrowe, 1550-1593), 존 펜리(John Penry, 1559-1593) 등과 같은 분리주의 지도자들은 처형됐다. 가장 눈에 띄는 분리주의자들은 로버트 브라운(Robert Browne, 1550-1633), 프란시스 존슨(Francis Johnson, 1562-1617), 존 로빈슨(John Robinson, 1575-1625)이었다.

로버트 브라운은 잉글랜드 분리주의 운동의 선구자였다. 그는 노르위치(Norwich)에서 회중교회 원칙에 따라서 운영되는 분리주의 교회를 개척했다. 『조금도 기다릴 필요가 없는 개혁에 관한 소고』(Treatise of Reformation without Tarrying for Anie, 1582)에서 브라운은 교회 회원권은 참 신자들의 언약에 의거해야만 한다고 가르쳤다.

잉글랜드 국교회가 브라운의 회중을 압박하기 시작하자, 그들은 안전을 위해 네덜란드로 도망갔다. 그곳에 있으면서, 브라운은 교회에 어려움을 겪었고, 그리하여 그는 잉글랜드로 돌아가 국교회와 화해하고는 그곳에서 성직자가 됐다. 그러나 브라운은 계속해서 국가 교회를 비판했다. 결국 1631년 그는 출교를 당하고 1633년에 처형됐다. 브라운은 회중교회 정치 발전의 선구자였으며, 다른 이들로 하여금 잉글랜드 국교회를 떠나도록 영감을 줬고, 박해 받는 분리주의자들에게 네덜란드가 좋은 피난처로 알려지도록 하는 데에 공헌했다.

브라운처럼, 프란시스 존슨은 케임브리지대학교에서 교육을 받았고 그곳에서 청교도가 됐다. 졸업 이후에, 존슨은 케임브리지 교수 회원이 됐다. 그의 학생 중에서 제일 유명한 사람이 최초의 침례교 교인인 존 스미스(John Smith, 1570-1612)이다.

존슨은 잉글랜드 국교회식의 감독 정치가 아니라 장로교식의 교회 정치를 장려하다가 1589년에 케임브리지에서 쫓겨났다. 5개월간을 감옥에서 보낸 후, 그는 네덜란드 미델뷔르흐(Middelburg)로 가는 것에 대한 승낙을 얻었고 그곳에서 청교도 회중을 목회했다. 처음에 존슨은 분리주의를 반대했다. 이 때문에 잉글랜드 정부는 그에게 헨리 배로우와 존 그린우드의 분리주의를 없애 달라는 부탁을 했다.

존슨은 자기가 구할 수 있는 분리주의 책은 다 없애 버렸지만, 『국가교회의 주장에 대한 명쾌한 반박』(*Plaine Refutation of the Claims of the Establishment*, 1590)은 놓아뒀고, 런던에 가서 투옥된 그 책의 저자를 만나기도 했다. 존슨은 분리주의자들을 반박하기는커녕 그들의 주장에 동의하게 됐고, 1592년 런던 애인션트교회(Ancient Church)의 목회자가 됐다. 결국 존슨은 5년간 옥살이를 했다.

1593년 애인션트교회는 네덜란드 암스테르담으로 이사를 갔고 헨리 아인스워드(Henry Ainsworth, 1571-1622)가 그 교회를 인도했다. 존슨은 1597년에 출옥하고 그 교회로 돌아와서 목회 사역을 재개했다. 애인션트교회는 『참된 신앙고백』(*True Confession*)을 만들어서 잉글랜드와 아메리카의 분리주의 교회를 형성하는 데에 영향을 줬다.

네덜란드는 존 스미스(John Smyth)와 토마스 헬위스(Thomas Helwys, 1550-1615)에게도 피난처가 됐다. 스미스는 존슨의 영향을 받아 케임브리지에서 청교도가 됐다. 하지만 스미스는 얼마 지나지 않아 청교도주의에 만족하지 못하고 분리주의자가 됐다. 그는 스크루비 매이너(Scrooby Manor)와 가인스보로우(Gainsborough)에 교회를 개척했다.

가인스보로우교회의 회원 중에서 가장 잘 알려진 사람이 토마스 헬위스였다. 스크루비 매이너교회를 인도한 사람은 존 로빈슨과 윌리엄 브루스터(William Brewster, 1560-1643)와 윌리엄 브래드포드(William Bradford, 1590-1657)이었다. 박해를 피하기 위해, 이 두 교회는 이사를 갔다.

가인스보로우교회와 스미스는 1607년 암스테르담으로 갔고, 스크루비 매이너교회와 로빈슨은 1607-1608년에 레이든으로 갔다. 이러한 '순례자'(Pilgrim)교회의 몇몇 회원들이 메이플라워(Mayflower)호를 타고 1620년 미국 뉴잉글랜드 플리머스(Plymouth)에 상륙하게 된다.

스미스의 지도력하에, 헬위스와 가인스보로우교회는 신자의 세례를 받아들였다(비록 침례는 아니었을지도 모르지만). 스미스는 스스로에게 세례를 줬고, 그 후에 헬위스에게 세례를 주고, 그 후에 나머지 교회 회중들에게 세례를 줬다. 그렇게 함에 있어서, 그들은 최초의 영국 침례교회가 됐다. 스미스는 가인스보로우교회가 네덜란드 재세례파에 가입하기를 원했지만, 헬위스는 그것에 반대하면서 둘은 갈라섰다. 스미스가 죽은 이후에 가인스보로우교회는 바터란더(Waterlander) 메노파 회중에 병합됐다.

헬위스는 영국 침례교 최초의 신앙고백서를 작성했다. 그 신앙고백서는 구원론에 있어서는 알미니우스주의였고, 교회 정치는 회중교회적이었으며, 완전한 종교 자유를 주장했다. 이러한 류의 침례교 교인들을 '일반적인'(General) 침례교 교인이라고 부르게 됐다. 헬위스는 그의 교회를 이끌고 1612년 잉글랜드로 되돌아갔다. 런던 성벽 밖 스피탈필즈(Spitalfields)에서 모인 그들의 모임은 잉글랜드 최초의 침례교회가 됐다.

침례교를 위해 남긴 헬위스의 가장 중요한 공헌은 『죄악이라는 신비에 대한 짧은 선언문』(Short Declaration of the Mystery of Iniquity, 1611)이라는 그의 저서였다. 제임스 왕에게 헌정된 이 책은 영국 최초로 완전한 종교 자유를 청원하는 글이었다.

헬위스는 다음과 같이 쓴다.

> 이단이든, 투르크인이든, 유대인이든, 또는 무엇이든, 그냥 내버려두십시오. 그들을 조금이라도 벌하는 것은 지상의 권세에 속한 일이 아닙니다.[9]

제임스는 이에 동의하지 않았고, 헬위스는 뉴게이트(Newgate) 감옥에 투옥돼 1615년경에 죽었다. 왕에게 박해를 당하기는 했어도, 일반 침례교 교인들은 1625년에 이르면 7개의 교회로 성장하게 된다.

잉글랜드에서 훨씬 더 지속적으로 영향을 끼친 침례교 교인들은 칼빈의 선택 교리를 견지하는 특정(개혁주의적) 침례교 교인들이었다. 특정 침례교 교인들은 헨리 제시(Henry Jessey, 1603-1633)가 런던 분리주의 교회에서 빠져나온 것을 자신들의 시작이라고 생각한다.

1638년에 존 스필스베리(John Spilsbury, 1593-1668)가 한 무리를 이끌고 나와서 신자의 세례를 믿는 교회를 개척했다. 그 외 청교도들과 분리주의 교회들이 추후에 그들의 뒤를 따라 생겨나서 특정 침례교 교인이 됐다. 특정 침례교 교인들은 미국 침례교의 발전에 큰 영향을 주었다.

9　Thomas Helwys, *A Short Declaration of the Mystery of Iniquity*, in Joe Early Jr., *The Life and Writings of Thomas Helwys* (Macon, GA: Mercer University Press, 2009), 209.

제20장

개신교 종교개혁에 대한 가톨릭 반응과 대응

유럽에서 루터, 칼빈, 츠빙글리만 종교개혁을 한 것이 아니었다. 개신교 종교개혁 한참 이전에도 이미, 가톨릭교회 내부에서 도덕적이고 영적인 개혁을 시도하는 움직임이 시작됐다. 개신교가 부상하자, 가톨릭 종교개혁자들은 그들의 개혁을 계속 밀고 나가며 로마 가톨릭이 새롭게 돼야 한다고 촉구했고, 동시에 그들 보기에 교회를 갈라 나간다고 생각되는 이들은 정죄했다.

1. 종교개혁 이전에 있었던 가톨릭 내부 개혁 시도들

페르디난드와 이사벨라는 스페인을 가톨릭에 충신한 국가로 남도록 하기 위해 1480년 종교 재판소를 설치했다. 토마스 드 토크마다(Tomás de Torquemada, 1420-1498)가 이 일을 진두지휘하면서, 이단이라고 낙인찍힌 이들 또는 무슬림이거나 유대인인 수천 명의 사람들이 화형당하거나 참수당했다. 하지만 교회의 목회적이고 영적인 기능은 대체로 간과된 채로 이 일이 이뤄졌다.

스페인의 영성을 다시금 활기차게 만들기 시작한 인물은 바로 프란체스코회 수도승이었던 프란체스코 히메네스 드 시스네로스(Francisco Ximénez de Cisneros, 1436-1517)였다. 살라만카(Salamanca)대학에서 공부한 후에 시스네로스는 규율을 따르는 생활과 그리스도에 대한 전적인 헌신에 대한 갈망으로 불타올랐다.

시스네로스는 신부의 자리를 떠나 1484년 프란체스코 엄격파 수도승으로서 톨레도(Toledo)에 있는 '산 후안 드 로스 레이예스(San Juan de los Reyes) 수도원'에 들어갔다. 금욕 생활을 추구하면서 시스네로스는 바닥에서 잠을 자고 베옷을 입고 자주 금식하며, 가난이라는 프란체스코의 규칙을 따랐다.

히메네스는 1492년 이사벨라에게 고해성사를 해 주는 사람으로 임명됐고, 이 역할을 통해 여왕에게 큰 영향을 줄 수 있었다. 1494년 이사벨라는 그를 스페인 프란체스코회 지부장(minister provincial)으로 임명하고, 1495년에는 본인의 의사와는 상반되게 톨레도 대주교로 임명했다. 마음으로 금욕주의적이었던 히메네스는 도망가려고 시도했으나, 이사벨라의 군사들이 그를 도로 데려다가 억지로 그 자리를 차지하도록 했다. 1502년 그는 추기경이 됐고, 카스틸라(Castile)와 레온(León)의 종교 재판 위원이 됐다.

이같이 힘있는 지위에 있으면서 히메네스는 프란체스코회를 개혁하는 일에 자신을 바쳤다. 그는 모든 수도승에게 명령하기를 아내나 첩을 버리고 자기 교구에 거주하며 고해성사에 참석하고, 수도원 울타리 밖에서도 설교하라고 했다. 복종하지 않는 수도원들은 해산됐고 그들의 재산은 고아원과 병원에 기탁됐다. 히메네스의 지도하에, 알칼라(Alcalá)대학은 인문주의 성경 연구의 중심지가 됐다.

히메네스의 가장 영향력 있는 저술은 『다국어 대조 성경』(*Complutensian Polyglot Bible*, 1520)이었다. 이 책에는 구약성경이 히브리어, 그리스어, 라틴어, 탈굼[1](유대인의 구약 주석)이 나란히 한 칸씩 수록돼 있다. 신약성경의 경우에도 마찬가지 형식으로, 히메네스가 개인적으로 번역한 그리스어와[2] 라틴불가타(Vulgate) 성경이 수록됐다. 나란히 수록된 본문 옆에는 그가 쓴 주석이 첨가돼 있었다.

이 『다국어 대조 성경』이 스페인어로 번역됐을 때, 종교 재판소는 평신도들이 스페인어로 성경을 읽고 라틴불가타 성경과 교회의 전통적인 가르침에 대해 의문을 제시할까 두려워해 그것을 소각했다. 트렌트 공의회가 라틴불가타 성경만이 유일하게 참되고 권위있는 성경이라는 결의를 한 이면에는 이 『다국어 대조 성경』에 대한 두려움이 있었는지도 모른다.

---

[1] 그의 탈굼 번역은 구약의 첫 다섯 책들만을 포함하고 있다.
[2] 히메네스의 신약성경은 1515년에 완성됐기에, 에라스무스 판본보다도 1년 먼저 완성된 셈이다. 그러나 히메네스의 판본은 1520년 교황의 허가가 떨어지기까지는 출판되지 못했다.

히메네스는 남아 있는 무어인(Moors)과 유대인들에게 기독교로 개종을 하든지, 아니면 스페인을 떠나든지 하라고 명령했다. 아랍의 모든 종교 서적들은 파기됐고, 모스크는 헐리거나 기독교회로 탈바꿈됐다. 기독교로 개종한 유대인들과 무슬림들에 대해서도 예의주시를 했고, 그 개종의 진실성을 알아보기 위해 그들을 고문하는 일도 종종 있었다.

1500년에 히메네스는 페르디난드와 이사벨라에게 보고하기를 그라나다 요새에 이제는 남아 있는 모스크나 무어인이 없다고 했다. 스페인에서의 승리로만 만족하지 않고, 히메네스는 1509년 직접 북아프리카 무어인 지역을 침공하기도 했다. 이 때문에 그는 일부 사람들에게는 영웅으로 회자돼 왔으나 또 다른 이들에게는 폭군으로 회자돼 왔다.

도미니크회 회원이요 피렌체(Florence)의 인문주의자 지롤라모 사보나롤라(Girolamo Savonarola, 1452-1498)는 자신이 환상을 봤고 하나님과의 직통 의사 교환이 있다고 주장했다. 1490년경부터 사보나롤라는 종말에 대한 메시지를 선포하며 그의 회중들이 마지막 때를 살고 있다고 알렸다. 전염병과 대(對)프랑스 전쟁 때문에 그의 주장은 믿을 만한 것처럼 보였다. 사보나롤라는 위정자인 메디치 가문의 지나침과 인문주의 그리고 교황 알렉산더 6세(Alexander VI, 1492-1503)의 부정부패가 피렌체를 하나님의 신판 아래 몰아간다고 설교했다. 사보나롤라는 다음과 같이 선언했다.

> 이탈리아 전역이 뒤집혀야만 합니다. 로마도 마찬가지이고, 교회가 새롭게 돼야 합니다. 하지만 당신들은 불신합니다! 하지만 당신들은 믿어야만 합니다. 왜냐하면 하나님이 그것을 나보다는 당신들에게 말씀하셨기 때문입니다. … 그러므로 하나님이 교회의 머리로 하여금 악과 매관매직에 눌리도록 허용하셨을 때, 그 백성에게 임할 매가 가까이 왔다고 합시다. … 가서 하나님의 교회들이 무슨 짓을 하고 있는지, 거기에 경건이 있는지 보십시오. 하나님을 예배하는 것이 오늘날 사라져버린 것 같습니다. 당신들은 말하겠죠. "아, 그 어느 때보다도 신앙 좋은 사람들이 많고 성직자들이 많다!"고 말이죠. 차라리 성직자들이 적었더라면! 아 탁발한 자들이여, 탁발한 자들이여! … 당신들이 바로 이 악의 원인자들이요! 오늘날 모든 사람이 자기 집안에서 신부가

나오기만 하면 자신들이 거룩한 줄 알고 있지만, 내가 말하노니 "까까머리들이 없는 집이 복되다"고 회자될 날이 당신들에게 이를 것이오!"[3]

프랑스는 1492년에 피렌체를 정복했고, 메디치 가문은 권좌에서 축출됐다. 방해물이 없어진 사보나롤라는 피렌체의 부도덕성과 지나침에 대항하는 설교를 하기 시작했다. 그는 피렌체의 다양한 사업들을 정죄하고 그것들이 문을 닫도록 했다. 동성애는 사형에 해당하는 죄라고 선포됐고, 1497년에는 '허영을 태우는 모닥불'(Bonfire of the Vanities) 행사를 진두지휘했다. 사보나롤라의 추종자들이 가가호호 다니며 화장품과 이교 서적과 비도덕적인 조각들과 고대 시들을 모아서 시뇨리아 광장(Piazza della Signoria)에서 불태워 버렸다.

프란체스코회 수도승들은 사보나롤라가 거짓 선지자라고 믿고 그에게 불을 통과해 자신을 증명해 보라고 시험했다. 사보나롤라는 거절했고, 그러자 그의 영향력이 감소하기 시작했다. 1497년 말에는 사보나롤라에 대항해 공공연한 반역이 일어났고, 1498년에는 교황 알렉산더 6세가 그를 출교시켰다.

사보나롤라는 그의 추종자들 몇 명이 죽임을 당하는 실갱이끝에 사로잡혀서 고문을 당하고, 그가 실제로는 절대 저지르지 않았던 범죄와 비도덕을 시인했다. 그 후에 그는 시뇨리아 광장에 끌려가 화형을 당했다. 그의 굽힐 줄 모르는 성품과 지역 상인들과의 거리, 그리고 강경 일변도의 전략 때문에, 사보나롤라의 개혁 노력은 수포로 돌아갔다.

2. 종교개혁 시대 가톨릭의 변천

교회를 변화시키려는 욕구는, 새로운 수도회의 창설과 기존 수도회의 개혁으로 표출되게 됐다. 제노바의 카타리나(Catherine of Genoa, 1447-1510)은 1497년 '하나님 사랑 수도회'(Oratory of Divine Love)을 창설했다. 이곳은 자선 사업과 도

---

[3] Girolamo Savonarola, *On the Renovation of the Church*, 1495, in *The European Reformation Sourcebook*, ed. Carter Lindberg (Malden, MA: Blackwell, 2000), 241–42.

덕성 개발과 영적 성장에 깊은 관심이 있는 고위직 평신도들과 사제들로 구성됐다. 그들은 자주 미사에 참여했으며, 환자들을 부지런히 돌봤다.

이 수도회의 로마 지부는 1517년에 교회 개혁의 기치를 내걸고 설립됐다. 가톨릭교회의 몇몇 미래 지도자들이 이 수도회 출신이었다. 그중에 가장 영향력 있는 사람들은 카예탄(Cajetan, 1480-1547)이라고 알려진 가에타노 데이 콘티 디 티에네(Gaetano dei Conti di Thiene)와, 후에 교황 바오로 4세가 된 지오바니 피에트로 카라파(Giovanni Pietro Caraffa, 1476-1559) 그리고 가스파로 콘타리니(Gasparo Contarini, 1483-1542)였다.

하나님 사랑 수도회는 테아티노회(Theatine Order)를 태동시켰다. 테아티노회는 1524년 카예탄 추기경과 카라파에 의해 설립됐고, 카예탄의 이름을 따서 테아티노회라고 명명됐다. 이 수도회는 가난과 평신도 참여, 자선, 복종을 기치로 내걸고 성직권 남용에 종지부를 찍으려고 했다.

'카푸친 작은 형제회'(Capuchins)는 1528년 마테오 다 바시(Matteo da Bascio, 1495-1552)에 의해 설립됐다. 이 이름은 창설자가 썼던 뾰족한 수도승 모자에서 유래됐다. 마테오는 프란체스코회 수도승으로서, 프란체스코회의 근본 뿌리인 가난, 질서, 평신도 사역 등으로 돌아가기를 원했다.

카푸친회는 설득력 있는 성경 설교로 유명했고, 이 점에 있어서 그들은 개신교의 실질적인 맞수가 됐다. 그렇지만 성경 연구에 대한 그들의 강한 헌신 때문에, 그들 중 일부는 가톨릭 신앙을 떠나게 됐다. 그 한 예가 바로 이신칭의를 믿게 돼 개신교로 개종했던 카푸친회의 고위 성직자 출신 베르나르디노 오치노(Bernardino Ochino, 1487-1564)였다. 그의 개종 때문에 카푸친회는 거의 해체될 뻔했다.

1535년 안젤라 메리치(Angela Merici, 1474-1540)는 브레샤(Brescia)에 우르술라회(Ursulines)를 설립했다. 성 우르술라(Saint Ursula)를 기리는 이 여성 수도회는 처음에는 수도 서약을 요구하지 않았다. 수도회 회원들은 교구 교회에서 예배를 드리며 소녀들 교육과 복종과 자선 사역에 헌신했다. 그들의 유명세와 성장 덕분에 1546년에 이 수도회는 공식 수도회가 됐다.

스페인 귀족이며 군인이었던 로욜라의 이냐시오(Ignatius of Loyola, 1491-1556)는 예수회(Society of Jesus)를 설립했다. 1521년 프랑스와의 전쟁 중에 대포알을 맞고 다리가 부서진 이후, 그는 몇 달간의 회복 기간을 가졌다. 이 시기에 이냐시오는 성인전들과, 카르투시오의 루돌프(Ludolph the Carthusian, 1378죽음)의 『그리스도전』(Life of Christ) 그리고 그 외 경건 서적들을 읽었다. 그리고 얼마 지나지 않아, 그는 예수님과 동정녀 마리아 환상을 봤다고 전해지고 있다.

그러자 이냐시오는 그리스도와 동정녀 마리아의 군사가 돼 가톨릭교회를 섬기며 영적 규율에 자신을 바치기로 했다. 그는 바르셀로나 몬세라트(Montserrat)에 있는 마리아 제단에 자신의 칼을 상징으로 걸어놓고는, 거지와 옷을 맞바꿔 입었다. 토마스 아 켐피스(Thomas à Kempis)의 『그리스도를 본받아』(Imitation of Christ)를 읽은 것도 그의 영적 여정을 지속하는 데에 영향을 줬다. 이러한 경험들이 그의 영향력 있는 저술, 『영성 훈련』(Spiritual Exercises)의 토대가 됐다.

로욜라는 1523년 성지 순례를 다녀왔다. 이 여행을 통해 그는 무슬림들을 복음화 하는 일에 그의 생애를 바쳐야겠다는 마음을 갖게 됐다. 볼로냐(Bologna)대학과 파리대학을 다닌 후에(1524-1535), 로욜라와 그의 친구 6명은 1534년 예루살렘을 향해 떠났는데, 그 친구 중에서 가장 유명한 사람이 바로 프란체스코 사비에르(Francis Xavier, 1506-1556)였다.

투르크와의 전쟁 때문에 그들은 베니스 이상으로는 갈 수가 없었다. 베니스에 있는 동안 그는 카라파 추기경과 콘타리니에게 깊은 인상을 줬고, 그들은 그를 교황 바오로 3세(Paul III, 1534-1549)에게 소개했다.

교황은 1540년 9월 27일, 신설 수도회인 예수회를 자신의 지도하에 둔다는 전제하에 승인했다. 예수회는 평신도의 사역 참여, 복음 전도 그리고 교육에 헌신했다. 그렇지만 그들은 최우선적으로는 교황권에 충성하는 단체였다. 예수회 헌법에 따르면 예수회 회원은,

> 있는 힘을 다해, 극한 고통을 감수하고서라도 첫째로는 가장 높으신 교황에게 복종하고 둘째로는 예수회의 고위 성직자들에게 대한 복종을 나타내어라. 그리하여 모든 일에, 사랑으로 복종을 확장시켜 교황의 음성에 기꺼이 순종

하라는 것이 우리 주 그리스도께서 친히 명하신 명령인 것처럼 할 수 있다.[4]

교황권은 예수회라는 열정적이고 헌신된 지지자를 발견하게 됐다.

1548년에 출간된 로욜라의 『영성 훈련』은 예수회에 새로 들어온 회원들을 준비시키기 위한 교본이었다. 『영성 훈련』은 한 달 동안 묵상과 기도를 통해서 하나님께 항복하는 훈련을 시키고, 강력한 환상을 보려면 어떻게 묵상을 해야 하는지에 대한 지침을 제시한다.

또한, 이 책은 상급자, 특히 교황에 대한 복종을 매우 강조한다. 『영성 훈련』제2과에 로욜라는 다음과 같이 기록한다.

> 언제나 자신의 판단은 제쳐 두고, 마음과 생각을 다해 참 배우자이신 예수 그리스도, 우리의 거룩한 어머니요 무오하며 정통적인 신부로서 성직 위계질서를 통해 그 권위가 발휘되는 가톨릭교회에 복종할 준비를 하라.[5]

예수회는 개신교와 싸우기 위해 만들어진 것이 아니지만, 교육에 대한 신념과 교황에 대한 충성심은 그들을 개신교와 맞서 싸우는 데 딱 맞는 단체로 만들었다. 그들은 남독일, 오스트리아, 리투아니아, 폴란드에서 가톨릭을 성공적으로 변호해 많은 사람을 가톨릭 신앙으로 되돌려 놓았다. 예수회의 전도열은 그들로 하여금 브라질, 인도, 중국 등지에서 효과적으로 선교를 하도록 했다. 남미에서 예수회는 선교구와 마을을 세우고 노예 무역에 맞서 싸웠다.

프란체스코 사비에르는 가장 유명한 예수회 선교사들 중 한 명이다. 그는 인도와 일본에서 10년간 사역을 하면서 70만 명의 개종자를 얻는 일에 공헌했다고 전해지고 있다. 마테오 리치(Matteo Ricci, 1562-1610)는 가장 이름 있는 예수회 중국 선교사였다. 그는 중국에 망원경을 가져갔고 황제에게 시계를 선물했다. 중국인들과 함께 일할 줄 알며 그들의 문화를 이해할 줄 알았

---

4   *Constitution of the Jesuit Order*, in *Documents of the Christian Church*, 3rd ed., ed. Henry Bettenson and Chris Maunden (New York: Oxford University Press, 1999), 275.

5   Ignatius of Loyola, *Spiritual Exercises*, in *Documents of the Christian Church*, 272.

던 그의 능력으로 인해 복음 전도의 길이 열리게 됐다. 그가 개종시킨 중국인이 6,000명에 이른다고 생각되고 있다.

1700년에 이르자, 예수회는 자신들이 20만 명의 중국 개종자를 얻었다고 주장했다. 오늘날의 캘리포니아가 된 지역에서 우니페로 세라(Junípero Serra, 1713-1784)가 해안가를 따라 선교구를 세웠다. 이 선교구들은 토착민들에게 가톨릭 신앙의 기초를 가르치고, 그들을 교육하고, 그들을 적대적인 타 부족으로부터 보호했다.

교황권에 대한 강력한 충성심 때문에 예수회는 교황의 사주를 받고 나라 일에 간섭하는 것이 아니냐는 의심을 받기도 했다. 예수회 회원들은 종교 재판 위원(inquisitors)이 됐고, 교황을 위해 고용된 암살자들이라고 기소되기도 했다. 이러한 연유로 예수회 회원들은 1759년 포르투갈에서, 1764년 프랑스에서, 1767년 스페인에서 각각 쫓겨났다.

1770년 교황 클레멘스 14세(Clement XIV, 1769-1774)는 예수회 억제 정책을 폈다. 그러한 억제책에도 굴하지 않고, 예수회는 여전히 독일, 오스트리아, 식민지 시대 미국 메릴랜드에서 강력한 세력으로 남았다. 예수회는 피우스 7세(Pius VII, 1800-1823)에 의해 수도회로 복권됐다. 21세기 예수회 회원들은 무엇보다도 교육자들이요 교구 신부들로 일하고 있다. 2013년 아르헨티나 출신으로 교황에 선출된 프란체스코 1세(Francis I)는 최초의 예수회 출신 교황이다.

3. 인문주의자들

비록 개신교에 합류하기를 거절함으로써 많은 사람을 놀라게 만들기는 했지만, 그래도 데시데리우스 에라스무스(Desiderius Erasmus, 1466-1536)는 그의 작품을 통해 개신교 종교개혁의 길을 예비했다. 에라스무스는 가톨릭교회의 일체성을 유지하고 그 내부로부터 개혁을 부추겼다.

에라스무스는 교리를 단순히 반복하는 것보다는 자선과 선행과 경건이 필요하다고 했다. 그의 『우신예찬』(In Praise of Folly)에서 에라스무스는 가톨릭교회의 폐단들 중 다수가 엉성하게 훈련돼 기독교의 기본 가르침도 이해하지 못한 신부들 탓이라고 했다. 그리고 대학에서 가르쳐지는 스콜라주의도 문제의 원인이라고 생각했다.

가톨릭 교도들이 보기에는 '인문주의의 황태자'(Prince of Humanism)라고 알려진 에라스무스가 너무 개신교적으로 보인 반면, 개신교 교도들은 에라스무스가 개신교 교도가 되지 않는 것에 실망했다. 비록 에라스무스가 나름의 개혁안을 실행에 옮길 길을 별로 찾지는 못했으나, 그래도 그의 노고는 가톨릭과 개신교에 공히 흔적을 남겼다.

잉글랜드에서는 대법관 토마스 모어(Thomas More, 1466-1536)가 최고의 인문주의자였다. 그의 저서 『유토피아』(Utopia, 1516)는 자연법과 이성에 따라 종교생활을 하며 사는 이상적인 공동체를 그리고 있다. 옥스퍼드대학교에 그리스어 연구를 도입하는 데에도 인문주의에 대한 그의 애정이 큰 역할을 했다.

모어는 독실한 가톨릭 신자로서 교황권을 옹호했다. 그는 개신교의 주장에 반대하는 책을 쓰고, 틴데일의 성경 번역에 반대했으며, 헨리 8세의 이름으로 쓴 루터 반대 문헌들의 실제 저자였을 수도 있다. 그가 비록 헨리 8세와 가까운 관계에 있었지만, 잉글랜드가 로마와 갈라서는 것을 지지하지 않았기 때문에 그는 잡혀서 투옥되고 순교했다.

4. 신비주의자들과 정숙주의

가톨릭을 개혁하려는 노력에 있어서 신비주의도 한 몫을 했다. 신비주의는 하나님과의 강한 개인적 경험을 갈망하는 데에서 발생된 것으로서, 가톨릭 교도들로 하여금 성례와 교회 교의를 유지하면서도 살아 있는 신앙을 개발하도록 했다.

아빌라의 테레사(Teresa of Ávila, 1515-1582)야말로 16세기 신비주의자들 중에서 가장 유명한 인물이다. 그녀는 스페인의 부유한 가정에서 태어났으며, 원래는 유대교 교도였으나 후에 개종했다. 가족의 기대에 어긋나게도 테레사는 20세 때에 갈멜수녀원(Carmelite convent)에 들어갔다. 그러나 그녀는 그 수녀원의 도덕적 해이에 실망하게 됐다. 그리하여 자신의 영적 여정을 돕고자 그녀는 경건 문헌들을 읽기 시작했고 기도에 푹 빠져서 살았다.

테레사는 40세가 됐을 때 그리스도의 환상을 보기 시작했고 방언을 말하기 시작했으며 그리스도와의 연합 중에 황홀경을 체험했다고 알려져 있다. 그녀는 이러한 사건들이 그녀로 하여금 '완전에 이르는 길'(way of perfection)을 발견하도록 했다고 주장했고, 동일한 제목으로 책도 쓰게 됐다.

테레사의 비범한 주장은 그와 비슷한 영적 체험을 원하던 많은 추종자를 끌어들이는 데 효과적이었다. 그리하여 그녀는 1562년 아빌라에 성 요셉수녀원(Convent of Saint Joseph)을 설립했다. 이 수도원은 신발을 신지 않았기 때문에, 그곳 수녀들은 '맨발의 갈멜 수녀들'(Discalced Carmelites 또는 Barefoot Carmelites)이라고 알려지게 됐다. 이 수녀들은 폐쇄된 채로 지냈고, 돈이나 기부금을 받지 않았으며, 테레사의 『완전에 이르는 길』(*Way of Perfection*)을 교과서로 삼아 완전한 삶을 추구하는 일에 헌신했다.

그 외에 테레사가 남긴 중요한 저서들은 『근본』(*Foundations*) 그리고 『내면의 성』(*Interior Castle*)이다. 이 작품들에서 그녀는 영혼이 그리스도께 올라가는 일을 묘사했고 다양한 기도 상태들을 묘사했다. 1572년에 테레사는 그녀의 완전한 삶이 그리스도와의 영적 결혼이라는 결과를 낳았다고 주장했다.

아빌라의 테레사는 '십자가의 요한'(John of the Cross, 1542-1591)이라고 보통 알려진 후안 데 이페스 알바레즈(Juan de Yepes Álvarez)에게 큰 감명을 줬다. 갈멜회의 도덕적 해이에 실망한 그는 갈멜회를 테레사의 맨발 수녀들처럼 개혁하기를 원했다.

감옥에 갇혔다가 탈출한 후인 1579년에 그는 남성들을 위한 '맨발 갈멜회'(Order of Discalced Carmelites)를 세웠다. 요한은 1582년 그라나다(Granada)의 수도원장이 됐고 1588년에는 세고비아(Segovia)의 수도원장이 됐다. 그렇지만 너무 엄격했기 때문에, 그는 갈멜회의 교구장 대리(vicar-general)의 눈 밖에 나서 안달루시아(Andalusia)에 평생 동안 망명을 가 있게 됐다.

요한이 가톨릭 신비주의에 남긴 가장 큰 공헌은 그의 저작들이었다. 『신령한 아가』(*Spiritual Canticle*)라는 책에서 그는 풍유적인 해석을 이용해 신비주의자들이 전통적으로 주장해 온, 영혼으로부터 죄를 제거함과 조명 및 그리스도와의 연합이라는 3단계론을 묘사한다. 『갈멜산에 올라감』(*Ascent of*

Mount Carmel)과 『영혼의 어두운 밤』(*Dark Night of the Soul*)은 영혼이 어떻게 육체적인 감각의 방해에서 벗어나서 하나님의 지시하심을 들을 수 있는지에 대해서 묘사하고 있다.

한편 『살아 있는 불꽃』(*Living Flame*)은 하나님이 순전한 사랑으로 사람과 연합하시는지에 대해서 묘사한다. 요한의 저작들은 16세기에 널리 퍼졌고 오늘날에 이르기까지 널리 읽히고 있다.

또 다른 스페인인 미구엘 데 몰리노스(Miguel de Molinos, 1628-1696)는 인간 노력에 의존하는 모든 것을 정죄하는 영적 체계인 소위 정숙주의(quietism)를 창설했다. 그의 작품들은 아빌라의 테레사의 작품들과 유사하다. 그 작품들은 그가 경험한 황홀경의 상태, 신비 체험, 환상들에 대해서 묘사하고 있다. 그렇지만 몰리노스는 테레사보다 더욱 멀리 나갔다.

몰리노스는 완전에 이르기 위해 사람은 자신의 의지를 완전히 포기하고 활동을 멀리하며 책임을 회피해야 한다고 가르쳤다. 사람은 그저 하나님의 임재 속에서 안식하기만 해야 한다. 구원에 관련된 생각과 걱정 조차 포기해야만 한다. 완전한 상태 또는 하나님과의 연합에 도달했을 때 사람은 죄를 지을 수 없게 된다. 완전한 상태에서 사는 사람들은 물질 세계에서 보기에는 죄처럼 보일 수 있는 일들을 하더라도 죄로 취급 받지 않도록 그 일들을 해 나갈 수 있다. 몰리노스는 1687년에 이단으로 정죄됐고 감옥에서 여생을 보냈다.

5. 교황의 역할

처음에 교황들은 개신교에 굼뜨게 반응했다. 만약 레오 10세가 즉각적으로 루터를 대적하는 조치를 취했다면, 종교개혁은 미처 뿌리를 내리기도 전에 끝났을지도 모른다. 그러나 레오는 교황청 정치와 바티칸성당을 짓는 일에 너무 깊이 연루돼 있다 보니 루터라는 독일 수도승을 다루는 귀찮은 일에 대해서는 소홀했다.

부르고뉴령(Burgundian) 네덜란드 태생이었던 아드리안 6세(Hadrian VI, 1522-1523)는 가톨릭교회의 죄 때문에 개신교가 등장했다고 성토했다. 그는 교황 법정의 관료주의의 개혁을 시도해 개신교의 확산을 저지하려고 했다. 그렇지만 그는 본격적인 개혁을 시도하기 전에 세상을 떠났다.

클레멘스 7세(Clement VII, 1523-1534)는 개신교를 다시 돌아오게 하려는 그 어떤 시도도 하지 않고서 다만 그들을 이단이라고 송사했다. 그는 서로 갈등이 있었던 프랑스 왕 프란시스 1세와 신성 로마제국의 카를 5세(Charles V) 사이에서 중재하려는 노력을 하면서 교황 임기의 대부분을 보냈다.

바오로 3세(Paul III, 1534-1549)는 교황 중 최초로 개신교 문제에 대응했다. 그는 개혁을 원했고 교회의 건실성을 평가하고 개혁을 권고하기 위한 조사위원회를 만들어서 폐단들을 시정하기를 원했다.

위원회는 제한된 개혁을 옹호하는 추기경들로 구성됐는데, 그중에는 후에 교황 바오로 4세(Paul IV, 1555-1559)가 되는 지오바니 카라파, 야콥 사돌레토(Jacob Sadoleto, 1477-1547), 레기날드 폴(Reginald Pole, 1500-1588), 가스파르 콘타리니(Gasparo Contarini, 1483-1542) 등이 있었다. 위원회는 성직의 친족 세습과 성직 매매가 만연하다고 보고했다. 위원회는 다음과 같이 전한다.

> 로마시와 로마교회는 다른 교회들의 어머니이며 선생님입니다. 따라서 하나님을 경배하는 것과 미풍양속들이 이곳에서 특히 두드러져야만 합니다만, 지극히 거룩한 아버지시여, 지금 난장판인 집에서조차 용납할 수 없을 정도의 예복과 복장을 갖춘, 무성의하고 무지한 신부들이 성 베드로성당에서 미사를 집례하면서 출입하는 모든 외인들을 넘어지게 합니다. … 이 도시에서는 꽃뱀들이 두루 다니기도 하고 그들이 마치 정직한 여성들인 척하면서 나귀를 타고 다니기도 합니다. 백주 대낮에 추기경 집안 식구인 귀족 가문 남자들 또는 성직자들이 그들에게 붙습니다. 로마가 마땅히 타 도시의 귀감이 돼야 함에도, 사실 이같은 부정부패는 로마 외에 다른 도시에는 없는 것입니다.[6]

---

6 *Proposal of a Select Committee of Cardinals and Other Prelates Concerning the Reform of the Church, Written and Presented by Order of His Holiness Pope Paul III*, 1537, in *The European Reformation Sourcebook*, 247-48.

위원회는 또한 돈, 권력, 영토에 대한 야심이 로마 교구를 뒤덮여서 그 목회적인 역할을 저해하고 있다고 진단했다.

6. 로마 종교 재판소

스페인 종교 재판소의 성공을 거울삼아, 1542년 로마 종교 재판소가 설립됐다. 고발을 당한 이들은 무죄가 증명되기까지는 죄인으로 취급됐고, 자신들을 고발한 이들에 맞설 수 있는 권리도 주어지지 않았다. 자백을 강요하기 위해 고문도 자행됐다. 결국 대부분의 개신교 교도들과 남아 있는 그들의 후손들이 이탈리아에서 제거됐다.

7. 트렌트 공의회

교황 바오로 3세는 1535년 제9회 보편 공의회를 소집했으나, 1545년이 돼서야 그 공회가 열렸다. 카를 5세 황제는 독일에서 이 공의회를 개최하기를 원했지만 교황은 로마에서 하길 원했다. 더욱이 카를은 가톨릭교회가 개신교와 화해함으로써 제국을 분열시키는 혼란에 종지부를 찍기를 원했다. 바오로는 교리 문제를 다루는 모임을 갖기를 원했고 가톨릭교회와 개신교의 차이점들을 부각시키기를 원했다.

결국 베니스의 북서쪽 알프스 산맥 줄기에 위치한 트렌트(Trent)가 장소로 선정됐다. 트렌트는 합스부르그의 영지였지만 바티칸에서도 쉽게 갈 수 있는 곳이었다.

공의회는 1563년에 이르기까지 정회하지 않았다. 18년에 걸친 여러 차례의 정기 회의를 통해, 가톨릭교회의 모든 부분들이 정밀 검색됐다. 비록 일부 개신교 교도들도 초대를 받긴 했지만, 그곳에 참여해 봐야 자신들의 논증이 거부당할 것임을 그들이 알았기에 실제 참석한 이들은 소수에 지나지 않았다. '트렌트 공의회'는 개신교와 대비되는 가톨릭교회만의 신학을 규정하기 위한 공식적인 시도였다. 이곳에서 만들어진 교회법이나 교령들이 트렌트식 가톨릭(Tridentine Catholicism)이라고 알려지게 된다.

트렌트 공의회는 크게 3개의 주요 회기로 나뉘어져 개최됐는데, 각각의 회기마다 별도의 의제가 선정됐고, 다 다른 교황에 의해 소집됐다. 첫 회기는 1545년에서 1547년까지라고 할 수 있다. 주교들은 각각 1표씩을 행사할 수 있었고, 참석자들은 주로 이탈리아인들이었다.[7] 그래서 사실상 공의회를 움직인 것은 교황이었다.

이때 모임들에서는 보통 전통적인 가톨릭 신앙이 재확인됐다. 니케아-콘스탄티노플 신조와 7성례론이 변경없이 옹호됐다. 화체설이 재확인됐고 아퀴나스의 신학이 표준 규범이라고 선언됐다. '오직 성경'이라는 루터의 선언에 반대해 성경과 교회 전통이 공히 교리적 권위의 원천이라고 옹호됐다. 트렌트 공의회는 또한 믿음과 선행 모두가 칭의에 필요하다고 결의했다. 주입된 은혜 개념을 주장하는 트렌트 교회법 9조는 다음과 같이 서술한다.

> 만약 누구든지 칭의의 은혜를 얻기 위해 협력하는 그 어떤 것도 필요없다는 의미에서 죄인이 믿음으로만 칭의된다고 말한다면, 그리고 사람이 자신의 의지의 행동으로 준비하고 버릇을 들이는 것이 어느 면으로 보나 필수적이지 않다고 주장한다면, 그는 저주를 받을지어다.[8]

비록 트렌트 공의회가 반개신교적이기는 했지만, 몇몇 가톨릭 지도자들은 개신교와의 화해를 희망하기도 했다.

4년간의 공백 끝에, 교황 율리우스 3세(Julius III, 1550-1555)가 공의회를 재소집했다. 일부 개신교 지도자들도 1551년에 참석했으나 잠시 동안만 머물렀을 뿐이었다. 이 때에는 성찬론과 고해성사가 주요 의제였다. 성찬 시 그리스도의 임재에 관한 루터파와 개혁파의 해석은 거부됐다. 죽은 자를 위한 기도는 유지됐다.

---

[7] 출석: 이탈리아인 187명, 스페인인 31명, 프랑스인 26명, 독일인 2명.
[8] "칭의에 관한 교령과 교회 법전들." 1547년 1월 13일, *The European Reformation Sourcebook*, 254에서 인용됨.

교황 바오로 4세는 트렌트 공의회를 재소집하기를 거부했고, 그 후인 1559년에야 교황 피우스 4세(Pius IV, 1559-1565)의 지시에 따라 공의회가 속개됐다. 회의는 예수회의 주도하에 진행됐고, 개신교가 문제 제기한 것들—특히 성직 매매, 근친 세습, 탐욕, 성직자 독신주의 위반—등이 다뤄졌다. 주교가 자신의 교구에 거주해야만 한다고도 결의됐다.

하지만 개신교의 부아를 돋우었던 그 외 문제들은 변함없이 내버려 뒀다. 성찬 시에 평신도에게는 빵만을 주고, 주교 임명은 교황 동의하에 하고, 성인에게 기도하는 것이 공인됐다. 연옥이 인정됐고, 성유물들을 숭상될 수 있다고 했다. 루터로 하여금 행동하도록 했던 면죄부 체계조차도, 면벌부 판매직을 없애는 등의 조치를 통해 그 남용을 줄이려는 시도를 하긴 했지만, 면죄부 자체는 정통 교리로 선포됐다.

공의회의 결의에 따르면, 면죄부를 부여할 권세가 그리스도에 의해 교회에 허락됐으며, 교회는 하나님이 주신 이 권세를 그 시초부터 사용해 왔으므로, 이 거룩한 대회는 그리스도인들에게 매우 유익하며 신성한 공의회의 권세로 비준된 면죄부, 그것의 사용권이 교회에 귀속될 것이라고 결의했다.[9]

외경들을 포함한 라틴불가타 성경만이 유일한 참 성경이라고 정해졌다. 더욱이, 가톨릭 교도과 개신교 교도 간의 결혼이 금지됐다. 개혁 성향의 인문주의자들을 의식해 공의회는 가톨릭 사제들이 더 나은 교육을 받도록 함으로써 종종 더 잘 훈련됐던 개신교 교도들에 대항해 그들의 신앙을 변호할 수 있도록 하자는 결의를 했다. 이러한 결정은 몇몇 가톨릭 대학들과 신학교들이 생겨나게 되는 계기가 됐다.

공의회는 또한 금서 목록을 재확인했다. 이 금서 목록에는 비준되지 않은 성경 번역들과 일부 인문주의자들의 저작들 그리고 개신교 종교개혁가들의 글들과 몇몇 과학책들도 포함됐다.

앞에서 언급된 연도(1515) 이후에 생겨나거나 다시 유행하게 된 이단 우두머리의 책들 그리고 이단들의 머리 또는 인도자 노릇을 한 루터, 츠빙글리, 칼빈, 발타자르 프리드베르그(Balthasar Friedberg[후브마이어]), 슈벵크펠트

---

[9] *The Council of Trent*, session XXV, in *Documents of the Christian Church*, 281.

(Schwenkfeld) 그리고 그 외 이와 같은 이들은 그 이름, 이단의 명칭, 또는 성격 등을 막론하고 완전히 금지된다.[10]

금서들은 읽지 않기만 하면 되는 것이 아니고, 교회 행동 지침에 있는 대로 폐기돼야만 했다. 금서 목록은 1966년에야 없어졌다. 그리고 공의회는 다시 한번 뜸해졌다가 마침내 1563년에 폐회됐다.

트렌트 공의회는 개신교 교도들을 다시금 품안으로 끌어들이는 데에 실패했지만, 사실 그것이 그 공의회의 목적은 아니었다. 오히려 그 공의회는 개신교의 비판에 맞서서 가톨릭을 정의하고 강하게 하려는 의도를 가지고 있었다. 트렌트 공의회는 경건과 그것의 목회적인 역할에 관한 강조가 가톨릭 교회에 다시금 일어나고 있다는 것을 표시했다. 이 점에서 볼 때, 트렌트 공의회는 가톨릭교회를 근대 시대로 이끌어 오는 일에 도움을 줬다.

트렌트 공의회 직후 시대에는 새로운 음악과 건축 양식이 유행했다. 로마 성 베드로성당의 합창 지휘자였던 지오반니 다 팔레스트리나(Giovanni da Palestrina, 1524-1594)가 가톨릭 예배에 다성 음악을 도입했다. 전통적인 단성 음악을 대체한 이 다성 음악 스타일은 둘 또는 그 이상의 선율을 내도록 구성돼 있었다. 그의 미사와 모테트(Motets)는[11] 영성 회복이라는 트렌트식 가톨릭의 특성을 음악이라는 전달 도구에 잘 담아냈다.

지오반니 베르니니(Giovanni Bernini, 1598-1680)는 바로크(Baroque) 건축 양식을 가톨릭에 도입했다. 이 건축 양식의 웅장함은 가톨릭교회의 승리를 묘사하기 위한 시도였다. 사실주의적인 조각들과 그림들은 성상을 좀 더 실생활에 가깝게 보이도록 만들었다. 성 베드로성당(Saint Peter's Basilica)의 제단이 바로 베르니니의 가장 유명한 작품이다.

---

10 "트렌트 공회에 의해 엄선된 신부들이 모으고, 교황 피우스4세에 의해 인준된 금서에 대한 10가지의 규칙."
11 모테트란 여러 성부를 가진 다성 음악 노래다.

8. 남아 있는 문제들

종교개혁 이전에 가톨릭교회는 교회일에 더 많이 좌지우지하기를 원했던 강력한 유럽 국왕들에 의해 약해져 있었다. 트렌트 공의회 이후, 가톨릭교회의 가장 가까운 동맹조차 교회의 약해진 상태를 이용하려고 했다. 동맹을 유지하기 위해 가톨릭교회는 전에는 상상도 할 수 없었던 타협안들을 내놓기 시작했다.

프랑스는 오랫동안 독실한 가톨릭 국가였다. 그렇지만 14세기와 그 이후로부터는 '갈리아주의'(Gallicanism)라고 부르는 가톨릭을 떠나지는 않지만 교황권으로부터는 좀 더 독립을 추구하는 움직임이 있었다. 갈리아주의자들은 1516년 '볼로냐 합의'(Concordat of Bologna)에서 교황이 주교와 그 외 교회 고위직에 있는 사람들을 임명하는 권한을 프랑스 왕에게 넘기는 승리를 맛봤다.

1682년 프랑스를 동맹으로 붙잡아 두려는 교황의 입장이 반영되면서 프랑스 주교총회는 교황이 영적인 문제들은 관할하지만 현세적이고 시민적인 부분은 관장하지 않는다는 내용의 '갈리아 선언'(Gallican Declaration)을 채택하게 된다.

갈리아주의는 점점 더 퍼져 가면서 1786년 피스토리아 대회(Synod of Pistoria)에서 공식화됐다. '산 넘어 사람들'(Ultramontanists, 알프스 너머의 이탈리아를 가리킴)은 갈리아주의를 거부했고 교황이 모든 세상 위정자 위에 권위를 가진다고 주장했다. 예수회 회원들은 종종 국가의 독립보다도 교황이 교회를 다스리는 것을 더 선호했다. 그들은 갈리아주의를 이단적인 것으로 보면서 무엇보다도 갈리아주의 때문에 프랑스에서 가톨릭교회를 위축시킨 프랑스 대혁명(Franch Revolution, 1787-1799)이 일어났다고 주장했다.

하지만 갈리아 조항들(Gallican Articles)은 1870년 제1차 바티칸 공의회가 열릴 때까지 굳게 지속됐다. 그러다가 제1차 바티칸 공의회가 교황 무오설을 교리로 비준하자, 프랑스가 갈리아주의를 옹호하면서 동시에 가톨릭교회와 보조를 맞춘다는 것이 불가능해지게 됐다.

9. 30년 전쟁

아우크스부르크 평화 체제(Peace of Augsburg, 1555)가 처음에 루터주의 슈말칼덴 동맹과 신성 로마제국 황제 카를 5세 간의 무력 충돌을 중지시킨 바 있었지만, 그것은 잘해 봐야 불편한 휴전에 지나지 않았으므로, 대단하지 않은 종교적 또는 정치적 분쟁이라고 하더라도 유럽을 전쟁 속으로 빠뜨릴 위험성이 도사리고 있었다.

개신교와 민족주의가 종종 구별없이 하나처럼 여겨지곤 했던 보헤미아(Bohemia)에서 평화를 깨뜨린 사건이 일어났다. 신성 로마제국 황제 마티아스(Matthias, 1612-1619)는 그의 사촌이며 가톨릭 교도인 페르디난드(Ferdinand, 1578-1637)를 보헤미아 국왕으로 임명했다. 1618년 페르디난드의 사자와 보헤미아 귀족들이 만난 자리에서, 귀족들이 화가 치밀어 왕의 사신을 창 밖으로 던져 버렸다. 프라하 창문 밖 투척(Defenestration of Prague)이라고 불리는 이 사건이 30년 전쟁(Thirty Years' War, 1618-1648)의 발단이 됐다.

사신들에 대한 적대 행위가 페르디난드의 군사 행동을 촉발할 것임을 알아차린 개신교 측은 팔츠 지역의 선제후 프레데릭(Frederick, 1596-1632)을 왕으로 옹립했다. 페르디난드의 군대는 프레데릭의 군대를 손쉽게 제압했고, 승리한 페르디난드는 보헤미아의 모든 개신교 교도들이 개종하든지 떠나든지 하라고 명령했다. 이에 영국과 네덜란드와 덴마크가 연합군을 구성해 가톨릭 세력을 대적하면서 독일에 다시금 개신교를 세우려고 했으나, 끝내는 알브레흐트 폰 발렌슈타인(Albert of Wallenstein, 1583-1634)라는 가톨릭 장군에게 패퇴를 당하고 만다.

그러자 루터파였던 스웨덴 왕 구스타부스 아돌푸스(Gustavus Adolphus, 1594-1632)가 독일을 침공했다. 아돌푸스는 독일 개신교 교도들을 보호하는 것만 원했던 것이 아니고 신성 로마제국이 스웨덴을 넘보지 못하게 해 발트해에 대한 스웨덴의 주권을 흔들지 못하게 하려는 의도를 가지고 있었다. 아돌푸스는 가톨릭 세력과 발렌슈타인 장군에 대항해 계속 승리를 거뒀으나 1632년 전사하고 만다.

전쟁이 진저리가 나고 계속 전쟁을 할 수단도 별로 없었으므로, 참전국들은 1648년 '베스트팔리아(Westphalia) 평화 조약'에 서명했다. 각각의 통치자들이 자기 나라의 종교를 고르도록 허용됐고, 기독교 신앙이라면 모두 상관없이 용납되게 됐다. 스웨덴은 발트해와 인접한 땅을 얻게 됐다. 프랑스는 라인강 유역의 땅을 얻게 됐고, 독일 영주들은 황제로부터 더 많은 자율권을 얻었다.

10. 동방 정교회

개신교는 동방 정교회에 거의 영향을 미치지 못했다. 러시아 밖 정교회들은 오스만투르크 제국하에 명맥을 유지하기 위해 몸부림치고 있었다. 정교회 내부에서 가장 심각했던 문제는 러시아의 수도원에서 기부금을 받아서 고아원과 병원과 빈민 구제를 하는 것이 좋은지 아니면 수도원 집단을 위한 청빈 서약을 지키는 것이 좋은지를 두고 일어난 논쟁이었다. 기부금을 받아야 한다고 강조한 쪽이 마침내는 이기게 됐다.

러시아 정교회는 루디파(정교회에 기예를 보냈디)와 좋은 관계를 가지고 있었으나, 공식적인 교류로 발전하지는 못했다. 1054년에 가톨릭 교도들과 정교회 교도들 사이에서 있었던 대분열을 봉합해 보려는 노력도 수포로 돌아갔다.

러시아의 이반 4세(Ivan IV, 1533-1584)는 차르(tsar) 또는 황제라는 왕명을 사용하면서 자신이 로마와 콘스탄티노플 황제의 후계자라고 주장했다. 16세기 말에는 모스크바의 고위 성직자들이 족장(patriarch)이라는 명칭으로 불리면서 동방 정교회의 중심지로서의 러시아의 지위를 강화하게 됐다.

차르 표트르 대제(Tsar Peter the Great, 1682-1725)와 그의 후계자들 치하에서 러시아 정교회는 루터교 및 로마 가톨릭교회와의 교류가 증가하게 됐고, 러시아 제국은 서쪽으로 확장해 나가면서 유럽에서 두각을 나타내는 세력이 됐다.

제21장

신대륙의 기독교화

신대륙 탐사와 기독교 면면의 변화가 맞물려 있게 됐다. 1453년 콘스탄티노플 멸망은 분기점이 됐다. 이제 콘스탄티노플은 동방 정교회 신앙의 중심지로서의 위치를 상실했다.

그뿐만 아니라 이제 무역 항로에도 그 여파가 미치게 된다. 왜냐하면, 동방 향료와 비단이 서양으로 갈 때 거치는 핵심 항구가 콘스탄티노플이기 때문이었다. 콘스탄티노플이 이슬람에게 함락됐기에 동방으로 무역을 하는 전통적인 항로를 거치기가 훨씬 까다롭게 됐다. 스페인과 포르투갈은 인도와 중국으로 가는 새로운 항구와 새로운 항로를 찾아야만 하는 상황을 마주하게 됐다.

마르코 폴로(Marco Polo, 1254-1324)의 여정은 많은 탐험가에게 그가 묘사한 중국 해안 너머에 있는 대해가 바로 스페인과 인접한 그 바다를 가리키는 것이라는 믿음을 가지도록 했다. 이는 서쪽으로 항해를 해서 동방으로 가는 것이 가능하다는 뜻이었다.

15세기에는 항해자 헨리(Henry the Navigator, 1394-1460)라는 영주가 인도로 가는 항로를 찾고 무역항을 세우기 위해 서아프리카 해안에서 남쪽 방향으로 960km 정도 항해를 한 적이 있었다. 헨리의 발자취를 따라 포르투갈인들은 1460년 시에라 리옹(Sierra Leone)에 도달했다. 1488년에는 바르톨로뮤 디아스(Bartolomeu Dias, 1451-1500)가 희망봉을 돌아 인도양에 진입하기도 했다. 바스코 다 가마(Vasco da Gama, 1460-1524)는 1498년 바로 이 항로를 이용해 포르투갈에서 인도로 항해한 최초의 인물이 됐다.

독실한 가톨릭 신자였던 크리스토퍼 콜롬부스(Christopher Columbus, 1451-1506)는 아시아로 가는 서쪽 항로를 찾다가 1492년 8월 3일 바하마(Bahamas)에 상륙했다. 스페인의 위정자 페르디난드와 이사벨라를 위해 항해하던 콜롬부스의 임무에는 종교적인 측면도 자리하고 있었다. 그가 신대륙 토착민들을 마주했을 때, 그는 그들을 가톨릭 신앙으로 개종시키려고 시도했다. 두 번째 항해 시에 콜롬부스는 신대륙에 도착해 1494년 1월 6일에 신대륙 최초의 미사를 드렸고, 이사벨라(오늘날의 아이티[Haiti])에서 1494년 9월 21일 신대륙 최초의 세례가 베풀어졌다.

콜롬부스가 신대륙에 도착했을 때야말로 중요한 시점이었다. 콜롬부스의 성취로부터 한 세대가 지나가기도 전에, 개신교 종교개혁이 시작됐다. 가톨릭교회가 유럽에서는 땅과 수입을 일부 상실하게 됐기에, 가톨릭은 더욱 심하게 신대륙을 탐사하고 착취하게 됐다.

스페인과 포르투갈이 남미, 중남미, 오늘날의 플로리다와 멕시코 지방 탐사와 식민지화를 주도했다. 스페인과 포르투갈이 가톨릭 신앙을 토착민들에게 얼마나 깊이 각인시켰던지 이 지역들에서는 가톨릭이 계속해서 우세하게 됐다. 캐나다에서는 프랑스가 가톨릭교회를 위한 견고한 터를 다져 놓았다.

개신교 국가들도 신대륙을 차지하기를 원했다. 초창기 개신교 교도들 상당수가 종교 자유를 위해 신대륙으로 넘어왔다. 약간의 예외를 제외하면, 아메리카 원주민 복음화는 뒷전이었다.

오늘날 미국 동부 지역에는 영국과 네덜란드가 자리를 잡았다. 뉴잉글랜드에 정착한 영국 청교도들이 그 지역에서 큰 영향력을 행사했다. 그들은 주로 19세기에 이르기까지도 뉴잉글랜드의 종교와 상업과 교육을 좌지우지했다. 잉글랜드 국교회는 버지니아와 노스 및 사우스캐롤라이나 지방에 넘어왔지만 뉴잉글랜드 청교도들만큼 힘을 발휘하지는 못했다.

1. 스페인의 영향

최초로 신대륙을 정복하고 식민지화한 국가였던 스페인과 포르투갈은 종종 남미와 중남미에서 무력 충돌을 하곤 했다. 가톨릭 세력들이 평화롭게 지내도록 하기 위해 교황 알렉산더 6세는 당시 알려졌던 전 세계를 나눠 가지라는 교황의 교서를 총 5개 발행했다. 그중에서 가장 중요한 것이 1494년 6월 7일에 발행된 교서이다.

알렉산더는 케이프 베르데 섬(Cape Verde Islands) 서쪽 100리그(leagues, 약 512km)로부터 있는 모든 땅은 스페인 것이고, 그 나머지는 포르투갈 것이라고 했다. 이 교서는 중남미와 남미와 카리브해를 스페인의 것으로 만들고, 브라질을 포르투갈의 것으로 만들었다. 이 나라들이 쓰는 언어가 여전히 알렉산더의 결정의 여파를 보여 준다.

왕실의 비호를 받고 있는 상황에서 교황청은 신대륙의 교회 업무를 스페인과 포르투갈 왕에게 넘겼다. 왕들이 교회 지도자를 선정하고, 교구를 만들며, 선교 활동을 지도하라는 것이다. 이는 본질상 국가가 교회의 도구 역할을 해 주는 것이었다.

스페인 식민 개척자들(conquistadors) 중에서도 에르난도 코르테스(Hernando Cortés, 1460-1521), 후안 폰세 드 레온(Juan Ponce de León, 1474-1521), 바스코 누네스 드 발보아(Vasco Núñez de Balboa, 1475-1519), 에르난도 드 소토(Hernando De Soto, 1497-1542), 프란체스코 바스케스 드 코로나도(Francisco Vásquez de Coronado, 1510-1554) 같은 이들이 가장 유명하다. 그들은 오늘날 플로리다와 멕시코 그리고 미국 남서부와 페루를 스페인의 것으로 만들었다.

이 식민 개척자들은 스페인 왕실로부터 비준을 받았으며, 무엇보다도 금과 은에 관심이 있다 보니 가톨릭 신앙을 전파하는 것은 그들에게 이차적인 관심사였을 뿐이었다. 토착민들과 처음으로 마주할 때, 식민 개척자들은 『레쿠에리미엔토』(*Requerimiento*)라고 하는 기독교 역사 요약책을 읽어 주고서는 스페인인들과 교황에게 복종하라는 명령을 내리도록 돼 있었다. 스페인어로 읽었으므로 대부분의 토착민들은 그 의미를 이해하지 못했고, 그에 따르기를 거부한 이들은 강제로 '복음화'가 됐다.

이러한 복음화 작업을 묘사하면서 코르테스는 다음과 같이 기록한다.

> 가톨릭 교도이면서 그리스도인으로서 우리의 첫째되는 의도는 하나님을 공경하고 섬기는 것이어야만 했고, 거룩한 아버지께서 황제에게 땅들을 통치하라고 주시고 그곳에서 이득을 취하라고 한 동기는 사람들이 우리의 거룩한 가톨릭 신앙으로 개종하도록 하기 위한 것이었으므로, 우리는 '레파르티미엔토스'(*repartimientos*, 강제노역)을 하는 모든 인디언에게 그들의 모든 우상을 버

릴 것을 의무화했고 이제는의 우상 숭배 행위들을 하지 말라고 경고했으며, 그들의 신들에게 하는 모든 인신 제사를 금하도록 했다. 명령을 따르지 않으면 처음에는 벌금형을 주고, 두 번째는 2배의 벌금형을 주고, 세 번째에는 인디언들에게 잃어버림의 형벌을 줬다.[1]

신속하게 착취가 시작됐고, 토착민들은 금과 땅을 강탈당했다. 많은 사람이 노예가 됐다. 그들의 행실을 정당화하기 위해 스페인 상인들은 토착민들은 사람이 아니며 그들에게는 영혼이 없다고 주장했다. 포르투갈 상인의 브라질 토착민들 착취도 널리 알려지게 됐다. 많은 성직자가 상인들에 의해서 이뤄지는 토착민 학대에 대해 문제 의식을 갖게 됐다.

바르톨로메 데 라스 카사스(Bartolomé de las Casas, 1474-1566)와 우니페로 세라(Junípero Serra, 1713-1784)는 스페인 선교사 중에서 가장 중요한 인물이고 아메리카 원주민들을 도와준 사람들이었다. 1502년 이스파니올라(Hispaniola)에 식민 개척자로 첫 발을 내디딘 라스 카사스는 신대륙에서 사제 서품을 받은 첫 번째 수도승이 됐다. 그는 1522년 도미니크회 회원이 돼 1543년부터 1547년까지 치아파스(Chiapas)의 주교로 재직했다.

라스 카사스는 노예가 된 사람들에게 깊은 관심을 가지고 있었다. 그는 특히 '엔코미엔다'(encomienda) 노동 체계를 혐오했다. 아메리카 식민지와 필리핀 군도에서 정부 인허가에 이뤄지고 있던 이 체계는 스페인인들에게 넓은 봉토를 제공했다. 그들은 자기 땅에 있는 토착민들을 보호하고, 스페인어를 가르치며, 가톨릭교로 개종시켜야 했다. 그 보상으로 스페인 지주들은 금과 은을 가져가고 토착민들에게 매년 몇달 동안 무료 강제 노역을 시킬 수 있었다.

이 '엔코미엔다' 체계를 없애려는 것이 라스 카사스 사역의 상당 부분을 차지했다. '엔코미엔다' 체계의 옹호자들은 토착민들이 인간 이하의 존재들이라고 하면서 맞섰다. 토착민을 소유하는 것은 가축을 소유하는 것과 다를 바가 없다는 것이다. 라스 카사스는 인디언들을 대표해 교황청에 상소를 올렸다. 결

---

[1] *Colección de Documentos Ineditos Relativos al Descumbrimiento Conquista y Colonización on de las Posesiones Españolas* (Madrid: 1885), 26:141-42.

국 교황 바오로 3세(1534-1549)는 1537년 "높으신 하나님"(*Sublimis Deus*)이라는 교령을 내려서 상인들이 토착민들을 노예 삼는 것을 막기로 했다.

> 하지만 우리는 … 생각하기를 인디언들이 참으로 사람이며 가톨릭 신앙을 이해할 수 있을 뿐만 아니라 우리가 가진 정보에 따르면 그것을 매우 받아들이고 싶어한다. 이러한 악에 대한 치료책을 제공하고자, 우리는 이 편지에서 규정하고 선언하기를 … 인디언들과 그 외 그리스도인들이 추후에 발견할 모든 사람은 설령 그들이 예수 그리스도를 믿는 신앙을 가지고 있지 않다고 하더라도 그들의 자유 또는 그들의 재산을 빼앗기지 않을 것이며, 그들의 자유와 재산을 자유롭고 정당하게 누릴 수 있으며 그래야만 한다. 어떤 경우에도 그들을 노예로 삼아서는 안 된다. 이와 상반되는 일이 있을지라도, 그것은 무효이며 어떤 효력도 없다.²

"높으신 하나님"에 이어서 1542년 '엔코미엔다' 수혜자들에 의한 토착민 착취를 막기 위해 스페인 왕 카를 5세(Charles V of Spain)가 "새로운 법"을 만들었다. 결국 노예 주인들은 라스 카사스를 협박하기 시작했고, 그는 1547년 스페인으로 강제 송환됐다. 라스 카사스는 1550과 1551년에 걸쳐 발라돌리드 논쟁(Valladolid Debates)이라고 알려진 후안 시네스 드 세풀베다(Juan Ginés de Sepúlveda, 1489-1573)와의 논쟁에도 참여했다. 세풀베다는 토착민들이 타고난 이교도이며 열등하므로 스페인 치하에 들어와야만 한다고 주장했고, 라스 카사스는 토착민들이 타고난 이교도가 아니므로 평화롭게 복음화 돼야만 한다고 주장했다.

1552년에 라스 카사스는 『인디언들의 파괴됨에 대한 짧은 이야기』(*A Short Account of the Destruction of the Indies*)를 출간했다. 이 책은 스페인인들에 의한 토착민 학대를 고발함으로써, 식민 개척자들이야말로 잔인하고 도덕적으로 인간 말종이라는 평판이 굳어지도록 하는 데에 기여했다.

2　*Sublimis Deus*, cited in *A Documentary History of Religion in America to the Civil War*, ed. Edward S. Gaustad (Grand Rapids: Eerdmans, 1993), 64.

헌신적인 프란체스코회 수도사이며 이전에는 교수 생활도 했었던 우니페로 세라는 뉴 스페인(New Spain)에서 사역했다. 그는 1750년 멕시코시티에 도착했고, 17년 후에는 캘리포니아로 자리를 옮겨서 몇 개의 선교구(missions)를 세웠는데, 이것이 후에 샌디에고, 샌프란시스코, 산타 클라라 등의 대도시로 변모하게 됐다.

선교구들은 군사적으로나 종교적으로나 최전선으로서 스페인 영토 끝자락에 위치하고 있었다. 그 선교구들은 단순히 토착민들에게 기본적인 교육과 가톨릭의 기초와 유럽의 풍습들만을 가르친 것이 아니고, 그들을 적대적인 이웃들로부터 보호하는 역할을 했다. 이러한 선교 체계가 목표하는 것은 토착민들의 스페인화였다.

세라는 6,000명의 인디언들에게 세례를 줬고 5,000명에게 견진성사를 베풀었다고 알려져 있다. 토착민들에게 군사 행동을 하는 것을 반대했던 세라였지만, 그도 여전히 토착민들에게 보호자의 태도를 취했고, 선교를 피해 도망간 토착민들을 강제로 복귀시켰다. 1769년부터 1845년 사이에 프란체스코회는 21개의 선교구를 캘리포니아에 세웠고, 10만 명에 달하는 토착민들에게 세례를 줬다.

많은 학자는 토착민들이 잘해 봐야 표면적인 차원에서 가톨릭 신앙을 받아들인 것이고, 그들이 스페인 문화와 잘 융화되지 않는 그들의 토착 풍습들을 가리는 수준에서 크게 벗어나지 않았다고 보아왔다. 많은 경우에 그들은 양식과 보호를 얻기 위해 정복자의 문화를 '차용'했다.

선교구에서 지도급의 위치가 토착민들에게 주어지는 일은 드물었다. 군대가 그들을 괴롭히는 일도 잦았다. 또한, 선교구들은 토착민들에게는 면역력이 없었던 유럽의 질병들을 옮기는 역할을 하고 말았다. 그리스도인으로서 더 나은 삶을 누리게 해 주겠다는 약속은 대부분 공허한 약속에 불과했다.

2. 프랑스의 영향

르네 로베르 카벨리에 드 라살(René-Robert Cavelier, Sieur de La Salle, 1643-1687)의 탐험 덕분에, 프랑스는 5대호로부터 멕시코만(Gulf of Mexico)에 이르기까지의 종단 영토와 미시시피강에 이르기까지의 횡단 영토를 소유하게 됐다.

세인트 로렌스 골짜기(Saint Lawrence Valley), 퀘벡, 루이지애나가 신대륙에서 프랑스의 중심지 노릇을 했다. 금을 찾아 토착민들을 탄광이나 밭에서 강제 노역을 하도록 내몰은 스페인인들과는 다르게, 프랑스 상인들은 노예가 필요없는 모피 무역에 종사하면서 부를 축적하는 경향이 있었다. 스페인인들처럼 프랑스 상인들과 식민주의자들(colonists)도 토착민들에게 친절히 하지는 않았지만, 스페인에 비하면 그들을 그나마 낫게 대하기는 했다.

프랑스 탐험가들의 뒤를 따라서 가톨릭교회는 신대륙에 들어왔다. 리슐리외 추기경(Richelieu, 1585-1642)는 요셉 트럼블래(Joseph Tremblay, 1577-1638)라는 카푸친수도회 회원으로 하여금 프랑스령에서의 선교 사업을 조직하도록 했다. 트럼블래는 신대륙에 보내진 첫 번째 카푸친수도회 회원이었고, 그 수도회 회원들은 앤틸러스 제도(Antilles), 포호얄(Port Royal, 오늘날의 메인), 과들루프(Guadeloupe)에서 일했다.

퀘벡은 1608년에 개척됐고 그 후 얼마 지나지 않아 많은 예수회원의 보금자리가 됐다. 1658년에는 프랑수아 드 라발(Fraçois de Laval, 1623-1708)이 최초의 퀘벡 주교가 됐다. 예수회 회원이었던 라발은 퀘벡에서 일할 성직자를 훈련시키기 위한 신학교를 설립했다. 그는 또한 주류 무역을 억제함으로써 토착민을 식민주의적인 착취로부터 보호하려고 시도했다. 예수회 회원답게 라발은 갈리아주의(Gallicanism)를 배격했다. 그의 노력 덕분에 캐나다 가톨릭 교도들은 교황에 대한 충성심을 지킬 수 있었다.

1673년, 예수회 신부였던 자크 마르케트(Jacques Marquette, 1637-1675)가 미시시피강 상류 골짜기 지역에 있는 일리노이 인디언과 함께 일하기 시작했다. 아마도 마르케트야말로 미시시피강 북쪽 유역을 최초로 보고 지도를 그렸던 유럽 사람들 중 하나일 것이다. 마르케트도 1668년 미시간 최초의 유럽인 정착촌인 솔 생트 마리(Sault Sainte Marie)를 창설했다.

쟝 드 브레뵈프(Jean de Brébeuf, 1593-1649)는 퀘벡 주위의 휴런족들(Hurons)과 함께 일했다. 그는 그 부족의 언어를 배우고 그들을 전도하며 그들과 함께 살았다. 그가 쓴 글에 따르면 그는 수천 명을 기독교로 개종시켰다. 그는 휴런족들이 이로쿼이와 전쟁을 했을 때 포로로 사로잡혀서 몇 시간에 걸친 고문을 당하고 마침내 세상을 떠났다. 그의 시체는 수습됐고, 피부를 제거한 뒤 뼈를 추려서 성유물로 보존하게 됐다.[3] 브레뵈프는 1930년 캐나다의 수호 성인으로 등재됐다.

군목으로서 라살을 수행했던 루이 에네팽(Louis Hennepin, 1626-1704)은 프란체스코회 소속이었고 미네소타 최초의 선교사였다. 그는 세인트 로렌스 교외 지역을 두루 다니며 아메리카 원주민들과 가톨릭 관심자들에게 설교했다.

에네팽은 최초로 나이아가라 폭포를 묘사한 인물이기도 하다. 하지만 에네팽에 대한 역사적 기록들은 기껏해야 모호하기만 할 뿐이다. 그는 자신이 미시시피강이 바다로 흘러들어가는 지점을 찾았으며, 라살르의 탐험 책임자였다는 등의 잘못된 주장을 하기도 했다. 미네소타에서 에네팽이 한 복음 사업은 예수회가 한 것에 비교해 볼 때 대단하지 않았다.

루이지에나에서는 가톨릭이 큰 영향력을 발휘했다. 1718년 프랑스인들은 뉴올리언스를 창설했다. 이곳은 즉시로 가톨릭 중심지가 됐고 우르술라 수녀회(Ursuline Sisters)가 운영하는 여학교가 곧 들어서게 됐다. 가톨릭의 영향은 여전히 루이지애나주에 남아 있어서, 루이지애나주는 행정 구역이 카운티별로 나뉘어지지 않고 교구별로 나뉘어져 있다.

프랑스-인디언 전쟁(French and Indian War, 1756-1763)에서 패배하면서 프랑스는 북미 지방에서의 주도권을 상실하게 된다. 캐나다 영토는 잉글랜드에 넘어갔고, 뉴올리언스와 미시시피강 서부는 이 전쟁에서 프랑스 편을 들었던 대가로 스페인에게 주어졌다. 그리고 1803년, 미국이 루이지애나주 지역을 획득하게 된다.

---

3 브레뵈프의 뼈는 오늘날까지도 온타리오주 미들랜드 인근 세인트조셉교회에서 볼 수 있다.

3. 영국의 영향

　가톨릭 국가들이 사용하고 있던 후견 제도와는 다르게, 영국은 주식회사를 통해 식민지를 개척했다. 이것은 여러 출처로부터 모은 돈으로 식민지 건립 자금을 조달하는 것을 가능하게 했다. 이러한 대표적인 회사들이 메사추세츠만(灣) 회사(Massachusetts Bay Company)와 버지니아 회사(Virginia Company)였다. 이러한 회사들의 목적은 식민지화를 진행하고, 무역을 하며, 투자자들에게 이득을 안겨주는 것이었다.

　매사추세츠만 회사는 수천 명의 비국교도들로 하여금 윌리엄 로드 대주교(William Laud, 1573-1645)의 박해를 피해 뉴잉글랜드로 오도록 만들었다. 이 비국교도들의 절대 다수가 청교도들이었다. 아메리카 식민지가 영국으로부터 굉장히 멀기 때문에, 청교도들은 로드의 박해를 거의 다 피할 수 있었고 자신들이 원하는 대로 예배할 수가 있었다.

　중부 식민지의 경우, 특히 펜실베니아와 뉴저지 동부의 경우, 퀘이커들(Quakers)이 많았다. 로드 아일랜드는 그 어떤 교단과도 공식적인 관계를 맺지 않았다. 남쪽 식민지의 경우, 잉글랜드 국교회가 그 지역의 신앙이 됐다. 메릴랜드는 칼버트(Calvert) 가족 덕분에 가톨릭 교도들의 피난처가 됐으나, 곧 개신교 교도들의 숫자가 가톨릭 교도들의 숫자를 추월했다. 그래도 초창기 아메리카 가톨릭의 중심지는 메릴랜드였다.

　각각의 교단들은 아메리카 원주민들을 복음화 하려고 시도했으나, 매사추세츠의 존 엘리엇(John Eliot, 1604-1690) 외에는 이럴듯한 성공을 별로 거두지 못했다. 엘리엇은 알곤킨 인디언들(Algonquian Indians)을 복음화 하고 그들 중 많은 사람이 여러 마을을 이뤄 함께 살도록 했다. 1674년에 그는 14개의 마을을 개척하고 3,600명의 개종자들을 얻었다고 알려져 있다. 그는 또한 성경 대부분을 알곤킨어로 번역하고 알곤킨 교리 문답을 작성했다.

　초창기 원주민 선교가 실패한 데에는 여러 가지 이유가 있다. 그리스도인이 된 아메리카 원주민들은 영국 문화 규범을 따르고 싶어하지 않았다. 정기적으로 전쟁이 일어나기도 했다. 그렇지만 원주민들이 기독교를 거부한 가장 중요한 이유는 식민주의자들이 기독교적이지 않은 방법을 동원해서 원주민들의 땅을 획득했기 때문이다. 대부분의 아메리카 원주민은 그같은 족속들의 종교를 받아들일 이유를 찾지 못했던 것이다. 기독교를 받아들인 이들 중에서도 많은 사람이 그저 실용적인 동기에서 기독교를 받아들였을 뿐이었다.

1) 뉴잉글랜드

영국 식민주의자들은 크게 두 갈래로 나뉠 수 있는데, 하나는 주류였던 회중교회 청교도들(Congregationalist Puritans)이었고, 그 외에는 상당한 숫자였음에도 비주류였던 분열주의자들(Separatist)이었다. 회중교회와 같은 칼빈주의 신학을 견지했던 장로교 교인들도 어느 정도 존재했지만, 회중교회주의자들은 장로교 교인들의 교회 정치 구조 때문에 그들을 우습게 봤다. 같은 칼빈주의자들이라도, 회중교회주의자들은 이 점에서 완고했다.

매사추세츠와 코네티컷에 거주하는 대부분의 장로교 교인들은 회중교회와 손을 잡았다. 계속해서 장로교를 고수한 이들은 뉴저지와 뉴욕에 많이 살았다.

원래 미국 회중교회주의자들은 자신의 회심 이야기를 읊어야만 교회 회원 자격을 준다고 하지는 않았었다. 이 점이 신속하게 바뀌기는 했지만, 처음에는 공동체에 속한 모든 사람이 교회 회원으로 여겨졌다. 모든 시민이 교회에 참석하고 도덕적인 생활을 하는 것이 당연하게 여겨졌다. 뉴잉글랜드교회는 신앙고백을 한 신자들만을 받아들이기 시작함으로써, 국가 교회 중 최초로 중생을 통한 교회 회원권 취득을 주장한 교회가 됐다. 분리주의 교회의 회원이 되려면, 자신의 회심 이야기를 읊어야만 했다.

청교도이든 분리주의자이든, 뉴잉글랜드 종교 체계에서는 칼빈주의가 대세를 이루었다. 두 집단 모두 잉글랜드의 박해를 피해 와서는 아메리카에 새롭고 보다 나은 잉글랜드를 건설하려고 했다.

순례자들(Pilgrim Fathers)이야말로 비국교도들중에서 최초로 아메리카에 도착한 사람들이었다. 그들은 존 로빈슨의 회중이었으며, 잉글랜드 국교회가 고칠 수 없는 지경까지 갔다고 믿는 골수 분리주의자들이었다.

종교로 인한 박해를 피해 그들은 1607년 잉글랜드를 떠나서 암스테르담에 정착했다. 하지만 암스테르담에 있는 많은 재세례파의 영향력을 두려워한 나머지, 그들은 1609년 레이든으로 자리를 옮기게 된다. 그렇지만 여전히 여타 신앙들에 위협을 느끼면서 그들의 자녀가 잘못되고 영국인의 정체성을 잃어버릴까 봐 염려가 됐으므로, 그들이 더 급진적으로 그리고 아주 먼 곳으로 옮기는 것이 필수적이라고 여겨졌다.

이 회중에서 많은 회원이 윌리엄 브루스터의 인도하에 버지니아로 옮겨가기를 원했다. 그들은 그들의 이동을 책임져 줄 버지니아 회사에서 일하기로 합의를 봤다. 1620년 9월 6일, 102인의 승객들이 '메이플라워호'(Mayflower)를 타고 버지니아로 떠났다. 하지만 그중에서 로빈슨 회중교회의 회원은 35명밖에 되지 않았다. 풍랑으로 인해 항로를 이탈한 '메이플라워호'는 11월 11일 케이프 코드(Cape Cod)에 상륙했다.

순례자들은 그곳에 머물면서 플리머스 식민지를 창설하기로 했다. 메이플라워호 탑승자 대부분이 로빈슨 회중교회의 회원들이 아니었기 때문에, 순례자들은 비회원들이 협조적이지 않을까 봐서 두려워했다. 그리하여 11월 11일, 배를 떠나기 전에 모든 남성 탑승자은 '메이플라워 조약'(Mayflower Compact)에 서명했다. 윌리엄 브래드포드가 작성한 이 조약이야말로 플리머스 식민지 정착민 자치 정부의 초석을 놓았다. 이 조약에 서명한 이들은 다음과 같이 맹세했다.

> 질서를 증진시키고 앞에서 언급한 목적을 보존하며 발전시키기 위해 언약을 세우고 뭉쳐서 정부 기관을 구성하기로 맹세한다. 그리고 그것에 힘입어 식민지의 공동선에 부합하고 편리하다고 여겨지는 그때그때마다 공명정대한 법과 규례와 행위와 헌법과 공직들을 발효하고 제정하고 구성할 것이며, 그에 대해 우리는 모든 마땅한 순종과 복종을 약속한다.[4]

---

[4] *The Mayflower Compact*, 1620, in *The Great Documents of Western Civilization*, ed. Milton Viorst (New York: Barnes & Noble, 1994), 165.

이 조약에 서명한 이들은 공동체가 발효시키는 법들을 따르기로 동의했으며 모든 이들을 보다 이롭게 하기 위해 함께 일하기로 동의한 것이다. 사실, 메이플라워 조약은 분리주의 교회의 언약이 새로이 구성되는 정부에 맞게 개작된 것이라고 할 수 있다. 이 조약은 플리머스 식민지가 메사추세츠만 식민지에 1691년 병합되기까지 플리머스의 헌법이 됐다.

많은 청교도인이 1630년 세일럼(Salem)과 보스턴에 정착했다. 메사추세츠만의 초창기 위정자였던 존 엔디코트(John Endicott, 1589-1665)는 독실한 청교도였고 많은 정착민을 1630년에 세일럼으로 데려온 사람이었다. 그는 청교도가 아닌 사람들은 쫓아냈으며, 4명의 퀘이커 교도들을 참수형에 처했고, 피쿼트국을 거의 온통 파괴시켜 버린 피쿼트 전쟁(Pequot War, 1634-1638)을 개시했다.

엔디코트는 심지어 가톨릭적 의미를 담고 있다고 판단해 영국 문장(紋章, insignia)에서 십자가를 제거해 버리기도 했다. 청교도로서 엔디코트는 플리머스 분리주의자들과 친선 관계를 가지지 못했다. 이 관계는 결국에는 분리주의 의사였던 새뮤얼 풀러(Samuel Fuller, 1580-1633)가 세일럼 사람들의 생명을 여럿 구함으로써 개선되게 됐다.

메사추세츠만 식민지는 1629년 왕실로부터 인가서(charter)를 받았다. 이 식민지는 오늘날 메사추세츠, 메인, 뉴햄프셔, 코네티컷, 로드 아일랜드 등의 상당부분에 걸쳐있었다. 플리머스 식민지와 세일럼 식민지는 1691년 메사추세츠 만 식민지에 병합됐다.

잉글랜드 왕 찰스 1세의 박해를 피해 수천 명의 청교도들이 1630년에서 1640년 사이에 메사추세츠만으로 쏟아져 들어왔고, 보스톤이 그곳의 수도가 됐다. 가장 영향력이 있었던 초기 청교도들 중 한 사람인 존 윈드롭(John Winthrop, 1587-1649)은 미국으로 향하는 배 속에서 설교를 했다. 소위 '산 위에 있는 동네'(City on a Hill)라고 알려진 설교가 그의 설교 중에 가장 유명하다. 그것은 보스톤이 기독교 도시가 돼 잉글랜드와 전 세계가 그것을 보고 동경하게 될 것이라는 믿음을 나타내 준다. 윈드롭은 1629년 10월 20일 메사추세츠 만 식민지의 위정자로 선출됐고, 여러 번 재신임됐다.

1631년 신정 정치를 표방하는 정부가 들어섰다. 회중교회의 회원들에게만 이 투표권이 부여됐다. 종교 자유를 위해 잉글랜드를 떠난 그들이 이제 다수가 돼 식민지 내 모든 사람에게 그들의 종교적 신념을 강제하게 된 것이다.

메사추세츠 통치 방식을 비판했던 토마스 후커(Thomas Hooker, 1586-1647) 목사의 지도력에 힘입어, 1636년 코네티컷에도 청교도주의가 도달했다. 코네티컷의 초기 지도자들 중에는 존 데이븐포트(John Davenport, 1597-1670)와 테오필루스 이튼(Theophilus Eaton, 1590-1658)도 있었으며, 후자는 남부 코네티컷에 뉴헤이븐 식민지를 조직하기도 했다.

이 사람들은 엄격한 형태의 청교도주의를 세워 나갔다. 회중교회가 국교였고, 주일 예배에 참석하지 않는 사람들에게는 벌금이 부과됐고, 사역자들에게 사례를 주고 교회를 유지해 나가기 위한 세금이 징수됐다. 1664년에 뉴헤이븐 식민지는 코네티컷 식민지와 합치게 된다.

메사추세츠만 밖에 있던 청교도 식민지들(플리머스, 코네티컷, 뉴헤이븐, 뉴햄프셔)은 뉴잉글랜드 방식(New England Way)이라고 알려진 체계를 도입했다. 보스턴의 영향력 있는 청교도 신학자 존 코튼(John Cotton, 1585-1652)은 1636년 이 방식이 채택되도록 하기 위해 힘을 쓰기 시작했고, 그리하여 곧 그것이 회중교회 정치상 표준적인 것이 됐다.

회중교회의 회원이 되고 선거권을 얻기 위해서는 자신의 회심을 묘사하든지 또는 최소한 회심했다는 믿을 만한 증거를 내놓아야만 했다. 교회 회원들만이 공직에 선출될 수 있었다. 이러한 뉴잉글랜드 방식을 통해 뉴잉글랜드 정치와 사회에 청교도의 이상이 주입됐다.

2) 로드 아일랜드

로드 아일랜드는 청교도 일변도였던 뉴잉글랜드에서 주목할 만한 예외사례였다. 분리주의의 가르침과 또한 원주민들이 토지의 진정한 소유자라는 소신 때문에 보스턴과 세일럼과 플리머스에서 쫓겨나서 로드 아일랜드에 온 로저 윌리엄스(Roger Williams, 1603-1683)는 1638년 그가 프로비던스(Providence)라고 명명한 마을에 정착했다.

윌리엄의 정착촌은 종교 문제가 각 사람의 양심에 달린 것이지 국가가 결정할 문제가 아니라고 믿었다. 국가와 교회는 서로 분리된 실체들이다. '교회와 국가 간의 분리 장벽'(wall of separation between church and state)이라는 말을 만들어 낸 사람은 토마스 제퍼슨(Thomas Jefferson, 1743-1826)이 아니라 로저 윌리엄스였다.

국가가 종교를 통제해야 한다고 믿었던 존 코튼과의 주목할 만한 서면 다툼 중에, 윌리엄스는 『박해의 피로 물든 교리』(Bloody Tenent of Persecution, 1644)라는 책을 써서 국가 차원에서 종교를 강제하는 것은 종교를 오염시킨다고 했다.

> 하나님은 정부가 종교의 일체화 방안을 법제화하고 강제하도록 요구하시는 것이 아니다. 정부가 일체화를 강요하게 되면 곧 내전이 나기 쉽고, 양심을 겁탈하며, 그리스도 예수의 종들을 박해함으로써 그리스도를 박해하게 되고, 위선에 빠지기 쉬우며 수백만의 영혼들을 파괴시킨다.[5]

윌리엄스는 잠시 동안 침례교 교인이었던 적이 있으며, 1638년 프로비던스에 미국 최초의 침례교회를 세우는 데 공헌했다. 그러나 그는 잠시 동안만 침례교 교인이었고, 고작 몇 달이 지나자 그저 구도자로서 지내면서 다시는 그 어떤 교단에도 적을 두지 않았다. 1644년 그는 로드 아일랜드 인가서를 얻어냈다. 윌리엄스는 오늘날까지도 미국 종교 자유의 위대한 대변인 중 한 명으로 기억되고 있다.

특정 침례교 교인이였던 존 크라크(John Clarke, 1609-1676)는 1644년에 미국 두 번째 침례교회를 로드 아일랜드 뉴포트(Newport)에 세웠다. 그는 『뉴잉글랜드에서 온 흉한 소식』(Ill Newes from New England, 1652)이라는 책을 써서 메사추세츠만 회중교회주의자들의 침례교 박해를 규탄했다. 그러면서 침례교 지도자인 오바다이아 홈즈(Obadiah Homes, 1606-1682)가 채찍에 맞는 것을 자세히 묘사하기도 했다. 이 책을 통해 침례교 교인들에 대한 동정론이 일어났고 종교 자유에 대한 대화가 촉진됐다. 크라크는 1663년 두 번째 로드 아일랜드 인가서를 취득했다.

---

5   Roger Williams, *The Bloudy Tenent of Persecution*, 1644, in *Readings in Baptist History: Four Centuries of Selected Documents*, ed. Joseph Early Jr. (Nashville: B&H Academic, 2008), 21.

앤 허친슨(Anne Hutchinson, 1591-1643)도 매사추세츠만 식민지에서 추방돼 잠시 로드 아일랜드에 피신했었다. 보스턴에 있을 동안에 허친슨은 그녀의 목회자이자 친구였던 존 코튼의 설교에 대해서 의논하기 위해 다른 여인들과 만남을 가졌다.

허친슨은 주장하기를 선행은 구원의 증거가 아니며, 내면에 '성령께서 인치심'(seal of the Spirit)만이 칭의의 증거가 될 수 있다고 했다. 그녀는 하나님과 자신이 개인적으로 교통하고 있다고 주장하면서 존 코튼을 제외한 회중교회 사역자들은 행위에 기반을 둔 믿음을 가르친다고 했다. 식민지 지도부는 그녀가 사람들을 모으는 것을 싫어했고, 그 모임에 몇몇 남성들이 참석하면서부터 더욱더 그 모임을 싫어하게 됐다.

허친슨은 위정자였던 존 윈드롭에 의해 재판에 회부돼 율법 폐기론(antinomianism)으로 고발되고 추방됐다. 로드 아일랜드로 옮겨가면서, 허친슨과 그녀의 남편은 포츠머스(Portsmouth)를 발견했다. 남편 사후에 그녀는 뉴욕으로 옮겨 갔고 그곳에서 그녀 자신과 15명의 자녀가 1명의 자녀만 빼놓고 모두 시와노이 인디언들(Siwanoy Indians)에게 살해당하게 됐다. 청교도들은 그녀의 죽음을 하나님의 심판이라고 봤다.

3) 중부 식민지

중부 식민지는 뉴암스테르담, 저지 서부(West Jersey), 저지 동부(East Jersey), 펜실베니아, 델라웨어(Delaware)강, 메릴랜드로 구성돼 있었다. 이 식민지들의 경우, 어떤 한 개의 기독교 종파가 우세한 형국은 아니었다. 뉴암스테르담은 네덜란드 개혁교회에 적을 둔 많은 네덜란드 이민자가 있어서 그들이 1628년에 뉴암스테르담을 세웠다.

메사추세츠만의 개혁주의 형제들과는 다르게, 이 네덜란드 이민자들은 자신들의 식민지에 누가 살 수 있는가에 대해서 그들만큼 엄격한 제한을 두지는 않았다. 심지어 1654년 네덜란드인들은 24명의 유대인 이민자들이 뉴암스테르담에 정착하는 것을 허용하기도 했다. 저지 동부에서도 네덜란드 개혁교회가 많았다. 제3차 네덜란드-영국 전쟁(1672-1674) 이후에 뉴암스테르담은 잉글랜드의 손에 넘어가 뉴욕이라는 새 이름을 갖게 되고, 1693년에 잉글랜드 국교회가 그곳의 국교가 됐다.

조지 폭스(George Fox, 1624-1691)는 친우회(Society of Friends)를 창립했는데, 이것이 보통 퀘이커 교도라고 알려져 있다. 그는 성경을 뛰어넘는 내면의 빛을 강조했고, 평화주의와 맹세 금지론을 가르쳤다. 이러한 교의들 때문에 퀘이커 교도들은 유럽 가톨릭 교도들과 개신교 교도들 모두에게 비웃음을 당했다. 스튜어트 왕조하에서 호된 박해를 당하던 퀘이커들은 신대륙에 정착하기를 원했다. 뉴잉글랜드에 이민을 온 이들은 청교도들에게 박해를 당했다.

찰스 2세(Charles II, 1660-1685)가 퀘이커 교도였던 윌리엄 펜(William Penn, 1644-1718)에게 1681년 땅 인가서를 내줌으로써 빚을 갚자, 퀘이커는 결국 펜실베니아에 정착하게 됐다. 펜실베니아(펜의 목재들)는 퀘이커 교도뿐만 아니라 모든 박해당하는 종교인들의 은신처가 됐다. 많은 수의 독일 메노파 교도는 필라델피아 근교 저맨타운(Germantown)에 정착했다. 스코틀랜드-아일랜드 장로교 교인들과 루터교 교인들은 중부 식민지의 서쪽에 자리를 잡았다.

4) 메릴랜드

개신교가 흥왕했던 다른 식민지와는 다르게, 메릴랜드에는 가톨릭 교도들이 많이 거주했다. 제임스 1세의 내무부장관을 역임했던 조지 칼버트(George Calvert, 1579-1632)가 볼티모어의 첫 번째 영주로서 부임했는데, 그런 그가 1624년 가톨릭으로 개종하고 정부 관료직에서 사임했다. 그러나 그는 계속해서 왕에게 충성하는 영국민으로 남았고 추밀원(Privy Council) 회원직도 유지했다.

칼버트의 개정에도 불구하고 찰스 1세는 선친 제임스 왕을 위하 그가 봉사한 것에 대한 보상을 주기로 결정했다. 그리하여 찰스는 칼버트에게 1632년 체서피크만(Chesapeake Bay)에 있는 포토맥(Potomac)강 북쪽 땅에 대한 인가서를 줬다. 하지만 조지 칼버트는 그 식민지를 보기 전에 세상을 떠났다.

그의 아들 세실 칼버트(Cecil Calvert, 1605-1675)가 그의 뒤를 이어 볼티모어의 영주가 되면서 식민지 개척을 책임지게 됐다. 세실 칼버트는 찰스 1세의 부인이자 가톨릭 교도였던 앙리에타 마리아(Henrietta Maria, 1625-1666)

의 이름을 따서 그 식민지 이름을 명명했고, 그 식민지의 수도 이름은 자기 집안의 작위(title)를 따라서 명명했다.

비록 메릴랜드에 예수회의 존재감이 강하긴 했어도, 칼버트는 가톨릭을 메릴랜드의 공식 인허 종교로 만들지는 않았다. 무역을 늘리고 가문의 수입을 늘리기 위해서 그는 종교를 따지지 않고 사람들을 받았다. 그의 인가서는 1691년에 취소돼서 그들은 이제는 메릴랜드의 소유자가 아니게 됐다.

1702년에 잉글랜드 국교회가 메릴랜드의 공식 종교가 됐다. 제4대 볼티모어 영주 베네딕트 칼버트(Benedict Calvert, 1679-1715)는 잉글랜드 국교회로 개종한 다음 1715년에 메릴랜드를 기업으로 되찾게 돼서, 미국 독립 혁명 전까지 메릴랜드는 칼버트 가문의 소유가 됐다.

5) 남부 식민지

버지니아, 노스캐롤라이나, 사우스캐롤라이나, 조지아에서는 잉글랜드 국교회가 공식 종교였다. 런던 버지니아 회사(The Virginia Company of London)가 1607년 제임스타운(Jamestown)에 버지니아 최초의 도시를 세웠다. 이 회사는 1624년에 공중분해 됐고 버지니아는 왕이 소유한 식민지가 됐다.

1625년, 버지니아는 담배 농장들이 성황하면서 남부 식민지 중에 가장 중요한 곳이 됐다. 잉글랜드 국교회는 버지니아에 영국과 비슷하게도 구역을 정해 놓고 구역마다 교구민들이 신부 한 명의 지도를 받는 교구 체계를 세우려고 시도했다. 교회 출석과 주일 성수가 법으로 강제됐고 불경스런 생활 양식은 금지됐다.

하지만 몇 가지 문제가 교구 체계의 발목을 잡았고 법을 집행하기 어렵게 만들었다.

첫째, 잉글랜드 국교회는 주교(bishop)를 미국에 보내지 못했다. 이는 미국 교회를 약하게 했다. 왜냐하면, 주교여야만 교회의 완전한 회원권을 주는 견진성사를 할 수 있었고 새로운 사역자들을 세울 수 있었기 때문이다. 버지니아가 잉글랜드 국교회 식민지 중에서 가장 컸기 때문에, 이러한 실패는 상황을 악화시켰다.

둘째, 잉글랜드 국교회가 보낸 사역자들이 종종 부패했다.

셋째, 많은 식민지 사람은 이 종교보다는 이윤을 창출하는 데에 관심이 있었다.

넷째, 사제가 없고 교회는 매우 멀다 보니, 교구 교회들 참석율이 형편없었다. 그러므로 잉글랜드 국교회는 버지니아에서 회중교회가 뉴잉글랜드에서 나타냈던 강력한 존재감을 발휘하지 못했다.

사우스캐롤라이나의 경우, 1681년에 잉글랜드 국교회가 찰스턴(Charleston)에 세워졌고, 1704년 잉글랜드 국교회가 국교로 지정됐다. 1725년에 이르면 13개의 잉글랜드 국교회 교구가 세워지게 됐다. 비록 잉글랜드 국교회가 공식 종교이기는 했어도, 사우스캐롤라이나에는 많은 수의 침례교 교인과 위그노가 있었다. 미국 독립 혁명 이전까지 찰스턴에는 500명 정도 되는 유대인 집단도 존재했었다.

잉글랜드 국교회는 노스캐롤라이나에서 공식 종교가 되기까지 훨씬 어려운 과정을 거쳤는데 왜냐하면 식민지에 침례교 교인들과 퀘이커 교도들과 장로교 교인들이 많았기 때문이다. 식민지 의회는 1701년에 잉글랜드 국교회를 국교로 지정했고 1705년에는 세금을 징수해 국교회를 후원하도록 하라는 법이 통과됐다. 비국교도들은 종종 이러한 세금을 내기를 거절하면서 저항하곤 했다.

노스캐롤라이나는 1729년에 왕립 식민지가 됐고, 왕은 1741년 잉글랜드 국교회를 노스캐롤라이나의 국교로 지정했다. 슈발 스턴스(Shubal Stearns, 1706-1771)는 위법임에도 아랑곳하지 않고 1755년 샌디 크릭(Sandy Creek)에 큰 무리의 침례교 교인들을 모았다. 그리고 미국 침례교에서 주요한 역할을 하게 될 '샌디크릭협회'(Sandy Creek Association)가 1758년에 창설됐다.

1733년, 미국 독립 혁명 전 창설된 13개의 식민지 중에서 마지막 식민지였던 조지아가 제임스 오글소프(James Oglethorpe, 1696-1785)에 의해 창설됐다. 오글소프는 조지아를 빚진 사람들이 체포될 염려 없이 열심히 일해 빚을 갚아낼 수 있는 식민지로 만들 꿈을 꾸었다.

잉글랜드 국교회는 1758년에 국교가 됐다. 조지아는 국교회 세력이 있었음에도, 침례교와 퀘이커와 루터교와 그 외 다른 교단들도 안전하게 있을 수 있는 안식처였다. 1733년에는 많은 수의 유대인이 자유롭게 예배할 수 있는 피난처를 찾아서 사바나(Savannah)에 왔다. 가톨릭은 1777년까지 조지아에서 예배 금지를 당했다.

비록 잉글랜드 국교회가 남부 일부 식민지에서 어려움을 당하기도 했으나, 몇몇 성공 사례도 있었다. 존 블레어(John Blair, 1655-1743)는 잉글랜드 국교회 버지니아 교구장이었고 54년 동안 사역을 했다. 그는 1693년 윌리엄-메리대학(William and Mary College)을 세웠고, 1698년 버지니아의 수도를 윌리엄스부르그(Williamsburg)로 천도했다. 실망스러운 일이 전화위복이 된 경우도 있었다. 잉글랜드 국교회 선교사 존 웨슬리(John Wesley, 1703-1791)는 1730년대 중반에 조지아에 왔다가 복음 사업에 완전히 실패를 맛봤으나, 그 후에 잉글랜드에 돌아가서 감리교 운동을 개시했다.

남부 식민지의 또 다른 주목할 만한 유산은 노예 제도였다. 노예들은 아프리카에서 수입돼 담배 농장에서 일하게 됐고, 노예들을 좀 더 낫게 대우하는 일에 대해서는 종교계의 강력한 존재감이 없었던 관계로 남부 식민지에서의 노예 제도는 잔혹할 때가 많았다.

6) 종교 교육

신대륙에 정착한 지 얼마 지나지 않아서, 개신교 집단들은 대학들을 세우기 시작했다. 대학 건립의 목적은 기독교 사역자 교육이었다. 이 대학들이 오늘날까지 이어져 내려오면서 소위 미국에서 가장 좋다는 학교들이라고 흔하게 인정받는 학교들이 됐다.

미국에서 가장 오래된 고등 교육 기관인 하버드대학교(Havard University)는 1636년 회중교회주의자들에 의해 메사추세츠 케임브리지에 세워졌다. 두 번째로 오래된 대학은 1693년에 인가를 받고 버지니아 윌리엄스부르그에 세워진 윌리엄-매리대학이다. 이 학교는 원래는 잉글랜드 국교회 학교였다. 회중교회 사제들을 교육하기 위해 1701년 설립된 예일대학교(Yale University)는 코네티컷 뉴헤이븐에 자리했다.

    1746년 프린스턴대학교가 당시에는 뉴저지대학(College of New Jersey)이라는 이름으로 뉴저지 엘리자벳에 세워졌다. 비록 프린스턴이 장로교와 밀접한 관계가 있기는 했지만, 공식적으로 종교 사학이 된 적은 없었다. 1764년 로드 아일랜드 칼리지로 출발한 브라운대학교(Brown University)은 침례교 학교였다. 오늘날 이러한 대학교들은 원래 설립된 교단과 이제는 연을 맺지는 않고 있다.

A HISTORY OF CHRISTIANITY

제22장

예상하지 못한 저항

루터는 가톨릭교회의 가르침에 도전함으로써, 오래된 기독교 신앙을 새롭게 평가하는 길을 열어놓았다. 하지만 종교개혁자들은 기독교의 확실성에 의문을 제기한 것이 아니라 가톨릭교회의 특정 교리와 전통에 의문을 제기한 것이었다. 17세기 말에 이르면, 종교 전쟁으로 인한 대학살, 그리고 과학의 발전이 기독교에 대한 좀 더 비평적인 검토를 촉진시켰다.

이성의 시대와 계몽주의(Age of Reason and the Enlightenment, 1650-1800)는 새로운 종류의 철학자들을 배출해 냈다. 주로 잉글랜드와 프랑스와 독일에서 나온 계몽주의 사상가들은 과학과 수학과 철학과 관측과 이성이 지식의 근본이라고 믿었다. 많은 계몽주의 사상가는 기독교의 기적이란 자연법칙에 의해서 설명가능한 것이거나 또는 신화적인 것으로서 무시해야 한다는 결론에 도달했다. 그러다 보니 자연스레, 계몽주의자들의 결론은 성경과 자주 충돌하게 됐다.

1. 동트는 이성의 시대

가톨릭 교도들은 오랫동안 태양이 평평한 지구를 돌고 있다는 천동설을 받아들여 왔다.[1] 지구가 우주의 중심이라는 증거로 시편 93:1이 인용됐다.

---

[1] 사 11:12은 다음과 같이 말씀한다. "여호와께서 열방을 향하여 기치를 세우시고 이스라엘의 쫓긴 자들을 모으시며 땅 사방에서 유다의 흩어진 자들을 모으시리니"(사 11:12). 계 7:1은 다음과 같다. "이 일 후에 내가 네 천사가 땅 네 모퉁이에 선 것을 보니 땅의 사방의 바람을 붙잡아 바람으로 하여금 땅에나 바다에나 각종 나무에 불지 못하게 하더라"(계 7:1).

여호와께서 다스리시니 스스로 권위를 입으셨도다 여호와께서 능력의 옷을 입으시며 띠를 띠셨으므로 세계도 견고히 서서 흔들리지 아니하는도다(시 93:1).

여호수아 10:12-13도 평평한 지구론을 가르치는 본문이라고 생각됐다.

여호와께서 아모리 사람을 이스라엘 자손에게 넘겨 주시던 날에 여호수아가 여호와께 아뢰어 이스라엘의 목전에서 이르되 태양아 너는 기브온 위에 머무르라 달아 너도 아얄론 골짜기에서 그리할지어다 하매 태양이 머물고 달이 멈추기를 백성이 그 대적에게 원수를 갚기까지 하였느니라 야살의 책에 태양이 중천에 머물러서 거의 종일토록 속히 내려가지 아니했다고 기록되지 아니하였느냐(수 10:12-13).

후기 르네상스 학자였던 니콜라스 코페르니쿠스(Nicholas Copernicus, 1473-1543)는 처음으로 천동설에 도전한 이들 중 한 명이었다. 그는 1543년, 『천체의 회전에 관해』(De Revolutionibus Orbium Coelestium)를 출간해, 천체의 움직임이 지구가 우주의 중심이 아니라는 것을 드러낸다고 주장했다. 지구가 태양 주위를 돌고 있다. 이 학설이 암시하는 바는 엄청났다. 만약 지구가 태양계의 중심이 아니라면, 인류도 창조의 중심이 아닌 것이었다. 가톨릭교회는 1616년에 이 책을 금서 목록에 넣어 놓았다. 개신교 교도들도 코페르니쿠스의 학설을 거부했다.

피사(Pisa)와 파두아(Padua)의 수학 교수였던 갈릴레오 갈릴레이(Galileo Galilei, 1564-1642)는 코페르니쿠스의 이론에 큰 관심을 보였다. 그는 망원경을 이용해 천체를 관찰하고서는 코페르니쿠스의 우주론이 옳다는 것을 증명했다. 우주가 수학적으로 설명될 수 있다는 갈릴레오의 주장은 성경 창조 기사의 신비성을 상당히 제거할 수 있는 위협으로 다가왔다. 더욱이, 이 이론은 기독교의 천국을 하늘의 많은 물체 중의 하나로 여기지 않게 했는데, 어떤 이들은 이같은 생각을 불편해했다. 교황청은 갈릴레오가 오류를 범했다고 선언하고는 전통적인 지구 중심의 우주론을 재확인했다.

1632년 태양을 중심한 지동설을 주장한 『두 개의 주요 세계 체계에 관한 대화』(*Dialogue Concerning the Two Chief World Systems*)를 출간한 이후에, 갈릴레오는 그의 주장을 취소하라는 압박을 받았고 평생 동안 가택 연금을 당했다. 갈릴레오에 대한 가톨릭교회의 정죄는 교회의 평판을 해쳤고, 도전에 대한 교회의 반응은 항상 그런식이라는 낙인을 남겼다. 교황 요한 바오로 2세(John Paul II, 1978-2005)의 재위 기간 중이었던 1992년에 가톨릭교회는 갈릴레오를 정죄한 교회 지도자들이 오류를 범했다는 공식 입장을 발표했다.

아이작 뉴턴(Isaac Newton, 1642-1727)은 코페르니쿠스와 갈릴레오 이론의 참됨을 확증했다. 그는 우주가 변하지 않는 일련의 자연법칙들에 의해 통제되고 있다고 주장하면서 우주가 운행되는 것을 기계 작동에 비교했다. 1687년에 그가 쓴 『자연철학의 수학적 원리』(*Mathematical Principles of Natural Philosophy*)에서 그는 운동의 법칙과 중력 법칙을 제시해 행성들이 태양 주위를 공전하는 이유를 설명했다. 뉴턴의 원리는 이성에 기초한 것이었다.

뉴턴의 모본을 따라서, 유럽 사상가들이 이성과 관찰을 통해 우주의 비밀을 발견할 수 있다고 믿기 시작했다. 일부는 과학적인 방법으로 증명할 수 없는 것들은 무엇이든지 거부하기 시작했는데, 전통적인 기독교 교리들도 그 거부 대상에 포함됐다. 뉴턴만 해도 그리스도의 신성과 삼위일체론을 부인했다. 그렇지만 뉴턴은 우주의 질서 속에서 하나님을 봤다. 초월자 하나님이 자연법칙을 제자리에 놓으시고는 그것을 완전히 주장하신다고 뉴턴은 말했다.

세계 탐험도 인간이 우주를 관찰하는 것만으로도 초월적인 진리를 얻을 수 있다는 생각을 강화시켜 줬다. 탐험가들이 유럽으로 돌아와서는 중국과 아메리카 원주민의 종교들이 여러 면에서 기독교와 비슷하더라고 묘사했다. 교회와 성경의 도움 없이도, 이 사람들은 종종 십계명에 표현된 원칙들에 의거해 살면서 대단한 영이 세계를 창조했다고 믿는다는 것이다. 이러한 것들이 계몽주의 사상가들로 하여금 기독교가 아니더라도 모든 인류에 내재된 도덕성이 있다는 결론에 도달하게 했다.

2. 합리론과 경험론

엘리자베스 1세 여왕과 제임스 1세의 참모요 정치인이었던 프란시스 베이컨(Francis Bacon, 1561-1626)은 경험론(Empiricism)의 아버지로 알려져 있다(경험론은 지식이 감관으로 입력되는 경험을 통해 나온다는 믿음을 가리킨다).

베이컨은 단순히 권위에만 의거해 지식을 받아들이는 일이 없었다. 그는 『신기관』(Novum Organum, 1620)에서 귀납적 추론의 정당성을 드러냈다. 베이컨에 따르면, 사람은 먼저 가설을 정하고, 그 후에 사실들을 관찰하며 실험을 통해 그것들을 점검하고, 그리고는 일반적인 법칙을 고안해 낸다. 베이컨의 귀납적인 추론 방법은 더 오래되고 스콜라주의에서 애용됐던 연역적인 방법에 도전하는 것이었다.

연역적인 방법은 만약 가설의 전제가 받아들여지기만 한다면, 그 가설은 반드시 옳다고 가르쳤다. 연역적 추론은 삼단 논법에 기초해 있으며 과학 실험을 필요로 하지 않는다. 철학에서 일반적으로 다음과 같은 예를 들 듯이 말이다.

  소크라테스는 사람이다.
  모든 사람은 죽는다
  그러므로 소크라테스는 죽는다.

베이컨이 보기에 연역적 추론은 결론이 종종 잘못된 전제에 기반한다는 문제가 있었다. 실험이 없다면 전제가 잘못됐음을 알아차리기 어렵다.

『신기관』에서 베이컨은 또한 이해를 방해하는 4개의 우상 이론에 대해 개관했다. '종족의 우상'은 정확하지 않을 수도 있는 감각과 인간 속성을 말한다. '동굴의 우상'이란 개개인이 자신만의 독특한 경험에 입각해 고안해낸 전제들과 선입견들이다. '시장의 우상'은 말의 뜻을 이해하기 못하는 것을 말한다. '극장의 우상'은 사람들이 무비판적으로 받아들이는 철학적인 교의들을 뜻한다.

종교에 관해서는, 베이컨은 귀납적 추론을 통해, 하나님이 사람에게 타고난 지식을 주시고 이성적인 영혼을 주신다는 결론에 도달했다. 더욱이, 우주는 이성으로 이해할 수 있는 자연법칙들에 의해 다스려진다. 인간은 자신의 합리적 이성 덕분에 하나님의 목적에 대해서 조금이나마 이해할 수 있다.

예수회에서 훈련을 받은 르네 데카르트(René Descartes, 1596-1650)는 인간 행동이 생각과 몸에 의해 다스려진다고 믿었던 프랑스 철학자였다. 생각은 영적인 것이다. 몸은 물질로 구성돼 있고 마치 기계처럼 작동된다. 사람이 육체적으로 무언가를 느꼈을 때, 생각은 그에 적합한 반응을 분별해낸다고 데카르트는 말했다. 하지만 가끔은 감정이 인간을 생각의 인도를 받지 않고 행동하도록 한다. 몸이 잘못 인도하지만 않는다면 영적인 생각은 언제나 옳다. 인간 각자의 행동의 책임은 각 개개인이 진다. 데카르트는 만약 국가 종교에서 감정이 사라진다면, 생각은 부당한 간섭 없이 더 효율적으로 추론을 할 수 있다.

합리론자(감관에서 수집된 자료가 아닌 이성이 지식의 원천이라고 믿은 사람들) 데카르트는 지식이 이성을 통해 확립돼야 한다고 믿었다. 그는 자신의 의식을 제외하고는 모든 것을 의심해 본다는 전제에 그의 철학을 정초시켰다. 사람이 유일하게 합리적으로 가질 수 있는 근본적인 믿음은, 사람이 생각하고 있다는 사실뿐이었다. 데카르트가 표현하듯이, "나는 생각한다, 그러므로 나는 존재한다"(*Cogito ergo sum*)는 것이다. 데카르트는 다음과 같이 쓴다.

> 나는 이제 눈을 감고, 귀를 닫고, 나의 모든 감관으로부터 물러날 것이다. 나는 내 생각에서 육체적인 것들의 모든 이미지들을 없애고, 아니 이것이 사실상 가능하지 않기 때문에, 그 모든 이미지들을 공허하고 잘못되고 가치 없는 것으로 여기도록 하겠다. 나는 스스로와 대화를 나누면서 나 자신을 더 깊이 정밀 조사를 해볼 것이다. 그리고 이런 방식으로 나는 나에 대해서 더 깊은 지식을 얻으려고 조금씩 조금씩 시도할 것이다. 나는 생각하는 주체이다. 즉, 의심하고, 확증하고, 부인하고, 약간의 것들을 이해하지만 많은 것에 대해서는 무지하기도 하며, 내키거나 내키지 않기도 하고, 또한 상상하고 감관을 통해 인식하는 바로 그것이다. 왜냐하면, 내가 전에 살폈듯이, 비록 나의 감관 경험과 상상의 대상이 내 밖에서는 존재하지 않는다고 하더라도, 내가 말하는 이 감관을 통한 지각과 상상이라는 사고의 방식은 그것들이 단순히 사

고의 방식인 한 내 속에서는 존재하고 있는 것이므로 그 점만큼은 확실하다.[2]

데카르트는 하나님의 존재 증명을 위한 몇 가지 논증을 제시했다. 그의 존재론적 증명에 따르면, 사람은 자신이 불완전한 존재임을 깨닫고 있으나 여전히 완전하신 하나님 개념을 만끽할 수 있는 능력이 있다. 이 같은 개념은 인간보다 더욱 큰 원인자가 있음을 보여 준다. 이 더 큰 원인자는 바로 하나님이다. 하지만 데카르트의 신개념은 기계적이며, 성경 계시보다는 이성에 더 많이 의존하고 있다.

토마스 홉스(Thomas Hobbs, 1588-1679)는 모든 물질이 움직이는 상태에 있으며 자연스럽게 일어나는 모든 사건들은 미리 결정된 것이라고 주장했다. 감관을 가진 존재인 인간은 그 움직임을 통해 사물의 특성을 인지한다. 특정한 움직임은 사람의 감관으로 하여금 냄새가 불쾌하다든지, 소리가 크다든지, 태양이 밝다든지 하는 등의 결정을 내리도록 유도한다. 타고난 지식이란 존재하지 않고, 모든 지식은 감각에서부터 온다.

홉스는 인류를 육체와 생각의 이분법적인 존재로 보지 않았다. 생각과 몸은 공히 물질로 이뤄져 있고 함께 일한다. 영성(spirituality)은 할 일이 없다. 감각이 무언가를 인지하고 생각에 정보를 보내면, 생각은 대상에 대한 물질적 인지력을 생성해 낸다. 그리고나면 인간은 그 대상을 긍정적인 방식으로 인지하고 그것을 바라거나, 또는 부정적인 방식으로 보면서 그것에 의해 저항을 받든지 한다.

홉스는 모든 사람이 이기주의자여서 자신의 이해관계를 위해 다른 사람들을 희생시키는 방식으로 행동한다고 주장했다. 이기적인 인간 본성에 대한 그의 신념은 그의 정치 철학의 근간을 이루게 됐다. 『리바이어던』(*Leviathan*, 1651)에서 홉스는 폭정이라고 할지라도 사람들은 정부에 복종해야 한다. 왜냐하면, 정부가 없다면 세계가 혼란에 빠질 것이기 때문이라고 주장했다. 이기주의가 사람으로 하여금 살인, 전쟁, 도둑질, 그 외 다른 잔혹함에 빠지도록 한다.

2　René Descartes, *Meditations on First Philosophy, in Fifty Readings in Philosophy*, 4th ed., ed. Donald C. Abel (New York: McGraw-Hill, 2012), 152.

홉스의 고향 잉글랜드의 경우, 정부를 받아들인다는 것은 잉글랜드 국교회에 복종하겠다는 것과 뗄 수 없는 관계에 있었다. 홉스는 문제를 일으키는 요주의 인물들만이 그들의 생각이 신령하다고 주장한다고 봤다. 하나님이 잉글랜드 국교회를 거슬러 행동하도록 인도하셨다고 말하는 것은 핑계일 뿐이다. 홉스에 따르면, 개혁을 부르짖는 이들은 그들의 물질적 욕구에 따라서 움직이는 '열광주의자들'(enthusiasts)일 뿐이다.

존 로크(John Locke, 1632-1704)는 아마도 가장 영향력 있는 경험론자였을 것이다. 1690년 출간된 『인간 오성에 대한 글』(*An Essay Concerning Human Understanding*)에서 로크는 모든 인간 지식은 감각에서부터 파생되는 것이라고 했다. 시간과 공간 등과 같이 고정되고 타고난 개념이란 없다. 그러므로 유아의 생각은 백지(*tabula rasa*)와도 같다. 유아의 지식은 감각과 경험을 통해 계몽되면서 성장한다. 감각과 생각은 함께 일하며 이해력을 생산해낸다. 이 이론은 사람이 하나님을 아는 타고난 지식을 가졌다는 생각과 배치되는 것이었다.

『기독교의 합리성』(*Reasonableness of Christianity*, 1695)이라는 그의 작품에서, 로크는 하나님의 존재가 인과율에 따라서 증명될 수 있다고 주장했다. 자연은 원인과 변화와 힘의 체계이므로, 그 체계의 원인자가 되시는 초고한 존재가 존재할 것임을 판단할 수 있다는 것이다. 이러한 사상이 바로 우주론적 논증이라고 알려진 것이다.

로크는 또한 우리 자신의 생각을 살펴보며 지식과 지혜 등과 같은 우리 생각의 긍정적인 속성들을 살펴봄을 통해서 하나님 개념이 발달될 수 있다고 주장했다. 즉 긍정적인 속성들을 무한대로 확장시키면 하나님 개념에 도달할 수 있다는 것이다.

로크는 그리스도를 메시아로 받아들이는 것이 기독교의 본질에 포함된다고 봤다. 그러나 그는 기독교란 단지 자연적 기관을 통해서도 누구나 분별할 수 있는 진리들에 대한 명쾌한 설명일 뿐이라고 생각했다. 그리고 그리스도의 역할은 하나님에 대한 지식을 전파하고 사람들이 하나님께 마땅히 해야 할 도덕적 의무들을 가르치는 것이었다고도 주장했다. 사람들은 그리스도의 메시아로서의 정체성을 증명할 수 있고, 그가 도덕 길라잡이로서의 역할을 했음을 증명할 수 있다. 하지만 그리스도의 신성과 그의 기적들을 믿는 것은 합리적이지 않다.

로크는 가톨릭과 무신론자들만 빼고는 모든 이들에게 종교 자유가 있어야 한다고 생각했다. 『관용에 관한 편지』(*Letter Concerning Toleration*, 1690)에서 로크는 서로 경쟁하는 종교들의 시각에 대해서 평가하는 것은 불가능한 일이라고 주장하면서, 참된 신앙은 법에 의해서 세워질 수 없으며 종교적 일치를 강요하는 것은 탈퇴자들을 낳게 된다고 했다.

『정부에 관한 두 개의 글』(*Two Treatises of Government*, 1689)에서 로크는 사람은 정부나 사회와는 별개의 기본권을 가지고 있다고 가르쳤다. 사람들은 그들의 삶에 관련된 선택을 할 권리가 있으며, 행복할 권리가 있고, 두려움 속에 살지 않을 권리가 있다. 사람들은 그들이 일하는 토지로부터 이익을 거둘 권리가 있다. 정부의 목적은 이같은 권리들을 보호하는 데에 있다. 이러한 사상들을 통해 로크는 자본주의의 발흥에 기여하게 됐다.

양도할 수 없는 권리를 보호하기 위해, 로크는 '사회 계약설'(theory of the social contract)을 주장했다. 정부는 국민들의 합의로부터 출발해야 한다. 정부의 임무는 국민들의 권리를 보호하는 것이다. 그리고 국민들은 다스림을 받기로 동의하는 것이다. 로크는 왕권 신수설을 뒷받침할 만한 이성적인 근거가 없다고 봤다. 로크의 인권 개념과 사회 계약설은 미국 헌법과 권리 장전(Bill of Rights)의 모퉁이돌이 됐다.

3. 이신론

16세기 잉글랜드에서 발흥한 이신론(Deism)은 경험론 그리고 새로운 과학의 열매였다. 이신론은 하나님이 초월자이시며 제1원인이라고 가르쳤다. 마치 아이가 위에서 줄을 당기고 기계가 돌아가는 것을 보듯이 하나님은 세상을 자연법칙하에 놓으시고 그 법칙에 따라 그것이 운행되도록 하셨다는 것이다. 인간에게는 도덕성이 심기워서 성경이 말하는 윤리적 법칙에 따라 살도록 방향을 잡아 준다. 그리스도께서는 기적을 행하는 분도 아니고 하나님도 아닌 도덕 선생이다.

1) 주요 이신론자들

16세기와 17세기와 18세기의 많은 위대한 사상가는 이신론자들이었다. 에드워드 허버트(Edward Herbert[처베리의 귀족, Lord Cherbury], 1583-1648), 데이비드 흄(David Hume, 1711-1776), 프랑수아-마리 아루에(François-Marie Arouet, 1694-1778), 쟝-자크 루소(Jean-Jacques Rousseau, 1712-1778), 미국 건국의 아버지들 중에서 몇 명이 이신론자들이었다.

엘리자베스 1세와 제임스 1세의 참모였던 에드워드 허버트는 군인이요 프랑스에 파견된 대사였으며 또한 이신론 철학자였다. 그의 저서 『진리에 관해』(*On the Truth*, 1624)에 보면, 사람은 타고난 개념을 가지고 태어나며 이것이 모든 지식의 근거가 된다고 한다. 1663년에 그가 쓴 『이방인의 고대 종교』(*Ancient Religion of the Gentiles*)에 보면, 그가 말하는 이신론의 5가지 교리와 일치하는 것이 바로 참 종교라고 돼 있다. 그 5가지는 다음과 같다.

첫째, 최고의 존재가 있다.
둘째, 최고의 존재는 경배받아야만 한다.
셋째, 이 최고의 존재에게 미덕과 경건을 갖추어 경배하는 면모가 있어야 한다.
넷째, 인간은 회개해야만 한다.
다섯째, 최고 존재의 공의가 현세와 내세에 적용된다.

데이비드 흄은 합리론자들과 의견을 달리했다. 흄은 타고난 개념에 대해서 믿지 않았다. 참지식은 경험과 관찰을 통해서만 온다고 그는 생각했다. 사람은 자신의 전제라는 렌즈를 통해서 사물들을 관찰하고 경험하므로, 있는 그대로의 진리를 인지할 수가 없다. 그러므로 절대 진리는 절대로 얻을 수 없다. 흄은 또한 추상적인 도덕 원리가 윤리의 기초가 아니라 개인적인 감정이 윤리의 기초라고 주장했다.

『자연 종교에 관한 대화』(*Dialogues Concerning Natural Religion*, 1779)에서, 흄은

지적 설계론에 대해 반대 의견을 제출했다. 자연의 조물주가 있다는 것은 가능하지만, 조물주를 만든 조물주가 또 있다고 그는 생각한 것이다. 그는 이러한 원인자 찾기가 무한히 소급돼 올라가게 된다고 보고 결국 하나님의 존재에 대해서 의문을 제기하게 됐다.

흄에게는 "공통 원인 또는 제1조물주에 대해 문의하는 것은 모순적"[3]인 것이었다. 흄은 종교와 기적이란 인간 경험을 오해한 것에 불과하다고 생각했다. 종교는 두려움과 희망을 통해 영속화된다. 비록 그가 자신이 이신론자라고 주장하기는 했어도, 흄은 더 정확하게 말하면 불가지론자였다.

볼테르(Voltaire)라는 필명으로 더 잘 알려진 프랑수아-마리 아루에의 저작들에는 전통적인 신학, 프랑스 정부, 가톨릭교회를 비웃는 내용이 들어있었다. 이신론자로서 볼테르는 자연법칙을 정하는 최고의 존재가 있다는 것은 믿었으나 성경의 하나님을 믿지는 않았다. 그에 따르면, 사람이 하나님을 알 수 있는 길이 없기 때문에, 특정 집단이 다른 집단보다 하나님을 경배하는 것에 대해서 더 잘 이해한다고 가정하는 것은 어리석은 짓이다. 그래서 그는 모든 종교들이 관용돼야 한다는 결론을 내렸다. 볼테르에게 기독교는 미신에 지나지 않았다. 하나님은 자연법칙으로 세상을 설계하셨고 그 후에는 세상이 알아서 돌아가도록 하셨다.

볼테르는 나라들이 자연적으로 생겨났다고 믿었다. 그러므로 왕들은 하나님이 정하신 것이 아니다. 주군은 사람들에 의해 선택돼야만 한다. 주군이 부패하거나 자격이 없다면 교체돼야만 한다. 이러한 믿음은 가톨릭교회에 대한 비판과 맞물리면서 오늘날까지도 프랑스에 살아서 영향을 미치고 있는 프랑스 대혁명과 반(反)사제주의 정신을 조장하게 됐다.

제네바 철학자 쟝-자크 루소는 사람이 처음에는 선하고 자유롭고 행복했다고 생각했다. 하지만 사회가 인간을 오염시켜 놓았다. 성공과 돈과 지위를 얻기 위해 사람은 권좌에 있는 사람들이 갖는 욕망을 똑같이 가져야만 할 것 같은 분위기가 조성됐다. 그 결과 위선의 토대 위에 사회가 세워지게 됐다. 루소의 『사회 계약론』(*Social Contract*, 1762)은 공통의 의지에 기반을 둔 정

---

[3] David Hume, *Dialogues Concerning Natural Religion*, in *Fifty Readings in Philosophy*, 53.

부에 관해 말한다. 루소는 그리스도인들이 열등한 시민을 만든다고 생각하면서도, 종교가 사회 도덕을 세워 주는 도구라고 생각해 종교 관용을 강력하게 주장했다. 이신론자로서, 루소는 창조에 계셨던 하나님은 믿었다. 하나님이 선하시기 때문에, 피조물들도 선하게 창조됐다. 그러나 이 선함은 인간의 영향으로 인해 망가지고 말았다.

이신론은 미국의 종교 자유에 크게 기여했다. 토마스 제퍼슨(Thomas Jefferson, 1743-1826), 벤자민 프랭클린(Benjamin Franklin, 1706-1790), 토마스 페인(Thomas Paine, 1737-1809) 등이 미국에서 영향력 있었던 이신론자들이다. 그들에 따르면, 사람은 천성적으로 선하므로 이성을 통해 더 나은 국가를 세울 수 있다. 독립선언문에 나오는 다음 구절은 이신론의 영향을 보여 주고 있다(비록 건국의 아버지들이 모두 이신론자들이었던 것은 아니고, 기독교도 그들에게 영향을 끼쳤지만).

> 우리는 모든 사람이 평등하게 창조됐고 창조주로부터 생명, 자유, 행복 추구권 등의 양도할 수 없는 권리를 받아서 소유하고 있다는 사실이야말로 자명한 진리라고 믿는다.

『나사렛 예수의 생애와 도덕』(*The Life and Morals of Jesus of Nazareth*), 또는 더 잘 알려진 대로 하면 『제퍼슨성경』(*The Jefferson Bible*)이라고도 하는 책에서, 제퍼슨은 기적 이야기들은 없애 버리고 그리스도의 윤리적 가르침만을 강조했다. 그는 예수님의 신성을 믿지 않았다. 볼테르처럼 이 사람들도, 왕권 신수설을 믿는 나라들은 비합리적인 전제 위에 세워진 것이라고 생각했다.

이신론을 두호한 미국 책 중에서도 가장 영향력이 컸던 것은 토마스 페인의 『이성의 시대: 참되고 멋진 신학에 대한 탐구』(*Age of Reason: Being an Inverstigation of True and Fabulous Theology*, 1794)라고 할 수 있다. 페인은 다음과 같이 쓴다.

> 그렇다면 이신론은 우리가 반드시 알아야 할 또는 아는 것이 적절할 것들을 속을 가능성이 없이 알도록 가르쳐 준다. 피조물은 이신론자들의 성경이다. 이신론자들은 거기서 창조주의 친필을 통해 그의 확실한 존재와 변하지 않는

그의 능력을 읽으니, 이신론자들에게 그 외 다른 성경들과 언약들은 날조된 것에 불과하다. 우리가 이제부터 이야기할 바로 그 개연성이라는 것이, 심사숙고하는 지성에게, 믿음을 가지도록 영향을 줄 수 있다. 왜냐하면, 우리의 믿음 또는 불신이 사실을 좌우할 수는 없기 때문이다. 우리가 자율성을 가진 주체로서 이런 상태에 있고 또 그런 상태에 있는 것이 적합하기 때문에, 바보가 아닌 이상, 철학자 또는 양식있는 사람이라면, 하나님이 존재하지 않는 것처럼 살게 될 것이다.[4]

페인은 이성이 계시보다 우월하다고 주장한다.

그동안 고안됐던 모든 종교 체계 중에서, 기독교라고 불리는 것만큼 전능자에게 해가 되며 사람의 덕을 세우지 못하고 이성에 해로우며 자가 모순적인 것은 없을 것이다. 믿기에는 너무 모순적이고, 거기에 설복된다는 것도 불가능하고, 실천하기에는 너무 일관성이 없어서, 마음을 둔하게 만들 뿐이든지, 또는 무신론자들이나 광신주의자들을 만들어 낼 뿐이다. 그것은 전제주의적인 목적의 동력원으로서라든지 성직자의 욕심을 채우고 부를 축적하는 수단으로서는 적절하지만, 사람의 공공선을 도모하는 차원에 대해서는 현세에서나 내세에서나 아무 유익이 없는 것이다.[5]

이신론은 프랑스 대혁명에 큰 영향을 줬다. 프랑스 지도자들은 토마스 제퍼슨과 상의한 이후 1789년에 프랑스 대혁명의 토대를 이루는 『프랑스 인권 및 시민 권리 선언』(French Declaration of the Rights of Man and of Its Citizens)을 출판했다.

국가 의회로 모인 프랑스 국민 대표들은, 인권에 대한 무지와 그것을 경홀히 여기는 것 또는 멸시하는 것이야말로 공적인 비참함과 정부의 부패함에 대한 유일한 원인이라고 믿으며, 기본적이고 양도할 수 없고 신성한 인권을 엄

---

4 Thomas Paine, *Age of Reason: Being an Investigation of True and Fabulous Theology* (1794; repr., New York: Books, Inc., n.d.), 231.
5 Paine, *Age of Reason*, 233.

숙히 선언하기로 결의했다. 이 선언은 모든 사회 구성원 앞에 항상 있을 것으로서 계속해서 그들에게 그들의 권리와 의무를 상기시켜 주기 위한 것이다. 또한, 이 선언은 입법 행위와 사법 행위가 언제라도 모든 정치 기관들의 목표와 목적에 준하는 것이 될 수 있도록 함으로써 더욱 존중을 받도록 하기 위한 것이며, 마지막으로 이제부터 단순하고 이론의 여지가 없는 원칙들을 기반으로 해 시민들의 근심을 돌보아 헌법을 지켜 내고 모든 사람의 행복에 기여하기 위한 것이다. 그러므로 국가 의회는 최고의 존재의 임재와 그 지도 하에 이같은 인권 및 시민 권리를 깨닫고 선포하는 바이다.[6]

2) 이신론 반대자들

잉글랜드에서는 조셉 버틀러(Joseph Butler, 1692-1752)와 윌리엄 페일리(William Paley, 1743-1805)가 시의적절하게 이신론 논증에 대답을 했다. 버틀러는 더햄(Durham)의 잉글랜드 국교회 주교였고, 이신론자들의 경험주의 방법으로는 답변하지 못할 질문들이 많다고 생각했다. 그의 저서 『종교의 유비』(Analogy of Religion, 1736)에서 버틀러는 자연 종교와 기독교는 공히 개연성에 기반을 두고 자기 주장을 펼친다고 주장했다.

자연 종교는 우월하지는 않지만, 기독교에 있는 어려움들과 동일한 어려움들을 포함하고 있다고 했다. 이 말은 자연 종교와 기독교를 만든 것은 동일한 하나님이라는 뜻이었고, 그러므로 지혜로운 사람들은 세계를 관찰하는 것과 성경에 기반해 신학을 하면서 둘 모두를 받아들여야 한다는 것이다.

이신론에 대항한 논증에 더해, 페일리는 유명한 신 존재 증명 논증을 내놓았다. 『자연신학』(Natural Theology)이라는 그의 저서에서, 페일리는 다음과 같이 기록한다. 만약 사람이 해변가를 거닐다가 시계를 찾았다면, 누군가가 그것을 만들었을 것임을 알게 된다. 마찬가지로, 자연이 시계처럼 일정함을 유지하고 있는 것을 관측하다 보면, 그것을 설계하신 분이 있을 것이라고 추산

---

[6] *Declaration of the Rights of Man and of the Citizen*, 1789, in *The Great Documents of Western Civilization*, ed. Milton Viorst (New York: Barnes & Noble Books, 1994), 190.

해 볼 수 있다.

> 들판을 거닐다가, 돌에 발을 부딪히고는 어떻게 이 돌이 이곳에 있게 됐는지에 대해 물었다고 치자. 내가 그 질문에 대답을 할 수 있을지도 모른다. 왜냐하면, 내가 아는 한 그것은 거기에 원래부터 있었다고 하면 되기 때문이다. 그리고 이러한 대답의 모순성을 보여 주기가 쉽지 않을 수도 있다. 하지만 만약 내가 바닥에서 시계를 발견했고 왜 그것이 거기에 있게 됐는지에 대해서 살펴보아야 한다면, 나는 이전에 대답했던 것과는 다르게 생각해야만 할 것이다.
> 내가 아는 한 시계가 언제나 거기에 있었다고 하는 대답이 왜 돌에 대해서 물을 때와는 다르게 충분한 대답이 되지 못할까?
> 왜 이러한 대답이 전자의 경우처럼 후자의 경우에도 적절한 대답이 될 수 없는 것일까?
> 바로 그것은, 우리가 시계를 볼 때 (돌에서는 발견할 수 없는) 여러 부품들이 틀을 갖추어 목적을 가지고 한데 모아졌음을 인지하기 때문이다.[7]

4. 계몽주의

계몽주의는 과학과 이성과 이신론이 종합된 것이었다. 계몽주의는 인간의 선함과 진보와 자유와 타고난 권리를 강조했다. 일부 계몽주의 사상가들은 세상의 큰 난제들에 대해서 곧 답을 얻을 수 있을 것이라고 생각하기도 했다. 그들은 전통을 불신했다. 이성과 관측과 실험이 그들의 권위였다. 성경도 비평적인 관찰 대상에서 예외가 될 수 없었다. 이러한 사고방식은 많은 사람으로 하여금 삼위일체, 계시, 기적, 성육신 등과 같은 기독교의 가르침들을 거부하도록 만들었다.

---

[7] William Paley, *Natural Theology*, in *Fifty Readings in Philosophy*, 55–56.

프로이센 쾨니히스베르그대학의 철학 교수 임마누엘 칸트(Immanuel Kant, 1724-1804)는 인간 계몽이 생겨나면서 독립적인 사고를 방해하는 스스로에게 지운 미성숙이라는 짐을 대체했다고 믿었다. 그는 종교가 특히 생각을 제안하고 있다고 주장하면서, 종교도 경험이라는 시험을 통과해야만 한다고 생각했다.

칸트는 로크와 데카르트의 가르침을 기반에 두고 그의 이론을 세웠다. 그는 감관 지각이야말로 지식의 근원이라고 주장했다. 사람에게 경험 이전에 있는(*a priori*) 지식이란 존재할 수 없다. 하지만 사람의 감각이 완전히 믿을 만한 것은 아니다. 감각은 실재가 나타나는 것을 인식하는 것이지 실재 그 자체를 인식하는 것이 아니다.

칸트는 대상을 감관하고 지각하는 것을 가리켜 '페노메논'(*phenomenon*, 현상)이라고 하고, 대상의 실체는 '누메논'(*noumenon*, 물자체)이라고 불렀다. '누메논'은 지각을 통해서 간접적으로만 알 수 있다. '누메논'을 설명하기 위해, 지성은 인지 가능한 '페노메논,' 즉 이해의 범주에 그것을 맞춘다.

『순수 이성 비판』(*Critique of Pure Reason*, 1781)에서 칸트는 이성으로도, 감각으로도 하나님의 '누메논'을 알 수 없다고 주장했다.

칸트에 따르면, 그리스도의 신성이나 성경의 참됨 등과 같은 전통적인 기독교 교리들도 직접 전달된 절대적인 진리가 아니다. 칸트는 하나님의 존재를 부정할 수는 없다고 인정했다. 그러므로 하나님이 버려지지는 않는다. 하지만 하나님을 믿기로 결심했을 때, 그 믿음이 이성이나 연역에 기반한 것이 아님은 인정해야만 한다는 것이다.

칸트는 다음과 같이 쓴다.

> 그러므로 나는 신앙의 여지를 남겨 두기 위해 지식을 부정할 수밖에 없음을 보게 된다.[8]

---

8 Immanuel Kant, *Critique of Pure Reason*, 2nd ed., trans. N. K. Smith (London: Macmillan, 1933), 29.

칸트에게는 종교적인 교의가 아닌, 보편적이고 무조건적인 정언 명령(Categorical Imperative)이 도덕의 기초였다. 정언 명령에 따르면, 사람은 보편법칙이 됐으면 좋을 그런 도덕 원칙에 따라서만 행동해야만 한다. 다른 말로 하면, 정언 명령은 타인을 목적으로 대하고 개인적인 목적이나 이기적인 목적을 달성하기 위한 수단으로 대하지 말 것을 요구한다.

『기독교의 실증성』(The Positivity of the Christian Religion, 1795)이라는 책을 쓴 베를린의 철학자 게오르그 헤겔(Georg Hegel, 1770-1831)은 기독교가 율법주의적이 돼 왔고 도덕에 대한 그리스도의 가르침을 망각해 왔다고 주장했다. 참된 기독교는 그리스도 안에서 체현된 하나님의 사람 사랑하심을 그 중심으로 한다. 이 사랑이 인류를 하나님과 화목하도록 한다. 헤겔에 따르면, 종교적인 개념들은 상징적 진술을 합리적인 용어로 묘사한 것이다. 헤겔의 영향력은 컸다. 그는 정신이 계속해서 진화해 간다고 믿었다. 그는 이러한 과정을 '변증법'(dialectic)이라고 불렀다.

헤겔의 변증법에서 한 논제가 '정'(正, thesis)이라고 제시되면, 그것에 의문을 제기하는 '반'(反, antithesis)이 있고, 그것들은 끝내는 정과 반에서 각각 가치있는 것들을 종합한 '합'(合, synthesis)이라는 제3의 정신에 도달하게 된다. 그리고 이 전 과정이 '합'이 새로운 '정'이 될 때 다시 반복된다. 여러 단계의 변증법을 통해 깊은 이해가 발달되게 된다. 이러한 과정을 거치지 않은 정신은 조각난 채로 있게 된다.

헤겔이 변증법을 가장 중요하게 적용한 분야는 종교였다. 헤겔은 기독교가 '절대적 종교'요 종교 발달의 최고봉으로서 세계의 여타 종교의 가장 중요한 진리들을 종합해 놓은 것이라고 봤다. 그의 저서 『예수전』(Life of Jesus)은 예수님을 합리주의적인 철학자로 그려 내고 있으며, 예수님의 기적들을 교리를 위한 은유라고 본다.

제23장

18세기 미국

18세기의 막이 오를 무렵, 식민지 전반에 걸쳐서 교회 출석은 눈에 띄게 줄었고, 영성과 도덕성도 눈에 띄게 감소했다. 왜 이런 현상이 나타나게 됐는지에 대해서는 많은 학설이 존재하는데, 그중 하나는 계몽주의가 뉴잉글랜드에 상륙했다는 것이었다. 이는 성경에서 묘사되는 초자연적인 사건들에 대한 회의주의를 낳았다. 상식과 이성이 초자연적인 믿음보다 더욱 지혜로운 것처럼 보였다. 더욱이, 이민자 중에서 종교 자유를 위해 신대륙에 정착한 이들의 비율이 감소했다.

17세기 이민자들은 '아메리칸 드림'(American Dream), 즉 열심히 일해서 잘 살겠다는 생각을 추구한 첫 번째 사람들이었다. 이민자들 중에는 더 나은 사업과 상거래 기회를 찾아서 온 상인들이 있었다. 그 외에 미국이라는 광야에서 사는 삶을 개척해 나가겠다는 강인한 모험가들도 있었다. 이 사람들은 택하심과 엄격한 도덕성이라는 청교도 정신에는 관심이 거의 없었다.

남부 식민지의 경우, 국교회의 교구 제도가 서쪽으로 몰려가는 사람들을 위해 해 줄 수 있는 일이란 거의 없었고, 오히려 침례교 등과 같은 그 외 교단들이 남부 식민지에 들어오기 시작했다.

1630년대에 한 번 청교도 이민자들이 대거 유입된 이후로, 잉글랜드에서 오는 청교도의 유입이 적어졌다. 더욱이, 제1세대 청교도들의 자녀들 중 상당수가 부모들만한 신앙의 열심을 나타내지 못했다. 그들도 아메리칸 드림에 사로잡혔던 것이다.

사회와 종교에 대한 그들의 통제권을 유지하기 위해서 뉴잉글랜드 종교 지도자들은 몇 가지 타협을 하지 않을 수 없게 됐다. '절반 언약'(Halfway Covenant)이라는 것도 그 타협안 중 하나였다. 절반 언약하에서, 회심을 고백하지는 않았으나 경건한 삶을 살고 교회에도 헌신된 제2세대 청교도들은 절반 회원으로 취급됐다.

그리고 그들의 자녀들도 유아 세례를 받고 절반 회원이 될 수 있었다. 절반 회원들은 성찬에 참여할 수 없었고 교회에서의 선거권도 주어지지 않았다. 절반 언약은 회중교회의 헌신과 영성을 다소 약화시켰으나, 그렇게 함으로써 사회에 대한 교회의 지배력은 지켜 낼 수 있었다. 절반 언약은 1662년에 개최된 대회(synod)를 통해 비준됐다.

청교도 계열의 한 집단이 1692년 메사추세츠 세일럼(Salem)에서 자신들의 존재감을 나타냈던 일이 많은 사람으로 하여금 뉴잉글랜드 방식에 대한 거부감을 가지게 했다. 마을 몇몇 소녀들이 통상적이지 않게 행동을 하면서 간질과 이상한 발작 증세를 보이기 시작했다. 이러한 행동에 대한 의학적 원인 규명이 없었던 시대이기에, 3명의 마을 여인들이 이 소녀들에게 마법을 걸었다는 혐의로 고발됐다. 그리고 이것은 공동체에 있던 다양한 사람들이 술법에 연루돼 있다는 근거 없는 송사를 낳게 됐다.

설상가상으로, 그 지역 목회자였던 새뮤얼 패리스(Samuel Paris, 1653-1720)가 이웃 청교도 공동체로부터 교회 지도자들을 세일럼으로 초청해 진상을 조사하고 마녀들을 고발하는 일에 도움을 달라고 했다. 당시 청교도들의 지도급 신학자였던 코튼 매더(Cotton Mather, 1663-1728)도 마녀들의 정체를 밝히기 위한 몇 차례의 재판을 정당한 것으로 인정했다. 마녀라고 고발된 이들이 교수형을 면할 수 있는 유일한 길은 자백하고 회개하고 다른 마녀들의 이름을 대는 길밖에 없었다. 세일럼에 질서와 이성이 회복되기도 이전에, 14명의 남성과 6명의 여성이 마녀라는 죄목으로 처형됐다.

그중 한 사람은 깔려 죽기도 했다. 세일럼의 마녀 재판은 청교도의 지나침의 전형으로 남게 됐고 뉴잉글랜드교회의 점차적인 쇠퇴를 가져온 한 요인이 됐다.

몇몇 성직자들은 점점 퍼져 나가는 활기 없는 신앙생활에 우려를 금치 못했는데, 그중에는 노스햄프턴 회중교회의 목회자요 조나단 에드워즈(Jonathan Edwards, 1703-1758)의 할아버지였던 솔로몬 스토다드(Solomon Stoddard, 1643-1729)도 있었다. 스토다드는 "설교자들의 결함에 대해서 훈계함"(Defects of Preachers Reproved)이라는 그의 설교를 통해서, 성직자들이 기독교를 알고는 있으나 실천하지 않으니, 그들은 성경에 나오는 바리새인들이나 같다고 고발했다. 그는 경건하지 못한 설교자들은 경건하지 못한 평신도를 만들어 낸다고 했다.

> 나라들마다 회심자가 별로 없다는 불평이 많습니다. 성화되지 못한 삶과 맛없는 담화들을 보면 그것이 분명해지죠. 그 이유 중 하나는 많은 설교가 회심을 조장하기는커녕 회심을 방해하고 있기 때문입니다. … 어떤 마을에서는 20년 동안 회심이라는 것 자체가 없었다고 합니다. 사람들은 계속해서 감각 없는 상태로 있고, 모임에 오고 설교를 듣지만, 회심을 위한 그 어떠한 개선책도 없습니다.[1]

1. 대각성

이러한 활기 없는 신앙 상태에 처해있던 차에, 미국 종교사에서 가장 예상치 못한 변화가 생겨났다. 1720년대 중반에 대각성의 물결이 식민지를 휩쓸더니 1740년대에는 그것이 절정에 달했고, 미국 독립 혁명(American Revolution) 이전에 그것이 마무리됐던 것이다. 이러한 신앙적 열심의 물결은 대각성이라고 알려지게 됐다.

대각성은 네덜란드 개혁교회에서 시작돼 회중교회와 장로교회와 그 외 개신교 집단들로 퍼져 나갔다. 이 불길은 부흥을 지지하고 죄악을 정죄하며 기독교 경건 생활을 새롭게 하라고 촉구했던 순회 설교자들을 통해서 더 활발 타오르게 됐다. 그와 같은 부흥 집회는 종종 즉흥적으로 진행됐으며 잘 짜여 있지 않았다. 수천 명의 사람들이 대각성 부흥에 참여해 식민지에서 이전에 찾아볼 수 없었던 신앙적인 열의를 보였다.

대각성에서 가장 영향력 있었던 지도자들은 데오도르 프렐링하위센(Theodore Frelinhuysen, 1691-1748), 윌리엄 테넌트(William Tennent, 1673-1745), 길

---

[1] Solomon Stoddard, *The Defect of Preachers Reproved in a Sermon Preached at Northampton, May 19, 1723*, in *The Great Awakening: Documents of the Revival of Religion, 1740-1745*, ed. Richard L. Bushman (New York: Atheneum, 1970), 15.

버트 테넌트(Gilbert Tennet, 1712-1751), 조나단 에드워즈, 조지 휫필드(George Whitefield, 1714-1770)였다.

대각성 이야기는 1726년 뉴저지 라리탄 골짜기(Raritan Valley)에서 먼저 시작됐다. 그 대각성은 네덜란드 개혁교회 목사 데오도르 프렐링하위센의 설교를 중심으로 일어났다. 경건주의에 영향을 받은 프렐링하위센은, 그리스도인이 경건한 삶을 살아야 한다는 것과 회심 경험을 말할 수 있어야 한다는 점을 설교에서 강조했다. 회심의 경험을 말할 수 없거나 부도덕한 삶을 사는 사람들은 성찬 참여가 금지됐다. 프렐링하위센은 동료 사역자들이 회중의 영적인 생활에 대해서는 관심이 없고 헛된 것에만 관심을 둔다고 꼬집기도 했다.

윌리엄 테넌트와 그의 아들 길버트는 펜실베니아와 뉴저지에서 사역하는 장로교 사역자였다. 그들은 은혜, 참된 회심 경험, 구원의 확신 등을 강조했다. 그들은 회심하지 않은 성직자는 그 지역을 영적으로 무기력하게 한다고 믿었다. 이러한 믿음이, 대각성을 반대한 사역자들을 공격하면서 그들이 참된 그리스도인이 아니라고 고발한 길버트의 가장 유명한 설교, "회심하지 않은 사역의 위험성"(The Danger of an Unconverted Ministry)을 낳았다.

> 회심하지 못한 사람의 사역이 얼마나 유익을 주지 못하는가에 대해서 우리가 살펴본 내용은 사실 슬프지만 체험으로도 입증될 수 있다. 회심하지 못한 사역자의 회중을 들여다보고, 얼마나 불쌍한 거짓 확신이 팽배한지를 보라. 여러 해를 통틀어 깨닫는 사람이 한 영혼이라도 있다고 들어본 적이 없다. 하지만 그래도 사역자는 태평하다. 왜냐하면, 자기는 자기 할 일을 했다는 식이니까!²

참 그리스도인이면서 대각성에 호의적인 사역자들을 양성하기 위해, 윌리엄 테넌트는 1726년 통나무대학(Log College)을 설립했다. 통나무대학은 후에 프린스턴대학의 기반이 된다.

---

2 Gilbert Tennent, "The Danger of an Unconverted Ministry, 1740", in *The Great Awakening: Documents of the Revival of Religion*, 91.

대각성의 신학자로 알려져 있는 조나단 에드워즈는 예일대학을 졸업하고 계몽주의 저작들에 대해 조예가 있었으며, 복음적인 설교자이면서 칼빈주의자였다. 그는 메사추시츠 노스햄튼(Northampton) 회중교회에서 목회를 했다. 그의 목회 방식은 엄격했다. 탁월하지만 감정은 없는 설교자로서 에드워즈의 설교는 영적으로 새롭게 출생하는 것의 필요성에 대해서 강조한다.

1734년 그의 설교들에 사람들이 울부짖는 회개의 감정으로 반응하면서 부흥이 시작되게 됐다. 부흥은 곧 코네티컷강 골짜기(Connecticut River Valley) 전역으로 퍼져 나갔다. 그는 1737년 『하나님의 놀라운 사역에 대한 성실한 서술』(Faithful Narrative of the Surprising Works of God)이라는 책에서 그는 그의 교회에서 일어났던 부흥을 묘사하고 있다.

이 책을 통해 에드워즈는 알려지게 됐고, 식민지 어디에서나 존경을 받는 인물이 됐으나, 끝내는 그의 교구민들 중 많은 사람의 민심을 잃으면서 1750년에 노스햄튼교회에서 쫓겨나게 됐다. 그러자 에드워즈는 인디언 선교사가 됐고, 뉴저지대학(College of New Jersey)의 학장으로 1년도 안되는 기간 동안 재임하다가 1758년 세상을 떠났다.

에드워즈는 1746년에 그가 출간한 『신앙감정론』(Treatise Concerning Religious Affections)에서, 감정과 의지가 공히 기독교 회심에 있어서 역할을 하기는 하지만, 감정을 쏟아내는 것은 참 회심의 증거가 될 수 없고 덕스러운 삶이 증거가 된다고 역설했다.

에드워즈는 1754년 『의지의 자유』(Freedom of the Will)를 출간했다. 이 책에서 그는, 사람은 하나님께 돌이키는 데에 필요한 모든 기관을 가지고 있으나 그렇게 할 수 있도록 하는 도덕적 성향을 상실했다고 주장한다. 사람이 하나님께 돌이키고 회심했을 때, 그것은 하나님이 그에게 도덕적 반역을 극복할 수 있는 초자연적인 은혜를 주셨기 때문이다.

그리고 "진노하신 하나님의 손에 있는 죄인들"(Sinners in the Hands of an Angry God)이라는 설교가 있는데, 이 설교야말로 에드워즈의 가장 유명한 설교요 아마도 미국 역사에서 가장 유명한 설교일 것이다. 이 설교는 사람을 지옥 불 위에서 실 한 올에 의지해 대롱대롱 매달려 있는 거미로 묘사하고 있다.

오 죄인이여! 당신이 얼마나 두려운 위협에 처해 있는지에 관해 생각하라. 그것은 굉장한 진노의 화로이며, 넓은 무저갱이며, 진노의 불로 가득한데 하나님의 손아귀에 있는 당신에게 그러한 미래가 예비돼 있도다. 지옥에서 정죄된 많은 사람에게 그러하듯 하나님의 진노는 당신에게 대해서도 그렇게 격발되고 타오르도다. 당신은 얇은 줄에 대롱대롱 매달려 있고 하나님의 진노의 불길이 그 주위에 빛나서 언제든지 그것을 태우고 소각해서 끊어 버릴 준비가 돼 있도다. 그런데 당신은 중보자에 대해 관심이 없기에, 당신을 구원하기 위해 붙들 것이 없으며, 진노의 불길을 피할 수도 없으며, 스스로 할 수 있는 것도 없고, 하나님이 한 시 동안이라도 당신을 구원하시도록 그분을 끌어들일 방법이 당신에게는 없도다. … 그러므로 그리스도 밖에 있는 모든 이들은 깨어나서 다가올 진노를 피하라. 전능하신 하나님의 진노는 의심의 여지없이 이 회중 가운데 많은 사람에게 해당되는 것이라. 모든 이들로 하여금 소돔에서 도망하게 하라.

"네 생명을 위해 속히 도망하라, 뒤를 돌아보지 말고 산으로 도망하라, 그렇지 않으면 멸망하리라."[3]

"진노하신 하나님의 손에 있는 죄인들" 설교는 죄인이 하나님의 진노를 피할 유일한 길은 자기 죄가 엄청나게 크다는 것을 깨닫고 구원을 위해 그리스도께 돌이키는 것뿐임을 강조한다. 에드워즈가 이 설교를 했을 때, 사람들이 떼를 지어 회개했다.

조지 휫필드는 대각성 당시 가장 위대한 설교자였다. 그는 1738년에 조지아(Georgia)로 갔다. 잠시 그곳에 있은 후에 그는 잉글랜드로 돌아와서 고아원을 위한 돈을 모금하고 잉글랜드 국교회에서 사제 서품을 받았다. 그는 조지아로 돌아가려고 했으나 그 길이 지체되면서 1739년 잉글랜드를 두루 다니며 설교를 했다. 그의 즉석 설교와 복음적인 열심 그리고 자신이 잉글랜드 국교회 사제임을 나타내려고 하지 않았기 때문에, 많은 교구 교회가 그에게

---

3 Jonathan Edwards, "Sinners in the Hands of an Angry God," in *Jonathan Edwards: Representative Selections*, ed. Clarence H. Faust and Thomas H. Johnson (New York: Hill & Wang, 1962), 161, 172.

자리를 주지 않았다.

전통적인 설교 자리는 닫혀 있었던 상태에서, 휫필드는 야외 집회를 가졌고, 수천 명이 그의 설교를 듣기 위해 운집했다. 그의 설교는 경건과 영적 거듭남의 필요성을 강조했다.

1740년에 미국으로 돌아가면서 휫필드는 자신의 명성이 이미 그곳에 퍼져 있었음을 발견했고, 무리들은 그의 설교를 듣기 위해 몰려들었다. 1740년에 뉴잉글랜드에서 사역할 때 휫필드는 130회 설교를 했고, 73일동안 1,280km가 넘게 다니면서 수천 명의 회심자들을 보게 됐다. 3만 명 정도가 참석했을 것으로 추산되는 그의 필라델피아 사역에는 이신론자 벤자민 프랭클린도 참석해 휫필드의 굉장한 웅변술과 무리들을 감동시키는 능력에 대해서 칭찬을 아끼지 않았다. 회의주의적인 기자 한 명이 1739년 휫필드의 뉴욕 사역에 참석한 후에 그가 본 것을 다음과 같이 「주간 뉴잉글랜드」(*New England Weekly Journal*)에 기고한 바 있다.

> 나는 저녁에 장로교회에 가서 휫필드가 문 안과 밖에 있는 2,000명 정도 되는 사람들에게 강해하는 것을 들었다. 나는 내 생애에 그렇게 집중을 잘하는 청중을 본 적이 없다. 휫필드 씨는 권세 있는 사람처럼 말했다. 다음과 같은 것들이 그가 말했던 것의 전부였다. 즉, 나타남, 생명, 권능! 사람들의 이목이 그의 입에 집중됐다. 그들은 게걸스럽게 모든 말씀을 집어삼켰다. 나는 놀라면서 집에 왔다. 모든 의구심이 사라졌다. 나는 그와 같은 것을 전에 본 적도 없고 들은 적도 없었으므로, 하나님이 틀림없이 이 진리의 사람과 함께 하신다고 혼잣말을 했다.[4]

휫필드는 뉴잉글랜드에서 조지아에 이르기까지 수천 명의 청중 앞에서 설교했다. 조지 휫필드 집회에 참석하는 것이야말로 미국 식민지 시대 사람들이 다함께 공유했던 경험이었다. 휫필드는 그의 칼빈주의적인 성향 때문에

---

4 "A Report on Whitefield in New York," *The New England Weekly Journal*, 1739, in *The Great Awakening: Documents of the Revival of Religion*, 23.

1741년 그의 이전 동역자인 알미니우스주의자 웨슬리와 갈라섰으나, 서로 간의 다정한 관계만큼은 계속해서 유지했다.

2. 대각성의 결과

대각성은 많은 면에서 미국 종교와 삶에 큰 영향을 끼쳤다. 개개인이 변화돼야 한다는 생각은 점점 발달하고 있었던 미국 개인주의와 잘 맞아떨어졌다. 도덕성과 공공예절이 좋아졌고, 교회 출석이 늘었다. 비록 기록에 따라 상이하긴 하지만, 30,000명에서 40,000명의 사람들이 뉴잉글랜드교회에 더해졌다고 추산되고 있고, 중부 식민지에서는 수천 명이 교회에 더해졌다고 추산되고 있다.

대각성은 식민지 사람들간의 영적인 유대 관계를 생성시켜서 많은 사람이 영국 교단들의 감독을 필요로 하지 않는다는 생각을 갖기 시작했다. 많은 식민지 사람은 또한 미국이 새로운 약속의 땅이라고 생각했다. 이러한 생각들이 미국 독립 혁명에 기여했다.

대각성은 많은 공동체에 대한 사역자들이 전통적인 역할을 어지럽혀 놓았다. 대각성 이전에도 부흥이 있었지만, 그 부흥들은 거의 전적으로 지역 목회자들에 의해서 인도됐고 특정 회중에게만 국한돼 있었다. 대각성 부흥사들의 성공은 사역자의 전통적인 역할을 약화시켰다. 많은 이에게 지역 목회자는 무리를 끌어들이지 못하고 강력한 부흥을 가져올 수 없는 사람인 것처럼 보였다. 수천 명의 사람이 '차가운' 교회를 떠나 좀 더 영적으로 활기 있어 보이는 교회들로 옮겨 갔다. 침례교회들이야말로 이러한 탈출의 최대 수혜자였다.

대각성은 회중교회를 '구파'(old lights)와 '신파'(new lights)로 나눠 놓았다. 두 계파가 모두 자신들은 신학적으로 뉴잉글랜드 청교도주의를 계승하고 있다고 주장했다. 보스톤 제1장로교회의 목사이며 유니테리언주의의 선조격인 찰스 촌시(Charles Chauncy, 1705-1787)로 대표되는 구파는 대각성에 수반되는 감정적인 지나침을 좋아하지 않았다. 촌시는 회심했다고 주장하는 사람들 중 많은 사람이 실상 진정한 영적인 변화보다는 단순히 감정적인 경험을 했을 것이라고 봤다. 신파 사람들은 대각성이 하나님의 강력한 일하심이라고 봤다.

100개 이상의 회중들이 대각성을 놓고 갈라섰다. 이 중에서 80개가 분리 침례교회가 됐다. 신파의 교회 중에서 가장 주목할 만한 곳은 메사추세츠 미들보로에 있는 아이작 배커스(Isaac Backus, 1724-1806)의 교회였다. 배커스는 종교 자유 및 교회와 국가의 분리를 확보하기 위한 지치지 않는 노력을 한 인물로도 잘 알려져 있다.

3. 미국 독립 혁명(The American Revolution, 1775-1783)

대각성이 미국을 하나로 묶는 영성을 창출해 냈다면, 미국 청교도주의는 미국 독립 혁명의 신학적 근거를 제공했다. 17세기 이래로, 청교도들은 미국이 특별한 기독교적 운명을 타고 났다고 믿었다. 청교도들과 그 외 많은 미국 그리스도인은 그들이 하나님과 언약을 맺었다고 생각했다.

하나님이 그들에게 새로운 보금자리를 허락해 주신 보상으로, 그들은 미국을 산 위에 빛나는 동네로 만들어 세계에 모범이 되도록 해야 할 의무가 있었다. 잉글랜드가 미국인들의 삶을 좌지우지하도록 하는 것은 이 언약을 깨뜨리게 만들 것이었다. 1776년에는 많은 미국 그리스도인이 이러한 믿음을 받아들였다.

미국 독립 혁명이 시작되자, 기독교 교단들은 어느 편을 들 것인지를 정하게 됐다. 대다수의 침례교 교인들과 회중교회주의자들과 장로교 교인들과 가톨릭 교도들은 독립 혁명측을 선택했다. 잉글랜드 국교회는 나뉘어졌다. 뉴잉글랜드의 잉글랜드 국교회 교도들은 보통 독립 혁명측을 선택한 반면, 남쪽 잉글랜드 국교회 교도들은 왕당파였다.

미국 독립 혁명 이후에, 대부분의 잉글랜드 국교회 교인들은 영국 왕을 머리로 하고서는 잉글랜드 국교회가 미국에서 살아남을 수 없다는 것을 깨닫게 됐다. 그래서 그들은 미국판 잉글랜드 국교회를 만들었으니, 곧 1789년 새뮤얼 시베리(Samuel Seabury, 1729-1796)가 미국 성공회를 만들게 된 것이다.

그랬는데도 잉글랜드 국교회는 미국에서 거의 무너지다시피했다.

감리교 교인들도 비슷한 문제에 직면했다. 미국 혁명이 일어나자, 영국편이었던 존 웨슬리는 사역자들에게 잉글랜드로 돌아오라고 명령했다. 대부분은 복종했으나, 프란시스 애스베리(Francis Asbury, 1745-1816)는 미국에 남아서 미국 감리교회의 아버지가 됐다.

메노나이트와 아미쉬와 퀘이커 등의 교단들은, 비록 그들이 평화주의자들이기는 했으나, 미국 독립 혁명의 기치에 동조했다.

4. 헌법과 비국교화

미국 독립 혁명이 끝나고 미국이 건국됐을 때, 감리교 교인들과 장로교 교인들과 침례교 교인 등 국교가 아니었던 교단들이 나서서 종교의 자유를 촉구했다. 침례교의 위기와 독립 혁명 전 미국의 위기 사이에 존재하던 유사점들을 비교하면서, 침례교 지도자 아이작 배커스는 침례교가 국가교회에 참여하지 않기 때문에, 국가교회를 위해 그들이 내야 하는 세금이 그에 해당하는 교회도 없는 상태에서 부과된다고 지적했다.

건국의 아버지 가운데에서 많은 사람이 종교 자유와 종교의 비국교화를 지지했다. 종교 자유를 강하게 지지한 이들은 토마스 제퍼슨, 벤자민 프랭클린, 그리고 제임스 매디슨(James Madison, 1751-1836)이었다. 그들은 모든 시민들이 양심의 자유를 가져야 한다고 주장했고, 국가 교회가 있으면 국가 내정에 간섭하게 된다는 사실을 인지하고 있었다. 그러므로 제1차 개헌(The First Amendment)은 사실 어떤 면에서는 교회로부터 정부를 보호하려는 의도를 갖고 있었다.

최초의 비국교화는 버지니아에서 일어났다. 제퍼슨의 지지를 받아서 1786년 '버지니아 종교 자유 헌장'(Virginia Statute for Religious Freedom)이 비준됐다. 제1차 개헌의 선구자 역할을 한 이 헌장은 다음과 같이 규정하고 있다.

우리 버지니아 총회는 다음을 법제화 한다. 그 누구도 종교적인 예배와 장소와 사역에 참석 또는 지지하라는 강요를 받지 않을 것이며, 신체상에든 물건에든 강제되고 규제되고 괴롭힘을 받고 부담이 지워지는 일이 없을 것이며, 종교적인 의견 또는 믿음 때문에 고통당하는 일이 없을 것이다. 모든 사람은 신앙고백의 자유를 가질 것이며, 논증을 통해 그것을 지켜 내며, 종교 문제에 그들의 의견을 제출할 수 있고, 종교가 사회적인 역량을 반감시키거나 증가시키거나 영향을 미치거나 하지 못할 것이다. 그리고 우리가 잘 알고 있듯이, 비록 이 총회가 통상적인 입법을 하기 위해 국민에 의해 선출된 것이기는 하지만, 그 뒤에 오는 우리와 똑같은 입법권한을 가진 총회들의 행적까지 제한할 권리는 없기에, 이 법을 취소할 수 없다고 선포하는 것도 법적 효력이 없다. 하지만 우리는 이곳에 주장된 권리는 인간의 타고난 권리임을 선언한다. 이 후에 이 법을 취소하거나 그 효력을 축소시키는 법이 통과된다고 하면 그것이야말로 인권침해라고 우리는 선언한다.[5]

종교 자유를 위한 국가 차원의 가장 중요한 절차는, 바로 미국 헌법 제 6조를 수용하고 제1차 개헌(1791)을 비준시키는 것이었다. 제6조는 그 어떤 교단도 미국에서 특혜를 받을 수 없으며, 개신교가 가톨릭이나 심지어는 무신론보다도 높임을 받을 수 없음을 확실히 했다. 제6조는 "그 어떤 종교 시험도 미국에서는 관직이나 공공이사직의 자격 조건으로 요구될 수 없다"고 돼 있다. 제1차 개헌은 국가 차원에서의 종교 자유론이 그 정신에 걸맞는 결론에 도달하도록 만들었다.

하원은 국교화에 관해 그 어떤 법도 만들지 않을 것이며, 자유로운 종교 활동을 금지하는 법도 만들지 않을 것이다.

---

[5] *No Establishment of Religion: America's Original Contribution to Religious Liberty*, ed. T. Jeremy Gunn and John Witte Jr. (New York: Oxford University Press, 2012), 166에서 인용.

잉글랜드 국교회와는 다르게 미국에는 국교가 없으며, 그 어떤 시민도 교회에 다니라는 강요를 당하지 않을 것이다. 종교는 자율적이게 됐다. 각각의 교단들은 같은 조건에서 출발해 개종자를 얻어 살아남고 성장해야만 했다.

미국 헌법의 종교 조항은 유럽에서는 듣지 못한 종류의 것이었다. 비록 네덜란드와 같은 나라들이 종교 관용을 실천하기는 했지만, 그 어떤 유럽 국가도 종교 자유를 국가 원칙으로 규정하지는 않았다. 모든 유럽 국가는 미국의 종교 실험을 진지하게 구경했다.

이제 미국 헌법에 국교란 없을 것이라고 규정했으나, 일부 주들은 독립 전부터 국가 교회 전통을 이어왔던 경우도 있었다. 그래서 중앙 정부의 권리를 존중하는 차원에서, 각 주가 알아서 비국교화를 하고 그 주의 헌법에 비국교화를 규정하도록 했다. 미국 헌법의 저자들을 따라서 많은 주가 반감 없이 신속하게 비국교화를 진행했는데, 바로 버지니아, 메릴랜드, 뉴욕, 노스캐롤라이나, 사우스캐롤라이나가 그런 주들이었다.

반면 200년이 넘는 기간 동안 국가 교회 전통이 있어왔던 그 외 주들의 경우, 비국교화까지 더 오랜 시간이 소요됐다. 가장 나중에 비국교화를 진행한 주는 1817년에 비국교화를 한 뉴햄프셔(New Hampshire), 1818년에 비국교화를 한 코네티컷, 1833년에 비국교화를 한 메사추세츠였다.

제1차 개헌에도 불구하고, 여전히 미국이 국가 교회를 세울 것이라는 두려움을 가진 사람들도 있었다. 이에 1802년 제퍼슨은 정부가 그들을 관용할 뿐 진정한 종교 자유는 주지 않을 것이라며 두려워 하고 있던 코네티컷주 댄베리(Danbury)의 침례교 교인들에게 다음과 같은 편지를 썼다.

참 종교란 사람과 하나님 사이에서만의 문제라는 당신들의 의견에 나도 동의합니다. 신앙이나 예배에 대해서 누구에게 납득시켜야 할 의무가 없으며, 정부의 정당한 권력 행사는 행동으로 나타나는 경우들에만 해당되지 의견에까지 권력 행사를 할 수 없다고 나도 생각합니다. 나는 지극한 경외심을 가지고 온 미국 사람들의 만든 법, 바로 "국교에 관해서 그 어떤 법도 만들지 않을 것이며, 자유로운 종교 활동을 금지하는 법도 만들지 않을 것"이라고 해 교회와 국가 간의 분리 장벽을 세웠던 바로 그 조항을 묵상해봅니다. 양심의 권리를 대변하며 우리 나라의 숭고한 의지를 표현한 이 조항을 견지하면서, 나는 인간이 사회적 책무와는 상반되는 기본권을 가지고 있지 않다고 확신하기에, 이제 진실한 만족감을 가지고 그러한 정서가 인간의 모든 기본적인 권리들이 회복되는 방향으로 우리를 이끄는 것을 보게 될 것을 기대합니다.[6]

댄베리 침례교 교인들은 제퍼슨의 말을 통해 종교의 자유를 다시금 확신할 수 있었다. 미국은 모든 이들이 종교 자유를 누릴 수 있는 나라로 정해진 것이다. 종교 문제에 있어서는 법이 아니라 양심이 최고 주권을 가지게 될 것이다.

---

[6] Thomas Jefferson, *Letter to Danbury Baptist Association, 1 January 1802*, in *Readings in Baptist History: Four Centuries of Selected Documents*, ed. Joseph Early Jr. (Nashville: B&H Academic, 2008), 75.

제24장

19세기 잉글랜드 개신교

바다의 맹주 영국은 150년간 세계 최강대국으로 군림했다. 비록 18세기에 대부분의 미국 식민지를 상실하기는 했어도, 영국 제국은 여전히 인도, 태평양의 섬들, 캐나다, 호주, 아시아, 아프리카에 광활한 지대를 소유하고 있었다. 1920년에는 온 지구 면적의 1/4 그리고 세계 인구의 2/3에서 3/4 사이 정도가 영국의 지배하에 있었다. "대영 제국에는 해가 지지 않는다"는 말은 허언이 아니었다.

영국 그리스도인들의 세계를 향한 태도에도 변화가 있었다. 탐험 결과에 대한 보고들과 식민지화에 대한 보고들이 그들을 매료시켰다. 그리고 이러한 보고들은, 영국 식민지 국가들에 거주하는 토착민 중에서 많은 사람이 그리스도의 이름을 한 번도 들어보지 못했다고 주장했다. 이에 그리스도인들은 그들을 복음화해야겠다는 책임감을 느끼게 됐다. 그리하여 19세기는 '기독교 선교의 위대한 세기'(Great Century of Christian missions)로 알려지게 됐다.[1]

잉글랜드 정부에도 역시 변화가 있었다. 군주제의 마지막 흔적까지도 사라져가고 있었고, 민주화가 진행되고 있었다. 국회는 더욱더 많은 남자에게 참정권을 확대하자는 법안을 통과시켰다. 19세기 말에 이르면, 영국 왕은 상징적인 우두머리에 불과하게 되고, 실권은 수상과 국회 하원(House of Commons)이 쥐게 된다.

잉글랜드는 인권에 대해서 생각을 바꾸고 있었다. 복음적인 협회들의 압력에 의해, 이전에 식민지였던 미국보다도 훨씬 일찍부터인 1807년에 잉글

---

[1] 위대한 세기는 윌리엄 캐리가 1793년 인도 선교사로 위촉되면서 시작돼, 1910년 스코틀랜드 에딘버러에서 세계 선교 대회가 열릴 때에 종료됐다. 케넷 스캇 라토렛(Kenneth Scott Latourette)이 전 17권으로 된 그의 『기독교 확장사』 (New York: Harper, 1937-1945)에서 '위대한 세기'라는 용어를 고안했다.

랜드는 노예 무역을 불법화했다. 1833년에는 영국 제국 어디서든지 노예를 소유하는 것이 불법이 됐다. 지역 경제가 노예에 의존하고 있던 미국과는 다르게, 영국 영토는 노예에 의존하고 있지 않았다. 다른 이유들도 있지만 이러한 이유 때문에 영국 제국은 내전이 없이 노예 해방을 이뤄낼 수 있었다.

산업 혁명(Industrial Revolution)은 영국의 하위 계급과 중산층 인력을 탈바꿈해 놓았다. 1800년 이전에는 대부분의 영국민이 시골에 거주했다. 산업 혁명이 일어나면서 시골 일꾼들이 도시로 올라와서 공장에 취업했다. 1851년에 이르면 영국 인구의 절반이 도시에 거주하게 됐다. 도시로의 인구 이동이 진행되면서 빈민가가 생기게 되고, 붐비는 생활 환경, 아동 노동, 위험한 노동 환경이 조성됐는데, 이와 같은 것들 때문에 새로운 기독교 인도주의 단체들이 생겨나게 됐다.

잉글랜드 국교회는 중요하고도 놀라운 변화를 겪었다. 일단 국교회는 존 웨슬리(John Wesley, 1703-1791)와 찰스 웨슬리(Charles Wesley, 1707-1788)의 사역을 통해 새로운 의미의 영성을 갖게 됐다. 그리고 1829년 로마 가톨릭 구제령이 내려지면서 가톨릭 교도가 고위 공직에 진출할 수 있는 길이 열렸고, 그러면서 가톨릭교회에 가까운 성향이 있는 잉글랜드 국교회 교도들이 이전 잉글랜드 국교회보다 많은 가톨릭적 요소를 첨가하라고 촉구할 용기를 갖게 됐다.[2]

그 외 잉글랜드 국교회 교도들은 잉글랜드 국교회가 모든 개신교회에 호의적이 되도록 만들기를 원했다. 잉글랜드 국교회가 비록 공식적으로는 여전히 영국의 국교였지만, 그것은 영향력을 잃어 가고 있었고 그 자신의 정체성을 찾아 헤메게 됐다. 결국 많은 영국 그리스도인이 존 넬슨 다비(John Nelson Darby, 1800-1882)와 같은 성경 해설가, 그리고 찰스 하돈 스펄전(Charles Haddon Spurgeon, 1834-1892)과 같은 위대한 설교자에게 끌리게 됐다.

---

[2] 1828년에는 침례교 등과 같은 비국교 종교 교단들이 합법화됐다.

1. 감리교

감리교 운동(Methodist Movement)의 창시자 존 웨슬리는 옥스퍼드대학교에 다녔고, 그곳에서 그와 그의 형제 찰스와 조지 횟필드 그리고 그 외 몇명이 함께 신성회(Holy Club)를 만들었다. 그들은 기도하고 성찬을 받고 경건 문학을 읽고 자신들의 삶을 자세히 살피며 하나님이 그들의 내면에서 일하시는 신호를 찾아내면서 많은 시간을 보냈다.

그들은 '방법론자들'(Methodists), 즉 감리교 교인들이라고 불리웠는데, 왜냐하면 엄격한 방식 또는 방법으로 영성 훈련을 했기 때문이다. 존 웨슬리는 1735년에 조지아에 갔으나, 그곳에서의 사역이 성공적이지 못해 2년 후에 잉글랜드로 돌아오게 된다.

존 웨슬리는 경건과 그리스도에 대한 헌신과 선교를 강조했던 니콜라스 폰 진젠도르프(Nicholas von Zinzendorf, 1700-1760) 백작이 창시한 모라비아 형제단(Moravian Brethren)에게 영향을 받았다. 모라비아 교도들의 영향과 함께 루터의 로마서 주석 서문을 들은 것이, 1738년 5월 24일에 런던 올더스게이트가(Aldersgate Street)에서 웨슬리가 "마음이 이상하게 뜨거워졌다"[3]고 표현했던 그 회심 체험을 촉진했다.

웨슬리에게 설교단을 허락하지 않은 잉글랜드 국교회 회중이 많았기 때문에, 웨슬리는 횟필드처럼 야외에서 설교하기 시작했다. 웨슬리의 설교를 즐겨듣는 청자들이 생겨났고, 그렇게 그는 더 알려지기 시작했다. 웨슬리와 그의 평신도 사역자들은 항상 설교하고 조직을 만들었고, 그 결과 1751년에 이르면 그의 감리교 운동이 영국 대부분의 지역에 자리를 잡게 된다. 웨슬리는 지칠 줄 모르는 사역자였다. 그는 말을 타고 32만km가 넘는 거리를 이동했고, 4만 번도 넘게 설교했으며, 수천 명의 도시 중산층을 감리교 교인으로 만들었다.

---

[3] John Wesley, *The Works of John Wesley*, 3rd ed. (Grand Rapids: Baker Books, 1999), 1:103. 어떤 이들은 웨슬리의 회심이 이 올더스게이트 경험 이전에 일어났다고 주장하기도 한다.

웨슬리는 사회의 도덕적 타락을 치료하기 위해서 잃어버린 영혼을 회심시키는 것 그 이상의 것에도 관심을 가졌다. 그는 주류와 도박과 노예 제도와 영국의 경악할 만한 형벌 체계에 반대하는 발언을 대놓고 했다. 이 점에서 그는 잉글랜드 교도소 개혁을 강하게 주장했던 존 H. 하워드(John H. Howard, 1726-1790)에게도 영향을 줬다. 하워드의 노력 덕분에 간수들은 재소자들을 약탈해 가족의 생계를 유지하지 않아도 될 만큼 더 많은 월급을 받게 됐다. 하워드는 또한 감옥을 갱생에 좀 더 적합한 곳으로 만들고자 했다.

웨슬리의 복음 전도와 사회 개혁에 대한 열정 때문에, 감리교는 흥왕하게 됐다. 그렇지만 감리교 운동이 잉글랜드 국교회로부터 다소 반대를 받다 보니, 웨슬리는 내키지 않았으면서도 잉글랜드 국교회와 거리를 둘 수밖에 없었다. 그는 프란시스 애스베리(Francis Asbury, 1745-1816)와 토마스 코크(Thomas Coke, 1747-1814)가 함께 미국 감리교 사역의 감리사가 되도록 했다.

웨슬리가 말년에 이르렀을 무렵, 감리교는 잉글랜드 국교회와는 분리된 교단이 돼 가고 있었다. 하지만 웨슬리는 감리교 교인들이 국가 교회와 갈라설 필요가 없다고 주장했다. 하지만 그가 죽은 이후 감리교회의 모습은 분명 잉글랜드 국교회에서 독립한 모양새였다.

교리적으로 감리교 교인들은 이신칭의와 알미니우스주의적인(Arminian) 구원론을 믿었다.[4] 웨슬리는 그리스도인이 완전에 도달할 수 있다고 하면서 사람이 의도적으로 짓는 죄로부터 자유롭게 될 수 있다고 가르쳤다. 이러한 개념은 완전 성화 교리라고 알려지게 된다. 교회 조직적인 측면에서 볼 때, 감리교는 감독교회(episcopalian)이며 연회(conference)에 궁극적인 권한이 주어지는 구조를 가지고 있다.

감리교 예배의 특징이라고 할 수 있는 것이 바로 강력한 설교와 찬송가 제창이다. 찰스 웨슬리는 기독교 음악에 큰 영향을 끼쳤다. 그가 지은 5,000개가 넘는 찬송가 중에서도 "비바람이 칠 때와 물결 높이 일 때에 사랑 많은 우리 주 나를 품어주소서"와 "천사 찬송하기를" 등이 가장 유명하다고 할 수 있다.

---

[4] 하지만 일부 웨일즈 감리교 교인들은 횟필드에게 영향을 받아서 칼빈주의적이었다.

2. 잉글랜드 국교회

19세기의 상당 기간에, 잉글랜드 국교회는 그 정체성을 찾아 헤맸다. 국교회의 소위 '중도' 노선은 넓은 교회 운동(Broad Church)과 저교회(Low Church) 및 고교회(High Church) 운동 등의 형성으로 인해 부식돼 버렸다. 잉글랜드 국교회 내의 자유파라고 할 수 있는 넓은 교회 운동 또는 '광교회주의자들'(latitudinarians)은 모든 종류의 기독교 신앙고백자가 잉글랜드 국교회에 들어오거나 또는 국교회 안에 남아 있는 것을 허용했다.

광교회주의자들은 교회를 모두를 수용했던 노아의 방주에 비교했다. 광교회주의자들에 따르면, 비록 『공기도서』와 "39개조 신조"가 잉글랜드 국교회의 예배와 교리에 있어서 표준이긴 하지만, 각 사람은 그것들을 해석할 자유가 있다.

저교회주의자들은 잉글랜드 국교회 내에 있는 복음주의자들로서, 성례와 성직 서열과 성직자의 의복 문제를 중요시하지 않는다. 그 대신 그들은 복음 전도와 설교와 도시 및 교외의 노동자 계급을 대상으로 사역하는 것을 강조했다. 많은 저교회주의자는 잉글랜드 국교회를 떠났으나, 잉글랜드 국교회에 남은 저교회주의자들도 상당히 있었다.

저교회주의자들 내에는 클래팜 분파(Clapham Sect)라는 유력한 모임이 있었다. 이 모임의 명칭은 대부분의 회원이 살던 런던의 특정 구역의 이름을 따서 붙여진 것이었고, 그 회원들은 지역 교구 교회에서 부유하고 영향력있던 사람들이었다. 이 모임의 회원들은 복음 전도에 열심이었고, 성경의 가르침을 삶 속에서 실천하고, 사회 문제들을 해결하는 데에 열심이 있었다.

클래팜 분파는 1787년 시에라리온에 사유 식민지를 만들어서 자유민이 된 노예들을 위한 거주지를 제공하기도 했다. 윌리엄 윌버포스(William Wilberforce, 1759-1833)가 이 집단의 가장 유명한 회원이었다. 그는 국회를 통해 노예 제도를 폐지하는 일에 일생을 바쳤다. 그는 또한 영국성서공회를 설립하는 일에도 큰 역할을 했고, 인도 선교 사업을 촉진하기도 했다.

다수 잉글랜드 국교회 교인들이 보기에는 계몽주의 사상과 합리주의와 산업 혁명의 여파가 합쳐지면서 그것이 잉글랜드 국교회의 영향력 상실을 가져온 것으로 생각됐다. 그리하여 신비적이고 중세식의 예배로 돌아가고자 하는 갈망을 가지고, 더욱 가톨릭적인 예전을 회복하려는 고교회 운동이 일어나게 됐다. 이러한 잉글랜드 국교회 내부의 가톨릭적인 세력은 교부들의 가르침, 세례 중생, 성례의 신비, 사도성의 계승, 마리아 숭배, 성직자 독신주의 등을 강조했다. 그들은 영국 국왕이 국교회의 머리로 남기를 원했다.

옥스퍼드대학교에 기반을 둔 옥스퍼드 운동(Oxford Movement, 1833-1845)의 지도자들이야말로 고교회주의 지지자들이었다. 존 케블(John Keble, 1792-1866), 에드워드 부베리 퍼시(Edward Bouverie Pusey, 1800-1882), 존 헨리 뉴먼(John Henry Newman, 1801-1890)이 바로 그 옥스퍼드 운동의 지도자들이었다.

옥스퍼드 운동의 일차적인 관심사는 1829년에 나온 로마 가톨릭 구제법(Roman Catholic Relief Act), 즉 정부 관료는 잉글랜드 국교회 교인이어야만 한다는 요구 사항을 폐지하는 법을 통과시키는 것이었다. 이 구제법은 잉글랜드 국교회가 여전히 국교이기는 하지만 그 영향력은 상실될 것이라는 두려움을 많은 이에게 심어 줬다. 이러한 두려움은 1833년 국회가 아일랜드 주교 관구의 숫자를 10개나 줄이려고 시도했을 때 더 커지게 됐다. 이에 대한 저항의 뜻에서, 케블은 옥스퍼드 성 메리(Saint Mary)교회에서 설교하면서 국교회의 기원은 하나님께로부터 온 것이고 사도성의 계승도 확실하다고 했다.

옥스퍼드 운동의 지도자들은 『이 시대를 위한 소책자들』(Tracts for the Times, 1833)을 써서, 잉글랜드 국교회 전통이 로마와 연결돼 있으며 『공기도서』야말로 신앙 규칙이라고 강조했고, 또한 초대교회 교부들의 권위 및 화체설도 강조했다. 이 사람들에게는 중도라는 것이 없었다. 로마로부터 독립된 잉글랜드 국교회의 독립성을 유지하면서도, 가톨릭의 가르침으로 돌아가는 것이 필수적이라고 그들은 역설했다. 신학자들과 정치인들은 옥스퍼드 운동을 비웃었지만, 그 운동은 많은 사람으로 하여금 잉글랜드 국교회를 떠나 로마 가톨릭으로 옮겨가도록 했다.

존 헨리 뉴먼은 옥스퍼드 운동의 지도자들 중에서 가장 영향력 있는 인물이었다. 그는 옥스퍼드 오리엘대학(Oriel College)의 교수 회원(fellow)이 됐고, 1829년에는 성 메리교회의 담임(vicar)이 됐다. 20권의 『이 시대를 위한 소책자들』의 저자인 뉴먼은 잉글랜드 국교회에서 가장 개신교적인 부분이라고 할 수 있는 "39개조 신조"가 그 자체로서는 가톨릭에 대해서 비판적이지 않고, 단지 가톨릭의 폐단에 대해서만 비판적이라고 주장했다. "90개조"라는 글에서 뉴먼은 다음과 같이 쓴다.

> "39개조 신조"의 틀을 만든 사람들은, 개신교 교도들만큼 멀리 나가지는 않은 사람들이었다고 이해하는 것이 가장 좋은 방법일 것이다. 그렇다면 잉글랜드 국교회 내의 가톨릭 교도들이야말로 그와 같은 온건한 개혁자들의 후예요 대변자라고 할 수 있다. "39개조 신조"의 언어 표현 속에서 직접적으로 그들에 대한 변호를 이끌어낼 수 있을 것으로 생각돼 왔다. 그렇다면 그들은 "39개조 신조"를 왜곡하는 것이 아니라, 신조의 원래 저자들이 그것을 쓰면서 의도한 특별한 목적 중의 하나를 이용하는 것이라고 할 수 있다.[5]

"90개조" 때문에, 뉴먼은 조용히 하라는 명령을 받고 옥스퍼드 주교에 의해 정죄됐다. 1845년에 뉴먼은 가톨릭으로 개종했다. 1864년에 출간된 『당신의 생명을 위한 변증』(*Apologia pro Vita Sua*)이라는 책에서 그는 자신의 행위를 변호했다. 사실 뉴먼은 로마 가톨릭교회를 기독교의 최고봉으로 봤었던 것이다. 뉴먼은 1879년에 추기경이 됐고 1991년에 가경자(venerable)라고 선언됐다.

3. 구세군

구세군(Salvation Army)의 창시자 윌리엄 부스(William Booth, 1829-1912)는 감리교 사역자로 재직하면서 런던의 가난한 사람들과 극빈자들의 영적 육적 필요를 채워 주는 일에 헌신했다. 1861년에 그는 감리교와 결별했는데, 왜냐하면 감리교 교인들이 그의 복음 전도 기법의 고압적인 면을 싫어했기 때

---

5   John Henry Newman, *Tract 90*, cited in *Documents of the Christian Church*, 3rd ed., ed. Henry Bettenson and Chris Maunder (New York: Oxford University Press, 1999), 358.

문이었다. 감리교 강단에서 나온 부스는, 길거리의 설교자가 됐다. 1865년에 그는 런던의 동쪽 끝자락에서 많은 사람이 참석하는 복음 집회를 열기 시작했다.

그 후에 그는 화이트채플(Whitechapel) 구획에서 자기 나름의 부흥 운동인 소위 기독교 선교회(Christian Mission)를 시작했다. 이 선교회는 전도와 사회 사역과 자선 활동을 강조했다. 부스는 전인적인 사역관을 다음과 같이 내세웠다.

> 만약 우리가 사람들을 돕는다면 그것은 우리들이 그를 변화시키기 위해서 돕는 것이다. 어떤 건축가가 그의 계획을 구체화하거나 집을 세우면서, 체면치레만 하고 벽돌을 굽지 않는다면, 그것이야말로 실패이며 어리석은 짓이라는 말을 들을 것이다. 건축상의 완벽한 아름다움, 자본의 무제한적인 소비, 노동자들의 틀림없음 등도 벽돌이 가마에 들어가지 않은 흙 그대로 있다면 아무 소용이 없을 것이다. 건축가가 불을 당기도록 하라. 그렇다면 마찬가지로 여기서 나는, 사람이 전인적으로 변하지 않고 그의 주변환경이 변하기 않는데도 이 희망 없는 사회 계층의 상황이나 도덕성이 지속적으로 좋아지는 것이 가능하다는 생각의 어리석음을 보게 된다. 바로 이 점에 내가 시도하려고 하는 모든 것이 걸려 있다. 많은 경우에 나는 성공할 것이고, 어떤 때는 실패할 것이다. 하지만 실패한다고 하더라도, 영혼도 영혼이지만 최소한 육체적인 면에서라도 유익을 끼치겠다는 것이 나의 궁극적인 계획이다. 그리고 나는 아버지들을 구원하는 것이 아니라, 아이들을 위해서 더 나은 기회를 창출할 것이다.[6]

부스는 이 운동의 총괄 감리사(superintendent)가 됐으나, 그의 추종자들은 그를 가리켜 '장군'(General)이라고 했고, 개종자들은 '그리스도의 군사들'(soldiers of Christ)이라고 알려지게 되면서, 이 운동이 구세군이라고 명명되기에 이르렀다.

---

6 William Booth, *In Darkest England, and the Way Out* (1890; repr., Champaign, IL: Project Gutenberg, [1996]), Preface, accessed December 18, 2013, http://www.gutenberg.org/cache/epub/475/pg475.html.

이 모임은 잉글랜드에서 빠른 속도로 확장돼서, 1881년에서 1885년 사이에만 해도 25만 명이 넘는 사람들이 회심했다고 주장할 정도가 됐다. 시초부터 구세군은 자선 사업과 사회 복지에 적극적으로 참여해, 가난한 사람들에게 의복과 음식을 제공해 주고, 알콜 중독자들을 돕는 프로그램을 만들고, 전 세계를 다니며 질병 구호 활동을 해 왔다.

4. 선교

머나먼 영국 식민지 토착민들을 전도하려는 열망이야말로 영국 선교 운동을 움직이는 동력이었다. 회중교회주의자들과 침례교 교인들과 그 외 개신교 교단들은 거의 하루아침에 선교부를 설립하다시피 했다. 그중에서 가장 영향력이 있었던 두 개의 선교부를 꼽으라면 침례교선교회(Baptist Missionary Society)와 런던선교회(London Missionary Society)일 것이다.

근대 선교의 아버지로 알려져 있는 윌리엄 캐리(William Carey, 1761-1834)는 잉글랜드 국교회에서 자랐다. 20대 초반에 캐리는 1783년에 그가 침례교 교인이 되도록 설득했던 앤드류 풀러(Andrew Fuller, 1754-1815) 등과 같은 몇몇 영향력 있는 침례교 교인들을 만나게 됐다. 이 당시 많은 특정 침례교 교인들이 극단적인 칼빈주의(hyper-Calvinism)의 오류에 빠져 예정과 선택을 너무 강조한 나머지, 회개하고 그리스도를 믿으라는 보편적인 명령을 부인하고 그리스도인들은 어떤 사람들이 선택됐다는 증거가 있을 때까지는 그들에게 구원 초청을 해서는 안 된다는 식으로 말을 했었다.

극단적인 칼빈주의자들은 전도와 선교를 하나님의 주권적 선택에 대한 도전이라고 받아들였다. 다수의 극단적 칼빈주의자들은 하나님이 모든 행동을 미리 아시기 때문에 자신들은 죄악된 행위에 대해 책임이 없다고 주장하면서 율법 폐기론자가 되기도 했다. 풀러는 이와 같은 견해에 의문을 제기한 최초의 특정 침례교 교인 중 한 명이었다. 그는 『모두가 받을 만한 복음』(Gospel Worthy of All Acceptation, 1785)이라는 저서에서, 복음은 모든 사람을 위해 예비된 것이며 모든 그리스도인은 그것을 선포해야 할 책임이 있다고 선언했다.

풀러의 책을 읽은 후, 『쿡 선장의 항해』(Voyages of Captain Cook)[7]와 『데이비드 브레이너드의 생애와 일기』(Account of the Life of David Brainerd)[8]도 읽고서, 캐리는 온 세계에 복음을 전파할 책임이 있다는 결론에 도달했다. 1786년 침례교 사역자 모임에서, 캐리는 전 세계를 전도하는 것이 그리스도인들의 책임인지에 대해 질의했다. 한 사역자는 다음과 같이 대답했다고 알려져 있다.

> 젊은이여 앉으시오. 당신은 열광주의자요! 하나님이 이방인들을 개종시키기를 기뻐하신다면, 하나님은 당신이나 나와 상의하지 않고 그 일을 하실 것이오.[9]

캐리는 물러서지 않았다. 1792년 그는 선교의 새지평을 연 『이방인들을 회심시키는 일을 위해 그리스도인들이 수단을 사용할 의무가 있음에 대한 탐구』(An Enquiry into the Obligations of Christians to Use Means for the Conversion of the Heathens)라는 선언문을 출간했다.

이 작품은 대위임령이 다수의 특정 침례교 교인들이 주장과는 다르게 단지 사도들에게만 주어진 것이 아니라 모든 그리스도인에게 주어진 명령임을 그리스도인들이 깨달아야 한다고 촉구했다. 캐리는 다음과 같이 기록한다.

> 만약 모든 나라를 가르치라는 그리스도의 명령이 사도들에게만 해당되는 명령이라면, 이 사역에 하나님이 개입하시겠다는 약속이 의심의 여지 없이 매우 제한될 수밖에 없다. 하지만 대위임령은 그러한 생각을 명확하게 배제하는 방식으로 표현돼 있다. 볼지어다, 내가 세상 끝날까지 너희와 항상 함께 있으리라.[10]

---

[7] 캐리는 쿡 선장이 만났던, 그리스도에 대해서 전혀 모르는 원주민들에 대해서 특별히 관심을 가지고 있었다.
[8] 데이비드 브레이너드(1718-1747)는 뉴저지 델라웨어 인디언들에게 파송된 미국 선교사였다.
[9] H. Leon McBeth, *The Baptist Heritage: Four Centuries of Baptist Witness* (Nashville: Broadman, 1987), 185에서 인용.
[10] William Carey, *An Enquiry into the Obligations of Christians to Use Means for the Conversion of the Heathens* (Leicester, 1792), cited in H. Leon McBeth, *A Sourcebook for Baptist Heritage*

캐리는 1792년 5월 31일, 소위 '불멸의 설교'(Deathless Sermon)를 노팅햄 침례교 협의회 모임에서 전했다. 그가 정했던 본문은 이사야 54:2-3이었고, 설교의 주제는 "하나님으로부터 위대한 일들을 기대하라. 하나님을 위해 위대한 일들을 시도하라"는 것이었다. 이 설교를 통해, 같은 해 연말에 '이방인들에게 복음을 전파하기 위한 특정 침례교 협의회'(Particular Baptist Society for Propagating the Gospel Among the Heathen)가 발족하게 됐다. 얼마 지나지 않아서 이 협회는 침례교선교회라는 좀 더 간명한 이름으로 개칭됐다.

아내 도로시(Dorothy, 1752-1807)와 아들 필릭스(Felix, 1786-1822)를 데리고 캐리는 1793년 인도에 도착했다. 그는 그때로부터 평생 41년간을 그곳에서 사역하면서 보냈다. 처음에 그는 쪽이라고 하는 인도 염료 관목을 관리하는 일을 했다. 그의 언어 능력 덕분에, 그는 1801년 캘커타(Calcutta)에 있는 포트윌리엄스대학(Fort Williams College)의 벵골어와 산스크리트어 교수가 됐고, 이 교수 자리에 그는 31년간을 있었다. 이러한 직업들은 그에게 선교 사업을 위한 자금을 마련해 주는 수단이 됐다. 하지만 첫 번째 인도인 개종자를 얻기까지는 7년이라는 세월이 걸렸다.

캐리는 지칠 줄 모르는 일꾼이었다. 그는 벵골어와 그 외 20개가 넘는 아시아 언어로 성경을 번역했다. 이 언어들이야말로 어림잡아 세계 인구의 1/3 정도가 사용하는 언어들이다. 1814년 기준으로, 캐리가 인도에 세운 교회만 해도 20개가 넘었고 또한 그가 세운 인도 선교지부들도 있었다.

윌리엄 워드(William Ward, 1769-1823)와 조슈아 마쉬맨(Joshua Marshman, 1768-1837)의 도움을 받아, 캐리는 1818년 세람포르대학(Serampore College)을 건립했다.[11] 이 사람들의 사역의 결과 700명이 넘는 인도인들이 회심하게 됐다. 인도에 있을 동안, 캐리는 토착 언어로 수천 개의 설교를 전했고, 몇 가지 인도 방언들을 섭렵했으며, 다른 이들도 해외 선교에 그들의 삶을 헌신할 수 있도록 영감을 줬다.

캐리에게 영감을 얻은 결과, 1795년 런던선교회가 설립됐다. 선교회의 회

(Nashville: Broadman, 1990), 136.
[11] 캐리, 워드, 마쉬맨은 세람포르 삼총사라고 알려지게 됐다.

원들은 잉글랜드 국교회 교인들, 장로교 교인들, 감리교 교인들, 회중교회주의자들이었다. 회원 교단들의 서로 다른 교회 정치 방식은 복음 전도에 방해가 되지 않기 위해 제쳐 두기로 했다. 선교회의 사역은 태평양 섬들과 중국과 아프리카에 주로 집중됐다. 선교회에서 처음으로 파송한 29명의 선교사들은 타히티에 정착했다.

로버트 모리슨(Robert Morrison, 1782-1834)은 런던선교회의 파송을 받고 최초의 중국 개신교 선교사가 됐다. 그는 1807년 중국에 도착해 그곳에서 27년간 머물렀다. 그는 광동성, 싱가포르, 말레이시아 피낭(Penang)주에 기반을 두고 중국어를 배웠으며, 중국어 문법책과 사전을 만들고, 성경을 중국어로 번역했다. 그가 출간한 책들이야말로 그가 중국 선교에 남긴 가장 큰 공헌이었다.

회중교회 목사이며 탐험가인 데이비드 리빙스턴(David Livingstone, 1813-1873)은 런던선교회 소속 선교사 중에서 가장 유명한 인물이다. 아편 전쟁 때문에 중국에 들어갈 수 없게 되면서, 그는 남아프리카로 파송을 받았다. 그는 해안가로부터 자리를 옮겨서 중앙 아프리카 내륙 지방에까지 깊이 들어갔는데, 그 이유는 유럽인들이 가보지 못한 곳에서 복음 전도를 하고 싶었기 때문이었다.

리빙스턴은 잠베지(Zambia)강을 탐사한 최초의 백인 중 한 사람이며, 백인 중에서 최초로 빅토리아 폭포(Victoria Falls, 리빙스턴이 영국 여왕의 이름을 따라 명명함)를 본 사람이라고 생각되며, 또한 은가미호(Lake Ngami), 말라위호(Lake Malawi), 뱅웨루호(Lake Banweulu)의 지리적 특색을 개관한 인물이었다. 그의 탐사 이야기가 영국과 미국 신문들에 기록되면서, 그는 대서양 양쪽 편에서 모두 수의 지지자를 확보하게 됐다. 그가 영국으로 돌아오자 영웅 대접을 받게 됐으며, 선교사 자리에서 물러나 왕립 지리 협회(Royal Geographic Society) 직을 수락하게 된다.

제임스 허드슨 테일러(James Hudson Taylor, 1832-1905)는 15세 때에 중국 선교사가 되기로 결심했다. 그는 바닥에서 잠을 자고 꾸준한 운동을 하며 최대한 적게 먹는 등의 훈련을 통해 어려움을 이겨 낼 준비를 했다. 의사가 돼 의료 선교사가 되려고 공부를 하던 중에, 테일러는 여러 개의 중국 방언을 독학으로 공부했다.

중국에 파송을 받은 후에, 그는 1865년 초교파 선교 단체인 '중국내지선교회'를 설립했다. 중국인들에게 받아들여지기를 바라는 마음에서, 테일러는 중국 문화를 받아들이고 중국어로 설교했다. 이것은 중국 문화에 동화되기를 거부했던 테일러의 동료 선교사들에게는 잘 받아들여지지 않았는데, 그랬기 때문에 테일러의 사역이 그들의 사역보다 더욱 성공적일 수 있었다.

기독교 선교의 위대한 세기는 1910년 1,200명의 해외 선교부 대표들이 스코틀랜드 에딘버러에 모이면서 그 절정에 이르렀다. 교회 일치의 정신으로, 대표단들은 함께 협력해 복음을 널리 전파하기로 결의했다. 그들은 서로의 사역을 방해하거나, 다른 개신교 교단에 속한 원주민들을 또 다른 개신교 교단으로 개종시키는 일을 하지 않기로 서약했다. 연합이야말로 20세기의 화두가 될 예정이었다.

5. 19세기 기독교 선교의 유산

어떤 기독교 선교사들에게는 복음 전도만이 그들의 존재 이유였다. 그들은 또한 기독교와 유럽의 방식이 나란히 같이 간다고 생각하면서 서양 문화와 가치를 소개하려고도 했다. 이러한 생각은 선교 사업을 상당히 저해하기도 했다.

많은 토착민이 유럽의 농업 방법과 산업 방법을 배우는 대가로 기독교를 기꺼이 받아들이거나 또는 최소한 받아들이는 흉내를 냈다. 이 때문에 많은 토착민이 기독교를 그리스도와의 영적인 관계로 생각하기보다는 단순히 유럽 문화의 한 측면으로 인지하게 됐다. 제국주의적인 기독교라고 알려진 이러한 영적 변혁과 서양 문화의 섞임 현상 때문에, 의식적이든 그렇지 않든 간에, 선교사가 단순히 영국 정부의 도구로 전락돼 버리는 경우가 잦았다.

비록 요즘 그리스도인들이 제국주의적 기독교에 대해서 거부감을 가지고 있기는 하나, 그렇다고 해서 제국주의적 기독교에 장점이 없었던 것은 아니다. 영국 정부의 존재감과 유럽의 세계관 덕분에 선교사들이 여성의 권리 신장을 촉구하고, 부족 전쟁을 멈추는 데 도움을 주며, 아프리카의 노예 무역을 종결시킬 수 있었기 때문이다. 선교사들은 종종 정부의 도움을 받으면서 최신 약품을 아프리카에 반입할 수 있었고 말라리아와 콜레라의 확산을 줄일 수 있었다. 인도에서 선교사들은 여성의 권리 신장을 촉구하고, 과부들의 종교 의식을 위한 자살(sati)관습을 폐지할 수 있었다.

6. 존 넬슨 다비(1800-1882)

플리머스 형제단의 창설자 중 한 사람인 존 넬슨 다비는 세계 역사가 7개의 시대(ages) 또는 세대(dispensations)로 나눠진다고 가르쳤다. 가장 마지막이며 종말에 올 세대는 이스라엘 나라가 회복되는 시대이다. 그렇지만 기독교회와 이스라엘은 서로 분리된 실체들이다. 그는 또한 그리스도께서 다시 오시기 전에 환난의 때가 있을 것이며 환난 전에 휴거가 이뤄질 것이라고도 가르쳤다.

과학적 발견들이 전통적인 기독교 신앙을 위협하던 시대에, 다비의 세대주의는 하나님이 여전히 역사를 주관하신다는 것을 나타내려는 의도를 가지고 있었다. 미국에서 다비의 체계는 널리 퍼졌고, 여러 세대 구분을 주석 부분에서 설명한 '스코필드 주석성경'(Scofield Reference Bible)을 통해 확장되게 됐다. 세대주의는 20세기 미국의 근본주의자들(fundamentalists)과 복음주의자들(evangelicals)에게서 많이 나타나고 있다.

7. 찰스 하돈 스펄전(1834-1892)

19세기 잉글랜드에서 가장 영향력 있는 복음주의자였던 찰스 하돈 스펄전은 1854년부터 시작해 1892년 그가 죽을 때까지 런던의 뉴파크스트리트침례교회(New Park Street Baptist Church)에서 목회 사역을 했다. 스펄전은 설교로 유명한데, 그 설교들은 종종 필사돼서 잉글랜드와 미국 신문에 전국적으로 출간되곤 했다. 그의 설교의 영향으로 수천 명의 사람이 회심했다. 그는 일상 영어로 설교를 했고 그리스도의 가르침을 강조했다. 스펄전의 설교는 종종 인간의 죄 됨과 그리스도의 절대적 필요성을 강조하곤 한다.

그의 설교가 유명했기에, 뉴파크스트리트교회는 교회당 시설이 감당할 수 없을 만큼 많은 수의 교인을 갖게 됐다. 그래서 교인들이 1861년 5,000석을 갖춘 메트로폴리탄 태버내클(Metropolitan Tabernacle)이라는 새로운 건물을 건축했지만, 그러고도 그 건물이 가득 찰 때가 많았다.

스펄전은 또한 자유주의(liberalism)에 대해서 강한 반감을 가지고 있었다는 사실도 잘 알려져 있다. 1887년부터 그가 죽을 때까지, 그는 긴 기간 동안 계속되며 교단을 분열시키기에 이른 영국 온건파 및 자유파 침례교 교인들과의 소위 과소평가 논쟁(Downgrade Controversy)에 참여했다. 스펄전은 영국 침례교 교인들이 성경과 거룩한 삶에 관한 그들의 믿음을 '과소평가'해 왔다고 믿었다.

그의 대적 존 클리포드(John Clifford, 1836-1923)는 구원론에 있어서는 알미니우스주의자였고, 사회 문제에 관심을 가진 자유파 정치인이었다. 클리포드는 런던 웨스트본침례교회(Westbourne Baptist Chapel)의 목사이기도 했으며, 1879년에는 런던침례교협의회(London Baptist Association) 회장을 역임하고, 1888년과 1889년에는 침례교연합회(Baptist Union) 회장을, 그리고 1898년에는 영국 복음주의 교회회의(National Council of Evnagelical Churches) 회장을 역임했다.

또한, 스펄전은 스톡웰 고아원(Stockwell Orphanage)을 설립하고, 목사대학(Pastor's College, 스펄전대학[Spurgeon's College]이라고 개칭됨)을 설립했으며, 여러 권의 책을 출간했는데, 그중에는 총 49권으로 이뤄진 『성경 설교』집(Sermons on the Bible)도 있었다.

8. 20세기 초반

1914년에 제1차 세계대전이 시작되면서 에딘버러 대회(Edinburgh Conference)의 낙관론에 제동이 걸리게 됐다. 19세기 잉글랜드에 가득했던 기독교 선교와 자선 사업에 대한 열정은 이제 전쟁 동원에 대한 열정으로 대체됐다. 임마누엘 칸트의 생각과는 다르게, 인류는 더 나아지지 못했다. 제1차 세계대전 이후, 잉글랜드의 기독교는 다시는 이전과 같은 선교 열을 회복하지 못했다.

제25장

제2차 대각성 운동과 파급 효과

제2차 대각성 운동(Second Great Awakening, 1790-1830)은, 서로 구별되지만 서로 관련이 있는 3개의 국면으로 나눠서 진행됐다.

첫째 국면은 예일대학에서 일어나서 뉴잉글랜드 회중교회들에 영향을 준 부흥을 가리키고,
둘째 국면은 서쪽 개척 지역인 켄터키와 미주리와 테네시에서 강한 부흥이 일어났다고 알려진 것을 말한다.
셋째 국면에서는 찰스 피니(Charles Grandison Finney, 1792-1875)의 사역과 부흥이 주를 이루었다.

1. 예일과 뉴잉글랜드 대각성

예일대학의 학장이요 조나단 에드워즈의 손자였던 티모시 드와이트(Timothy Dwight, 1752-1817)야말로 회중교회를 중심으로 일어났던 제2차 대각성의 첫 번째 국면에서 핵심적인 인물이었다. 드와이트는 예일 학생들이 기독교보다는 이신론에 더 흥미를 느끼는 것에 대해서 우려를 금치 못했다. 그래서 다른 교수들과 함께 드와이트는 기독교 진리에 대해 강의와 설교를 하기 시작했다.

부흥은 1802년에 일어났다. 집회가 끝났을 때, 225명 중에서 70명이 넘는 예일 학생들이 회심했다. 예일 부흥은 미국 전역의 다른 대학들로 퍼져 나갔

다.¹ 과연 드와이트의 바람대로, 부흥이야말로 예일과 미국에서의 이신론 확산을 막는 데에 도움을 줬다.

이 부흥의 때에 예일대학에 재학했던 나다니엘 테일러(Nathaniel Taylor, 1786-1858)는 '테일러주의'(Taylorism) 또는 '뉴헤이븐신학'(New Haven Theology)이라고 알려진 신학 사상을 주창했다.

그는 구학파(old-school) 칼빈주의에서 견지하는 엄격한 예정론에 반대하면서, 회심에는 인간의 자유가 한몫한다는 것을 부흥이 증명해 줬다고 믿었다. 그러면서 그는 모든 사람이 죄인이지만, 그렇다고 아담의 죄가 다른 이들에게 전가되는 것은 아니라고도 했다. 각 사람은 자기 스스로 범한 죄에 대해서만 책임이 있으며, 사람은 자기 스스로 죄를 지을지 짓지 않을지를 선택할 수 있는 능력이 있다는 것이다.

1822년 테일러는 새로 설립된 예일신과대학의 윤리신학 교수로 임명됐다. 작가 해리엇 비처 스토우(Harriet Beecher Stowe, 1811-1896)의 아버지 라이먼 비처(Lyman Beecher, 1775-1863)야말로 뉴헤이븐신학의 가장 영향력 있는 옹호자였다.

뉴헤이븐신학은 칼빈주의적이기는 했으나 알미니우스주의(Arminianism)로 한 발짝 다가간 신학으로서, 초창기 청교도 정착민들의 신학으로부터 미국이 계속해서 이탈해 나가도록 했다. 전통적인 칼빈주의적 원죄 교리와 그 전가 교리를 수정함으로써,² 뉴헤이븐신학은 정통 칼빈주의에서 이탈한 이들이 자신의 신학을 더 발전시키는 분위기를 북돋우게 됐다. 그러한 이탈자들 중에는 합리주의를 위하며 인간의 자유를 강조하기 위해 전통적인 정통주의를 저버린 유니테리언주의자들(Unitarians)도 있었다.

유니테리언주의는 19세기에 눈에 띄게 성장했다. 1805년 하버드신과대학 홀리스 석좌교수 자리에 유니테리언 헨리 웨어(Henry Ware, 1764-1845)가 임명됐다.

코네티컷주 하트포드에 있는 북회중교회(North Congregational Church in Hartford)의 목회자 호레이스 버쉬넬(Horace Bushnell, 1802-1876)는 유니테리언은 아니었지만 유니테리언주의를 보완하는 일에 큰 공을 세웠다. 버쉬넬은

---

1   예일대학 부흥 이전, 1787년 버지니아 햄든-시드니대학(Hampden-Sidney College)에서 비슷한 부흥이 일어났다.
2   전가 교리란, 아담의 죄와 그리스도의 의가 다른 이들에게 돌려질 수 있다는 사상이다.

인간이 사회악을 고칠 능력이 있으며 모든 신학 언어는 명제적 진리가 아니라 종교 경험의 은유일 뿐이라고 주장함으로써, 회중교회가 계속해서 자유주의로 빠져 가도록 했다. 버쉬넬의 가르침은 워싱턴 글래든(Washinton Gladden, 1836-1918)의 사회 복음에도 나타나고 있다.

유니테리언주의와 맞서 싸우기 위해, 개혁파 교단들은 더 잘 훈련된 사역자들을 배출하기를 원했다. 이러한 이유로 1812년 프린스턴신학교(Princeton Seminary)가 설립됐다. 그러나 그 무렵에 유니테리언주의는 이미 미국의 북동부에 강한 지지 기반을 확보하고 있었다.

뉴헤이븐신학은 또한 사회 개혁을 촉진시켰다. 뉴헤이븐신학 옹호자들은 노예 해방(abolitionism)을 지지하고 기독교 자선 단체들을 운영했다.

2. 서쪽 개척 지역 대각성

제1차 대각성(The First Great Awakening)의 경우, 질서 정연하게 큰 마을과 대도시들에서 주로 일어났고, 훌륭한 교육을 받은 사역자들에 의해서 일어났고, 그 신학은 칼빈주의였다. 그러나 서쪽 개척 지역에서의 제2차 대각성의 경우, 그것과는 정반대였다. 서쪽 시골에서 부흥이 일어났고, 사역자들은 대체로 교육을 받지 못했고, 예배는 시끌벅적했으며, 구원론은 알미니우스주의였고, 개개인이 스스로의 운명을 결정할 수 있다는 미국에서 점증하던 믿음과 잘 어울리는 대각성이었다.

1800년 장로교 사역자인 제임스 맥그레디(James McGready, 1763-1817)의 지도하에, 켄터키 로간 카운티(Logan County)에서 성찬 예배를 하던 중에 대각성이 시작됐다. 맥그레디는 성찬 예배가 있다고 미리 광고를 했고, 사람들이 멀리 160km 밖에서도 예배에 참석했다.

성찬식을 집례하기 전에, 맥그레디는 성찬에 참여하기에 적합한지를 각 참여 후보자들에게 확인하는 질문을 했다. 성찬 참여가 거부된 사람들은 하나님께 구원과 죄 용서를 달라고 간청하기 시작했다. 그 외 사람들은 열정적인 설교에 감동을 받고, 그리스도로 인한 죄 용서와 구원을 경험했다고 주장했다. 켄터키 대부흥 운동이 시작된 것이다.

켄터키 부르봉 카운티(Bourbon County) 케인 릿지(Cane Ridge)의 작은 장로교회에서 목회하던 바톤 W. 스톤(Barton W. Stone, 1772-1844)는 로간 카운티에서 일어난 사건을 증언하면서 그들을 모방하기를 원했다. 그래서 그는 1801년 8월에 성찬 예배를 예정해 놓았다. 장로교, 침례교, 감리교 사역자들 모두가 그 예배를 공식적으로 확정하고 참석했다.

비록 기록마다 말이 다르기는 하지만, 6일간 일어난 이 부흥에 2만 5천 명에 달하는 사람들이 참석했다. 사람들이 다른 지역에서도 와서 부흥 집회가 열리는 들판에서 야영을 했다. 스톤과 그의 동료 사역자들은 성찬 참여 후보자들을 심사했다. 성찬 참여에 적합하지 않다는 판정을 받은 이들은 평정심을 잃고 자신의 상태에 대해 슬퍼하며 흐느끼기 시작했고 구원받기를 소리쳐 구했다.

설교자들은 개개인이 회개하도록 유도하려는 의도에서 매우 감정을 고양시키는 설교로 넓은 들판을 채웠다. 이러한 설교들을 들으면서, 사람들은 개처럼 짖기도 하고, 바닥에 구르기도 하고, 목적없이 뛰어다니기도 하고, 쓰러지고, 실신하고, 경기를 일으키기 시작했다. 이러한 '육체적 활동'(physical exercises)이야말로 케인 릿지 부흥의 특성이 됐다. 수천 명이 즉시로 회심했다고 주장했다. 케인 릿지 부흥에 참여했던 제임스 캠벨(James Campbell)은 그가 본 것을 다음과 같이 묘사했다.

> 죄인들이 하나같이 손을 늘어뜨리고 소리지르고 신음하며 자비를 울부짖으며 몸을 배배 꼬았다. 신앙고백자들은 죄인들을 위해서 기도하면서, 근심하고, 실신하고, 상심해 주저앉거나 또는 들림받은 듯한 기쁨에 사로잡히기도 했다! 일부는 찬양했고, 일부는 소리를 질렀고, 손벽을 치고, 껴안고, 심지어는 입을 맞추거나 웃기도 했다. 그 외 사람들은 괴로워하는 이들에게 말하고 서로에게 말하거나 또는 사역을 반대하는 사람들에게 말했으며, 이 모든 것들이 한 번에 일어났으니 그 어떤 광경도 이더욱 감각을 강하게 자극하지는 못했을 것이다. 그리고 이 모든 하고 있는 일에 더해, 밤의 어두움과, 그 장소의 엄중함과, 그 상황과, 죄 의식이 합해져서 혼신의 힘들 다한, 무서울 정도의 열광을 불러

일으켰고 그것을 주목하게 만들었다.[3]

케인 릿지 집회의 예를 따라서, 타 사역자들도 서부 개척지 곳곳에서 '야영 집회'(camp meetings)를 갖기 시작했다. 피터 카트라이트(Peter Cartwright, 1785-1872)라는 순회 감리교 교인은 켄터키와 테네시에서 두드러진 활약을 했던 야영 집회 복음 전도자였다. 노예 제도에 대한 반감 때문에 그는 일리노이로 옮겨가서 사역을 계속하게 됐다. 카트라이트의 사람을 끄는 힘과 힘 있는 설교를 통해 수천 명이 그리스도인이 됐다고 전해지고 있다.

이러한 부흥이 하나님이 하시는 일이라고 생각하지 않는 사역자들도 있었다. 많은 장로교 사역자에게는 이러한 모임들이 무질서하며 극단적으로 감정적이게 보였다. 이러한 부흥에 신학적인 훈련이 결여돼 있다는 점도 그들을 불편하게 만들었다. 장로교 내의 부흥 찬성파들은 1810년 교단을 탈퇴해 컴벌랜드장로교단(Cumberland Presbyterian denomination)을 만들었다.

침례교와 감리교처럼 좀 더 서민적인 사고를 가진는 교단들은 새로운 부흥을 편하게 생각했기에 성장세를 거듭했다. 숫자적으로 보면 감리교 교인들이 가장 큰 수혜자였고, 서부 개척지를 휘젓고 다니며 야영 집회를 하게 됐다. 새로운 부흥에 저항했던 교단들은 숫자가 줄어드는 경험을 했다.

서민적인 사고를 가진 교단들과 제2차 대각성이 잘 맞을 수밖에 없었던 것은, 그 밑에 있는 신학 때문이기도 했다. 실로, 제2차 대각성은 미국의 구원론을 뒤바꿔 놓았다. 알미니우스주의의 자유의지론이 칼빈주의 예정론을 대체했는데, 이러한 변화야말로 '아메리칸 드림'과 궤를 같이하는 것처럼 보였다. 사람들은 어떠한 상황이나 신분이 되도록 예정되지 않았고, 하나님의 도우심을 받아서 자신의 운명을 스스로 만들어갈 수 있다는 것이다.

비록 제2차 대각성의 지도자들 중 다수가 장로교 교인들이었지만, 구원론에 있어서 일어난 이러한 변화는 구학파 장로교 교인들(Old School Presbyterians)에게는 용납될 수 없는 것이었다. 결국 미국 장로교 교인들은 대각성을

---

[3] Paul K. Conkin, *Cane Ridge: America's Pentecost* (Madison: University of Wisconsin Press, 1989), 93-94.

지지하고 변형된 칼빈주의를 받아들인 신학파(New School)와 좀 더 전통적인 형태의 칼빈주의를 지지한 구학파(Old School)로 나뉘게 된다.

구학파 장로교 교인들은 부흥파 교단들에 교인들을 많이 빼앗겼다. 비록 장로교 교인들이 제2차 대각성이 지나가도록 살아남기는 했으나, 계속해서 성장하는 감리교 교인들과 침례교 교인들의 교세를 따라갈 수는 없게 됐다. 20세기가 되면 장로교회는 몇 차례에 걸친 현대주의-근본주의 분열을 겪게 된다. 미국에서 가장 큰 장로교단은 미합중국 장로교회(Presbyterian Church in the United States of America)인데, 신학적으로 진보 교단이라는 점이 잘 알려져 있다.

3. 찰스 그랜디슨 피니

찰스 그랜디슨 피니는 장로교 목사였고, 19세기 전반부 최고의 부흥론자요 현대 부흥주의의 아버지라고 할 수 있는 인물이다. 피니는 신앙관은 자신의 회심 경험에 큰 영향을 받았다. 1821년의 어느 날 피니는 그리스도인이 되기로 결심하고서는 숲으로 가서 구원받기를 위해 기도했고, 그러자 예수님 환상을 보고 성령 세례를 받았다고 알려져 있다. 이 경험은 그에게 누구나 갈망하는 마음만 있다면 그리스도께 나아갈 수 있다는 것을 가르쳐줬다.

피니는 뉴욕주 서부 '부흥에 불타는 지역'(Burned-Over District) 중 하나였던 오네이다 카운티(Oneida County)에서 부흥 집회를 하기 시작했다. 이 구역은 많은 강력한 부흥이 일어났던 곳이고 몇몇 교단들과 사교들이 나온 곳이며,[4] 비범한 종교성을 특성으로 하는 장소였다. 오네이다 카운티에서의 성공적인 부흥에 힘입어, 1827년에서 1832년 사이 피니는 큰 부흥 집회들을 뉴욕과 필라델피아와 로체스터와 보스턴에서도 진행했다.

피니는 부흥 집회 때에 '새로운 방법'(New Measures)이라고 하는 것을 사용

---

[4] 대략적으로, 부흥에 불타는 지역이란 뉴욕주의 가장 서부 지역 핑거 호수(Finger Lakes)에서 에리 호수(Lake Erie) 사이의 지역을 포괄한다. 쉐이커(Shakers), 몰몬(Mormons), 제칠일안식일예수재림교(Adventists), 그리고 지상 낙원(utopian)을 꿈꿨던 오네이다 공동체(Oneida Community)가 모두 '부흥에 불타는 지역'에서 나온 집단들이다.

했다. 많은 청중을 끌어들이기 위해, 그는 그의 집회를 한참 전부터 홍보했다. 그리고 분위기를 타기 위해 몇 일간 예배를 했다. 피니의 설교에는 극적인 요소가 다분했다. 그는 잘 알려진 죄인들의 실명을 거론하면서 그들을 불러내어, 강단에서 그들을 위해서 기도했다. 하지만 그의 새로운 방법 중에서 가장 오래도록 유지됐던 것은 '구도자석'(anxious bench)이었다.

피니는 앞자리를 자신의 영적 상태를 놓고 '걱정하는'(anxious) 사람들을 위해 남겨 뒀다. 피니가 설교하는 동안, 기도를 부탁해야겠다는 강박을 느끼는 이들이 앞자리 구도자석으로 나오면 그들을 위해 기도해 주게 돼 있었다. 구도자석은 분명 오늘날 "앞으로 나오라"며 구원 초청을 하는 것의 전신이라 할 수 있다. 피니의 새로운 방법은 사람들이 그리스도를 받아들이도록 유도될 수 있다는 그의 믿음을 반영한 것이었다. 피니에게 부흥이란 그리스도께서 사람들을 인도하기 위해 인간의 적합한 방법들을 사용하는 것이었다.

피니는 또한 사회 운동가이기도 했다. 하지만 정치에 관여하기보다는, 그리스도인이 복음을 생활에 성실하게 적용함으로써 사회 문제를 없애는 것이 가능하다고 믿었다. 피니는 후천년설주의자로서 참된 그리스도인은 동료 인간들을 돌보아 하나님 나라가 도래하는 일에 일익을 감당해야 한다고 믿었다. 그는 노예 제도를 정죄했고, 술을 마시는 것이 영혼의 죄악이며 이 죄악은 회심을 통해 고쳐질 수 있다고 했다. 그의 유명세 덕분에, 피니는 노예 해방 단체와 절제 운동 단체(temperance societies)의 발달을 촉진하는 일에 공헌했다.

피니는 미래 복음 전도자들의 본보기가 됐다. 그의 후예들은 그의 기법을 차용하고 그것을 더 발전시켰다. 그의 부흥 전통은 드와이트 라이먼 무디(Dwight Lyman Moody, 1837-1899), 빌리 선데이(Billy Sunday, 1862-1935), 윌리엄(빌리) 그레함(William[Billy] Graham, 1918생)에 의해 계속되게 됐다.

4. 개혁 운동

티모시 드와이트와 찰스 피니의 가르침은 사회 개혁을 촉진시켰다. 이 사람들에게, 회심은 그리스도인의 삶에 있어서 첫걸음에 불과했다. 새롭게 그리스도인이 된 이들은 사회 병폐를 교정하는 일에 헌신해야 한다고 그들은 믿었다. 이것은 여러 가지 형태로 나타났다.

1) 성서공회와 전도지 협회

제2차 대각성에 영감을 받아서 후에는 미국성서공회(American Bible Society[ABS])라고 개칭되는 뉴욕성서공회(New York Bible Society)가 1809년 탄생했다. 미국성서공회는 분명한 전도 목적을 가지고 있었고 개신교 평신도에 의해 운영됐다. 처음부터 이곳은 널리 알려지게 돼, 1년 동안에 41개의 단체들과 협력 관계를 맺게 됐다. 1829년부터 1831년 사이에, 미국성서공회는 100부가 넘는 성경을 출간하고 배포했고, 1986년에는 그 수가 2억 9천만 부가 됐다.

1899년에 창립됐고 기드온협회(Gideons)라고 더 잘 알려진 기독인 출장 여행자 협회(Christian Commercial Travelers' Association)는 세계에서 가장 잘 알려진 성경 배부 단체이며, 전도에 대한 마음이 강력한 평신도 신앙고백자들로 구성됐다. 그들은 1908년부터 성경을 호텔방, 감옥, 병원, 기차에 비치하기 시작했다. 기드온협회는 1,800만 부가 넘는 성경 전서를 비치 또는 배포했고, 전 세계 190개국이 넘는 나라에 신약성경을 비치 또는 배포했다.

전도지들은 혁신적이고, 단가가 한 개당 10원도 하지 않을 때도 많았던 저렴한 전도법이었다. 전도지들은 보통 가서 영적으로 도움을 받을 수 있는 교회의 주소와 함께 그리스도의 복음을 짧고, 요점 위주로, 간단한 방식으로 제시했다. 전도지들은 어디든지 놓아둘 수 있고, 손으로 배부할 수 있으며, 여러 독자에게 회람될 수 있어서 효과적이었다. 침례교 교인들은 전도지 총괄 협회(General Tract Society)를 1824년에 만들었고, 미국 전도지 공회(American Tract Society)는 1825년에 만들어졌다.

2) 노예 해방론

노예 제도를 공격한 피니의 설교는 노예 해방 협회에 큰 힘이 됐다. 사람을 소유한다는 것은 그리스도인의 완전주의와 타고난 권리, 개혁 그리고 그리스도의 후천년 재림과는 같이 양립할 수 없는 것이라고 피니는 말했다. 노예 해방 협회에 참여한 사람 중 다수는 이 같은 믿음을 가진 그리스도인들이었다.

일부 침례교와 감리교 협회들도 노예를 소유한 사람은 회원이 될 수 없다고 못박았다. 하지만 노예를 소유한 사람이 친우회에 들어오는 것을 금지하면서 명백하게 노예 제도를 규탄했던 퀘이커 교도들처럼 철저하게 노예 제도를 정죄한 교단은 거의 없었다.

그 외 그리스도인들, 특히 남부 사람들은, 노예 해방론자들의 논증에 반대했다. 남부 그리스도인들은 성경이 노예 제도를 지지한다고 주장했다. 그들이 증거 구절로 생각하고 좋아했던 구절 중에는 빌레몬서 그리고 골로새서 4:1도 있었다.

> 상전들아 의와 공평을 종들에게 베풀지니 너희에게도 하늘에 상전이 계심을 알지어다(골 4:1)

노예 제도를 정당화하는 또 다른 명분은, 노예들이 아프리카에 남겨졌다면 복음을 들을 기회가 없었을 것이라는 논증이었다. 노예 제도를 지지하는 그리스도인들은 노예들이 정당한 대우를 받아야 한다는 점을 강조했다. 사우스캐롤라이나 찰스턴(Charleson) 출신으로서, 그의 이름을 따서 펄만대학교(Furman University)라는 이름이 붙여지기도 했던 침례교 사역자 리차드 펄만(Richard Furman, 1755-1825)은 다음과 같이 썼다.

> 비록 그들이 노예들이기는 하지만, 그들도 사람이다. 그리고 우리처럼 그들도 책임있는 피조물이다. 불멸하는 영혼을 가지고 있고, 미래 영원한 상급을 받도록 정해져 있다. 그들의 주인은 그들의 신앙적인 관심을 지극히 진지하

게 존중해야 하며, 그것이야말로 필수이다.[5]

펄만은 또한 다음과 같이 말했다.

> 인간적이고 공의롭게만 운영된다면, 노예 제도하에서도 그런대로 행복하게 살 수 있다. 여러 나라에서 많은 가난한 자유민이 사는 것보다 오히려 더 낫거나 같은 수준으로 산다.[6]

비록 1808년에 노예 무역이 없어지기는 했으나, 이미 노예가 된 사람들에게는 해당없는 이야기였다.

찰스 피니 집회에서 회심한 데오도르 D. 웰드(Theodore D. Weld, 1803-1895)는 노예 해방 모임을 개최하고, 그의 청중들을 노예 해방론으로 호도하기 위해 복음 집회에서 쓰던 '새로운 방법'을 도입했다. 그는 미국이 노예죄를 회개해야 하며 즉각적으로 모든 노예를 해방해야 한다고 호소했다. 그의 친구이며 퀘이커 교도였던 윌리엄 로이드 개리슨(William Lloyd Garrison, 1805-1879)도 노예 해방론으로 알려진 인물이었다.

1831년에 그는 주간지 「리버레이터」(*The Liberator*, 해방자)를 창간했는데, 이 주간지는 곧 급진 노예 해방론자들의 목소리를 대변하게 됐다. 1832년 개리슨의 영향하에, 전투적으로 노예 해방을 주장했던 미국 노예 제도 반대 협회가 설립됐다. 이 협회의 내규에 보면 노예 해방을 주장하는 이유에 대해서 다음과 같이 말하고 있다.

> 현재 우리나라 인구의 6분의 1에 달하는 숫자의 노예들을 해방시키기 위해서 우리들이 힘쓰고 있다. 노예가 법으로도 인정돼, 같은 사람들에 의해 매

---

[5] Richard Furman, *Exposition of the Views of the Baptists Relative to the Coloured Population of the United States in a Communication to the Governor of South Carolina*, Charleston, South Carolina, 24 December 1822, in James A. Rogers, *Richard Furman: Life and Legacy* (Macon, GA: Mercer University Press, 2001), 283–84.

[6] Furman, *Exposition of the Views of the Baptists Relative to the Coloured Population of the United States in a Communication to the Governor of South Carolina*, 285.

매할수 있는 물건으로, 마치 금수처럼 재산으로 취급 받으며 매일같이 착취 당하는 것이 고쳐지지 않고 있다. 그들은 그들에게 가해지는 성적 공격과 살기 넘치는 위해로부터 헌법이나 법의 보호를 받지 못하고 무자비한 수탈을 당하고 있다. 변덕스레 또는 기분 내키는 대로 무책임한 압제자가 돼 아기를 품에서 빼앗고 어머니를 실성하도록 하는가 하면, 아내를 남편에게서 빼앗아 가고 슬퍼하게 하는 마음 아픈 일을 한다. 검은 피부를 가졌다는 죄로, 그들은 주림과 채찍과 잔혹한 굴종을 강요당하는 굴욕을 맛보고 있다. 그들은 그들을 가르치는 것이 범죄라고 규정한 그 법조문들에 의해 합법적으로 이방의 어두움 속에 갖혀 있다.[7]

윌리엄 엘러리 채닝(William Ellery Channing, 1780-1842)과 일라이자 P. 러브조이(Elijah P. Lovejoy, 1802-1837) 등과 같은 사역자들은 강단에서 노예 해방을 부르짖었다. 채닝의 『노예 제도』(Slavery, 1835)와 『레녹스에서의 연설』(Address at Lennox, 1842)은 노예를 해방하라는 유창한 간청이었다.

러브조이는 노예 해방주의자 신문을 세인트루이스에서 출판했지만 사람들에게 매우 괴롭힘을 당하다 보니 1836년 일리노이 앨톤으로 옮겨가서 『앨톤 옵저비』(Alton Observer)를 출간했다. 앨톤에서 그의 출판사는 세 번이나 파괴됐고, 판사로부터 노예 폭동을 부추겼다는 혐의로 정죄된 흑인을 두둔했다는 것 때문에 협박을 당하기도 했다. 그리고 그는 여성 노예를 강간한 노예 주인을 규탄해 지역민들에게 곱게 보이지 않는 인물이 되기도 했다. 러브조이는 1837년 폭도들의 손에 죽임을 당했다.

해리엇 비처 스토우의 『톰 아저씨의 오두막』(Uncle Tome's Cabin, 1852)은 보다 예리하면서도 중요한 노예 해방 선언문이었다. 많은 미국인이 주인공으로 등장하는 노예들에게 공감하면서, 노예 해방을 지지하는 분위기가 조성됐다.

---

[7] *The Declaration of Sentiments and Constitution of the American Anti-Slavery Society*, New York, 1837, in *American Christianity: Interpretation and Documents*, 1820–1960, ed. H. Shelton Smith, Robert T. Handy, and Lefferts A. Loetscher (New York: Charles Scribner's Sons, 1963), 2.

5. 사회 복음

산업 혁명은 점점 더 물질 중심의 사회를 조성해 갔다. 기계의 도움을 받아, 물품 생산이 기하급수적으로 늘어났다. 새로운 개인 기업들이 우후죽순처럼 생겨났다. 그 어느 때보다도, 사람들은 자본주의를 받아들이고 풍요와 성공이라는 '아메리칸 드림'을 추구하게 됐다.

부상하는 중산층과 상류층에게 산업 혁명은 유사 이래 그 어느 때보다도 생활의 질을 높여 줬다. 천하게 태어난 사람이라도 경제적 성공을 통해 중산층 또는 심지어 상류층도 될 수 있었다. 경제적으로 신분 상승을 이룬 이들에게는, 꼭 필요한 일에 쓰고도 수입이 남아돌아서, 사치품들을 구매할 여력이 있었다.

하지만 생산 폭증이 모든 사람에게 유익을 준 것은 아니었다. 공장 주인들은 이윤을 늘리기 위해 일꾼들에게 최저 임금만을 지급했고, 그 결과 사회 밑바닥에 있는 사람들은 빈곤에 시달리게 됐다. 비록 중세의 신분 제도 같지는 않았어도, 산업 혁명은 경제력을 새로운 기준으로 해 상류층과 하층민들 간의 간극을 벌려 놓는 결과를 초래했다.

이에 노동조합, 독점 금지법 그리고 부유할수록 더 많은 세금을 내는 제도가 좀 더 공명정대한 미국 사회를 만들기 위한 목적으로 등장하게 됐다. 사회 복음도 산업화로 인한 불평등 문제를 해결하기 위해 태동했다. 워싱턴 글래든과 월터 라우셴부쉬(Walter Rauschenbusch, 1861-1918)와 같이 19세기 말과 20세기 초에 유명했던 사회 복음의 주창자들은 복음이 개인 구원의 메시지에만 머물지 말고 사회 병폐에 대한 치료제로 거듭나야 한다고 믿은 자유주의 신학자들이었다.

하나님의 내재성, 윤리의 척도로서의 그리스도, 사회 통합, 인간의 능력에 대한 진보주의적 견해, 그리고 그리스도의 후천년 재림 등이 사회 복음론자들의 주요 교의였다. 그들이 생각하기로는 인류가 사회악을 없애기 전까지 주님은 돌아오시지 않을 것이었다.

하지만 구원은 사회 복음의 우선시되는 목적이 아니었다. 사회 복음 운동은 미국 도시 빈곤 문제를 완화하기를 원했다. 사회 복음 지지자들은 노동조합을 조직하는 것을 도왔고, 아동 노동 규제안을 통과시키고, 도시 아파트 단지가 보다 나은 생활 환경을 갖추도록 해 달라고 압력을 넣기도 했다. 사회 복음은 탐욕과 계층 갈등보다는 긍휼에 기반을 둔 기독교 사회를 만드는 것을 그 목적으로 했다.

라우센부쉬는 이러한 기독교 사회를 하나님 나라라고 묘사했다. 그는 『사회 복음의 신학』(*A Theology of the Social Gospel*, 1917)에서 다음과 같이 쓰고 있다.

> 하나님 나라는 하나님의 뜻에 따라서 조직된 인류이다. 예수 정신을 통해 그것을 해석함으로써, 우리는 하나님 나라 내부에 존재하는 윤리적 관계에 대해 다음과 같은 신념을 가지고 있다.
>
> (a) 그리스도께서 신성에 걸맞은 생명과 인품을 나타내 주셨고 또 그분의 구원이란 지극히 작은 자라도 회복되고 완전케 되는 것을 추구하는 것이기에, 하나님 나라는 인간 발달의 모든 단계마다 모든 인격체들에게 지극히 자유롭고 고도화된 발달을 가장 잘 보증하는 사회 질서를 향해 가는 경향을 띠게 된다. 이는 사회에서 종교적 아집의 숨 막히는 영향력으로부터 생명을 구해 내고, 그리고 사회에서 상류층이 못되는 계층이 상류층과의 관계에서 자기주장을 어누르게 되는 상황을 타개해 내어 생명을 구해 내고, 그리고 사회에서 사람이 다른 이들의 목적을 위한 수단으로만 이용되는 모든 형태의 노예 제도로부터 구해 내서 생명을 구해 내는 것이다.[8]

사회 복음을 비판하는 사람들은 사회 복음이 영적인 변화는 희생시키고 사회 활동만을 강조했다고 비판한다. 실제로 사회 복음을 주장하는 라우센부쉬 같은 사람들은 전통적인 기독교 정통이란 적합하지 못하기에 오늘날의 필요에 맞게 그것을 조정해야 한다고 믿었다.

자본주의의 가장 나쁜 측면들에 대항해 말을 하다 보니, 사회 복음의 지지자들은 종종 사회주의자 또는 공산주의자라는 고발을 당하기도 했다. 사회

---

8 Walter Rauschenbusch, *A Theology for the Social Gospel* (New York: Macmillan, 1917), 131-45.

복음을 가장 적극적으로 받아들인 이들은 침례교 교인, 감리교 교인, 회중교회 교인들이었다.

6. 오네이다 공동체

버몬트 브래틀보로에서 태어난 존 험프리 노이스(John Humphrey Noyes, 1811-1886)는 설교자요 사회 운동가였다. 다트머스대학(Dartmouth College)에서 법학을 공부하던 중에, 그는 '부흥에 불타는 지역'에서 일어난 부흥으로 인해 회심하고 사역자가 되기로 결심했다. 그는 앤도버신학교(Andover Theological Seminary)와 예일신과대학에서 공부했다. 성경을 공부한 다음 그는 그리스도께서 A.D. 70년에 이 땅에 돌아오셔서 사람들로 하여금 영적 완전에 도달할 수 있도록 하셨다는 결론에 도달했다.

이러한 믿음 때문에 그는 1834년 사역자 인허를 받지 못했다. 하지만 그는 버몬트주 퍼트니(Putney)에 30명 정도 되는 추종자를 모아들이고는 완전함을 이루기 위해 모든 재산을 공동 소유로 하도록 가르쳤다.

1846년 그는 동거를 권장하고 일부일처제를 정죄하는 '복합 결혼'(complex marriage) 이론을 발표했다. 노이스는 최고의 후손을 생산하기 위한 짝짓기를 자주 하곤 했다. 복합 결혼은 많은 사람을 화나게 했고, 그래서 그의 사회주의적 공동체는 1848년 뉴욕 오네이다로 이사를 갔다.

오네이다 공동체(Oneida Community)는 30년간 번성했고, 200명이 넘는 회원을 보유했으며, 상차림용 은식기 세트를 제조하는 주식회사를 운영하면서 상당한 돈을 벌어들였다. 오네이다 공동체 외부인들은 공동체 내에서 벌어지는 복합 결혼에 대해서 신경 쓰지 않았다. 공동체에 부담을 덜어 주기 위함인지 아니면 체포되는 것을 피하기 위함인지 노이스는 1876년 캐나다로 이주했다. 오네이다 공동체는 방향성을 잃기 시작했고, 1881년에 소멸됐다. 하지만 오네이다 주식회사는 오늘날까지 남아서 계속해서 은식기를 생산하고 있다.

7. 제2차 대각성과 미국에서 발흥된 교단들

19세기 전반부에 일어났던 부흥은 그리스도의 재림에 대한 기대를 더하게 했다. 요한계시록 20:1-10을 후천년적으로 해석하면서, 많은 그리스도인은 복음이 온 세상에 전파된 후에 그리스도의 재림이 올 것이라고 믿기 시작했다. 제2차 대각성을 경험한 그리스도인들은 그들 자신들이 열심히 일하기만 한다면 온 세상이 곧 그리스도에 대해 들을 것이라고 생각했다. 그 결과 몇몇 종말론 교단들이 탄생하게 됐다.

1) 그리스도의 제자회

북아일랜드에서 이민을 온 스코틀랜드-아일랜드 계열의 장로교 교인 알렉산더 캠벨(Alexander Campbell, 1788-1866)과 그의 아버지 토마스 캠벨(Thomas Campbell, 1763-1854)은 1809년 펜실베이니아 워싱턴 카운티에서 워싱턴기독교협회를 창립했다. 이 협회에는 공식적인 신조나 신앙고백이 없었고, "성경이 말하는 곳에서는 우리도 말하고, 성경이 침묵하는 곳에서는 우리도 침묵한다"는 이 한 고백만 받아들일 뿐이었다.

1811년 알렉산더와 토마스는 알렉산더가 그의 아들이 유아 세례 받는 것을 거부하고서 펜실베니아 브러쉬 런(Brush Run)에 브러쉬런교회를 만든 다음 장로교회를 탈퇴했다. 1813년에 침례를 받아들인 캠벨은 그의 교회와 함께 레드스톤 침례교 협회(Redstone Baptist Association)에 가입했다.

캠벨의 교회는 1827년에 침례교와도 갈라서서 '제자들'(Disciples)의 무리를 조직했다. 캠벨을 지도자로 옹립한 채, 제자들은 사도행전에 기반을 둔 교회를 권장하고 성경 이외의 그 어떤 신앙고백도 거부했으며, 구약의 열등성을 주장했고, 초대교회 같은 단순한 옛 방식을 고집하는 특성을 가지게 됐다.

바톤 W. 스톤(Barton W. Stone)은 곧 장로교회가 케인 릿지와 그 외 많은 곳에서 나타난 자유의지에 대한 믿음과 감성주의를 환영하지 않는다는 것을 발견하게 됐다. 이것 때문에, 그는 한 무리의 장로교 교인들을 켄터키 대회(Synod)로부터 데리고 나왔다. 그들은 '그리스도인'이라는 단순한 명칭 외에 그 어떤 꾸며낸 이름을 붙이기를 거부했다. 1832년 스톤의 "그리스도인들'은 캠벨의 '제자들'과 합쳤고, 그럼으로써 그리스도의 제자회(Disciples of Christ)를 탄생시켰다.

그리스도의 제자회는 초기 기독교의 예배와 교회 정치로 되돌아가기를 원하는 '재건주의자들'(Restorationists)이었다. 그들은 사도행전의 본보기로 되돌아감으로써 천년왕국의 문을 열어젖힐 수 있다고 믿었다.

그리스도의 제자회는 성찬이 매주 행해져야 한다고 주장했고, 침례가 구원에 필수적이라고 주장했으며, 신조가 없이 성경만을 가지고 있어야 한다고 주장했다. 그리스도의 제자회가 형성되던 단계에 이 운동의 사역자들은 회중들이 제공하는 기부금으로 생활했다. 예수그리스도후기성도교회를 제외하고는, 19세기에 그 어떤 미국 종교 집단도 그리스도의 제자회보다 빠르게 성장하지 못했다.

현대주의를 놓고 일어난 신학적 분열과 예배 시의 악기 사용 문제로 인해 그리스도의 제자회는 세 갈래로 갈라졌으니, 바로 기독교회(Christian Church[그리스도의 제자회, Disciples of Christ]), 기독교회/그리스도 교회(Christian Church/Churches of Christ), 그리고 무반주 그리스도 교회(noninstrumental Churches of Christ)가 그것이다.

2) 제칠일안식일예수재림교

윌리엄 밀러(William Miller, 1782-1849)의 종말론은 안식교로 이어졌다. 다니엘서에 나오는 상징적인 숫자들에 나름대로의 수학 공식을 적용함으로써, 밀러는 예수께서 1843년 3월 21일에 재림할 것이라는 결론에 도달했다. 그리스도께서는 그다음에 최후의 심판을 하고, 세상을 파괴하며, 새하늘과 새 땅을 도래시킬 것이다. 밀러의 공식은 남북 전쟁 이전의 세계관에 잘 들어맞았다.

많은 이는 인류가 진보하고 있기에, 성경의 가장 숨겨진 진리라고 할지라도 분별해 낼 수 있어야 한다고 믿었다. 수천 명의 사람이 밀러를 믿고는 그리스도께서 오시기를 기다렸다. 그리스도께서 1843년에 오시지 않자, 밀러는 그의 계산법을 수정해 1844년 10월 22일에 그리스도께서 오신다고 발표했다.

그리스도께서 그때에도 오시지 않자, 그의 예측은 '굉장한 실망'이라고 알려지게 됐다. 하지만 밀러의 실패조차 혹시 그 외 사람들이 그리스도의 다시 오심을 예측할 수 있을지 모른다는 생각을 없애지는 못했기에, 천년왕국론은 여전히 강하게 남아 있게 됐다.

자칭 선지자라고 하는 엘렌 화이트(Ellen White, 1827-1915)는 밀러의 후계자를 자청했다. 굉장한 실망 이후, 그녀는 천년왕국에 대한 환상을 보기 시작했다고 한다. 밀러의 추종자들은 그녀의 환상을 진실이라고 받아들였고, 그녀는 많은 추종자를 얻게 됐다. 그녀의 지도력에 따라 어떤 밀러 추종자들이 1863년 제칠일안식일예수재림교를 설립했다. 교단의 이름에서도 보듯이 그들은 일요일 대신 유대인의 안식일(토요일)에 예배를 했다.

화이트는 안식일을 지키지 못하는 것이 그리스도의 재림을 지연시키고 있다는 정보를 천사에게서 받았다고 말했다. 제칠일안식일예수재림교는 그리스도의 임박한 재림을 믿었으며, 안식교 교도들이야말로 요한계시록 12:17에 언급된 의로운 남은 자들이며 화이트의 예언은 참이라고 믿었다.

화이트의 병약함 때문에, 제칠일안식일예수재림교 교도들은 곡물과 야채만 먹는 것을 지지했다. 존 하비 켈로그(John Harvey Kellogg, 1852-1943)는 제칠일안식일예수재림교식의 식사에 알맞은 시리얼을 만들었다. 비록 미국에서 알려지기는 했으나, 대부분의 성장하는 제칠일안식일예수재림교들은 유럽에 있다.

8. 미국의 사교(邪敎)들

1) 쉐이커스

첫 번째 쉐이커스(Shakers)는 잉글랜드인 제인 워들리(Jane Wardley)와 제임스 워들리(James Wardley, 1747년 활동)였다. 하지만 미국에서의 쉐이커스의 기원은 앤 리(Ann Lee, 1736-1784)라는, 1774년 '춤추는 쉐이커스'(Dancing Quakers)라는 작은 단체를 뉴욕 맨체스터에서 인도한 인물에게로 거슬러 올라간다.

1770년부터, 어머니 앤(Mother Ann, 그녀는 그와 같이 불리웠다)은 모든 인간 죄의 기원이 성교로부터 온다는 일련의 계시들을 받았다고 한다. 그녀는 천년왕국이 시작됐고 하나님은 모든 사람이 독신으로 있기를 요구하신다고 말했다. 쉐이커스는 모든 것을 공유하는 공동체를 이뤄 살았고, 남녀가 평등하기는 했지만 분리된 생활을 했다. 쉐이커스는 그리스도께서 이미 다시 오셨고 리(Lee)가 그리스도에 상응하는 여성이라고 생각했다.

그들은 또한 하나님은 아버지이면서 어머니이기도 하다고 믿었고, 강한 영성을 고수했으며, 새로운 찬송가를 지어냈고, 힘찬 안무를 만들어 냈다. 그들은 기독교 진리가 그들의 종교 지도자들과 그들의 예배를 통해 계시됐다고 믿었다. 쉐이커 신앙으로 개종한 사람은 거의 없었으며, 독신을 추구했기에, 다음 세대에서 쉐이커스의 대가 끊기게 됐다. 이 운동이 정점에 있을 때에도 미국 쉐이커스는 5,000명을 넘지 못했다. 19개의 쉐이커 공동체 중에서, 뉴욕과 켄터키에 있는 공동체가 가장 주목할 만했다.

2012년 기준으로 현재 메인(Maine)주 새배스데이 레이크(Sabbathday Lake)에 있는 공동체만이 살아남아 있다. 많은 사람이 쉐이커라고 하면 그들의 가구 제작 기술을 떠올린다.

2) 여호와의 증인

한때 안식교 교도였던 찰스 태이즈 러셀(Charles Taze Russell, 1852-1916)은 1870년대에 펜실베니아 피츠버그에 몇 개의 성경공부 모임을 만들었다. 성경공부를 가르치면서, 러셀은 삼위일체 교리에 의문을 제기했고, 신앙고백과 교회 전통의 진리성을 의심했으며, 지옥의 존재에 대해 의심했다.

1880년에 이르면 러셀은 30개의 성경공부반을 만들게 된다. 이 성경공부반들이 하나로 모여서 1884년 '시온의 파수대와 전도지 협회'(Zion's Watch Tower and Tract Society)가 됐다. 러셀은 1909년 뉴욕에 있는 본부를 맡았고, 대략 500개 정도 되는 교회들의 목회자로 선출됐다.

1876년 러셀은 넬슨 H. 바버(Nelson H. Barbour, 1824-1905)와 함께 『세 개의 세상』(Three Worlds)을 출간했다. 1879년 러셀은 『시온의 파수대와 그리스도 임재의 전조』(*Zion's Watch Tower and Herald of Christ's Presence*)를 출간해 그리스도의 재림을 알렸다. 이 출판물에서 러셀은 그리스도께서 1874년에 보이지 않는 영으로 이미 재림하셔서 '천년왕국의 새벽'(Millennial Dawn)을 여셨다고 말했다.

러셀은 또한 2,520년 동안 이어져 내려온 '이방인의 때'가 1914년에 끝날 것이라고 가르쳤다. 그 후 세상은 끝나고 하나님의 나라가 시작될 것이다. 러셀은 1916년에 죽었고, 그의 계산법의 오류를 고치지 못했다. 이사야 43:10-12을 인용하면서,[9] 이 집단은 1931년 여호와의 증인(Jehovah's Witnesses)이라고 그 명칭을 개칭했다.

여호와의 증인은 그리스도의 임박한 재림과 그들의 종교지도자로부터 오는 점진적인 계시를 믿으며, 그들이 요한계시록 14장에 나오는 천국에 들어갈 14만 4천 명이라고 믿는다. 여호와의 증인 중에서 14만 4천 명에 들지 못하는 사람들은, 지상낙원에서 살게 될 것이라고 그들은 말한다. 그 외 여호와의 증인의 가르침 중에서는 하나님을 가리켜 여호와라는 단어만을 쓰는 것, 수혈을 반드시 거부하는 것,[10] 평화주의 그리고 그 어떤 나라나 교회도 정당성을 인정할 수 없다는 생각이 있다.

이들은 또한 축호 전도와 「파수대」(*Watch Tower*) 잡지를 나눠 주는 것으로 잘 알려져 있다. 여호와의 증인들은 자체 번역된 새세상 역본(New World Translation)이라는 성경을 가지고 있는데, 이 성경에서는 신약에 '주님'이라는 단어가 '여호와'라는 말로 대체돼 있다. 공식적으로 홍보된 여호와의 증인 교세는,[11] 2010년 기준으로 720만 명이다.

---

9 "나 여호와가 말하노라 너희는 나의 증인, 나의 종으로 택함을 입었나니 이는 너희가 나를 알고 믿으며 내가 그인 줄 깨닫게 하려 함이라 나의 전에 지음을 받은 신이 없었느니라 나의 후에도 없으리라 나 곧 나는 여호와라 나 외에 구원자가 없느니라 내가 알려 주었으며 구원했으며 보였고 너희 중에 다른 신이 없었나니 그러므로 너희는 나의 증인이요 나는 하나님이니라 여호와의 말씀이니라"(사 43:10-12).

10 이러한 신념은 행 15:28-29에 근거한다. "성령과 우리는 이 요긴한 것들 외에는 아무 짐도 너희에게 지우지 아니하는 것이 옳은 줄 알았노니 우상의 제물과 피와 목매어 죽인 것과 음행을 멀리할지니라 이에 스스로 삼가면 잘 되리라 평안함을 원하노라 하였더라"(행 15:28-29).

11 여호와의 증인 중에서 전도에 참여하는 사람들을 가리켜 출판인들(publishers)이라고 한다.

3) 예수그리스도후기성도교회

예수그리스도후기성도교회(Church of Jesus Christ of Latter-Day Saints)는 천년 왕국에 대한 기대와 제2차 대각성, 그리고 조셉 스미스(Joseph Smith, 1805-1844)의 창의성이 합쳐지면서 출현했다. 조셉 스미스의 모친은 부동산 투기꾼이었고, 자식 사랑이 많았다.

스미스는 '부흥에 불타는 지역' 중 하나였던 뉴욕 팔마이라(Palmyra)에서 성장했다. 그곳은 부흥주의자들과 개혁 세력들과 종말론 사교 집단들과 이상적인 사회건설협회들의 본산지였을 뿐만 아니라, 마술과 신비술과 땅에 묻힌 보배들로 알려진 곳이기도 했다. 종교적이며 신비적인 신경과민증(mystical hysteria)에 빠져들면서, 스미스는 독특하게 미국적인 종교를 만들게 됐다.

1820년, 14세의 스미스는 '아버지'와 '아들'이 그에게 나타나 모든 종교 교단들이 잘못됐다고 알려 주는 이상을 봤다고 주장했다. 더욱이, 그는 원시 교회와 구약 제사장직을 회복하려고 했다. 1823년 스미스는 모로니(Moroni)라는 천사로부터 뉴욕 맨체스터 힐 커모라(Hill Cumorah)에 황금 서판이 묻혀 있다는 말을 들었다고 주장했다. 그는 이 서판들이 상형문자로 기록돼 있었으나, 우림과 둠밈(Urim and Thummim)이라는 선견자의 두 돌이 그에게 그것을 해석할 수 있도록 해 줬다고 주장했다.

스미스는 1827년 그가 이 서판들을 해독하기 시작했다고 주장하면서 그가 찾아낸 것을 1830년에 출간했다. 스미스와 그의 추종자 11명만이 봤다는 이 서판은, 미국 인디언들이 길 잃은 이스라엘 지파로서 B.C. 600년에서 A.D. 421년에 이르는 역사를 가지고 있다고 하는 내용의 『몰몬경』(Book of Mormon)을 포함하고 있다.

스미스에 따르면, 그리스도께서는 부활 이후에 이 지파들에게 나타나셔서 그들 중에 교회를 세우셨다. 이 문화는 5세기가 끝나면서 없어지게 됐지만, 그 역사만큼은 몰몬 선지자에 의해 기록됐다고 하는데, 바로 여기서 『몰몬경』이라는 제목과 몰몬교라는 이 집단 이름이 유래됐다. 스미스의 주장은 비웃음을 많이 당했지만, 그래도 그는 용하게 많은 수의 추종자들을 끌어모았다. 그는 말하기를, 그를 추종하는 사람들이야말로 그리스도에 의해 미국에 심겼던 믿음을 회복하고 있는 사람들이므로 천국에 들어갈 참 성도라고 했다.

1830년 4월 6일에 스미스와 그의 추종자들은 뉴욕주 페예트(Fayette)에서 예수그리스도후기성도교회를 설립했다. 자연스레 스미스는 그 교회의 지도자요 선지자가 됐다. 그는 추가적인 계시를 받았다고 주장하면서 『계명집』(The Book of Commandments, 1833)과 『교리와 언약』(Doctrines and Covenants, 1835), 그리고 『지극히 값진 진주』(The Pearl of Great Price, 1842)에 그것을 기록했다. 이 문헌들에서 그는 사람이 신적인 지위로 발전해 갈 수 있다고 하면서, 성전(temple)에서의 의식에는 어떤 것들이 있어야 할지에 대해 구체적으로 서술하고, 죽은 자를 위해 대리 세례를 받는 것, 영원 결혼(eternal marriage), 일부다처제를 가르쳤다.

팔마이라 시민 중 다수는 스미스가 사기꾼이라고 생각하면서 그의 새로운 운동을 호되게 비판했다. 그러자 스미스는 하나님이 오하이오 커트랜드(Kirtland)가 몰몬의 성지가 될 것이라고 계시하셨다고 주장했다. 1831년에 그곳에 도착한 스미스의 추종자들은, 그들 최초의 성전을 짓기 시작해 1836년 그것을 봉헌했다. 곧 몰몬교 교도들의 숫자가 불어났고, 스미스는 그 마을을 쥐지우지하게 됐다. 그들은 미주리주 인디펜던스(Independence)를 자이언(Zion, 시온)이라고 개칭하고서는 그곳에도 지교회를 건립했다.

커트랜드에 있을 동안, 스미스는 도시 정부 기관과 민병대와 은행을 세우고는, 자신의 추종자들이 몰표를 주도록 지시함으로써 지역 정치를 주도하기 시작했다. 하지만 그가 세운 은행은 망했고, 그가 가장 신뢰하던 교인들 중 일부가 몰몬교를 저버렸다. 스미스와 그의 추종자들은 1837년 커틀랜드를 떠나 미주리주 인디펜던스로 갔다.

미주리에서의 시간은 선혈이 낭자한 시기였으니, 곧 몰몬교 교도들이 소위 '몰몬 전쟁'(Mormon War)에서 지역민들에게 패퇴를 당한 것이다. 그러자 스미스는 그의 집단이 일리노이 나부(Nauvoo)로 옮겨야 한다고 예언했다. 1839년에 나부에 도착한 후, 스미스는 그의 교회를 보호하기 위한 사전 조치를 취했으니, 곧 사설 민병대를 만들고, 지역 정치를 다시금 장악했으며, 그가 미국 대통령 선거에 출마할 것이라고 발표했다.

나부에 있을 동안, 스미스는 『교리와 언약』(Doctrines and Covenants)의 132항에 들어갈 계시를 받았다고 주장했다. 61-62절에서 스미스는 일부다처제법을 몰몬교에 도입한다.

> 그리고 또한 제사장의 법에 관련해, 만약 사람이 처녀와 약혼을 하고 또 다른 이와 약혼하기를 원한다면, 그리고 먼저 약혼한 처녀의 동의를 얻고 둘째 약혼녀를 만든다면, 그리고 그들이 처녀들이며 다른 어떤 남자와도 서약을 하지 않았을 경우, 그는 정당하게 둘과 약혼할 수 있다. 그들이 그에게 준 바 됐으니 그는 간음하는 것일 수가 없다. 왜냐하면, 다른 누구가 아니라 그에게 속한 것과 간음을 할 수는 없기 때문이다. 만약 이런 법에 따라서 10명의 처녀가 그에게 주어진다고 한다면, 그들은 그에게 준 바 된 것이다. 그러므로 그는 정당하게 그들과 약혼할 수 있다.

비록 지도급 인사들에게서만 은밀하게 행해졌기는 했으나, 그들의 일부다처제가 탈퇴자들에 의해 지역 신문에 폭로됐다. 스미스는 「나부 신문」에 몰몬의 일급비밀이 대서특필된 것에 분노해, 그 신문을 파괴하라고 명령했다. 곧 스미스는 체포돼 일리노이 칼티지(Carthage) 감옥에 수감됐다. 1844년 6월 27일에 폭도들이 감옥을 뚫고 들어가 스미스와 그의 형제 하이럼(Hyrum, 1800-1844)을 살해했다.

내부 분쟁을 거친 후에, 브리검 영(Brigham Young, 1801-1877)이 후기 성도들의 새로운 선지자요 지도자로 낙점됐다. 영은 어디든지 기존 정착민들이 있는 곳에 몰몬교 교도들이 가게 되면, 박해를 당할 것임을 깨달았다. 1846년부터 영은 많은 사람을 거느리고 미국을 횡단해 유타의 큰 소금 분지에 정착하기 시작했다.[12] 다른 정착민들로부터 멀리 떠난 그들은 솔트 레이크 시티를 건설하고 몰몬교 본부를 세웠다. 영은 1877년 그가 죽을 때까지 몰몬교회를 이끌었다.

---

[12] 이 당시에 유타 지역은 멕시코의 일부였다.

후기 성도들은 『몰몬경』과 조셉 스미스의 예언이 성경과 동일한 권위를 갖는다고 믿었다. 스미스는 49명의 부인을 가졌고 영은 55명의 부인을 가졌다고 알려져 있다. 하지만 1890년에 새 예언이 나오면서 일부다처제가 중단되게 됐다. 이 예언은 유타가 주로서의 지위를 획득하려고 시도하던 때와 시기적으로 일치한다. 만약 일부다처제가 합법이라면, 유타는 주로서의 지위를 얻을 수 없었을 것이었다.

몰몬은 강한 애국심을 표현했고, 복음 정신을 구현하겠다는 충동을 가졌으며, 가족을 중요시 하려고 했다. 그들은 카페인을 소비하지 않으며, 물질 재산을 중요하게 여긴다. 모든 젊은이들은 개인 전도를 포함한 2년간의 선교에 참여하라는 독려를 받는다.

2010년 기준으로 세계 몰몬 인구는 1,400만 명을 넘어섰고, 그중 미국에 약 800만 명이 있다. 유타에서 몰몬교회는 100만에서 150만 명 정도의 교세를 가지고 있으며, 이는 유타주 인구의 약 60%를 차지한다.

스미스가 일부다처제를 가르친 적이 없다고 생각하는 좀 더 작은 규모의 집단인, 예수그리스도후기성도재건교회(Reorganized Church of Jesus Christ of Latter-Day Saints)의 경우, 미주리주 인디펜던스에 그 본부가 자리하고 있다. 그리고 근본주의 몰몬들의 경우 여전히 일부다처제를 실천한다. 일부다처제가 불법이기 때문에 이 집단들은 주류 집단 밖에서 머무르려고 한다.

근본주의 예수그리스도후기성도교회의 총회장 워렌 제프스(Warren Jeffs, 1955년생)은 미국에서 가장 두드러진 일부다처제 지도자이며, 현재 성폭행과 심각한 정도의 어린이 성폭행 혐의를 받고 감옥에 수감돼 있다.

A HISTORY OF CHRISTIANITY

제26장

신대륙에 건너온 유럽 교단들

신대륙의 종교계는 미국에서 발원한 종교에다가 오래된 기존 유럽 개신교단들이 더해지는 형태로 형성됐다. 많은 기존 교단이 유럽에서는 국가 종교로서 국가의 비호를 받았던 반면, 미국에서는 정부의 도움 없이 헤쳐나가기를 배워야만 했다. 미국에 넘어온 주요 유럽 교단은 장로교, 루터교, 감리교였다. 그리고 감리교에서부터 성결교회(Holiness)와 오순절(Pentecostal) 교회가 태동했다.

비록 유럽에도 침례교가 있었지만, 미국 최초의 침례교 교인들은 유럽 침례교가 아닌 그 외 집단에서 개종해서 침례교 교인이 되는 경향이 있었다. 하지만 유럽 침례교와 미국 침례교 사이에는 공통점도 많기 때문에, 침례교도 본 장에서 다루도록 하겠다.

1. 장로교

1706년 필라델피아에서 미국 최초의 노회가 만들어졌다. 14년이 흐르자 필라델피아 지역에 두 개의 노회가 추가로 생겼다. 이 세 개의 노회가 모여서 1717년 40개의 교회와 3000명의 교인으로 이뤄진 필라델피아 대회를 이루게 됐다. 필라델피아 대회는 1729년 웨스트민스터 신앙고백서를 신앙 규범으로 채택했다. 1789년에는 필라델피아에서 최초의 미국 장로교 총회가 열렸다.

그 외에 장로교의 영향력이 있었던 곳은 남부 지방이었다. 스코틀랜드-아일랜드 장로교 교인들이 1720년대 초반부터 미국에 많이 건너와서 피에몬트 남부 지역(Piedmont region, 버지니아 일부와 노스 및 사우스캐롤라이나 일부, 조지아와 알라배마 일부 등지를 아우르는)에 정착했다. 이처럼 잉글랜드 국교회의 영향이 거의 닿지 않는 남부 지방에서는 장로교가 가장 강력한 교회가 됐다. 남부 장로교 교인들은 북부 장로교 교인들보다 열성적으로 예배했다. 남부 장로교 교인들의 대다수는 노예 제도를 강하게 옹호했다.

제1차 대각성 이후로, 장로교 대회 내에 분열이 일어났다. 부흥을 받아들인 이들은 신파가 됐고, 부흥을 거부한 이들은 구파가 됐다. 길버트 테넌트가 이끌었던 신파는 1741년 필라델피아 노회에서 제명됐다. 이 두 계파는 1758년에 다시금 합치게 됐고, 그렇게 총회를 만들게 됐다. 1801년, 장로교 교인들이 회중교회 교인들과 힘을 합쳐서, 함께 서부를 복음화 하자는 촉구를 담은 '연합 계획'(Plan of Union)이라는 것을 만들었다.

제2차 대각성은 장로교를 다시금 나눠 놓았다. 구학파 장로교 교인들은 서쪽 개척 지구를 따라 일어나고 있는 강한 감성주의와, 즉각적 회심이라고 홍보되는 것들 그리고 몸에 나타나는 이상한 현상들을 인정하지 않았다. 그들은 또한 교육받지 못한 사역자가 부흥회를 인도하는 것에 반대했다.

부흥을 좋아했고 또 사역자가 공식회된 교육을 받을 필요는 없다고 생각했던 장로교 교인들은 1810년 컴벌랜드장로교회를 만들었다. 컴벌랜드장로교회는 주로 테네시와 켄터키 개척 지역에 자리를 잡고 있었다. 북부에서는, 구학파 장로교와 신학파 장로교가 몇 개의 교단으로 분열됐다.

남북 전쟁 이전의 많은 교단이 그랬듯이, 노예 문제는 장로교회의 분열을 낳았다. 남부에서는 구학파 장로교 교인들이 미국연맹장로교회(Presbyterian Church in the Confederate States of America)를 만들었다. 남북 전쟁 이후에는 교단 이름이 합중국장로교회(Presbyterian Church in the United States[PCUS])로 바뀌었다. 북부에서는 구학파 장로교회와 신학파 장로교회가 1870년에 재결합하면서 남부미합중국장로교회(Presbyterian Church in the United States of America)가 됐다.

19세기 말이 되자, 장로교 교인들은 당시에는 현대주의(Modernism)라고 불리던, 점증하는 자유주의 신학(liberal theology)을 놓고 한바탕 논쟁을 벌이게 됐다. 뉴욕 유니언장로교신학교(Presbyterian Union Seminary)의 히브리어 및 성경신학 교수였던 찰스 어거스투스 브릭스(Charles Augustus Briggs, 1841-1913)가 몇몇 성경 구절들이 역사적으로 정확하지 않다고 주장하면서, 모세오경의 모세 저작권을 부정하고 이사야서도 한 사람이 쓴 것은 아니라고 주장했다.

3년간의 재판이 있은 후에, 브릭스는 장로교에서 쫓겨나 미국 성공회로 갔다. 하지만 유니온신학교는 굴하지 않고 장로교회와 연을 끊어 버렸고, 브릭스는 계속해서 유니온신학교에 남아 있었다.

프린스턴신학교는 보수신학의 보루와도 같았다. 찰스 핫지(Charles Hodge, 1797-1878)와 그의 아들 아치볼드 핫지(Archibald Hodge, 1823-1886), 그리고 벤자민 B. 워필드(Benjamin B. Warfield, 1851-1921)의 인도에 따라, 프린스턴 신학자들은 성경이 무오하며, 하나님의 감동으로 돼 완벽하게 믿을 만한 책이라고 믿었다.

신약신학 교수였던 존 그레샴 메이첸(John Gresham Machen, 1881-1937)은 자유주의 신학에 대해서 굳게 반대했다. 메이첸은 자유주의의 교리가 프린스턴으로 들어오고 있다고 판단하고, 1929년 필라델피아에 웨스트민스터신학교(Westminster Seminary)를 세웠다. 메이첸에게 매료된 많은 추종자는 1936년 미국장로교회(Presbyterian Church of America)를 세웠고, 후에 이것이 미국정통장로교단(Orthodox Presbyterian Church)이 됐다.

이와 같은 논쟁이 있었음에도, 많은 장로교단이 20세기에 들어서 재결합했다. 1910년에는 컴벌랜드장로교회의 대다수가 미합중국연합장로교회(United Presbyterian Church in the United States of America[UPCUSA])로 넘어왔다. 이어서 1958년에 미합중국장로교회가 북미연합장로교회(United Presbyterian Church of North America)와 통합하면서 미합중국연합장로교회가 됐다.

1983년에는 남부의 합중국장로교회(PCUS)가 북부의 미합중국연합장로교회(UPCUSA)와 통합하면서 미합중국장로교회(Presbyterian Church, USA[PCU-SA])가 됐다. 그렇지만 합중국장로교회의 소수파는, 북부 형제들이 교리적으로나 사회적으로나 너무 자유주의적이라고 보고 미국장로교회(Presbyterian Church in America)를 세웠다.

미합중국장로교회는 현재 230만 명의 교인과 전국 곳곳에 교회들을 가진 장로교 최대 교단이다. 1983년의 교단 통합 이래로, 미합중국장로교회는 몇 차례의 신학 논쟁을 겪었다. 그중에서 가장 분열을 일으켰던 문제는 동성연애자의 목사 안수 문제 그리고 장로교 사역자가 동성결혼식을 집례할 수 있는지의 문제였다.

2. 루터교

미국 루터교는 이민으로 인해 다양한 민족 배경을 가지고 있는 경향이 있고, 전통적인 루터교 신조들을 고수하고 있다. 루터교 중 최대 교단은, 450만 명의 교인을 가지고 있는 미국복음루터교회(Evangelical Lutheran Church in America[ELCA])이고, 240만 명의 교인을 가지고 있는 루터교회미주리대회(Lutheran Church Missouri Synod[LCMS])도 있다.

미국복음루터교회는 1988년 1월 1일에 미국루터교회(American Lutheran Church[ALC]), 북미루터교회(Lutheran Church in America[LCA]), 복음루터교회협회(Association of Evangelical Lutheran Churches[AELC])가 하나로 통합되면서 창립됐다. 미국복음루터교회는 "아우크스부르크 신앙고백서"와 『일치 신조』(Book of Concord)를 교리 표준 문서로 확정했다. 미국복음루터교회는 아마도 미국 루터교회 중에서 가장 덜 보수적인 집단일 것이며, 여성 안수와 동성연애자의 목사 안수를 허용한다.

루터교회미주리대회는 1847년 시카고에서 창립됐다. 이 교단은 중서부 북쪽 독일 이민자들로 구성된 교단으로서, 예배 때에 독일어가 주로 사용되곤 했다. 이 때문에 이 교단의 원래 이름은 '미주리, 오하이오, 그 밖의 주에 있는 독일복음루터교대회'(German Evangelical Lutheran Synod of Missouri, Ohio, and Other States)였지만, 제1차 세계대전 중에 있었던 독일에 대한 반감 때문에 1917년 '독일'이라는 명칭이 생략됐고, 영어가 예배 시에 주로 사용되게 됐다. 루터교회미주리대회는 모든 16세기 루터교 신조들을 받아들이며, 성경의 무오를 믿고, 남성만을 목회자로 장립시킨다.

3. 침례교, 감리교, 성결교, 오순절 교단

1) 침례교

침례교는 17세기 중반부터 뉴잉글랜드에 존재했으며, 대각성에 힘입어서 교세가 성장했다. 이러한 흐름을 타고 서쪽으로 진군함으로써, 19세기 초엽 침례교는 미시시피강 동편 대부분 지역에 진출하게 됐다. 1780년에서 1820년 사이에 가장 침례교가 활발하게 활동한 장소는 필라델피아, 찰스턴, 노스캐롤라이나 샌디 크릭이었다. 1764년에 로드 아일랜드 프로비던스에서 설립된 브라운대학은 침례교 최초의 고등 교육 기관이었다.

1814년에는 선교사 총회(General Missionary Convention)가 설립됐는데, 이 단체야말로 미국 침례교 최초의 전국 단위 기구였으며, 후에 이 단체는 3년 주기 총회(Triennial Convention)라고 개칭된다. 선교사 총회의 목적은, 아도나이람 저드슨(Adoniram Judson, 1788-1850)과 루터 라이스(Luther Rice, 1783-1836)의 인도 선교를 후원하는 것이었다.

1824년 3년 주기 총회와 느슨한 협력 관계를 가지고 있던 침례교전도지 협회가 창설됐고, 이어서 1832년에는 미국침례교국내선교회(American Baptist Home Mission Society)가 만들어졌다. 이러한 협회들은 북부의 도시들에 위치해 있었고 북부 침례교(northern Baptists) 산하에 있었다.

장로교가 그랬듯이, 노예 제도는 3년 주기 총회를 갈라놓았다. 남쪽 침례교 교인들은 노예 제도에 찬성했고, 북쪽 침례교 교인들은 노예 해방을 지지했다. 남쪽 침례교 교인들은 이에 3년 주기 총회에서 탈퇴해 1845년 남침례회(Southern Baptist Convention[SB.C.])를 창설했다.

현재 남침례회는 함께 선교를 후원하고 신학 교육을 후원하며 문화 사역을 후원하는 4만 5천 개가 넘는 교회와 1600만 명의 교인을 보유하고 있다. 개교회는 지역, 주, 전국에 걸쳐서 자율적으로 그리고 자발적으로 운영된다. 남침례회 총회는 1년에 이틀만 모이지만, 산하에 1년 내내 움직이는 몇 개의 기관과 위원회 등이 존재한다.

1925년 각 주별로 그리고 전국적으로 남침례회 사역에 필요한 비용을 대기 위한 '협력 프로그램'(Cooperative Program)이 생겼다. 이 프로그램에 의거해 지교회는 수입의 일부를 각자의 주 지방회에 보내고, 그 지방회가 수입의 일부를 남침례회 총회에 보내게 돼 있다. 지교회와 주 지방회는 남침례회로부터의 자율권을 가지며, 그들이 각자 수입에서 얼마간의 비율을 교단 차원의 일을 위해 납부할 것인지를 알아서 정할 권리를 갖는다.

남침례회란 이름이 비록 미국 남부에 초점을 맞추는 듯한 인상을 주지만, 사실 남침례회 교회는 미국 전역에 어디에나 있다. 남침례교의 특징 중 하나는 국내 및 해외 선교를 강조한다는 것이다. 1845년에 설립이 되자마자, 남침례회는 중국과 아프리카 선교를 시작했다.

제2차 세계대전이 끝나자, 남침례회는 선교의 범위를 전 세계로 확대했고, 특히 제3세계에서 활발한 선교 사역을 했다. 2014년 기준으로 남침례회는 5천 명이 넘는 해외 선교사를 파송했다. 남침례회 산하 신학교는 6개이며, 50개가 넘는 대학들이 주 지방회와 관련돼 운영되고 있다. 1980년 경부터 남침례회 교단은 보수신학과 성경 무오에 대한 믿음을 견지하는 입장으로 유명해졌다. 이에 중도파들은 1991년 남침례회를 떠나 협조적침례교교제회(Cooperative Baptist Fellowship[CBF])을 만들었다. 협조적침례교교제회는 1800개의 협력 교회와 15개의 신학교를 가지고 있다.

북쪽의 침례교 교인들은 1907년에 함께 모여서 북침례회(Northern Baptist Convention)를 만들었다. 그러다가 1950년에 그들은 미국침례회(American Baptist Convention[AB.C.])라는 명칭을 붙이게 됐다. 이 침례교 교인들은 근대주의와 근본주의를 놓고 몇 차례의 분열을 거듭했고, 지금까지도 진정한 의미에서 3년 주기 총회의 분열과 근대주의-근본주의 논쟁의 상흔을 극복하지 못했다. 20세기에 들어 이들의 교세는 서서히 감소했다. 현재는 미합중국침례교회(American Baptist Churches USA)는 2008년 기준으로 130만 명의 교인을 보유하고 있다고 알려져 있으며, 6개의 신학교와 15개의 대학 운영에 참여하고 있다.

최초의 흑인 침례교회는 1773년 조지아 어거스타(Augusta)에 설립됐다. 남북 전쟁이 끝난 이후에, 대부분의 흑인 침례교 교인들은 남침례회나 북침례회 대신 자체적인 교회를 조직하기를 선호했다. 1895년에 생겨난 전국침례교협의회(National Baptist Convention, USA, Inc.[NB.C.])가 최초의 흑인 침례교단이다.

출판부의 소유권을 놓고 일어난 분쟁 끝에, 1915년에 전국침례교협의회를 떠난 한 무리가 있었는데, 그들은 스스로를 미국침례교협의회(National

Bapitist Convention of America)라고 명명했다.¹ 전국침례교협의회는 마틴 루터 킹 주니어(1929-1968)와 미국 흑인 민권 운동 지지 여부에 대한 의견 차이로 인해 1961년에 다시금 분열됐다.

킹을 지지한 쪽은 전국진보침례교협의회(Progressive National Baptist Convention)가 됐다. 4번째 흑인 침례교단인 미국의 전국선교침례교협의회(National Missionary Baptist Convention of America)는 1988년에 창설됐다. 하지만 흑인 침례교단 중에서 최대 교단은 여전히 전국침례교협의회이며, 2011년 기준으로 500만 명 정도의 교인이 있다고 알려져 있다.

마틴 루터 킹 주니어는 흑인 침례교 교인 중에 가장 영향력 있는 인물일 것이다. 조지아 애틀란타에서 태어난 킹은 1948년 모어하우스대학(Morehouse College)에서 학사학위(B.A.)를 받았고, 1951년 크로저신학교(Crozer Theological Seminary)에서 신학 학사학위(B.D.)를 받았으며, 1955년 보스턴대학교에서 박사학위(Ph.D.)를 받았다. 학창 시절에 킹은 마하트마 간디(Mahatma Gandhi, 1869-1948)의 사회 정치적 압제에 대한 비폭력 저항 이론에 매료됐다.

킹은 1954년 5월 알라바마주 몽고메리(Montgomery)에 위치한 덱스터애비뉴침례교회(Dexter Avenue Baptist Church)의 목회자로 부임했다. 그의 연설 능력과 박사학위 덕택에, 킹은 부임 즉시 그 도시 흑인 사회의 존경받는 일원으로 인정받게 됐다. 그 이듬해에 로사 파크스(Rosa Parks, 1913-2005)는, 몽고메리시 버스에서 흑인 분리 구역으로 자리를 옮기기를 거부하면서 현대 미국 흑인 민권 운동의 불씨를 당겼다.

성직자 모임은 킹을 택해 몽고메리시의 버스 불매 운동을 주도하도록 했다. 불매 운동은 1955년 12월 5일에 시작돼서, 미국 대법원이 알라바마의 인종 분리법이 위헌이라는 판결을 내린 1956년 11월 13일에 끝났다.

그 이듬해 킹은 남부 기독교 지도력 회의(Southern Christian Leadership Conference)의 의장으로 임명됐다. 킹은 버스 불매 운동의 성공으로 인해 미국 흑인 민권 운동의 인정받는 지도자가 돼 있었다. 1963년에 그가 쓴 『버밍햄 옥중서신』(Letter from a Birmingham Jail)은 미국 흑인들이 겪는 어려움을 매우 뛰

---

1   현재는 미국 전국 침례교 총회기구(National Baptist Convention of America, Inc.).

어난 글솜씨로 묘사해 내고 있다.

> 우리는 헌법이 정하고 하나님이 주신 권리를 위해 340년 이상을 기다려 왔습니다. 아시아와 아프리카 국가들이 비행기처럼 빠른 속도로 정치적 독립을 쟁취하기 위해 움직이는 이 때에, 우리들은 여전히 점심 판매대에서 커피 한 잔을 얻는 것만 위해서도 마차가 기어가는 속도만큼이나 느리게 움직이고 있습니다. 화살처럼 마음을 쑤셔 대는 그런 차별을 느껴 본 적이 없는 분들 입장에서는, 그저 "기다리라"라고 쉽게 말할 수 있을지도 모르겠습니다. 하지만 악독한 폭도들이 여러분의 부모님을 마음대로 죽이고 기분 내키는 대로 여러분의 형제자매를 수장시킨다면, 혐오심에 가득찬 경찰관이 욕하고, 발로 차고 심지어는 여러분의 흑인 형제자매를 죽이기까지 한다면, 부유한 사회 속에서 2천만 명에 달하는 흑인 형제들 절대 다수가 빈곤이라는 헤어나올 수 없는 감옥 속에서 억눌려 있다면, 방금 텔레비전에서 선전한 놀이공원에 갈 수 없는 이유에 대해서 6살배기 딸에게 설명하려고 하다가 혀가 꼬이고 말을 더듬을 때, 그리고 유색 인종 어린이에게는 그런 놀이동산이 닫혀 있다는 말을 듣고서 그 딸 아이의 눈에 눈물이 차오를 때, 그리고 그 딸 아이의 정신 세계에 열등감이라는 불길한 먹구름이 끼기 시작할 때, 그리하여 무의식 중에 백인들에 대한 씁쓸한 마음이 생기면서 그 딸 아이의 인성이 꼬이게 됐을 때, 5살배기 아들이 "아빠, 왜 백인들은 유색 인종들에게 저렇게 나쁘게 굴어요?" 하고 묻는 질문에 솔직하게 대답해 줄 수 없을 때, 카운티를 가로질러서 운전하다가 흑인을 받아 주는 모텔이 없어서 여러 날 동안 차 구석에서 불편하게 밤을 지새울 때, '백인'과 '유색인종'이라는 기분 나쁜 간판을 나갈 때 나 들어올 때나 보면서 풀이 죽을 때, 당신의 이름이 '검둥이'가 되고, 나이에 상관없이 '소년'이라는 중간 이름을 갖게 되고, 당신의 성은 '존'이 되며, 당신의 아내와 어머니는 '부인'이라는 존칭을 결코 받지 못할 때, 흑인이라는 이유로 낮에는 괴롭힘을 당하고 밤에는 자괴감에 시달릴 때, 항상 조심조심 살아야 하고 그다음에 어떻게 될지 모르며 안으로는 두려움이요 밖으로는 분노에 시달릴 때, '존재감 없는 사람'이라는 굴욕적인 느낌과 항상 싸워야 할 때, 바로 그 때에야 당신은 왜 우리가 기다리기 어려운지에 대해서 이해

하게 될 것입니다. 인내에도 한계가 있으며, 절망의 나락으로 떨어지는 것을 이제는 용납할 수 없게 됩니다. 선생님들께서 우리의 정당하고 어쩔 수 없는 조급함을 이해해 주시길 바랍니다. 당신들께서는 우리들이 법을 쉽게 어기는 것에 대해서 큰 우려를 표명하셨고, 이것은 틀림없이 정당한 염려입니다. 대법원이 1954년에 공립학교에서 인종 분리를 시키는 것은 불법이라는 판결을 내렸고 우리는 그것에 복종해야 한다고 사람들에게 부지런히 권고했기 때문에, 우리들이 의식적으로 법을 어긴다는 것이 일견 역설적인 것처럼 보일 수도 있습니다. 우리에게 "어떻게 당신은 일부 법은 어겨야 하고 그 외 법은 지키라"라고 할 수가 있냐고 물어볼 수도 있겠습니다. 그에 대한 대답으로, 저는 세상에는 공의로운 법과 불의한 법이라는 두 종류의 법이 있다는 사실을 지적하겠습니다. 저는 공의로운 법이라면 누구보다도 먼저 지킬 것입니다. 사람에게는 공의로운 법을 지켜야만 할 법적인 책임뿐만이 아니라 도덕적인 책임도 있습니다. 역으로, 불의한 법에 대해서 사람은 그것을 지키지 않아야 할 도덕적인 책임이 있습니다. 나는 성 아우구스티누스가 "불의한 법은 법이 아니다"라고 했던 것에 동의합니다.[2]

1963년 8월에 킹은 25만 명의 인파를 이끌고 워싱턴 D.C. 국립광장(Mall)에서 행진했고, 그곳에서 그 유명한 연설, "나에게는 꿈이 있습니다"(I Have a Dream)를 선포했다.

내 친구 여러분, 나는 오늘 당신에게 말합니다. 절망의 골짜기에서 이제는 안주하지 맙시다. 그렇게 하다가 오늘과 내일 비록 어려움에 직면하더라도, 그래도 여전히 나에게는 꿈이 있습니다. 언젠가 이 나라가 일어나 "모든 사람은 평등하게 창조됐다는 이 사실이야말로 자명하다"라고 했던 국가적 신념의 참 의미를 삶에서 실천하리라는 꿈이 있습니다. 언젠가 조지아의 붉은 언덕들에, 예전에는 노예였던 사람들의 아들들과 예전에는 노예 주인이었던

---

2 Martin Luther King Jr., "Letter from a Birmingham Jail," April 16, 1963, in *A Documentary History of Religion in America Since 1865*, ed. Edwin S. Gaustad (Grand Rapids: Eerdmans, 1993), 495–96.

사람들의 아들들이 함께 형제처럼 상에 앉을 수 있게 될 것이라는 꿈이 있습니다. 불의의 열기와 압제의 열기로 몸살을 앓고 있는 미시시피주조차 자유와 공의의 오아시스로 변모될 날이 올 것이라는 꿈이 있습니다. 나에게 있는 4명의 자녀들이 언젠가는 그들의 피부 색깔이 아닌 그들 인격의 내용으로 판단을 받는 나라에 살게 될 것이라는 꿈이 있습니다.[3]

워싱턴에서의 행진 이후, 1964년 킹은 노벨 평화상을 받았다.

1965년 3월, 킹은 알라바마 셀마(Selma)에서부터 알라바마 몽고메리까지의 행진을 이끌었다. 아무런 흥분 없이, 비무장 상태로 평화롭게 걷던 600명이 곤봉과 최루탄으로 무장한 경찰들에게 봉변을 당했다. 행진에 참여한 몇몇 사람들은 병원에 입원했다. 경찰의 잔인성이 텔레비전으로 방송됐기에, 미국 흑인 민권 운동은 전국적인 동정과 지지를 얻게 됐다. 이틀 후에 킹은 공격이 있었던 다리까지 걸어가는 상징적인 행진을 이끌었다. 2주 뒤에는, 3,200명이 셀마에서 출발했고, 그 행렬이 몽고메리에 도착했을 때에는 사람들의 숫자가 2만 5천 명도 넘도록 불어나 있었다.

테네시 멤피스에서 쓰레기를 수거하는 흑인들의 노동조합을 지지하다가, 킹은 1968년 4월 4일에 암살을 당하고 만다. 그의 비폭력 시위와 공의와 평등의 메시지, 그리고 사랑은 미국에서 합법적이었던 인종 분리의 담을 허무는 데에 큰 공헌을 했다.

위에 언급했던 침례교 집단 중에서 많은 교단이 세계침례교연맹(Baptist World Alliance[BWA])의 회원이다. 1905년에 설립된 세계침례교연맹은 침례교단들 사이에 연합과 종교 자유, 전도 및 정교 분리 그리고 재앙 구호에 힘쓰고 있다. 2004년에 남침례회는 세계침례교연맹이 자유주의 신학을 용인한다는 점에 우려를 표명하면서 그곳에서 탈퇴했다.

남침례회, 미국침례회, 협조적침례교교제회, 전국침례교협의회, 미국전국침례교협의회는 미국에서 큰 침례교 교단들이고, 그 외에 작은 집단들도 많이 있

---

[3] 킹, "나에게는 꿈이 있습니다," 1963년 8월 28일, in *A Documentary History of Religion in America Since 1865*, 496–97.

다. 그중에는 일반(General), 정기적(Regular), 덕 리버(Duck River), 강경파(Hardshell), 제7일(Seventh-day) 그리고 분리주의 침례교(Separate Baptists) 등도 있다.

비록 예외가 있기는 하지만, 대부분의 침례교 교인은 성경을 교리와 행위의 유일한 규범으로 믿으며, 정교 분리, 지교회에서 목사와 집사의 직분, 지교회의 자율권과 회중교회적인 교회 정치 형태, 만인제사장, 세례와 성찬으로 구성된 성찬 그리고 구원이 교회나 다른 사람이 어찌할 수 없는 개개인의 책임임을 믿는다. 구원론에 있어서는, 침례교 교인들은 다양한 의견을 견지한다. 칼빈주의, 알미니우스주의, 그 외 의견들까지.

2) 감리교

미국에서의 감리교 운동은 웨슬리가 1771년 프란시스 애스베리를 미국 식민지로 파견하면서부터 시작됐다. 미국에 도착해서 애스베리는 사역자 숫자가 부족해 설교를 맡겨야 할 지점에 사역자를 한 명씩 배치하는 것이 불가능함을 알게 됐다. 그래서 그는 순회 사역자들을 시골로 보내어 여러 설교 지점을 번갈아 다니며 설교하도록 하고, '순회 제도'에 따라서 움직이면서 사람들을 찾아다니도록 했다.

미국 독립 혁명이 시작됐을 때, 웨슬리는 영국 편을 들었고 미국에 보냈던 사역자들을 소환해 자신과 똑같이 하도록 했다. 애스베리를 제외하고는, 거의 모든 감리교 사역자들이 잉글랜드로 되돌아갔다. 애스베리가 남았기에, 감리교회는 왕당파라는 낙인이 찍히지 않았고, 그 덕분에 자칫하면 미국에서의 활동에 종언을 고할 수도 있을 뻔했던 위기를 피할 수 있었다.

감리교 감독교회는 1784년 웨슬리가 토마스 코크를 미국 감리교 운동의 첫 번째 감리사로 임명함으로써 시작됐다. 웨슬리는 코크에게 미국에 도착하면 애스베리에게 안수를 주어야 한다고 지시했다. 영국인을 임명하는 것은 반미 정서가 깔려 있다는 것을 눈치 챈 애스베리는 1784년 12월 24일 메릴랜드 볼티모어에서 회의를 열었다.

이 '성탄절 회의'(Christmas Conference)에서 대표단들은 애스베리와 코크를 공동 감리사(cosuperintendents)로 선출했다. 그리고 웨슬리는 싫어할 일이었지만, 애스베리는 그들의 호칭을 감리사(superintendents)가 아닌 감독(bishop)으로 바꿔 놓았다. 웨슬리는 공식적으로 잉글랜드 국교회와 갈라서는 것을 반대했으나, 그의 말년에 이르렀을 때에 감리교는 분명 독립된 교단이었다.

애스베리의 지도하에 감리교 교인들은 광활한 미국 서부에서 순회 설교 제도를 발전시켜 나갔다. 개척자들이 새로운 정착촌을 만들 때마다, 감리교 사역자는 크게 뒤쳐지지 않고 찾아갔다. 애스베리 자신도 45년간 순회 설교자로 활동했다. 그는 48만km를 이동했고, 16,500개가 넘는 설교를 했으며, 4,000명의 사역자를 세웠다고 알려져 있다. 1844년에 이르면, 감리교 감독교회 순회 설교자의 숫자가 4,400명에 달하게 된다.

장로교들과 침례교들처럼, 감리교회도 노예 제도를 놓고 분열을 경험했다. 북부 감리교 감독교회는 노예 제도에 반대한 반면, 남부 감리교 감독교회는 그것에 찬성했다. 그러나 침례교와는 다르게, 감리교는 1939년에 재결합해 감리교회를 만들었다.

또한, 흑인 감리교 교단들도 있었다. 1816년 필라델피아에서 리처드 앨렌(Richard Allen, 1760-1831)은 아프리카인 감리교 감독교회(The African Methodist Episcopal Church[AME])를 설립했다. 노예였으나 값을 주고 자유를 얻은 앨렌은, 필라델피아 세인트 조지 감리교 감독교회(St. George's Methodist Episcopal Church)에서 완전한 회원권을 얻을 수 없을 것이라고 생각해 직접 교회를 개척했다. 그는 1793년 대장간을 사들여 그곳에서 벧엘교회(Bethel Church)를 세웠다. 세인트조지교회가 베델교회에 대한 관할권을 주장했으나, 그래도 앨렌은 독립을 지켜 내고야 말았다. 1799년 애스베리는 앨렌이 벧엘교회의 집사가 되도록 안수했다.

1816년에 흑인 감리교회의 대표단이 벧엘교회에서 모여서 아프리카인 감리교 감독교회를 설립했다. 그러자 애스베리는 앨렌을 최초의 감독으로 임명했다. 아프리카인 감리교 감독교회는 현재 7개의 대학과 3개의 신학교와 라이베리아에 대학교를 하나 운영하고 있다. 이 교단은 또한 해외 선교에도 열심이어서, 아프리카와 남미와 카리브해 지역에서 많은 선교 활동을 하고 있다. 2010년 기준으로 아프리카인 감리교 감독교회는 약 250만 명의 교세를 가지고 있다.

아프리카감리교감독시온교회(African Methodist Episcopal Zion Church [AMEZ])는 1821년 뉴욕에서 설립됐다. 이 교단의 설립자들은 존스스트리트 감리교감독시온교회(John's Street Methodist Episcopal Zion Church)에서 이등 회원 취급을 당하는 것을 좋아하지 않았던 몇 명의 흑인 교인들이었다. 애스베리는 그들의 분리를 허락했고, 이 교회에 더해 6개의 흑인 감리교회들이 합쳐져서 아프리카감리교감독시온교회가 설립됐다. 이 교단에는 한 개의 대학교와 한 개의 신학교가 있으며, 2010년 기준으로 이 교단의 교인 숫자는 150만 명이라고 알려져 있다.

1968년에 복음연합형제교회(The Evangelical United Brethren Church)가 감리교와 합쳐져서 연합감리교회(United Methodist Church)가 됐다. 2007년 기준으로 연합감리교회는 800만 명의 미국 교인을 가지고 있다고 추산되고 있다. 연합감리교회는 100개의 대학과 관계를 갖고 있다.

3) 성결교

성결교는 감리교회에서 그 뿌리를 찾을 수 있다. 남북 전쟁 이후에, 많은 감리교 교인이 웨슬리의 그리스도인의 완전(Christian perfection)교리를 버리기 시작한 반면, 성결교를 일으켰던 감리교 교인들은 완전을 강조하면서, 구원 이후에 와서 신자를 높은 수준의 영성으로 이끌어 줄 성령의 '제2의 축복'(second blessing)에 대해서 가르쳤다.

성결교의 지도자 중에서 가장 중요한 인물이라고 할 수 있는 피비 팔머(Phoebe Palmer, 1807-1874)는 제2의 축복을 통해 성령께서 신자의 의지를 완전하게 하시고 그럼으로써 신자가 '완전한 성화'(entire sanctification)에 도달할 수 있도록 하신다고 가르쳤다.

1894년에 감리교 감독교회는 완전한 성화를 부인했고, 그러자 많은 교회는 교단을 탈퇴해 성결교단들을 만들었다. 성결교에서 가장 큰 교단으로는 자유감리교회(Free Methodist Church), 인디애나주 앤더슨(Anderson)에 있는 하나님의교회(Church of God), 그리고 나사렛교회(Church of the Nazarene)가 있다.

4) 오순절교회

대부분의 오순절교회는 성결교회에서 나왔다. 오순절 운동은 1901년 새해 첫날에 찰스 파햄(Charles Parham, 1873-1929)의 학생들이 캔사스 토페가(Topeka)에 있는 벧엘성경대학(Bethel Bible College)에서 방언(glossolalia)이라는 성령의 은사를 받으면서 시작됐다고 알려져 있다. 파햄은 사도행전 2장을 인용하면서, 성령 받음은 방언 말함을 통해서 입증돼야만 한다고 가르쳤다. 곧 다른 사람들도 방언을 경험했고, 파햄은 사도적신앙선교회(Apostolic Faith Mission)를 만들었는데, 이 단체는 급속하게 성장해 2만 5천 명의 회원을 가지게 된다. 이후에 파햄은 텍사스 휴스턴에서 성경학교(Bible Institute)를 개교하게 된다.

1905년에 잠시 동안, 윌리엄 시무어(William Seymour, 1870-1922)는 휴스턴 성경학교에서 파햄에게 배울 기회가 있었다. 시무어는 1906년에 로스앤젤레스 아주사 거리 부흥(Azusa Street Revival)으로 알려진 것을 인도하면서 오순절주의를 캘리포니아 로스앤젤레스에 전수했다. 이 부흥은 3년간 지속됐고, 방언 말함과 기적적인 치유를 그 특징으로 했다. 아주사 거리에서부터 오순절 운동은 미국 전역으로 퍼졌다.

현재 미국에는 300개가 넘는 오순절 교단이 있다. 그중에서 가장 큰 교단은, 하나님의성회(Assemblies of God), 클리블랜드 테네시에 있는 하나님의교회(Church of God) 그리고 그리스도안의하나님의교회(Church of God in Christ)이다. 대부분의 오순절교회들은 방언 말함을 통해 증명되는 형태의 성령 세례를 믿는다. 그들은 또한 성경의 진리성을 믿고, 전도를 실천하며, 신유를 믿고, 임박한 천년왕국을 기대하는 믿음을 가지고 있다. 오순절교회의 교인들은 매우 다양한 사람들로 구성돼 있으며, 여성이 지도급의 위치를 차지하는 경우도 자주 있다.

A HISTORY OF CHRISTIANITY

제27장

근대 시대의 가톨릭과 정교회

근대 세계에서 가톨릭은 미처 예견하지 못했던 많은 문제에 직면하게 됐다. 가톨릭은 교회에 의존해 그 정당성을 확보했던 절대 왕정의 시대가 끝나는 것에 대처해야만 했다. 가톨릭은 혁명과 교황령의 상실과 두 차례의 세계대전과 접증하는 반가톨릭적 편견과 맞서 싸워야만 했다. 마르크스주의, 공산주의, 사회주의, 어떤 경우에는 자본주의 등과 같은 경제 체계들이 가톨릭교회를 삶의 중심에서 몰아내기도 했다.

해방신학과 여성주의가 전통적인 가톨릭의 입장에 도전하기도 했다. 이와 같은 변화에 대응해, 가톨릭교회는 19세기와 20세기에 각각 큰 공의회를 열었다.

정교회도 그들 나름대로의 문제들을 가지고 있었다. 공산 치하에서 러시아 정교회는, 무신론 사회를 만들고자 하는 소련의 정책 때문에 어려움을 겪었다. 그 외 정교회들은 계속해서 작은 규모로 존재했다. 많은 정교회가 이슬람 국가들 가운데에서 그들의 영향력을 유지하려고 몸부림을 쳤다. 대부분의 정교회는 자국의 국경 밖에서는 거의 영향력이 없었다.

1. 프랑스 가톨릭

프랑스 대혁명(French Revolution, 1789-1799)은 프랑스 가톨릭의 진로를 영구적으로 바꿔 놓았다. 비록 18세기 프랑스의 비참한 빈곤에 대한 가장 큰 책임은 프랑스 왕들에게 있었지만, 가톨릭교회에게도 프랑스의 빈곤에 대한 어느 정도의 책임이 있었다. 볼테르나 루소 등과 같은 철학자들은 교회의 잘못을 지적할 기회를 거의 놓치지 않았다.

가톨릭교가 국교였으므로, 많은 프랑스 시민은 교회를 정부의 일부라고 보고 강제로 그것에게 십일조를 바치는 것에 대해 분을 냈다. 프랑스 시민들은 교회와 사회를 위해 하는 일은 거의 없으면서 나랏돈으로 생활을 꾸려 나가는 수도승들을 멸시했다. 교회와 왕실의 헤픈 씀씀이로 인해 프랑스는 파산하기 일보 직전에 있었다.

1789년 왕실이 약화되자, 가톨릭교회도 약해졌다. 이것은 국가의회(National Assembly)가 국가의 이름으로 교회의 재산을 몰수했기 때문이었다. 1790년에는 수도원들이 해체됐다. 국가 의회는 한 도에 한 명만의 주교만을 두기로 함으로써 주교의 숫자를 83명으로 제한했고, 정부 관료가 주교 서임권을 갖도록 했다. 교황은 싫어했겠지만, 프랑스 가톨릭교회는 혁명 정부에게 강제로 충성의 맹세를 하게 됐다. 교황권에 대한 이와 같은 공격에 항의하는 뜻에서, 수천 명의 성직자들이 프랑스를 떠났다.

1792년 9월 21일에 제1공화국(First Republic) 건국이 선포됐다. 많은 시민이 불신임된 정부와의 유착 관계로 인해 교회를 처벌하기를 원했다. 1793년 1월 21일에 있었던 루이 16세(Louis XVI, 1774-1792)의 처형 이후, 프랑스 신부들은 공포 정치(Reign of Terror, 1793-1794)를 만나게 됐다. 수백 명 아니 수천 명이 공화국과 복수심에 불타는 폭도들에 의해 죽임을 당했다.

막시밀리앙 로베스피에르(Maximilien de Robespierre, 1758-1794)의 공공 안전 위원회(Committee for Public Safety) 치하에서는, 최고 존재에게 경배하는 것을 강조하는 '이성 종교'(cult of reason)가 개발돼 보급됐다. 노트르담대성당과 그 외 교회들은 이성 종교에 바치는 의식을 위해 사용됐다.

백성 중 가톨릭 교도인 이들의 지지를 얻으려는 의도를 가지고, 나폴레옹 보나파르트(Napoleon Bonaparte, 1769-1821)는 1801년 교황 피우스 7세(Pius VII, 1800-1823)와 종교 협약(Concordat)을 체결했다. 이 정교 조약은 가톨릭을 다시금 국교로 복권시키고 가톨릭에게 재정적인 지원을 하겠다는 것이었다.

하지만 가톨릭교회는 국가의 지도하에 머물러 있어야 하며, 재산이 교회에 반납되지는 않을 것이다. 교육도 교회의 손에서 벗어나 국가의 관할하에 있게 됐다. 1802년에 발표된 '기관 조항'(Organic Articles)에 따르면, 가톨릭교회는 프랑스 정부의 허락이 없이는 대회를 소집하거나 프랑스에 관한 교황령을 내릴 수 없다.

  1804년 12월 2일에 피우스 7세가 나폴레옹에게 황제의 관을 준 것은 교회 위에 군림하는 정부의 권위를 더 강화시켜 줬다. 샤를마뉴 대제의 대관식을 따라하려고 했으나 어느 정도만 모방하는 데에 성공했던 나폴레옹은, 예상을 깨고 피우스의 손에서 왕관을 가져다가 직접 왕관을 썼고 그 후에 그의 아내에게도 직접 왕관을 씌워 줬다. 나폴레옹은 그가 교회에 자초지종을 설명해야 한다는 식의 인상을 주고 싶어하지 않았다.

  피우스 7세는 나폴레옹이 잉글랜드와 벌이는 전쟁을 지지하기를 거부했다는 이유로 나폴레옹의 진노를 샀다. 이에 나폴레옹은 교황령(Papal States)을 합병해 버리는 것으로 보복했다. 나폴레옹이 1815년 워털루(Waterloo)에서 패전하고 유배됐을 때, 교황령이 교황에게 되돌아왔다.

  가톨릭에게는 다행스럽게도, 프랑스 대혁명은 급진주의자들이 바랐던 것만큼 교회에 영향을 주지는 못했다. 비록 약해진 것은 분명하지만, 가톨릭은 여전히 불확실한 시대 속에서 꾸준하고 확실한 방어벽으로 남아 있었다.

2. 개신교와의 관계

  가톨릭교회는 마틴 루터의 후예들을 잊지 않았다. 피우스 7세는 1816년 개신교의 성서공회들을 정죄했다. 레오 12세(Leo XII, 1823-1829)는 마찬가지로 성서공회들을 정죄하고, 그 공회들에서 펴낸 성경 번역들을 가리켜 '악마의 복음'(devil's gospel)이라고 했다. 그는 또한 가톨릭교회의 교인이 아닌 사람은 그리스도인이 아니며 하나님의 진노 아래에 있다고 주장하면서, 개신교에 대한 가톨릭교회의 입장을 확실하게 했다.

  피우스 8세(Pius VIII, 1829-1830)는 양심의 자유 개념을 정죄했고, 그의 후계자 그레고리우스 16세(Gregory XVI, 1831-1846)은 종교 자유란 그저 정신 이상에 지나지 않는다고 발표했다.

3. 피우스 9세(Pius IX, 1846-1878)

피우스 9세는 역대 교황 중에서 가장 긴 기간 동안 재임했을 뿐만 아니라, 가장 중요한 교황 중 한 사람이기도 했다. 피우스는 세상에서 일어나고 있는 변화들에 대해 우려하면서 그와 같은 압력에 대항해 전통적인 가톨릭을 보존하기를 원했다. 그러다 보니 그의 재임 기간의 대부분은 전통적인 것으로 회기하는 일에 바쳐졌다. 개신교의 진보에 대항해, 1854년 그는 가톨릭교회 밖에는 구원이 없다고 다시금 선포했다. 모든 가톨릭 신자들을 대상으로 발표한 『우리는 얼마나 많은 슬픔에 잠겨 있는가』(*Quanto conficiamur moerore*, 1863)에서 피우스는 개신교와 그 외 가톨릭 교리와 충돌하는 모든 가르침을 이단이라고 정죄했다.

이에 더해, 피우스는 『형언할 수 없는 하나님』(*Ineffabilis Deus*)이라는 교령을 내려서 공식적으로 마리아의 무흠잉태 교리를 주창하기도 했다. 이 교리는 여러 세기에 걸쳐 개발됐으며, 마리아는 원죄가 없이 태어났다는 내용을 담고 있다. 『형언할 수 없는 하나님』에는 다음과 같은 구절이 있다.

> 우리는, 지복자 동정녀 마리아가 잉태한 그 첫 순간에 인류의 구세주이신 그리스도 예수의 공로로 말미암아 전능하신 하나님께로부터 특별한 은혜와 특권을 부여받아 원죄의 모든 오염으로부터 보호를 받았다고 우리가 믿는 이 교리야말로 하나님으로부터 계시된 교리이며 그래서 모든 성도들은 이 교리를 굳게 그리고 계속해서 믿어야만 한다는 것을 선포하고 확언하고 분명히 밝히는 바이다.[1]

피우스는 1864년에 『오류 요강』(*Syllabus of Errors*)을 출간했다. 이 책자는 결혼, 성서공회, 공립 학교, 양심 자유, 자본주의, 정교 분리 등과 그 외 근대적 현상들에 관련된 80개의 사회 정치 사상들을 정죄하는 내용을 담고 있다. 『오류 요

---

[1] *The Doctrine of the Immaculate Conception, 1854, in Documents of the Christian Church*, 3rd ed., ed. Henry Bettenson and Chris Maunder (New York: Oxford University Press, 1999), 286.

강』은 로마 교황이 "근래에 도입된 진보와 자유주의와 문명"을 받아들이지 않을 것임을 확실하게 했다.[2]

피우스의 재임 중에 일어난 가장 중요한 사건은 바로 제1차 바티칸 공의회(Vatican Council I)였다. 피우스는 1869년 12월 8일에 공의회를 소집하고 1870년 10월 20일에 그것을 휴회했다. 교황처럼 그곳에 참석한 추기경들도 사회의 자유스런 경향과 줄어드는 교회권에 대해 관심을 가지고 있었다. 그들은 전통적인 가톨릭을 보존하려고 했다.

제1차 바티칸 공의회의 '교리법'(Dogmatic Constitution)은 수용된 교리들의 목록과 함께 가톨릭 교리에 저촉되는 정죄된 철학 사조들도 나열하고 있다. 성경의 신적 영감, 은혜를 부여하는 7성례의 능력, 교황 수위원 등은 수용됐다. 합리주의, 자연주의, 범신론, 무신론, 물질주의, 무로부터의(ex nihilo) 창조를 거절하는 것은 곧 가톨릭교회를 반대하는 일이라고 했다.

제1차 바티칸 공의회에서 선언한 것 중에서 가장 유명한 것은 교황 무오설(papal infallibility)일 것이다. 그에 따르면 교황은 베드로의 후계자로서 주교좌에서(ex cathedra) 신앙과 도덕에 관련한 내용을 말할 때 이의를 제기할 수 없는 선언을 할 수 있다. 이와 같은 주장이 진리로 받아들여진 것이다. 다음 내용이 교황무오설을 말한다.

> 우리는, 기독교 신앙이 시작됐을 때로부터 받은 전통을 충실하게 고수하면서, 우리 하나님이신 구주의 영광과 가톨릭 신앙을 높이는 것과 그리스도인들의 구원을 위해 (거룩한 공의회는 가결하기를) 다음 교리가 하나님으로부터 계시된 것이라고 정의하고 가르친다. 로마 교황은, 그가 사도 같이 지고한 권위를 가지고 주교좌에서(즉, 모든 그리스도인의 목사요 교사로서의 직분을 담당해) 말할 때, 축복받은 베드로 안에서 그에게 약속된 하나님의 도우심을 통해, 하나님이신 구속주께서 그의 교회로 하여금 신앙과 도덕에 관한 교리들을 정할 때 갖춰야만 한다고 의도하신 그러한 무오성을 부여받는다. 그래서 그러

---

2 *The Papal Syllabus of Errors, 1864*, in *The Creeds of Christendom*, ed. Philip Schaff (New York: Harper, 1919), 2:233.

므로 교회의 합의와는 상관없이, 로마 교황이 스스로 정한 것 그 자체가 번복될 수는 없다. 우리의 이와 같은 정리를 반대하려고 하는 자는 (하나님이 금하실 것이다!) 저주를 받을지어다.[3]

비록 1870년에 이르기까지 공식적으로 정리되지는 않았으나, 교황 무오설은 가톨릭 교도들 사이에서는 그보다 훨씬 이전부터 다수의 의견이었다. 피우스는 그가 1850년 공의회의 인준 없이 마리아의 무염시태(Immaculate Conception)를 주장했을 때 이 교리를 실천에 옮긴 셈이었다.

교황 무오설을 공식화함으로써, 제1차 바티칸 공의회는 교황 제도의 품격을 높이고 교회 내에 있는 이견들을 덮어 두려고 했다. 많은 토론이 있은 후에, 교황 무오설이 가결됐는데, 반대표는 두 표 뿐이었다. 그중 한 표는 알칸사스(Arkansas)의 주교가 던진 표였다. '옛날 가톨릭 교도'(Old Catholics)라고 알려진 작은 집단은 교황 무오설 문제 때문에 로마 가톨릭과 갈라섰다. 이 집단은 스위스와 오스트리아에서 가장 강하지만, 그래도 로마 가톨릭의 대안으로 부상할 정도가 되지는 못했다.

피우스 12세(Pius XII, 1939-1958)는 1950년에 주교좌에서(ex cathedra) 마리아 승천설을 주장하는 교령을 내렸다. 이 교리에 따르면, 처녀 마리아는 이 땅에서의 삶을 마치는 날 그 몸과 영혼이 하늘로 들림받았다고 한다. 마리아가 승천 전에 죽었다는 것인지 아니면 죽음을 맛보지 않고 들림을 받았다는 것인지에 대해서 피우스는 모호하게 발언한다. 로마교회는 가톨릭 교도들에게 둘 중에서 어느 입장을 선택해도 상관없다고 허용하고 있다. 피우스에 따르면 다음과 같다.

그러므로, 위엄있는 하나님의 어머니는, 영원부터 그 예정과 무염시태에 대한 '단일하고 동일한 작정'에 의해, 예수 그리스도와 신비적인 방법으로 연합돼 있었다. 신적인 모성과 지극히 흠 없는 처녀성 그리고 죄와 그것의 지지자들을 상대해 승리를 쟁취하신 하나님 구속주의 존귀한 동맹으로서 마침내 그녀는

---

[3] *The Doctrine of Papal Infallibility, 870* in *Documents of the Christian Church*, 288-89.

그녀의 특권의 최고한 면류관을 얻었으니, 바로 그녀가 무덤의 썩음에서 면제를 받고 몸과 영혼이 받들려서 천국의 하늘 영광에 들어가서 죽지 않는 만세의 왕이신 그녀의 아들의 우편에서 여왕으로 다스리게 된 것이다. … 그러므로 우리는 … 하나님의 어머니의 무염시태와 마리아의 영원한 처녀성, 그리고 그녀가 지상에서의 삶을 다했을 때 몸과 영혼이 들림받아 천국 영광에 들어갔다는 교리를 하나님이 계시하신 교리라고 선언하며 정리한다.[4]

제1차 바티칸 공의회가 열리는 동안, 프랑스와 프로이센 간의 전쟁이 발발했다. 프랑스는 국토 방어를 위해 교황령을 지키던 프랑스 군인들을 조국으로 불러들였다. 그러자 이탈리아 왕 빅터 에마누엘(Victor Emmanuel, 1861-1878)이 교황령을 합병해 버렸다. 이제 교황청에 남은 것은 라테란 궁(Lateran Palace)과 바티칸시(Vatican City)와 카스텔간돌포(Castel Gandolfo) 뿐이었다.

피우스는 바티칸에서 그의 임기 마지막 8년간을 거주하면서, 잃은 영토를 되찾을 궁리를 했다. 그의 후임 레오 13세(Leo XIII, 1878-1903)도 교황령의 상실에 분노했다. 그는 이탈리아를 나라로 인정하기를 거부했고, 가톨릭 교도들이 이탈리아 총선에 참여해 투표하는 것을 금지했다.

4. 제1차 바티칸 공의회, 교황의 그 외 선언들

많은 유럽 나라는 피우스의 선언에 험악하게 대응했다. 독일의 재상이요 독실한 개신교 교도인 오토 폰 비스마르크(Otto von Bismarck, 1815-1898)는 가톨릭교회를 독일 국민들의 충성심을 위협하는 존재로 여기기 시작했다. 그는 로마 가톨릭교회가 프랑스-프로이센 전쟁의 종국에 성취된 독일 통일을 방해하고 있다고 생각했다.

비스마르크는 '교양을 위한 투쟁'(*Kulturkampf*) 운동을 시작함으로써 독일

---

[4] *The Doctrine of the Assumption of the Blessed Virgin Mary*, 1950, in *Documents of the Christian Church*, 297-98.

민족주의를 강화하고 가톨릭교회를 약화시키려고 했다. 그는 1872년 예수회를 축출하고 1873년 '팔크법'(Falk Laws)을 제정했다. 프로이센에서만 시행됐던 이 법은 교회가 아닌 정부가 모든 결혼을 관장하고, 사제들의 교육을 국공립대학에서 하도록 강제하며, 모든 교육을 정부의 손아귀에 넣는 것을 골자로 했다. 하지만 사회주의에 대항해 가톨릭의 완전한 지원이 필요하다는 것을 인지한 비스마르크는 이 법령의 대부분을 1880년에 취소시켰다.

피우스 10세(Pius X, 1903-1914)가 교황으로 있을 때, 프랑스는 사제가 공공 교육에서 할 수 있는 역할을 제한하는 법을 통과시키고, 수도원을 국가의 통제하에 두고, 교회 혼례 대신 시청 결혼을 의무화했다. 프랑스와 바티칸은 1904년에 공식적인 관계를 종결시켰고, 그 이듬해에 프랑스는 교회와 국가를 분리하겠다는 법을 통과시켰다. 모든 교회 재산은 국가에 귀속됐으며, 가톨릭교회는 이제는 국가 보조금을 받지 못하게 됐다.

5. 마르크스주의

마르크스주의는 가톨릭과 기독교 일반에게만 큰 위협이었던 것이 아니라, 모든 종교에 대해서도 위협이었다. 칼 마르크스(Karl Marx, 1818-1883)가 만들어 낸 이 사상은 마르크스주의라고 알려지게 됐고 자본주의에 대한 극단적인 반동이었다. 마르크스는 종교, 사회, 정치 기관들이 사회의 경제 기구들에서 나온다고 믿었다.

마르크스에 따르면, 기술이 사회의 생산 수단을 발전시킴에 따라 기존에 있던 사회 조직의 형태는 효율성을 잃게 돼 계층 갈등이 생기게 되고, 궁극적으로 계층 갈등은 사회 혁명으로 이어지게 된다. 마르크스는 봉건주의에서 자본주의로의 전환을 그 예로 언급했을 뿐만 아니라, 영국 혁명과 프랑스 혁명도 그 예라고 했다.

이윤을 창출한 노동자에게 이윤이 돌아가지 않는 것을 보면서, 마르크스는 자본주의가 불공정한 체계라고 주장했다. 자본주의는 또한 사유 재산의 집중을 낳고, 그렇게 함으로써 부자가 가난한 사람으로부터 더 멀어지도록 한다고 마르크스는 주장했다. 이에 대한 대안으로 그는 생산 수단의 협동 소유권에 기반을 두며, 또한 각 노동자가 그 체계에 얼마나 기여했는지에 따라 부를 분배하는 체계인 사회주의를 주장했다.

마르크스는 종교란 단지 힘 없는 사람과 가난한 사람들에게 희망을 주는 도구일 뿐이라고 했다.

> 사람이 종교를 만든 것이지, 종교가 사람을 만든 것이 아니다. 달리 말하면, 종교는 자신을 아직 발견하지 못했거나 또는 이미 다시금 자신을 잃어버린 그러한 사람의 자의식과 자기 감정이다. 하지만 사람은 세상 바깥에서 쪼그리고 있는 추상적인 존재가 아니다. 사람이 곧 인간 세계이며, 나라이며, 사회이다. 이 나라, 이 사회가 종교를 만들고, 사람들이 뒤집어진 세상에 살고 있기 때문에, 세계-의식을 뒤집어놓게 된다.[5]

사람이 하나님을 만들어냈다. 마르크스에 따르면 "종교는 인민의 아편"이다. 힘없고 가난한 이들이 자유를 얻는 좀 더 평등한 세계에서는 종교가 이제는 필요하지 않다.

경제적인 균형을 만들어내기 위해 마르크스는 그 누구도 사유 재산을 소유하지 않는 사회를 외쳤다. 그의 체계는 공산주의라고 알려지게 됐다. 마르크스는 그러한 것이야말로 탐욕과 이기주의를 없앨 것이라고 말했다. 이 새로운 사회가 돌아가도록 하기 위해서 사람들은 개인적인 신념과 야심을 없애 버려야 하고, 그것들 대신 이 전체적인 체계를 발전시키겠다는 욕망을 품어야 한다는 것이다.

20세기 대부분의 기간, 마르크스주의 정권이 소련, 중국, 쿠바 그리고 몇몇 동유럽 국가들을 다스렸다. 비록 피우스 11세(Pius XI, 1922-1939) 이후로 모든 교황이 사회주의를 정죄했으나, 그중에서도 요한 바오로 3세(John Paul III, 1978-2005)가 가장 극렬하게 사회주의를 반대했다.

---

5   Karl Marx and Friedrich Engels, "Contributions to the Critique of Hegel's Philosophy of Right," in *On Religion* (Moscow: Foreign Languages Publishing House, 1955), 41.

6. 피우스 11세(Pius XI, 1922-1939)

피우스 11세 재임 기간에는 파시즘과 국가 사회주의와 공산주의가 크게 부상하게 됐다. 이탈리아에서는 베니토 무솔리니(Benito Mussolini, 1883-1945)와 피우스가 친선 관계를 가지고 있는 것처럼 보이게 됐다. 교황이 파시즘을 정죄하지 않고 이탈리아 정치에 간섭하지 않고 교황령을 다시 돌려받겠다고 주장하지 않는 데에 대한 대가로, 무솔리니는 1929년 바티칸을 자치 국가로 인정해 주는 라테란 종교 협약 및 조약(Lateran Concordat and Treaty)을 승인했다.

7. 피우스 12세(Pius XII, 1939-1958)

제2차 세계대전이 발발하기 6달 전에 교황에 선출된 피우스 12세는, 최악의 시기에 교황 임기를 수행했다. 그는 바바리아에 교황 특사로 파견돼 바바리아, 프로이센 그리고 나치 독일과의 종교 협약을 맺었다. 독일과 밀접하게 지냈던 것 때문에, 그의 명분이나 유산은 높이 평가되지 못하게 됐다.

피우스가 독일의 반(反)유대주의법을 정죄한 적이 없으며 공적으로 유대인들을 두둔하는 발언을 한 적은 없지만, 인종 청소에 대해서 정죄한 적은 있다. 1943년에 그는 나치가 로마에 있는 유대인들을 집단 수용소로 보내는 일을 막으려는 노력을 별로 기울이지 않았다. 전후에 피우스는 자신이 나치가 유대인들을 다루는 방식을 정죄했다면 유대인들이 더 큰 곤경에 처했을 것이라고 주장했다. 비록 유대인들이 당시 당했던 곤경보다 더욱 나쁜 상황에 빠질 수 있었다고 생각하기는 어렵겠지만, 아마 그는 전임자가 히틀러의 정책을 정죄했을 때를 생각한 것 같다.

나치가 가톨릭 사제들에게 나치의 신념을 받아들이라고 강요했을 때, 피우스 11세는 '타오르는 염려로'(With Burning Anxiety)라는 제목이 붙은 회칙을 써서 나치의 신념을 정죄하고는 히틀러가 미쳤다고 했다. 그는 이 회칙이 독일에 밀수돼 1937년 종려주일에 낭독되도록 했다. 이에 대한 대답으로 히틀러는 가톨릭 사제들을 강력하게 탄압했다.

일부 역사가들은 피우스 12세의 치세를 재평가하면서 그가 수천 명의 유대인들을 유럽 곳곳의 교회와 바티칸시에 숨겨 구해 줬다고 주장하기도 한다. 대부분의 역사가는 피우스 12세가 최소한 자신의 의무를 소홀히 했다고 생각하는 반면, 그를 두둔하는 사람들은 그의 비활동성 덕분에 나치 점령 지역에서 교회가 박멸되지 않았다고 주장하기도 한다.

하지만 이러한 학설은 결함이 있는 것으로 보인다. 가톨릭 내부 고위직에 있는 이들이 전후에 나치 지도자들의 여권 확보를 도와주고 그들이 안전한 국가들로 피신하는 것을 도와줬다는 증거들이 더 많이 있다.

8. 영향력 있는 신학자들

20세기 가톨릭 신학자들 중에서 가장 영향력 있는 이들을 꼽으라면 이브스 콩가(Yves Congar, 1904-1995)와 칼 라너(Karl Rahner, 1904-1984)를 들 수 있을 것이다. 그들의 사상이 제2차 바티칸 공의회(Vatican II, 1962-1965)에 큰 영향력을 끼쳤다. 이 신학자들이야말로 가톨릭교회를 근대 시대로 이끌어오는 작업을 시작한 사람들이다.

도미니크회 소속 신학자인 콩가는 가톨릭교회 전통과 교리의 상당 부분이 정치적이고 문화적인 상황에 대한 대답으로 만들어졌다는 것을 이해했다. 그는 가톨릭 전통은 그것의 역사적 문맥에서 이해돼야 할 필요가 있다고 주장했다. 콩가에 따르면 세상의 상태는 계속해서 변해 가기 때문에, 이전 시대의 신학자들이 미래에 대해서 적절하게 말하기가 어렵다.

콩가는 『참된 교회 개혁과 잘못된 교회 개혁』(*True and False Reform in the Church*, 1950)이라는 책에서 교회가 전통보다는 성경에 더 많은 강조를 둬야 한다고 주장했는데, 이러한 생각은 개신교와의 화해를 조장했다. 그의 글 중 다수가 '신앙 교리 위원회'(Congregation of the Doctrine of the Faith)에 의해 탄압을 받았다. 하지만 교황 요한 23세의 재위 시절에(John XXIII, 1958-1963), 콩가는 총애를 받고 신학 자문 위원으로 일했으며, 제2차 바티칸 공의회의 영향력 있는 참여자가 됐다.

다작가인 라너는 제2차 바티칸 공의회(1962-1965) 시기에 가장 잘 알려진 가톨릭 학자 중 한 명이었다. 그의 작품 중에서 가장 영향력 있는 것은 총 23권으로 구성된 『신학탐구』(Theological Investigations, 1961-1992)와 『기독교 신앙의 토대』(Foundations of the Christian Faith, 1978)이다.

라너에 따르면, 모든 위대한 세계 종교들은, 신적인 구속자를 통해 자유를 얻을 희망을 제공해 주는 신적인 창조주에게 의존함에 대해 가르친다. 비록 이러한 종교들을 추종하는 사람들이 구속자를 통한 구원을 빌지만, 많은 사람이 그 구속자의 이름을 알지는 못한다. 라너는 그런 사람들을 '익명의 그리스도인들'(anonymous Christians)이라고 부르면서, 그들이 하나님의 구원의 은혜를 받을 수도 있다고 말했다. 그렇지만 라너는 기독교야말로 하나님의 은혜의 가장 명확하고 풍성한 표현이라고 주장하기는 했다.

라너는 각 시대의 그리스도인들이 성경과 전통을 그들이 사는 세상과 관계시켜서 해석해야 한다고 주장했다. 그는 성경과 전통을 포함해 모든 일에 스며 있는 하나님의 신비는 모든 시대의 사람에게 말씀한 것이고 고정적이지 않다고 주장했다. 라너는 교황의 우월성을 인정하면서도, 전 세계 곳곳의 사역자들이 그들이 사역하는 문화에 맞게 말할 수 있어야 한다고 주장했다.

9. 제2차 바티칸 공의회(1962-1965)

로마에서 4회기에 걸쳐서 열렸던 제2차 바티칸 공의회는, 20세기 유일의 보편 공의회였다. 이 공의회는 불가리아, 터키, 독일, 프랑스에서 사역하면서 전쟁의 잔혹성과 또한 이슬람이 기독교에 미치는 영향을 직접 봤던 요한 23세에 의해 소집됐다. 요한이 공의회가 진행될 동안에 죽자, 교황 바오로 6세(Paul VI, 1963-1978)가 공의회를 계속 진행했다.

가톨릭적인 관점에서 볼 때 제2차 바티칸 공의회는 정말로 보편 공의회였다. 유럽 주교들뿐만 아니라 남미, 아프리카, 아시아 주교들도 공의회에 참여했다. 세계의 주요 개신교단들 대표들도 참석했으나, 그들에게는 표결권은 없었다.

제2차 바티칸 공의회의 결의 사항은 사실상 가톨릭의 거의 모든 분야들을 다루고 있다. 동정녀 마리아는 교회의 어머니라고 선포됐고, 예전에 있어서 지역 언어가 라틴어를 대체했으며, 찬송을 부르는 것이 소개됐고, 두 종류의 성찬이 평신도들에게 의무화가 됐다. 금지 도서 목록은 철폐됐다. 몇 개의 현대 성경 번역들이 인준됐으며, 평신도들에게 그것들을 읽도록 권장하기도 했다. 그리고 극적인 반전이 있었으니, 곧 제2차 바티칸 공의회가 종교 자유를 지지한 것이다.

> 바티칸 공의회는 인간에게 종교 자유권이 있다고 선언한다. 이러한 종류의 자유는 개인적, 사회 집단적, 그리고 모든 인간 권세에서 오는 강압으로부터의 자유를 뜻하는데, 모든 사람이 적합한 한도 내에서 그 어느 남성 또는 여성도 그들의 소신에 반하는 행동을 하도록 강압을 당하지 않으며, 개인적 또는 공적, 혼자 또는 다른 이들과 연관돼 종교 문제에 관해 자신의 소신대로 행동하는 것에 제약을 받아서는 안 된다는 것이다. 더 나아가서 바티칸 공의회는, 계시된 하나님 말씀과 이성 그 자체를 통해 알려진대로 종교 자유권이 인간의 존엄성에 기반을 두고 있다고 선언한다.[6]

바티칸 공의회는 일부 개신교 교단들을 '분열된 형제들'이라고 가리키면서 그들과의 대화의 여지를 열어놓기로 결정했다. 또한 제2차 바티칸 공의회에 따르면, 유대인들은 그리스도를 죽인 죄 값을 물려받지 않았다. 바티칸 공의회는 다음과 같이 말했다.

> 비록 유대 권세자들과 그들의 인도를 따른 이들이 그리스도를 죽이도록 압력을 넣었으나(요 19:6을 보라), 당시 모든 유대인들이 빠짐없이 그렇게 한 것이 아니며, 오늘날의 유대인들이 그리스도의 수난시에 저질러진 죄악의 대가를

---

6 *Declaration of Religious Liberty, December 1965*, in *Documents of the Christian Church*, 366.

치르라는 송사를 받을 수도 없다.[7]

가톨릭교회는 모든 종교에서 참된 것들을 존중하기로 하면서도, 예수님은 하나님의 가장 명확한 나타나심이고, 아른 종교들은 진리의 '한 줄기'(ray)를 나타내는 것이 불과하다고 했다. 그와 같은 가르침은 가톨릭교회를 근대 세계로 이끌어오는 일에 도움을 줬다.

하지만 스위스 신학자인 한스 큉(Hans Küng, 1928년생)은, 제2차 바티칸 공의회가 충분히 멀리 나가지 않았다고 생각하면서 그의 저서 『무오(?)에 대한 탐구』(Infallible? An Inquiry, 1971)에서 교황 무오설에 도전했다. 그는 또한 비기독교 종교들이 하나님께 가는 길을 제공할지도 모르기에 구원의 방편이 될지도 모른다고도 가르쳤다. '신앙 교리 위원회'는 1979년 한스 큉을 정죄하고, 가톨릭 신학자로서 가르칠 수 있는 자격을 취소해 버렸다.

그 외 가톨릭 교도들은 제2차 바티칸 공의회가 너무 멀리 나갔다고 믿었다. 좀 더 보수적인 가톨릭 교도들은 가톨릭교회가 현대주의와 문화에 지나치게 물들었다고 생각했다. 그와 같은 신부들과 주교들은 제2차 바티칸 공의회에 문제를 제기하고 계속해서 라틴어로 미사를 집례했다.

그 반대 극단에는, 산아 제한을 지지하고 사제 독신주의를 반대하는 일부 미국 가톨릭 교도들이 있었다. 남미에서는 가난한 자들과 억눌린 자들에 대한 이 공의회의 동정이 해방신학(liberation theology)을 불러일으켰다. 가톨릭 전통에 깊이 헌신돼 있었던 교황 요한 바오로 2세(John Paul II)는 제2차 바티칸 공의회의 공식 발표물들을 일부 수정하기도 했다.

---

[7] *Declaration on the Relation of the Church to Non-Christian Religions, 28 October 1965*, in *Documents of the Christian Church*, 365.

10. 해방신학

　16세기부터 가톨릭교회는 남미에서 활발히 활동했고 오랫동안 아메리카 대륙에서 가장 큰 기독교 교단으로 군림하고 있었다. 하지만 가톨릭은 종종 시민들을 빈곤에 가둬 놓는 억압적이고 권위적인 정권과 결부돼 있었다. 교회 지도자들은 사람들에게 말하기를, 그들이 그리스도께서 고통당하신 것처럼 고통받는 것을 특권으로 여기면서 상전들에게 복종해야만 한다고 했다. 그들의 고통과 복종에 대한 상급은 하늘나라에서 있을 것이었다.

　하지만 1960년대 후반이 되자, 가톨릭교회는 억압적인 정권을 대하는 자세를 바꾸게 됐다. 1967년 『민중의 진보』(*Populorum Progressio*)라는 출판물에서 교황 바오로 6세는 남미에서의 커다란 빈곤은 경제적인 불의 때문이기에, 그러한 불의가 없어져야만 한다고 했다. 그는 이렇게 썼다.

> 연대성이라는 의무는, 개인 차원에서뿐만 아니라 국가 차원에서도 똑같이 존재한다. "덜 발전된 나라를 돕는 것은 발전된 나라들의 매우 진지한 의무이다." 이와 같은 공의회의 가르침을 실천에 옮기는 것이 필수적이다. 비록 섭리를 통해 국민들의 노동의 결과물로 주어진 은사들에 의해 우선적으로 해당 국가가 유익을 보는 것이 일반적이기는 하지만, 그래도 그 어떤 나라라도 그러한 연유로 국부를 홀로 가지고 있겠다고 주장할 수는 없는 것이다. 각 나라는 더 품질 좋은 상품을 생산해, 그 모든 거주민들에게 참으로 사람다운 생활을 제공하고, 인류의 공통된 발전에 이바지해야만 한다. 덜 발전된 나라들의 커지는 필요를 염두에 둔다면, 선진국들이 그 생산의 일부를 덜 발전된 나라들의 필요를 채우기 위해 주고, 교사들과 기술자들과 학자들을 훈련시켜서 그들의 지식과 기술을 좀 더 불행한 사람들에게 나눠 줄 수 있도록 하는 것이 매우 정상적이라고 하겠다.[8]

---

[8] *Populorum Progressio, 1967*, in *Documents of the Christian Church*, 397-98.

이와 같은 선언은 무엇보다 사람들을 불의한 정치 경제 사회 환경에서 자유롭게 해 주는 수단으로서 복음을 이해하는 이념인 해방신학이 생겨나는 데에 도움을 줬다. 1968년 콜롬비아 메델린에서 열린 제2차 남미 주교회의에서, 가장 중요한 해방신학자 구스타보 구티에레스(Gustavo Gutiérrez, 1928년생)가 전면에 부각되게 됐다.

『해방의 신학』(*A Theology of Liberation*, 1971)이라는 저서에서 구티에레스는 그리스도인들이 전 세계 곳곳에 있는 억압을 완화시켜야만 한다고 주장했다. 구티에게스에게 해방이란, 빈곤을 유발하는 정치적 사회적 원인들을 제거하고 이기주의를 정죄할 것을 요구한다. 만약 사람이 하나님을 안다면(정통 신앙, orthodoxy), 공의를 행해야만 한다(정통 실천, *orthopraxis*)는 것이 구티에레스의 결론이었다.

구티에레스의 작품에 더해 여러 가지 이야기를 했던 또 다른 해방신학자 레오나르도 보프(Leonardo Boff, 1938년생)는 말하기를 교회가 사람의 영적인 필요뿐만 아니라 육체적 복지에도 관심을 가져야 한다고 했다. 예수님의 나라는 단순히 미래의 희망을 의미할 뿐만 아니라, 현재 압제에서부터의 해방이라고 그는 말했다. 그러므로 교회는 언제든지 가능한 한 가난한 사람들을 도와줘야만 한다. 해방신학에 따르면, 사람들에 대한 하나님의 자세는 그들의 경제적 상태에 따라서 결정되는 면이 많다.

해방신학자들은 종종 성경 출애굽기 이야기를 인용한다. 이스라엘 백성을 노예 생활과 바로의 압제로부터 끌어내신 그 하나님은, 자기 백성들이 영적 육적 압제하에 살기를 원하지 않으시리라는 것이 분명하다는 것이다. 이 같은 시각에서 볼 때, 많은 남미 정부는 바로에 못지 않은 폭정을 행하고 있다고 생각됐다.

신약의 경우, 해방신학은 사람들에게 짐을 지우고 그들을 부족한 상태로 놓아두는 사회 종교적 구조에 예수께서 항거했다는 점을 강조한다. 해방신학자들은 산상수훈에서 예수님이 가난한 자에게 복이 있다고 하신 것에 주목한다. 그리스도께서도 억눌렸고 잔인한 정부의 손에 죽임을 당했으므로, 많은 해방신학자가 보기에 십자가란 예수께서 억압적인 정부에 희생된 사람들과 하나가 되시겠다는 상징이다.

오스카 로메로(Oscar Romero, 1917-1980)는 남미 해방신학 운동이 낳은 순교자였다. 처음에는 해방신학에 반신반의하던 그는, 1975년 엘살바도르(El Salvador) 소재 산티아고 드 마리아(Santiago de María) 지역 시골 교구의 주교가 된 후에 가난한 사람들을 동정했다. 그는 1977년 산 살바도르(San Salvador)의 대주교가 됐고, 정부가 가난한 사람들을 소홀히하는 것에 반대하는 설교를 시작했다. 1980년에 그는 미사를 집례하다가 정부가 보낸 암살자들에 의해 살해를 당하고 말았다.

해방신학의 결과는 다양했다. 요한 바오로 2세는 해방신학의 많은 부분을 정죄했다. 후에 교황 베네틱트 16세(Benedict XVI, 2005-2013)가 되는 요셉 라칭거(Joseph Ratzinger, 1927년생) 추기경의 주도하에, '신앙 교리 위원회'는 해방신학을 비판했다. 신앙 교리 위원회는 궁극적 해방은 사회 구조로부터의 해방이 아니라 죄로부터의 해방이라고 했다. 그리고 해방신학은 영성보다는 사회 활동에 더 많은 관심을 기울이는 경향이 있음을 지적하면서, 구티에레스가 정통을 희생하면서까지 정통 실천을 강조한다고 정죄하기도 했다.

가톨릭 교도들은 또한 해방신학이 때로는 '틀이 갖춰진 폭력'(structured violence)을 지지하면서, 교회를 특권층과 동일시하는 마르크스주의 원칙에 의존한다는 점에 대해 우려를 표명했다.[9]

해방신학은 남미 그리고 가톨릭교회의 범위를 넘어서 널리 전파됐다. 해방신학 사상은, 가톨릭과 개신교 교단들에서 공히 찾을 수 있는, 흑인신학과 여성신학을 일으켰다. 흑인신학은 인종 차별 문제가 부각됐던 1960년대에, 일부 흑인 그리스도인들이 마틴 루터 킹의 비폭력 저항을 거부하고 더 공격적인 접근법을 내세우면서 태동했다.

제임스 콘(James Cone, 1938년생)은 가장 영향력 있는 흑인신학 신학자가 됐다. 말콤 엑스(Malcolm X, 1925-1965)와 흑인이 세력을 얻어야 한다는 생각을 지지하는 사람들에게 큰 영향을 받은 콘은 킹이 적응해 맞춰 사는 과업에 대해 말하면서, 이 세상에서의 흑인들의 존엄성을 희생한 채 하늘의 상에 대해

---

[9] '틀이 갖춰진 폭력'의 교리란, 사람이 압제에 대항해 행동하지 않으면 압제자만큼이나 죄를 짓는 것이라는 가르침을 말한다.

서 너무 많이 강조했다고 비판했다.

1970년에 콘은 인종 차별이 죄라는 시각을 견지한 그의 저서 『흑인 해방 신학』(A Black Theology of Liberation)을 출판했다. 인간들이 타락 때문에 죄성이 있듯이, 사회는 변천으로 향하는 속성을 가지고 있다고 그는 주장했다. 예수께서는 죄인들을 구속해 주실 뿐만 아니라, 인류를 인종 차별에 끌리는 성향으로부터 자유케 하실 수 있다. 또한 콘은 그리스도께서 흑인이라고 봐야 한다고 믿었다.

> 그리스도께서 검은 피부를 입으셨다는 것은 신학적 감성주의가 아니다. 만약 교회가 성육신의 연속이며, 교회와 그리스도께서 압제 당하는 이들이 있는 장소라면, 그리스도와 그의 교회는 억눌린 사람들과 완전히 일치된 나머지 사람들이 노예가 됐던 그 동일한 이유 때문에 고통을 겪을 정도가 돼야만 한다. 미국에서 흑인들은 흑인이라는 것 때문에 압제를 당한다. 그렇다면, 그들을 해방하는 길은 그리스도와 그의 교회가 흑인이 되는 수밖에 없을 것으로 보인다. 20세기에 그리스도께서 흑인이 아니라고 생각하는 것은, 1세기에 그리스도를 비유대인이라고 생각하는 것과도 같아서 신학적으로 불가능하다. 그리스도 안에 있는 하나님의 말씀은 그가 택하신 백성을 통해 사람에 관련된 그분의 목적을 성취해 나가실 뿐만 아니라, 모든 압제 당한 사람들이 그분의 백성이 되는 새 시대를 개막시킨다. 미국에서 압제 당한 사람들은 흑인들이다. 그리스도 안에 있는 하나님을 말씀에 충실하려면, 그분께서 인격적으로 나타나시는 것이 흑인 됨의 본질이어야만 한다.[10]

가톨릭 여성신학에는 최소 두 개의 학파가 있다. 하나는 여성에게 교회 지도자 역할을 맡길 생각을 하는 학파이고, 또 하나는 교회가 바뀌기에는 너무 가부장적이라고 생각하는 학파이다. 두 집단은 하나님을 단지 남성적인 용어로 묘사하는 신학 언어에 대해서는 공히 비판적이다. 하나님은 성을 초월하기 때문에, 하나님을 남성적인 용어이든 여성적인 용어이든 묘사할 수 있

---

[10] James Cone, *Black Theology and Black Power* (Maryknoll, NY: Orbis, 1997), 69.

어야 한다고 여성신학자들은 주장한다.

교회는 하나님에 대한 여성적인 묘사들을 받아들이고, 남성과 여성의 차이는 순전히 생물학적인 차원에서의 차이일 뿐 하나님의 그 어떤 면모에도 기반을 두고 있지 않음을 받아들여야 한다고 그들은 주장한다. 그들에 따르면, 하나님을 여성으로 묘사하는 것이야말로, 가톨릭 교도들이 여성들이 관심을 갖는 문제들을 다루는 일에 있어서 도움을 줄 수 있을 것이다.

여성신학자 중에서는, 매리 댈리(Mary Daly, 1928-2010)와 로즈매리 래드포드 류터(Rosemary Radford Ruether, 1936년생), 이 두 명이 유명하다. 댈리는 『교회와 제2의 성별』(The Church and the Second Sex, 1968)이라는 저서에서, 전통적인 기독교 신학이 여성이 남성보다 열등하다고 한 것은 잘못됐다고 주장했다. 그녀는 하나님에 대해서 남성적인 상징만을 사용하는 것과 남성 교회 지도자들을 그 예로 들었다. 여성신학 때문에 그녀는 가톨릭교회에서 멀어졌다.

한편 류터는 『성별주의와 하나님 담화』(Sexism and God Talk, 1983)라는 책에서 주장하기를, 교회는 여성들이 요직에 오르는 것을 막기 위해서 남성 언어를 사용했다고 했다. 그녀는 "여성-교회'(Women-Church) 운동을 시작하는 데에 도움을 줬다.

노예 제도 또한 여성주의 논증에 사용됐다. 성경 시대에는 노예 제도가 허용됐지만 현대에는 아니듯이, 성경에서는 가부장적인 종교가 표준일지라도 현대에는 가부장적인 종교가 버려져야 한다고 여성신학자들은 주장했다.

11. 교황 요한 바오로 2세

요한 바오로 2세는 종교개혁 이후 최초의 비이탈리아계 교황이었다. 그는 세계적인 사랑을 받아서, 그 전의 어떤 교황보다도 더 많은 나라를 다니며 더 많은 이동을 했다.[11] 그는 231명의 추기경을 임명했고, 700회가 넘게 나라 정상들을 접견했으며, 바티칸에서 수요일에 열리는 공개 담화에서 수백

---

[11] 요한 바오로 2세가 다닌 거리를 합하면 120만km가 넘을 것이라고 추산되고 있다.

만 명에게 연설하곤 했다.

　요한 바오로는 제2차 바티칸 공의회에 참가자요 고문으로서 참여했지만, 그는 다른 많은 참여자들보다 더욱 보수적이어서, 현대로 향하는 제2바티칸 공의회의 불확실한 발걸음을 일부 돌려놓기도 했다. 비록 그가 이전에 있었던 그 어떤 교황보다도 더 많은 추기경을 임명했으나, 모든 일에 최종적인 권위를 행사한 것은 역시 그였다.

　그가 내린 결정 중에는 논쟁을 불러일으키는 것도 있었다. 에이즈(AIDS) 위기에도 불구하고, 요한 바오로는 콘돔의 사용에 대해서 반대 입장을 고수했다. 그는 성직자의 성추행 문제에 대해 대체로 침묵을 지켰다.

　요한 바오로의 가장 큰 유산은 가난한 사람들에 대한 관심과, 공산주의 붕괴 이후 동유럽에서 그가 했던 역할이었다. 동정녀 마리아에 대한 그의 신앙심은 잘 알려져있다. 그가 1981년 5월 13일에 총에 맞아서 중상을 입었을 때, 그는 파티마(Fatima)의 동정녀 마리아 덕분에 총알이 생명을 위협할 수 있는 장기를 빗겨 갔다고 했다.

　10년이 넘도록 파킨슨병으로 투병하던 요한 바오로 2세는 2005년 4월 2일에 세상을 떠났다. 그의 후계자 베네딕토 16세(Benedict XVI)도 보수적이었으며, 전통적인 가톨릭 교리를 지켜 내는 일에 헌신적이었다. 베네딕토가 2013년 교황직에서 사퇴했을 때, 아르헨티나 출신 호르헤 마리오 베르골리오(Jorge Mario Bergoglio)가 교황 프란시스(Francis)가 돼 그의 뒤를 이었다. 프란시스는 역대 최초의 남미 교황이다.

12. 미국 가톨릭

　19세기 중반에 동유럽에서 온 이민자들 덕분에 가톨릭교회는 미국에서 가장 큰 교단이 됐다. 1820년에서 1860년 사이에, 200만 명의 가톨릭 이민자들이 미국에 들어왔다. 1840년대에는 감자 기근(potato famine)을 만나서 일차적인 수입원이요 생존 수단이 없어진 아일랜드인 80만 명이 미국에 오기도 했다. 1860년이 되자, 300만 명이 넘는 가톨릭 교도들이 미국에서 살게 됐다. 남북 전쟁 이후에도, 가톨릭 이민은 계속됐고, 그리하여 1910년에 이르면 미국 가톨릭 인구는 1500만 명을 넘게 된다.

미국 독립 혁명 이후로, 바티칸은 미국 사제가 그들의 첫 주교를 선택할 수 있도록 허용했다. 그들은 메릴랜드의 예수회 회원 존 캐롤(John Carroll, 1735-1815)을 선출했다. 그는 1789년 피우스 6세(Pius VI, 1775-1799)에 의해 인준을 받고 볼티모어의 주교로 임명됐다.

캐롤은 미국의 독특한 어려움들을 헤쳐 나가야만 했던 강력한 주교였다. 사제들이 없었기 때문에, 많은 가톨릭 교도는 알아서 교회를 짓거나 평신도가 인도를 하거나 했다. 그러다가 사제들이 오게 되자, 소위 평신도 이사회 논쟁(trusteeism)이라고 하는, 교회 소유권과 치리권에 대한 갈등이 있게 됐다. 게다가 많은 미국 가톨릭 교도는 신부를 스스로 뽑고 싶어했고, 가급적 회중들과 같은 언어를 구사하는 인물을 선호했다. 이러한 문제들은 20세기 초에 이르기까지는 완전히 해결되지 않았다.

캐롤은 많은 다양한 이민 집단들에 맞게 서로 다른 수호 성인과 축일과 풍습들을 가지도록 해 줌으로써 그들을 다독여야만 했다. 이것은 종종 출신 국가가 다른 이들이 다른 교구에 가서 살고 예배하는 것으로 이어지기도 했다. 가톨릭 국가라는 정체성이 키워지기는 어려운 일이었다. 이와 같은 어려움이 있었지만, 그래도 캐롤은 미국 카톨릭을 굳건한 토대 위에 세워놓았다.

하지만 가톨릭 교도들은 종종 이웃 개신교들로부터 푸대접을 받곤 했다. 메릴랜드라는 예외를 제외하면, 미국은 개신교가 주류였다. 식민지 시절 넘어온 많은 이들이 종교개혁이 끝난지 오래되지 않았던 곳인 잉글랜드에서 왔기에, 그들은 가톨릭에 대한 사랑이 없었다. 많은 청교도들은 가톨릭교회를 적그리스도(Antichrist)의 도구로 여겼다. 실제로, 1647년에는 매사추세츠만 식민지에 가톨릭 교도가 이민오는 것을 금지하는 법이 제정되기도 했다.

가톨릭 교도들이 반대를 받았던 가장 큰 이유는, 그들이 교황에게 우선적으로 충성하기 때문에 교회와 국가 간의 분리 정신에 맞지 않고 따라서 좋은 미국인이 될 수 없다는 것이었다. 신문, 만화, 책에는 개신교 미국이 교황의 앞잡이들을 조심해야 한다는 경고가 실렸다. 『서부를 위한 간청』(*A Plea for the West*, 1835)에서, 위대한 부흥사 라이먼 비처(Lyman Beecher, 1775-

1863)는, 서부에 오는 가톨릭 이민자들을 막지 못하면 자유가 위협을 받을 것이라고 주장했다.

성적으로 타락한 수도승과 신부들과 수녀들 이야기들이 오해를 조성하기도 했다. 전직 수녀가 쓴 『하나님의 처소 수녀원을 폭로함』(The Awful Disclosures of the Hotel Dieu Nunnery, 1836)은 미국에서 가장 유명한 책 중 하나였다. 이 책은 수녀들이 어떻게 강제로, 자신들과의 성관계를 거의 성례라도 되는 것처럼 여기는 신부들과 성관계를 맺고, 임신 중절과 끔찍한 육체적 형벌을 겪는지에 대해서 묘사한다. 비록 이 책의 내용이 거짓이라는 것이 증명됐지만, 남북 전쟁이 발발할 무렵 이 책은 60만 부가 넘게 판매됐다.

1849년에는 가톨릭 이민을 멈추게 함으로써 지지 기반을 얻으려고 했던 반가톨릭 정치 기구 '성조기회'(Order of the Star-Spangled Banner)가 만들어졌다. 그들의 원칙이 무엇이냐는 질문을 받으면, 성조기회 회원들은 종종 "모른다"(did not know)고 말했다. 이 때문에 그들은 '아무것도 모르는 이들'(Know Nothings)로 알려지기도 했다. 그들은 1852년 미국당(American Party)으로 명칭을 바꾸었고, 1854년에는 75명의 하원의원을 배출하기도 했다. 초창기의 성공 이후, '아무것도 모르는 이들'은 가톨릭 이민보다는 노예 문제가 전면에 부각되면서 대부분의 지지자들을 잃게 됐다.

20세기가 될 무렵, 미국의 가톨릭 인구는 1,200만 명을 돌파했다. 가톨릭의 계속되는 성장에 가장 크게 기여한 것은 이민이었다. 가톨릭 이민자들의 대부분은 동유럽과 남유럽에서 왔다. 제1차 세계대전 동안, 가톨릭 교도들은 다른 교단들과 함께 일하면서 군목들을 보내고, 병사들을 모집하며, 자금을 모금하며, 수많은 전쟁 관련된 자선 단체들에서 일했다.

이 시기 가톨릭 교도들이 누렸던 상대적인 평화는 1924년 출신 국가법(National Origins Act)이 통과돼 동유럽과 남유럽에서의 이민의 문이 닫히면서 끝나게 된다. 대부분의 이민 희망자들이 가톨릭이었기에, 이 법안은 반가톨릭적 색채를 띄고 있었다. 하지만 가톨릭을 약화시키는 것이 이 법안의 진정한 목적이었다고 한다면, 이 법안은 실패한 법안이었다. 더욱 다양한 이민자들이 밀물처럼 들어오면서, 가톨릭교회는 미국에 이미 들어온 이들을 더 잘 조직할 수가 있게 됐다.

1928년에 민주당이 가톨릭 교도이며 뉴욕 주지사인 알프레드 E. 스미스 (Alfred E. Smith, 1873-1944)를 대통령 후보로 지명하면서 반가톨릭 정신이 다시금 수면 위에 떠올랐다. 개신교 교도들은 예전에 주장하던 것들을 다시금 가져와서는, 스미스가 교황의 꼭두각시이며 가톨릭을 미국의 국교로 만들고 주류금지법을 취소시키려고 한다고 공격했다. 스미스 반대파들은 이러한 공격을 설교와 포스터, 라디오 그리고 신문에 내보냈다. 결국 스미스는 미국 타지역만이 아니라 그의 고향에서도 퀘이커 교도였던 허버트 후버(Herbert Hoover, 1874-1964)에게 참패를 당했다.

1960년 대통령 선거 때에 민주당이 존 F. 케네디(John F. Kennedy, 1917-1963)를 후보로 지명하면서 다시금 가톨릭은 공격을 받게 됐다. 비록 미국인들이 1928년보다는 좀 더 다원주의적이기는 했어도, 다수의 개신교 교도들은 가톨릭 교도인 케네디가 교황보다 미국에 더 충성할지에 대해서 의문을 가지고 있었다. 케네디는 교회와 국가 간의 분리를 지지하겠다고 확약한 이후, 리차드 닉슨(Richard Nixon, 1931-1994)을 근소한 차이로 따돌렸다. 케네디의 당선은 미국내에 있는 반(反)가톨릭 정서를 없애지 못했지만, 분명 그것을 완화시키는 데에 도움을 줬다.

정교 분리와 종교 자유를 인정한 제2차 바티칸 회의의 결정 이후에야, 가톨릭 교도들은 마침내 그들의 신앙과 미국인으로서 그들의 정체성을 조화시킬 수 있었다. 제2차 바티칸 공의회는 또한 많은 미국 평신도 가톨릭 교도들을 다시금 북돋우어 '하나님의 일'(*Opus Dei*), '콜롬부스의 기사들'(Knights of Columbus) 등과 같은 기구들이 더 대중적이 될 수 있도록 했다. 많은 가톨릭 고등학교들과 대학교들이 그 뛰어난 학문성으로 인해 전국적인 명성을 자랑하게 됐다.

최근 몇 십년간에는 다수의 가톨릭 교도들이 가톨릭 사립학교들에 정부 보조금을 지원해 주기를 요구했지만, 일부 미국인들은 이것을 제1차 개헌을 위반하는 것이라고 생각했다.

또한 가톨릭교회는 아동 성추행 등과 같은 몇 가지 문제들을 시인할 수밖에 없게 됐다. 이러한 퇴보에도 불구하고, 가톨릭교회는 여전히 미국에서 가장 큰 기독교 교단이다. 가톨릭은 뉴잉글랜드 산업 도시들과 남서쪽 주들에서 특히 강하다. 2011년 미국 가톨릭 인구는 7,700만 명을 돌파했다. 2012년 기준으로, 미국 헌법재판소(Supreme Court) 배심원 9명 중에서 6명이 가톨릭 교도이다.

13. 정교회

21세기 정교회는, 자치[12] 교회들의 교제 집단으로서, 지역별로 구분되고 주교회의에 의해 다스려지는 구조를 가지고 있다. 콘스탄티노플 대주교는 터키와 크레타섬과 그 외 몇 안 되는 지역에 대한 관할권만을 가지고 있다. 미국에서 그리스 정교회는 1980년대에 200만 명의 신도를 가지게 됐다.

1721년 표트르 대제(Peter the Great, 1682-1725) 치하 때 시작해서 그리고 1817년 혁명 때까지, 러시아 정교회는 국가의 한 기관이었다. 러시아 정교회는 차르가 임명하는 주교에 의해 다스려졌다. 그러므로 러시아에서의 정교회는 로마에서 도입되는 것은 거의 없는 상태로 발전해 나갔다. 사실, 가톨릭은 러시아에 등장했을 때, 저항에 부딪혔다.

예를 들어, 1819년 가톨릭의 영향력이 퍼져 가는 것을 막기 위해서 러시아는 예수회 회원들을 추방했다. 러시아에서는 콘스탄티노플로부터 내려오는 전통에 대한 믿음과 정교회라는 자긍심 때문에, 정교회만이 참 교회라는 믿음이 생기게 됐다. 수천 명의 젊은이가 수도승이 됐고, 러시아 내에 있는 수도원의 숫자도 1810년 452개에서 1914년 천 개가 넘는 숫자로 증가하게 됐다.

발칸반도에서의 전쟁과 공산주의의 발흥은 20세 정교회에 위협이 됐다. 소련은 1918년 교회가 재산을 가질 수 있는 권리를 박탈했고, 1921년 다수의 값진 성상들과 보물들을 압수했다. 1929년에 이르면 무신론적인 국가 홍보 대회가 교회의 예배를 대체했고, 성경 배부는 금지됐다. 수천 명의 러시아 사제들이 순교를 당했다.

---

[12] 독립 또는 자율.

제2차 세계대전 중 러시아 민족주의를 고양시키기 위한 시도로, 이오시프 스탈린(Joseph Stalin, 1928-1953)은 러시아 정교회를 부활시켰다. 그 후 15년간 2만 2천 명에 달하는 러시아 정교회가 문을 열게 된다. 니키타 흐루쇼프(Nikita Khrushchev, 1958-1964)는 1957년에 러시아 정교회의 국교로서의 지위를 박탈하고 박해를 재개했다. 1970년, 러시아 정교회의 후손들이 미국 정교회(Orthodox Church in America[OCA])를 만들었는데, 2010년에는 그들이 100만 명이 넘는 교인들을 보유하고 있다고 주장하기도 했다.

1989년에 공산 정권이 몰락하면서, 수백만 명의 그리스도인이 숨은 곳으로부터 나와서 러시아 정교회를 재수립했다. 현대 러시아 정교회는 교회 일치 운동(에큐메니컬[ecumenical] 운동)에 참여하며 루터교회와의 대화를 계속하고 있다. 하지만 러시아 정교회는 러시아 특유의 독특한 전통과 예전을 고수하고 있다.

제28장

현대 개신교

현대 시대 개신교는 계몽주의의 가르침과 성경비평과 새로운 과학 이론들과 두 번의 세계대전에 대응하면서 그들의 신학적 초점을 가다듬었다. 일부 개신교 교도들은 기독교를 문화, 과학, 이성과 조화시키려고 시도했던 반면, 다른 이들은 문화적인 압박에 아랑곳하지 않고 종교개혁 교리를 고수하려고 했다. 그들은 신앙의 근본 교리들을, 과학과 성경비평과 현대주의 위에 두고 강조했다. 다른 이들은 세계 개신교 기구를 만들기를 원했다. 결국, 현대 개신교는 다양한 형태를 가지게 됐다.

1. 19세기 자유주의 신학자들

19세기 자유주의 신학은 계몽주의 사고 때문에 기독교 신앙을 떠나게 된 이들을 찾아오려는 목적을 가지고 기독교 신앙을 변형하려고 했다. 칸트의 가르침에 바탕을 두고 독일에서 널리 알려졌던 자유주의 개신교는, 계시보다도 이성 또는 경험을 더 강조했다. 민주주의가 왕정을 대체하고 과학이 세상을 과학보다 좀 더 확실한 방식으로 설명해 주는 것처럼 보였던 당시 상황에서는 낙관주의가 만연해 있었는데, 자유주의 개신교 역시 이러한 낙관주의를 반영하고 있었다. 자유주의자들에게 성경이란 다른 책들처럼 비평적으로 연구돼야만 할 또 하나의 책일 뿐이었다. 이성 또는 경험이 계시를 판단할 수 있었다.

19세기 인간의 노력은 세상을 좀 더 윤리적으로 만드는 것처럼 보였고, 그래서 자유주의 사상가들은 교양의 진보를 반영하도록 그들의 신학을 변형시켰다. 원죄 교리는 구시대의 산물로 보였기 때문에, 많은 사람이 그것을 제쳐놓았다. 자유주의자들은 내면의 성찰을 통해 하나님을 찾을 수 있다고 가르치기 시작했다. 사람은 원래 선하지만 사회에 의해 잘못 가도록 만들어진다. 프리드리히 슐라이에르마허(Fiedrich Schleiermacher, 1768-1834)와 알브레흐트 리츨(Albrecht Ritschl, 1822-1899)이 그와 같은 영향력 있는 자유주의 신학자들이었다.

개신교 자유주의 신학의 아버지로 여겨지는 슐라이에르마허는 감성(feeling)이 종교의 기초라고 믿었던 독일 개혁교회(German Reformed) 목사였다. 그는 1799년에 『종교론: 종교를 멸시하는 교양인들에게 하는 연설』(*On Religion: Speeches to Its Cultured Despisers*)을 출간했다. 그는 교육받은 회의주의자들로 하여금 기독교로 돌아오도록 하기 위한 목적을 가지고 이 책을 출간했다. 슐라이에르마허는 다음과 같이 주장한다.

> 종교의 본질은 사고나 행동이 아니라, 직관과 감정이다. 종교는 우주를 직관하길 원하고, 경건하게 우주 스스로의 나타남과 그 행동을 엿듣기를 원하고, 아이같은 피동성으로 우주의 즉각적인 영향에 사로잡히고 그것으로 채워지기를 고대한다.[1]

슐라이에르마허는 모든 사람은 우주의 무한한 임재를 느끼며, 사람이 가질 수 있는 가장 위대한 종교 경험이란 무한자와 조화를 이루는 것이라고 주장했다.

그의 저서 『신앙론』(*The Christian Faith*, 1821-1822, 제2판은 1830-1831)에서, 슐라이에르마허는 종교의 기초는 교회의 권위가 아니라, 자신이 우주의 작은 일부분일 뿐임을 이해하는 것이라고 주장했다. 기독교는 인간이 하나님께 완전히 의존적인 존재라는 실체를 알려준다. 종교 경험을 갖기 위해서 필요한 것은 단지 하나님께 의존하는 것이다. 그리스도께서는 이 의존의 중보자가 되신다. 교회와 전통은 필수적이지 않다. 모든 유일신 종교들은 정당하

---

[1] Friedrich Schleiermacher, *On Religion: Speeches to Its Cultured Despisers* [1799], trans. Richard Crouter (Cambridge: Cambridge University Press, 1988), 101-2.

지만 기독교야말로 그것들의 최고봉이라고 슐라이에르마허는 주장했다.

또 다른 독일 신학자, 알브레흐트 리츨은 종교가 사회적인 의존 의식(social consciousness of dependence)이라고 주장했다. 종교는 이성에 근거한 것이 아니라, 가치 판단에 근거한다. 성경의 모든 이야기를 받아들이는 것이야말로 가치 판단이다. 성경은 하나님의 객관적인 말씀이 아니라, 인간 의식의 기록이다.

리츨은 '하나님의 나라'(kingdom of God), 즉 도덕과 윤리에 기반을 두고 세워진 사회를 두둔했다. 그는 하나님이 진화의 과정을 통해 역사를 완전에 이르도록 인도하신다고 믿었다. 그리스도와 같은 역사상의 특정 인물들은 하나님 계획의 전달자들이었다. 그리스도의 삶은 인류에게 도덕적 귀감이 되도록 하기 위한 것이었다. 인간들에게는 하나님 나라를 이룰 능력과 책임이 있다.

2. 성경비평학

성경비평학이란 17세기와 18세기 계몽주의 사상에서 나온 역사비평적 방법을 사용해 성경을 학문적으로 연구하는 것을 가리킨다. 그것은 종종 '고등비평'(higher criticism)과 '하등비평'(lower criticism)으로 나눠서 분류되기도 한다. 고등비평은 성경 각 권의 저작권 문제, 역사적 배경, 문헌 출처 등을 살핀다. 하등비평은 성경 각 권의 현재 본문들이, 원문을 잘 나타내고 있는지를 결정하려는 시도다. 다수의 성경 학자들은 이와 같은 역사비평적 방법을 받아들였다.

하지만 성경비평주의자들이 합리주의적인 전제에 따라서 움직이며 초자연적인 것의 가능성을 부인해 성경의 권위와 신뢰성을 훼손하자, 대부분의 보수적인 학자들은 성경비평의 여러 형태들과 그 결론에 반대했다.

구약에 대한 전통적인 견해에 의문을 제기하기 위해 성경비평을 처음으로 사용했던 학자들은 쟝 아스트뤽(Jean Astruc, 1684-1766), 요한 G. 아이히호른(Johann G. Eichhorn, 1752-1827), 카를 H. 그라프(Karl H. Graf, 1815-1869), 율리우스 벨하우젠(Julius Wellhausen, 1844-1918) 등이다. 성경비평을 사용하면서 최초로 신약성경에 대한 전통적인 견해에 의문을 제기한 이들은 헤르만

사무엘 라이마루스(Samuel Reimarus, 1694-1768), 페르디난드 크리스티안 바우어(Ferdinand Christian Baur, 1792-1860) 그리고 다비드 슈트라우스(David Strauss, 1808-1874)였다.

프랑스 신학자 쟝 아스트뤽은 창세기의 모세 저작권에 최초로 의문을 제기한 학자 중 한 명이었다. 창세기에서 하나님의 이름을 부를 때 여호와라는 표현과 엘로힘이라는 표현이 공히 사용되기 때문에, 아스트뤽은 창세기가 최소 두 명 이상의 저자가 썼고 두 개의 서로 다른 전통에서 온 두 개의 서로 다른 문서가 종합된 것이라는 결론에 도달했다. 그러므로 모세는 창세기의 유일한 저자가 아니라는 것이다.

요한 아이히호른은 아스트뤽의 이론을 6경(창세기에서부터 여호수아까지) 전체에 적용했다. 아이히호른은 구약의 기적들이 자연적인 사건으로 설명될 수 있다고 믿었다. 그에 따르면, 고대 세계의 미신적인 사고방식으로 인해 일상적이지 않은 사건들이 기적이라고 받아들여졌던 것이다.

카를 그라프와 율리우스 벨하우젠은 '문서설'(documentary hypothesis)을 발전시켰다. 그들은 5경에서 하나님의 이름을 여호와(Jehovah)라고 부르는 부분들을 가장 오래된 문서(J)라고 보았다. 하나님의 이름을 엘로힘(Elohim, E)이라고 부르는 부분들은 그 후에 유래됐다. 율법을 다루는 부분들은 후에 신명기적(Deuteronomy) 문서라고 해 D 문서라고 부르게 됐고, 제사와 성전을 다루는 부분들에는 그것들이 제사장적(priestly) 기원을 가지는 문서라고 해 P 문서라는 명칭을 붙였다.

이러한 본문들은 서로 다른 저자들에 의해 서로 다른 목적을 가지고 모였다. 문서설은 전통적인 성경 저작권에 도전했을 뿐만 아니라, 성경을 그저 위대한 문학 작품일 뿐이라고 묘사하게 됐다.

함부르그 동양 언어 교수였던 헤르만 사무엘 라이마루스는 성경비평학을 신약에 적용했다. 그는 『단편집』(Fragments, 1778)에서 기적의 가능성을 부정하고서는 선전용 허구로 사용하려는 의도를 가지고 기적들을 보는 것이 성경 저자들의 의도에 가장 잘 맞을 것이라고 주장하기도 했다.

튀빙겐 학파의 창시자 F. C. 바우어 역시 성경비평학을 신약에 적용하면서 말하기를, 신약은 유대교적이며 바울적인 형태의 기독교를 완성하는 것을 묘사한다고 주장했다. 예수님과 그의 12제자에게 가르침을 받은 유대 그리스도인들은, 율법 준수 및 여성의 높은 가치 그리고 유대주의로부터 단절보다는 유대주의의 재편을 강조했다고 한다.

반면 그에 따르면 바울식의 기독교는 율법의 가치를 부인하고, 여성혐오적인 색채를 띠며, 유대주의로부터의 완전한 단절을 밀어붙인다고 한다. 바우어는 마태복음은 유대주의자에 의해 저작됐으며, 요한복음은 영지주의에 대한 과민 반응이었다고 주장했다. 바우어는 목회서신(디모데전·후서와 디도서)이 1세기 바울에 의해서 저작되지 않았을 수 있다고 봤다. 그 대신, 바우어는 그 서신들이 2세기에 작성됐다고 생각했다. 바우어에 따르면, 바울은 갈라디아서, 고린도전·후서, 로마서만 썼을 뿐이다.

그의 『예수전』(*Life of Jesus*, 1835)에서, 다비드 슈트라우스는 바울이 예수님과 그의 가르침의 의미를 왜곡했다는 결론에 도달했다. 슈트라우스는 예수님을, 자신이 메시아라고 믿었던 윤리적인 선생님으로 묘사했다. 예수님은 신이 아니며 기적을 행한 것이 아니었다. 그에게 돌려진 모든 기적들은 그의 추종자들이 그의 신성을 증명하려는 목적으로 발명한 것이다. 슈트라우스는 바울이야말로 예수님의 신성, 그리고 구속에 있어서의 그분의 역할이라는 신화를 만들어 내는 일을 주도했다고 믿었다.

슈트라우스 이후에도, 예수님의 생애를 탐구하는 작품이 몇 개 더 나왔다. 그중에서 가장 영향력 있었던 것은 알베르트 슈바이처(1875-1965)의 『역사적 예수 탐구』(*The Quest of the Historical Jesus*, 1906)였다. 신학자요 의사이며 오르간 연주자였던 이 독일인은 그리스도의 생애에 대한 기존의 연구들이 하나같이 부적합하다고 봤다. 그가 보기에 예수님은 하나님이 이 땅에 그의 나라를 세우시기 직전에 있다고 믿었던 유대인 묵시 예언가였다.

예수께서는 '인자'가 이 나라를 시작시킬 것이라고 믿었다. 인자가 나타나지 않자, 예수님은 자신이 이 역할을 하기로 했다. 슈바이처는 주장하기를 예수님께서 죽으실 무렵에 이르자 자신이 실수했다는 것을 깨달았다고 했다. 슈바이처는 기독교 신조들이 성경에서는 그 증거를 찾을 수 없는 그리스도의 신성을 증명하기 위해 만들어졌다고 생각했다. 슈바이처에게 예수님은, 실패한 묵시 선지자이든지 아니면 완전히 알 수 없는 사람이든지 둘 중 하나로 보였다.

3. 진화론

찰스 다윈(Charles Darwin, 1809-1882)은 진화론의 배후에서 동력을 제공했다. 의학도이며 신학도였던 다윈은, 비글(Beagle)호라는 배를 타고 1831년부터 1836년까지 전 세계를 다녔다. 1859년에 출판된 『자연 선택에 의한 종의 기원』(Origin of Species by Means of Natural Selection)이라는 책은 그의 관찰과 그에 따른 가설을 자세히 밝히고 있다.

다윈은 모든 종이 공통의 조상으로부터 나왔다는 결론을 내렸다. 다윈은 동물들이 생존에 적합한 특성들을 발달시킨 것이라고 생각했다. 자연 선택을 통해 이 동물들은 이와 같은 특성을 각자의 환경에서 살아남도록 진화된 그들의 후손들에게 전수해 주게 됐다. 진화되지 않은 종들은 마침내는 멸종에 이르게 됐다.

다윈은 『인간의 기원』(Descent of Man, 1871)에서 사람은 모든 종의 공통조상으로부터 함께 진화돼 왔다고 하면서 이러한 이론을 사람에게 적용했다. 이 이론은 창세기 1-2장에 묘사된 사람이 하나님의 형상대로 창조됐다는 생각에 위배되는 것이었다. 더욱이, 지질학이라는 새로운 학문은 산과 같은 자연적인 특성들이, 하나님이 내리신 홍수와 같은 격변에 의해 형성된 것이 아니라, 점차적인 과정을 거치면서 형성됐다는 것을 증명하는 것처럼 보였다.

진화론과 지질학은 지구가 제임스 어셔(James Ussher, 1581-1656) 대주교가 계산했던 세상 시작 시점인 B.C. 4004년 10월 23일 주일보다 훨씬 오래됐다고 주장했다. 다윈의 이론은 하나님과 성경이 인간 의식 진화의 산물에 불과하다는 것을 암시했기에, 다윈이 하나님과 성경에 대해 선전 포고를 한 것처럼 보였다. 『인간의 기원』에 대한 반응은 뜨거웠다. 기독교 교단들은 다윈과 그의 작품들을 정죄했다. 그의 지지자들은 그를 방어하면서, 몇몇 갈등들이 연이어졌다.

　아마도 다윈의 이론을 놓고 벌어진 충돌중에 가장 유명한 것이 1925년 테네시주 데이튼(Dayton)에서 열린 '스코프스 원숭이 재판'(Scopes Monkey Trial)일 것이다. 이 재판은 학교 수업 때 테네시주의 법에 반해 진화론을 가르쳤다가 해고된 존 스코프스(John Scopes, 1900-1970)라는 교사에 관련된 내용을 포함하고 있었다.

　미국공민자유노조(American Civil Liberties Union[ACLU])는 진화론을 가르치다가 해고된 이들을 보호해 주겠다고 약속했으며, 데이튼시가 주목받기를 원했던 사람들도 나서서 스코프스에게 진화론을 가르치라고 부추겼다. 미국공민자유노조의 도움을 받아서, 스코프스는 잘못된 해고 조치를 놓고 테네시주를 상대로 소송을 제기했다.

　진화론 지지자요 불가지론자이며, 20세기 초 가장 똑똑한 법률가 중 한 사람이었던 클래렌스 대로우(Clarence Darrow, 1857-1938)가 스코프스를 변호했다. 성경의 창조론 지지자이며 미국 대통령 선거 후보이기도 했었던 윌리엄 제닝스 브라이언(William Jennings Bryan, 1860-1925)이 테네시주를 대표했다. 재판이 진행되면서, 스코프스는 이 재판과 무관하다는 것이 분명해졌다. 그저 진화론자들이 스코프스를 도구로 이용해 테네시주의 법에 반대하는 주장을 했을 뿐이었다.

　사실 이 재판은 성경을 재판석에 올려놓았고, 브라이언은 자신이 정밀조사를 받도록 스스로 허용한 셈이었다. 비록 재판정이 스코프스의 혐의를 찾아서 그에게 가벼운 벌금을 물리는 선에서 재판이 끝났지만, 대로우는 브라이언과 그의 신념을 어리석게 보이도록 하는 데에 성공했다. 브라이언은 이 재판으로 인해 크게 상심했고 얼마 지나지 않아서 세상을 떠났다. 많은 이들에게 그것은 성경의 창조론이 그 지지자와 함께 죽은 것으로 보였지만, 그같은 시각은 사실이 아님이 증명되게 된다.

4. 신정통주의

1920년에서부터 1960년 초반을 주름잡았던 신정통주의(neoorthodoxy)는, 자유주의 개신교에 대한 반동이었다. 신정통주의 신학자들은 자유주의 신학자들과는 다르게, 인간과 인간의 진보에 대한 낙관적인 견해를 견지하지 않았다. 신정통주의자들은 자유주의자들의 상대주의를 뒤엎고 역사적 계시에 근거를 뒀던 종교개혁 교리로 회귀하고자 했다. 죄, 성경 계시, 하나님의 전지전능 등은 신정통주의의 강력한 주제였다.

신정통주의가 비평적인 성경 연구를 인정하기 때문에, 많은 보수적인 그리스도인은 신정통주의를 배격했다. 가장 잘 알려진 신정통주의 신학자들은 칼 바르트(Karl Barth, 1886-1968), 에밀 브루너(Emil Brunner, 1889-1966), 라인홀트 니부어(Reinhold Niebuhr, 1892-1971), H. 리차드 니부어(H. Richard Niebuhr, 1894-1962), 디트리히 본회퍼(Dietrich Bonhoeffer, 1906-1945)였다.

스위스 신학자 칼 바르트는, 신정통주의의 아버지로 여겨진다. 그는 처음에 목회자였다가, 그 후에 독일 괴팅겐(Göttingen), 뮌스터(Münster), 본(Bonn) 대학 등에서 교수 생활을 했다. 이 대학들에서 가르치면서 바르트는 독일 제3공화국(The Third Reich)의 발흥을 지켜봤다. 처음에 그는 나치의 이념이 기독교와는 상관없다고 생각했다. 복음이 전해질 수 있는 한, 바르트는 나치에게 별로 신경을 쓰지 않았었다.

하지만 그가 본대학에 있을 때, 나치는 독일교회들을 장악했고, 목회자들은 예배와 예전에 히틀러의 이름을 의무적으로 넣게 됐으며, 많은 경우에 십자가를 없애고 그 자리에 나치의 문양을 넣는 경우까지도 생기게 됐다. 많은 독일 목회자는 조용히 순응했다.

바르트는 목회자들이 문화로 하여금 기독교를 좌우하도록 놓아두는 것에 경각심을 느꼈다. 그는 히틀러에게 협조했던 교단들에 반대해 만들어진 고백교회(Confessing Church)에 참여했다. 바르트는 또한 그 어떤 정부나 정치 단체 또는 이념이 복음을 왜곡하는 것을 교회는 허용할 수 없다는 것을 골자로 하는 바르멘 선언(Barmen Declaration, 1934)을 작성하는 데에 도움을 줬다. 나치가 바르트에게 강제로 히틀러에 대한 충성을 맹세하게 하자, 바르트는 그것을 거부하고 1935년 스위스 바젤로 옮겨 갔다.

원래는 자유주의 신학의 찬동자였던 바르트는 제1차 세계대전과 유럽 전체를 휩쓴 전체주의의 발흥 때문에 자유주의 신학에 대한 신뢰를 잃게 됐다. 너무나도 많은 사람의 죽음을 위해 현대 기술을 사용하는 것은 사람들이 하나님 나라를 진보시키지 않고 있다는 것을 분명하게 만들었다.

바르트는 자유주의가 인간 경험에 너무 신경을 쓰면서 신학과 문화를 결합해 놓는다고 생각했다. 자유주의 신학은 하나님과 인간 관계를 경시하는데, 이것은 적절하지 않다. 그러므로 바르트는 기독교에 대한 자유주의적인 견해를 깨뜨리기로 결심했다.

바르트는 확고한 칼빈주의자요 종교개혁 사상의 지지자로서, 바울의 가르침에 헌신돼 있었다. 그는 모든 인간 지식은 그리스도를 통해 인간에게 계시된다고 주장했다. 자연계시는 사람을 그리스도께로 이끌 수 없다. 그러므로 모든 신학은 하나님의 계시에 대한 증언인 성경에만 기초를 둬야 한다. 성경은 비평적으로 탐구될 수 있다.

바르트는 그의 로마서 주석에서 자유주의가 사람으로 하여금 종교개혁의 주제들로부터 멀어지게 만들어서 문화에 기반을 둔 신앙으로 흐르게 한다고 주장했다. 자유주의 신학의 폐해를 완화하기 위해 그는 하나님의 주권, 죄, 하나님의 심판을 강조했다.

> 그렇다면 하나님은 이방인의 하나님이신 동시에 유대인의 하나님이며, 그분은 모든 사람의 하나님이시라는 것이 분명해진다. 하나님은 영적 경험의 한 원소가 아니며 역사의 과정에 있는 한 원소도 아니다. 하나님은 모든 원소의 근원이시며, 그분으로 인해 그 원소들이 계측되고, 그분 안에 그것들이 포함된다. 하나님은 일체의 빛과 속성들과 능력들과는 완전히 다르다. 그렇기 때문에, 하나님의 영원하신 능력과 신성(롬 1:20)은 영원토록 명확하게 빛난다. 그러므로 우리가 '하나님'이라는 단어를 사용할 때에, 우리는 그 어떤 것에 대해 말하는 것이 아니라 모든 것에 대해 말하는 것이고, 마지막 진리가 아닌 하나의 진리이면서도 모든 것의 최종적인 진리에 대해 말하는 것이다. 그것은 심판의 말씀이며, 소망이라는 도전을 주는 말씀이다. 그것은 모든 이들

을 대상으로 하며, 모든 것 위에 가장 뛰어난 중요성을 가지고 있다.²

『하나님의 말씀과 사람의 말』(The Word of God and the Word of Man, 1928)이라는 작품에서, 바르트는 하나님의 말씀이 인간의 이성의 지지를 받지 못하는 경우가 잦다고 말한다. 사실, 말씀은 자주 세속적인 생각과 부딪히게 된다. 사람은 선택에 직면한다.

어렵지만 하나님의 말씀에 따라서 살 것인가, 아니면 문화에 맞춰진 사람의 말에 따라서 살 것인가?

바르트에게 답은 뻔했다. 사람은 하나님의 말씀을 따라야 한다.

바르트의 가장 영향력 있는 작품은, 여러 권으로 이뤄진 그의 『교회 교의학』(Church Dogmatics, 1932-1967)이었다. 종교개혁 이후로 가장 유명한 개신교 조직신학서로 남게된 이 책에서 바르트는 신학이 문화와 아무 관계가 없으며, 타협될 수 없는 것이라고 주장한다. 성경의 하나님은 '전적 타자'이며 사람은 자신이나 또는 자연 세계를 살펴봄으로써 하나님을 발견할 수가 없다. 바르트에게 있어서 하나님은 초월하시는 분이다. 사람이 하나님 나라를 도래하도록 하기 위해 할 수 있는 것은 없다.

바르트에 따르면 성경은 특히 성령께서 '위기의 순간' 독자를 감동시킬 때 독자에게 적실한 것이 된다. 그와 같은 위기의 순간에야, 사람은 참으로 하나님을 만나게 된다.

종교는 인간의 산물이기에 바르트는 그것을 우상 숭배적이며 교만한 것이라고 정죄했다. 하나님의 진리는 예수님과 그의 십자가 그리고 그의 부활 안에서 나타났다. 그리스도의 은혜를 통해서만 기독교는 구원을 줄 수 있다. 바르트는 조직화된 종교보다는 복음을 살아내는 것이 훨씬 더 중요하다고 믿었다.

스위스 신학자 에밀 브루너는 잠시 목회자로 있다가, 취리히대학의 조직신학과장으로 지명됐다(1924-1955). 브루너는 다작가였는데, 그중에서도 가장 영향력 있는 작품으로는 『중보자』(The Mediator, 1934), 『반역하는

---

2   Karl Barth, *The Epistle to the Romans*, 6th ed., trans. Edwyn C. Hoskyns (Oxford: Oxford University Press, 1968), 113.

인간: 기독교적 인류학』(*Man in Revolt: A Christian Anthropology*, 1937) 그리고 3권으로 된 『교의학』(*Dogmatics*, 1946-1960)이 있다. 바르트와는 다르게, 브루너는 모든 인류에게 하나님을 아는 자연적 지식이 있으며 모든 인류는 창조를 통해 하나님을 알 수 있다고 주장했다. 만약 창세기 1:27[3]이 옳다면, 계시와 이성이 서로를 마주하는 곳이 있어야만 한다고 그는 말했다.

브루너는 개개인을 속에서부터 변화시키는 신적인 존재와의 개인적인 만남을 통한 진리의 계시를 강조했다. 브루너에 따르면, 개개인은 그가 그리스도를 신뢰할 때 내면의 변화를 알아차리게 된다. 하나님은 사람의 삶을 통치하시는 그리스도께 대한 헌신을 요구하신다고 그는 가르쳤다.

신정통주의는 미국에서도 눈에 띄게 나타났다. 라인홀트 니부어는 디트로이트에서 목회를 했고, 그 후에 뉴욕 유니언신학교에서 기독교 윤리 교수로 재직했다(1928-1960). 바르트처럼 니부어도 자유주의로부터 벗어나 성경적 계시로 기독교를 회귀시키려고 했다. 그의 저서 『문명에 종교가 필요한가?』 (*Does Civilization Need Religion?*, 1927)에서, 니부어는 현대 세상이 하나님의 뜻과 합치한다는 자유주의적인 견해를 공격했다. 『도덕적 인간과 비도덕적 사회』 (1932)에서 그는 원죄의 실재성을 인정하면서, 사회에 불의가 영속화되는 경향이 있다고 했다.

니부어가 보기에, 그리스도인은 현대 문화에 선지자처럼 맞서는 역할을 감당해야 하는 것이었다. 니부어는 1939년에 그가 에딘버러대학 기포드 강좌(Gifford Lectures)에서 강의한 내용을 토대로 해, 『인간의 속성과 운명』(*The Nature and Destiny of Man*, 1941-1943)이라는 독창적인 작품을 펴내기도 했다. 이 책에서는 그는 죄의 결과에 대해 쓰고, 서구 문명을 위해서 성경이 얼마나 중요한지에 대해 말하며, 그리고 통제되지 않은 자본주의의 위험에 대해서 서술하고 있다.

니부어의 '정당 전쟁' 이론과 외무는 이상주의보다는 현실주의에 근거해 처리돼야 한다는 그의 믿음은, 지미 카터(Jimmy Carter, 1924년생), 바락 오바마

---

3 "하나님이 자기 형상 곧 하나님의 형상대로 사람을 창조하시되 남자와 여자를 창조하시고."

(Barack Obama, 1961년생), 존 매캐인(John McCain, 1936년생) 등과 같은 미국 정치인들에게 큰 영향을 끼쳤다.

라인홀트의 형제 H. 리차드 니부어는 예일신과대학의 교수였다. 그는 종교란 경험에 근거한 것이 아니라고 주장했다. 사람은 하나님의 진리를 모두 이해할 수가 없다고 그는 말했다. 하나님의 요구사항은 바뀌지 않지만, 그가 종교에 대해 요구하시는 것은 항상 변하는 것이다. 리차드 니부어는 미국 개신교 교단들이 복음은 염두에 두지 않고 민족적 사회적 경제적 분리만을 나타낸다고 주장했다. 교회가 가난한 사람들의 필요를 채우기보다는 중산층의 평안을 위하는 형태를 취한다는 것이다. 미국 기독교는 자본주의화 됐고 국가 종교가 됐다.

1937년 그는 『미국에서의 하나님 나라』(*The Kingdom of God in America*)라는 저서에서 자유주의 개신교에 대한 가장 험한 공격을 했는데, 바로 자유주의가 "진노가 없으신 하나님이 죄 없는 인간을 십자가 없는 그리스도의 사역을 통해 심판이 없는 하나님 나라로 인도하셨다"는 오류를 가르쳤다고 비판했던 것이다.[4]

디트리히 본회퍼는 독일의 루터파 목회자였고, 바르멘 선언에도 서명한 인물이었다. 나치가 권좌에 등극하자, 본회퍼는 런던으로 자리를 옮겨서 목회했다. 그러나 위기의 시기에 독일을 떠난 것을 후회하면서 그는 독일로 돌아가서 포메라니아(Pomerania) 핀켄발드(Finkenwalde)에 있는 고백교회 신학교(Confessing Church Seminary)에서 가르쳤다. 그러다가 끝내는 설교를 금지당하고 베를린에서 추방됐다.

본회퍼는 1937년에 『제자도의 대가』(*Cost of Discipleship*)라는, 그의 작품 중 가장 영향력 있는 책을 썼다. 아무런 결과가 없이 주어지고 받는 '값싼 은혜'를 반대하면서, 본회퍼는 기독교를 위해 받는 고난의 대가로 은혜가 오는 경우가 자주 있다고 믿었다.

---

[4] H. Richard Niebuhr, *The Kingdom of God in America* (1937; repr., Middletown, CT: Wesleyan University Press, 1988), 193.

본회퍼는 1942년 히틀러 저항 운동에 가담했다. 그리고는 영국 정부와 연계를 하려고 시도했다. 그의 활동은 발각됐고, 그는 체포를 당하고 1943년에 투옥됐다. 1945년 2월에 본회퍼는 대역죄인으로 교수형을 당했다.

본회퍼의 사후에 출간된 『옥중서신』(Letters and Papers from Prison, 1951)에서, 본회퍼는 신앙과 종교를 구별하면서 '종교 없는'(religionless) 기독교의 가능성에 대해서 논한다. 그는 종교의 몰락이야말로 참 기독교의 갱신을 위한 기회라고 봤다. 세상에 영향을 끼쳐야 할 기독교의 책임에 대해서 논하면서, 본회퍼는 다음과 같이 쓴다.

> 작년쯤에 나는 기독교의 깊은 현세성에 대해 더욱더욱 알고 이해하게 됐다. 그리스도인은 종교인이 아니라, 예수께서 사람이셨던 것과 같이 단순히 사람이다. 세례 요한과는 대조적으로 말이다. 나는 계몽되고 바쁘고 편안하고 얕고 음탕한 사람들이 말하는 시시한 현세성을 뜻하는 것이 아니라, 규율과 죽음과 부활에 대한 지속적인 지식을 그 특징으로 하는 그러한 깊은 현세성을 말하는 것이다. 내 생각에 루터는 이러한 의미의 현세성을 가지고 살아갔던 사람이었다.[5]

본회퍼는 종교 없는 기독교를 주장하는 그의 글들 때문에, '사신신학'("Death of God" theology)의 아버지라고 잘못 불려 왔다.[6] 이것은 본회퍼가 뜻했던 바에 대한 왜곡이라고 볼 수 있을 것이다. '종교 없는 기독교'에 대한 그의 논의에는, 하나님을 믿는 믿음이 필수적이지 않다고 주장하려는 의도가 없었다.

---

5 Dietrich Bonhoeffer, *Letters and Papers from Prison* (New York: Macmillan, 1971), 369.
6 "신은 죽었다"는 구절을 처음 사용한 인물은 19세기 독일의 철학자 프리드리히 니체였다.

5. 폴 틸리히(1886-1965)

루터회 목회자요 제1차 세계대전 때 독일군 군목으로 참전했던 폴 틸리히(Paul Tillich)는 몇몇 독일대학에서 가르쳤다. 나치가 권좌에 오른 이후, 그는 뉴욕 유니온신학교로 왔고, 후에는 하버드대학교와 시카고대학교에서 가르쳤다. 그의 가장 위대한 작품은 3권으로 된 『조직신학』(Systematic Theology, 1951, 1957, 1963)이다, 비록 혹자들이 그것을 '조직철학'(systematic philosophy)이라고 부르기도 하지만 말이다.

틸리히는 '연관성의 방법'(method of correlation)이라고 부른 것을 믿었다. 그는 신학의 목적이 인간이 삶에 대해서 묻게 되는 궁극적인 질문들을 하나님에 의해서 계시된 답들과 연관시키는 것이라고 주장했다. 철학이 최신 문화에 중요한 질문들을 식별해 내면, 신학은 그것들에 답을 주려고 시도한다는 것이다. 틸리히에 따르면, 기독교에 적실성이 있으려면, 신학은 현대 문화에 의해 제기되는 질문들을 듣고 그것들에 대답해야만 한다.

틸리히는 하나님은 신론과는 상관없이 모든 생명의 근원이 되는 '존재의 근원'(ground of being)이라고 했다. 전통적인 기독교 신학과는 다르게, 틸리히에게 하나님은 존재가 아니다. 하나님은 단지 존재의 근원이시다. 하나님은 모든 개념을 넘어서는 분이며 전통적인 의미의 신적 속성들을 가지고 있다고 묘사될 수 없다.

틸리히는 그의 하나님 개념이, 전통적인 신론에 부족한 점이 있다고 생각하여 그것에 거부감을 느끼는 남성들과 여성들을 도와줄 수 있을 것이라고 주장했다. 틸리히에 따르면, 사람은 존재의 근원을 실존적인 방식으로 만나게 된다. 전통적인 기독교 교리들은 하나님께로 향하도록 하는 상징이지, 문자 그대로 그분에 대한 진술은 아니다. 하나님에 대한 모든 문자적인 진술들은, 하나님의 초월성에 제한을 두게 돼 있다. 틸리히는 하나님이 인격이 아니라고 주장했다.

틸리히는 많은 전통 기독교의 용어를 가져오면서도 그것들을 전통적이지 않은 방식으로 재해석한다. 그는 당시 뉴에이지 운동이 사용하던 개념과 구문들을 똑같이 사용하기에, 많은 복음주의자들은 그를 범신론자(pantheist) 또는 심지어는 무신론자(atheist)로 여겼다.

6. 복음주의

복음주의(evangelicalism)는 1730년대에 영국에서 발원됐다. 개신교 신학 체계이지만 교단은 아니었던 이 복음주의는 거듭남의 중요성과 성경 무오와 보수신학을 강조했다. 복음주의가 교단의 경계를 넘어섰기에, 복음주의자들이 그 어떤 특정한 교회론에만 헌신돼 있지는 않다.

개인의 회개와 회심을 강조했던 윌리엄(빌리) 그래함(William[Billy] Graham, 1918년생)이야말로 20세기 가장 영향력 있는 복음주의자였다. 그래함의 사역은 1949년 「허스트 신문」(Hearst newspapers)에 대서특필됐던 로스앤젤레스 천막 부흥회(tent-revival meeting)를 시작으로 한다. 1957년에 그는 뉴욕에서 12주 이상 계속 집회를 하면서 200만 명 이상에게 말씀을 전했고, 6만 명이 넘는 사람들이 그리스도를 믿겠다는 결단을 하도록 했다. 그는 1973년에 대한민국 서울에서 5일간 집회를 했는데, 여기에는 300만 명이 넘는 사람들이 참석했다.

그는 전 세계 수백만 명에게 실황으로 그리고 텔레비전으로 정기적인 설교를 하곤 했다. 그의 텔레비전 설교 중에서 가장 유명한 것은 1995년 푸에토리코 산 후안(San Juan)에서 5일간 열렸던 집회였다. 그 집회는 185개국 1,000만 명이 넘는 사람들에게 실황으로 방송됐고, 100만 명이 넘는 사람들이 그리스도를 믿기로 결심했다고 보고됐다.

노스캐롤라이나 샬럿에 위치하고 있고 1950년에 창립된 빌리 그래함 복음 전도 협회는 '결단의 시간'(The Hour of Decision)이라는 라디오 프로그램, 텔레비전 특집 방송, 기독교 영화들을 만들었다. 그래함은 또한 미국 대통령들과 친하게 지냈고, 많은 미국 개신교인은 그래함을 미국의 영적 지도자로 바라봤다. 그래함 협회에 따르면, 200만 명이 넘는 사람들이 그래함 부흥회를 통해 그리스도를 영접했다.

그 외 지도급 복음주의자들은 칼 F. H. 헨리(Carl F. H. Henry, 1913-2003), 버나드 램(Bernard Ramm, 1916-1992), 존 스토트(John Stott, 1921-2011), 도날드 블로쉬(Donald Bloesch, 1928-2010) 그리고 밀라드 에릭슨(Millard Erickson, 1932년생)이 있다. 복음주의 기관 중에 가장 영향력 있는 기관은 전국복음주의자협회(National Association of Evangelicals, 1942)와, 그래함이 헨리를 첫 번째 편집장으로 세우면서 창간한 잡지 「크리스채너티 투데이」(Christianity Today), 이 두 기관이다.

그래함과 그 외 사람들의 요청에 따라, 1974년 스위스 로잔에서 150개국 2,300명이 넘는 복음주의자들이 모여서 세계복음화의회(International Congress on World Evangelization)를 개최했다. 참석자들은 그리스도의 메시지를 세계 곳곳에 전파하기 위해 협력하겠다는 것을 확언한 로잔 언약(Lausanne Covenant)에 서명했다. 복음주의는 다수의 개신교 교단들을 포괄하며, 그중에서도 특히 침례교 교인들과 장로교 교인들과 감리교 교인들 사이에서 널리 퍼져 있다.

7. 근본주의

근본주의(Fundamentalism)는 성경비평과 진화와 자유주의 신학에 대한 보수적인 기독교의 응답이었다. 대부분의 경우에 근본주의는 반(反)문화적이었다. 근본주의는 미국 전역에서 있었던 성경사경회에서 시작됐는데, 그중에서 가장 중요한 사경회는 캐나다 온타리오 남부에서 1895년에 열렸으며 보수적인 그리스도인들이 모여서 14개의 원칙을 정했던 나이아가라 성경사경회(Niagara Bible Conference)였다. 이 중 다섯 개의 조항이 소위 근본주의 5개 조항이 됐으니, 그것들은 성경의 진리성, 예수님의 신성, 동정녀 탄생, 대속적 속죄 이론, 그리스도의 육체적 재림이었다.

90개의 연속되는 글들이 총 12권으로 된 『근본들』(The Fundamentals)에 실렸는데, 이 글들이야말로 근본주의의 진보에 큰 역할을 했다. 이 글들은 1910년에서 1915년 사이에 A. C. 딕슨(A. C. Dixon, 1854-1925)과 르우벤 A. 토리(Reuben A. Torrey, 1856-1928)에 의해 출간됐다. 그들은 개신교 정신과 근본주의의 5개 교의를 고취시켰다. 근본주의자들은 현대주의와 사회주의와 진화론과 가톨릭과 성경비평과 그 외 근본주의자들에게 반대되는 체계들을 공격했다. 이 글들을 내는 데에 드는 비용은 라이먼 스튜어트(Lyman Stewart, 1840-1923)가 후원했고, 개신교 사역자들과 선교사들에게 무료로 배부됐다. 1919년 세계 기독교 근본주의 협회가 조직돼 미국 전역에서 활동을 했다.

1920년에 「감시자-관찰자」(*The Watchman-Examiner*)의 편집자인 침례교 사역자인 커티스 리 러스(Curtis Lee Laws, 1868-1946)가 근본주의자라는 용어를 만들었다. 그는 근본주의자들이란 "신앙의 근본에 충실하기 위해 싸울"[7] 준비가 돼 있는 사람들이라고 했다. 그 외 초기 영향력 있는 근본주의자들은 윌리엄 벨 라일리(William Bell Riley, 1861-1947)와 존 프랭클린 노리스(John Franklyn Norris, 1877-1952)였다.

20세기와 21세기에 근본주의자들이야말로 미국에서 가장 눈에 띄는 사역자들이었다. 그들은 그들의 교회에서만 활발하게 활동했을 뿐만 아니라, 교육과 대중 매체와 정치에도 활발하게 참여했다. 근본주의 학교들에는 테네시주 데이튼에 있는 브라이언대학과 버지니아 펄셀빌(Purcellville)에 있는 패트릭헨리대학(Patrick Henry College)과 사우스캐롤라이나 그린빌(Greenville)에 있는 밥존스대학교(Bob Jones University)가 있다.

미국 상원의원의 아들이었던 팻 로벗슨(Pat Robertson, 1930년생)은 미국에서 가장 유명한 근본주의자들 중 하나였다. 그는 기독교 방송 네트워크(Christian Boradcasting Network)와, 널리 시청되는 700클럽을 만들었고, 미국 법과 공의 센터(American Center for Law and Justice), 리젠트대학교(Regent University)의 설립자였다.

로벗슨은 꾸준히 동성연애와 미국시민자유연맹(ACLU)과 낙태를 반대하는 발언을 공공연하게 했다. 그는 정치적으로 가장 활발한 근본주의자이기도 했다. 1988년에 공화당 대선 후보 경선에 나섰으나 뜻을 이루지 못한 이후, 로벗슨은 보수적인 공직 후보들을 지지하기 위해 '기독교협력기구'(Christian Coalition)를 설립하기도 했다.

---

7   Curtis Lee Laws, "Convention Side Lights," *Watchman-Examiner* 8, July 1, 1920, 834.

기독교협력기구는 200만 명이 넘는 회원을 가지고 있으며, 보수적인 후보들에게는 그것의 지지가 중요하다. 로벗슨에 대한 세무 조사와 더불어, 2001년 9.11 테러와 2005년 허리케인 카트리나로 인한 파괴가 미국 사회의 자유주의적 요소 때문이라는 그의 논란의 여지가 있는 발언 때문에, 로벗슨은 영향력을 많이 잃어버렸다.

버지니아주 린치버그(Lynchburg)에 위치한 토마스로드침례교회(Thomas Road Baptist Church)의 목회자인 제리 파웰(Jerry Falwell, 1933-2007)은 '옛 복음의 시간'(Old-Time Gospel Hour)이라는 텔레비전 프로그램을 통해서 유명세를 얻었다. 파웰은 1979년에 다양한 신학적인 신념을 가진 보수적인 그리스도인들의 정치 조직으로서 보수적인 후보를 지지하는 '도덕적 다수'(Moral Majority)를 설립했다.

일부 분석가들은 도덕적 다수가 로날드 레이건(Ronald Reagan, 1911-2004)과 조지 H.W. 부시(George H. W. Bush, 1924년생)를 대통령으로 만드는 데에 공헌했다고 주장했다. 도덕적 다수는 1989년에 해체됐다.

8. 교회 일치 운동

19세기 초에 있었던 선교 운동으로부터 시작해, 개신교 교도들은 기독교를 흥왕하도록 하는 일에 협력하려고 했다. 그와 같은 많은 시도는, 교단들의 경쟁심과 교리적 차이점 때문에, 처음에는 실패했다. 제2차 세계대전 이후로, 많은 이들이 그리스도인들이 협력하려고 노력하면 미래에 전쟁을 막을 수 있을 것이라는 희망을 가지게 됐으므로 교회 일치 운동(Ecumenism)은 다시금 강력한 지지층을 확보하게 됐다.

1938년 네덜란드에서 열린 회의에 대표단으로 참석한 사람들은, 조직 과정 중에 있는 세계교회협의회(World Council of Churches in Process of Organization[WCC])에서 사용할 헌법을 만들었다. 제2차 세계대전 때문에 이러한 노력이 늦어지기는 했지만, 전후 1948년 암스테르담에서 세계교회협의회(WCC)가 공식적으로 발족됐다. 44개국에서 온 147개의 교회의 대표들이 첫 번째 모임에 참석했다. 세계교회협의회를 감독할 총회 회원들이 선출됐고, 대표단들은 세계교회협의회가 6년에서 8년마다 모이도록 하자고 결정했다.

많은 면에서 세계교회협의회는 기독교판 UN이다. 그 어떤 교회론도 유일한 교회론으로 인정받지 못했다. 그것의 첫 번째 과업은 진도와 전후 유럽의 재건을 돕는 것이었다. 세계교회협의회의 본부는 스위스 제네바에 있다. 1961년 다수의 정교회들이 세계교회협의회에 가입했다. 1968년에는 세계교회협의회가 한층 더 사회, 경제, 그리고 정치적인 문제에 참여하면서, 선교와 전도에는 덜 참여하게 됐다.

비록 세계교회협의회의 숫자가 1970년대에는 줄어들기 시작했으나, 그 소속 교단들로 본다면 세계교회협의회는 120개국에서 5억 9천만 명의 사람들을 대표한다. 대다수의 회원들은 자유주의 개신교 교도들이다. 로마 가톨릭교회, 남침례교, 루터교회미주리대회 등 좀 더 보수적인 교단들은 세계교회협의회의 회원이 아니다.

9. 개신교의 신경향

1) 대형교회

1990년 이전에는 2,000명을 넘기는 것을 기준으로 할 때, 전 세계에 50개의 대형교회만이 존재했다. 하지만 2011년에는 미국에서만 1,300개가 넘는 대형교회가 있게 됐다. 세계에서 가장 큰 교회인 서울 여의도순복음교회와 그 외 한국에 있는 몇몇 대형교회들은 100만 명이 넘는 교인들을 가지고 있다.

미국에서 가장 큰 교회는 조엘 오스틴(Joel Osteen, 1963년생)이 목회하는 텍사스 주 휴스턴 소재 레이크우드교회(Lakewood Church)이며, 매주 평균 4만 3천 명이 예배에 참석하고 있다. 오클라호마주 에드몬드(Edmond)에 위치해 있으며 크레이그 그로쉘(Craig Groeschel, 1967년생)이 목회하는 라이프교회(Life Church)에는 매주 2만 7천 명이 넘는 교인들이 출석하고 있다.

일리노이주 사우스 배링턴(South Barrington)에 위치해 있으며 빌 하이벨스(Bill Hybels, 1951년생)가 목회하는 윌로우크릭교회(Willow Creek Community Church)는 매주 2만 4천 명이 예배에 참석한다. 캘리포니아 레이크 포레스트(Lake Forest)에 위치해 있으며 릭 워렌(Rick Warren, 1954년생)이 목회하는 새들백교회(Saddleback Church)에는 2만 명이 예배에 참석한다.

대부분의 대형교회들은 예배가 은사주의적(charismatic)이며, 설득력 있는(compelling) 목회자를 두고 있고, 흥이 나는(upbeat), 인습에 물들지 않은(unconventional) 예배를 드리고 있다. 대형교회들은 또한 첨단 기술을 활용하며 전 세계에 방송을 내보내고 있다.

2) 번영신학

'믿음의 말'(Word of Faith)이라고도 알려진 번영신학은, 세상적인 부와 육체적 건강이 믿음이 있는 모든 신자들에게 약속됐다고 가르치는 것이다. 번영신학에 따르면 가난과 질병은 사람에 의해서 유발되는 것이 아니라, 악마에게서 오는 것이다. 번영신학의 지지자들은 요한삼서 2절과도 같은 성경 구절들에 대한 나름대로의 해석에 이러한 믿음의 기초를 두고 있다.

> 사랑하는 자여 네 영혼이 잘됨과 같이 네가 범사에 잘되고 강건하기를 내가 간구하노라(요삼 2절).

또 다른 애용되는 구절은 요한복음 14:13-14이다.

> 너희가 내 이름으로 무엇을 구하든지 내가 시행하리니 이는 아버지로 하여금 아들을 인하여 영광을 얻으시게 하려 함이라 내 이름으로 무엇이든지 내게 구하면 내가 시행하리라(요 14:13-14).

번영신학은 케넷 E. 해긴(Kenneth E. Hagin, 1917-2003), 케넷 코프랜드(Kenneth Copeland, 1936년생), 조이스 마이어(Joyce Meyer, 1943년생), T. D. 제이크스

(T. D. Jakes, 1957년생), 크레플로 달러(Creflo Dollar, 1962년생), 조엘 오스틴 등과 같은 은사주의 사역자들에 의해 유명세를 얻게 됐다.

3) 현대 복음주의자들

복음주의도 이 새로운 세기에 새로운 측면을 덧입게 됐다. 복음주의에는 최소한 3개의 흐름이 있다고 할 수 있는데, 그중에 두 개는 새로운 것이다.

첫째, 성경과 거듭남과 성경 진리들을 강조하는 전통적인 복음주의자들이 있다.

둘째, 다수의 중년 복음주의자들은 '구도자에 민감한'(seeker-sensitive) 교회를 지향한다. 그들의 예배는 일상적이고 격식이 없으며, 세상 음악을 손질해 교회에서 사용하며, 사람들이 더 편안함을 느끼도록 하기 위해서 교리, 그중에서도 특히 죄와 지옥에 대한 가르침이 종종 부드러워진다.

셋째, '선교적'(missional) 교회다. 20세기 말부터 시작해 지금은 젊은 그리스도인들 사이에 널리 퍼져 있는 선교적 복음주의자들은 자신의 문화와 동네에서 선교사가 되는 것의 중요성에 대해 강조한다. 그들은 프로그램을 통해 사람들을 교회로 끌어오려고 시도하기보다는, 동아리나 음식 기부나 동네 청소나 동네 잔치와 어린이들에 맞춘 공원 특별 행사 등을 통해 자기가 속한 집단에 다가간다.

제29장

새로운 기독교 세계 – 20세기 세계화와 21세기

'개신교 선교의 위대한 세기'는 1792년 윌리엄 캐리가 『이방인들을 회심시키는 일을 위해 그리스도인들이 수단을 사용할 의무가 있음에 대한 탐구』 (*An Enquiry into the Obligations of Christians to Use Means for the Conversion of the Heathen*)를 출간한 때로부터 시작됐고, 1910년 에딘버러 선교대회(Edinburgh Missions Conference)에서 그 끝을 맞이했다. 이 기간 동안, 전에 복음이 들어가지 못했던 나라들에 복음이 소개됐다.

이전 장들에서 자세히 다루었듯이, 선교회들은 전 세계에 선교사들을 보냈다. 그들은 복음만 소개한 것이 아니라, 의약과 교육, 그리고 새로운 농사 기술을 소개했다. 특히 후진국(Global South)과 제3세계라고 흔히 일컬어졌던 곳에서, 이 선교사들은 20세기와 21세기 기독교의 놀라운 성장의 기초를 놓았다.

세계통계기구(Operation World Database)[1]에 따르면, 2011년 기준으로 전 세계 그리스도인은 22억인데, 이것은 1900년과 비교했을 때 두 배가 넘게 증가한 수치이다. 비록 2011년 전 세계 인구가 1900년에 비해 7배로 증가했다고는 하지만, 여전히 기독교의 성장세는 놀랍다. 1900년 이전에 대부분의 그리스도인들은 유럽과 북미에 살고 있었다. 하지만 이러한 비율은 곧 바뀌게 됐다.

2011년 기준으로, 유럽에는 5억 2천 2백만 명의 그리스도인이 있고 북미에는 2억 7천 1백만 명의 그리스도인이 있다. 유럽의 교회 출석이 전체 유럽 인구의 10% 미만이라고 추산할 때, 그리스도인이라고 이름만 걸어 놓은 대

---

[1] 전 세계와 각 대륙 그리고 각 나라에 있는 기독교 인구 정보를 제공하는 각 연구단체들의 추정치가 서로 일치하지는 않는다. 일관성을 유지하기 위해, 필자는 세계통계기구(Operation World Database, www.operationworld.org)의 추정치를 기준으로 사용하기로 결정했다.

부분의 사람들은 예배에 참석하지 않는 셈이다. 북미에서는 교회 출석률이 더 높지만, 세속화의 물결이 강하게 들어오면서 많은 교단이 약해지게 됐다.

후진국에서는 정반대 현상이 일어나고 있다. 현재 남미에는 5억 3백만 명의 그리스도인이 있고, 아프리카에도 5억 3백만 명의 그리스도인이 있으며, 아시아에는 3억 6천 8백만의 그리스도인이 있다. 1970년대부터 1990년대까지의 기간에, 후진국에서는 그리스도인들의 숫자가 2억 5천 명 이상 증가했다. 2011년 기준으로, 남미와 아프리카와 아시아 대륙 인구의 24%가 그리스도인이다(13억 명).

그러므로 현재 세계 그리스도인의 다수가 후진국에 살고 있는 셈이다. 반면 호주는 남반구 기독교의 성장세에 역행하고 있다. 유럽의 상황과 비슷하게도, 호주인들의 거의 70%가 자신이 그리스도인이라고 하지만, 그들 중에서 예배에 참석하는 인구는 10%밖에 되지 않는다.

가톨릭이든, 복음주의자이건, 또는 오순절주의이든, 후진국 그리스도인들 절대 다수는 신학적으로 보수적이고, 신유와 같은 초자연적인 현상을 믿으며, 성경이 말씀하는 모든 것을 진리라고 여긴다.

1. 중남미와 남미

탐험가들과 식민 개척자들의 도래 이래, 가톨릭은 남미에서 가장 큰 기독교 교단이 됐다. 세례를 받은 전 세계 가톨릭 인구의 거의 절반 정도가 남미에 거주하며, 브라질은 세계에서 가장 큰 가톨릭 국가이다. 하지만 대부분의 남미 및 브라질 가톨릭 교도들은 미사에 참석하는 일이 별로 없고 그들의 신앙을 실천하는 일도 별로 없다.

1822년 포르투갈로부터 독립한 이후로, 브라질은 가톨릭과의 공식적인 유착 관계를 단절했고, 그리하여 개신교인들도 종교 자유를 얻을 수 있었다. 그리하여 19세기 말에는 개신교 선교사들, 특히 남침례고 선교사들이 단체로 브라질에 와서 상당한 개신교 발전을 이뤄냈다. 개신교 선교사들은 또한 멕시코, 엘살바도르, 푸에토리코, 과테말라, 아르헨티나, 칠레 등지에서도 성공을 거뒀다.

  남미에서는 그 어떤 기독교 형태보다도 오순절교회와 오순절식의 예배가 빠르게 성장하고 있다. 실제로, 많은 로마 가톨릭교회들이 자신들의 예배에 오순절식의 풍습을 도입했다.

  이와 같은 성장의 이유는 많은 면에서 가톨릭과 관계가 있다. 400년이 넘도록 남미인들은 자신들의 필요에는 거의 관심이 없는 정부 치하에서 억지로 살게 됐다. 많은 비평가는 가톨릭교회가 억압하는 정부 편을 든다고 비판했다. 해방신학자들은 이와 같은 상황을 바꾸려고 시도했으나, 교황청이 이와 같은 운동을 의심의 눈초리로 바라보면서 그것은 억압받은 그리스도인들 대부분에게 미미한 영향력만을 끼칠 뿐이었다.

  해방신학이 사회 경제적 평등을 추구한 반면, 오순절주의는 가난한 이들의 영적 필요에 직접적으로 호소했다. 다른 말로 하면, 오순절주의는 해방신학이 약속할 수 없었던, 눌린 이들을 위한 영적 해방을 약속했던 것이다.

  남미 오순절 운동의 첫 번째 신호탄을 쏘아 올린 곳은 바로 1909년에 칠레 발파라이소(Valparaiso)에 위치한 감리교 감독교회였고, 이 운동은 그 이듬해에 빠르게 브라질로 퍼져 나갔다. 북미의 오순절주의처럼, 남미의 오순절주의도 방언의 은사와 함께 귀신 축출, 영적 병고침, 예언, 번영신학을 그 특징으로 했다.

  오늘날 남미에서 가장 큰 교회들은 오순절교회들이다. 칠레 산티아고에 있는 호타베체오순절교회(Jotabeche Pentecostal Church)에는 15만 명이 넘는 교인들이 있고, 브라질 상파울루에 있는 콩그레가송 크리스타(Congregaçã Cristã)는 6만 명이 넘는다. 전통적인 신앙에 대한 애착을 유지하면서도 성령님과의 신선한 만남을 가지고 싶어하는 열망이 많은 남미 가톨릭 교도들로 하여금 오순절 은사주의 운동의 요소들을 받아들이도록 했다.

  다른 남미 국가들에서 증가하는 기독교 인구도 생동감 있는 오순절주의의 뒷받침을 받아서 브라질과 비슷한 양상을 띠게 됐다. 하지만 모든 남미가 브라질만큼 오순절주의를 받아들인 것은 아니다. 멕시코, 베네수엘라, 콜롬비아, 페루에서는 오순절주의가 브라질에서만큼 널리 퍼져 있지 않고 여전히 전통적인 가톨릭이 우세한 형편이다.

2. 아프리카

2000년도 아프리카 그리스도인의 숫자는 1900년에 비해 40배 증가했다. 2000년에는 하루 평균 2,300명이 기독교로 개종했다. 7세기 이래로 북아프리카에서는 이슬람이 우세하기 때문에, 기독교의 성장은 거의 모두 사하라 사막 남쪽 지역에서 일어났다.

하지만 북아프리카에서도 의미 있는 소수의 콥틱 그리스도인들이 살아남아 있다. 사하라 사막 남부의 기독교도 전투적인 이슬람의 영향에서 완전히 벗어나지는 못했다. 나이지리아에서는 상당한 수의 기독교 인구가 이슬람 주류의 강하고 점점 더 자주 일어나는 폭력에 직면하게 됐다.

비록 모잠비크와 앙골라와 같은 해안 국가들이 1400년대에 가톨릭 국가들의 식민지가 됐어도, 18세기 말엽이 되기 전까지는 아프리카 내륙을 복음화하려는 진지한 시도가 없어 왔다. 기독교가 처음으로 발판을 마련한 곳은, 잉글랜드 국교회가 1792년에 식민지를 세웠던 시에라리온이었다. 1800년대 초에 시에라리온에서 온 선교사들에 의해 선교부들이 세워졌다.

사하라 사막 남부 아프리카를 복음화 하기 위한 노력은 최소한 어느 정도는 데이비드 리빙스턴 선교사의 영향력에 힘입은 것이었다. 리빙스턴의 글과 신문 기사 그리고 헨리 모튼 스탠리(Henry Morton Stanley, 1841-1904)와의 만남 덕분에 아프리카 선교사가 된다는 것이 낭만적인 것으로 비치면서, 아프리카 선교에 자원하는 이들의 숫자가 크게 불어나게 됐다.

네덜란드 개혁교회는 그것이 아프리카에 도달했던 1652년부터 남아프리카공화국에서 영향력을 끼쳐왔다. 19세기와 20세기에 네덜란드 개혁교회가 인종 분리 정책(apartheid)과 궤를 같이하면서, 인종 분리 정책 지지 관료들이 네덜란드 개혁교회의 회원직을 가지고 있기도 했었다. 이러한 이유로 세계 개혁교회협의회(World Alliance of Reformed Churches)가 1980년대 초에 네덜란드 개혁교회를 협의회에서 쫓아내기도 했다.

남아프리카공화국 케이프 타운의 잉글랜드 국교회 대주교 데스몬드 투투(Desmond Tutu, 1931년생)는, 1980년대에 인종 분리 정책 반대파의 지도급 대변인 노릇을 했다. 네덜란드 개혁교회는 1986년에 인종 분리 정책 찬성 입장을 뒤엎으며 분리 정책 찬성론에 종결을 고했다. 그때로부터 네덜란드 개혁교회의 몇몇 갈래들이 인종 차별에 대해 사과의 뜻을 전했다.

2011년 기준으로, 남아프리카공화국 인구의 거의 75%는 스스로를 그리스도인으로 생각하고 있다. 남아프리카공화국은 수천 개의 독립교회를 보유하고 있는데, 그중 대부분은 오순절주의와 관련성을 가지고 있다.

유럽 열강들이 아프리카를 나눠 차지하기로 배정했던 1884년 베를린 회담(Berlin Conference)은 아프리카 대륙의 기독교에 큰 영향을 줬다. 식민지화는 기독교 선교사들이 들어갈 수 있는 입구 역할을 했고 이전에 복음화가 되지 않았던 지역에 어느 정도 보호를 해 줄 수 있는 방법이 되기도 했다.

많은 지역에서 선교사들은 기독교를 이식하는 일에 어느 정도의 성공했다. 하지만 그들이 열강과 결탁돼 있었기에, 다수의 아프리카인들은 기독교 선교사들을 의심의 눈초리로 바라봤고, 그들이 거만하다는 인상을 받았다.

어떤 아프리카인들은 식민지 정권을 잡은 이들과 어울리기 위해 기독교를 용인하도록 내몰리는 듯한 느낌을 받기도 했다. 이것은 종종 후견인적인 태도와 함께 거짓 회심 고백을 이끌어 내기도 했다. 선교사들과 식민주의에 대해서 논하면서, 케냐의 첫 번째 수상이었던 조모 케냐타(Jomo Kenyatta, 1894-1978)는 다음과 같이 말했다.

> 선교사들이 아프리카에 왔을 때 그들은 성경을 가지고 있었고 우리는 땅을 가지고 있었습니다. 그들이 "기도합시다"라고 말해서 우리는 눈을 감았습니다. 우리가 눈을 떴을 때에는, 우리가 성경을 가지고 있고 그들이 땅을 가지고 있었습니다.[2]

그래도 선교사들은 아프리카에 많은 긍정적인 기여를 했다. 그들은 아프리카에 복음만 가져온 것이 아니라, 의약품과 현대적인 농업 기술, 교육을 가져왔다. 게다가, 선교사들은 부족 간의 전쟁을 중재하고 유럽인들과의 다

---

[2] Philip Jenkins, *The Next Christendom: The Coming of Global Christianity*, 3rd ed. (New York: Oxford University Press, 2011), 52.

틈에 중재 역할을 하기도 했다. 리빙스턴과 같은 선교사들은 노예 무역의 참상을 부각시킴으로써 노예 무역이 종결되도록 하는 일에 공헌했다. 1900년에 이르면, 대부분의 사하라 사막 남쪽 아프리카 내지에 기독교가 소개되게 됐다.

20세기 중반 식민 제국들이 종말을 맞으면서, 사하라 남쪽 아프리카의 상황이 달라지기 시작했다. 이것은 수많은 신흥 국가들의 탄생으로 이어졌고, 1975년에 이르면 그 나라들 중 42개국이 유엔에 가입하게 됐다. 콩고 민주 공화국이라든지 우간다, 케냐, 스와질랜드 등과 같은 신흥 국가들 중 다수에서 기독교는 깊이 뿌리를 내렸고 그 결과 현재 그 나라들에서는 기독교가 다수 종교의 위치를 차지하게 됐다.

독립은 기하급수적으로 성장한 신흥 토착교회들을 양산했다. 식민주의 세력과 결탁했던 교단들의 경우, 아프리카에서 여전히 존재감은 있지만 토착 교단 운동들에 밀리게 됐다.

오순절 운동은 아프리카에서 가장 큰 기독교 운동이 됐다. 부족 종교와의 유사성 덕분에, 오순절 운동의 신유, 예언, 그 외 초자연적 현시의 개념이 아프리카인들에게 매력적으로 보이게 됐다. 아프리카 오순절 교도들은, 공식적으로 서양 오순절 교단들에 매이기보다는, 자신들만의 교단을 만드는 것을 선호했다. 예를 들어, 짐바브웨에서는 하나님의성회(Assemblies of God)가 우세하지만, 짐바브웨 하나님의성회는 미국 하나님의성회로부터 독립돼 있다.

비록 대체로 독립적이기는 하지만, 아프리카 오순절교회들은 종종 미국 하나님의성회(American Assemblies of God)나, 테네시 클리블랜드 하나님의교회(Church of God) 등과 긴밀한 관계를 가지고 있기도 하다. 고든 린지(Gordon Lindsay, 1906-1973), 케넷 해긴(Kenneth Hagin, 1917-2003), T. L. 오스본(T. L. Osborne, 1923년생), 제임스 베이커(James Bakker, 1940년생)와 같은 미국 오순절 텔레비전 전도자들은 아프리카를 자주 방문하고 그곳에서 유명세를 얻었다. 그들의 유명세는 어느 정도는 예언에 대한 강조, 영적 치료, 경제적인 번영 등에 대한 그들의 강조 때문이기도 했다.

아프리카에서 가장 큰 교회 중 하나인, 나이지리아 베닌시(Benin City)에 위치한 '벤슨 이다호사 세계 선교 하나님의 교회'(Church of God Mission International of Benson Idahosa)는 30만 명이 넘는 교인을 보유하고 있고, 신유를 경험하기 위해 큰 '기적 센터'(Miracle Center)를 세우고 번영신학을 강조했다. 이 교회를 개척한 벤슨 이다호사(Benson Idahosa, 1938-1988)가 28명을 죽은 데에서 다시 살렸다는 주장도 전해지고 있으며, 그가 경제적 번영에 대해서 설교할 때면 "하나님은 가난하지 않다"는 말이 자주 등장했다고 한다.

독립 오순절교회들의 유명세를 견인한 또 다른 이유로는, 그 오순절교회들이 교단으로부터의 인준이 없이 자기 나름의 신학 체계를 구축했다는 점을 들 수 있다. 예를 들어, 어떤 아프리카 오순절 교인들은 조상 제사에 참여하며 그 외 미국 오순절 교단에서는 용납될 수 없는 아프리카 종교의 전통을 고수한다. 물론 아프리카 오순절교회들이 하나같이 기독교 영성을 이방 종교 전통과 섞어놓는 것은 아니며, 다수의 토속 오순절교회들은 철저하게 정통적이다.

윌리엄 웨이드 해리스(William Wade Harris, 1860-1929)와 시몬 킴방구(Simon Kimbangu, 1887-1951)야말로, 전통적인 아프리카 종교 풍습에 반대한 대표적인 오순절 지도자들이었다. 해리스는 흰 옷을 입고 다녔고, 술을 멀리했으며, 대나무 십자가를 지고 다니면서 자신이 엘리야 선지자라고 했다. 그는 부족 의식에 반대하는 발언을 했으며 종종 주술적인 힘을 가지고 있다고 믿어지는 물체를 태워 버렸다.

어떤 보고에 따르면, 그가 이방 신전이나 부적을 만졌을 때 그것들이 불타게 됐다고 한다. 하지만 그는 일부다처제를 행했다. 그는 1913년과 1914년에 코트디부아르(Ivory Coast) 인근 해안선을 따라서 일어났고 결과적으로 10만 명이 개종하게 됐던 그러한 큰 부흥을 인도했다. 그가 1929년에 죽은 이후에, 그의 추종자 대부분은 좀 더 자리잡은 교회 쪽으로 무게 중심을 옮기게 됐다.

한때 침례교 교인이었던 시몬 킴방구는 1921년 콩고에서 대중 운동을 개시했다. 그의 추종자들은 그가 아픈 사람들을 고치고 죽은 자를 살리는 등의 기적을 행했다고 주장했다. 벨기에 식민 통치자들에 반대하는 소요를 주동했다는 의심을 받은 그는 그의 운동을 개시한 지 오래지 않아서 구속돼 여생을 감옥에서 보냈다. 그의 추종자들은 박해를 당하자 안전한 피신처를 찾아 중앙 아프리카 곳곳으로 도망가서 킴방구의 기적 이야기를 곳곳에 전파했다.

정부는 1959년 킴방구의 추종자들이 예배를 드릴 수 있도록 허용했고, 그러자 그들의 숫자가 급증했다. 2011년에 이르면, 그들은 아프리카와 유럽과 북미에 550만 명의 교인들 보유한, '지상에 임한 예수 그리스도의 교회'(Church of Jesus Christ on Earth)라는 이름으로 알려지게 된다. 킴방구를 자기들의 영적 선조라고 주장했던 이들은 계속해서 그의 기적 이야기를 선포하면서 그를 선지자로 높이고 있다. 지상에 임한 예수 그리스도의 교회는 부족 풍습과의 혼합주의뿐만 아니라, 부족 춤, 일부다처제, 조상 숭배, 주술, 폭력 등을 금지한다.

아마도 아프리카 토착교회는 전 세계 어느 토착교회보다도 더 큰 성공을 거두고 많은 열매를 맺었다고 할 수 있을 것이다. 만약 지금 추세로 아프리카 그리스도인들이 증가한다면, 2025년이 될 무렵에는 아프리카야말로 세계에서 가장 많은 기독교 인구를 보유한 대륙이 될 것이며, 그 그리스도인들의 대다수는 독특하게 토속적이고 독립적인 오순절주의와 연계되게 될 것이다.

3. 아시아

기독교는 아시아의 중동 지역인 팔레스타인에서 태동했고, 강한 박해의 시기에도 굴하지 않고 여전히 그곳에 존재하고 있다. 몇몇 전통들은 기독교가 일찍이 중앙아시아와 극동아시아에 퍼졌다고 주장한다.

사도 도마가 기독교를 인도에 전파했다고 주장하는 사람도 있고, 예수님이 친히 인도에 자신의 가르침을 전해 줬다고 주장하는 사람도 있다. 635년 네스토리우스파(Nestorian) 기독교가 중국에 전래됐다는 강한 고고학적 증거가 있다. 가톨릭 선교사들이 아시아 곳곳에서 13세기부터 사역을 해 왔지만, 여전히 그들의 존재감은 작다.

개신교 선교사들은 17세기 초에 네덜란드 해군과 함께 도착하면서 아시아에서의 사역을 시작했고, 19세기에 크게 수고했다. 하지만 아시아 기독교는 그 어떤 대륙보다도 약하다. 41억이나 되는 세계에서 가장 그리고 압도적으로 많은 수의 인구를 가진 아시아이지만, 그중에서 9%에 불과한 겨우 3억 6천 8백만 명만이 그리스도인이다. 그리스도인의 숫자가 이같이 적은 데에는 몇 가지 이유가 있다.

우선, 아시아는 19세기 개신교 선교의 위대한 세기가 도래하기 이전에 이미 불교나 힌두교와 같이 완전히 발달돼 그 문화에 깊이 뿌리내린 종교를 보유하고 있었다. 인도에서 그리스도인의 비율이 낮은 데에는(인구의 6%), 힌두교의 카스트 신분 제도가 크게 관련돼 있다. 기독교가 가난하고 억눌린 이들에게 호소하면서, 인도 그리스도인들은 카스트 신분제에서 천한 사람들이 대부분을 이루게 됐다. 캘커타에 있는 이러한 낮은 신분의 사람들 사이에서 테레사 수녀(Mother Teresa, 1910-1997)가 사역을 한 것이다.

이러한 사실은 많은 인도인, 특히 높은 신분에 있는 사람들로 하여금 기독교에 끌리지 않도록 했다. 예를 들면, 높은 신분에 있는 인도인들이 낮은 신분에 있는 이들과 밥상을 함께 사용하기를 꺼리기 때문에, 성찬이야말로 내키지 않는 기독교 풍습으로 다가오게 됐다.

다수의 인도인들은 선교사들을 평등한 사회를 건설하려고 하는 외국 선동가들로 인식했다. 이것이야말로 높은 신분에 있는 이들의 개인적인 관심사와는 상반되는 것이었고, 그리하여 선교사들은 오늘날까지도 인도 비자를 얻기가 어렵게 됐다.

아시아의 몇몇 국가들은 식민 열강들이 1950년대에 떠나기 시작하면서 더 호전적인 많은 무슬림을 보유하고 있다. 이란, 파키스탄, 방글라데시와 같은 나라들에서는 적은 수의 기독교 인구가 계속되는 박해의 위협 속에서 살고 있다.

레바논 그리스도인들은 한때 번성했으나 이제는 신앙 때문에 죽임을 당할 수 있다는 위협에 직면하고 있다. 터키의 경우, 인구의 대부분은 무슬림이지만, 정부에서 종교 자유를 허락했다. 터키에서 그나마 강한 기독교 교단은 잉글랜드 국교회와 동방 정교회이며, 모든 그리스도인을 다 합해도 인구의 1%가 되지 않는다.

세계에서 가장 많은 무슬림을 보유한 나라(1억8천7백만)인 인도네시아도, 종교의 자유가 허락되기는 했어도, 그리스도인들이 약간의 박해를 경험하고 있다. 1949년에 네덜란드로부터 독립을 쟁취한 이후에 인도네시아는 5개의 주요 종교, 즉 이슬람, 불교, 힌두교, 가톨릭, 개신교에 대해서 평등권을 보장하는 정책을 썼다. 유교도 어느 정도 기반을 가지고 있다.

1960년대에 이르러 이슬람 정서가 발흥하면서, 정부는 5대 종교 중 하나에 속했음을 강제로 신고하도록 함으로써 이슬람을 권장하려고 했다. 하지만 이 계획은 200만 명의 무슬림이 기독교로 개종하는 결과를 낳으면서 실패하고 말았다. 2011년, 인도네시아 그리스도인들의 숫자는 거의 5,000만 명에 이르지만, 말루쿠(Maluku)와 술라웨시(Sulawesi) 중부 등지에서는 박해도 당하고 있다.

아시아에서 기독교의 존재감이 희박한 또 다른 이유는, 기독교를 탄압하는 전제주의적인 정권이 몇몇 있기 때문이다. 중국과 북한이 대표적인 예이다. 1억 5백만 명의 그리스도인들이 중국에 살고 있다고는 해도, 그것은 중국 인구의 6%에 불과하다. 정부의 허가를 얻으려면 중국 그리스도인들은 허가된 몇몇 중국 기독교 단체 중 하나에 등록해야만 했다. 삼자 애국 운동(Three-Self Patriotic Movement[개신교]), 중국기독교공회(China Christian Council[개신교]),[3] 중국애국가톨릭협회(Chinese Patriotic Catholic Association), 그리고 중국 가톨릭주교회(Chinese Catholic Bishops Council)가 그것이다.

중국 정부는 이 기관들의 업무에 간섭하고 있다. 공산주의가 강요됐던 문화대혁명 기간에는(1966-1976), 정부가 나서서 이 단체들과 연계된 교회들의 문을 닫아 버렸다. 이 때문에 수백만의 그리스도인들이 가정교회, 또는 더 널리 알려진 대로 하면 '지하교회'에서 비밀리에 예배하게 됐다.

문화대혁명이 끝나고 정부의 인가를 받은 기독교 단체들이 다시금 합법화됐지만, 많은 그리스도인이 여전히 지하교회 교인으로 남았다. 이 교회들이 불법이기 때문에 지하교회 교인들이 발각되면 재산을 몰수당하고 투옥을 당

---

[3] 삼자 애국 운동은 중국 기독교 공회와 연관돼 있으며, 일반적으로 리앙후이(lianghui) 또는 '두 개의 조직'이라고 알려져 있다.

하며 그 외 여러모로 박해를 당하게 된다.

지하교회의 숫자가 보고되지 않기 때문에, 중국에서 실제로 몇 명의 그리스도인이 있는지를 결정하는 것은 불가능하다. 아마도 정부에 그리스도인이라고 자진해서 신고한 이들에서 수백만이 더해져야 할 것이다. 1980년대와 1990년대에 중국은 경제 개혁을 도입했고 그럼으로써 세계 경제의 큰 손이 됐다. 기독교에 대한 다소 누그러진 태도야말로, 경제적 발전을 위해 필요했던 타협이었다고 할 수 있다.

북한은 여전히 엄격한 공산주의 국가로 남아 있고, 독재자에 의해서 통치되며, 기독교가 금지돼 있다. 북한에 있는 적은 수의 기독교 인구는 비밀리에 예배를 드릴 수밖에 없다.

이전 장들에서 언급됐듯이, 1549년 프란체스코 사비에르(Francis Xavier)가 일본에 기독교를 소개했다. 도미니크회 회원들과 프란체스코회 회원들이 16세기 말에 일본에 건너왔다. 수도회 간의 경쟁과 분쟁이 있긴 했지만, 표면상 그들의 전도 노력은 성공적이었다. 기독교는 1587년에 법으로 금지됐으며 박해가 뒤따랐다. 1597년에 26명의 그리스도인들이 십자가형을 당했고, 가톨릭은 1873년이 되기까지 불법종교가 됐다.

개신교 교도들은 19세기 말부터 사역을 시작했으나, 결과가 빈약했다. 현대 일본은 기독교에 대한 흥미가 별로 없다. 프란체스코 사비에르와 그의 후계자들의 사역은 그저 먼 기억으로 있을 뿐이다. 비록 신사참배가 일종의 부흥을 이루기는 했지만, 일본인들은 무종교 집단이라고 여겨질 수 있을 것이다.

전체적으로, 아시아 그리스도인들의 숫자는 1900년 이래로 10배 증가했다. 이러한 성장의 주요 이유는 남한과 필리핀에서 기독교가 크게 성공했기 때문이었다.

한국에 처음으로 공개적인 선교 사역이 시작된 것은 18세기 예수회를 통해서였다. 그들은 수천 명을 기독교로 개종시켰다. 그렇지만 19세기 내내 한국은 쇄국 정책 쪽으로 움직이면서 '은둔 왕국'이라는 별명을 얻게 됐다. 서양의 흔적을 없애 버리는 것을 그 목적으로 했던 잔혹한 기독교 박해가 일어나(1839-1846, 1866-1867), 수천 명의 사람들이 순교하기도 했다.

한국이 고립 생활을 끝낸 이듬해인 1883년에 장로교 선교사들이 도달했다.

그들의 사역은 1910년에 일본이 한국을 식민지로 만들고 신사참배를 강요하면서 종료됐다. 기독교는 제2차 세계대전 이후 한국에서 성장하기 시작했다. 한국 전쟁 동안, 그리스도인들은 공산주의를 피해 북에서 남으로 피신했다.

남한에서 기독교는 번성해서 인구의 30% 이상이 기독교 신앙을 가졌다는 주장이 나오고 있다. 한국 그리스도인들은 전도에 대한 열정으로 유명하다. 한국은 1만 2천 명이 넘는 해외 선교사를 파송함으로써, 미국 다음으로 많은 해외선교사를 파송한 국가가 됐다. 한국 선교사들은 중동, 아프리카, 중앙아시아, 동아시아 그리고 미국 등지를 포함해 세계 160개국 이상되는 나라들에서 활동하고 있다.

대부분의 한국 그리스도인들은 개신교 교도이면서 오순절주의와 어느 정도 관련을 가지고 있다. 한국 오순절주의는 신유에 대한 강조와 번영신학에 대한 굳건한 믿음으로 잘 알려져 있다.[4] 서울에는 100만 명이 넘는 교인을 가진 세계에서 가장 큰 교회인 여의도순복음교회가 있다. 이 교회의 목회자인 조용기(1936년생)는 신유의 중요성과 전도를 강조할 뿐 아니라, 하나님께 물질적인 복을 구할 것에 대해서도 강조했다.

필리핀의 경우, 1542년 필리핀 군도를 점령하고 원주민들을 강제로 기독교회히려고 했던 스페인을 통해 기독교가 도입됐다. 21세기 필리핀 그리스도인의 절대 다수는 가톨릭이고, 페르디난드 마르코스(Ferdinand Marcos, 1917-1989) 대통령을 폐위시키는 데에 공헌했으며 필리핀의 영적 지도자로 추앙을 받는 제이미 신 추기경(Jamie Cardinal Sin, 1928-2005)이 그들의 큰 영웅이다. 필리핀은 인구의 92%가 자신을 그리스도인이라고 하기에, 세계에서 가장 높은 그리스도인 비율을 가진 국가라고 할 수 있다.

---

[4] 번영신학은 금전적 축복이 그리스도인들을 위해 예비하신 하나님의 축복이라고 강조한다.

4. 미전도종족

아시아와 아프리카에서 기독교가 성장했지만, 그래도 아직 미전도종족으로 남아 있는 사람들이 있는데, 이들은 소위 10/40 창(10/40 Window), 즉 경도 10에서 40 사이에 위치한 지역에 있다. 10/40 창에 속한 나라들은 아프리카와 아시아와 남유럽 일부에 위치해 있는 62개국이다.

이 10/40 창에 세계 인구의 대략 절반 정도 되는 31억 명 그리고 세계 최빈곤 층의 82%가 살고 있다. 대부분 복음이 없이 살고 있는 그들은 종종 문맹이거나 영양이 부족하거나, 질병에 취약한 사람들이다.

10/40 창에는 호전적인 이슬람과 불교와 힌두교의 세력이 포진하고 있으므로, 그곳에 사는 그리스도인들이 종종 박해를 당한다. 이 나라들에는 전도 금지법도 있어서, 복음 전파에 방해가 되기도 한다. 이러한 척박한 조건 속에서도 선교사들과 토착 그리스도인들은 10/40 창의 일부 지역에서 복음 전도를 할 방법을 찾아내 왔다.

5. 기독교의 새로운 외관

19세기에 그리스도인이라고 하면, 선진국에서 온 백인 남성이라는 일반적인 인식이 있었다. 21세기에 들어서면서, 평범한 그리스도인이란 후진국에서 온 검은 피부의 여성을 가리키게 됐다. 천 년이 넘는 세월 동안 기독교는 서구의 종교라는 인상이 강했으나, 이것은 이제는 사실이 아니다.

브라질이나 남한과 같은 나라에서 전통적인 기독교 국가라고 하는 미국 등지에 선교사들을 보내고 있다. 백 년이 약간 더 되는 기간에 기독교의 무대가 바뀌었다. 우간다의 기독교 철학자 존 음비티(John Mbiti, 1931년생)의 다음과 같은 발언에는 일리가 있다.

교회의 보편성을 대변하는 장소는 이제는 제네바나 로마나 아테네나 파리나 런던이나 뉴욕이 아니라, 킨샤사와 부에노스아이레스와 아디스아바바와 마닐라다.[5]

이와 같은 세계적인 변화가 일어나는 이유는 아마도 하나님께서 하나님을 가장 간절히 원하는 곳으로 가시기에 그런 것이리라.

---

[5] Kwame Bediako, *Christianity in Africa* (Edinburgh: Edinburgh University Press, 1995), 154에서 인용.

참고 문헌

1. 1차 자료

Abel, Donald C., ed. *Fifty Readings in Philosophy*. 4th ed. New York: McGraw-Hill, 2012.

Allies, Mary H., trans. *On Holy Images, Followed by Three Sermons on the Assumption*. London: Thomas Baker, 1898.

Anderson, Roberta, and Dominic Aidan Bellenger, eds. *Medieval Religion: A Sourcebook*. New York: Routledge, 2007.

Aquinas, Thomas. *The Three Great Prayers: Commentaries on the Our Father, the Hail Mary and the Apostles' Creed*. Translated by Laurence Shapcote. Westminster, MD: Newman Press, 1956.

Ayerst, David, and A. S. T. Fisher, eds. *Records of Christianity, Vol. II: Christendom*. New York: Oxford University Press, 1977.

Bainton, Roland H. *Here I Stand: A Life of Martin Luther*. 1950. Reprint, New York: Meridian Printing, 1995.

Barnstone, Willis, and Marvin Meyer, eds. *The Gnostic Bible: Gnostic Texts of Mystical Wisdom from the Ancient and Medieval Worlds—Pagan, Jewish, Christian, Mandaean, Manichaean, Islamic, and Cathar*. Boston: Shambhala Publications, 2003.

Barry, Colman J., ed. *Readings in Church History: From Pentecost to the Protestant Revolt*. New York: Newman Press, 1960.

Barth, Karl. *The Epistle to the Romans*. 6th ed. Translated by Edwyn C. Hoskyns. Oxford: Oxford University Press, 1968.

참고 문헌 493

Bede. *A History of the English Church and People*. Translated by Leo Sherley-Price. New York: Penguin Books, 1986.

Bediako, Kwame. *Christianity in Africa*. Edinburgh: Edinburgh University Press, 1995.

Bettenson, Henry, and Chris Maunder, eds. *Documents of the Christian Church*, 3rd ed. New York: Oxford University Press, 1999.

Bonhoeffer, Dietrich. *Letters and Papers from Prison*. New York: Macmillan, 1971.

Booth, William. *In Darkest England, and the Way Out*. Champaign, IL.: Project Gutenberg, [1996?]. http://www.gutenberg.org/cache/ epub/475/pg475.html (accessed December 18, 2013).

Bray, Gerald, ed. *Documents of the English Reformation* Minneapolis: Fortress, 1994.

Brecht, Martin. "Luther, Martin." In *Oxford Encyclopedia of the Reformation*, ed. Hans J. Hillerbrand. New York: Oxford University Press, 1996.

Burleigh, J. H. S. *A Church History of Scotland*. Oxford: Oxford University Press, 1960.

Bushman, Richard L., ed. *The Great Awakening: Documents of the Revival of Religion, 1740-1745*. New York: Atheneum, 1970.

Calvin, John. *Institutes of Christian Religion*. Translated by Henry Beveridge. Grand Rapids: Eerdmans, 1933.

Coakley, John W., and Andrea Sterk, eds. *Readings in World Christian History, Volume 1: Earliest Christianity to 1453*. Maryknoll, NY: Orbis, 2004.

Colección de Documentos Ineditos Relatrivos al Descumbrimiento Conquista y Colonizacion on de las Posesions Españolas. Madrid, 1885.

Cone, James. *Black Theology and Black Power*. Maryknoll, NY: Orbis Books, 1997.

Conkin, Paul K. *Cane Ridge: America's Pentecost*. Madison: University of Wisconsin Press, 1989.

Dante. *The Divine Comedy: Paradiso*. London: Penguin, 2007.

Denzinger, Henry, and Adolph Schönmetzer, eds. *Enchiridion Symbolorum Definitionum et Declarationum,* 33rd ed. Frieburg: Herder, 1965.

Didache 8.1

Dupré, Louis, and James A. Wiseman, ed. *Light from Light: An Anthology of Christian Mysticism.* 2nd ed. New York: Paulist, 2001.

Early, Joseph, Jr., ed. *Readings in Baptist History: Four Centuries of Selected Documents.* Nashville: B&H Academic, 2008.

———. *The Life and Writings of Thomas Helwys.* Macon, GA: Mercer University, 2009.

Ehrman, Bart D., ed. *After the New Testament: A Reader in Early Christianity.* New York: Oxford University Press, 1998.

———, and Andrew S. Jacobs, eds. *Christianity in Late Antiquity, 300–450 CE: A Reader.* New York: Oxford University Press, 2004.

Erasmus, Desiderius. *In Praise of Folly.* Translated by Betty Radice. Harmondsworth, UK: Penguin, 1509.

Faust, Clarence H., and Thomas H. Johnson, eds. *Jonathan Edwards: Representative Selections.* New York: Hill&Wang, 1962.

Fosdick, Harry Emerson, ed. *Great Voices of the Reformation: An Anthology.* New York: Modern Library, 1952.

Gaustad, Edwin S., ed. *A Documentary History of Religion in America to the Civil War.* Grand Rapids: Eerdmans, 1993.

———, ed. *A Documentary History of Religion in America Since 1865.* Grand Rapids: Eerdmans, 1993.

Gunn, T. Jeremy, and John Witte Jr., eds. *No Establishment of Religion: America's Original Contribution to Religious Liberty.* New York: Oxford University Press, 2012.

Holmes, Michael, ed. *The Apostolic Fathers: Greek Texts and English Translations,* 3rd ed. Grand Rapids: Baker Academic, 2007.

Janz, Denis R., ed. *A Reformation Reader: Primary Texts with Introductions*. Minneapolis: Fortress, 2008.

Jenkins, Philip. *The Next Christendom: The Coming of Global Christianity*. 3rd ed. New York: Oxford University Press, 2011.

Jurgens, William A., ed. *The Faith of the Early Fathers*. 3 vols. Collegeville, MN: The Liturgical Press, 1970.

Kant, Immanuel. *Critique of Pure Reason*. 2nd ed. Translated by N. K. Smith. London: Macmillan, 1933.

Kerr, Hugh T., ed. *Readings in Christian Thought*. Nashville: Abingdon, 1990.

Kittelson, James. *Luther the Reformer*. Minneapolis: Augsburg Fortress, 1986.

Lethaby, W., and H. Swainson, trans. *The Church of St. Sophia Constantinople*. New York: n.p., 1894.

Lindberg, Carter, ed. *The European Reformation Sourcebook*. Malden, MA: Blackwell, 2000.

Lumpkin, William L. *Baptist Confessions of Faith*. Revised ed. Philadelphia: Judson, 1969.

Luther, Martin. *An Open Letter to the Christian Nobility in Three Treatises*. Translated by Charles M. Jacobs. Philadelphia: Muhlenberg, 1960.

_____. "A Mighty Fortress Is Our God." 1529.

Maffly-Kipp, Laurie F. *American Scriptures: An Anthology of Sacred Writings*. New York: Penguin, 2010.

Marx, Karl, and Friedrich Engels. *On Religion*. Moscow: Foreign Languages Publishing House, 1955.

McBeth, H. Leon. *The Baptist Heritage: Four Centuries of Baptist Witness*. Nashville: Broadman, 1987.

_____. *A Sourcebook for Baptist Heritage*. Nashville: Broadman, 1990.

McGinn, Bernard, ed. *The Essential Writings of Christian Mysticism*. New York: Modern Library, 2007.

McGrath, Alister. *Christian Theology: An Introduction*. 5th ed. West Sussex, UK: Wiley-Blackwell, 2011.

Munron, D. C. *Translations and Reprints from the Original Sources of European History*. Series 1. Vol. 3, no. 1, rev. ed. Philadelphia: University of Pennsylvania Press, 1912.

Neibuhr, H. Richard. *The Kingdom of God in America*. 1937. Reprint, Middleton, CT: Wesleyan University Press, 1988.

Paine, Thomas. *Age of Reason: Being an Investigation of True and Fabulous Theology*. New York: Books, Inc., 1794.

Panofsky, E., ed. and trans. *Abbot Suger on the Abbey Church of St. Denis and Its Art Treasures*. Princeton: Princeton University Press, 1946.

Parker, T. H. L. *John Calvin: A Biography*. Philadelphia: Westminster, 1975.

Parkes, James. *The Conflict of Church and Synagogue: A Study in the Origins of Anti-Semitism*. New York: Jewish Publication Society, 1934.

Pelikan, Jaroslav, and Helmut T. Lehmann, eds. *Luther's Works*. Minneapolis: Augsburg Fortress, 1955–1986.

Petry, Ray C. *A History of Christianity: Readings in the History of the Church*. Vol. 1. 1962. Reprint, Grand Rapids: Baker Book House, 1981.

Placher, William C., ed. *Readings in the History of Christian Theology*. 2 vols. Philadelphia: Westminister, 1988.

Queen, Edward L., II, Stephen R. Prothero, and Gardiner H. Shattuck Jr., eds. 2 vols. *The Encyclopedia of American Religious History*. New York: Proseworks, 1996.

Rauschenbusch, Walter. *A Theology for the Social Gospel*. New York: Macmillan, 1917.

Reid, J. K. S., trans. *John Calvin: Theological Treatises*. Philadelphia: Westminster, 1954.

Roberts, Alexander, and James Donaldson, eds. *The Ante-Nicene Fathers: The Writings of the Fathers Down to A.D. 325*. Grand Rapids: Eerdmans, 1873.

Rogers, James A. *Richard Furman: Life and Legacy.* Macon, GA: Mercer University Press, 2001.

Schaff, Philip. *The Creeds of Christendom.* 3 vols. New York: Harper, 1919.

_____, and Henry Wace, eds. *Nicene and Post-Nicene Fathers,* 14 vols. First Series. Grand Rapids: Eerdmans, 1900.

Schleiermacher, Friedrich. *On Religion: Speeches to Its Cultured Despisers* [1799]. Translated by Richard Crouter. Cambridge: Cambridge University Press, 1988.

Smith, H. Shelton, Robert T. Handy, and Lefferts A. Loetscher, eds. *American Christianity: Interpretation and Documents, 1820-1960.* 2 vols. New York: Charles Scribner's Sons, 1963.

Southern, R. W. *Western Society and the Church in the Middle Ages.* London: Penguin Books, 1990.

Stevenson, J., ed. *Creeds, Councils, and Controversies: Documents Illustrating the History of the Church A.D. 337-461.* Revised by W. H. C. Frend. London: SPCK, 1980.

_____, ed. *A New Eusebius: Documents Illustrating the History of the Church to A.D. 337.* 5th ed. Cambridge: Cambridge University Press, 1993.

Tacitus, *Annals* 15.44.

Taft, S. J. Robert. *The Liturgy of the Hours in East and West: The Origins of the Divine Office and Its Meaning for Today.* 2nd ed. Collegeville, MN: Liturgical Press, 1993.

Tanner, J. R., ed. *Constitutional Documents of the Reign of James I, A.D. 1603-1625, with an Historical Commentary.* Cambridge: Cambridge University Press, 1930.

Tierney, Brian, ed. *The Middle Ages: Sources of Medieval History.* 5th ed. New York: McGraw Hill, 1992.

Toulouse, Mark G., and James O. Duke. *Makers of Christian Theology in America.* Nashville: Abingdon, 1997.

_____. *Sources of Theology in America*. Nashville: Abingdon, 1999.

Vedder, Henry C. *Balthasar Hubmaier: The Leader of the Anabaptists*. New York: Putnam, 1905.

Viorst, Milton, ed. *The Great Documents of Western Civilization*. New York: Barnes & Noble, 1994.

Wenger, John, ed. *The Complete Writings of Menno Simons*. Translated by Leonard Verduin. Scotsdale, PA: Mennonite Publishing House, 1956.

Wesley, John. *The Works of John Wesley*. 3rd ed. Grand Rapids: Baker Books, 1999.

Zernov, Nicolas. *Eastern Christendom*. London: Weidenfeld&Nicolson, 1961.

2. 백과사전, 사전, 참고서적들

Ashbrook, Susan Harvey, and David Hunter, eds. *The Oxford Handbook of Early Christian Studies*. New York: Oxford University Press, 2008.

Chadwick, Henry, and Gillian R. Evans, eds. *Atlas of the Christian Church*. New York: Facts on File, 1987.

Farmer, David H., ed. *The Oxford Dictionary of the Saints*. 4th ed. New York: Oxford University Press, 2003.

Ferguson, Everett, ed. *Encyclopedia of Early Christianity*. 2nd ed. New York: Garland, 1999.

Hillerbrand, Hans J., ed. *The Oxford Encyclopedia of the Reformation*. 4 vols. New York: Oxford University Press, 1996.

Johnston, William W., ed. *Encyclopedia of Monasticism*. 2 vols. Chicago: Fitzroy Dearborn, 2000.

Kelly, J. N. D. *Oxford Dictionary of Popes*. New York: Oxford University Press, 1986.

Livingstone, Elizabeth A., ed. *The Oxford Dictionary of the Christian Church*. 3rd ed. New York: Oxford University Press, 1997.

McBrien, Richard, and Harold Attridge, eds. *The HarperCollins Encyclopedia of Catholicism*. San Francisco: Harper San Francisco, 1995.

McFarland, Ian A., David A. S. Fergusson, Karen Kilby, and Iain R. Torrance, eds. *Cambridge Dictionary of Christian Theology*. Cambridge: Cambridge University Press, 2011.

Murray, Peter, and Linda Murray, eds. *The Oxford Companion to Christian Art and Architecture*. New York: Oxford University Press, 1996.

Parry, Ken, David Melling, Sidney Griffith, and Dimitri Brady, eds. *A Dictionary of Eastern Christianity*. Oxford: Blackwell, 1999.

Patte, Daniel, ed. *Cambridge Dictionary of Christianity*. Cambridge: Cambridge University Press, 2010.

Pelikan, Jaroslav. *The Christian Tradition: A History of the Development of Doctrine*. 5 vols. Chicago: University of Chicago Press, 1974, 1978, 1984.

3. 학술지 및 신문

Laws, Curtis Lee. "Convention Side Lights." *Watchman-Examiner*, July 1, 1920.
The New England Weekly Journal, 1739.
Sword and Trowel, August 1887.

4. 교회사 전반

Baker, Robert A., and John M. Landers. *A Summary of Christian History*. Revised. ed. Nashville: B&H, 1994.

Bokenkotter, Thomas. *A Concise History of the Catholic Church*. New York: Doubleday, 2004.

Comby, Jean. *How to Read Church History*. Vol. 1. Translated by John Bowden and Maragret Lydamore. New York: Crossroad, 1985.

Gonzalez, Justo. *A History of Christian Thought: From the Beginnings to the Council of Chalcedon*. Revised ed. Nashville: Abingdon, 1988.

_____. *A History of Christian Thought: From Augustine to the Eve of the Reformation*. Revised ed. Nashville: Abingdon, 1988.

_____. *A History of Christian Thought: From the Protestant Reformation to the Twentieth Century*. Revised ed. Nashville: Abingdon, 1988.

Green, Vivian. *A New History of Christianity*. New York: Continuum, 2000.

Hinson, Glenn E. *The Early Church: Origins to the Dawn of the Reformation*. Nashville: Abingdon, 1996.

MacCulloch, Diarmaid. *Christianity: The First Three Thousand Years*. New York: Penguin, 2009.

Payne, Robert. *The Making of the Christian World: From the Birth of Christ to the Renaissance*. New York: Dorset, 1990.

Schaff, Philip. *History of the Christian Church*. 8 vols. Grand Rapids: Eerdmans, 1979.

Shelley, Bruce L. *Church History in Plain Language*. Updated 2nd ed. Dallas: Word Publishing, 1995.

Spickard, Paul R., and Kevin M. Cragg. *God's Peoples: A Social History of Christians*. Grand Rapids: Baker, 1994.

Walker, Williston, Richard A. Norris, David W. Lotz, and Robert T. Handy. *A History of the Christian Church*. 4th ed. New York: Charles Scribner's Sons, 1985.